제3판

PRINCIPLES OF MANAGEMENT

이공계를 위한 경영학

이희상 · 백태영

머리말

스티브 잡스가 스티브 워즈니악과 애플 컴퓨터를 발명하거나 마크 저커버그가 페이스북을 개발할 당시에는 자신의 자연과학 및 공학 지식을 바탕으로 대학 기숙사나 차고 같은 허름한 작업장에서 시작하였다. 그러나 지금은 어느 나라에서든 이공계 전공 대학생들은 졸업 후 소수의 발명가, 벤처 기업가로 활동하기보다는 중소기업 또는 대기업의 팀 또는 프로젝트 단위의 조직에 속하여 대학에서 습득한 자연과학 및 공학 지식을 제품이나 서비스에 구현할 가능성이 훨씬 크다.

우리나라 대학에서 큰 비중을 차지하는 자연대학, 공과대학, 생명과학대학 등 이공계 전공으로 공부하고 있는 대학생들의 대부분도 졸업 후 기업이나 기업과 관계있는 조직에서 직장생활을 하게 된다. 따라서 현재 재학 중인 이공계 전공의 대학생들은 자연과학 및 공학 지식과 기술의 효율적 활용을 위해 각자의 이공계 전공뿐만 아니라 고객, 시장, 기업, 조직에 대한 경영학적 지식과 이해가 매우 필요하다.

그러나 우리나라의 이공계 대학생들은 입학 초기의 교양교육으로는 순수 자연과학, 인문학, 사회과학의 개론들을 수강하고, 2학년 이후인 전공교육에서는 각자 전공분야의 학문에 전념하느라 기업이나 경영에 대해 공부할 기회가 적은 것이 일반적이다. 이렇게 기업이나 경영과는 분리된 교양교육과 전공교육만을 받은 이공계 대학 졸업생들은 취업 후 몇 년간은 자신의 전공지식만을 활용하면서도 능력을 발휘하겠지만, 과장/팀장 이상의 지위에 올라 자신의 단위 조직을 경영해야 하는 위치에서는 고객, 시장, 기업, 조직 등에 대한 이해나 지식, 즉 경영 마인드와 경영지식이 부족하다는 평가를 받기 쉬운 실정이다. 이공계 대학을 졸업한 후 기업에 취직한 사람이 대학 재학 시 필요한 기업과 경영에 대한 소양과 지식을 충분히 갖출 수 있다면 취업 후 자신의 이공계 전문지식을 보완하는 것은 물론, 취업한 조직의 목적을 위해 다른 전공학문을 이해하고 협조하는 능력을 갖추며, 자신의 자연과학 및 공학 지식의 산물인 제품과 서비스가 고객에게 어떤 영향을 미치고 시장에서 대접을 받을지를 효과적으로 이해하고 활용할 수 있을 것이다.

저자들이 2009년에 본서의 초판을 출판한 계기는 우리나라의 공과대학, 자연대학, 생명과학대학 등에서 배출되는 이공계 대학생들의 대부분이 기업에 취직하지만, 이들이 전공하고 있는 단과대학이나 학부에서는 기업이나 경영에 관련된 내용을 거의 강의하고 있지 않아 많은 학생들이 기업이나 경영에 관해 제대로 준비하지 않은 채로 취직하고 있다는 사실에 주목하였기 때문이다. 물론 이공계 대학생들이 취직에 필요한 기업과 경영에 관한 지식을 습득하고자 한다면 ① 몇 개의 경영학 관련 과목을 수강하거나, ② 경영학을 부전공이나 복수전공으로 하는 방법이 있다. 그러나 경영학 관련 과목을 몇 개 수강하는 경우에는 어떤 과목이 취직한 후 자신에게 필요한 것인지를 알기가 쉽지 않다. 더욱이 대부분의 경영학 수업이나 교재는 이공계 대학생들의 장단점이나 필요를 염두에 두지 않고 있어 이공계 대학생에게 꼭 맞는 경영지식의 습득이 어려운 실정이다. 반면에 경영학을 부전공이나 복수전공으로 신청하면 충분한 양의 경영지식을 얻을 수 있겠으나 자신의 이공계 전공을 잘 활용하는 데 필요한 경영 관련 지식만 얻고자 하는 학생에게는 불필요하게 많은 분량이다. 또한 실험, 과제, 프로젝트 등으로 주전공 공부에 대한 비중과 강도가 문과 전공 학생보다 상대적으로 높은 이공계 대학생들이 부전공이나 복수전공으로 경영학을 학습할 시간을 확보하기 어려운 경우도 많다. 특히 최근 각 대학에서 강조하는 공학인증 및 컴퓨터정보기술인증(ABEEK)이 진행되면서 이공계 전공 자체에 대한 학습강도가 더욱 강화되고 있어서 자신의 이공계 전공 이외의 경영학 부전공 또는 복수전공 이수는 학생들에게 큰 부담이 되고 있다.

이공계 대학생들이 경영학 과목을 몇 개 수강하거나 부전공이나 복수전공을 하고자 시도해도 기존의 경영학 관련 교과서들의 내용이 경영학의 학문적 체계를 소개하고 경영학을 공부하는 데 필요한 개념, 방법론, 기법을 소개하는 데 치우쳐 있다고 저자들은 판단한다. 또한 그 내용이 이공계 대학생에 특화되기보다는 경영학 전공의 대학생들에게 더 적합하게 되어 있어서 이공계 대학생들이 기업과 기업경영을 이해하는 데 어려움이 많다고 비판한다. 따라서 본서는 이공계 대학생들의 지적 필요와 그동안 전공한 이공계 학문의 특성을 최대한 활용하여 기업에서 직장생활을 시작하고자 하는 이공계 대학생들에게 특화하였다. 이를 위해 본서는 경영학의 내용을 "경영학 개요, 기업과 경영활동, 창업과 벤처 경영, 인적자원, 경영전략, 마케팅, 기술경영, 생산관리, 서비스 운영관리, 품질경영, 경영정보시스템, 자금조달과 재무구조, 자금운영과 이익창출, 원가분석" 등 14개의 장으로 구성하였다.

2009년 처음 초판본을 출판한 후 저자들은 성균관대학교 이공계 대학 재학생들을 대상으로 협동 강의를 1, 2학기 11년째 운영해오고 있다. 매 학기 수강신청 시작 직후에 200명가량의 정원이 모두 들어차는 인기 강의로 성장시켰기에, 성균관대학교 한 곳에서만 5,000명 남짓한 이공계 대학생들이 본서를 공부한 후 기업에 취직하여 본인의 업무에 도움을 받고 있다고 자부하면서 제3판의 머리말을 마무리짓는다.

이제 본서를 통해 이공계 대학생인 자신에게 맞는 경영에 관한 지식 세계로 한 걸음씩 걸어가 보자.

2019년 8월

저자 일동

차 례

제6장 마케팅

제7장 기술경영

제10장 품질경영

제11장 경영정보시스템

제12장 자금조달과 재무구조

제13장 자금운영과 이익창출

제14장 기업활동의 원가분석

CHAPTER 1

이공계를 위한 경영학 개요

학습목표

1. 기업과 경영이란 무엇인지 학습한다.
2. 과학기술과 인문학 · 사회과학의 특징과 차이점을 학습한다.
3. 경영학의 성격, 범위, 역사에 대해 학습한다.
4. 이공계를 위한 경영학의 필요성, 특징 등에 대해 학습한다.
5. 본서의 특징과 접근방법에 대해 학습한다.

제 1 장을 시작하며

취업시장 이공계 선호 현상 '뚜렷'… 1년 새 8.6%포인트↑

국내 취업시장에서 이공계 선호 현상이 점점 더 뚜렷해지고 있다. 과거 인문계 '텃밭'이었던 금융권에서도 '핀테크' 바람을 타고 이공계 전공자 채용이 늘었다.

31일 취업포털 인크루트에 따르면 최근 상장사 571곳을 대상으로 한 설문조사에서 '하반기 신입사원을 채용할 때 가장 희망하는 전공'에 대해 공학 계열이라는 응답이 전체의 53.6%에 달했다. 지난해 응답률은 45.0%로, 1년 새 8.6%포인트나 높아진 것이다. 두 번째 선호 전공인 인문 계열은 20.2%로 공학 계열 응답률에 비해 절반도 채 되지 않았다. 다음 상경 계열(15.2%), 의약 계열(4.5%), 자연 계열(3.3%), 교육 계열(1.5%) 등 순으로 나타났다.

인크루트는 "오랜 경기침체 속에서도 전기·전자, 신재생 에너지 등이 미래 먹거리로 부상하면서 이 분야에서 인력 수요가 계속 증가하고 있는 것"이라고 설명했다. 특히 과거 인문계 전공자들이 주로 취업했던 금융·보험 업종에서도 이공계 전공자 채용이 늘어나고 있는 것으로 분석됐다.

인크루트의 올 하반기 산업별 채용 전망 조사에서 금융·보험 업종은 지난해보다 채용 계획 규모가 6.5% 늘었는데, 이 가운데 상당수가 디지털 금융, 보안, 인공지능(AI) 관련 채용인 것으로 나타났다. 새로운 금융 트렌드로 떠오른 '핀테크' 영향이다. 서미영 인크루트 대표는 "금융·보험 업계도 이공계 출신 지원자들의 '텃밭'이 될 것이라는 관측도 조심스럽게 할 수 있다"면서 "다만 블라인드 채용 기조가 확대되고 있기 때문에 자신만의 전공 지식을 갖추고 경쟁력을 확보하는 게 중요하다"고 조언했다.

(서울와이어, 2018.8.31)

1 기업과 경영

기업이란?

기업의 사전적 정의는 "영리를 얻기 위하여 제품이나 서비스를 생산하고 판매하는 조직"이다.1) 즉, 기업은 제품이나 서비스를 생산하여 소비자에게 상품으로 제공하고 이를 통해 이익을 얻는 조직이다. 제품은 자동차, 텔레비전 등과 같은 유형의 상품이고, 서비스는 의료서비스, 금융서비스 등과 같이 물리적 실체가 없는 무형의 상품이다. 기업이 창출하는 상품은 기업에 근무하는 사원들에게 임금을 제공하고, 기업에 투자한 투자자들에게 이익을 배당하면서, 존재하지 않던 부가가치를 창출하여 국가경제의 근간이 된다.2)

한 국가의 경제를 이루는 주체는 가계, 기업, 정부 등이다. 가계(house-hold)는 소비경제로 일상생활에 필요한 제품과 서비스를 구입하여 소비하고, 일부는 저축한다. 가계는 한 국가의 경제체제에 노동력을 제공하고 그 대가로 소득을 얻는 사적인 경제단위이다. 정부는 국가나 지방자치단체를 단위로 공공의 복리를 추구한다. 정부는 주로 소비경제를 이루고 수지균형을 추구하는 공적인 경제단위이다. 반면에 기업은 이익을 추구하는 사적인 경제단위이다. 기업은 국가경제체제에서 생산을 담당하는 주된 단위가 된다.

경영이란?

경영의 사전적 의미는 "기업이나 사업을 관리하고 운영함"이다.3) 또 학자들에 의하면 경영은 "자원의 기획(planning), 조직(organization), 지휘(leading), 통제(controlling)

1) 표준국어대사전, 2019. 이때 조직체는 특정한 목적을 달성하기 위하여 여러 개체나 요소를 모아서 체계 있게 짜여 있는 집단으로 정의된다.

2) 한 국가의 재화 창출과 분배 방식을 경제체제라고 하고 우리나라는 자본주의 경제체제를 가지고 있다.

3) 영어에서 manage라는 단어는 'hand'(손)라는 의미의 manus라는 라틴어에 뿌리를 둔 'handle(다루다, 취급하다)'이라는 의미의 'managgiare'라는 이탈리아어를 어원으로 갖는다. 16세기에 들어서 managgiare의 의미가 '관리하다, 책임지다, 지도하다' 등의 의미로 확대되었다.

를 통하여 조직의 목적을 효과적이고 효율적인 방법으로 달성하는 것(Draft, 1997)" 또는 "조직에서 과업을 수행하기 위해 인적자원, 재무자원, 재료, 정보와 같은 자원을 목표지향적인 방법으로 조합 활용하는 과정(Plack & Porter, 2000)"으로 정의된다.

어떤 관점에서 보느냐에 따라 경영은 세 가지 다른 관점으로 나누어질 수 있다. 먼저 기업의 경영활동을 과정(process) 측면에서 보면 다음과 같이 나누어 진다.

- 계획활동(planning) : 기업의 경영목표를 세우고 이를 달성하기 위한 가장 좋은 방안을 찾는 활동
- 조직화활동(organizing) : 수립된 계획을 성공적으로 달성하기 위하여 어떠한 형태로 조직을 구성할 것인가를 결정하고, 인적 · 물적 · 금전적 자원과 정보, 지식 등을 배분하고 조정하는 활동
- 지휘활동(leading) : 기업의 목표를 달성하기 위하여 요구되는 업무를 잘 수행하도록 종업원들의 동기를 유발하고 이끄는 활동
- 통제활동(controlling) : 수행하는 업무가 제대로 추진되고 있는가를 확인하고 문제가 있을 때 수정하는 활동

기업의 경영활동을 기능(function)분야로 나누면 다음과 같다. 학교를 졸업하고 기업에 취업을 하게 되면 이와 같은 기능분야들을 수행하는 부서에서 활동하게 되고, 기업을 창업하게 되면 이와 같은 기능분야들에 적절한 인력을 배치하여 기업활동을 수행하도록 해야 한다.

- 기획 및 전략(planning & strategy) 기능 : 기업의 나아갈 방향과 계획을 세우는 활동을 의미한다. 각각의 경영활동을 기업 전체 차원에서 기획하고 전략을 수립하는 것을 강조한다.
- 생산/운영(production & operation) 기능 : 유형의 재화인 제품을 생산하거나 무형의 재화인 서비스를 운영하여 고객에게 제공한다.
- 마케팅(marketing) 기능 : 제품이나 서비스를 고객에게 전달하고 고객의 욕구를 만족시키기 위한 관리활동을 수행한다. 고객분석을 통해 생산하거나 운영해야 할 제품과 서비스의 형상을 설계하거나 수요를 예측하는

일을 포함한다.

- 재무(finance) 기능: 재무란 기업에 필요한 자본을 합리적으로 조달하고 운용하는 활동이다. 주식·채권의 발행과 관리, 차입금의 운영 등에 관한 활동을 포함한다.
- 회계(accounting) 기능: 기업활동의 재무적 결과를 기록하는 재무제표를 작성하고, 이를 통해 재무정보를 관리하고 분석하는 활동을 수행한다. 회계는 기업의 재무상태와 경영성과를 외부에 보고하는 재무회계와 기업 내부적으로 참조하여 관리활동에 사용되는 관리회계로 구분된다.
- 인적자원관리(human resource development) 기능: 기업의 종업원 선발, 훈련에서 퇴직까지의 전반적인 관리활동을 의미한다.
- 경영정보(management information system) 기능: 기업의 정보와 지식을 저장하고 활용하는 활동을 의미한다. 현대의 기업활동에 필요한 경영정보의 크기와 복잡도가 매우 크므로 경영정보를 위해서는 첨단 컴퓨터 및 정보기술을 활용해야 한다.

기업의 경영활동을 의사결정이 이루어지는 측면에서 보면 다음과 같이 나누어진다.

- 전략적(strategic) 경영: 기업의 장기목표 및 자원배분과 관련되어 기업 전체에 영향을 미치는 활동(최고경영층에서 이루어지는 활동)
- 관리적(operational) 경영: 기업의 목표를 달성하기 위한 자원의 획득 및 효율적인 사용과 관련된 활동(중간경영층에서 이루어지는 활동)
- 기능적(functional) 경영: 특정업무의 효율적이고 효과적인 수행과 관련된 활동(하위경영층에서 이루어지는 활동)

기업의 경영활동은 이론적 연구보다는 실용적 측면이 강조된다. 즉 경영자는 경영학 이론을 개념적으로 잘 이해하는 것 이상으로 실제 기업의 기능이 잘 작동하도록 하는 실천적인 측면이 중요하다. 그러나 기업의 경영이 실천적이라고 해서 경영자의 경험과 창의력에만 의존하는 경우에는 많은 시행착오를 거치게 되므로 지식을 축적하고 체계를 갖추는 것도 필요하다. 특히 기업의 규모가 커지고, 경영의 환경과 당면한 의사결정 문제가 복잡하고 변화가 많은 상황이 되면, 분석적이고 체계적인 과학에 의존해야 한다. 따라서 경영은 과학적이고 체계적인 도구나 기법에 의한 과학적 접근의 중요성도 매우 크다. 경영의 이와 같은 실용적 측면과 과학적인 특성을 감안하면 자연과학적 지식과 이공계의 실천적 학습경험은 경영에 큰 도움이 된다.

더 알아봅시다

경영 vs 관리 논쟁

영어의 'management'를 우리말로 번역할 때 그것이 '경영'이 될 수도 있고 '관리'가 될 수도 있다. 따라서 경영과 관리의 차이와 관계에 대해 논란이 계속되어 왔다.

첫 번째 견해는 경영이 관리보다 포괄적인 상위개념이라는 견해이다. 이 견해의 근거는 다음의 두 가지에 기반을 둔다. 우선 경영주체의 범위가 기업(기업경영)뿐만 아니라 공공조직(공공경영) 및 가계(가정경영)까지를 망라하면 경영이라는 개념도 국민경제를 형성하는 모든 경제주체의 활동을 포괄한다고 생각한다. 따라서 경영이 모든 경제주체의 활동을 포함하는 상위의 개념이라는 주장이다. 또 다른 근거는, 기능적 측면에서 경영은 계획(planning), 관리 및 통제(control) 그리고 평가(evaluation)에 이르는 전주기적 활동을 모두 포함하지만 관리라는 개념은 이 가운데 통제기능만을 가리키므로 관리는 경영기능의 한 부분에 불과하다는 논리이다. 이러한 주장은 오늘날의 경영이론 또는 실무에서 관리라는 용어가 주로 조직의 하위계층에서 이루어지는 운영적인(operational) 측면을 다루는 데 반해, 경영이라는 용어는 상위계층의 전략적인(strategic) 의사결정을 중시한다는 견해와 유사하다. 서로 다른 비즈니스 영역(예를 들면 서비스업인 호텔과 제조업인 제약회사) 각각에서 관리를 잘하던 사람들이 다른 영역에서 쉽게 성과를 내는 것이 아니라는 사실을 통해서도 이들 견해의 타당성을 주장한다. 즉, 경영에는 단순한 관리능력 이상의 비즈니스별 전략적인 능력이나 기술이 필요하다는 주장이다.

두 번째 견해는 관리가 경영보다 폭넓은 상위개념이라는 견해이다. 이 견해는 경영이라는 용어를 협의로 해석한다. 즉, 경영학이 원론적으로는 기업경영뿐 아니라 공공경영까지를 포함하기는 하지만 자본주의 경제체제하에서 실제로 경영학이 다루고 있는 부분은 영리를 목적으로 하는 민간기업(private firms)의 경영에 집중되어 있으므로 경영은 곧 민간부문의 기업활동을 의미한다는 입장이다. 이러한 견해는 이른바 "경영·기업의 동질론"에 기초하고 있다. 이 견해는, 경영의 동태적 가변성을 전제로 기업은 경영의 역사적 발전과정에서 나타나는 하나의 형태이며 오늘날의 자본주의 시장경제체제하에서는 경영이 곧 기업의 형태로 존재한다는 주장이다. 이에 반해 관리라는 용어는 민간과 공공 부문에 관계없이 모든 조직에 공통적으로 적용되는 개념으로 해석한다. 즉, 관리기능은 모든 형태의 조직과 계층을 막론하고 반드시 필요한 공통적 기능이며 따라서 관리개념과 원리의 보편성을 강조하는 입장이다. 이러한 견해에 기초하면 관리를 보다 상위의 개념으로 놓았을 때, 공공부문의 관리를 정책 또는 행정이라고 하고, 민간부문의 관리를 경영이라고 해야 한다고 주장한다.

마지막 견해는 양자를 동의어로 해석하는 견해이다. 이 견해는, 관리와 경영의 차이는 단지 management라는 영어에 대한 번역상의 차이일 뿐 실질적인 내용과 범위에 관해서는 동일하다고 생각한다. 따라서 이 견해는 경영과 관리의 구분 자체가 무의미하다고 주장한다.

2 경영학 : 경영을 위한 체계적 교육

과학기술과 인문학 · 사회과학

물리학, 화학, 생물학 등 자연과학은 자연현상이나 자연적인 개체의 일반적 원리를 연구하고 재현이 가능한 실험을 수행하거나 수리적 방법으로 분석하는 엄밀함과 체계적인 방법을 요구한다. 자연과학은 자연 자체를 대상으로 원리와 법칙을 탐구하는 것인 데 비하여, 공학은 주로 기계, 장치 또는 가공된 재료 등 인위적인 개체를 대상으로 하거나, 자연의 법칙을 이용하여 실제로 쓸모 있는 물질을 발명하고 생산하며 활용하는 실천행동을 지향한다. 이와 같이 자연과학과 공학은 그 대상과 방법론 등에서 공통점을 갖고 있으므로 자연과학과 공학을 통합하여 지칭할 때에는 과학기술(science and technology) 또는 이공계(science and engineering)라고 하며, 이는 인문학 및 사회과학과는 구별된다.

인문학(humanities)은 인간과 인류문화에 관한 정신과학을 통틀어 이르는 말이다. 반면에 사회과학(social science)은 인간 사회의 여러 현상을 과학적 · 체계적으로 연구하는 모든 경험과학을 지칭하며 자연과학과 대치되는 개념으로 체계화되었다. 사회과학은 19세기에 이르러서 학문적 체계가 명확한 자연과학과 구분을 강조하기 시작하면서 과학적 방법론을 강조하게 되었다.

사례 대한민국 경영현장

재계 주목받는 30대 임원 – AI · 핀테크 · 자율주행차 전문가 대거 발탁.
'개발 척척' 이공계 출신 젊은 실력파 눈길

올해 삼성 사장단 인사를 통해 사장으로 선임된 노태문 삼성전자 IT · 모바일(IM)부문 무선사업부 개발실장(50). 불과 50세 나이로 삼성전자 사장에 오른 노 사장은 젊을 때부터 떡잎이 다른 인재였다. 포스텍 박사 출신으로 1997년 삼성전자에 입사한 그는 2007년 두께 6.9mm의 초슬림형 카메라 폰을 개발했다. 그 공로로 노 사장은 38세 나이에 '별(임원)'을 달았다. 당시 삼성그룹 내 최연소 임원 승진자 중 한 명으로 이름을 올렸다. 이후 그는 삼성전자가 선보인 최고 브랜드 갤럭시S 시리즈 개발 1등 공신으로 활약했다. 주요 전략 스마트폰 개발에 참여하며 상무 승진 11년 만에 사장이 됐다. 삼성전자 무선사업부에서만 줄곧 근무했던 노 사장은 '포스트 고동진(IM부문 대표)' 1순위로 꼽힌다. 노 사장은 '30대 임원'으로 대표되는 요즘 재계 인사 트렌드 '1세대 인물'로 분류할 수 있다.

재계 임원이 젊어지고 있다. 올해 인사 키워드 중 가장 주목할 만한 점은 역시 세대교체다. 무엇보다 만 30대 젊은 나이로 파격 승진하는 사례가 있어 주목받는다. 30대 임원이 처음 등장한 것은 외환위기 직후다. 1990년 중반만 해도 30대는 물론 40대 임원조차 보기 어려웠지만 외환위기 이후 연공서열 대신 성과주의를 도입하며 30대 임원이 등장했다. 하지만 당시 30대 임원은 외부 영입 인사가 대부분이었다. 주로 경영 컨설팅 회사 출신으로 해당기업 경영·전략 컨설팅을 하다가 오너 눈에 띄어 임원으로 영입되는 경우가 많았다. 해외에서 체계적인 마케팅 공부를 마친 경영학 석사(MBA) 출신이 다수였다. 요즘 30대 임원으로 발탁되는 인물은 다르다. 외부 영입도 있지만 소위 '이공계' 기술자나 '공채' 출신 30대 임원이 눈에 띈다. SK그룹은 2016, 2017년에 이어 올해도 30대 젊은 임원을 배출했다. 이번 인사에서는 차장급 매니저 류병훈 씨가 만 38세 나이에 상무로 승진했다.

(중략)

• 젊은 임원 왜 늘어날까 – 주력 사업 이동과 소비 주체 변화

24년. 말단 사원으로 입사해 임원이 되기까지 걸리는 평균 기간이다. 한국에서 오너 일가가 아닌 이상 30대 나이에 임원이 되기란 정말 어려운 일이다. 10년 안팎 근속 기간 동안 능력을 인정받고 탁월한 성과를 거둔 사람만이 30대 임원 초고속 승진이 가능하다. 굳이 30대로 한정 짓지 않더라도 최근 임원 인사 트렌드에서 '젊음'을 빼놓고는 설명이 어렵다. 젊은 임원이 늘어나는 이유는 무엇일까.

우선 주력 사업이 이동하고 있다는 점을 꼽을 수 있다. 전통적인 제조업에서 벗어나 IT, 전자와 바이오 등을 신규 사업으로 삼는 기업이 늘었다. 4차 산업혁명 시대를 맞아 그룹 미래 기반을 마련하고 새로운 활력을 불어넣어 사업 추진력을 강화할 수 있다는 점도 젊은 임원이 늘어난 배경이다. 대기업 한 관계자는 "인공지능을 기반으로 한 4차 산업혁명 시대에 접어들면서 시대 흐름에 맞게 창의적이고 민첩한 대응이 가능한 젊은 임원이 필요해졌다"며 "마케팅이나 영업부서 같은 경우 소비 주체 연령대가 내려가면서 젊은 세대 니즈를 정확히 읽어내고 그들과 원활히 소통하기 위해 젊은 임원을 등용하는 경우가 잦아졌다"고 분석했다.

주요 그룹 총수가 점점 젊어지고 3~4세 오너가 늘고 있다는 점도 한 요인이다. 구광모 회장을 비롯해 최근 주요 오너는 대부분 40대에서 50대 초반이다. 젊은 오너들은 30대 후반이나 40대 초반 능력 있는 인물을 발탁해 '자기 사람'으로 삼는다면 그룹의 대대적인 쇄신 작업을 진행할 수 있다. 미래 CEO가 될 잠재력 갖춘 인재를 확보한다는 측면에서도 30대 임원은 매력적이다. 과거 젊은 임원은 대부분 외부 영입 인사였다. 이들은 능력이 출중했지만 조직 적응력이나 기업문화 적응 등에서 어려움을 겪는 사람도 적지 않았다. 낯선 조직에서 혼자 뿌리를 내리는 일은 지위고하를 막론하고 쉽지 않은 법. 이 같은 시행착오를 지켜본 오너들은 외부 영입 인사 못지않게 내부 발탁 승진을 통해 자체적으로 인재를 키우고 있다. 물론 빠른 승진이 무조건 좋은 일이 될지는 좀 더 지켜봐야 한다. 노태문 사장처럼 사장직까지 오르는 경우도 있지만 그렇지 않은 경우도 허다하다. 젊은 나이에 임원으로 발탁됐다고 해서 항상 승승장구한다고 보기는 어렵다. 과거에도 화려한 스포트라이트를 받았던 30대 임원이 있었지만 벚꽃처럼 금방 져버린 경우도 많았다. 재계 또 다른 관계자는 "임원이 빨리 됐다고 좋은 것만은 아니다"라며 "앞날을 보장받을 수 있는 것이 아닌 데다 후배들이 치고 올라오기 때문에 기대만큼 성과를 못 내면 그만큼 빨리 관둬야 한다는 압박감이 있다"고 말했다.

(후략) (매경이코노미 제1988호(2018.12.19~12.25))

경영학의 성격과 범위

앞서 살펴본 학문의 분류에 따르면 경영학은 사회과학이다. 경영학은 철학, 수학, 논리학과 같은 관념과학의 하나가 아니라, 경험을 토대로 연구하는 경험과학의 일종이다. 경영학은 경영활동에서 발생하는 경험적 사실을 분석·연구하여 새로운 이론과 법칙을 발견, 정립하고 이에 따라 학문적 이론을 구축하는 이론학문적 성격을 갖는다. 그러나 또 한편으로는 경영목적 달성을 위하여 학문적 이론으로 구축된 내용을 실무에 적용시키거나 그 적용상의 문제점을 규명하기 위한 실천학문적 성격이 강하다.

경영학은 경영하는 조직을 기업·관청·학교·교회·노동조합·군대 등 일반적인 조직 모두로까지 포함하는 넓은 의미의 경영학, 즉 광의의 경영학으로 정의할 수도 있다. 그러나 가정, 기업, 비영리단체, 국가재정 등 국민경제의 주체 중에서 가정과 국가재정을 제외하고, 종교단체, 학술단체, 사회사업체 등의 비영리단체를 제외하여 영리조직인 기업의 경영만을 연구하는 좁은 의미의 경영학, 즉 '기업경영학'이 일반적인 경영학의 범위가 된다.

경영과 경영학의 역사

경영은 언제부터 시작되었을까? 학자들은 기원전 5000년경 고대 수메르인(Sumerian)들이 상업활동을 관리한 기록이 존재하는 것을 밝혀낸 바 있다. 또한 이집트의 피라미드 건립이나 중국의 만리장성 축조에 들어간 많은 인적·물적 자원이 체계적으로 관리되지 않았다면 그러한 토목공사는 불가능했을 것이기 때문에 고대에도 현대의 경영과는 다소 다르더라도 체계적으로 계획하고 조직화하며 지휘하고 통제하는 경영활동이 있었다고 믿어진다.

경영에 대하여 체계적으로 학습하고 연구하는 학문인 경영학은 유럽과 미국을 중심으로 발전하기 시작했다. 독일 경영학은 14세기에 형성된 이탈리아의 상업학을 모체(母體)로 이를 과학화하는 형태로 성립되었다고 알려진다. 독일에서는 17세기부터 상업거래, 상인론, 무역론, 부기론, 상품학 등을 연구하는 단행본이나 사전 등의 문헌 저술활동과 이를 통한 상인교육이 진행되어 왔다. 이러한 상업학은 1804년 로이크스(Leuchs)에 의해 「상업체계」라는 저술을 통해 집대성되었다. 그러나 19세기말까지 영국에서 시작된 산업혁명의 영향으로 매매를 중심으로 하는 상업학보다는 생산을 중시하는 공업학으로 학자들의 관심이 옮겨가면서 상업학이 점차 쇠퇴하게 된다. 19세기말 독일경제가 급속히 발전하면서 세계최초의 상과대학이 라이프치히대학과 쾰른대학에 설립되었다. 이때는 이미 산업혁명이 일어났으므로 종전의 상거래를 주된 대상으로 하는 상업경영학만이 아니라, 생산을 다루는 공업경영학을 포함하는 경영경제학으로서 독일 경영학이 성립하기 시작한다. 학문으로의 성립과정에서 유럽의 전통에 따라 개념적이고 철학적인 논쟁과 방법론 논란이 격렬히 벌어졌고, 그 명칭도 사경제학(私經濟學), 개별경제학, 경영경제학 등 여러 가지가 주장되었으나, 결국 경영경제학이 주류를 이루게 되었다. 경영경제학은 기업의 실체를 경영으로 파악하고, 경영의 경제현상을 이론적으로 밝히는 일을 목표로 삼는다. 경영의 경제현상을 객관적으로 설명하면서 거기에 내재하는 법칙성을 탐구하는 경험학파와 경영의 당위성을 주장하는 규범학파로 나누어진다. 이후에도 방법론적 논쟁이 계속되면서 독일 경영학의 이론과학적 성격을 특징으로 갖게 된다.

프랑스 경영학은 페이욜(Fayol)의 관리과정론과 관리원칙론으로 시작되었다. 그는 다음의 다섯 가지 규칙을 관리자가 수행해야 할 의무로 규정하였다.

- 준비(foresight) : 미래의 행동에 대한 계획을 완벽하게 세운다.
- 조직화(organization) : 그 계획을 수행하기 위하여 자원을 조달, 공급한다.
- 명령(command) : 종업원을 선발하고, 평가하며 이끈다.
- 조정(coordination) : 다양한 노력들을 결집시키고, 정보를 공유하며 문제가 해결되도록 한다.
- 통제(control) : 계획이 달성되도록 하며 필요한 조치를 취한다.

페이욜은 기업조직의 6대 본질적 기능이 기술적 활동(생산, 제조, 가공), 영업적 활동(구매, 판매, 교환), 재무적 활동(자본의 조달과 관리), 보전적 활동(재산과 종업원의 보호), 회계활동(재고관리, 대차대조표 작성, 원가계산, 통계자료), 경영관리적 활동(계획, 조직화, 명령, 조정, 통제) 등이라고 파악하였다. 또한 이를 위해 분업의 원칙, 권한·책임의 원칙, 규율의 원칙, 명령일원화의 원칙, 지휘통일의 원칙, 개별이익의 전체이익에의 종속 원칙, 적정 보상의 원칙, 집권화의 원칙,

계층화의 원칙, 질서유지의 원칙, 공정성의 원칙, 고용안정의 원칙, 자발성의 원칙, 종업원 단결의 원칙 등 14개의 관리원칙(principles of management)을 제안하였다. 페이욜의 관리과정론과 관리원칙론은 이후 프랑스의 경영학이 관리의 중요성과 특이성을 강조하는 경향을 갖게 하는 데 기여하였다.

미국 경영학은 처음부터 실천적인 색채가 강한 전통을 갖는다. 20세기 초 프레드릭 테일러(Frederick Taylor)의 과학적 관리법을 원류로 하여, 경영자를 위한 경영관리학으로서 발달한 것이 오랫동안 주류를 차지해왔다. 테일러는 당시 기업의 곳곳에 비효율적인 요소가 산재해 있음을 발견하고 이를 해결하고자 노력하였다. 즉, 이의 극복을 위해 작업시간과 동작을 연구(motion & time study)하여 표준 작업시간을 설정하고, 작업자들이 불필요한 동작을 하지 않도록 하였다. 또한 초과작업을 하면 성과급을 주어 동기를 부여하는 등의 개선을 꾀하였다.

자동차 왕이라고 불리는 헨리 포드(Henry Ford)는 테일러 시스템을 더욱 발전시켜 1920년대 생산의 부품과 방법에 표준화(standardization), 단순화(simplification), 전문화(specialization)의 3S를 적용하고, 컨베이어벨트를 통해 공장 내 물류를 개선하여 저비용을 달성하는 조립라인시스템 기반의 대량생산시스템을 개발하였다. 포드는 "중요한 것은 모든 것을 이동상태에 두고 공작물을 근로자가 있는 곳으로 전달함으로써 근로자가 공작물이 있는 곳까지 오지 않도록 하는 것이다. 이것이 우리 회사의 참된 생산원칙이다"라고 할 정도로 자신이 개발한 컨베이어벨트 기반의 생산시스템이 테일러가 강조한 경영자의 관리를 대신할 수 있다고 주장하였고, 이는 이후의 미국의 기업경영과 경영학에 상당한 영향을 남겼다.

제2차 세계대전 이후 미국의 경영학은 자본주의 경제체제를 지향하는 많은 국가들에게 영향을 미쳤다. 특히 이론에 치중하지 않고, 수단적이고 도구적인 의미에서 실용주의를 추구하여 실무 현장에서의 유용성을 강조하였다.

더 알아봅시다 **테일러의 과학적 관리법**

테일러는 작업과정의 능률을 최고로 높이기 위하여 시간연구와 동작연구를 기초로 노동의 표준량을 정하고, 임금을 작업량에 따라 지급하는 등, 여러 가지로 합리적인 방법을 연구하였다. 테일러는 종래에 근로자의 창의와 이에 대한 자극에 의존하던 작업관리를 경영자의 과학적인 과업설정이라는 계획적 관리로 전환시켜서 노동생산성을 높이고 조직적 태업을 방지하며, 임금문제 해결을 위하여 과학적 · 객관적인 표준작업량을 설정하여 고임금 · 저노무비를 이루어 노사 쌍방이 만족하도록 하고자 하였다.

- 테일러는 먼저 임금인하를 방지할 수 있는 기준으로서 과업제도(task system)를 구상하였다. 이 과업제도가 테일러리즘의 달성 수단이다. 과업제도는 공평한 1일의 작업량(a fair day's work)을 합리적으로 결정하고, 그에 의하여 근로자의 작업표준을 결정하는 기준이다. 이 방법에 의하면, 종래의 자의적 · 전습적인 과업결정방법이 배제된다. 합리적으로 과업을 설정하기 위하여 과학적인 시간연구(time study)를 하였고, 시간연구의 전제조건으로서 작업조건과 작업방법을 표준화할 필요가 있었다.
- 회사 내에 시간연구에 의한 표준과업의 설정을 임무로 하는 기획부문을 설치하고, 소정의 작업방법을 지휘감독하기 위하여 종래의 직계식 관리조직을 개혁하여 기능조직(functional organization)으로 바꾸어 기능적 직장제도(職長制度)로 하였다.
- 지도의 합리화를 위하여 지도표제도(instruction card system)를 채용하였으며, 차별적 성과급제도(differential piece rate system)에 의하여 과업달성으로 유도하는 통제를 할 수 있게 하였다.

테일러의 과학적 관리법의 수단인 기구(mechanism)는 과업관리이고, 관리방법은 현대적인 경영학 용어로는 계획(과업설정을 하는 기획부), 조직(직장제도), 지휘(지도표제도), 통제(차별적 성과급제도)라는 관리순환(management cycle)을 통해서 근로자는 소정의 작업조건 아래에서 소정의 작업방식으로, 소정의 시간 내에 소정의 작업을 수행할 수밖에 없었다.

과학적 관리법에 대한 비판은 여러 측면에서 나오고 있다. 그 비판들의 핵심이 되는 것은 관리철학(경영이념)이다. 테일러는 노사 간의 이해 불일치로 문제가 되고 있는 기업 내부의 문제만 해결하면 된다고 보았다. 그러나 기업은 근로자와 경영자를 포함하는 하나의 사회조직이므로, 전체사회조직에 공통된 원리가 과학적 관리법에 포함되어야 했다. 그런데 이 점을 무시하였기 때문에 노동조합 측이나 일반사회의 지지를 받지 못하였다. 또 다른 비판은 기업의 인간적 측면을 무시하였다는 점이다. 인간노동을 기계화하여 노동생산성을 높이는 데만 치중하였기 때문에 인간의 심리적 · 생리적 · 사회적 측면에 대한 고려를 하지 않았다는 것이다.

공학과 경영학

경영학은 사회과학의 응용과학인 데 비하여 이공계 과학 중 자연과학은 순수과학이고 공학은 응용과학이다. 따라서 이공계 학문 중 공학은 실용적인 성격이나 방법이 경영학과 상당히 비슷하다.

공학의 영어 단어인 engineering은 엔지니어(engineer)라는 단어에서 출발한다. Engineer는 "ingenium"이라는 라틴어를 어원으로 갖고 있는데, 이는 재능, 자연적 능력, 또는 훌륭한 발명을 의미하며 이 중 특히 '훌륭한 발명'이라는 의미인 engineer를 반영하였다고 알려져 있다.[4] 공학은 지렛대, 바퀴, (건축물의)

기둥, 아치 및 돔, 금속의 제련법 등을 개발한 전통으로부터 시작하였고 로마시대에 군사적 발명과 토목공사기술이 발전하면서 학문으로 성립되기 시작하였다고 믿어진다.

경영학은 공학과 공통점이 많다. 미국 경영학의 아버지라고 불리는 테일러가 베들레헴 철강회사의 엔지니어로 근무하면서 미국기계공학회(ASME)에서 1911년 출간한 『과학적 관리법』(*The Principles of Scientific Management*)으로 미국의 경영학이 시작되었다고 받아들여지므로, 미국의 경영학은 공학에서 출발하였다고 주장할 수 있다. 프랑스 경영학의 태두인 페이욜의 경우도 광업대학교를 졸업한 엔지니어로 지질학과 금속공학을 기반으로 기업의 경영관리를 연구하기 시작하였다.

최근의 많은 경영문제들, 즉 전자상거래, 인터넷거래, 경영정보, 기술경영, reengineering, 빅데이터 등의 해결을 위해서는 과학기술지식이 필요하다. 초기의 미국 경영학이 기술혁신으로 일어난 산업혁명의 산물로서 태동한 것처럼, 현대의 경영학도 과학기술을 기반으로 하는 정보/지식혁명에 대응하는 과정에서 좀 더 많은 이공계 지식의 참여와 역할분담으로 인해 새로운 기회와 위협에 대한 대처가 가능할 것이다.

더 알아봅시다 **공학교육의 역사**

체계적인 공학교육은 프랑스의 엘리트 교육에서 출발하였다. 즉 프랑스의 루이 15세가 1716년 Corps des Ponts et Chasusēes를 창립하고 Ēcole des Ponts et Chasusēes라는 최초의 공학학교를 세운 것으로 알려져 있다. 반면에 고전학을 강조한 영국은 1890년과 1909년이 되어서야 Cambridge대학과 Oxford대학에서 각각 mechanical science 프로그램과 engineering science chair를 신설하면서 공학교육이 시작되었고 이후에도 대학보다는 현장에서 도제 제도를 통한 공학교육이 강조되었다. 미국에서는 1802년 군사사관학교를 세우면서 일부 공학교육이 시작되었고 1817년 프랑스의 Ēcole Polytechnique 유학을 거친 Sylvanus Thayer에 의해 토목공학 분야의 4년제 대학교육이 시작되었다.

4) Daniel Babcock, *Managing Engineering and Technology*, 2nd ed., Prentice-Hall, 1996.

3 이공계 인력을 위한 경영과 경영학

이공계 인력

학문은 크게 과학기술과 인문학 및 사회과학으로 구분된다. 타 학과로의 전과나 복수전공 등이 활발한 미국이나 유럽의 대학과는 달리 우리나라의 대학에서는 학과의 구분이 엄격하고 학과를 넘나들며 수강을 하는 경우가 그렇게 많지 않은 실정이다. 더욱이 대학의 진학 희망 학과에 따라 고등학교에서부터 문과와 이과로 구분해왔다. 따라서 고등학교 이래로 수강하는 과목이나 대학 입학 시 제시하는 내신과목과 대학수학능력시험의 선택과목 등이 명확히 달라 학생들이 어느 학문계열에 속할지 일찍부터 명확히 할 것을 요구하고 있다.

현대의 과학기술인력, 즉 자연과학자 및 엔지니어들은 대부분 기업에서 근무한다. 과거 에디슨, 그레이엄 벨, 라이트 형제 등이 전구, 전화기, 비행기 등을 발명할 때에는 개인이나 작은 연구실 수준으로 과학기술적 발명이나 엔지니어링 일이 가능했지만, 현재의 자연과학과 엔지니어링 일은 대규모의 시설과 인력을 통한 협력과 통제가 필요하다. 따라서 대학의 이공계 학생들은 직업을 선택하는 데 있어 기업에 취직하는 것이 가장 많은 비중을 차지하고 있다.

과학기술인력은 기업에서 필요로 하는 과학기술의 지식이나 전문기술을 갖고 있을 뿐 아니라 기업조직 내에서 중요한 역할을 하는 경우가 많다. 즉, 하이테크 기업의 경우 기업이 생산하고 운영하는 상품이나 서비스를 잘 이해하며, 일반 기업의 경우에도 과학기술인력이 갖고 있는 조직의 업무과정에 대한 과학적 분석에 기반한 이해력과 이공계 대학에서 배운 실험 실습을 통한 실용적 태도 등을 통해 현실감 있는 접근을 할 수 있다. 과학기술인력들이 기업과 경영에 대한 마인드, 개념, 지식, 기술을 조금만 더 이해한다면 이들이 그동안 익혀온 과학기술 지식을 더 잘 사용하고 기업과 기업의 경영에 더 크게 기여할 수 있을 것이다.

기업에서 직업을 갖는 과학기술자들의 경력관리 차원에서도 경영에 대한 이해와 지식은 필요하다. 대부분의 과학기술자들이 자신의 직장생활을 엔지니어나 과학기술자로 시작하여 얼마 안 가서는 관리자의 역할도 동시에 수행하게 된다. Katz[5]는 관리자에게는 기능적(technical) 기술, 대인적(interpersonal) 기술, 개념적(conceptual) 기술 등 세 가지 종류의 기술이 필요하다고 주장하였다. 그에 따르면 기업에서 관리자의 직급이 높아질수록 (공학, 회계, 워드프로세싱 등의) 기능적 기술의 비중은 작아지고, 개념적 기술의 비중은 커지며, 대인적 기술은 일정수준을 유지한다. 한편 Mintzberg[6]에 의하면 관리자는 대인적(interpersonal), 정보적(informational), 의사결정 관련(decisional) 역할을 수행해야 한다. 기업에서 활동해야 하는 이공계 인력은 자연과학대학이나 공과대학에 재학 중에는 Katz의 기능적 기술이나 Mintzberg의 정보적 역할에 관련한 지식을 습득하거나 훈련받은 경우는 많지만, Katz의 대인적 기술, 개념적 기술이나 Mintzberg의 대인적 역할, 의사결정 관련 역할에 대한 지식과 훈련은 부족한 것이 대부분이다.

최근 이공계 출신 대학생들은 벤처 창업을 하거나 벤처기업에 참여하는 경우도 늘어나고 있다. 세계적 기업인 Google, Apple, Yahoo, Facebook 등은 이공계 출신 대학생이 재학 중이거나 졸업 직후 창업을 하거나 창업에 참여한 경우이다. 우리나라의 경우 한글과컴퓨터, 네이버, 엔씨소프트, 비트컴퓨터, 카카오 등에서 보듯이 이공계 대학 졸업 직후 창업보다는 일정기간의 직장경험 후에 벤처기업을 시작하는 경우가 많다. 이들 벤처기업은 초기에는 창업자의 기술력을 기반으로 시작하지만 기업이 성장하면서 재무, 인사조직, 마케팅, 상품개발 등 경영전반에 관한 전문지식이 기업의 생존과 성장에 중요해진다.

기업에 대해 이해하고, 기업에서의 활동을 공부하는 경영학의 이해나 지식습득이 필요하다고 느끼는 이공계열 학생들이 매우 많다. 그러나 이러한 학생들의 경영학 학습 수요를 충족하기 위해서는 경영학을 복수전공하거나 경영학 관련 과목을 몇 개 수강하는 방법이 주가 된다. 경영학을 복수전공하면 충분한 양의 경영학 관련 지식을 얻을 수 있으나 이공계 전공을 중심으로 필요한 경영지식만 얻고자 하는 학생에게는 불필요하게 많은 분량이 될 수도 있다. 또한 실험, 과제, 과목 프로젝트 등으로 주전공 공부에 대한 비중과 강도가 높은 이공계 학생들이 경영학 부전공 공부를 따라가는 데 어려움을 겪는 경우도 많다. 특히 최근 각 대학에서 강조하는 공학인증(ABEEK)이 진행되면서 공대생

5) Robert Katz, "Skills of an Effective Administrator," *Harvard Business Review*, 52 : 5, Sep.-Oct. 1974.
6) Henry Mintzberg, *The Nature of Managerial Work*, HarperCollins Publishers, Inc., 1973.

의 경우는 전공교육 자체에 대한 강도가 더욱 커지고 있어서 자신의 주전공 이외의 부전공 과목 이수는 큰 부담이 되고 있다. 한편 경영학 관련 몇 과목을 수강하는 경우에는 어떤 과목이 취직 후 자신에게 필요하게 될지 알기가 쉽지 않다. 더욱이 대부분의 경영학 수업이나 교재는 이공계 학생들의 장단점이나 필요를 염두에 두지 않고 있어 이공계 학생에게 꼭 맞는 지식의 습득이 어려워진다. 이와 같은 이공계 학생들의 필요와 경영교육 현실의 간극을 줄이고자 본서를 집필하게 되었다. 본장의 마지막 절에서는 이러한 동기를 효율적으로 해결하기 위한 본서의 특징, 범위, 접근방법을 이야기할 것이다.

사례 대한민국 경영현장 **삼성전자 인사 단행… 키워드 '미래 신사업'**

인공지능(AI) · 5G · 빅데이터 · 로봇 등은 전자 업계에서 가장 뜨거운 화두로 꼽힌다. 이 기술들을 향후 회사를 책임질 미래 성장 사업의 핵심 축으로 보고 있기 때문이다. 얼마 전 LG전자는 미래 먹거리 분야에서 경쟁력을 높이기 위한 인사를 단행했다. 연말 정기인사를 앞둔 삼성전자도 마찬가지 행보를 보일 가능성이 점쳐진다. 3일 업계에 따르면 삼성전자는 이번 주 중 '2019년 사장단 및 임원 정기인사'를 단행한다. 회사는 4일 또는 5일 사장단 인사를 시작으로 사업별 임원인사와 조직개편 및 보직인사 등을 차례로 진행할 것으로 보인다. 사장단 변동이 거의 없고 승진 인사 폭도 크지 않을 것으로 예상되는 가운데 삼성전자가 어떠한 방식의 쇄신을 시도할 것인지 주목되는 상황이다. 특히 기술 인력들의 약진 여부가 관심사다. 삼성전자는 AI · 5G · 빅데이터 · 로봇 등 4차 산업혁명의 핵심 기술과 관련된 사업 역량을 지닌 인재들을 적극 중용할 전망이다. 이재용 삼성전자 부회장은 이미 해당사업들을 미래 먹거리로 낙점하고 경쟁력 확보를 주문한 상태다.

삼성전자는 하반기 공채를 통해 AI 기술 인력을 적극 영입하고 있고, 지난 8월에는 AI를 포함한 미래 성장 사업에 25조원을 투자하겠다고 밝힌 바 있다. 삼성전자는 지난해에도 AI 연구 조직 '삼성리서치'를 신설하는 등 미래 사업에 방점을 둔 조직개편을 단행했다. 이후 삼성리서치 산하 한국 AI 총괄센터를 중심으로 미국 실리콘밸리 · 뉴욕, 캐나다 토론토 · 몬트리올, 영국 케임브리지, 러시아 모스크바 등에 연구센터를 세우는 등 단기간에 글로벌 AI 네트워크를 구성했다. AI 분야 세계적 권위자인 세바스찬 승 교수와 다니엘 리 교수 등 외부 인재 영입에도 적극적으로 나섰다.

삼성전자의 신기술 경쟁력 확보 작업은 전사적인 차원에서 진행되고 있다. 이에 따라 네트워크사업부와 AI 사업 영역의 리더들이 인사를 통해 전진 배치될 것이라는 관측이 나온다. 소비자가전(CE)과 IT · 모바일 등의 인력이 미래 사업 분야로 이동할 것이라는 전망도 있다. 업계는 AI 등 신기술 적용이 어느 한 사업에만 국한되지 않는 만큼 효율적인 미래 사업 추진이 가능한 방식의 조직 통합 가능성도 제기하고 있다.

업계 관계자는 "이번 삼성전자 인사는 소폭의 변화만 있을 것으로 예상되지만, 미래 신성장 동력과 핵심 역량을 확보하겠다는 의지는 충분히 드러날 전망"이라며 "삼성전자 인사 및 조직개편의 키워드는 성과주의와 미래 원동력 확보가 될 것"이라고 밝혔다. 이미 미래 성장 사업 강화에 방점을 찍은 인사 및 조직개편은 업계 트렌드다. 전자 · 통신 등 IT 계열 회사들은 갈수록 중요성이 커지고 있는 미래 사업에서의 비전을 인사 · 조직개편을 통해 제시하고 있다.

앞서 LG도 지주사 역할을 강화하는 동시에 미래 사업가를 키운다는 이유로 신규 임원인 상무를 대거 발탁했다. 4차 산업혁명 시대의 변화를 선도하는 등 미래 준비에 속도를 내겠다는 포석이다. LG그룹은 전체 승진자의 약 60%가 이공계 출신일 정도로 기술 인력을 적극 중용했다. 특히 LG전자는 미래 사업 조기 육성과 역량 강화를 위해 최고경영자 직속 '로봇사업센터'와 '자율주행사업Task'를 신설하기도 했다. 당시 LG 측은 "AI · 빅데이터 · 로봇 · 5G · 지능형 스마트 공장 등 새로운 기회를 창출할 수 있는 미래 먹거리 분야의 사업 경쟁력 확보를 고려한 인사 및 조직개편을 실시했다"고 밝혔다.

(매일경제, 2018.12.3)

4 본서의 특징과 구성

본서의 특징

본서는 다음과 같은 특징을 갖고 있다.

- 명확한 독자 선정 : 본서는 이공계 대학생을 주된 독자로 가정한다. 그 중에서도 이미 이공계 전공을 배정받고 자신의 이공계 전공과목을 수강한 2학년 이상의 학생들이 주요 대상이다. 특히 졸업 후 대기업이나 중소/벤처기업에 취직하여 기술을 기반으로 직장생활을 수행하고자 하는 학생들이 교양 또는 일반선택 과목으로 1학기 3학점 과목을 수강하는데 사용하는 것을 주된 용도로 설정하였다. 또한 이미 이공계 교육을 받고 기업에 취직하여 회사생활을 수행하면서 경영에 관련한 가장 기초적인 지식을 필요로 하는 회사원들에게도 유용하게 읽힐 수 있는 책을 지향하였다.

- 이공계 교육의 장단점을 반영 : 이공계 대학생들은 수학, 통계학, 물리학, 화학, 컴퓨터과학, 프로그래밍 관련 과목 등을 1, 2학년 때 충분히 수강하므로 문과생들과 비교하여 수리적 · 자연과학적 지식이 풍부하다. 또한 실험 및 실습, 계량적 자료 수집과 분석, 프로젝트 등을 실제로 수행해본 경험도 풍부하다. 따라서 기업과 경영에 관련하여 이러한 장점을 충분히 반영한 교육이 필요하다. 반면에 철학, 윤리학, 역사학 등 인문학적인 소양이나 경제학, 사회학, 심리학 등 사회과학적인 소양은 부족한 경우가 많다. 본서는 이와 같은 이공계 학생들의 장단점을 각 장의 구성이나 기술에 반영하도록 노력하였다.
- 학문적 내용보다 실무적 내용을 강조 : 본서는 "학문으로의 경영학"보다는 기업의 경영 실무를 이해하고 이끌 수 있는 "실용 중심의 경영 이해"를 지향하였다. 저자들은 경영학을 넘어서 경영 그 자체를 가르치는 것을 지향하였으나, 대학에서의 일반 선택과목이나 교양과목 강의 하나를 통해 경영 그 자체를 충분히 가르친다고 하기에는 부족함이 있을 것이다. 따라서 본서를 통해 학문으로서의 경영학 개론을 공부하기보다는 독자들이 졸업 후 활동하게 될 기업에서의 경영활동을 이해하고 직장생활의 전 과정을 통해 배우게 될 (경영학이 아닌) "경영"을 좀 더 쉽게 배우기 위한 첫 이해나 지침이 되었으면 한다.
- 쉬운 내용과 풍부한 자료 : 개론 또는 학문의 이해 수준의 교과서는 깊이 있는 내용이나 방대한 분량보다는 필요한 내용을 쉽게 전달하는 것이 더 중요하다. 특히 본인의 전공이 아닌 분야에 대해 실무적인 지식을 전달하는 대학 교재에서는 얼마나 쉽게 전문지식을 전달하느냐가 책의 성공요소라고 생각된다. 따라서 본서는 이공계 학생들에게 어렵게 느껴지지 않도록 최선을 다했다. 전문적인 내용이나 주제들은 다양한 교재 내 형식으로 참고하도록 하여, 불필요하다면 내용의 연속에 지장이 없이 생략할 수 있도록 하였다. 또한 신문이나 잡지의 최신 기사나 자료를 사용하여 우리나라의 현재 기업환경과 경영실태에 대한 현실적인 감각과 실무적 이해를 돕도록 하였다.

본서의 구성

본서는 다음과 같이 구성되어 있다.

제 1 장 이공계를 위한 경영학 개요	제 2 장 기업과 경영활동
제 3 장 창업과 벤처 경영	제 4 장 인적자원
제 5 장 경영전략	제 6 장 마케팅
제 7 장 기술경영	제 8 장 제조업 생산관리
제 9 장 서비스업 운영관리	제10장 품질경영
제11장 경영정보시스템	제12장 자금조달과 재무구조
제13장 자금운영과 이익창출	제14장 기업활동의 원가분석

요 약

기업의 목적과 특징을 살펴보았으며 경영을 과정, 기능, 의사결정이 이루어지는 측면으로 나누어 공부하였다.

이공계 인력이 기업에 진출하여 활동하기에는 경영과 관련한 지식과 기술의 교육이 부족한 실정이다. 기업의 경영활동을 이해하고 경영학의 성격, 범위, 역사에 대해 공부하였다.

과학기술과 인문학 · 사회과학은 학문적 특징과 차이점이 크다. 경영학은 사회과학이며 응용과학으로 공학과 상당한 공통점을 갖는다. 경영학은 학문으로서 독특한 특징과 범위 및 역사를 가지고 있다.

학문은 과학기술과 인문학 · 사회과학으로 나누어지며 우리나라는 학문간 경계가 강한 특징을 가진다. 현대의 이공계 인력은 개인으로 과학기술활동을 하는 것이 아니라 기업에 진출하여 활동하는 것이 일반적이다.

본서는 이공계 대학생을 주된 독자로 하여 독자의 장점을 살리고, 실무적 내용을 강조하며, 쉬운 내용과 풍부한 자료를 제공하는 특징과 접근방법을 가지고 있다.

주요 용어

- 경영
- 과학적 관리법
- 기업
- 기업경영학
- 서비스
- 제품

토의 문제

1. 현대의 이공계 인력이 개인으로 과학기술활동을 수행하는 방법은 대기업 취직이나 벤처기업 창업일 것이다. 이들 각각의 장점과 단점을 논의하시오.
2. 이공계 인력이 기업에 진출하여 적극적으로 활동하기 위해 전공지식 이외에 대학생활 중에 습득해야 될 지식이나 능력은 무엇인지 논의하시오.
3. 이공계 인력으로 기업에 진출하고자 할 때 개인의 경쟁력을 높이기 위해 필요한 지식과 교육을 어떻게 습득할지 논의하시오.
4. 과학기술과 사회과학, 공학과 순수자연과학의 학문적 특징과 차이점을 논의하시오.
5. 공학과 경영학의 공통점과 차이점을 논의하시오.
6. 이공계 출신 경영자가 최근에 각광받고 있는 이유에 대해 설명하시오.

CHAPTER

2

기업과 경영활동

학습목표

1. 조직이란 무엇인지를 학습한다.
2. 기업에 대해서 학습한다.
3. 경영자에 대해서 학습한다.
4. 경영활동과정(계획화, 조직화, 지휘, 통제)에 대해서 학습한다.

제2장을 시작하며

뒤처지면 끝… 재계 4차 산업 패권 경쟁 본격화

5세대 이동통신(5G)이 상용화되는 올해부터 4차 산업 생태계 패권 경쟁이 본격화할 전망이다. 주요 대기업들이 지난해부터 4차 산업에 대비한 조직개편을 단행한 가운데 새 성장동력 확보를 위한 기업 인수·매각 등 수 싸움도 치열하게 전개되고 있다. 3일 업계에 따르면 삼성·현대차·SK·LG 등 4대 그룹은 인공지능(AI)·가상현실(VR)·자율주행차·드론 등으로 대표되는 4차 산업 기술을 선점하기 위한 대대적인 체질 개선작업에 돌입했다.

각 기업들은 글로벌 인재 영입뿐만 아니라 조직개편과 동시에 인수합병 등에도 과감한 투자를 아끼지 않고 있다. 삼성그룹은 AI를 통한 그룹 체질 개선에 나섰다. 삼성전자는 한국 AI총괄센터 설립에 이어 미국·영국·캐나다·러시아 등 4개국에 글로벌 AI 네트워크를 구축하고 관련 인재도 영입하면서 미래 먹거리로 AI를 전면에 내세우고 있다. 앞서 9조원을 들여 인수한 하만을 필두로 한 전장사업도 미래 먹거리에 포함됐다. 삼성전자는 자동차 전장사업 진출을 위해 2015년 이미 전장사업팀을 만들었다. 이후 미국의 전장 전문기업 하만을 인수한 바 있다.

현대차그룹은 자율주행차·커넥티드카 등 미래차의 핵심기술인 AI·로봇 기술을 선점하겠다는 계획이다. 더불어 전기차와 수소차 등 차량전동화 등 5대 신사업을 위해 5년간 23조원을 투자하겠다고 밝혔다. 현대차는 핵심계열사들의 연구인력을 대거 투입, 로봇 연구에 매진하고 있다. 입는 로봇인 '웨어러블 로봇'은 상용화를 목전에 두고 있다. 다만, AI 자체 기술력이 부족한 현대차는 글로벌 선두업체들과의 협업에 나설 전망이다. 이를 위한 스타트업 투자도 5대 신사업에 포함시켰다.

SK그룹은 SK텔레콤을 필두로 AI·사물인터넷(IoT)·빅데이터·스마트공장 등 4차 산업을 결합해 신성장동력을 확보한다는 목표다. SK그룹 계열사들은 최근 3년간 27개 스타트업 기업에 3,400억원가량을 투자하는 등 이 분야에 대해 공격적인 투자를 지속하고 있다.

LG그룹은 삼성그룹과 마찬가지로 AI와 전장사업에 초점을 맞췄다, LG전자는 약 1조 4,440억원을 투자해 차량용 조명업체 ZKW를 인수했고 LG유플러스와 LG CNS가 IoT 솔루션과 서비스·IoT 플랫폼을 개발하는 데 전념하고 있다. LG그룹은 그룹 차원의 융복합 연구를 위해 LG사이언스파크를 본격 가동 중이다.

재계의 4차 산업 주도권 싸움에 인수합병(M&A) 시장도 활기를 띌 전망이다. 기존에 하지 않았던 사업진출을 위해서는 연구개발과 투자가 지속돼야 하는데, 가장 빠르게 진입할 수 있는 방법이 인수합병이기 때문이다. 우선 인수합병은 자금력에서 우위에 있는 대기업을 중심으로 활발히 전개될 것으로 보인다. 한국M&A거래소에 따르면 작년 M&A 거래금액은 약 52조원으로 전년 대비 56.5% 증가했다.

시장에서 큰손은 삼성전자다. 이재용 부회장은 올해 초 "5G 시장에서 우리는 도전자의 자세로 경쟁력을 키워야 한다"고 말했다. 삼성전자는 오는 2021년까지 180조원을 투자한다는 계획을 내놨다. 이 중에 AI, 5G, 바이오, 전장사업 등 신성장동력 분야에만 25조원이 투입된다. LG전자도 인수합병을 통해 활로를 찾는다는 전략이다. 조성진 LG전자 부회장은 지난 CES에서 "국내외 기업을 대상으로 지분투자 또는 M&A를 검토 중"이라고 밝힌 바 있다. 인수합병 시장에서 강점을 보여 왔던 SK그룹의 행보도 주목을 받고 있다. 이미 SK텔레콤은 물리보안업체 ADT캡스를 7,000억원에 인수했다. 다만 현대자동차는 인수합병 시장에서 존재감을 드러내기 어려울 것이란 분석이다. 매출과 시장 점유율 하락으로 고전하고 있기 때문이다.

업계 관계자는 "기존 비즈니스에 대한 한계를 극복하기 위한 주요 대기업들의 M&A 물밑 작업이 활발하게 이뤄지고 있다"면서 "과거 SK가 M&A를 통해 지금의 주력 계열사들을 보유하게 된 것처럼 M&A 성과에 따라 재계의 판도도 바뀔 것"이라고 말했다.

(세계파이낸스, 2019.2.3)

1 조 직

조직의 필요성

살아가면서 우리는 항상 단체라는 틀 안에 속해 있다고 볼 수 있다. 학교, 직장, 동호회, 종교단체 등 다양한 단체에 속하여 개인의 목적이나 조직의 목적을 달성하려고 한다.

그렇다면 단체란 무엇인가? [그림 2-1]을 통해 박 부장의 어느 날의 일과를 살펴보자. 박 부장은 아침 일찍 기상하여 가족과 간단히 식사를 마치고 건강을 위하여 테니스 동호회 사람들과 테니스를 쳤다. 테니스 경기 후 아침 9시까지 회사에 출근한다. 이후 저녁 6시 회사업무를 마치고 퇴근하여 교회 봉사모임에 참석하였다.

박 부장의 하루 일과를 보면 아침부터 저녁까지 계속해서 모임이나 단체에 속해 있고, 가족, 테니스 동호회, 회사, 교회는 모두 다른 목표와 구성원으로 이루어진 것을 알 수 있다. 이러한 모임이나 단체를 우리는 통상적으로 조직이라고 한다. 조직은 회사와 같이 영리를 목적으로 하는 조직도 있으며 종교단체, 자선단체, 학교 등 비영리 목적의 조직도 있다.

그림 2-1 박 부장의 하루 일과

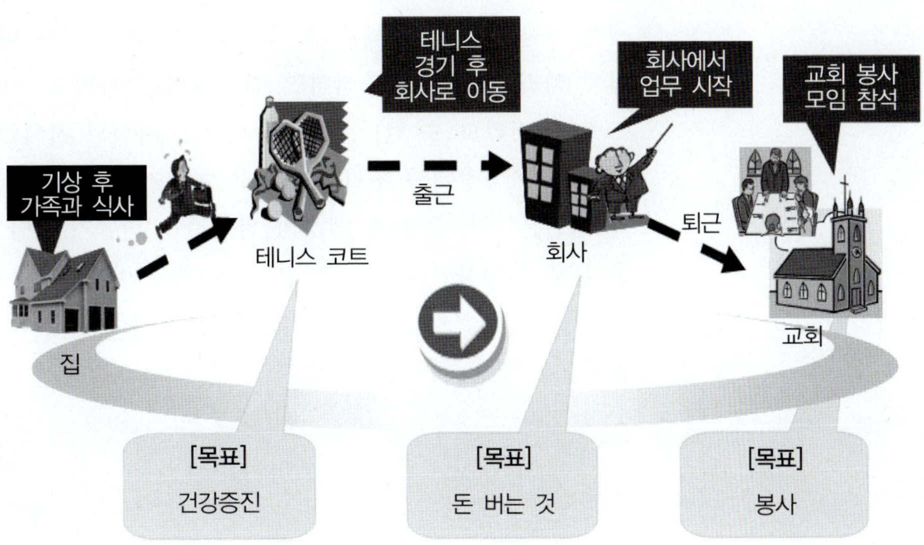

조직의 특성

그렇다면 회사, 종교단체, 학교 등과 같은 단체를 우리는 왜 조직이라 부르는가? 이를 위해서는 우선 조직의 정의부터 살펴볼 필요가 있다. 조직(organization)이란 공통의 목표를 달성하기 위해 여러 역할과 지위들이 체계적으로 연결된 집합체로 정의할 수 있다. 이 정의를 토대로 조직의 특성을 살펴보면 다음과 같다.

- 첫째, 공통의 목표(objective)를 달성한다는 것은 개인 간 서로 다른 목표에도 불구하고, 조직이 전체적으로 달성하고자 하는 목표가 있다는 것이다. 따라서 개인의 목표보다는 조직의 목표가 우선시된다. 조직에 속한 개인을 조직구성원이라 부르는데, 조직의 목표를 달성하기 위해 조직구성원이 조직에 참여할지에 대한 결정은 자신이 속해 있는 조직의 목표가 무엇인지가 큰 영향을 미친다.
- 둘째, 조직 내에서는 개인들이 각각 수행하는 역할과 지위가 존재하는데, 이는 즉흥적인 것이 아니라 체계적으로 설정되어 있다. 조직 내 개인들, 즉 조직구성원이 수행하는 역할과 지위가 체계적이라는 것은 조직에 위계구조(hierarchy)와 규칙(rule)이 존재함을 말한다. 여기서 위계구조란 「사원－대리－과장－팀장－이사－사장」 등과 같이 상하의 구분이 있는 조직구조를 의미한다.
- 셋째, 분업을 통해 협력한다. 조직은 업무를 세분한 다음에 구성원의 능력에 따라 분담하여 추진하면 전문성이 높아지고, 이를 통해 효율적으로 일을 처리할 수 있다. 애덤 스미스는 자신의 저서인 『국부론』에서 핀을 만드는 공장에서 분업의 효과를 이야기한 바 있다. 이에 따르면 노동자 개인은 하루에 20개 이상의 완성품을 만들기 힘들지만, 10명이 분업을 통해 협력하면 하루 생산량이 200개가 아니라 4,800개까지 늘어난다고 하였다. 이처럼 개인이 조직을 이루고 분업을 통해 협력하면 훨씬 효율적으로 일을 처리할 수 있다.

조직의 유형

조직은 영리를 추구하느냐 그렇지 않느냐에 따라 영리조직과 비영리조직으로 구분된다. 비영리조직은 정부, 학교, 종교단체 등 이윤을 추구하는 것이 근본적인 목적이 아닌 조직을 말한다. 반면에 영리조직은 이윤추구를 목적으로 하는 조직으로 기업이 이에 해당된다. 기업은 규모에 따라 대기업, 중기업, 소기업으로 구분되고, 소유형태에 따라 개인이 소유한 사기업, 국가나 지방자치단체가 소유한 공기업으로 구분된다.

그림 2-2
조직의 유형

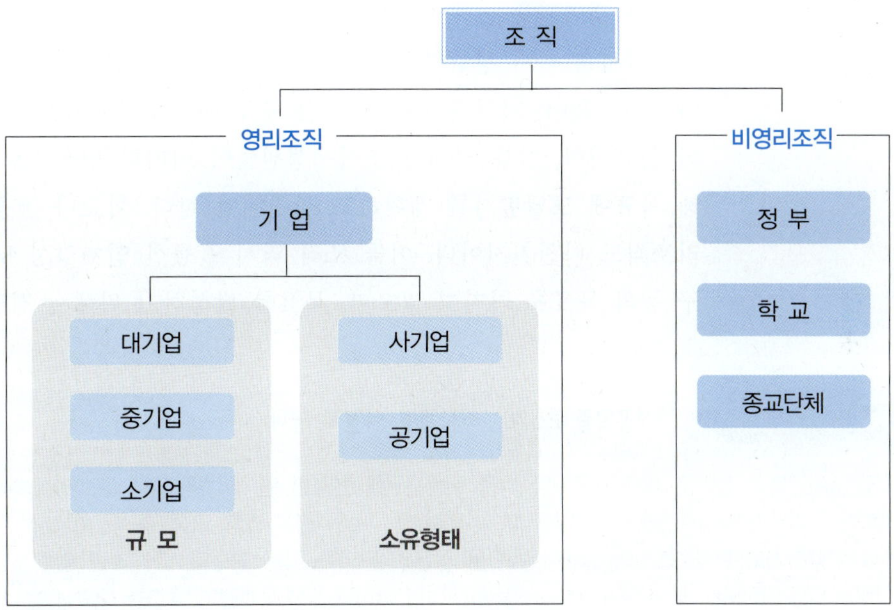

조직과 경영활동

조직의 성과 정도는 처음에 세운 조직의 목표를 달성했는지 여부에 달려 있다. 따라서 조직은 초기에 설정한 목표를 달성하기 위해 계획을 수립하고 이에 따라 행동하며 그 결과를 평가하고 다음 계획에 반영하는 경영활동을 수행해야 한다. 즉 조직이 역할과 지위가 다른 개인들의 분업을 통한 협력으로 공통의 목표를 달성하기 위해서는 경영활동이 필요한 것이다.

예를 들어 앞서 박 부장의 테니스 동호회를 살펴보자. 박 부장의 테니스 동호회는 같은 아파트 단지에 사는 테니스 동호인 50여명으로 구성되어 있다. 이들 중에는 전직 고교 테니스 선수 출신도 있지만, 테니스를 배운 지 몇 달 안 되는 신입 회원들도 있다. 또한 이들 중 일부는 거의 매일 아침 테니스를 치는 열성파도 있지만 운동광인 남편의 성화에 못 이겨 한 달에 한두 번 주말에만 나오는 주부 회원도 있다. 이들 모두는 테니스를 통해 건강을 지키고 동호인들과 즐겁게 지내고자 한다. 하지만 이러한 공통의 목표를 위해서는 동호회비를 걷고, 테니스 코트를 관리하며, 아파트 관리사무실과 조율하는 활동이 필요하다. 테니스 동호회가 잘 운영되기 위해서는 회장, 총무, 재무 등을 뽑아 이러한 경영활동을 수행해야 하는 것이다.

다시 말해서 경영활동은 목표가 설정된 조직에서는 반드시 필요한 부분이다. 예를 들어, 기업과 같이 영리를 추구하는 조직에서는 돈을 버는 것이 조직의 목표이며, 이를 위해서 조직구성원들이 어떠한 방식으로 어떠한 과정을 통해 목표에 도달할지를 계획하고 실천해야 한다. 학교나 공공기관과 같은 비영리조직도 마찬가지이다. 이들 조직 역시 훌륭한 인재양성 또는 국민의 행복추구 등의 목표를 가지고 있으며, 목표를 달성하기 위해서 경영활동을 수행한다.

더 알아봅시다 **'성공확률 25%' 조직개편 어떻게 할까**

많은 기업들이 전략을 새로 세우거나 사업 우선순위를 변경한 뒤 조직을 다시 설계한다. 성과가 기대에 못 미치거나 업무가 제대로 돌아가지 않을 때, 비용절감, 새로운 성장 방향 모색, 조직문화 쇄신 등을 위해 조직구조를 변경하기도 한다. 조직의 설계나 개편은 많은 시간과 노력을 요한다. 조직개편 이후 구성원들이 혼란에서 벗어나고 적응하는 데 드는 비용도 상당하다. 이런 고비용의 조직개편이 효과를 내고 있을까.

세계적 컨설팅사들의 조사에 따르면 성과는 기대에 못 미쳤다. 베인앤드컴퍼니는 57건의 조직개편 사례에서 실적 개선을 가져온 사례는 3건당 1건 미만이었다고 발표했다. 보스턴컨설팅그룹은 세계 35개국 1,000명 이상 대기업 임원 1,600명 중 조직개편이 성공적이라고 답한 이는 절반도 안 됐다고 밝혔다. 실패할 경우 기회 상실과 비용 발생 외에 경영수지 악화, 생산성 하락, 시장 포지션 약화, 직원 만족 저하와 같은 부작용도 나타났다. 맥킨지가 2015년 1,324개 기업을 대상으로 조사한 결과에서도 성공 사례는 4분의 1 미만이었다. 개편 이후 오히려 활력을 잃은 회사는 44%였고 성과 개선에 실패한 기업도 3분의 1이나 됐다.

조직개편이 기대만큼 효과를 내지 못하는 이유는 전략과 한 방향으로 구조를 설계하지 못하거나 적합한 사람을 배치하지 못하거나 협업과 같은 과정적 측면을 간과해서이다.

• 사업 우선순위가 첫째 고려요소

조직설계의 첫 단계는 새로운 전략이나 사업 우선순위에 적합한 구조를 어떻게 짤지 고민하는 것이다. 기업은 새로운 고객 확보, 글로벌 시장 진출, 신제품의 신속한 출시, 대대적 비용절감, 획기적인 혁신, 새로운 조직 문화 구축 등 다양한 목표에 따라 무엇을 기준으로 조직을 구성할지 정해야 한다.

기업의 구조는 기능·제품·시장·지역·프로세스 등에 따라 사업부·매트릭스·네트워크 구조를 만든다. 소규모 기업일 때에는 기능별로 운영하다 규모가 커지면 유사한 제품·시장·지역·프로세스 등을 기준으로 사업을 짠다. 규모가 더 커지면 구조가 뒤섞인 매트릭스 구조를 만든다. 외부 협력과 부족한 역량을 확보하기 위해 타 기업들과 네트워크를 구성하기도 한다. 최근에는 민간기업뿐만 아니라 공공기관에서도 네트워크 구조를 갖춘다. 주민이 9만4,000명인 미국 조지아 주 샌디스프링스 시청에는 공무원이 7명뿐이다. 이들은 다양한 민간기업들과 네트워크를 이뤄 시정을 운영한다.

부서화의 기준은 경쟁 상황이나 전략의 변화에 따라 바뀌거나 혼합된다. 소비재 회사들은 전통적으로 시장별·지역별 구조를 갖는 경우가 많았다. 초대형 유통업체들은 구매 파워가 커짐에 따라 규모의 경제도 살리고 공급자 파워를 키우기 위해 제품 중심 조직으로 재편하기도 한다. 각각의 조직은 장단점을 지녀 모든 상황에 적합한 부서화 기준이란 없다. 조직단위를 정하고 나면 각 부서의 인원 수와 관리자가 담당할 직원 수(통제 폭)를 정해야 한다. 인원 수는 업무량을 고려해야 하며 통제 폭은 업무 특성과 구성원들의 역량 및 태도를 감안해야 한다. 통제 폭이 좁을수록 계층은 늘어난다. 일반적으로 통제 폭이 7명 미만이거나 계층의 수가 8개 이상이면 의사결정 속도가 떨어지고 관료화가 심해진다. 가능한 한 계층 수를 줄이면 업무의 본질에 초점을 맞추게 돼 생산성이 올라간다.

부서를 편성한 뒤 책임 중심점을 정해야 한다. 원가 또는 비용 발생에 대해 책임지는 원가 중심점은 제조부서나 연구개발부서에 적합하다. 수익과 매출의 발생을 책임지는 수익 중심점은 영업부서에 알맞다. 수익과 원가를 통제해 이익까지 책임져야 하는 이익 중심점은 사업부 조직에 적당하다. 책임 중심점 설정은 회사 전체의 손익구조 결정에 중요한 기능을 한다. 책임 중심점에는 적절한 수직·수평적 권한이 주어져야 한다. 수직적 권한 배분은 최고경영자(CEO)에게 직접 보고할 활동과 자율적으로 처리할 업무가 무엇인지 정하는 것에서 출발한다. 소규모 기업은 CEO가 거의 모든 활동을 챙길 수 있지만 규모가 커지면 경영상 아주 중요한 요소만 관장하고 나머지는 위임하게 된다. 리스크나 브랜드 관리 등 일관성이 중요한 사안, 연구·개발이나 생산 등 규모의 경제가 중요한 활동, 전략적 중요성이 높은 사안은 집권화하는 것이 효과적이다. 수평적 권한 배분은 영업·제조·연구개발·관리 등 어디에 상대적으로 많은 권한을 부여할 것인지 사업 특성이나 CEO의 경영 스타일에 따라 결정하면 된다.

• 역량에 따라 적재적소에 사람들을 배치하라

구조가 결정되면 각 조직별로 사람들을 배치해야 한다. 이후 회사의 사명·비전·전략을 실행할 핵심성공요인과 반드시 수행해야 할 역할과 책임을 정한다. 전략 실행에 적합한 리더와 구성원을 정하기 위해서는 필요한 역량의 수준을 파악해야 한다.

리더 선정은 실행력, 전문성, 인재 관리 능력, 변화 관리 능력 중 하나 이상을 갖추고 있는지 봐야 한다. 이들 역량 중 상대적으로 어떤 것이 더 중요한지는 각 부서의 상황에 따라 달라진다. 신규 사업을 주로 하는 부서는 실행력과 변화 관리 능력이 더 필요하고 안정된 사업을 운영하는 리더라면 전문성과 인재 관리 능력이 더 요구된다. 리더의 역량 파악은 인터뷰, 분석 및 발표, 사례 분석, 집단 토의, 비즈니스 게임 등 전문가들의 평가센터 기법을 활용하는 것이 효과적이다.

구성원들의 역량은 단순한 '감'이나 평판을 기준으로 판단하지 말고 역량 모델을 활용하거나 해당역할을 수행하는 데 필수적인 역량이 무엇인지 기준을 정해 판단해야 한다.

• 협업 촉진을 위한 '역할협의서' 합의 중요

조직구성원을 배치하고 나면 모든 사람들이 서로 협업하며 성과를 낼 수 있는 틀을 만들고 책임의식을 높여줘야 한다. 모든 구성원들은 성과에 대해 개인 책임과 공동 책임을 명확히 알아야 한다. 구성원들의 역할과 책임을 명확히 하려면 CEO부터 자신의 역할에 대해 명확한 내용을 정해야 한다. 개인 책임과 공동 책임에 관해 정하고 핵심성과지표와 의사결정 권한을 규정한 뒤 '역할협의서'를 작성한다. 역할협의서는 자신의 역할과 책임을 단순히 기술하는 게 아니라 상사와 동료 및 부하들과 내용을 공유하고 협의하는 과정을 통해 작성돼야 한다. 역할협의서는 CEO 및 상위 2~3개 계층까지 작성하는 것이 바람직하다. 먼저 CEO가 자신의 역할협의서를 작성한 뒤 직속 임원들에게 내용을 설명하고 조직 전체의 목표와 역할 분담에 대해 논의한다. 직속 임원들도 각자 역할협의서를 작성하고 토론을 통해 모호하거나 갈등이 발생할 수 있는 내용에 대해 수정 및 보완한다. 임원들은 자신의 직속 부하들(주로 팀장들)을 모아 동일한 과정을 진행한다. 역할협의서는 결과물보다 합의에 이르는 과정 자체가 더 중요하다. 작성절차를 잘 준수하면 윗사람과 아랫사람이 한두 차례 대화를 나누는 것만으로 서로 책임져야 할 사항, 핵심성과지표, 의사결정 권한, 바람직한 행동 등을 폭넓게 논의하고 이해할 수 있다. 또한 의사결정을 더디게 만드는 요인, 책임 소재의 모호성, 협업 저해 요인 등을 찾아낼 수 있다.

조직설계는 톱에서 방향만 정하고 원칙에 따라 현업의 책임하에 진행하는 것이 좋다. 부서화 기준 결정이나 책임 중심점 설정 또는 집권화 여부 등은 톱에서 정하되 구체적인 방안은 현업에 맡기는 것이 바람직하다. 자기 조직에 대해 가장 잘 알고 있는 사람은 현업의 리더들이기 때문이다.

또한 조직개편은 기업의 사정이 좋지 않아 어쩔 수 없이 시행하는 것보다 사정이 좋을 때 선제적으로 하는 것이 성공가능성을 높인다. 조직구조는 설계된 순간이 최적 상태이고 이후로는 조금씩 부적합 상태로 빠지기 마련이다. 한 번에 완벽한 조직을 설계하려 하지 말고 지속적으로 보완해 나간다는 자세로 진행해야 한다.

(한국경제 매거진, 2017.2.8)

2 기업과 경영자

기업의 특징과 목표

기업의 특징은 다음과 같다.

• 영리추구 : 기업은 영리를 추구하는 조직이라는 점에서 정부·교회 등의 비영리조직과 구별된다. 영리의 원칙은 중세의 수공업자나 상인의

시대에도 존재하였으나 그것은 가족의 생활유지를 위해서 영리를 추구한 것인 데 반해, 현대 기업은 기업가나 종업원의 가계와는 별도로 독립된 자본단위를 이루고, 기업의 자본가치 증식을 위한 영리를 추구한다. 또한 현대의 기업은 단기적 이윤의 극대화가 아니라 기업의 생존에 필요한 만족이윤을 유지하면서 장기간에 걸친 이익의 증대와 사회적 책임의 수행을 추구한다.

- 소유와 노동의 분리 : 중세 수공업자나 현대의 소규모 생업의 경우, 생산자는 자신이 소유하고 있는 생산수단에 자신의 노동력을 가하여 제품을 생산함으로써 소유와 노동이 일치하는 데 반해, 현대의 기업은 생산수단의 소유와 노동의 분리를 기본적인 특징으로 하는 점에서 전자와 구별된다. 소유와 노동의 분리에 의하여 한편에서는 임금노동의 이용이 행해지고, 다른 한편에서는 노동자와 독립된 경제단위로서의 기업이 성립한다.
- 자본의 축적과 운영 : 이윤획득을 동기로 하는 생산을 위하여 생산요소로 자본, 건물, 기계, 재료, 노동력을 사용한다. 이러한 생산요소들은 이윤획득이라는 목적에 따라서 통일적으로 이용되며 규제된다. 기업의 지속적인 성장을 위해서는 일정량의 자본이 축적되어 있어야 한다. 동시에 축적된 자본은 하나로 집적된 양으로서 기업 전체를 위해서 운용되어야 한다. 따라서 기업은 한편에서는 일정량의 자본을 집중하는 기구로서, 다른 한편에서는 단일의 지휘 아래 자본을 운영하는 조직으로서 활동한다.
- 국민경제 기여 : 기업은 생산·유통을 통하여 고객의 수요를 충족시키며, 여기서 얻어진 수익을 분배한다. 즉, 생산에 대한 대가로서 재료 및 부품 제공업자에게 대금을 지급하고, 노동력을 제공한 종업원에게 임금을 지급하며, 자본을 제공한 투자자에게 배당 또는 이자를 지급하고, 정부에 세금을 지급하는 등의 형태로 창출한 부를 국민들에게 분배한다.

기업이란 이윤을 창출해야 하는 조직이다. 기업은 경영활동을 통해 이익을 내야만 하는데, 이 이윤을 통해 주주에게 배당을 하고, 정부에 세금도 내게 되며, 새로운 시장을 개척하기 위해 이윤의 일정부분을 적립하기도 한다. 따라서 기업은 이윤을 내기 위해서 투입된 자원에서 제품이나 서비스를 산출하고 고객에게 제공하는 모든 과정을 경영관리하게 된다. 이것은 기업의 주된 목표인데, 우리는 이를 이윤극대화(profit maximization)라고 한다.

기업은 가능한 한 주어진 상황에서 최대한의 이윤을 내려고 노력하는데, 시장에서 다른 기업보다 이윤을 더 많이 내기 위해서 최소한의 비용으로 제품과 서비스를 생산하려는 것은 당연하며, 보다 많이 팔아야 하는 것도 이윤을 극대화한다는 점에서 당연한 이치이다.

기업의 역할

기업은 한 국가의 경제발전에 지대한 영향을 미치며 동시에 정치 · 사회 · 문화 분야 등의 발전에 영향을 미친다. 기업은 경제단위로서 제한된 자원으로 최대의 효과를 얻으려 한다. 따라서 기업은 효율성(efficiency)이라는 개념하에 투입한 기업자원을 최대한으로 활용하고자 노력하고 이윤을 창출하여 기업에 종사하는 직원들에게 소득을 제공한다. 한편으로는 제품이나 서비스를 생산함으로써 소비자의 욕구를 충족시켜준다.

결국, 기업은 영리를 추구하는 집단으로 사람들에게 풍요로움과 높은 수준의 삶을 제공한다고 볼 수 있다. 사람들이 가지고 있는 돈으로 살 수 있는 제품이나 서비스가 많아지므로 삶이 풍요로워지는 것이다. 또한 기업은 일을 하고 싶어 하는 사람들에게 일자리를 제공하기도 한다. 이 외에도 제품의 다양화, 비용절감, 신기술 개발 등 국민경제에서 중요한 역할을 하고 있다.

기업의 종류

기업의 구조에 따른 분류

기업의 구조에 따라 개인회사, 공동회사, 프랜차이즈, 협동조합, 공기업 등으로 구분할 수 있다.

- 개인회사 : 개인이 주체가 되고 책임을 지는 가장 간단하고 작은 규모의 기업에 적합한 형태이다. 개인회사는 모든 책임과 투자를 개인이 하

고, 따라서 이로부터 나오는 모든 이익도 소유주에게 돌아가는 형태의 회사이다. 개인이 여는 음식점 등의 자영업이 개인회사의 대표적 예이며, 숫자로 보면 가장 많은 수의 기업 형태이다.

- 공동회사 : 두 명 이상의 소유주가 공동으로 자금을 대고 이익과 손실을 공유한다. 공동회사 중 규모가 작은 형태에 적합한 회사로 합명회사, 합자회사, 유한책임회사, 유한회사가 있으나, 현재는 주식회사가 가장 대표적인 공동회사의 형태이다.
  - 합명회사[1](ordinary partnership) : 모든 참가자가 경영과 이익을 무한책임진다. 개인회사와 비슷하지만 개인회사와는 달리 2명 이상의 친밀한 소수의 사람들이 인적신용을 기초로 설립하는 것이 보통이다.
  - 합자회사(limited partnership) : 무한책임을 지는 무한책임사원과 출자액 한도에서만 책임을 지는 유한책임사원으로 구성된다. 경영은 무한책임사원이 담당하고, 유한책임사원은 출자에 따른 이익의 분배에만 관여한다.
  - 유한책임회사(limited liability company) : 2011년 상법의 개정으로 우리나라에 도입된 회사 형태로, 중소 규모 기업에 적당한 유한회사와 달리 1인 기업이나 벤처기업과 같이 작은 기업의 설립에 적절한 형태이다. 주식회사나 유한회사와 같이 출자자는 일반적으로 자신이 출자한 만큼의 책임만 진다. 출자자가 직접 경영에 참여할 수 있고, 감사 선임의 의무가 없으며, 주식회사보다 신속하고 유연하며 탄력적인 지배구조를 가지고 있어 벤처기업의 활성화에 도움이 될 것으로 본다.
  - 유한회사(private company) : 유한회사는 모든 사원들의 책임이 유한이며 주식회사보다는 설립이 보다 간단하고 공시주의가 완화되어 있다. 유한회사의 지분 양도를 위해서는 증권시장에서 거래되는 것이 아니라 사원총회의 승인이 있어야 하므로 지분 양도가 자유롭지 못하다. 비교적 소수인에 의한 중소 규모 기업에 적합하다.

1) 합명회사는 13~14세기 유럽 대륙 내부의 상업도시에서 형성된 Sicietas에서 비롯되었다고 알려진다. 이들은 가족공동체, 혈연공동체였기에 모든 참여자의 무한책임이라는 강한 신뢰관계를 기반으로 하였다. 반면에 합자회사는 10세기 이후 유럽의 해상무역에서 발달한 Commenda가 그 기원으로 알려진다. 해상무역은 귀족, 지주, 상인들이 해상무역업자에게 상품 또는 자본을 위탁하고 무역업자의 책임하에 무역을 수행하여 이익금을 나누어 갖는 위탁계약을 기반으로 하는데, 해적, 날씨 등의 위험요소가 많은 특성을 반영하여 위탁자는 출자금액 한도의 유한책임을 지고 수탁자인 무역업자는 무한책임을 가지게 되었다.

- 주식회사 : 1602년 네덜란드의 동인도회사로부터 유래되었으며 대규모 자본조달이 쉽게 구성된 회사이다. 주식회사는 출자자와 별개로 독립적인 법적 지위를 갖고, 계약과 소송의 주체가 되며, 부동산을 소유할 수 있고, 과세의 대상이 된다. 주식회사의 출자자는 회사의 부채에 개인적 책임이 없고, 주식의 소유에 비례하여 이익의 분배를 청구하며, 이사선출 투표에 참여하고 이들을 통해 주요 의사결정에 참여할 수 있다. 주식회사는 현재 자본주의 사회에서 가장 영향력이 크고 경제적 기여가 많은 소유형태이다.

• 프랜차이즈 : 프랜차이즈 본사가 제공하는 상품과 브랜드를 프랜차이즈 가맹점이 일정지역에서 제품 및 서비스를 제공하는 형태의 사업조직이다. 패스트푸드점이나 커피점 등이 대표적인 프랜차이즈 형태를 갖는다.

• 협동조합 : 생산자협동조합, 소비자협동조합, 신용협동조합 등은 조합원들이 유한책임을 갖고 이사회를 구성하여 조직을 운영한다. 협동조합은 영리를 목적으로 하지 않고, 참가자들의 상호 부조를 목적으로 한다. 주식회사와는 달리 조합원들은 연회비를 지불하고, 이에 따른 이익을 공유하며, 이익을 개인자산으로 간주하지 않아 조합원들은 납세의 의무가 없다.

• 공기업 : 국가나 지방자치단체가 출자하여 직접 또는 간접적으로 경영하는 기업형태이다. 공기업은 도로 및 교통사업, 철도사업, 체신사업, 수도사업, 토지 및 주택개발사업, 보건위생사업, 사회보장사업, 전매사업, 조폐사업 등 공공이익이 관계되거나 대규모 자본, 수익성, 정책상 이유로 민간기업이 참여하기 어려운 사업을 수행한다.

〈표 2-1〉은 유한책임회사, 유한회사, 주식회사의 차이점을 보여준다.

표 2-1
유한책임회사, 유한회사, 주식회사의 차이점

	유한책임회사	유한회사	주식회사
출자자의 책임	• 유한책임	• 유한책임	• 유한책임
사원의 표결	• 사원 1인당 1의결권	• 출좌 1좌수당 1의결권 • 정관으로 달리 정할 수 있음	• 주식 1주당 1의결권 • 정관으로 달리 정할 수 없음
현물출자의 가부	• 가능	• 가능 • 단, 검사인에 의한 검사 필요	• 가능 • 단, 검사인에 의한 검사 필요
최저자본금	• 없음	• 없음	• 없음
출자지분의 양도 제한	• 원칙적으로 다른 사원의 동의를 요함	• 사원총회의 승인 필요 • 다만 정관으로 가중이 가능함	• 주식양도자유가 원칙 • 상법 제335조 이하에 따른 제한만 가능
사채발행의 가부	• 불가능	• 불가능	• 가능
업무집행자	• 원칙적으로 각 사원	• 이사 또는 대표이사	• 대표이사 또는 대표집행임원

기업의 규모에 따른 분류

기업은 규모에 따라 대기업과 중소기업으로 구분할 수 있다. 우리나라 경제에서 중소기업이 차지하는 비중은 2016년 기준 사업체 수에서는 99% 이상, 종업원 수에서는 약 88%를 차지한다. 우리나라의 중소기업법은 업종에 따라 중소기업의 규모를 규정하고 있다. 중소기업으로 분류되기 위해서는 종전에는 상시 근로자 수와 자본금/매출액 중 하나만 충족하면 되었으나, 2015년 이후로는 자산총액 기준과 업종에 따라 달리 정의되는 매출액 기준을 사용한 규모를 초과하지 않아야 한다. 또한 규모가 만족되더라도 대기업의 계열사와 순수한 중소기업을 구분하기 위하여 중소기업법에서 정한 독립성 기준을 만족해야 중소기업으로 분류된다.

대기업과 중소기업 각각의 장점은 〈표 2-2〉와 같다.

표 2-2 대기업과 중소기업 각각의 장점

구 분	장 점
대기업	• 대량생산, 대량구매, 대량운송 등 규모의 경제를 달성하기 쉽다. • 경영조직이 체계화되고 안정적이어서 일관된 경영활동이 가능하다. • 대외신용도가 높아 대규모 자본 조성에 유리하다. • 풍부한 인력에 의해 작업을 분업화, 전문화함으로써 능률을 올릴 수 있다. • 직업의 안정성이 확보되어 우수인재를 유치하기 쉽다. • 높은 수준의 연구개발능력, 기술력을 확보하기 쉽다.
중소기업	• 소규모 자본으로 할 수 있어 시장참여가 쉽다. • 기업이 유동성이 있어 기업환경변화에 대해 민첩한 대응이 가능하다. • 아이디어, 창의성, 기술력 등을 기반으로 새로운 시장의 개척이 쉽다. • 시장의 변동성에 대해 빠른 대처가 가능하다. • 조직의 일반관리비나 부대비용이 작다.

더 알아봅시다

우리나라 중소기업의 범위 (중소기업기본법 시행령 제3조 참조)

다음 각 호의 요건을 모두 갖춘 기업으로 한다.

1. 다음 각 목의 요건을 모두 갖춘 기업일 것
   가. 해당기업이 영위하는 주된 업종과 해당기업의 평균매출액 또는 연간매출액(이하 "평균매출액등"이라 한다)이 별표 1의 기준에 맞을 것[2]
   나. 자산총액이 5천억원 미만일 것
2. 소유와 경영의 실질적인 독립성이 다음 각 목의 어느 하나에 해당하지 아니하는 기업일 것
   가. 「독점규제 및 공정거래에 관한 법률」 제14조 제1항에 따른 상호출자제한기업집단(이하 이 호에서 "상호출자제한기업집단"이라 한다)에 속하는 회사 또는 같은 법 제14조의3에 따라 공시대상기업집단의 소속회사로 편입·통지된 것으로 보는 회사 중 상호출자제한기업집단에 속하는 회사
   나. 자산총액이 5천억원 이상인 법인(외국법인을 포함하되, 비영리법인 및 제3조의2 제3항 각 호의 어느 하나에 해당하는 자는 제외한다)이 주식등의 100분의 30 이상을 직접적 또는 간접적으로 소유한 경우로서 최다출자자인 기업. 이 경우 최다출자자는 해당기업의 주식등을 소유한 법인 또는 개인으로서 단독으로 또는 다음의 어느 하나에 해당하는 자와 합산하여 해당기업의 주식등을 가장 많이 소유한 자를 말하며, 주식등의 간접소유 비율에 관하여는 「국제조세조정에 관한 법률 시행령」 제2조 제2항을 준용한다.
      1) 주식등을 소유한 자가 법인인 경우 : 그 법인의 임원
      2) 주식등을 소유한 자가 1)에 해당하지 아니하는 개인인 경우 : 그 개인의 친족
   다. 관계기업에 속하는 기업의 경우에는 제7조의4에 따라 산정한 평균매출액등이 별표 1의 기준에 맞지 아니하는 기업

---

2) 별표 1은 업종에 따라 400억원 이하, 600억원 이하, 800억원 이하, 1,000억원 이하, 1,500억원 이하 등을 규정하고 있음.

생산요소

기업은 조직이 가진 자원을 활용하여 기업의 목표를 효율적으로 달성하기 위해 제품이나 서비스를 생산 또는 창출하여 소비자에게 제공하는 활동을 수행해야 한다. 기업이 제품이나 서비스를 창출하기 위해 사용하는 자원을 '생산요소'라고 한다. 기업이 사용하는 생산요소는 물자, 자본, 인력, 기술, 정보 등으로 구분할 수 있다.

- 물자(material): 농산물, 목재, 광물, 원유 등 자연적인 상태로 생산에 투입되는 천연자원(농업이 지배적인 산업이던 시절의 전통 경제학에서는 토지)과 다른 기업에서 제공되는 인공자원(부품, 반제품 등)이 있으며 대표적인 물적자원(physical resource)이다.
- 자본(money): 생산에 필요한 건물, 기계, 도구 등을 구입하는 데 사용하는 자금이다. 기업이 경영활동을 위해 사무실을 마련하고, 사람을 채용하는 등 기업을 운영하는 데 필요로 하는 자금으로, 물적자원의 일종이다. 기업은 자신의 자본을 통해 기업을 운영할 수도 있고, 또는 투자자나 은행 등의 채권자에 의해서 자본을 조달할 수도 있다.
- 인력(human): 인력은 기업에 노동력을 제공함으로써 기업의 목적달성에 기여한다. 인력은 기업에서 목적을 수립하고 이를 달성하기 위해 가장 중요한 자원 중의 하나이며 인적자원(human resource)이라고도 한다. 최근에는 인적자원의 중요성이 부각되면서, 교육 및 훈련 프로그램을 마련하여 인적자원의 능력을 극대화하려는 추세이다.
- 기술(technology): 기업환경의 불확실성이 커지고 업무의 성격, 조직구성, 경영기법 등이 빠르게 변함에 따라 소위 지식기반 경제가 구축되면서 기업이 확보한 기술이 기업의 성공조건을 결정짓는 요소가 되고 있다.
- 정보(information): 과거에도 정보는 기업운영을 하는 데 있어 중요한 자원이었으나, 최근에는 정보기술의 발달로 인해 더욱 정보의 중요성이 부각되고 있다. 기업에 필요한 시의적절한 정보를 활용하여 계획을 수립할 수 있으며, 경쟁기업의 동향을 파악하여 시장에서 우위를 점할 수도 있다. 경영학의 전 분야가 다양한 정보의 확보 및 활용과 관련되어 있다.

경영자의 역할

경영자는 단순히 말하면 경영을 하는 사람이다. 앞서 경영이란 "조직에서 과업을 수행하기 위해 인적자원, 재무자원, 재료, 정보와 같은 자원을 목표지향적인 방법으로 조합 활용하는 과정"이라고 정의하였다. 결국 경영자란 이러한 과정을 행하는 사람을 일컫는 말이다. 그렇다면 경영자는 단순히 목표달성을 위한 활동, 과정 또는 수단을 행하기만 하면 되는가? 결론부터 이야기하면 그렇지 않다. 즉, 이 모든 활동을 행하고 그 결과에 대한 책임을 동시에 져야 하는 사람이 경영자이다.

경영자의 종류

앞서 언급했듯이 경영자는 경영하는 사람을 일컫는다. 흔히 우리는 경영하는 사람을 기업의 회장이나 사장만으로 생각하는 경향이 있으나, 실제로는 그렇지 않다. [그림 2-3]과 같이 소유기준과 계층기준에 따라 경영자의 유형이 구분된다.

그림 2-3
경영자의 종류

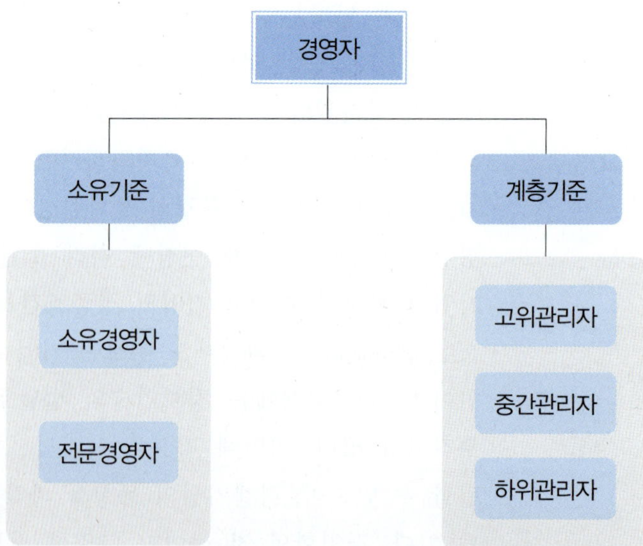

우선 경영자는 누가 기업을 소유하고 있느냐에 따라 소유경영자와 전문경영자로 구분된다. 소유경영자는 기업을 소유한 사람이 경영하는 경우에 해당되는데, 대개는 소유한 기업주가 자신의 자본으로 직접 기업을 설립하고 경영한다. 그러나 점차 기업의 규모가 커짐에 따라 소유경영자가 경영을 책임지기 어려워지면서 전문경영자가 대두되었다. 전문경영자란 전문적인 경영지식을 지고 경영에만 몰두하는 경영자로, 고용된 경영자라고도 한다. 소유경영자와 전문경영자의 대두는 기업의 소유와 경영이 분리되면서 나타난 현상이라 할 수 있다([그림 2-4] 참조).

그림 2-4
소유와 경영의 분리

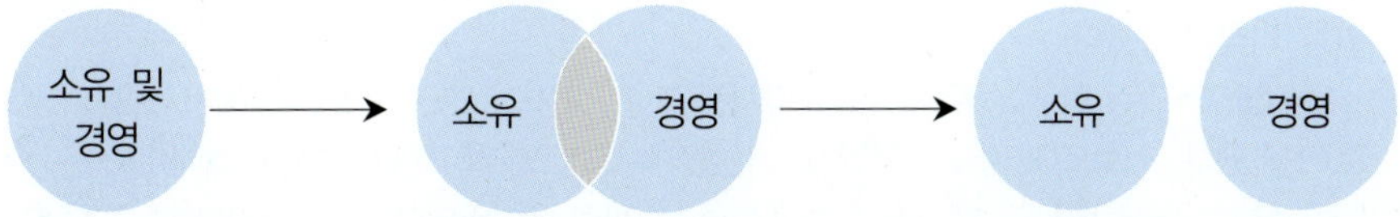

다음으로, 경영자는 계층에 따라 고위관리자, 중간관리자, 하위관리자로 구분된다. 고위관리자(top management)는 조직에서 가장 맨 위에 위치한 계층으로, 기업 전체에 대한 책임을 갖고 있다. 회장, 사장, 전무, 상무 등 흔히 말하는 기업의 임원진이 이에 속한다. 이들은 주로 기업의 전반적인 운영에 대해 관심을 가지고 있으며, 중간관리자와 서로 협조하는 역할을 수행한다. 중간관리자(middle management)는 조직의 중간에 위치한 관리자로, 부서장, 지점장 등이 이에 해당된다. 이들은 조직의 목표를 달성할 수 있도록 각 부서별 세부계획을 수립하고 계획을 수정하는 일들을 하며, 하위관리자에 대한 업무를 통제하기도 한다. 하위관리자(lower managers)는 조직의 가장 하위층에 위치한 초급관리자로서, 실무를 담당하고 있는 직원들에 대한 업무의 책임을 가지고 있으며, 대개 과장, 반장 등이 이에 해당된다. 이들의 주된 업무는 일선에서 일하는 직원들이 정해진 방향대로 업무를 진행하고 있는지 검토하거나 현장에서 발생하는 여러 세부적인 문제들을 해결하는 것이다.

더 알아봅시다

美 직장인이 꼽은 '베스트 CEO' 사티아 나델라

사티아 나델라(Nadella · 51) 미국 마이크로소프트(MS) 최고경영자(CEO)가 미국 직장인들이 꼽은 '베스트 CEO'에 선정됐다.

미국의 기업 평판 조회 사이트 캄퍼러블리(Comparably)는 11일(현지 시각) 미국 내 5만여 기업 임직원들이 지난 1년간 사이트에 남긴 자사(自社) CEO에 대한 평점을 바탕으로 순위를 발표했다. 나델라 CEO는 임직원 500인 이상 대기업 부문에서 1위에 올랐다.

인도 출신 소프트웨어(SW) 개발자인 그는 1992년 MS에 합류해 지난 2014년부터 CEO를 맡아왔다. 나델라는 취임 이후 MS의 사업구조를 과감하게 전환해 제2의 중흥기를 가져왔다는 평가를 받는다. 그는 윈도 등 컴퓨터 운영체제(OS) 중심의 사업 모델을 기업용 클라우드(가상 저장공간) 서비스 등으로 다각화했다. 그가 취임한 이후 MS 주가는 세 배 가까이 뛰었고 이달 3일에는 애플을 제치고 16년 만에 세계 시가총액 1위 기업 자리를 되찾기도 했다.

나델라 CEO는 작년 10월에 펴낸 자서전 '히트 리프레시(Hit Refresh)'에서 MS 회생의 비결을 '새로 고침'으로 설명했다. 키보드의 새로 고침(F5) 버튼을 누르면 웹사이트의 구조는 그대로지만 내용만 새롭게 바뀌듯, 본질을 유지하면서 변화와 혁신을 입혀 MS를 살려냈다는 뜻이다. 그는 자서전에서 "취임 당시 직원들은 피로감과 불만을 느꼈고 경쟁에서 뒤처지는 상황에 신물이 난 상태였다. 직원들의 초심(初心)을 일깨우고 공감 · 다양성을 추구하면서 혁신을 이끌어냈다"고 썼다. 캄퍼러블리의 제이슨 나자르 CEO는 "마이크로소프트는 3년 전만 해도 기술 업계에서 선망의 대상이 아니었지만 지금은 전 세계에서 가장 가치 있는 기업이 됐고, 직원들도 나델라 CEO의 성과에 매우 고무돼 있다"고 평가했다.

나델라의 성공 비결은 '소통'과 '공감'으로 요약된다. 그는 혁신에 대한 영감은 타인에 대한 공감능력을 통해 얻을 수 있다고 봤다. 나델라는 "첫아들이 뇌성마비를 안고 태어나면서 아들이 겪는 고통과 환경을 차츰 공감하게 됐다"며 "삶의 부침을 통해 공감능력을 발전시킬 수 있다는 것을 알게 됐다"고 했다.

지난달 나델라 CEO는 4년 만에 방한(訪韓)해 서울에서 열린 '한국MS 콘퍼런스'에서 기조연설을 하기도 했다. 그는 인공지능(AI)의 중요성과 함께 이 과정에서 불거지는 윤리 문제, 기업의 책임감을 역설했다.

베스트 CEO 2위는 미국의 생활용품 · 공구 판매점 홈디포의 크레이그 메네어 CEO가 차지했다. 미국 최대 전자상거래 기업 아마존의 제프 베이조스 CEO는 6위, 애플의 팀 쿡 CEO는 12위를 차지했다. 이용자 개인정보 유출과 더불어 최근 경영진의 도덕성 문제까지 불거진 페이스북의 마크 저커버그 CEO는 33위에 머물렀다.

(조선일보, 2018.12.13)

3 경영활동의 내용과 과정

경영은 조직이라는 틀 안에서 구성원들에게 주어진 일들과 그 일을 담당하는 사람들, 그리고 그 사람들이 사용하는 도구들을 잘 연결하여 조직의 목표를 달성하게끔 하는 과정이다. 경영활동은 목표를 달성하기 위해서 "계획을 세우고(plan)", "실행하며(do)", "평가하는(see)" 세 가지 단계를 거친다. 경영활동을 하기 위해서는 먼저 목표가 무엇인지를 설정하고 이를 어떻게 달성할 것인가를 결정해야 한다(plan). 다음으로 결정된 목표에 도달하기 위해 기업이 보유하고 있는 경영자원을 적절히 조정하고 분배하는 단계가 필요하다(do). 이후 조직구성원들이 자발적으로 일을 수행할 수 있도록 경영자가 영향을 미치게 되며, 마지막으로 실제 성과를 평가하여 원래 설정한 목표를 달성했는지, 만약 달성하지 못했다면 어떻게 수정해야 하는지를 결정한다(see).

이 세 가지의 단계는 연속성을 가지고 있어 계속해서 반복적으로 계획을 세우고 이를 실행하며 평가하는 과정을 거치게 된다. 이러한 과정을 보다 세부적으로 보면 제1장에서 살펴본 것처럼 기업의 경영활동의 과정(process) 측면에서 "계획화 → 조직화 → 지휘 → 통제"의 순서로 이루어지는 것과 일치한다. 즉, 기업의 경영활동은 [그림 2-5]와 같이 목표를 달성하기 위해 주어진 환경 내에서 계획을 수립하고 계획에 맞추어 조직의 자원을 조직화하게 된다. 그리고 구성원들의 활동을 지휘하고 통제하는 과정을 거친다. 이러한 순환과정을 통해 기업은 처음에 설정한 목표를 달성하게 된다.

그림 2-5 경영활동의 과정

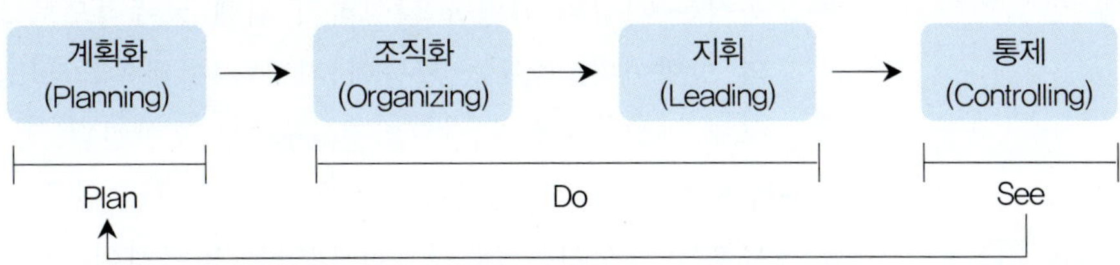

각각의 세부과정의 내용을 살펴보면 다음과 같다.

계획화

기업은 여러 계획들을 세운다. 예를 들어 올해 제품을 얼마나 생산해야 하는지에 대한 생산계획, 내년도 직원을 몇 명이나 채용해야 하는지 등에 대한 인력계획, 내년도 제품을 생산하기 위해 자금은 얼마나 필요한지 등에 대한 자금계획 등 상당히 많은 계획들을 수립한다. 따라서 경영자들은 여러 분석기법들을 통해 계획화 과정을 진행한다. 계획화(planning)란 기업의 목적을 달성하는 데 필요한 모든 활동에 대해 윤곽을 잡는 과정이라 할 수 있다. 계획화의 과정을 통해 나타난 결과물을 계획이라 하며, 이는 기업이 앞으로 어떻게 해야 할지를 결정하는 청사진이다.

계획화가 필요한 이유는 첫째, 미래의 불확실한 경영환경에 대응책을 사전에 마련하고자 함이다. 둘째, 구성원의 다양한 활동에 대한 기준을 마련하고 조직 내부의 의사소통과 협력을 유도하기 위함이다. 셋째, 조직의 목표달성에 필요한 자원을 최소 비용으로 조달하고 최대의 효과를 얻고자 함이다. 넷째, 수립된 계획 대비 조직의 성과달성을 평가하기 위함이다.

계획화의 과정은 다음과 같다.

- 현재 상황 분석 : 기업이 처해 있는 현실을 인식하는 단계로 자원, 고객, 시장, 경쟁자 등을 파악한다. 기업의 외적 · 내적 환경을 분석하여 강점과 약점을 분석하고, 미래의 기회와 위협에 대처할 수 있는 방법을 모색한다.
- 목적과 목표 설정 : 상황 분석을 바탕으로 기업의 목적(goal)과 목표(objective)를 설정한다. 모든 조직은 존재 이유인 사명(mission)을 가지며, 목적은 기업의 사명을 달성하기 위해 궁극적으로 도달하고자 하는 사업의 방향이다. 목표는 활동이 지향하는 계획을 달성하고자 하는 것으로, 구체적이고 측정가능한 타깃(target)을 포함한다.
- 수행계획 수립 : 목표를 달성할 구체적인 수단을 수립하는 단계이다. 각 목표를 달성하는 데 필요한 대안을 발굴하여 평가하고, 이때 필요한 자원은 무엇이고 촉진요인과 장애요인이 무엇인지 규명한다.

조직화

기업을 운영하기 위해서 목표를 설정하고 그에 따른 계획을 설정하였다면, 이 모든 것들을 수행할 수 있는 적절한 조직이 뒷받침되어야 한다. 조직이란 기업이 목표를 달성하기 위한 구조를 말한다. 이러한 조직을 구성하기 위해 행해지는 활동이 조직화이다. 예를 들어, “올 한 해 동안 100만원어치의 제품을 판매하는 것”이 목표라면, 이 목표를 달성하기 위해 제품을 만들기 위한 원재료가 필요하고, 제품을 포장할 사람이 필요하며, 운반하고 판매할 사람도 필요하다. 이를 위해 어떤 사람에게는 제품생산 관련 일을 할당해 주고 또 다른 사람에게는 판매와 관련된 일을 할당한다. 이러한 것들이 조직화이다.

다시 말하면, 조직화(organizing)란 조직의 계획을 이행하기 위해 자원을 모으고, 할당하며, 일을 구조화하는 기능이다. 조직화는 기능을 분화하기도 하고, 분화된 기능을 통합하는 과정을 병행하게 된다. 즉 전체 과제를 여러 세부과제로 나누어 할당한다든가, 또는 나누어 달성한 세부과제들을 다시 기업 전체의 과제로 결합하는 과정을 반복하게 된다.

분화

조직의 분화(departmentalization)란 기업이 업무를 수행할 때 전체를 하나하나 파악한 다음 이를 서로 관련이 있는 것끼리 관계를 설정하는 것으로, 조직의 전체 과제를 여러 세부과제로 나누는 것을 의미한다. 조직의 분화는 크게 수직적 분화와 수평적 분화로 구분된다. 수직적 분화는 상하관계를 가지고 이루어지는 것으로, 고위관리층, 중간관리층, 하위관리층 각 계층에 따라 역할이 [그림 2-6]과 같이 분리된다.

수평적 분화는 [그림 2-7]과 같이 기본기능에 의한 분화를 기본으로 하고, 기능을 좀 더 세분화한 하위기능, 기능과 고객, 기능과 제품, 기능과 지역 등으로 세분화해 가는 것이 일반적이다([그림 2-8], [그림 2-9], [그림 2-10], [그림 2-11]).

그림 2-6
수직적 분화

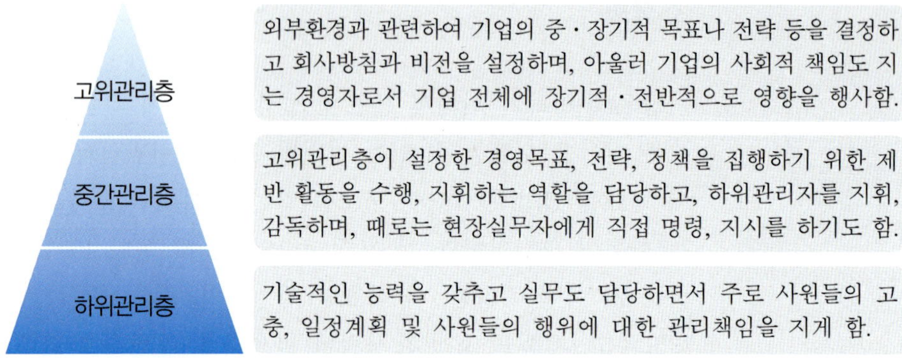

그림 2-7
기본기능에 의한 분화

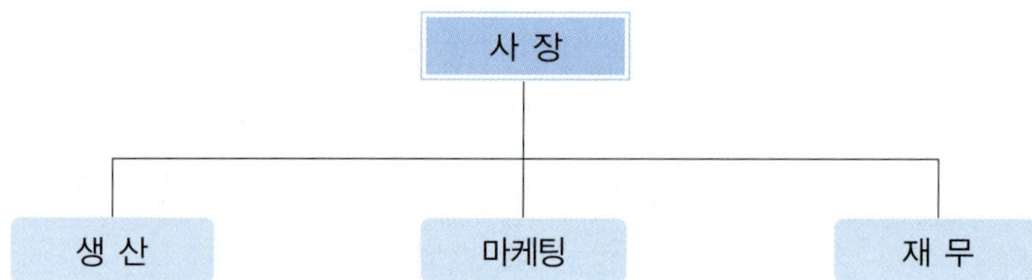

그림 2-8
기본기능과 하위기능에 의한 분화

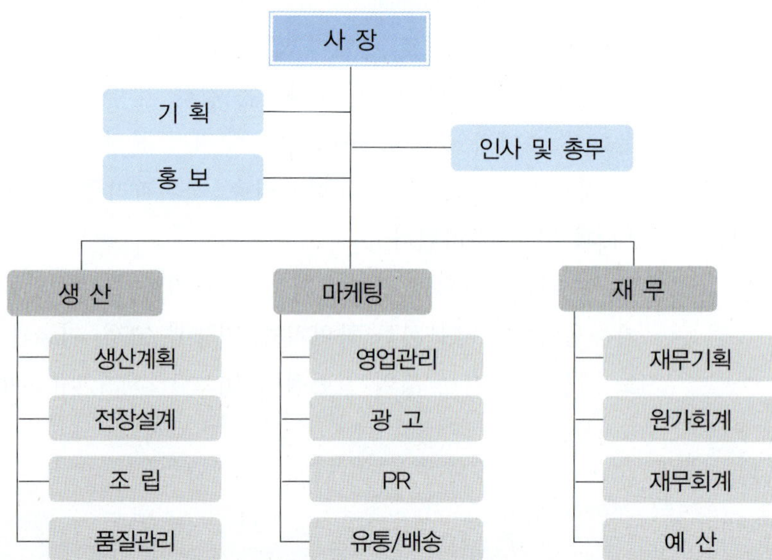

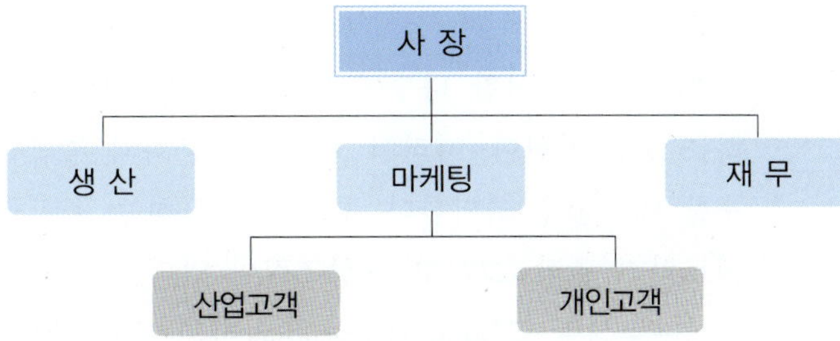

그림 2-9
기본기능과 고객에 의한 분화

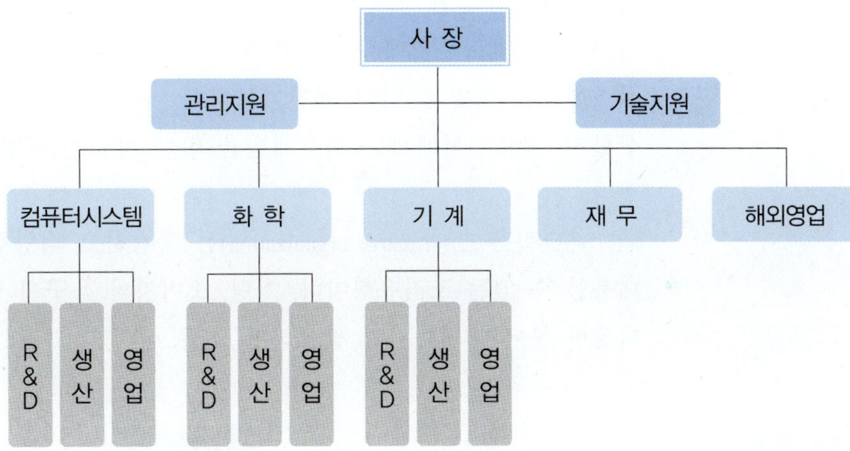

그림 2-10
기본기능과 제품에 의한 분화

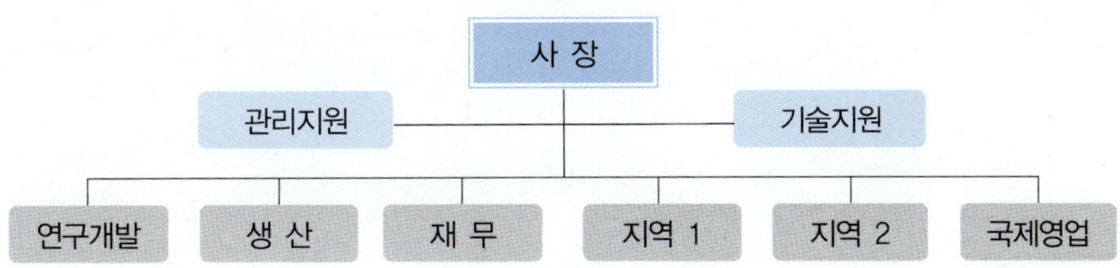

그림 2-11
기본기능과 지역에 의한 분화

통합

통합(integration)이란 나누어 달성된 세부과제들을 다시 조직 전체 과제로 결합하는 것을 말한다. 따라서 조직화란 분화와 통합을 적절히 이용하여 조직의 업무를 배치함을 의미한다. 통합을 대표하는 조직구조 형태로는 프로젝트 조직, 매트릭스 조직, 그리고 가상조직이 있다.

프로젝트 조직(project organization)은 어떤 구체적인 문제를 위해 만들어지고 문제가 해결되거나 임무가 끝나면 해체되는 조직을 말한다. [그림 2-12]와 같이, 기업이 새로운 제품을 개발하기 위해 생산부서, 연구개발부서, 마케팅부서, 재무부서로 구성된 프로젝트 팀이 조직된다. 이 팀에서는 새로운 제품을 개발하기 위해 마케팅부서에서는 소비자의 욕구를 어떻게 맞추어야 할지, 연구개발부서에서는 어떻게 하면 개발가능한지, 생산부서에서는 어떠한 방식으로 생산할지, 재무부서에서는 제품개발을 위한 자금을 어떻게 조달할지 등을 논의한다.

매트릭스 조직(matrix organization)은 복잡하고 다양한 환경변화에 적합하게 대응할 수 있는 조직유형이다. 가령, 소비자의 욕구에 맞추어 제품을 만들려면 다양한 분야의 전문가가 필요하며, 같은 설비를 중복으로 갖추어야 하는 문제

그림 2-12
프로젝트 조직

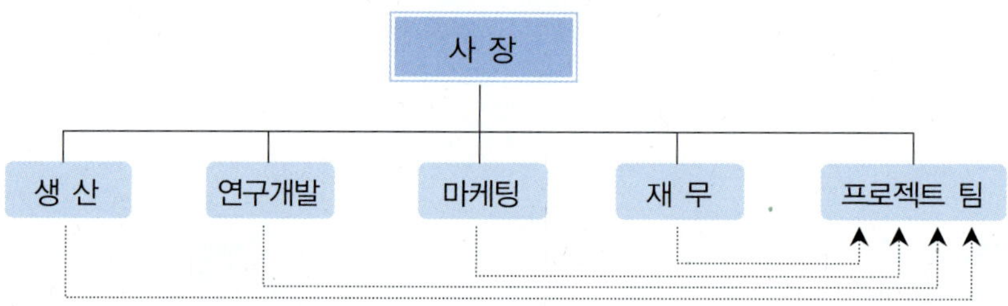

그림 2-13
매트릭스 조직

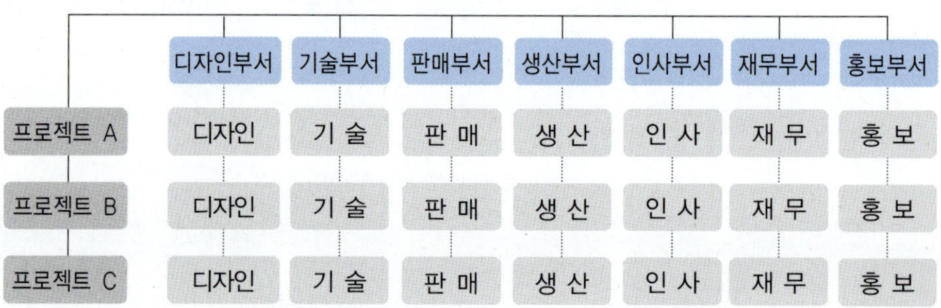

가 발생한다. 이러한 문제들을 해결할 수 있는 조직이 매트릭스 조직이다. [그림 2-13]과 같이 한쪽에서는 디자인, 기술, 판매, 생산, 인사, 재무, 홍보 등과 같은 업무별 부문이 있고, 또 다른 한쪽에서는 프로젝트별 부문이 있어 매트릭스[3]처럼 엮어서 이루어진다.

가상조직(virtual organization) 또는 네트워크 조직(network organization)은 기존의 조직 핵심요소는 가지고 있되, 일부 조직의 경계와 구조가 없는 조직을 말한다. 즉, 가상조직이란 조직 내에서 가장 핵심적인 요소만을 두고 나머지는 조직 밖에 네트워크를 형성하여 아웃소싱(outsourcing)하는 전형적인 조직 형태이다. [그림 2-14]와 같이, 특정제품을 만들기 위해 B사의 설계팀을 통해 제품설계를 완료하고 D사의 생산기술팀과 C사의 부품개발팀의 도움을 받아 E사의 공장에서 제품을 생산하며, 판매는 A사가 담당하는 형태이다.

가상조직은 비용을 절감하고, 조직을 운영하는 데 효과적이라는 장점이 있다. 그러나 많은 부분을 외부에 의존하게 되므로 거래관계가 복잡해지고 전체적인 조정이나 통제가 어려워질 수 있는 단점도 있다.

그림 2-14
가상조직

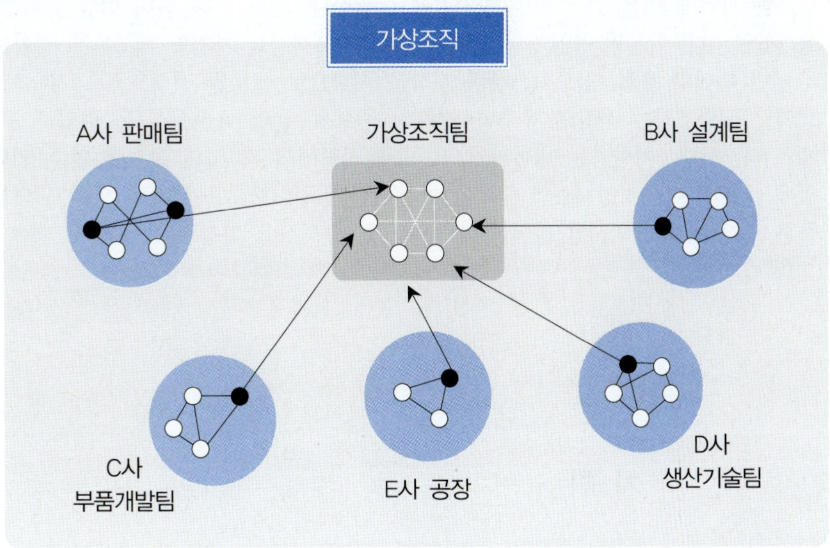

3) 매트릭스(matrix, 행렬)란 숫자, 기호 등을 가로(행), 세로(열)로 나열해 놓은 형태를 의미하는 수학용어이다.

사례 대한민국 경영현장 현대 · 기아차, 북미 · 유럽 · 인도 권역본부 신설… 글로벌 자율경영 체제 가속화

현대 · 기아자동차가 북미와 유럽, 인도에 각각 권역본부를 설립하고 글로벌 현장에 권한과 책임을 부여하는 현장 중심의 자율경영 체제를 가속화한다고 18일 밝혔다. 현대차는 지난해 글로벌 현장 중심의 조직개편 첫 단계로 본사 조직을 정비한 데 이어 이번에 신설되는 권역본부를 시작으로 전 세계 시장에 대한 권역조직 구성을 단계적으로 확대할 계획이다. 이를 통해 본사와 글로벌 현장의 역할과 기능이 조정되고 신속한 의사결정과 유기적 협업 시스템이 구축돼 효율성과 경쟁력이 제고될 것으로 보인다.

이번에 신설되는 권역조직은 현대차 북미, 유럽, 인도 권역본부, 기아차 북미, 유럽 권역본부 등이다. 각 권역본부는 해당지역 상품 운영을 비롯한 현지 시장전략, 생산, 판매 등을 통합 운영하고 시장과 고객의 요구에 능동적으로 대응할 수 있는 조직으로 구성된다.

우선 현대차 북미권역본부에는 미국 생산 · 판매법인과 캐나다, 멕시코 판매법인이 포함된다. 유럽권역본부는 체코와 터키 생산법인을 비롯해 현지 판매법인들로 이뤄진다. 인도권역본부는 인도 생산 · 판매법인이 포함된다. 기아차 북미권역본부는 미국과 멕시코의 생산 · 판매법인과 캐나다 판매법인, 유럽권역본부는 슬로바키아 생산법인과 현지 판매법인들로 구성될 예정이다.

권역본부의 자체 현장 경쟁력을 위해 각 권역본부 내에 기획, 재경, 상품, 고객경험 등 별도 조직도 신설된다. 기획 · 재경 조직은 해당국가별 실적을 종합하고 생산 · 판매 조정과 권역 협산 손익 관리를 통해 사업 운영을 최적화하는 역할을 맡게 된다. 상품, 마케팅, 딜러 · 서비스 조직은 지역별로 시장의 니즈를 파악해 이를 적극 반영한 전략을 수립한다. 이를 통해 산하 법인별 사업 추진을 지원하는 역할을 하게 된다. 아울러 중장기 관점에서 일관된 고객경험 가치를 제고하는 역할도 수행한다.

이번 북미와 유럽, 인도 등 주력 시장을 시작으로 글로벌 권역조직은 지속적으로 확대된다. 향후 신설되는 권역조직은 시장의 유사성, 전략적 중요성, 운영 효율성 등을 면밀히 고려해 각각 권역이 나뉘게 된다. 현대 · 기아차는 내년까지 전 세계 시장에서 각 사의 특성에 맞춘 권역본부를 단계적으로 도입해 글로벌 자율경영시스템 구축을 마무리할 방침이다. 한편 각 지역의 권역본부장은 글로벌 감각은 물론 오랜 기간 해외시장 경험을 바탕으로 현지 시장을 가장 잘 이해하고 있는 인물들로 구성됐다.

(후략)

(뉴시스, 2018.6.18)

지 휘

지휘(leading)란 조직목표를 달성하기 위하여 요구되는 업무를 잘 수행하도록 조직구성원들을 독려하는 행위를 말한다. 경영자는 진급을 할수록 점차적으로 기업전반에 걸친 일을 수행해야 하는데, 이를 혼자서 다 처리하지는 않고 대부분의 일들을 부하직원에게 위임하게 된다.

부하직원들이 잘하고 있는지의 여부는 결국 이들을 관리하는 경영자의 능력이라 해도 과언이 아니다. 따라서 경영자들은 부하직원들에게 일을 맡길 때 왜 이 일을 해야 하며, 어떻게 해야 하는지에 대해 합리적으로 직원들을 설득시킴으로써 그들이 자발적으로 일하도록 유도해야 한다. 결국 경영자의 지휘활동은 조직구성원과 서로 의견을 교환하여 어떤 형태로 작업을 진행해야 하는가에 대한 방향을 제시하고, 최대한의 능력을 발휘하도록 동기부여를 제공하는 모든 행위를 포함한다.

리더십

리더십(leadership)이란 목표달성을 위해 사람들의 행동에 영향을 미치는 과정을 의미한다. 어떤 사람에게 리더십이 있다는 것은 그 리더가 다른 사람을 움직여서 조직의 목표를 달성하는 능력이 있음을 의미한다. 흔히 리더십은 리더가 발휘하는 행동이나 영향력을 일컬을 때 사용된다. 예를 들어, 국가대표 축구팀의 경우 팀의 구성원들은 동일하지만 어떤 감독이 국가대표팀을 이끄느냐에 따라 달라진다. 이러한 리더십은 기업은 물론 우리가 일상적으로 대화하는 내용에서도 자주 등장한다. 결국 훌륭한 리더십을 가진 경영자가 있느냐 없느냐에 따라 기업의 성과는 달라진다.

리더십에 대한 학자들의 정의는 〈표 2-3〉과 같다.

표 2-3
리더십의 정의[4)]

학 자	정 의
C.E. Munson	사기를 창조하기 위한 창조적이고 지적인 힘
W.G. Bennis	부하가 바람직한 방법으로 행동하도록 하는 과정
E.P. Hollander 등	2인 이상 간의 특별한 영향력을 행사하는 관계
F.E. Fiedler	집단구성원들의 일을 지시하고 조정하는 것
R.K. Merton	타인이 자발적으로 순응하도록 하는 대인관계
B.M. Bass 등	부하를 변화시키고 목표달성을 위해 비전을 창출하여 부하들이 이 목표를 달성하도록 비전을 선포하는 것
C.F. Roach 등	목표달성을 위하여 조직화된 집단에 영향력을 행사하는 과정
J.P. Campbell 등	바람직한 기회를 창조하기 위해 자원을 집결시키는 행동

4) 신구범, 『조직행위론』, 형설출판사, 2005.

동기부여

동기부여(motivation)란 특정인을 자극하는 행동을 통해 바람직한 행동을 수행할 수 있도록 유도하는 것이라고 정의할 수 있다. 즉, 동기부여는 특정인에게 자발적이며 적극적으로 책임을 지고 일할 수 있는 의욕이 생기게 하는 것으로, 목적달성을 위한 행동을 유발시키는 과정이라 할 수 있다.

더 알아봅시다 **베트남 언론 "박항서, 베트남 축구를 바꿔놨다"… 리더십 극찬**

뛰어난 전술과 단단한 팀워크 조성, 부자처럼 친밀한 선수들과의 교감, 베트남 문화 존중. 베트남 축구대표팀을 10년 만에 동남아시아 최강자로 끌어올린 박항서 감독의 리더십에 대해 베트남 국영 언론이 꼽은 박 감독의 리더십이다. 일간 '베트남뉴스'는 31일 "박 감독이 베트남 축구를 바꿔놨다"며 박 감독의 발자취와 성공요인을 자세히 분석했다.

신문은 박 감독이 2017년 10월 베트남 축구대표팀과 23세 이하(U-23) 대표팀 사령탑을 맡을 때까지만 해도 그를 거의 모르는 베트남 축구 팬들 사이에서 의문이 제기됐다고 회상했다. 그러나 불과 14개월 만에 베트남 축구대표팀을 동남아시아 챔피언이자 아시아에서도 강력한 팀으로 발전시켰다고 평가했다.

박 감독은 지난해 초 아시아축구연맹 U-23 챔피언십에서 사상 최초로 준우승 신화를 만들었다. 박항서호는 이어 자카르타·팔렘방 아시안게임에서 사상 최초로 4강 진출을 이룬 뒤 베트남의 국제축구연맹(FIFA) 랭킹을 7년 만에 처음으로 100위권에 진입시켰다. 특히 지난해 12월에는 아세안 축구연맹 스즈키컵에서 10년 만에 우승컵을 들어 올렸다. 올해 아시아축구연맹 아시안컵에서도 12년 만에 8강에 진출하는 기염을 토했다.

베트남뉴스는 박 감독은 제한된 선수 풀에서 잠재력을 끌어내 뛰어난 팀으로 만드는 감독이라고 평가했다. 선수들의 장단점을 잘 파악해 선수 구성과 교체가 완벽했던 것 같다고 칭찬했다. 또 선수들이 어떤 상대를 만나든, 어떤 점수 차가 나든 절대 포기하지 않는 투지를 갖게 했고 팀워크를 발휘할 수 있도록 훈련했다고 분석했다.

박항서호는 단단한 수비와 맹렬한 공격력도 갖췄다고 언급했다. 신문은 이어 외국인인 박 감독이 베트남 문화를 존중하고 선수들을 자식처럼 아낀다고 보도했다. 그러면서 지난해 12월 스즈키컵 결승 1차전을 위해 말레이시아로 가는 비행기에서 부상 선수에게 자신의 비즈니스석을 양보한 일화와 경기에 앞서 베트남 국가가 울려 퍼질 때 가슴에 손을 올리는 것을 언급했다. 지난해 1월 U-23 챔피언십 결승전이 끝난 뒤 벤치를 지켰던 선수들에게 다가가 "출전시키지 못해 미안하다"고 양해를 구했던 일도 소개했다. 신문은 마지막으로 박 감독이 사람들의 얘기를 잘 들어주고 모든 사람에게 미소를 짓는다고 전했다. (연합뉴스, 2019.1.31)

통 제

통제의 유형

경영활동의 마지막 단계인 통제(controlling)는 현재의 경영성과를 평가하여 실제 결과와 비교해 보고, 실제 결과와 처음에 세운 계획 사이에 차이가 있을 때 수정조치를 취하는 과정을 의미한다. 통제는 실행하는 시기에 따라 [그림 2-15]와 같이 사전통제, 과정통제, 사후통제로 구분할 수 있다.

사전통제(preliminary control)란 실제 경영활동이 수행되기 이전에 실시하는 통제로 성과기준 등을 마련하여 초기에 자원을 적절히 투입하는지를 통제하는 활동을 의미한다. 과정통제(process control)란 일이 진행되는 과정에서 계획대로 진행되는지 확인하고 잘못 진행될 경우 수정조치를 즉시 취하는 통제를 말한다. 마지막으로 사후통제(post-action control)란 실제 결과에 대해 통제하는 활동으로, 최종적인 제품이나 서비스를 분석하는 통제가 이에 해당한다.

그림 2-15
통제의 유형

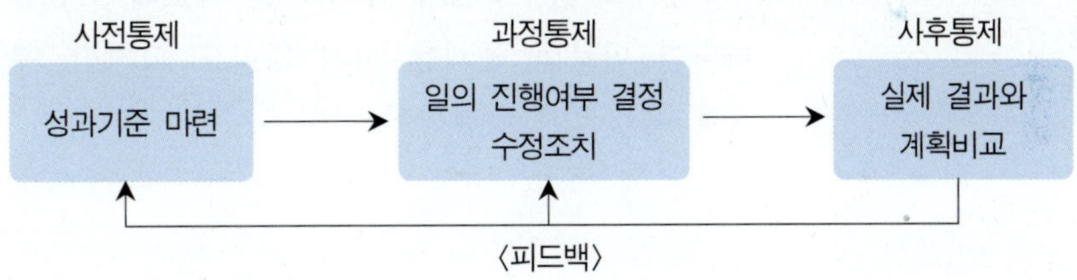

통제의 과정

통제의 과정은 [그림 2-16]과 같이 계획의 설정, 성과의 측정, 성과와 표준의 비교, 수정조치 강구 등으로 이루어진다.

- 계획의 설정 : 계획은 조직의 목표를 수립하고 이 목표를 달성하기 위해 세부적인 수단을 개발하는 과정을 포함한다. 즉 계획을 설정한다는 것은 목표를 설정한다는 것으로, 목표는 개인이 달성할 수 있는 표준을 의미한다.
- 성과의 측정 : 실질적인 통제활동의 단계로, 경영활동의 성과를 측정하는 것이다. 앞에서 언급한 표준이 설정되었을 때 표준이 얼마만큼 달성되고 있는지를 지속적으로 측정해야 한다.

그림 2-16
통제의 과정

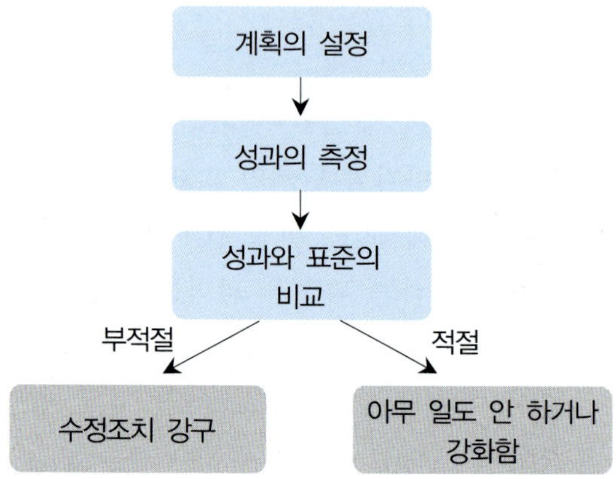

- 성과와 표준의 비교 : 이 단계에서는 실제 측정된 성과와 설정하였던 표준 간의 비교를 하는 단계로, 성과와 표준 간의 차이가 크게 나타나기 전에 적절한 조치를 강구할 수 있어야 한다.
- 수정조치의 강구 : 표준과 성과를 비교해 보았을 때 표준과 성과가 적절하다면 아무런 통제를 하지 않아도 되지만, 부적절하다면 수정조치를 통해 올바르게 수정해야 한다.

요 약

조직(organization)이란 공통의 목표를 달성하기 위해 여러 역할과 지위들이 체계적으로 연결된 집합체이다. 조직은 영리를 추구하느냐 그렇지 않느냐에 따라 영리조직과 비영리조직으로 구분된다. 비영리조직은 정부, 학교, 종교단체 등 이윤을 추구하는 것이 근본적인 목적이 아닌 조직을 말한다. 반면에 영리조직은 이윤추구를 목적으로 하는 조직으로 기업이 이에 해당된다.

경영(management)이란 조직이 설정한 목표를 달성하기 위해 필요한 활동, 과정이나 수단이라 할 수 있다. 기업이란 이윤을 창출해야 하는 기관이다. 경영자는 경영하는 사람을 일컫는 것으로, 실제 기업을 누가 소유하고 있느냐에 따라 소유경영자와 전문경영자로 구분되며, 계층에 따라 고위관리자, 중간관리자, 하위관리자로 구분된다.

경영활동은 통상적으로 계획화, 조직화, 지휘, 통제의 순으로 이루어지는데, 각각의 세부과정은 상호작용하며 전개된다.

계획화란 기업의 목적을 달성하는 데 필요한 모든 활동에 대해 윤곽을 잡는 과정이라 할 수 있다.

조직화란 조직의 계획을 이행하기 위해 자원을 모으고, 할당하며, 일을 구조화하는 기능이라 할 수 있다.

지휘란 조직목표를 달성하기 위하여 요구되는 업무를 잘 수행하도록 조직구성원들을 독려하는 행위를 말한다. 리더십이란 목표달성을 위해 사람들의 행동에 영향을 미치는 과정을 의미한다. 동기부여란 특정인을 자극하는 행동을 통해 바람직한 행동을 수행할 수 있도록 유도하는 것이라고 정의할 수 있다.

통제란 현재의 경영성과를 평가하여 실제 결과와 비교해 보고, 실제 결과와 처음에 설정한 계획 간에 차이가 있을 때 수정조치를 취하는 과정을 의미하며, 실행하는 시기에 따라 사전통제, 과정통제, 사후통제로 구분한다. 통제의 과정은 계획의 설정, 성과의 측정, 성과와 표준의 비교, 수정조치 강구 등으로 이루어진다.

주요 용어

- 가상조직
- 계획화
- 네트워크 조직
- 매트릭스 조직
- 사후통제
- 조직구조
- 통제
- 경영자
- 과정통제
- 동기부여
- 분화와 통합
- 이윤극대화
- 조직화
- 통제의 유형
- 경영활동
- 기업
- 리더십
- 사전통제
- 조직
- 지휘
- 프로젝트 조직

토의 문제

1. 조직이란 무엇이며, 조직의 특징은 무엇인지 설명하시오.
2. 조직을 운영하는 데 있어, 경영이 중요한 이유를 설명하시오.
3. 기업과 경영 간의 관계에 대해서 설명하시오.
4. 기업운영에서 계획화가 중요한 이유를 설명하시오.
5. 각각의 조직이 어떠한 상황에서 효율적인지 설명하시오.
6. 조직에서 리더십이 중요한 이유를 설명하시오.
7. 어떤 상황에서 사전통제, 과정통제, 사후통제가 적절한지 예를 찾아보시오.
8. 급변하는 최근 환경에서 경영자가 갖추어야 할 요소에 대해서 설명하시오.
9. 최근 조직구조를 개편한 기업의 예를 조사해 보시오.
10. 조직구조 개편의 장단점을 토의하시오.

CHAPTER

3 창업과 벤처 경영

학습목표

1. 창업과 벤처 경영이란 무엇인지 학습한다.
2. 창업의 절차에 대해 학습한다.
3. 벤처기업의 운영방법에 대해 학습한다.

제3장을 시작하며

카카오톡의 아버지, 카카오 김범수 의장

'국민'이라는 호칭을 당당하게 달 수 있는 앱은 많지 않다. 아이폰3GS가 보급되면서 인기를 얻었던 메신저 서비스 카카오톡은 '국민'이라는 수식어를 다는 데에 이견이 없을 몇 안 되는 서비스로 꼽을 수 있을 것이다. 대부분의 스마트폰 이용자들이 스마트폰을 바꿀 때마다 가장 먼저 설치하고 이용하는 카카오톡. 이 서비스를 세상에 내놓은 이는 우리나라 벤처기업의 신화로 불리는 인물이자, 현재는 2위 포털 다음을 운영하는 카카오의 수장 '김범수' 의장이다.

김범수 현 카카오 의장은 1966년 3월 서울의 한 가정에서 2남 3녀 중 맏아들로 태어났다. 현재 거부의 반열에 올라 있는 그이지만 유년기의 가정사는 그리 녹녹치 않았던 것으로 전해진다. 할머니를 포함해 여덟 식구가 단칸방에 살 정도였다. 어렵던 시절을 지나 김범수 의장은 1986년 재수 끝에 서울대학교 산업공학과에 진학했다. 닷컴 버블의 시절 벤처신화를 일군 창업자들이 다 그러했듯 김범수 의장도 컴퓨터, 그리고 인터넷이라는 새로운 세상에 눈을 뜨게 된다. 김범수 의장의 석사 학위 논문은 PC통신에 관련된 내용을 담고 있다.

1992년 대학교 졸업과 함께 그는 삼성SDS 공채에 합격, 입사를 통해 첫 사회생활을 시작하게 된다. 네이버의 이해진 의장과 동기로 입사한 그는 1994년 유니텔 개발에 참여하게 되는데, 당시 기획과 설계, 기술 개발은 물론 유통까지 유니텔의 모든 것에 참여했다. 텍스트 기반의 BBS 클라이언트가 아닌 GUI 인터페이스의 클라이언트로 배포된 유니텔은 1996년 1월 론칭된 이후 그의 삼성SDS 퇴사 해인 1998년에는 하이텔을 제치고 천리안에 이어 PC통신 2위의 자리를 차지하기에 이르렀다. 한석규와 전도연이 주연을 맡은 영화 '접속'에 나오는 PC통신 채팅방이 바로 이 유니텔이다.

유니텔을 성공시킨 김범수 의장은 1997년 유니텔의 퀴즈 이벤트에 7만 명이 참가했던 것을 계기로, 그리고 그 자신이 대학 시절에 빠져 있던 다양한 게임들을 떠올리며 삼성SDS에 사표를 던지고 창업에 나서게 된다. 게임을 다음 세대의 주력 사업으로 삼았던 김범수 의장은 바둑, 장기, 고스톱 등의 보드게임 서비스로 창업을 시작했다.

게임 시장에서의 초기의 성과는 그리 신통치 않았다. 포털 사이트 네띠앙 게임에서도 김범수 의장이 창업한 기업의 게임을 서비스했지만, 괄목할 성과를 거두지 못했다. 업력이 길어지며 자금난에 빠진 김범수 의장은 상황을 타계하기 위해, 그때까지와는 다른 사업 모델을 시험하기에 이른다. 바로 PC방 사업이었다. 그것도 PC방을 대상으로 한 사업 모델이 아니라 그 자신이 PC방의 점주가 되는 사업을 시도한 것이다.

당시로는 2억 4천만원이라는 거금으로 한양대학교 앞에 국내 최대 규모의 PC방을 차렸고 이는 성공을 거뒀다. 하지만 여기에서 김범수 의장은 자신의 기존 사업과 새로운 사업을 연계할 수 있는 새로운 방안을 모색하기 시작했다. PC방 관리 프로그램을 만들고, 다른 PC방에 그 프로그램을 팔기 시작한 것이다. 1999년 12월 그 유명한 '한게임'을 오픈하며, 김범수 의장은 PC방 관리 프로그램을 타 PC방에 무료로 제공하고, 한게임을 PC방 컴퓨터의 초기화면으로 설정하는 조건을 내걸었다.

이익을 내고 있는 기존의 수익을 포기하고, 그 대신 이를 마케팅 수단으로 활용하는 방법은 당시로는 파격적인 것이었다. 온라인 게임 성장기의 시대를 지난 지금이야 PC방을 마케팅의 수단으로 삼는 방법은 일반적인 것으로 여겨지지만, 당시만 하더라도 이런 식의 발상 전환은 누구도 시도하지 못했으며 또 요건이 갖춰지더라도 쉽사리 실행할 수 없는 방법임이 분명하다. 당시 네이버와 함께 힘을 합쳐 전개한 김범수 의장의 공격적인 PC방 프로모션은 성공을 거뒀고, 한게임은 오픈 3개월 만에 100만 명의 회원을 유치하게 된다.

회원은 무서운 속도로 늘었다. 늘어나는 회원 수를 효과적으로 소화해 내기 위해 김범수 의장은 다시금 과감한 선택을 하게 된다. 당시 포털 서비스로 대규모의 투자를 유치한 네이버와의 합병을 결정한 것이다. 삼성SDS 동기이자 대학교 시절부터 친하게 지낸 이해진 의장과의 협의 결과, 2000년 한게임과 네이버는 합병 후 NHN으로 다시 태어나게 된다. NHN 내에서도 한게임은 2001년 3월 게임 유료화를 통해 초창기 수익 창출에 커다란 기여를 하고, 지금의 네이버의 초석을 다지게 된다. 합병 이후 김범수 의장은 5년 가까이 NHN의 공동대표를 맡아 회사를 이끌어 갔다.

2007년이었다. 당시 공동대표였던 김범수 의장은 2007년 초 돌연 NHN USA 대표로 발령이 났고, 8개월 만에 회사를 떠나게 된다. 2008년 6월까지 NHN에서 이사직을 유지한 김범수 의장이 회사를 떠난 이후 그는 가족이 있던 미국에서 지냈으며, 이 기간 동안 2006년 12월 창업한 '아이위랩(현재 카카오의 모태가 되는 회사로 꼽히며, 나를 뜻하는 아이와 우리를 뜻하는 위를 합쳐 만든 명칭)'의 운영과 '부루닷컴', '위지아' 등의 서비스를 오픈하지만 제대로 된 성과를 거두지 못했다.

웹 기반의 서비스에 어려움을 겪던 그의 눈에 들어온 것은 스마트폰, 모바일 서비스였다. 모바일 서비스 중심으로 방향을 선회한 김범수 의장은 2009년 2월 스마트폰 위젯 개발사 '바이콘'을 인수하고 모바일 서비스 개발자를 모집하며, 모바일용 앱 시장에 집중하게 된다. 카카오라는 브랜드를 단 서비스들이 연이어 선보인 것은 이듬해인 2010년부터였다. 소셜 네트워크 서비스인 '카카오아지트'를 2010년 2월 선보인 것을 시작으로, 동년 3월에는 모바일용 메신저 서비스인 '카카오톡'을 아이폰용으로 선보이게 된다.

카카오톡이 그때까지 모바일에서는 없던 새로운 서비스였던 것은 아니었다. 전 세계적으로 인기를 끌던 왓츠앱이 당시에 이미 서비스되고 있었으며, 우리나라에서도 많은 사용자를 확보한 상태였다. 하지만 왓츠앱이 유료였던 데 반해, 카카오톡은 무료로 서비스된다는 강점을 가지고 있었다. '무료 문자 메시지 서비스'로 포장된 카카오톡은 무서운 속도로 이용자를 늘려갔고, 우리나라 제1의 메신저 서비스로 자리를 잡았다. 기존의 PC 기반 메신저 서비스들도 뒤이어 모바일용 앱을 내놓았지만 그 누구도 국내 시장에서 카카오톡의 아성을 넘지 못했다.

빠르게 스마트폰 필수 앱이자 국민 메신저 자리를 꿰찬 카카오톡이었지만, 이 역시 수익 모델의 발굴이라는 어려움에 봉착했다. 이용자는 많지만 그 이용자에게서 어떻게 수익을 거둬들일 것인지가 카카오톡의 숙제로 거론됐고, 실제로 카카오는 상당한 기간을 뾰족한 수익 모델 없이 운영됐다. 먼저 이용자를 확보한 후, 시장 지배자적 위치에 있을 때 과금 모델을 적용해 수익을 창출하는 방식은 김범수 의장의 기존 사업들에서 몇 번 반복되어 온 사례였다. 카카오톡 또한 이와 같은 방식을 취했는데, 카카오 수익 모델에 대한 우려가 절정에 달했을 때 '게임'을 통한 수익 모델을 발표한 것이다. 카카오톡 게임 서비스의 결과는 지금 우리가 알고 있는 대로다. 천문학적 수익을 거둬들인 카카오는 다음커뮤니케이션을 인수합병했고, 김범수 의장은 이제 다음의 수장이 되어 있다. 벤처기업의 신화이자 NHN의 공동대표였던 김범수 의장, 이해진 의장은 이제 국내 포털 서비스를 양분하고 있는 각각의 기업들의 의장으로 자리매김하고 있다.

김범수 의장은 현재 멘토를 찾기 힘든 국내 벤처기업 환경 내에서, 많은 이들로부터 닮고 싶은 인물로 꼽히고 있다. 실제로 그 자신도 케이큐브벤처스를 통해 스타트업 기업을 지원해 왔으며, 현재는 스타트업 캠퍼스의 총장으로 있으면서 자신을 멘토로 바라보는 이들에게 모범을 보이려 노력하고 있다. 모바일 시대를 맞아 새로운 도전을 이어가고 있는 김범수 의장이, 앞으로도 후배들이 존경할 수 있는 벤처기업의 신화로 꾸준히 자리 잡아 주기를 바란다.

(앱스토리 매거진, 2016.12.26)

1 창 업

창업이란?

창업의 정의와 요소

우리나라의 중소기업창업지원법에서 "창업"은 중소기업을 새로 설립하는 것이라고 정의되어 있다. 일반적으로 창업이란 사업의 기초를 세우고 처음으로 시작하는 것을 말한다. 사업을 시작하기 위해서는 개인이나 집단이 사업의 아이디어를 바탕으로 명확한 사업 목적과 계획을 가지고 자본, 인원, 설비, 원자재 등 경영자원을 확보하여 제품이나 서비스를 생산하는 조직체를 설립해야 한다.

창업을 하기 위해서는 창업가, 아이디어, 자원 등 창업의 3요소가 필요하다. 이들 3요소는 다음과 같은 역할을 한다.

- 창업가 : 창업의 주체로 창업의 과정을 주도하는 가장 중요한 역할을 한다. 먼저 창업에 대한 계획을 수립하여 필요한 자원을 모아 조직화하고, 창업활동을 지휘하며 통제한다. 창업은 기업의 초기단계이고 중소기업으로 창업하는 경우가 대부분이므로 기존 기업이 최고경영자에게 의존하는 것보다 창업기업이 창업가에 대한 의존이 더 크다.
- 아이디어 : 구체적인 사업에 대한 아이디어를 말한다. 이는 어떤 제품과 서비스를 고객에게 공급하느냐는 사업 아이템에 관한 아이디어를 포함한다. 창업에 대한 아이디어는 창업가 및 창업에 참여하는 창업 멤버들의 상상력과 창조성에 크게 의존한다.
- 자원 : 창업 아이디어를 구체적인 상품이나 서비스로 변환하는 데 필요한 자본, 기술, 기계·설비, 재료·부품, 건물·토지 등을 말한다. 성공적인 창업을 위해서는 원활하고 효율적인 자원의 조달이 창업가의 역량이나 아이디어의 참신성만큼이나 중요하다.

창업의 특성

창업활동은 일반적인 기업의 경영활동과는 다른 특징을 많이 가지고 있다. 이들 특징을 살펴보면 다음과 같다.

첫째, 의사결정의 불확실성이다. 아무리 빈틈없이 준비해도 창업의 과정은 기존 기업의 경영보다 더 불확실한 요인이 많다. 왜냐하면 창업에 따른 여러 가지 활동의 결과가 어느 한 가지 요소에 의해서만 영향을 받는 것이 아니라 수없이 많은 요인들에 의해 영향을 받기 때문이다. 창업가가 훌륭한 역량을 가지고 있고, 아이디어가 탁월해도 창업의 과정은 이제까지 경험하지 못한 새로운 길을 걷는 것과 같아서 그 결과를 예측하기 어려운 특징을 갖는다.

둘째, 전략적 자원의 투입이 필요하다. 창업은 새로운 인적자원과 물적자원을 투입하여 시작한다. 그러나 기존에 이미 사업을 영위하던 회사와 경쟁해야 하는 환경에서 평범한 자원의 투입과 활용을 통해 성공적으로 사업을 하기 위해서는 자원의 투입과 활용에 있어서 전략적인 계획, 분석, 집행이 있어야 한다.

셋째, 모험적 속성을 가진다. 창업은 불확실한 환경에서 자원을 투입하여 기존 사업보다는 고위험이다. 그러나 창업은 새로운 분야나 빠르게 성장하는 분야에서 새로운 아이디어로 도전하므로 성공한다면 고수익이 가능하다. 즉 창업은 고수익, 고위험의 모험적 특성을 갖는다. 창업자본을 보통 모험(venture) 자본이라 부르는 것은 창업이 본질적으로 진취적이고 창조적이며 모험적인 속성을 가지고 있기 때문이다. 이는 원래 창업이 갖고 있는 불확실성과 위험 때문이기도 하지만 창업이 주로 변화를 잘 감지하고 상상력이 뛰어나며 결단력이 있는 기업가정신(entrepreneurship)을 가진 사업가에 의해서 추진되기 때문이기도 하다.

넷째, 창업은 경기변동에 민감하다. 많은 사람들이 경기가 좋을 때 창업을 시도하고 경기가 나쁘면 창업을 미룬다. 하지만 불황일 때에는 부동산 가격, 인건비 등이 저렴하고, 불황에 따른 인력의 공급초과로 필요한 인력을 충원하기 쉬운 이점도 있다.

창업가의 자질

창업가의 자질은 창업을 성공시키는 중요한 요소이다. 창업가의 자질로 다음과 같은 요소들이 거론된다.

- 창의력 : 남과 다른 창조적인 문제해결 능력
- 성취 의욕 : 일의 완수 및 경쟁에 관련한 강한 의욕을 갖고 분명한 목적과 목표를 설정하여 달성할 수 있는 의욕의 정도
- 자아의식 : 운명에 맡기기보다는 운명을 자신이 개척할 수 있다는 의식
- 모험 선호도 : 위험을 기꺼이 감수하는 적극적인 태도
- 결단력과 진취력 : 행동에 옮기는 실천의지와 미래지향적 사고
- 헌신과 열정 : 일을 위해 본인의 안락을 희생하고 일에 대해 강하게 집중하는 능력
- 전문성 : 창업하고자 하는 분야의 기술과 경영에 필요한 전문지식을 갖고 있거나 부족하다면 보완할 방안의 확보
- 사회성 : 다양하고 복잡한 인간관계를 다룰 수 있는 능력
- 약점 보완 능력 : 한 번에 성공할 가능성이 낮으므로 실패를 극복하고 실패를 교훈 삼아 약점의 수정과 개선을 할 수 있는 능력
- 책임감 : 창업에 동반하는 동료들을 이끌 수 있는 책임감

창업의 유형

창업의 유형은 다양하다. 먼저 창업의 동기를 중심으로 구분한다면 계획을 세우고 준비를 거쳐 자기 사업을 하는 독립형 창업과 외부의 영향으로 시작하는 외부의존형 창업이 있다. 독립형 창업을 하는 창업가는 보통 자신이 갖고 있는 특수한 기술이나 아이디어를 바탕으로 사업을 시작한다. 이들은 자신이 잘 아는 분야에서 출발하고 창업에 성공해도 그 업종을 지속하고 더 큰 기업으로 성장시키려고 노력한다. 외부의존형 창업에는 생존형 창업과 사내창업 등이 있다. 생존형 창업은 회사의 도산, 거래처의 변경, 실직 등의 이유로 창업을 통해 현재보다 나은 조건을 만들고자 한다. 반면에 사내창업은 개인적으로 회사를 만들 자본이나 위험부담의 어려움을 고려해 기존 근무 회사에 취업되어 있는 상태에서 회사의 시설과 자금을 활용하여 새 사업을 시작하고 이를 통해 회사와 창업가가 모두 이익을 얻고자 하는 창업 유형으로 우리나라에서는 소사장제라고도 알려져 있다. 사내창업은 보통 분사독립을 통해 모기업과 관계가 정리된다. 분사독립(spin-off)은 모기업의 일부 사업을 분리하여 독립된 기업으로 설립하고, 모기업의 주주들에게 지분의 일부를 넘겨주는 것이다. 이는 분사 후 기존의 모기업과 연관된 제품이나 서비스를 안정적으로 제공하기 위해

서, 또는 모기업에서 개발된 기술을 모기업이 아닌 유연한 조직인 신설 창업기업을 통해 사업화로 연결시키는 것이 성공률이 높다고 판단하여 시도된다.

창업의 성공을 위해서는 창업을 하는 기업의 형태가 어떤지도 중요하다. 앞서 제2장에서 공부하였듯이 기업은 개인회사, 합명회사, 합자회사, 유한회사, 유한책임회사, 주식회사 등의 형태로 설립할 수 있지만, 창업을 할 때에는 보통 개인회사 또는 주식회사 형태가 널리 사용된다. 주식회사는 개인회사보다 대외공신력과 신용도가 높고, 영업수행에 있어서 기업 이미지도 좋다. 특히 창업한 기업이 어느 정도 궤도에 오르면, 개인회사보다는 주식회사가 신주 및 회사채 발행을 통한 자금조달이 용이하여 더 큰 성장이 수월하게 된다.

사례 대한민국 경영현장 대학도 '창업 인큐베이팅' 공간으로… 학생 · 교원 창업 증가세

#. 한양대 융합전자공학부를 다니던 대학생 소재우 대표는 지난 2016년 스타트업 '블랙루비스튜디오'를 설립하고 본격적으로 게임과 애플리케이션을 만들기 시작했다. 초창기에 인력 · 시간 · 자본 등 모든 면이 제한적이었지만 모교에서 창업선도대학 지원 기업으로 선정되고 회사가 한 단계 더 성장했다. 지난해 말 블랙루비스튜디오는 기술성을 인정받아 상장기업인 아이크래프트에 인수합병됐다.

#. 울산과학기술원(UNIST)은 지난 2014년 첫 번째 창업 기업을 배출한 이후 기술 기반 창업 활성화에 적극 나서고 있다. 국내 대학 최초로 민간 액셀러레이터를 교내에 입주시켰다. 금융투자사, 지역 금융그룹, 창업 지원 기관과 협약을 맺고 창업 생태계를 조성했다. 현재 UNIST에는 31개 교원 창업, 40개 학생 창업 등 총 71개 스타트업이 활동하고 있다.

대학이 또 하나의 창업 전진기지로 진화하고 있다. 대학 내 창업 인프라가 늘어나면서 학생과 교원의 창업이 크게 늘어난 것으로 조사됐다. 11일 중소벤처기업부와 창업진흥원이 발표한 '2018 대학창업 통계 조사'에 따르면 학생 창업 기업은 2017년 1,503개로 전년(1,191개)보다 26.2% 증가했다. 이들이 고용한 인원은 607명으로 전년(542명)보다 12% 늘었고, 매출도 전년(143억5,550만원) 대비 40.5% 증가한 201억7,190만원으로 집계됐다.

• 대학, 창업강좌 수 늘려

창업휴학제도, 창업대체학점인정제도 등 창업친화적인 제도가 창업 활성화에 영향을 미친 것으로 보인다. 같은 기간 창업휴학제를 시행한 대학이 217개에서 232개로, 창업 대체학점을 인정해 주는 학교도 105개에서 124개로 늘었다. 창업강좌를 운영하는 학교는 2017년 313개로 전년과 동일하나, 강좌 수는 1만1,828개로 전년보다 13.1%, 수강인원은 41만33명으로 전년 대비 6.3% 각각 증가했다. 창업동아리 보유대학은 283개로 전년보다 5.6%, 동아리 수는 5,596개로 전년 대비 2.3% 각각 늘었다. 다만 창업동아리가 실전창업을 위한 소규모화 운영, 재적학생 수 감소 등의 영향으로 회원 수는 전년보다 8.7% 감소한 것으로 나타났다. 블랙루비스튜디오 소 대표도 "창업을 하기까지 많은 어려움이 있었지만 창업동아리, 창업융합전공 등 학교에서 제공하는 창업지원제도가 큰 도움이 됐다"고 말했다.

• **창업진흥원, 창업 정책 지원 강화**

아울러 교원들의 창업도 늘어난 추세를 보였다. 창업 휴·겸직제도 운영 대학이 2017년 147개로 전년(121개)보다 증가함에 따라 교원 창업기업 수가 233개로 전년 대비 19.5% 늘었으며 매출 및 고용도 각각 98.2%, 26.8% 증가한 것으로 나타났다.

창업진흥원 김광현 원장은 "창업의 원천이라 할 수 있는 대학에 창업친화적 생태계가 구축되고 있는 점이 고무적"이라며 "지속가능한 대학 창업 생태계가 조성될 수 있도록 대학의 창업 역량 강화를 위한 정책적 지원을 강화해 나가겠다"고 밝혔다. 보다 자세한 조사결과는 K-스타트업 누리집과 창업진흥원 누리집 내 '2018년 대학 창업통계 조사 결과보고서'를 통해 확인이 가능하다.

(파이낸셜뉴스, 2019.2.11)

창업의 절차

창업의 단계

창업의 단계는 창업의 동기, 규모, 유형에 따라 다를 수 있다. 그러나 다음과 같은 과정을 거치는 것이 일반적이다.

- 창업기회와의 만남 : 창업은 창업가가 창업기회와 만남으로 시작된다. 일반적으로 창업의 기회는 다음과 같은 통로를 통해서 만나게 된다. 첫째, 직장경험이다. 직장경험은 기술능력과 경영능력을 주고 사업에 관한 지식과 관련한 사람이나 조직에 대한 관계를 형성하게 해준다. 실리콘밸리에 있는 창업회사의 85%가 전 고용주가 제조한 것과 유사한 제품을 생산하고 있다는 사실은 직장경험이 창업기회에 큰 영향을 주고 있음을 알려준다. 둘째, 취미활동이 창업기회를 줄 수 있다. 새로운 분야 중 어떤 것은 초기 시장이 형성되어 있지 않고 사업적 관심보다는 호기심이 강한 사람들의 취미로 접근되는 경우가 많다. 취미생활 가운데 전문적 지식이 습득되고 사업의 가능성이 발견되는 경우가 많다.
- 내부여건과 환경분석 : 새로운 사업을 시작하는 데 고려해야 할 일 중 하나가 과연 창업을 할 수 있는 내부적 여건이 충분한지를 살펴보는 일이다. 먼저 창업가 자신의 개인적 적성과 역량이 창업을 하기에 적합한지를 분석해야 한다. 창업은 본인에게도 어려운 일이지만 가족에게도 영향

이 크므로 성격과 역량이 적합하고 충분한지를 판단하고, 자신의 강점과 약점을 파악하여 장점을 활용하고 약점을 보완해야 한다. 외부 환경에 대해서는 창업에 관련한 어떤 기회와 위협이 예상되는지를 파악하고 이에 대해 자신의 강점과 약점을 통해 어떻게 대처할지를 계획해야 한다.

- 창업 아이템 선정 : 창업할 사업대상을 결정하는 것은 매우 중요하다. 창업 아이템을 개발하기 위해서는 다음 세 가지의 전략적 관점을 가져야 한다. 첫째, 신상품의 3요소를 이해해야 한다. 신상품은 신디자인, 신기능, 신소재라는 3요소 중 하나를 가져야 한다. 즉, 신상품을 만들 때 새로운 디자인을 갖거나, 새로운 기능을 갖고 있거나, 새로운 소재를 사용한다면 비교적 쉽게 기존 제품과 차별화가 가능하다. 둘째, 아이템과 시장의 결합관계를 분석해야 한다. 즉, 기존 상품을 신시장에 적용하거나, 신상품을 기존 시장에 도입시키거나, 신상품을 신시장에 도입하는 방법으로 창업 아이템을 선정할 수 있다. 셋째, 업종 선택 시 창업가의 적성이나 경험에 맞는지, 조달가능한 자금범위 내의 아이템인지, 아이템이 상품의 수명주기상 도입기나 성장기에 해당하는지 등을 분석해야 한다. 이와 같은 분석을 통해 선정하고자 하는 창업 아이템의 시장성, 수익성, 위험성 등을 고려해야 성공률이 높은 창업이 가능하다.
- 사업타당성 평가 : 앞선 창업 절차를 통과하였어도 새로운 사업 아이디어에 대해 객관적인 평가와 분석이 필요하다. 전문가나 업계의 관련 인사들의 도움을 받아 선정된 창업 아이디어, 아이템에 대해 창업가 평가, 기술성 평가, 시장성 평가, 수익성 평가 등을 수행한다.
- 사업계획의 수립과 추진 : 본 교재의 앞 장에서 경영활동은 계획화, 조직화, 지휘, 통제의 순서로 이루어진다고 공부하였다. 사업계획서를 만드는 것은 창업할 회사에 대한 계획화이다. 사업계획서는 연구계획이나 개발계획이 아닌 구체적인 개발, 생산, 판매, 이익실현 계획이다. 따라서 기술적 타당성뿐만 아니라 계획하고 있는 아이디어, 아이템이 시장에서 얼마나 받아들여질 수 있는지를 설명할 수 있어야 한다. 따라서 사업계획서에는 앞으로 추진할 구체적인 사업내용과 세부 일정계획을 담아야 한다. 이는 창업에 관한 청사진이고 창업을 성공시키기 위한 설계도면이다.

창업 아이템 선정

앞에서 언급한 창업 아이템 선정을 어떤 기준으로 하는지를 좀 더 살펴보면 다음과 같은 네 가지 전략이 가능하다.[1)]

- 빈집 찾기 전략 : 빈집 찾기 전략이란 창업을 할 때 소비자의 요구는 있으나 아직 충족되지 않은 시장을 공략하는 전략이다. 이는 이미 존재하는 시장에서 소비자의 욕구를 충족시켜주는 것도 포함한다. 빈집 찾기 전략을 구사하는 기업은 경쟁우위를 가질 수 있는 틈새(niche)시장을 발견하고 창업하여 선점하는 전략을 사용한다. 기존 주력시장이 아닌 틈새시장을 공략하므로 기존 기업들과 정면 대결을 피하여 창업 초기의 불확실성을 극복하려는 의도를 가지고 있다. 창업기업들이 가장 쉽게 접근할 수 있는 전략으로 알려져 있어 널리 사용되고 있다. 빈집 찾기 전략을 구사한 사례로는 1970년대 최초로 고급 유아용 의류시장에 진출한 '아가방'과 2010년 5월 소셜 커머스를 표방하여 기존 전자상거래 시장의 틈새시장을 개척한 '티몬'이 있다.
- 새 집 짓기 전략 : 비어 있는 시장을 찾는 것이 아니라 새로운 시장을 개척하고자 창업을 하는 전략이 새 집 짓기 전략이다. 현재는 존재하지 않은 영역, 상품그룹의 개척을 통해 다른 기업이 추격하기 힘든 시장을 열고 선두주자의 이점을 누리는 전략이다. 빈집 찾기 전략에 비하여 훨씬 어렵고 불확실성이 큰 반면에 성공한다면 더 독점적인 이익을 기대할 수 있는 전략이다. 새 집 짓기 전략을 구사한 사례로는 빨래할 때 옷감을 부드럽게 하고 정전기를 방지하는 섬유린스라는 상품을 처음 시장에 들고 들어온 '(주)피죤'과 2010년 카카오톡이라는 모바일 메신저 분야에 진출한 '카카오'가 있다.
- 한 집 짓기 전략 : 한 집 짓기 전략은 이미 존재하고 있는 시장에서 그 기업만의 핵심기술을 강점으로 하여 특정제품에 승부를 거는 창업전략이다. 특히 기존 기업들은 다양한 상품을 선보이고 있는 반면 특정상품에 대해 특화되고 차별화된 기능을 선보이기 힘든 경우가 종종 있다. 한 집 짓기 전략은 이와 같은 상품을 선택하여 자신의 역량을 집중하여 '외고

1) 지호준, 『알기 쉽게 배우는 21세기 경영학』, 제5판, 집현재, 2010.

집 한 길 추구'를 통해 성공적인 상품을 바탕으로 창업을 한다. 한 집 짓기 전략을 구사한 사례로는 침대에 집중하여 성공적인 가구회사가 된 '에이스침대'와 전자적 무게 계측의 핵심부품인 로드셀 기술을 바탕으로 전자저울만 고집한 '(주)카스' 등이 있다.

- 큰 집 짓기 전략 : 큰 집 짓기 전략은 작은 무대가 아닌 큰 무대에 진출하여 가격과 품질 면에서 차별화하려는 의도로 창업하는 것을 말한다. 따라서 큰 집 짓기 전략을 사용하려는 창업기업은 단순히 원가우위를 추구하기보다는 특별한 기술이나 핵심 역량을 가지고 있는 경우가 많다. 특히 좁은 국내 시장만 겨냥하기보다는 창업 직후부터 거대한 글로벌 시장에 통할 수 있는 상품에 초점을 맞추고 있는 경우가 대부분이다. 큰 집 짓기 전략을 구사한 사례로는 전 세계 고급 안경테 시장을 겨냥하여 창업한 안경업체 '서전'과 일본 및 동남아 시장을 겨냥한 모바일 메신저 라인을 만든 네이버의 일본 소재 자회사인 '라인주식회사'가 있다.

더 알아봅시다 **이스라엘이 '스타트업 전설'된 비결 – 글로벌화와 기술 인큐베이팅**

지중해 동쪽에 위치한 이스라엘은 대한민국 국토 면적의 1/5에 달하는 작은 나라이다. 인구는 840만 명에 불과하다. 서울시 인구보다 적은 숫자이다. 그런데 이 작은 나라가 미국 나스닥 상장기업은 미국, 중국에 이어 세 번째다. 무려 83개에 달한다. 2016년도 전미증권협회(NASD) 기준 일본과 우리나라의 나스닥 상장기업은 2개뿐이다.

이스라엘은 전 세계 글로벌 IT 기업들이 가장 많이 눈독을 들이는 스타트업을 가진 나라이기도 하다. 특히 이스라엘이 세계적인 '스타트업 대국'으로 이름을 날리게 된 이유는 4차 산업혁명을 주도하는 자율주행, 인공지능, 로봇 분야에 특히 독보적인 스타트업 군을 보유하고 있기 때문이다. 지난 2013년 구글이 인수한 이스라엘 내비게이션 스타트업 '웨이즈'는 한화로 1조원이 넘는 돈에 매각됐다.

이스라엘의 스타트업은 대략 5,200여개. 이곳에서 한 해 700여개의 스타트업이 새로 탄생한다. 인구가 810만 명인 것을 감안할 때 1인당 벤처 창업률은 단연 세계 1위이다. 이 중 이스라엘인들이 모여 사는 텔아비브 시에는 1,400여개의 스타트업이 몰려 있다. 이들은 텔아비브와 미국 실리콘밸리를 오가며 스타트업 사업을 진행한다. 촘촘한 정부 정책과 크라우드 펀딩시스템 등 투자 자금이 원활하게 선순환되고 있다는 점도 강점이다. 이 때문에 세계 각국의 자본들이 빠르게 유입되고 있다. 이스라엘이 중동의 실리콘밸리라고 불리는 이유이다.

이스라엘이 이처럼 세계적인 스타트업 왕국으로 명성을 떨치게 된 이유는 어디에 있을까. 전문가들은 이스라엘만의 독특한 창업 생태계가 그 뿌리라는 데 이견이 없는 듯하다. 이원재 요즈마코리아 대표는 이스라엘이 스타트업 강국이 된 배경에 대해 이스라엘만의 벤처 창업 생태계가 존재했기 때문이라고 설명했다. 그는 지난달 28일 서울 강남구 코엑스에서 열린 대한민국과학연차대회 2분과 심포지엄 '스타트업의 계곡을 넘어서' 분야 연사로 나와 이스라엘이 창업 강국이 된 이유를 공유했다. 이 대표는 "지금은 전설이 된 이스라엘의 창업 생태계는 사실 역설적으로 높았던 당시 실업률을 낮추기 위한 '궁여지책'으로부터 출발했다"고 설명했다.

세계 각국으로 흩어진 후 다시 국가를 재건하기 위해 모인 이스라엘인들은 혼란스러운 사회와 높은 실업률로 골머리를 앓았다. 실업률을 낮추기 위해 정부는 과학자들과 기업가, 기술자들을 모아 새로운 프로세스를 가동했다. 오슬로 협정의 주역으로 꼽히는 시몬 페레스(Shimon Peres) 전 이스라엘 대통령은 이스라엘 젊은이들의 창업을 적극 지원했다. 이스라엘 정부는 1993년 정부가 40% 투자하고 민간이 60% 투자한 정부벤처펀드인 '요즈마 펀드(Yozma Fund)'를 출시했다. 요즈마 펀드는 정부가 창업기업에 자금을 대면 민간도 투자할 수 있도록 만든 이스라엘의 모태펀드이다. 1993년 설립 당시에는 1억달러로 시작했으나 2013년에는 40억달러 수준으로 성장했다.

이스라엘 정부는 수익이 발생하면 민간 기업이 정부 지분을 인수할 수 있도록 한 요즈마 펀드를 중심으로 세계 각국의 글로벌 자금이 스타트업계에 유입되도록 활발한 정책을 펼쳤다. 글로벌 자금뿐 아니라 글로벌 기업과의 M&A 등을 통해 각종 기업 경영 노하우를 수혈하기도 했다. 무엇보다 정부의 적극적인 지원 정책으로 만들어진 기술 인큐베이팅 사업은 이스라엘을 벤처 국가로 발돋움하게 하는 시발점이 됐다. 이스라엘 정부는 국가과학위원회를 통해 인큐베이터를 선정해 신생벤처를 지원했다. 이스라엘의 주요 도시 24군데에 기술 인큐베이팅 사업을 실시했고 과학자, 교수들이 학교와 연계해 창업을 할 수 있도록 애를 썼다. 또 영세한 스타트업을 지원하기 위해 기업가정신 교육 센터를 설립했다. 요즈마 그룹은 글로벌 캐피털 유치, M&A를 통한 글로벌 R&D 센터를 유치하는 등 스타트업 생태계 조성에 힘썼다.

국가의 안전은 '해외 투자'와 직결된다. 불안한 중동 정세를 미루어 보면 이스라엘에 포탄이 떨어져도 이상한 일이 아니다. 하지만 해외 투자 자금은 화수분처럼 마르지 않았다. 정부가 기술창업에 대한 활발한 투자를 아끼지 않았기 때문이다. 이스라엘 정부는 세계 최상위권 수준의 과학 기술력을 기반으로 기술창업에 대해 활발한 투자를 추진했다. 인구 및 GDP 등 국가 규모 대비 연구 인력과 R&D 투자 1위라는 수치가 이를 증명한다. 이렇게 만든 스타트업 생태계로 인해 전 세계가 투자를 줄이는 기간에도 이스라엘 기업 투자는 증가하는 기현상을 보인다. 이스라엘 기업의 세계 각국의 투자금은 2010년 꾸준히 증가해 2015년에는 44억3,000만달러에 이른다.

이스라엘의 스타트업 약진은 국내 스타트업계에 주는 시사점이 크다. 이 대표는 국내 스타트업들의 글로벌화가 시급하다고 진단했다. 구글이 인수한 내비게이션 스타트업 '웨이즈'는 1조원 규모로 거래가 됐다. 이 대표는 국내 스타트업에도 매우 유사한 회사가 있었다고 말했다. 바로 '김기사'로 불리는 내비게이션 스타트업 '록앤롤'이다. 1,000만 명이 이용해 유명세를 탔던 이 스타트업은 다음카카오에 626억원에 매각됐다. 이 대표는 "국내 스타트업이 이스라엘 스타트업과 비교해 결코 떨어지지 않는 높은 기술력과 서비스 경쟁력을 갖추고 있다"고 평가하면서도 "보다 공격적인 글로벌 전략이 미흡해 더 높은 가치를 인정 못 받는 부분이 있다"고 아쉬워했다. 이어 "같은 개념, 같은 기술인데 이런 차이가 있다. 앞으로 국내 스타트업도 해외 시장을 무대로 더 나아간다면 이스라엘처럼 스타트업 대국으로 우뚝 설 수 있을 것"이라고 조언했다. (Science Times, 2019.2.11)

사업타당성 평가절차

앞에서 언급한 사업타당성 평가를 절차별로 자세히 살펴보면 다음과 같다.

- 창업가 평가 : 사업타당성 평가의 출발은 창업을 추진하고 있는 주체인 창업가에 대한 평가로 출발한다. 창업가의 경영능력, 사업배경, 개인적 성향, 경험과 지식, 업무수행능력 등이 평가된다.
- 기술성 평가 : 신기술이나 기술집약적 성격이 큰 경우 사업타당성 분석 중 가장 어렵고 전문성이 필요한 분야이다. 기술이 독창적이고 우수할수록 사업의 성공가능성이 높으므로 기술성 평가를 통해 핵심기술의 내용을 정확히 파악하는 것은 물론, 기술의 유용성, 기술 구현의 경제성, 위험요소 식별 등 사업의 성공에 관련한 기술평가가 이루어져야 한다.
- 시장성 평가 : 창업가들은 자신이 개발하거나 확보한 제품이나 아이디어가 성공할 것이라고 맹신하는 소위 '발명가의 오류'를 범하기 쉽다. 벤처 자본가를 대상으로 하는 한 연구에 따르면 90% 이상의 창업가들이 시장의 수요를 40% 이상 과대평가하는 경향을 보인다고 한다. 우수한 기술력을 가진 제품이라 해도 시장에서 소비자들이 판단하는 것은 다를 수 있고, 매출이 발생하지 않으면 창업은 성공할 수 없다.
- 재무성 평가 : 훌륭한 창업가의 노력과 우수한 기술력을 바탕으로 좋은 제품이 생산되고 판매된다고 해도 수익성이 충분하지 않으면 창업은 성공할 수 없다. 수익성 평가에서는 사업에 들어가는 비용을 감안하여 개발, 생산, 판매, 지원 등 모든 기업활동의 결과 얼마나 수익이 발생하는지를 평가한다. 이는 창업의 사업타당성 평가의 마지막 단계가 된다.

사업계획 수립과 추진

앞에서 언급한 사업계획 수립과 추진은 보통 사업계획서 작성으로 구체화된다. 사업계획서를 작성하면 좋은 점은 다음과 같다. 첫째, 실제로 창업을 할 때까지의 세부적인 일정과 진행과정을 한눈에 확인할 수 있다. 이를 통해 중복된 일의 추진을 막을 수도 있다. 둘째, 투자비용의 범위와 내역을 파악할 수 있다. 따라서 창업에 꼭 필요한 설비와 기물만을 구입함으로써 불필요한 경비의 지출을 막을 수 있다. 셋째, 구체적이고 실험적인 마케팅 방법을 영업전략에 적용할 수 있다. 넷째, 예상 매출액과 비용, 그리고 손익분기점을 가늠할 수 있다. 다섯째, 창업하려는 기업의 계획을 구체화하여, 기존 시장에서 활약하고 있는 경쟁자와 비교함으로써 적절한 경쟁전략을 마련할 수 있다.

사업계획서 작성을 단계별로 살펴보면 다음과 같다.

- 제1단계 : 기본 방향 설정
- 제2단계 : 사업계획서의 특정양식이 필요한지 확인
- 제3단계 : 사업계획서 작성 계획 수립
- 제4단계 : 사업계획서 작성에 필요한 자료와 서류 준비
- 제5단계 : 사업계획서 작성

사업계획서 작성에 포함되어야 할 주요 내용은 〈표 3-1〉과 같다.

표 3-1 사업계획서 주요 내용

목 차	내 용	
사업개요 및 총괄 요약	• 사업의 목적, 창업동기 • 필요한 자본과 사용용도 • 자금계획의 중요 포인트 • 사업의 기대효과	• 사업과 관련 시장 개요 • 최고경영자 요약 • 창업기업 개요
기업체와 기업체가 속한 사업	• 기업체의 목적, 미션, 전략목표 • 기업체의 강약점	• 창업의 배경 • 협력기업 현황 및 계획
제품 또는 서비스	• 제품/서비스의 설명과 적용 • 사업에 필요한 기술과 기능 • 미래 잠재력	• 제품/서비스의 경쟁력과 특성 • 인허가 및 특허권
목표시장	• 목표고객 • 목표시장 규모와 성장전망 • 포지셔닝	• 시장세분화 • 추정된 시장점유도 • 경쟁업체 현황과 강약점
마케팅 전략	• 판매 및 유통 전략 • 광고와 판매촉진 전략	• 가격 전략
생산 및 시설 계획	• 지리적 입지 • 생산 전략	• 시설투자 계획 • 원/부자재 사용 및 조달 계획
조직 및 인력운용 계획	• 기업지배구조 • 임원의 경험과 경력 • 종업원 현황과 채용 계획	• 조직도 • 임원의 임금 • 교육훈련 계획
재무계획	• 창업자금 조달과 운영 • 연간 손익 및 자금 계획	• 손익분기점 분석 • 월별 손익 및 자금 계획
사업추진 일정계획	• 추진 일정계획	• 계획 지연 또는 차질 시 대책
추정 재무제표	• 추정 대차대조표	• 추정 손익계산서

개인회사와 주식회사의 창업

사업자 등록 : 개인회사의 창업

사람이 태어나면 출생신고와 주민등록을 하듯이, 우리나라에서는 개인사업자가 개인회사를 창업하려면 반드시 관할 세무서에 사업자 등록을 하고 사업자등록증을 발급받아야 한다. 사업자등록증에 있는 사업자등록번호는 모든 상거래에서 표시하고 사용하며 개인의 주민등록번호처럼 사업체를 구별하는 고유번호이다. 사업장이란 사업자 또는 그 사용인이 상시 주재하여 거래의 전부 또는 일부를 행하는 장소를 말한다. 법인의 경우 법인의 본점, 지점 모두 사업자 등록을 해야 하고, 개인도 사업장이 2개 이상 있다면 사업장마다 사업자 등록을 해야 한다.

주식회사 설립 : 주식회사의 창업

주식회사의 설립은 다음과 같은 절차를 거친다.

- 발기인 조합 설립 : 발기인 조합은 주식회사의 발기인 3인 이상으로 구성되어야 하며, 이들은 주식회사 설립을 위한 업무를 추진한다는 합의를 하고 발기인 조합계약을 체결하여 형성된다. 발기인 조합은 정관 작성, 기명날인, 주식인수 등 주식회사 설립을 추진하는 주체이며 주식회사가 설립되면 자동으로 소멸된다. 이때 발기인이란 정관을 작성하고 기명날인 또는 서명한 사람으로 주식회사의 설립을 기획하고 설립사무를 집행하는 사람이며 1주 이상의 주식을 인수해야 한다.
- 정관 작성 : 정관이란 회사의 조직과 활동에 관한 기본 규칙을 기재한 서면이다. 발기인은 회사의 기본 규칙을 확정하고 이를 서면에 기재한 후 발기인 전원이 기명날인 또는 서명을 해야 한다. 정관에는 주식회사의 사업 목적, 상호, 회사가 발행하는 주식의 총수, 1주의 금액, 본점의 소재지, 회사가 공고를 하는 방법, 발기인의 성명, 주민등록번호 및 주소 등을 반드시 기재해야 한다.
- 정관의 인증 : 회사의 설립 시에 작성하는 정관을 원시정관이라 하는데, 원시정관은 회사의 본점 소재지를 관할하는 지방검찰청 소속 공증인의 인증을 받아야 그 효력이 생긴다. 인증을 받은 원시정관이 창립총회에

서 변경되더라도 창립총회에 기재된 것이 증거가 되므로 다시 인증을 받을 필요는 없다.

- 주식발생사항의 결정 : 회사의 설립 시에 발생하는 주식의 총수는 정관 작성 시 정해지지만 주식발행에 관한 나머지 사항은 정관에서 특별히 정한 사항이 없으면 발기인 전원의 동의로 이를 정한다. 발행주식을 어떻게 인수하느냐는 〈표 3-2〉와 같이 몇 가지 방식이 있으나 보통 발기설립과 연고모집으로 주식회사를 설립하는 경우가 많다.
- 창립총회의 개최 : 투자금액, 즉 발행주식 총수에 대한 납입과 현물출자의 이행이 완료되면 창립총회가 소집된다. 일반적으로 총회의 결의는 인수된 주식의 2/3 이상으로 한다. 창립총회에서는 이사와 감사를 선임한다.
- 설립 등기와 사업자 등록 : 마지막 절차는 주식회사의 설립 등기를 하고 사업자 등록을 하는 일이다. 설립 등기는 이사들이 공동 신청으로 한다. 사업자 등록 신청은 사업장을 관할하는 세무서에 신청한다.

표 3-2
회사 설립 형태

설립 형태	특 징	
발기설립	발기인이 발행주식 총수를 인수하는 방법으로 설립절차가 간단함	
모집설립	발기인이 발행주식의 일부를 인수하고 나머지 주식은 주주를 모집하여 인수	
	연고모집	발기인 조합이 가까운 소수의 지인을 주주로 모집
	공개모집	불특정 다수인을 대상으로 주주를 모집

사례 대한민국 경영현장

스타트업 창업 열기가 이렇게 뜨거웠어? - 공모전 180대1… 열기를 현실화하려면 어떻게?

'벤처'에서 '스타트업'으로 바뀐 창업 열기가 여전히 뜨겁다. 하지만 여러 과제도 산재한다. 해법에 대한 시각은 엇갈린다. 9일 업계에 따르면 최근 진행된 창업 공모전의 경쟁률이 평균적으로 15대1, 일부 경우에는 수백대1의 경쟁률을 기록하는 것으로 나타났다. 지난달 삼성전자와 대구창조경제혁신센터 주관으로 열린 '2014 C-Lab 벤처창업 공모전'에는 3천700여건의 창업 아이디어가 몰리며 180대1이라는 높은 경쟁률을 보였다. LG전자가 주최한 참신한 제품 아이디어의 실제 제품화를 돕는 '아이디어 LG' 공모전에도 5천건 이상의 아이디어가 쏟아졌다.

이 밖에 정부나 관련 협단체, 대기업 등이 주최하는 창업 공모전도 평균 14대1~18대1 정도의 경쟁률을 기록하고 있다.

• 뜨거운 열기, '닷컴 시대' 못지않다

주요 관계자들은 "창업에 대한 구상을 갖고 있는 사람은 일반인의 생각보다 훨씬 많다"고 전한다. 교육 수준이 높아지고 사회가 점차 다양화되면서, 다양한 아이디어를 가진 이들도 함께 증가하고 있는 것이다. 게다가 모바일 플랫폼의 부상과 3D프린터의 보급이 촉진되면서 비교적 적은 자본으로 창업을 할 수 있게 됐다는 점, 이미 2000년대 초반 '닷컴'으로 대표되는 벤처 열풍부터 발달한 벤처투자자(VC)의 활성화 노력 등이 더해져 창업 열기는 그 어느 때보다 뜨겁다는 설명이다. 흔히 창업의 가장 큰 걸림돌로 꼽히는 것은 바로 초기 자본금 마련이다. 사무실 임대비용과 시제품 제작에 필요한 비용, 초기 임직원에 대한 인건비 부담 등 여러 방면에서 지출되는 비용을 고려하다 보면 창업이 망설여지기 마련이다. 또 제품화에 성공한다 해도 향후 마케팅이나 영업 활동도 걱정거리다.

결국 공모전 경쟁률이 10대1을 넘어가는 치열한 양상을 보이는 것은 공모전 수상팀에 대한 각종 금전적-비금전적 지원에 대한 관심 때문이라고 창업 경험자들은 말한다.

특히 삼성이 주관한 공모전의 경우 ▲전문가의 1:1 멘토링 ▲시제품 제작, 테스트용 C-Lab 공간과 설비 제공 ▲삼성벤처투자를 통한 투자자 연결 ▲사업화 가능성에 따른 추가 투자 등 1회성 자금 지원을 탈피한 체계적인 프로그램 등 체계적인 지원책을 갖추고 있어 경쟁률이 더 치열했을 것이란 해석이 삼성과 창업 경험자들의 분석이다.

• 창업 공모전 과열 속 '먹튀' 부작용도… 대책 마련 필요

이에 따라 창업 공모전이 창업 초기 여러 어려움을 겪는 기업가에게 체계적이고 실질적인 지원을 제공하고 제품 연구개발에 집중할 수 있게 해줘 큰 도움이 된다는 의견도 있다. 그러나 일각에서는 이 같은 공모전 위주의 창업 열기에 대해 우려의 목소리도 적지 않다. 뷰티 관련 스타트업 위시컴퍼니의 백아람 이사는 "아이템이 좋은 업체는 별도로 투자금을 유치할 필요가 없고, 반대로 아이템이 그리 매력적이지 않은 업체일수록 외부 투자금 유치에 더 열을 올리는 경향이 있다"고 말했다. 자칫 악화가 양화를 구축하는 현상이 이어질 수도 있다는 지적이다.

여러 창업 경험자들에 따르면 공모전이나 정부 지원 과제 선정 등에 있어서 여러 바람직하지 못한 행태가 이어지고 있는 것으로 알려졌다. 공모전의 경우 같은 아이디어와 제안서를 들고 여러 공모전에서 수상해 상금만 챙긴 뒤 사업은 포기하고 대기업이나 정부기관 취업에 '스펙'으로 활용하는 경우가 발생하고 있는 것으로 알려졌다. 특히 최근 대기업들이 '도전 정신'을 주요 키워드로 꼽으면서 창업 공모전 수상경력을 이력서에 추가하는 데만 급급한 지원자들도 있다는 지적이다.

화두로 한참 떠올랐던 사회적 기업의 경우에는 대기업과 정부의 돈이 몰리면서 이를 노린 엉터리 기업가들이 등장하기도 했고, 이에 따라 관련 사업을 진행하는 기업이나 기관들이 심사기준을 강화하는 대책 마련에 고심하고 있는 것으로 전해졌다. 정부 지원과제의 경우 특정 학연이나 지연에 따라 제대로 된 심사 없이 지원대상을 선정한다는 의혹과 잡음이 끊이지 않고 있다. 한 유통업체 관계자는 "S대 A학과, 이런 식으로 특정분야를 쥐고 있는 세력이 '마피아'처럼 정부 지원과제를 독식하고 그 예산으로 먹고사는 경우도 종종 목격된다"고 전했다. (ZDNet Korea, 2014.12.9)

2 벤처 경영

벤처기업의 특성

벤처기업이란?

벤처(venture)란 모험이란 뜻으로 위험부담을 지닌 행위 또는 불확실한 결과를 가져오는 일을 뜻한다. 따라서 벤처(모험)기업이란 새로운 기술을 보유했지만 커다란 위험부담을 지닌 기업을 의미한다. 이와 같이 새로운 기술에 기반한 기업에 모험이란 용어가 붙은 것은 이런 기업들이 기존 기업이 하기 어려운 새로운 분야에 뛰어들어 도산위험이 크지만, 성공한다면 수익도 커서, 본질적으로 고위험·고수익을 추구하는 모험적 속성이 크다는 의미 때문이다. 미국의 통계를 보면 벤처캐피털이 사업계획서 검토를 통해 최종적으로 투자를 결정하는 벤처기업의 비율은 1,000개 중 6개에 불과할 정도로 성공률이 낮다고 알려져 있다.

우리나라의 벤처기업육성에 관한 특별조치법에서는 벤처기업을 다음과 같은 요건을 만족하는 중소기업으로 정의하고 있다.

더 알아봅시다 우리나라 벤처기업의 정의

벤처기업은 다음 각 목의 어느 하나에 해당하는 「중소기업기본법」 제2조에 따른 중소기업을 의미한다.

가. 다음 각각의 어느 하나에 해당하는 자의 투자금액의 합계(이하 이 목에서 "투자금액의 합계"라 한다) 및 기업의 자본금 중 투자금액의 합계가 차지하는 비율이 각각 대통령령으로 정하는 기준 이상인 기업
  (1) 중소기업창업투자회사
  (2) 중소기업창업투자조합
  (3) 신기술사업금융업자
  (4) 신기술사업투자조합
  (5) 한국벤처투자조합
  (6) 벤처기업육성에 관한 특별조치법 제4조의9에 따른 전담회사
  (7) 중소기업에 대한 기술평가 및 투자를 하는 금융기관으로서 대통령령으로 정하는 기관
  (8) 투자실적, 경력, 자격요건 등 대통령령으로 정하는 기준을 충족하는 개인

나. 기업(「기초연구진흥 및 기술개발지원에 관한 법률」 제14조의2 제1항에 따라 인정받은 기업부설연구소를

보유한 기업만을 말한다)의 연간 연구개발비와 연간 총매출액에 대한 연구개발비의 합계가 차지하는 비율이 각각 대통령령으로 정하는 기준 이상이고, 대통령령으로 정하는 기관으로부터 사업성이 우수한 것으로 평가받은 기업

다. 다음 각각의 요건을 모두 갖춘 기업[창업하는 기업에 대하여는 (3)의 요건만 적용한다]

(1) 「기술보증기금법」에 따른 기술보증기금(이하 "기술보증기금"이라 한다)이 보증(보증가능금액의 결정을 포함한다)을 하거나, 「중소기업진흥에 관한 법률」 제68조에 따른 중소기업진흥공단(이하 "중소기업진흥공단"이라 한다) 등 대통령령으로 정하는 기관이 개발기술의 사업화나 창업을 촉진하기 위하여 무담보로 자금을 대출(대출가능금액의 결정을 포함한다)할 것

(2) (1)의 보증 또는 대출금액과 그 보증 또는 대출금액이 기업의 총자산에서 차지하는 비율이 각각 대통령령으로 정하는 기준 이상일 것

(3) (1)의 보증 또는 대출기관으로부터 기술성이 우수한 것으로 평가를 받을 것

(출처 : 벤처기업육성에 관한 특별조치법)

벤처기업이란 일반적인 명칭 이외에 다음과 같은 이름들도 벤처기업을 나타내며 이들 명칭에도 벤처기업의 특징이 녹아 있다.

- 기술기반 신생기업(NTBF : new technology-based firm)
- 첨단기술 소기업(HTSF : high technology small firm)
- 연구개발 집약기업(high R&D intensity firm)
- 벤처자본 투자기업(high venture capital ratio firm)

벤처기업을 통한 창업은 일반적인 기업의 창업과는 다른 다음과 같은 특징이 있다.

첫째, 핵심기술을 기반으로 하거나 기술혁신의 노하우를 상업화하기 위해 설립한 신기술 또는 첨단기술을 보유한 기업들을 세우려고 노력한다. 둘째, 다른 창업에 비해 기술개발로 높은 시장성이 있는 상품화가 되기까지 많은 위험을 감수하지만 성공할 경우 높은 이익을 기대할 수 있다. 셋째, 자본력은 부족하지만 모험적 사업에서 승부를 걸어보려는 기업가정신이 충만한 기업인이 주도하는 경우가 많다.

우리나라는 벤처기업 육성을 위해 〈표 3-3〉과 같이 다양한 지원제도를 운영하고 있다.

표 3-3 벤처기업 지원제도

구 분	내 용
창업	• 교수, 연구원 창업 : 교수, 연구원이 벤처기업을 창업하거나 근무하기 위해서는 휴직가능(3년 이내)하며, 교수, 연구원이 벤처기업의 대표 또는 임직원 겸임가능 • 산업재산권 출자 : 벤처기업에 대한 현물출자 대상에 특허권, 실용신안권, 디자인권 등의 권리 포함
세금	• 지원대상 : 창업 후 3년 이내에 벤처확인받은 기업에 한함(창업벤처 중소기업) • 벤처확인을 받은 후 최초로 소득이 발생한 과세연도, 그 다음 과세연도부터 4년간 법인세, 소득세의 50% 세액 감면(2015년 12월 31일까지 벤처확인받은 기업에 한함) • 취득세 면제 : 벤처확인일로부터 4년 이내에 취득하는 사업용 재산에 대해 취득세 면제 • 재산세 50% 감면 : 창업벤처 중소기업이 직접 사용하는 사업용 재산에 대해 벤처확인일로부터 5년간 재산세의 50% 감면
금융	• 코스닥 상장 : 상장심사 시 우대 • 정책자금 : 중소기업정책자금 한도 우대 • 신용보증 : 신용보증 심사 시 우대 • 투자지원 : 창업투자회사의 투자대상에 업력 제한 없음(일반기업은 창업 후 7년 이내 기업만 해당)
특허	• 우선심사 : 벤처기업이 특허 및 실용신안 등록출원 시 우선 심사대상으로 인정
인력	• 스톡옵션 : 부여대상을 외부전문인력과 외부기관으로 확대 • 병역특례연구기관으로 지정받을 수 있는 기회를 연 2회 부여 • 산업기능요원 추천 심사 시 가점 부여
입지	• 실험실, 공장 : 교수/연구원의 실험실, 공장 설치(500m^2 이하) 허용 • 창업보육센터 입주기업에 대한 도시형 공장 등록 특례 인정 • 벤처기업전용단지의 건축금지에 대한 특례 인정 • 과밀억제권역 내에서의 집적시설 입주기업의 취득세, 재산세 중과세율 적용 면제
마케팅	• TV, 라디오 광고비 70% 감면
기타	• 유한회사인 경우 사원총수를 300인까지 가능(일반회사는 50인 이하) • 벤처기업의 경우 전략적 제휴 및 신주발행을 통한 주식교환 허용 • 전기요금 할인 : 일반용 전력요금 대비 3.7% 인하

벤처기업과 기업가정신

기업가정신이란 새로운 아이디어와 신기술을 기반으로 새로운 기업을 설립하여 열정적으로 성공을 추구하고 경영해 나가는 혁신적인 정신을 말한다. 벤처기업의 창업과 경영에서는 기업가정신이 충만해야 성공할 가능성이 커진다. 즉, 기업가정신은 혁신을 통해 새로운 사업을 창조하는 벤처기업의 창업에 중요하다. 기업가정신이 열정적으로 성공을 추구한다는 것은 기업가의 꿈과 아이디어로부터 출발하여 불확실한 환경에서 적극적으로 새로운 사업기회를 포착하고 필요한 시간과 열정을 투입하려는 노력을 경주하는 것이다. 따라서 기업가정신은 기존의 상식이나 권위에 사로잡히지 않고, 현재 가지고 있는 부족한 자원에 구애받지 않는 투지도 포함한다.

기업가정신은 창조적 아이디어를 실현시키기 위해 기존의 것을 거부하는 혁신의 성격을 갖고 있다. 이와 관련하여 일찍이 경제학자 슘페터는 기업가정신이 창조적 파괴를 통해 경제를 발전시킨다고 주장했다. 슘페터가 주장한 기업가의 혁신적 활동은 신제품과 새로운 품질의 제품 도입, 새로운 생산방식의 도입, 새로운 시장의 개척, 원재료 또는 반제품의 새로운 공급원 확보, 새로운 조직의 출현 등이다.

더 알아봅시다 **실리콘밸리의 기업가 유형**

47세 때인 1975년 도미하여 1982년 소프웨어개발업체 '다이아몬드 멀티미디어 시스템'을 설립하고 1995년 이 회사를 성공적으로 매각하여 이를 바탕으로 AmBex 벤처그룹회장으로서 IT기업 투자를 하고 있는 이종문 대표에 따르면 실리콘밸리의 벤처기업가는 다음과 같은 네 가지 유형으로 구분된다.

1) 장기 비전가(vision creator)

- 이 유형의 기업가는 돈과 명예보다는 회사와 그 비전이 인정받는 것을 성공으로 정의한다. 또한 그 비전의 실현을 위해 장기간 회사와 함께할 의지를 갖고 있다. 이들은 회사를 비전과 소속감을 제공하는 공동체로 본다.
- Yahoo!의 창업자인 Jerry Yang과 David Filo가 이 유형에 속한다. 이들은 Yahoo!가 세상에 큰 공헌을 할 것이며, 이를 위해 회사의 성공을 극대화하는 것을 자신들의 사명으로 생각한다.
- 그들은 창업 이후 자신들이 회사 경영에 적합하지 않다고 판단하여 기꺼이 전문 경영인들에게 경영권을 이양한다. 이들은 아이디어 전파와 기술혁신에 전념하여 회사의 성공, 나아가 사회발전에 기여하는 비전을 실현하는 기업가 유형이다. 이들의 생각에 따라 Yahoo! 기업은 권위를 탈피하는 행동, 조직을 가족처럼 생각하는 인식, 격의 없는 근무환경 조성 등으로 유명하다.

2) 인수 기업가

- 실리콘밸리의 Cisco의 존 체임버스가 이 유형의 대표적 예이다. 이 유형의 기업가들은 워낙 빠르게 변화는 기술환경을 스스로 개발을 통해서 따라잡기 어렵다고 보고 다른 기업을 인수함으로써 그 기술발전 속도를 따라가는 기업가들이다.
- 네트워킹 산업의 세계적 선도업체로 부상한 시스코(Cisco)는 이러한 인수 전략에 적극적으로 임하여 1993년 이래 무려 50건 이상의 기업인수를 완료했다.
- 인수기업가는 인수 작업에 따른 고도의 비전을 명료하게 할 수 있어야 하고, 인수 이후의 이질 집단의 관리에 능력을 갖추고 있으며, 효율적인 경영진을 유지하는 능력을 갖추어야 한다.
- 또한 인수 이후(post merger) 쌍방의 융합이 매우 중요하기 때문에 각 기업은 이에 대해서도 상당한 노력을 기울여야 한다. 시스코의 경우 전체 R&D 예산의 약 13% 정도의 금액을 인수한 기업의 직원, 기술, 고객을 관리하는 데 지출한다고 한다(Reinhardt, 1999).

3) 변형 기업가

- 이 유형은 신기술 분야 혹은 새로운 시장에 매우 적극적인 기업가 유형이다. 어느 정도의 성공에 만족하지 않고 끊임없는 개발을 추진하는 정신으로 무장한다.
- 이들은 새로운 영역에 도전하는 데 편집광적인 집착을 보인다.
- SUN Micro Systems의 Scott McNealy가 대표적이다. 그는 인터넷을 수용해 회사의 새로운 비전의 중심으로 삼고 구체적인 변형의 수단으로 자바 프로그래밍 언어를 활용했다. 한편 이러한 변형 자체의 중요성을 전파하는 데도 앞장서왔다.

4) 연쇄 기업가

- 이 유형은 한 기업을 창업해서 어느 정도까지 일으켜 세운 다음 또 다른 회사를 창업하는 유형이다.
- 넷스케이프의 Jim Clark가 대표적이다. 그는 실리콘밸리에서 'SGI', '넷스케이프', '헬시온', '마이CFO' 등을 창업했으며, 이들을 통해서 이미 수십억달러에 이르는 부를 얻은 바 있다. 그러나 여전히 새로운 창업을 준비한다고 알려진다.
- 이 유형의 기업가들은 자신이 창업한 회사의 경영권을 전문경영인에게 넘기는 것을 전혀 꺼리지 않는다.

(Lee, C. M., Four Styles of Valley Entrepreneurship, 2000)

벤처기업의 운영

벤처기업의 성장단계

벤처기업의 사업 특성, 기술 특성, 지역 특성, 시대적 특성 등이 다양하므로 벤처기업 경영인을 정형화하는 것은 쉽지 않다. 또한 벤처기업의 경영인은 선천적인 특성뿐만이 아니라 다양한 경험과 폭넓은 지식을 통해 경영자적 관리능력을 키우고 뛰어난 기술자산을 확보해 나갈 수 있으므로 후천적인 노력으로도 능력이 성장한다.

그러나 벤처기업 경영인은 기업가정신이 충만하다는 일반적인 특징 이외에도 대기업의 전문경영인과 비교하면 다른 특성을 가지고 있다. 전문경영인은 자원의 효율적인 분산에 초점을 맞추는 반면 기업가정신을 가진 벤처기업 경영인은 모든 자원을 새로운 사업기회에 집중하는 데 초점을 맞춘다. 또 전문경영인은 치밀한 분석과 합리적 기획을 잘하지만 벤처기업 경영인은 변화를 읽는 눈이 밝고 대응능력이 뛰어난 특성을 보인다. 한편 전문경영인은 수직적 기능조직의 관리에 적합하다면 벤처기업 경영인은 수평적 네트워크 조직의 관리에 적합하다.

벤처기업의 성장단계는 〈표 3-4〉와 같이 3단계, 4단계, 5단계로 구분한다. 벤처기업의 창업 후 각 단계별로 적절한 관리 항목을 갖고 경영하는 것이 매우 중요하다. 창업의 3단계 구분 모델에 따라 각 단계별로 수행해야 하는 벤처기업의 경영활동을 살펴보면 다음과 같다.

창업기는 새로운 기술과 획기적 신제품을 바탕으로 사업을 시작하는 단계

표 3-4 벤처기업의 성장단계

구 분	내 용
3단계 구분	• 창업기(start up stage) : 5단계의 생성과 생존을 묶은 단계 • 성장기(early growth stage) : 5단계의 성공과 도약을 묶은 단계 • 성숙기(growth-maturity stage) : 5단계의 성숙 단계
4단계 구분	• 창업기 : 5단계의 생성과 생존을 묶은 단계 • 성장기 : 5단계의 성공 단계 • 전환기 : 5단계의 도약 단계에 해당하면서 고도성장 또는 창업가 중심의 경영보다는 전문경영인 중심으로 전환해 나가는 것을 강조한 단계 • 성숙기 : 5단계의 성숙 단계
5단계 구분	• 생성(birth) : 새로운 제품과 서비스를 개발하고 창업 조직을 구성하며 종잣돈을 확보하는 단계 • 생존(survival) : 초기시장을 확보하면서 손익분기(break-even)를 달성하는 단계 • 성공(success) : 확고한 시장영역을 확보하면서 독자적인 경영체제를 구축하는 단계 • 도약(take off) : 고도성장을 통해 기업의 규모를 키우고 사업의 지속가능성을 높여가는 단계 • 성숙(maturity) : 지속적 성장보다는 효율적 안정을 중시하는 단계

이다. 따라서 다양한 기회와 함께 상당한 위험이 존재한다. 그러나 벤처기업은 기존 기업에 비하여 이러한 위험을 해결할 수 있는 내부의 경영시스템과 외부의 지원조직이 취약하기 때문에 체계적인 계획과 다양한 약점을 보완하는 경영이 진행되어야 한다. 이 시기의 벤처기업 경영의 초점을 제시하면 다음과 같다.

- 단순하고 명확한 경영 목표와 전략을 수립한다.
- 현실적이면서 전략적인 사업계획서를 준비한다.
- 사업방향과 경영전략에 적절한 조직구조를 확립한다.
- 기술개발과 시장개척에 필요한 초기자본을 확보한다.
- 외부지원조직의 네트워크를 형성한다.
- 초기 시장 확보를 위해 집중적이고 선택적인 마케팅관리에 주력한다.

성장기는 시간적으로 길면서 내용적으로 복잡한 시기로, 기술개발에 성공하여 제품을 출시하고 생산관리에 집중하는 단계이다. 이 단계는 창업초기의 관리 위험이 아직 남아 있으며 동시에 추가적인 위험요인이 발생하는 시기이므로 위험관리가 중요하다. 이 시기의 벤처기업 경영의 초점을 제시하면 다음과 같다.

- 양산과 시장확보에 필요한 자본조달과 유통채널을 확보한다.
- 경영진의 전반적인 관리능력을 제고하고 전문적인 경영인력을 보강한다.
- 조직과 인사에 관해 인센티브 시스템을 정비하고 성과지향적 문화를 도입한다.
- 중기시장 대응을 위해 생산, 재고, 구매 등에서 체계적인 관리체제를 만들고 적절한 정보시스템의 도입도 추진한다.
- 분산형 관리체제, 권한위임 등의 도입여부를 결정하고 조직을 활성화한다.

성숙기는 일정수준의 매출과 안정적 형태의 조직이 유지되지만 성장의 속도가 느려지는 시기로, 조직의 계층과 구조가 복잡해지면서 유연성이 떨어지는 단계이다. 이 시기의 벤처기업 경영의 초점을 제시하면 다음과 같다.

- 조직구조를 바꾸고 전문경영인의 영입을 검토한다.
- 조직의 활성화를 위해 인력관리 프로그램을 신설한다.
- 분산형 관리체제를 토대로 효과적인 통제시스템을 구축한다.
- 생산성 제고와 비용절감을 위한 관리시스템을 강화한다.
- 새로운 성장동력을 창출하기 위한 사업전략을 개발한다.
- 사내 벤처제도의 도입을 검토한다.
- 전략적 제휴, 인수합병 등 사업확장이나 사업전환의 가능성을 검토한다.

벤처기업의 자금조달

벤처기업의 자금조달은 벤처기업의 성공과 실패를 결정하는 가장 중요한 요소로서 적절한 시기에 조달되는 것이 무척 중요하다. 벤처기업에 필요한 자금조달은 소요자금의 추정에서부터 출발한다. 벤처기업 경영자는 사업추진 내용 및 일정에 따라 소요되는 자금규모와 조달방법에 대한 계획이 수립되고 이에 따라 자금을 조달해야 한다. 〈표 3-5〉는 벤처기업 창업의 3단계 모델에 따른 단계별 자금수요의 내용이다.

일반적인 벤처기업의 자금조달방법으로는 창업가 및 동업자들로부터의 자기자본조달, 가족과 친지의 자금 확보, 엔젤 투자자나 벤처캐피털로부터의 조

표 3-5
벤처기업 창업 단계별 자금수요

단 계	내 용
창업기	• 초기 자금(seed money) : 아이디어 개발, 연구개발을 위한 소규모 자금 • 창업(start up) 자금 : 회사 설립, 제품개발, 초기 마케팅을 위한 자금 • 1차단계(first round) 자금 : 상업화를 위한 초기 제품생산을 위한 자금
성장기	• 2차단계(second round) 자금 : 생산시설의 일차 확장을 위한 자금 • 3차단계(third round) 자금 : 수요증가에 따라 생산시설의 본격적 확장을 위한 자금 • 연결지원(bridge) 자금 : 기업상장 준비에 필요한 자금
성숙기[2]	• 구조조정(turn-around) 자금 : 사업조정과 조직개편을 위한 자금 • 차입매수(LBO) 자금 : 차입을 통한 기업인수를 위한 자금 • 인수합병(M&A) 자금 : 타 기업의 인수나 합병을 위한 자금

2) 성숙기의 자금수요는 모든 벤처기업에 적용되는 것은 아니고 성숙기에 어떤 형태의 사업조정을 수행하느냐에 따라 다르다.

달, 정부의 벤처기업 지원을 위한 정책자금 이용, 일반 금융기관으로부터의 조달 등이 있다. 자기자본으로 창업을 한다면 위험이 줄겠지만, 창업에 들어가는 비용의 상당 부분은 외부에 의존하게 된다. 특히 아직 매출이나 신용이 부족한 창업기업 및 창업가에게는 창업초기의 외부자금 조달은 쉬운 일이 아니다. 그러나 우수한 사업 아이템이나 독창적인 기술을 갖고 있는 벤처기업이라면 엔젤 투자자나 벤처캐피털로부터 자금을 확보할 수 있다.

엔젤 투자자는 미공개 벤처기업의 창업 또는 초기 단계에 필요한 자금을 제공하고 벤처의 성공 후 높은 배당을 받거나 주식양도차익을 얻는 개인투자자를 일컫는다. 엔젤 투자자는 벤처기업만의 특징적인 자금조달방법으로 역할에 따라 리드 엔젤과 서포트 엔젤로 구분된다. 리드(lead) 엔젤은 벤처기업 지원에 주도적인 역할을 하는 엔젤 투자자로 벤처기업에 자금을 지원할 뿐만 아니라 직접 경영에 참여하는 경우가 많다. 이에 반해 서포트(support) 엔젤은 자금지원과 더불어 벤처기업에 도움을 주지만 직접 경영에 참여하는 대신에 전문지식을 통해 창업가를 지원할 뿐이다.

벤처캐피털은 위험성은 크나 높은 수익이 예상되는 사업에 투자하는 자금을 뜻하며 우리나라에서는 모험자본으로 불린다. 즉, 장래성은 있으나 자본과 경영기반이 취약해 일반 금융기관에서 융자를 받기가 어려운 기업에 대해 창업 초기단계에 자본참여를 통해 위험을 기업가와 공동 부담하고 자금, 경영관리 등을 종합적으로 지원함으로써 높은 이득을 추구하는 자본 또는 금융활동을 의미한다. 벤처캐피털은 보통 개인인 엔젤 투자자와는 달리 법인 형태를 갖고 있으며, 벤처기업의 창업 또는 초기 단계에 필요한 자금도 제공하지만, 필요한 경영 노하우를 제공하여 벤처기업의 성장을 돕는다.

벤처캐피털은 융자를 위주로 하는 기존 금융기관과는 자금의 지원방식, 투자금의 회수방법, 성과보수 및 리스크 등에서 현격한 차이가 있다. 현재 우리나라의 벤처캐피털은 크게 신기술사업금융회사와 중소기업창업투자회사로 이원화되어 있다. 신기술사업금융회사는 「신기술사업 금융지원에 관한 법률」에 의거하여 신기술사업자(기술을 개발하거나 이를 응용하여 사업화하는 중소기업)에 대한 투·융자 및 경영·기술 지도를 행하는 회사를 말한다. 회사별로 약간 차이는 있으나 주로 기업의 기술개발과 기술의 기업화, 공정개선 등을 지원하기 위한 투·융자 업무를 주로 하며, 특히 중소기업의 창업과 기술개발을 중점 지원하고 있다. 중소기업창업투자회사는 「중소기업창업지원법」에 의거하여 창업을 준비 중이거나 기술력은 뛰어나지만 자본력이 미약한 중소기업에 납입자본금의 50% 범위 내에서 직접 투자하는 투자회사이다. 중소기업창업투자회사는 법인의 경우 법인설립등기일로부터 14년 이내의 중소기업에, 개인사업자의 경우 사업개시일부터 10년 이내의 중소기업에 주식의 인수, 전환사채 또는 신주인수권부사채의 인수, 약정투자, 기업인수투자 등의 형태로 장기자금을 지원해 주고 있다. 또 필요한 경우 경영지도, 기술지원 등 전문적인 지원체계를 마련하고 있다.

사례 대한민국 경영현장 네이버도 삼성 사내벤처서 출발… 대기업이 창업요람 돼야

"저는 창업에는 소질이 없었던 것 같아요. 이를테면 저는 요즘 청년들이 하는 것처럼 완전히 새로운 제품을 세상에 내놓을 자신은 없어요. 사실 제가 받았던 이공계 교육이 그랬어요. '오리지널리티(Originality)'를 일깨워 주는 교육은 아니었죠." 안경수 네오랩컨버전스 회장(66)이 내려놓은 이야기는 의외였다. 경기고등학교, 서울대 화학공학과, 미국 스탠퍼드대 재료공학 박사를 거쳐 30대 초반부터 대우전자 이사를 지낸 초(超)엘리트였다. 30대 후반에는 다우기술 공동대표를 역임했고 삼성전자 회장비서실에서도 일했다. 후지쯔, 소니 같은 대형 정보기술(IT) 회사는 물론 노루페인트 최고경영자(CEO)를 지내기도 했던 그는 한국에서 전문경영인으로 손꼽히는 인물이다.

그런 그가 연매출액이 300억원가량인 벤처기업으로 이직한 것도 의외였는데, 만나자마자 '나는 창업에는 소질이 없었다'는 술회를 털어놓다니. 사실 1960년대 이후 한국 교육은 산업고도화를 위한 인재 육성이 주된 테마였다. '창조'보다 '목표 달성'이 우선이었고 엘리트들 역시 목표를 정하기보다는 주어진 목표에 어떻게 빨리 도착하는지를 연구하는 게 주된 과업이었다. 그러나 오늘날은 다르다. 디지털이라는 무기를 장착한 청년들은 미국, 유럽 등 청년들에 비해 창업을 하기에 뒤처지는 조건에 있지 않다. 그러다 보니 페이스북이나 구글, 아마존처럼 스타트업에서 시작해 세계 최대 기업이 된 회사들처럼 도전하려는 청년들이 잇따른다. 한국인 청년 안상일 씨가 만든 '하이퍼커넥트' 같은 스타트업은 동영상 데이터 측면에서는 이미 페이스북을 앞질렀다는 평가가 나온다.

하지만 오히려 지금 한국 청년들이 놓치고 있는 것은 목표 달성에 있어서의 완결성이다. 안 회장은 이렇게 말했다. "일이라는 게 완벽하게 하면 고객들로부터 100의 보상을 얻을 수 있는데, 완벽성이 조금 떨어지면 30에서 40 정도밖에 보상을 못 받아요. 저는 완전히 새로운 것을 내놓을 자신은 없지만, 대신 뭔가가 초반에 만들어졌을 때 이걸 완벽하게 완성시키는 것을 정말 잘할 자신이 있어요." 그가 말하는 자신의 장단점은 창업에 뛰어드는 청년들의 장단점과 정확하게 대칭을 이룬다. 한국에는 안 회장처럼 목표 달성을 위해 헌신해 온 5060들이 '자산'으로 남아 있다(대부분 3040 젊은 층이 이들을 '앞으로 부양해야 할 부채'로 생각하는 것과는 달리 그들을 중요한 '자산'으로 생각해 볼 수 있다). 오늘날 청년들이 갖지 못한 목표 달성의 경험과 완벽성을 가다듬을 수 있는 인재들이다. 한 예로 안 회장이 2018년 중순 합류한 네오랩컨버전스는 완전히 새로운 것을 내놓은 스타트업이었다. 종이에 미세한 코드를 심은 다음, 카메라가 달린 펜으로 아날로그 종이를 디지털로 전환하겠다는 독특한 아이디어

를 10년 전부터 들고나온 스타트업이다. 관련 특허를 보유하고 있고 일찍부터 시장에 뛰어들어 몰스킨(Moleskin)과 같은 유명 다이어리 브랜드에도 제품을 판매하고 있을 정도로 기술을 진전시켰다. 하지만 다수 경쟁자가 시장에 진입하면서 제품의 완성도를 높이고, 본격적인 마케팅을 통한 성장을 도모할 시점이 됐다. 안 회장은 2018년 중순 이 회사에 합류한 이후 처음으로 회사 비전부터 바로 세웠다. '아날로그와 디지털을 연결하는 펜', '인간의 본능과 지성을 연결하는 기업'이라는 회사 정체성도 그가 확립한 것이다.

(중략)

기업경영자들에 대해서도 보다 포용적 관점을 주문했다. 안 회장은 "4차 산업혁명으로 일자리가 없어진다는 고민을 많이 한다"며 "그러나 자동화, 인공지능 등으로 단순노무직부터 교체하는 경영자는 본질을 제대로 읽지 못한 것"이라고 말했다. 그는 "인공지능 기술이 발전하면 그걸로 더 큰 부가가치를 생산할 사람들을 채용하는 게 경영자의 직무"라고 강조했다. 그는 또 "스타트업이 발전하면 제품을 구매해 주고 함께 성장하는 생태계를 만드는 생각을 해야 한다"고 말했다. 마지막으로 안 회장은 정부에 한 가지를 주문했다. 물밀듯이 쏟아지는 기술용어에 매몰되지 말고, 그 언어를 자신만의 것으로 소화해 새로운 혁신을 기획하는 능력이다. IT, BT, NT, 인공지능, 사물인터넷 등 키워드는 개별 기업들이 집중해야 할 키워드이지, 그들에게 길을 제시해야 할 정부가 천착할 고민이 아니다. 안 회장은 "예를 들어 병원을 혁신하자고 하면 초음파나 방사선 컴퓨터단층촬영(CT) 등 기술 고도화에만 집중해서는 안 된다"며 "아픈 사람을 고쳐주는 병원의 본질에 맞게 어떻게 기술을 활용하고 스타트업 생태계를 조성할 것인지에 대한 혁신적 대안이 필요한 것"이라고 말했다. (매일경제, 2019.1.4)

요 약

창업이란 사업의 기초를 세우고 처음으로 시작하는 것을 말한다. 창업에는 창업가, 아이디어, 자원 등 창업의 3요소가 필요하다. 창업은 일반적인 기업의 경영활동과는 다르게 ① 의사결정의 불확실성, ② 전략적 자원 투입의 필요성, ③ 모험적 속성, ④ 경기변동에 민감하다는 특징을 가지고 있다. 창업동기에 따라 독립형 창업과 외부의존형 창업으로 나누어진다. 독립형 창업은 계획을 세워 준비를 하는 유형으로 자신의 특수한 기술과 아이디어를 바탕으로 사업을 시작하고, 창업에 성공해도 그 업종을 지속하고 더 큰 기업으로 성장시키려 노력한다. 외부의존형 창업은 외부의 영향으로 시작하는 창업으로 생존형 창업과 사내창업으로 나누어진다. 생존형 창업은 회사의 도산, 실직 등의 이유로 창업을 하는 경우이고, 사내창업은 기존 근무 회사의 시설과 자금을 활용하여 새 사업을 시작하는 유형으로 우리나라에서는 소사장제라고도 알려져 있다.

창업의 절차는 일반적으로 ① 창업기회와의 만남, ② 내부여건과 환경분석, ③ 창업 아이템 선정, ④ 사업타당성 평가, ⑤ 사업계획의 수립과 추진의 과정을 거친다. 창업 아이템 선정은 기준에 따라 ① 빈집 찾기 전략, ② 새 집 짓기 전략, ③ 한 집 짓기 전략, ④ 큰 집 짓기 전략이 가능하다. 사업타당성 평가절차는 ① 창업가 평가, ② 기술성 평가, ③ 시장성 평가, ④ 재무성 평가의 순서로 진행된다. 사업계획서 작성절차는 ① 기본방향 설정, ② 사업계획서의 특정양식이 필요한지 확인, ③ 사업계획서 작성 계획 수립, ④ 사업계획서 작성에 필요한 자료와 서류 준비, ⑤ 사업계획서 작성의 과정을 거친다.

벤처기업이란 새로운 기술을 보유했지만 커다란 위험부담을 지닌 기업이다. 벤처기업은 ① 소수의 핵심기술 창업이나 기술혁신의 노하우를 상업화하기 위해 설립한 신기술 또는 첨단기술을 보유한 기업들을 세우려 노력, ② 기술개발로 높은 시장성이 있는 상품화가 되기까지 많은 위험을 감수하지만 성공할 경우 높은 이익을 기대, ③ 자본력은 부족하지만 모험적 사업에서 승부를 걸어보려는 기업가정신이 충만한 기업인이 주도하는 특징을 가지고 있다. 벤처기업의 성장단계는 3단계, 4단계, 또는 5단계로 구분한다.

벤처기업의 자금조달은 벤처기업의 성공과 실패를 결정하는 가장 중요한 요소로서 창업가 및 동업자들로부터의 자기자본조달, 가족과 친지의 자금 확보, 엔젤 투자자나 벤처캐피털로부터의 조달, 정부의 벤처기업 지원을 위한 정책자금 이용, 일반 금융기관으로부터의 조달방법 등이 있다.

주요 용어

- 기업가정신
- 벤처캐피털
- 생존형 창업
- 외부의존형 창업
- 창업
- 독립형 창업
- 분사독립
- 신기술사업금융회사
- 정관
- 벤처기업
- 사내창업
- 엔젤 투자자
- 중소기업창업투자회사

토의 문제

1. 창업의 정의와 창업에 필요한 3요소에 대해 설명하시오.
2. 창업과 일반적인 기업 경영활동의 다른 점에 대해 설명하시오.
3. 성공적인 창업가가 되기 위해 필요한 자질에 대해 논의하시오.
4. 창업의 유형과 각 유형의 특징에 대해 설명하시오.
5. 창업절차에 대해 설명하시오.
6. 창업 아이템 선정 전략에 대해 설명하시오.
7. 사업타당성 평가절차에 대해 설명하시오.
8. 사업계획서 작성절차에 대해 설명하시오.
9. 주식회사 설립절차에 대해 설명하시오.
10. 벤처기업의 의미와 일반기업 창업과의 다른 점에 대해 설명하시오.
11. 우리나라의 벤처기업 육성을 위한 지원제도를 조사 분석하시오.
12. 기업가정신에 대해 논의하시오.
13. 벤처기업의 세 가지 성장단계 구분에 대해 설명하시오.
14. 벤처기업의 자금조달방법에 대해 설명하시오.

CHAPTER

4

인 적 자 원

학습목표

1. 인적자원관리란 무엇인지 학습한다.
2. 조직행동관리의 중요성을 학습한다.
3. 기업에서 개인행동, 집단행동, 조직행동이 무엇인지 학습한다.

제4장을 시작하며

기업을 살리는 핵심인재 – 사람이 미래를 만든다

"한 명의 인재가 만 명을 먹여 살린다"는 말이 있다. 이처럼 미래를 이끌 역량을 갖춘 핵심인재를 다수 발굴하는 것은 기업의 가장 큰 경쟁력이 된다. 핵심인재 육성에서 가장 중요한 것은 직원들을 향한 CEO의 관심과 지원이다. 지난해 전국경제인연합회 국제경영원에서 국내 CEO 400명을 대상으로 'CEO 및 임원의 핵심인재 인식 조사'를 실시했다. 이에 따르면 응답자의 47.2%가 '회사의 미래 비전과 전략을 실현할 수 있는 인재상'이라 답했다. 이들이 갖춰야 할 역량으로는 '도전 · 열정'이 25.8%로 가장 높았고 인성 및 태도(22.5%), 리더십(20.2%)이 차례로 뒤를 이었다. 데이비드 코헨 저 <핵심인재가 기업의 운명을 결정한다>에 따르면 '핵심인재'란 업무를 수행하는 과정에서 의미심장한 가치를 창출해내는 사람을 뜻한다고 한다. 이들은 '조직의 가치를 자신의 능력과 결합시켜 기업의 목표를 달성'해 눈에 띄는 성과를 가져온다. 특히 글로벌 경쟁이 심화되고, 개인의 아이디어 하나가 상품이 되는 시대가 오면서 핵심인재 확보는 CEO의 큰 과제로 떠올랐다. 기업의 미래를 책임질 핵심인재를 육성하기 위한 전략을 고민해야 하는 순간이다.

지난 2012년, 삼성그룹에서는 5,000명의 경력직 채용 계획 중 3,000명가량을 'Super, Ace, High potential'급에 달하는 핵심인재들로 선발했다. 핵심인재 영입이 사업의 성패를 좌우한다는 판단에서다. 실제로 삼성그룹에서는 CEO 평가지표 중 '핵심인재 육성'에 관한 항목이 있을 정도로 인재를 발굴하는 데 힘쓰고 있다. 핵심인재 육성의 선두에 선 기업으로 언제나 '듀폰'이 언급된다. 미국 델라웨어 주(州)에 본사를 두고 있는 듀폰은 사내 리더십 기준에 따라 5%의 인력을 핵심인재로 선발해 관리한다. 듀폰에서 수년간 근무를 하게 되면, 회사에서는 이들 중 뛰어난 역량을 발휘할 만한 인재를 추려내 집중적인 투자를 진행한다. 이상적인 리더의 필요성을 알기 때문이다. GE를 세계 최고의 기업으로 이끈 잭 웰치 또한 "내 업무의 70%는 인재를 위해 사용한다"고 했을 만큼 핵심인재 경영에 열을 올린 인물이다. GE에서는 직원 교육을 위해 '크로톤빌 연수원'을 짓고 다양한 리더십 교육 프로그램을 운영했다. GE 기업문화에 가장 큰 영향을 주었던 워크아웃, 6시그마, 고객중심가치 등은 모두 이곳에서 시작해 보급됐다. 잭 웰치는 1년에 11번에 이르는 연수프로그램에 한 번도 빠지지 않고 참가해 직원들과 이야기를 나누고 자신이 중요하게 생각하는 메시지를 전달했다고 한다. 또 뛰어난 능력을 지닌 직원은 직접 임원으로 선발했고, 직원들의 실적에 따라 상위 20%, 중위 70%, 하위 10%로 구분해 상위권과 중위권에는 각기 다른 보상을 하고 하위권은 회사를 떠나도록 했다. 이러한 인재중심경영은 GE를 세계적 기업의 위치로 급부상시키는 요인이 됐다.

삼성경제연구소에서 출간한 <중소기업, 인재가 희망이다>에 따르면 국내 중소기업 CEO들을 대상으로 핵심인재에 대한 의식을 조사한 결과, 92.6%가 핵심인재의 필요성을 느끼고 있었으며 이들 중 88.8%가 파격적인 보상을 할 수 있다는 의지를 보였다고 한다. 이처럼 핵심인재에 대한 중요성을 절실히 느끼는 기업은 많지만, 이들이 회사를 떠나지 않고 리더로 성장할 수 있는 여건을 만들어 주는 회사는 극히 드물다. 특히 중소기업의 경우, 경영에서 가장 중요한 요인은 '사람'이다. 청년실업률이 무색할 정도로 중소기업에서는 인재가 없다고 울상이다. 또, 대기업에 비해 인프라를 구축할 시스템이 부족하기 때문에 기업 운영의 많은 부분에 관여하고 있던 직원이 퇴사할 경우, 경영 자체가 휘청거리기도 한다. 따라서 핵심인재를 확보하는 것보다 더 중요한 것은 '관리'에 있다.

핵심인재를 성공적으로 관리하기 위해서는 세 가지 조건이 필요하다. 핵심인력을 인정하고 육성하는 조직문화, 이들을 관리하기 위한 체계적인 시스템, 경영진의 관심이다. 이와 함께 각자의 기업이 원하는 핵심인재에 대한 조건을 명확히 하고, 이들에게 엄정한 평가와 적합한 보상을 제공해야 하며, 일반 직원들에게도 핵심인재로 도약할 수 있는 기회를 부여해야 한다.

한 명의 인재가 회사를 떠나면 신규 직원을 채용해 다시 교육하고, 육성하는 데 추가 비용이 발생하고 기업의 이미지가 실추되기도 한다. 이직을 줄이는 것이 회사의 이득인 셈이다. 따라서 핵심인재가 이직 의사를 밝혔을 경우 그러한 결심을 하게 된 원인에 대해 명확히 논의해 볼 필요가 있다. 더불어 금전적 보상 외에도 이들이 자아를 실현하고, 일과 삶의 균형을 맞출 수 있는 환경을 제공하는 것이 무엇보다 중요하다.

(월간 CEO, 2015.11)

1 인적자원관리

현대 경영에 있어서 인적자원의 중요성은 시간이 지날수록 더욱 강조되고 있다. 노동력에 주로 의존하는 유형의 기업은 물론이고, 초현대화된 자동화 설비를 갖춘 기업이라 하더라도 사람이 시설을 관리하고 운영한다. 뿐만 아니라 기업의 미래 경쟁력의 원천이 되는 연구개발의 성과도 사람에 의해 좌우되고 있다. 따라서 기업에서는 우수한 인재를 채용하기 위하여 많은 노력을 하고 있으며, 채용 후에도 계속해서 교육훈련을 실시한다.

인적자원관리(human resource management)란 조직의 목표를 이루기 위해 필요한 인적자원을 확보·개발·활용하는 활동을 계획하고 관리하는 일련의 과정이며, 조직에 필요한 인적자원을 채용하고 관리함으로써 경영의 효율을 제고하려는 관리전략을 의미한다. 인적자원관리는 [그림 4-1]과 같이 지속적으로 순환되는 과정을 거치게 된다.

그림 4-1
인적자원관리의 순환

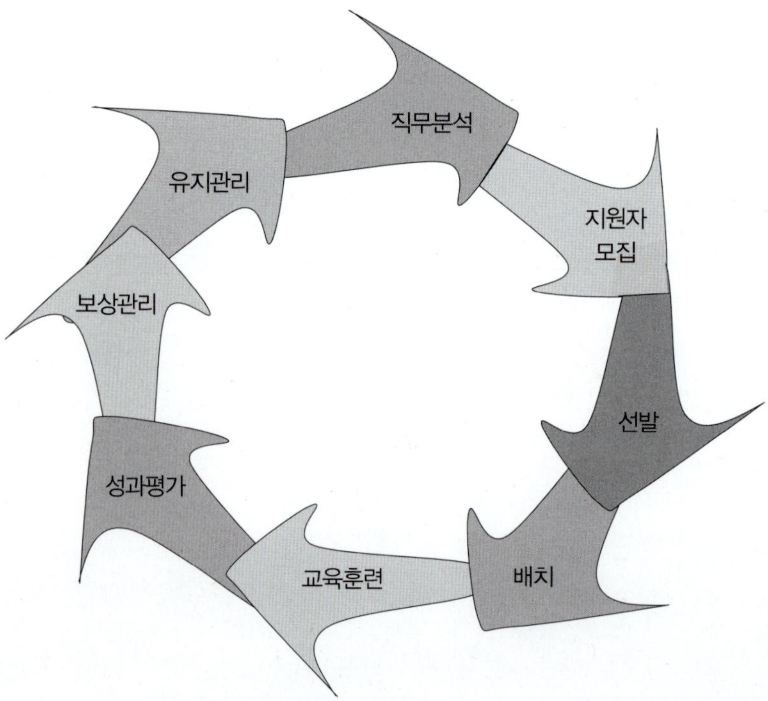

직무분석

직무분석(job analysis)이란 분석적인 방법에 의하여 직무 혹은 직위의 내용을 한정 짓는 요인을 서술하여 이를 체계적으로 제시, 기록하는 활동이다. 직무분석의 결과는 조직이 필요로 하는 특정과업과 과업을 수행할 방법, 다른 일들과 관계를 결정하는 과정으로 정리된다.

직무분석의 방법은 다음과 같다.

- 관찰법 : 관찰자가 특정직무가 수행되고 있는 것을 관찰하고 내용을 기록하는 방법
- 면접법 : 직무분석담당자가 해당직무 수행자에게 면접을 실시하여 직무정보를 획득하는 방법
- 질문지법 : 직무수행자에게 설문지에 답하게 하여 직무정보를 수집하는 방법
- 중요사건기록법 : 직무수행에 결정적인 역할을 한 사건이나 사례를 중심으로 직무를 분석하는 방법

직무분석 결과는 직무기술서와 직무명세서에 기록된다. 이때 직무기술서란 직무수행과 관련된 과업 및 직무행동을 일정한 양식에 기술한 문서를 말하며, 과업요건에 초점을 둔 것이다. 직무기술서에 포함되는 요소는 ① 직무명칭, ② 직무활동과 절차, 수행되는 과업, ③ 작업조건, 사회적 환경, ④ 고용조건, 작업시간, 임금구조 등이다. 반면에 직무명세서는 특정목적의 관리절차를 구체화하는 데 편리하도록 직무수행에 필요한 종업원의 행동, 기능, 능력, 지식 등을 일정한 양식에 기록한 문서를 말하며, 인적요건에 초점을 둔다. 직무명세서에 포함되는 요소는 ① 직무명칭, ② 육체적 특성과 교육, ③ 지적능력, ④ 특수한 지식과 기능, ⑤ 과거의 직업 경험 등이다.

지원자 모집

회사는 직무분석을 통한 자격요건에 맞는 인재를 찾는다. 따라서 지원자 모집

(recruitment)은 기업의 내부·외부의 환경에 맞게 지원자에게 채용계획을 알리는 과정이다. 기업 내부에서 모집하는 방법으로는 인사담당부서에서 내부인력의 이력이나 그동안의 성과 등을 참조하여 비공개적으로 찾는 방법과 공개적으로 사보 또는 내부게시판을 이용하여 추천을 받거나 본인이 원하는 경우 심사를 통하여 찾는 방법 등이 있다. 또 외부에서 모집하는 방법으로는 신문이나 모집관련 인터넷 사이트 등의 인력모집광고를 통한 방법, 전국의 각 대학을 방문하여 채용설명회 등을 통해 인력을 유치하는 방법 등이 있다. 최근에는 인터넷을 활용하는 방법이 점점 늘고 있는데, 대부분의 회사들은 자사의 웹사이트에서 광고를 하고, 직접 지원서를 작성할 수 있도록 하고 있다.

선 발

선발(selection)은 지원자들을 모집한 후 조직이 필요로 하는 가장 적합한 인재를 찾는 과정이다. 선발은 기준이 다양하기 때문에 지원자의 지원서와 기타 제출된 자료 등을 검토하고, 이론시험을 보거나 면접 등을 통하여 선발한다. 최근에는 지원자의 인성검사와 적성검사에 비중을 두는 기업이 많아졌는데, 이를 통하여 퇴사나 이직 등을 예방할 수 있다. 그러나 방대한 지식을 요구하는 필기 인적성검사로 인하여 지원자들에게 과다한 부담을 주는 폐해도 있다. 그리고 면접 시 실제 영어구사능력을 보는 기업도 늘어나고 있다. 이것은 영어시험 서류의 성적을 보는 것이 아닌 실제 능력을 테스트하는 과정으로 볼 수 있다.

배 치

배치(placement)는 신규로 모집하여 선발된 직원을 적합한 부서에 위치시키는 것이다. 이미 배치되어 있는 직원을 다른 직무로 옮겨 이동(transfer)하는 것은 재배치라고 하며 일반 배치와는 구별된다. 선발이 우수한 인재를 가려내는 단계라면, 배치는 선발된 인재 중 특정직무에 맞는 사람을 찾아내는 것으로 선발 시의 인성과 적성 검사가 영향을 미칠 수 있다. 따라서 조직의 직무 전체를 고려하여 조직의 성과와 개인의 만족도, 적성, 인성 등 모두를 충족시킬 수 있도록 이루어져야 한다. 특히 신입사원의 경우 최초의 부서 배치가 평생의 직업에 영향을 미칠 수 있기 때문에 매우 중요하다.

사례 대한민국 경영현장 자네가 그 신입사원인가! – 신입사원으로 살아남는 7가지 방법

오늘은 취업하기 전 학생이나, 취업에 성공한 신입사원이 알아두면 재미있고 유용한 정보를 알려드리려고 합니다. 아무리 일자리가 없다고 해도 본인의 적성과 맞지 않는 일자리에서 오래 일할 수는 없겠죠? 또 사회초년생인 신입사원은 첫 출근부터 어떻게 생활해야 하는지 막막함이 물밀 듯이 밀려드실 겁니다. 그런 분들을 위해 회사생활에서 자연스럽게 살아남는 꿀팁을 소개해 드리겠습니다.

• 신입사원이 사랑받는 방법 1 – 첫 출근

모든 일에서 첫인상이 중요하다는 사실은 다들 알고 계실 거예요. 회사생활에서도 역시 첫인상이 중요하겠죠! 첫 출근 시 복장은 깔끔한 이미지를 줄 수 있는 정장을 입는 것이 좋습니다. 대부분 첫날은 신입사원 소개를 하기 위해 부서마다 돌아다니면서 직장상사부터 동료까지 인사를 하게 되는데, 이때 말할 수 있는 기회가 생길지 모르니 한마디를 미리 정해 놓는 것이 좋습니다. 과한 의지를 보이는 멘트나 긴 자기소개는 상대방이 부담스럽게 느낄 수 있으니, 간단한 인사 두 마디 정도가 적당합니다. 보통 처음 출근한 날은 시간적으로 여유롭기 때문에 회사와 팀의 분위기를 파악하고 같이 일하게 된 부서원들의 직급과 성함을 외우는 것을 추천해 드립니다.

• 신입사원이 사랑받는 방법 2 – 인사

인사는 정말 기본 중의 기본! 직장생활뿐만 아니라, 모든 일상생활에서 중요합니다. 회사에 출근해서 마주치는 모든 사람들에게 인사를 하는 것이 중요합니다. 내가 아는 사람이든 모르는 사람이든, 청소하시는 분이든, 회사 경비원 아저씨든 밝은 표정으로 인사를 하는 것이 좋습니다. 누군가가 내게 밝은 표정으로 인사해 준다면 기분이 어떨까요? 당연히 그 사람에게 호감이 가겠죠. 인사의 효과는 대단합니다. 성함과 직책을 같이 말하면서 인사를 하면 그 긍정적인 효과가 더 크다고 하니 기억하세요.

• 신입사원이 사랑받는 방법 3 – 메일 업무

회사에 입사하면 업무에 이용하게 될 새로운 메일 아이디를 만들어야 합니다. 업무용 메일 주소는 상대방한테 알려줄 때가 많으므로, 쉽고 간단한 아이디로 만드는 것이 좋습니다. 메일을 작성할 때에는 메일 내용의 요점이 드러나고, 간단하게 적는 것이 좋습니다. 업무에서 메일을 많이 활용하기 때문에 회사원들은 많은 메일을 받게 될 텐데요. 내가 보낸 메일의 내용이 너무 길거나 요점을 찾기 힘들다면 상대방의 관점에서 좋은 메일이 아니겠죠? 메일 작성 시 첨부파일이 있다면 메일을 작성하기 전에 첨부해 주세요. 메일 내용에만 신경 쓰다가 첨부파일을 까먹고 메일을 발송하는 경우가 간혹가다 있기 때문입니다. 메일은 상대방에게 회사를 보여줄 수 있는 이미지가 될 수 있기 때문에 오타와 맞춤법에 신경 써서 보내는 것이 좋으며, 메일 체크는 자주 해야 합니다.

• 신입사원이 사랑받는 방법 4 – 점심시간

즐거운 점심시간입니다. 그런데 그거 아시나요? 구내식당이 없는 회사라면, 직장인들은 매일 점심 메뉴를 고민한다는 것! 더군다나 신입사원이 첫 출근한 날은 보통 신입사원이 먹고 싶은 것을 사주려고 하기 때문에 무엇을 먹고 싶은지 질문을 하는 경우가 많습니다. '아무거나 괜찮습니다'라는 모호한 대답보다는 메뉴를 2가지 정도 생각하고 출근하는 것을 추천합니다. 식당에 착석 시 수저와 물 세팅을 하는 것은 센스입니다. 숟가락을 왼쪽, 젓가락을 오른쪽에 두는 것이 올바른 위치입니다. 다른 직원들이 밥을 다 먹고 기다리고 있는데 천천히 밥을 먹는 것보다는 속도를 맞춰 식사하는 것이 좋습니다.

• 신입사원이 사랑받는 방법 5 – 전화업무

전화를 하거나, 받을 때 자신의 소속과 이름을 말합니다. 또 신입사원 때는 모두가 나보다 높은 직장상사이기 때문에, 상대방이 전화를 끊고 나서 내가 전화를 끊는 것이 전화예절입니다. 다른 직원이 자리를 비웠을 때, 대신 전화를 받는 경우가 있습니다. 그때는 전화 걸려온 시간, 발신자 정보 및 연락처, 전화 용건 등을 간단하게 메모하여 담당자한테 전달해야 합니다.

• 신입사원이 사랑받는 방법 6 – 대인관계

현대인이 스트레스받는 가장 큰 원인은 대인관계라고 합니다. 인간은 비합리적인 동물임을 이해하고 모든 행동을 그러려니 하는 마음으로 포용하면 대인관계에 있어 스트레스받지 않지만, 사실 이와 같이 생각하는 것이 쉬운 일은 아닙니다. 칭찬의 힘을 아시나요? 고래를 춤추게 한다는 칭찬을 많이 합시다. 무분별한 칭찬보다는 상대방이 인정한 부분에 대해 상황에 맞게 구체적으로 칭찬하는 것이 좋습니다. 나를 도와준 직장 선배가 있다면, 고마움을 표현합시다. 간식과 함께 포스트잇에 기분 좋은 말을 남겨보세요. 아직 신입사원이라면, 아는 것보다 모르는 것이 더 많으므로 가까운 사람일수록 잘 보이는 것이 좋습니다.

• 신입사원이 사랑받는 방법 7 – 태도

책상 정리정돈이 업무와 상관없다고 생각할 수 있는데요. 많은 직장인들이 서류를 찾는 데 많은 시간을 허비한다고 합니다. 또 깨끗한 책상에서 작업하면 집중도가 높다는 연구결과도 있습니다. 더러운 책상은 자신의 이미지에도 안 좋을 뿐만 아니라, 직장상사의 눈에도 좋게 보이지 않겠죠? 그리고 타 부서에서 보면 안 되는 서류가 책상 위에 있는 일이 있을 수도 있으므로, 책상과 서류는 평상시에도 잘 정리해 두어야 합니다. 책상 정리뿐만 아니라, 일하면서 쌓이는 컴퓨터의 파일과 폴더도 수시로 정리해 놓는 것이 좋습니다. 효율적으로 업무를 하는 데도 도움이 되며, 직장상사가 갑작스레 찾는 서류를 빠른 시간 내에 찾아 드리면 평상시에도 항상 준비된 모습으로 보일 것입니다. 실수를 하여 상사에게 혼이 나더라도 변명은 하지 않고 인정하는 것이 좋습니다. 플러스로 해결책을 같이 제시합니다. 그리고 철저한 시간관리와 메모습관은 매우 중요합니다. 신입 같은 경우 익숙하지 않은 회사생활에 긴장을 많이 하기 때문에 잃어버리는 경우가 있으므로, 그런 일에 대비하여 메모습관을 키웁시다. 업무에 대한 열정으로 무조건 질문하는 것보다 한 번은 생각하고 질문하는 것이 옳습니다. 내가 검색이나, 자료를 찾아서 알 수 있는 정보는 질문하는 것보다, 스스로 알아보려 노력하는 자세를 보여줍니다. 업무가 없어 시간이 남는다면 핸드폰을 만지거나 인터넷을 하는 것보다 기존에 놓치고 있던 업무가 없었는지 확인하거나 도와 드릴 일은 없는지 물어보는 센스를 보이는 신입사원이 됩시다.

지금까지 신입사원으로 살아남는 7가지 방법에 대해서 이야기해 보았는데요. 뭐든지 처음은 낯설고 어렵게 느껴지는 것 같습니다. 그러나 시간이 지나면서 조금씩 적응을 하고 배워나가다 보면 어느새 신입사원의 어리바리한 모습을 벗고 진정한 회사원의 모습으로 탈바꿈할 텐데요. 회사에 처음 입사하면서 스스로 가졌던 다짐을 생각하며 화이팅하시기 바랍니다! (출처 : 한화케미칼 블로그, 2016.9.6)

교육훈련

교육훈련(training and development)은 기업측에서 직무성과를 향상시키기 위해 추가지식 및 기술학습의 기회를 제공하는 것이다. 이러한 교육을 하는 목적에는 업무의 성과향상과 업무과실 감소, 관련 업무의 지식획득 등이 있다.

최근의 환경변화가 급격히 빠른 만큼 직원들에게 무엇보다 중요한 것은 새로운 기술을 지속적으로 접하도록 하는 것이다. 이러한 교육훈련으로 직무교육과 직무외 교육이 있다.

직무교육(OJT : On-the-Job Training)은 직무와 직접적으로 관련된 일을 근무지나 작업장에서 감독자나 선배들의 도움으로 수행하면서 배우는 것이다. 직무교육 중 순환근무(job rotation)는 여러 업무를 일정기간 동안 다양하게 경험할 수 있도록 하는 것이고, 수습(internship)은 정식직원이 되기 전에 조련받는 기간으로 전문기술이 필수적인 경우 1년 이상의 기간을 거치기도 한다. 그리고 멘토링(mentoring)을 시행하는 기업이 점점 늘고 있는데, 멘토링을 통해 선배나 선임들의 지도를 지원받으면서 바로 피드백을 받으면 학습효과가 뛰어나다.

직무외 교육(off-the job training)은 현장을 떠나 또 다른 교육장이나 실습장에서 교육하는 것이다. 시청각 교육이나 역할 연기, 각종 시뮬레이션 등을 이용하여 가상의 교육을 실시한다. 또 실습장 교육(vestibule training)은 적합하게 환경을 구성한 후 실제 상황을 가정하여 배우도록 하는 것으로 실제와 비슷하기 때문에 많은 도움이 된다.

성과평가

성과평가(인사고과, performance appraisal)는 직원들이 각자의 직무를 바탕으로 평가하는 활동이다. 여기에는 시간과 비용이 소요되며, 특히 부작용과 위험요소가 따름에도 불구하고 인사고과를 하는 것은 개인의 업적을 측정하여 공정한 보상을 하고, 이를 통하여 추후 성과향상을 이루려 하기 때문이다. 또한 정확한 평가 후 능력과 적성에 맞게 적재적소에 인력을 재배치하여 효율적인 인력활용을 가능하게 한다. 이러한 평가는 [그림 4-2]와 같이 고과요소와 인사고과의 목적이 일치해야 한다.

그림 4-2
인사고과의 타당성

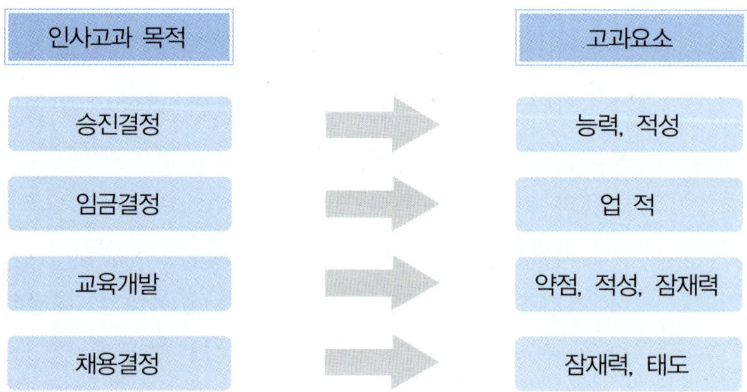

사례 대한민국 경영현장 ‘인사고과’ 직장인들, 자기 평가점수는 ‘우수’… 100점 만점에 80점 이상

인사고과의 계절을 맞아 직장인 절반 이상은 직장인으로서 자신을 평가할 때 100점 만점에 80점 이상의 후한 점수를 주는 것으로 나타났다. 22일 벼룩시장구인구직은 직장인 744명을 대상으로 설문조사한 결과 직장인으로서의 자신의 점수는 100점 만점에 평균 81점으로 비교적 높게 평가하고 있었다고 밝혔다.

응답자의 41.1%가 자신을 ‘80~89점의 우수하고 모범적인 직원’이라고 답했으며 39.9%가 ‘70~79점의 평범한 직원’이라고 답했다. ‘90점 이상의 회사에 없어서는 안 될 핵심직원’이라는 응답도 11.3%에 달했지만 ‘50점 이하의 차라리 없는 게 더 나은 직원’이라는 응답은 1.2%에 불과한 모습이었다. 평가에 대한 결과는 직급에 따라 다소 차이를 보였다. ‘90점 이상의 회사에 없어서는 안 될 핵심직원’이라고 생각하는 직급은 ‘과장~부장’(22%)급이 가장 높았으며 ‘임원’(21.1%), ‘사원~대리’(6.5%)의 순으로 ‘과장~부장’급이 스스로에 대한 평가가 가장 높았다.

그렇다면 직장인들은 자신의 평가와 회사의 평가가 일치한다고 생각할까? 직장인의 85.9%는 ‘일치할 것이다'고 답하며 자신의 평가와 회사 평가 사이에 큰 괴리감이 없다고 생각했다. 하지만 자신의 평가와 회사의 평가가 일치하지 않는다고 답한 응답자들은 그 이유에 대해 '회사의 평가에는 상사의 주관이 다소 많이 반영되기 때문에'(34.3%), '회사에서 바라는 인재상과 나의 강점이 다르기 때문에'(25.7%), '눈에 띄지 않는 부서에 속해 있기 때문에'(14.3%), '회사는 개인의 능력, 과정과 상관없이 철저히 결과로만 평가하기 때문에'(14.3%)를 1, 2, 3위로 꼽으며 평가가 일치하지 않는 이유를 자신이 아닌 회사의 탓으로 돌리는 경향을 보였다.

한편 개인적으로 평가할 때와 회사가 나를 평가할 때 필요한 필수조건에는 차이가 있는 것으로 조사되었다. 유능한 직장인으로서 스스로 생각하는 필수조건으로는 '본인만의 전문/특화 분야 확보'(32.3%)를 가장 많이 선택했으며 '탄탄한 업무역량'(19%), '지속적인 자기계발'(18.5%), '조직 친화력'(16.9%), '리더십'(10.5%), '매출, 영업이익 증가 기여'(2.8%)의 순이었다. 반면 회사가 직원을 평가할 때 가장 중요한 조건으로는 '탄탄한 업무역량'(31%), '조직 친화력'(20.6%), '본인만의 전문/특화 분야 확보'(17.7%), '매출, 영업이익 증가 기여'(14.5%), '지속적인 자기계발'(12.5%), '리더십'(3.6%)의 순이었다. 직장인들은 회사에서 '빈틈없는 업무처리능력과 전문성을 겸비한 직원'(33.5%)으로 가장 인식되고 싶어 했다. 이 외에도 '예의 바르고 성실한 직원'(21.4%), '자기의 일을 스스로, 타인의 일도 참견하지 않는 공사 구분이 명확한 직원'(17.3%), '유머감각이 있고 에너지가 넘치는 직원'(9.3%), '특출난 것은 없지만 못난 것도 없는 평범한 직원'(7.7%), '책임감 있고 리더십이 있는 직원'(7.7%) 등의 의견이 있었다.

(시사포커스, 2019.1.22)

보상관리

보상(compensation)은 개인의 성과평가와 밀접하게 관련되어 있으며, 급여/임금과 복리후생을 모두 포함한다. 인적자원의 보상관리는 조직이 지급하고자 하는 보상범위 내에서 직원의 만족을 극대화하고자 하며, 직원에게는 소득이 되고 기업에게는 비용이 된다.

급여/임금(salary/wage)은 기업이 노동의 대가로 직원에게 지급하는 것으로, 승진과 함께 가장 관심이 높은 부문이다. 기본적으로 임금은 최저임금과 최저생계비 등을 고려하여 기업의 지불능력에 맞게 지급을 결정한다. 또한 요즘 많은 기업들이 연봉제를 사용하고 있는데, 연봉제는 임금을 성과에 따라 1년 단위로 계약하고 이를 월 단위로 분할하여 지급하는 체계이다. 미국에서 일반화되어 최근에는 우리나라의 공기업과 정부 부문에서도 적용하고 있는 추세이다.

복리후생(benefit)은 급여 이외의 간접적인 혜택으로 기숙사, 구내식당, 탁아시설, 출퇴근차량, 교육비 지원 등 다양한 형태로 직원들의 복지향상을 위하여 시행되는 제도이다. 이 제도는 직원들의 생산성을 향상시키면서 경제적 · 문화적으로 생활을 향상시킬 수 있는 기회를 제공하게 된다. 최근에 직원의 복리후생에 더 많은 예산을 쓰는 기업들이 늘어나고 있는 추세이다.

더 알아봅시다 **"실패하면 월급 더 주고 성공하면 승진"… 직원들에게 각인된 창업자 런정페이의 철학**

매년 이맘때면 중국인들의 관심이 쏠리는 이슈가 있다. 바로 화웨이의 그해 주주 배당이다. 비상장사인 화웨이의 배당이 이목을 끄는 이유는 화웨이가 직원 4만여명이 주주인 종업원 주주회사를 표방하고 있어서다. 지난해 2월 초 화웨이는 주당 2.83위안의 순이익을 발표하며 이 중 1.02위안을 배당한다고 밝혔다. 중국에서는 입사 1년 만에 연봉보다 많은 20만위안(약 3,300만원)을 배당으로 챙긴 화웨이 신입사원 사례가 화제가 됐다. 이 같은 주주 배당 정책에는 "파격적인 보상이 있어야만 더 높은 성과를 낼 수 있다"는 런정페이 화웨이 회장의 철학이 반영돼 있다.

런정페이 회장은 대중에게 거의 모습을 나타내지 않는 경영자다. 생애 첫 언론 인터뷰를 창업 26년 만인 2013년에야 가졌다. 자주 대중 강연을 갖는 마윈 알리바바 창업자와 대비되지만 그의 각종 경영철학은 마윈 이상으로 중국인들에게 알려져 있다. 화웨이 사보를 통해 매달 자신의 생각을 200자 원고지 수십페이지 분량으로 정리해 직원들과 공유하기 때문이다. 기자가 만난 화웨이 직원들은 중요한 대목에서 런정페이 회장의 어록을 자주 인용했다. "화웨이 제품이 높은 경쟁력을 갖는 이유가 무엇이냐"는 질문에 차이멍보 글로벌마케팅 부사장이 "실패하면 월급을 더 주고 성공하면 승진시켜준다"는 런정페이 회장의 경구로 대답을 대신했다.

종업원 주식 배당은 화웨이식 성과 보상의 가장 큰 특징이다. 역시 "대기업이 직원들의 의욕을 이끌어내는 첫 번째는 돈이고, 인사정책은 두 번째"라는 런정페이 회장의 철학을 토대로 하고 있다. B등급 이상의 성과를 낸 직원들에게 돌아가는 회사 주식을 통해 매년 배당금이 지급된다. 18만명의 전체 직원 중 회사 주식을 받은 것은 4만명 안팎이다. 지난해 배당은 2016년 초 주당 1.95위안이던 것에 비해 줄었다. 대신 주당 1.23주의 비율로 직원 주주들이 주식을 추가로 받았다. 배당 이외에 주식이 추가 지급되는 시스템은 우수한 인재들이 회사에 오래 머물 동기를 부여한다. 20년 정도 화웨이에서 근무한 핵심임원은 대부분 100만주 안팎의 자사주를 갖고 있다. 경쟁사 대비 15~20% 높은 본봉과 연봉의 50%에 이르기도 하는 성과급은 별도다.

이 같은 종업원 주식 배당이 가능한 것은 화웨이가 비상장사이기 때문이다. 화웨이는 2007년부터 의결권이 없는 우선주를 임직원들에게 발행하고 있다. 우선주 신규 발행이 엄격히 통제받는 중국 증시에서라면 불가능한 일이다. 직원들은 배당을 통해 회사의 성장을 자신의 성공으로 인식하게 된다. 회사의 매각이나 상장으로 수익을 실현하는 실리콘밸리의 스톡옵션과는 다른 방식이다.

화웨이의 성장에 당근만 있는 것은 아니다. 런정페이 회장은 "5%의 뒤처진 인력으로 전체 직원의 노력을 이끌어낸다"고 강조하곤 한다. 의욕이 없는 직원을 퇴출시켜 조직에 긴장감을 부여한다는 말로 실제로 화웨이는 매년 부서별로 저성과자들을 해고한다. 일부 직원들은 본업을 떠나 재교육을 받아야 한다. 관리자들에 대한 평가도 엄격하다. 영업 · 판매 부서의 관리자 30%를 내보내기도 했다. 런정페이 회장은 "불에 타죽지 않는 새라야 봉황이 된다"며 미래의 화웨이 경영자가 될 임원들을 혹독하게 몰아붙이는 것으로도 유명하다. 회사가 세계 최대 통신장비업체가 된 2012년 이후에도 "언제 타이타닉처럼 침몰할지 모른다"고 위기론을 설파하며 변화에 소극적인 관리자들을 쳐낸다.

파격적인 성과 보상과 냉정한 도태가 어우러지며 화웨이는 중국 내에서도 불이 가장 늦게 꺼지는 회사로 유명하다. 중국 최대 지도서비스업체인 가오더지도가 2017년 조사한 바에 따르면 화웨이 직원들의 평균 퇴근시간은 밤 9시 57분으로 알리바바와 텐센트 등을 제치고 가장 늦게까지 야근하는 회사로 선정됐다.

화웨이 출신들은 중국 내 한국 기업들에게 가장 선호하는 인재로 손꼽힌다. 선전의 한 한국업체 관계자는 "일에 대한 책임감과 열의 등에서 화웨이 출신들은 다른 중국인들과 확연히 다르다"며 "한국과 일본, 타이완 기업들도 경력직원 채용 시 화웨이 출신을 우선으로 뽑는다"고 전했다. (한국경제신문, 2019.2.11)

유지관리

유지(maintenance)관리는 우수한 인재가 다른 회사로 옮기지 않도록 관리하는 활동이다. 어렵게 확보하고 교육과 학습 등으로 업무훈련이 되어 있는 우수한 인적자원이 다른 회사로 옮겨간다면 기업에 큰 손실이 될 것이다. 따라서 회사에 도움이 되는 인적자원이 다른 회사로 옮겨가지 않고 지속적으로 충성을 다할 수 있도록 하는 것이 필요하다. 유지관리에는 인간관계관리, 노사관계관리, 이직관리 등이 있다.

인간관계(human relations)관리는 기업 내 조직 속에서 상호관계를 가지는 인적자원을 하나의 인격체로서 인식하는 것이 중요하다. 최근에는 인맥이 개인의 자산으로까지 여겨질 만큼 중요한 사항 중 하나로 인식되고 있다. 대표적으로 제안제도, 인사상담제도, 고충처리제도 등이 있다. 제안제도(suggestion system)는 조직의 운영이나 문제점에 대한 제안을 하고, 우수한 제안에 대해서는 기업이 받아들이는 제도이다. 인사상담(personnel counseling)제도는 직원의 불평불만이나 개인에 관한 문제를 상담을 통하여 해결할 수 있도록 도와주는 제도이다. 고충(grievances)처리제도는 기업에서 발생하는 불평불만을 단체교섭을 통한 대항적인 해결에 앞서 그 전에 원인을 처리하려는 제도이다.

노사관계(labor-management relations)관리는 노동조합과 경영자의 관계를 관리하는 것으로 인적자원의 생산성 향상과 동기부여에 영향을 준다. 노사관계는 다음과 같은 이면성이 있으므로 이를 감안한 관리가 중요하다.

- 종업원과 경영자는 주종관계이지만 노동조합원과 경영자는 대등관계를 이룬다.

- 노사관계는 생산 측면에서는 협동적 관계이지만 성과배분 측면에서는 대립적 측면이 존재한다.
- 노사관계는 1차적으로는 기업의 목적을 달성하기 위한 경제적인 관계이지만 사람들의 집단생활이라는 토대에서 맺어진 사회적 관계이다.

이직에는 자발적 이직과 비자발적 이직이 있다. 사직과 같은 자발적 이직의 경우 인력공급계획에서부터 충분한 대비를 해야 하고, 면직, 해고, 일시해고 등과 같은 비자발적 이직의 경우 회사는 직원과 분쟁이 발생할 가능성도 있으므로 명확한 규정을 사규에 정하여 운영해야 한다.

2 조직행동

기업, 학교, 공공기관 등 직장 조직에 속한 사람들은 개인으로서 달성하기 어려운 목표달성을 조직이 가능하게 해주기도 하고, 개인이 추구하는 목표와 조직의 목표가 서로 상반될 수도 있기 때문에 자신의 개인적 목표와 조직이 추구하는 목표가 함께 실현될 수 있도록 삶의 질과 환경이 함께 개선되기를 바란다. 조직의 입장에서도 조직의 효과적이고 효율적인 운영을 위해서는 조직 구성원의 태도와 행동을 이해하고, 관리할 수 있어야 한다. 경영학의 한 분야인 조직행동관리에서는 이에 관련한 지식과 기술을 알려준다. 조직행동관리(organizational behavior)란 "조직 상황에 있어서의 인간의 행동과 태도, 인간의 지각·행동에 대한 조직의 영향, 조직에 대한 인간의 영향, 특히 조직목표의 달성을 위하여 인간의 행동이 어떻게 영향을 미치는가를 규명하는 학문"으로 정의된다.[1] '조직'의 테두리 내에서 인간의 행동을 연구하는 학문이기 때문에 심리학이나 사회학 등에 이론적 기반을 두고는 있지만, 경영학에서 관심을 갖는 조직행동관리는 직원들이 기업이라는 구체적인 조직 내에서 어떤 식으로 행동하는가를 분석하기 때문에 실용적 측면이 강한 특징을 갖고 있다.

---

1) Joe Kelly, *Organizational Behavior, Its Data, First Principles, and Applications*, Richard D. Irwing, Inc., 1973.

조직행동관리

조직행동관리의 주요 요인으로는 조직이 추구하고자 하는 목표와 이의 실행을 위해서 필요한 역할이나 기능, 그리고 제도적 구조 및 시스템이 있다. 또 제도적 구조 안에서 업무나 조직구성원을 조정해 나갈 수 있는 조정기구 등이 주요인이 된다. 또한 기업환경과 조직 내·외적 환경변화에 있어서 유연성 있는 경영관리가 이루어질 수 있도록 하는 것이 현대 조직행동관리에서 중요하다.

기업조직의 목표는 외적으로 고객만족과 함께 내적으로 적정이윤을 추구함으로써 조직의 유효성과 구성원의 만족을 함께 달성하는 데 있다. 이러한 목표는 조직과 그 구성원들이 추구하려는 목표이며, 조직을 구성하고 발전시켜 성장할 수 있도록 하는 원동력이 된다. 따라서 개인은 조직을 통해 직업을 유지하고 개인 소득과 성취감, 그리고 인정을 받게 된다.

기업의 조직목표가 효율적으로 달성될 수 있도록 관리자가 각 구성원의 행동의 동기를 유발하는 것이 중요하다. 따라서 구성원의 기술과 능력을 이용하여 역할을 분담시켜 주고, 조직의 목표달성을 위해서 기능을 분화하여 하나의 시스템을 구축하고 상호작용할 수 있는 환경을 만들어 주는 것이 필요하다. 이러한 분화된 과제들은 다시 통합하여 조직 전체 과제로 결합함으로써 분화와 통합의 과정이 지속적으로 반복되도록 조직행동을 관리하는 것이다.

더 알아봅시다 **기업의 글로벌 진출과 HR이 해야 할 일**

많은 제조업 기업들이 국내 공장을 세우기보다는 인건비 등 여러 요인에 의해 동남아 여러 나라로 공장을 이전한다. 영업을 주로 하는 기업들도 국내 시장의 포화로 해외로 눈을 돌리지만, 각 나라마다 경영환경, 법 제도, 문화의 차이로 인해 애로사항이 많다. 글로벌 기업화는 하루아침에 이루어지지 않는다. 나름 단계가 있다.

중요한 것은 HR이 어떤 역할을 담당하는가에 있다. A기업의 전략부서에서는 더 이상 국내는 경쟁력이 없다고 판단했다. 이 회사는 빠르면 2년 후, 늦어도 4년 이내에 베트남으로 생산공장을 이전하는 사업전략을 확정하였다. 각 본부장은 이에 맞추어 세부 과제를 선정하고 추진하고 있는데, 전략회의에 참석하지 못하는 인사부서는 내년도 채용계획에 생산직 인력 20명을 뽑는 안을 작성해 보고한다. 작년 말, 각 조직으로부터 받은 적정인력과 충원에 대한 조치였다. 내용을 보니 전부 국내 인력에 대한 것이었다. 이전할 베트남과 관련된 내용은 하나도 없었다. 상황이 이러면 글로벌 진출은 요원한 일이 된다.

기업이 글로벌화를 추진하는 이유는 다양하다.

– 내수시장의 포화 또는 성숙에 따른 새로운 시장으로의 진입 모색

－진입장벽의 폐지로 WTO, FTA,… 등 국제무역 장벽 폐지에 따른 활동 제약 해소
－경쟁우위 확보 차원에서 국가의 비교우위를 활용하여 기업의 경쟁우위 확보
－Local Responsiveness 확보로 현지 니즈에 신속하게 반응할 수 있는 여건 마련
－Aging Workforce 인력 pool 감소 및 노화에 따른 우수인력과 젊은 인력 확보 차원 등이다.

기업의 글로벌화는 크게 3단계로 살펴볼 수 있다.

첫째 단계는 해외주재원 파견 수준이다. 해외조직의 신설이 증가되는 단계로 수출 위주의 조직운영에서 현지 조직 위주의 조직운영을 한다. 해외매출 및 해외직원의 비중이 증가하고, 해외주재원 수가 증가하게 된다. 이 단계는 주로 지사 수준의 주재원 파견 형태로 유지되며, 주재원 인사관리 위주의 해외인사가 실행된다.

둘째 단계는 다양한 형태의 해외법인, 연구소 등을 설립하는 단계이다. 지사 중심의 글로벌 단계에서 그 규모와 인원이 증가하여 해외주재원으로는 관리하기 어려운 상황이다. 생산과 영업 나아가 연구소 등 다양한 형태의 해외법인이 설립되면서 해외주재원 역할이 축소된다. 현지 채용된 직원의 수와 역할이 증대되며, 현지 채용인력에 대한 육성과 핵심직책을 제외하고는 현지 관리자에 의해 조직이 운영된다. 해외인력 유형의 다양성이 증가하고 해외인사의 기능 변화 및 확대가 이루어지는 단계이다.

셋째 단계는 글로벌 기업 운영의 단계이다. 전 세계를 대상으로 글로벌 경영을 추진하는 단계로, 현지의 제도와 문화에 맞도록 자율적이고 주도적 경영을 추진한다. 대부분 매트릭스 조직을 통해 본사와의 전략을 공유하되, 그 나라에 맞게끔 경영을 한다.

(후략)

(한국경제, 2018.7.2)

조직행동관리의 3개 차원

조직행동관리는 실제 조직 내에서 발생하는 여러 가지 문제점들을 파악해서 이를 적절한 이론으로 해석하고 분석하며 처방을 내놓기 위해서 사용된다. 문제점을 파악하는 단계를 "문제점 정의"(problem definition) 단계라 하며 바람직한 상태와 현재 상태의 차이점을 정확하게 기술하는 것이다. 조직행동관리는 ① 개인차원(individual level)과 ② 집단차원(group level) 및 ③ 조직차원(organizational level)으로 구분된다. 따라서 조직행동론에서는 개인차원의 문제점이 있는가 하면, 그룹 간의 문제점이 있고, 또 조직 전체 차원의 문제점도 있다.

문제점을 정의하는 단계에서는 개인, 집단, 조직 등 차원별로 세분해서 문제점을 정확히 기술할 수 있어야 한다. 문제점이 정의된 다음에는 상황에 따른 모델(contingency model)을 사용하여 문제점에 대한 분석을 수행하고, 이에 따라 처방, 즉 행동계획(action planning)을 만든다. 행동계획에는 그 행동을 통해 달성하고자 하는 구체적 목표와 필요한 액션 및 이들을 어떤 순서로 언제까지 취

그림 4-3

조직행동관리의 3개 차원

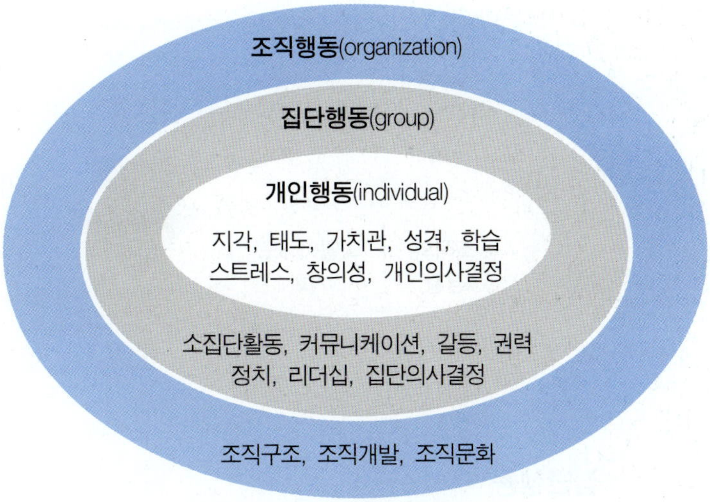

할 것인지에 관한 시간표 등을 담는다. [그림 4-3]은 조직행동관리의 3개 차원을 보여준다.

다음 소절에서는 조직행동관리의 3개 차원별 이슈를 각각 살펴본다.

개인행동

일반적으로 인간의 신체적 특성은 태어남과 동시에 결정되지만, 행동은 주변 환경이나 학습에 의해 결정된다. 따라서 개인행동에 많은 영향을 미치는 것 중 하나가 학습인데, 부정적인 자극이나 처벌보다는 칭찬이나 인정, 격려가 인간의 행동에 긍정적인 영향을 미칠 수 있다. 또한 학습습관도 개인행동의 중요한 요인 중 하나인데, 바람직한 학습습관을 위해서는 반복적으로 교육을 실시하고 벤치마킹을 통한 습관을 기르는 것이 바람직한 결과를 얻을 수 있다.

개인의 능력은 입사 후 교육과 훈련으로 좀 더 발전되며 노력에 따라 개인 간 차이도 생길 수 있다. 조직관리에 있어서 개인 차이에 관하여 신체적 · 지능적 · 정신적 요인 등을 감안하여 접근하는 것이 필요하다. 그리고 개인의 능력을 발전시키기 위해서는 학습효과 못지않게 동기부여가 조직의 성과를 향상시킬 수 있는 가능성이 크다. 따라서 조직구성원 개개인에게 적성과 기능에 맞는 직무를 할당하고, 그 직무에 필요한 지식학습과 더불어 동기부여를 주었을 때 높은 수준의 성과를 달성할 수 있다. [그림 4-4]는 성과의 결정요인과 동기부여의 관계를 설명한다.

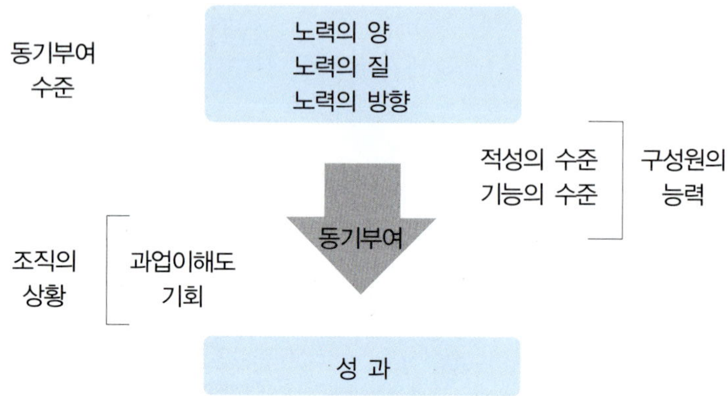

그림 4-4 성과의 결정요인과 동기부여[2)]

집단행동

집단행동은 집단 내 행동과 집단 간 행동으로 나눌 수 있는데, 집단 내 행동은 심리학 용어인 집단역학(group dynamics)을 통하여 접근할 수 있다. 집단역학은 인간행동이나 집단현상의 성질을 기술하거나 분류하는 것이다. 따라서 집단 내 행동(intragroup behavior)은 개인적 차원과 조직적 차원으로 나눌 수 있다. 개인적 차원은 인구통계학적 특성과 개개인의 능력과 인성 그리고 개인이 갖고 있는 기대 등이 집단 내 역학에 영향을 미치는 것이고, 조직적 차원은 집단의 규모, 사회적 밀도, 과업형태 및 집단구성 등이 집단 내 구성원의 역학이나 집단 성취에 영향을 미치는 것을 의미한다.

집단 간 행동(intergroup behavior)은 2개 이상의 집단에서 나타나는 상호작용의 행동을 뜻한다. 이러한 행동은 조직의 분위기 또는 성과에 결정적인 영향을 미치는데, 집단관리에 있어서 집단 간의 갈등을 최소화하는 것이 중요하다. 물론 갈등은 어떤 조직에서나 나타나지만 업무추진과 과업의 속성, 시간과 목표 지향성에 따라 크고 작은 차이가 난다. 따라서 갈등의 소지를 줄이고 집단 간 행동규율이나 위계질서 등을 명확하게 하는 것이 필요하며, 집단갈등을 해소할 수 있는 집단 간 커뮤니케이션을 늘리고 조직 분위기와 문화를 바람직한 방향으로 이끄는 것이 중요하다.

집단에서 조직의 분위기와 문화를 이끄는 것은 관리자의 리더십에 따라 달라진다. 리더십은 집단에서 가장 필요한 요인으로 조직구성원들이 성과를

---

2) G. Johns, *Organizational Behavior*, 1996, p.161.

효율적으로 달성할 수 있도록 이끌어주는 행위이다. 리더의 리더십과 조직구성원들의 특성, 그리고 기업과 조직 분위기 등의 상호작용으로 효율적인 결과를 불러올 수 있기 때문에 집단의 성과창출을 위해 중요한 요인 중 하나이다.

사례 대한민국 경영현장 **회장님이 달라졌어요… 직원들과 밥 먹고 셀카 찍으며 소통**

이재용 삼성전자 부회장은 지난달 3일 경기도 수원 삼성전자 본사에서 열린 5G(5세대 이동통신)용 통신장비 생산공장 가동식에 참석했다. 이 부회장은 이날 임직원들과 점심식사를 하기 위해 구내식당을 찾았는데, 이를 본 직원들이 환호성을 질렀다고 한다. 이 부회장은 구내식당에서 삼성전자 직원들의 셀카(셀프 카메라) 요청에 흔쾌히 포즈를 취해 사진을 찍었다. 이 사진은 소셜네트워킹서비스(SNS)를 통해 확산됐으며 네티즌 사이에서 화제를 모았다. 재계 오너들이 권위의식을 내려놓고 격의 없이 직원들과 소통하고 있다. 위계질서를 강조하는 대신 격식·틀을 깨고 톡톡 튀는 신세대 직원들과 눈높이를 맞춘 것이다.

최태원 SK그룹 회장은 지난달 8일 서울 종로구 SK 서린사옥에서 직원 300여명과 '행복토크' 시간을 가졌다. 근무시간이 아닌 점심시간에 열린 행사는 임원들도 자리가 부족해 계단이나 바닥에 앉을 정도로 참여도가 높았다. 최 회장은 이날 본인의 컬러풀한 줄무늬 양말을 보이며 "행복 창출에 도움이 된다고 생각하는 일이 있으면 주저하지 말고 추진해달라"고 했다. 최 회장은 사전 각본 없이 진행된 행사에서 '회장님의 워라밸은 어떻다고 생각하느냐'는 질문에 "제 워라밸은 꽝"이라고 솔직하게 답변해 웃음을 자아냈다.

구광모 LG 회장은 지난달 2일 2019년 'LG 새해 모임'을 서울 마곡 LG사이언스파크에서 주재했다. 올해 LG 새해 모임은 경영진뿐 아니라 생산직, 연구직 등 다양한 직무의 직원들이 함께 해 참석자 수가 400명에서 800명으로 늘었다. 이날 행사에선 넥타이와 정장 차림에서 탈피해 임직원이 비즈니스 캐주얼 차림으로 자유롭게 대화를 나누는 모습이 인상적이었다.

두산그룹은 지난달 7일 서울 세종문화회관 대극장에서 '2019 두산 신년음악회'를 열었다. 이날 음악회에는 가수 이은미 씨가 열창해 두산 임직원 및 가족들의 호응을 얻었다. 박정원 두산그룹 회장은 이날 신입사원들과 셀카를 찍었다. 두산 신년음악회는 클래식 음악을 중심으로 엄숙하게 진행됐지만, 박 회장이 주재한 2017년부터 분위기가 바뀌었다. 1부는 오케스트라와 함께 하는 클래식 공연으로, 2부는 유명 가수 초청 콘서트가 열리는 것이다.

조현상 효성 총괄사장(효성나눔봉사단장)은 지난달 8일 서울 성북구 정릉동 일대에서 신입사원 200여명과 '사랑의 연탄나눔' 행사에 참여했다. 조 사장은 이날 손가락으로 브이(V)자를 그리며 신입사원들과 사진을 찍었다. 조 사장은 2015년부터 매년 신입사원들과 봉사활동을 함께 하며 나눔의 책임을 독려하고 있다.

(조선비즈, 2019.2.10)

조직행동

조직행동은 조직개발, 조직구조, 조직문화로 나눌 수 있다.

조직개발은 조직과 조직구성원이 가지고 있는 가치관이나 신념을 조직차원에서 개발하는 것이다. 조직개발의 기본 목표로 기술, 과업, 구조 등을 변화시키기 위해서는 인력을 변화시키는 것이 중요하다. 인력이 변화하면 과업이나 기술, 구조 등도 더불어 바뀔 수 있기 때문이다. 이러한 인력을 변화시키기 위해서는 목표관리, 감수성 훈련(sensitivity training), 업무스트레스 분석, 팀 개발(team building), 조사 피드백 연구, 집단 간 개입(intergroup intervention)활동, 기타 업무의 질 등을 개선해야 한다.

최근의 조직구조는 더욱 치열해진 경쟁과 정보통신기술 등의 발전으로 자국 내의 조직구조에서 글로벌 위주의 조직구조로 변화하고 있으며, 이에 따라 글로벌화에 맞는 수출전담부서와 해외자회사, 국제사업부 등 새로운 기능을 담당하는 부서들이 등장하고 있다. 따라서 글로벌 조직구조에 맞는 인재를 선발하기 위하여 외국어나 기타 능력을 갖춘 조직원을 선발하기도 하고, 외국 현지에서 현지인을 선발하기도 한다. 글로벌 조직행동의 관리를 위해서는 글로벌 기업조직에 맞는 조직환경과 가치관, 리더십, 교육, 동기부여 등을 학습하도록 인지시키는 일이 무엇보다 중요하다.

조직문화(organizational culture)는 조직구성원들이 갖고 있는 가치관이나 신념을 말한다. 개인에게 개성이 있고 사회에 고유문화가 있듯이 조직에도 각기 고유한 조직의 문화를 갖고 있다. 조직문화는 긍정적으로는 다른 기업이나 조직이 모방할 수 없는 환경과 분위기로 조직구성원들에게는 정체성(identity)을 제공해 주고, 조직에게는 안정성을 갖는 효과를 줄 수 있다. 그러나 부정적인 조직문화도 있을 수 있기 때문에 조직성장에 바람직하지 않은 문화는 버리는 것이 필요하다.

사례 대한민국 경영현장 삼성 조직문화, '구글'처럼 바꾼다

삼성전자가 글로벌 정보기술(IT) 기업 위상에 걸맞은 조직문화를 만들기 위해 대대적인 인사혁신에 나선다. 기존 연공서열 중심의 인사제도에서 벗어나 직원들의 자율성과 창의성을 극대화할 수 있는 수평적 인사제도를 도입하기로 했다. 이를 위해 직급체계를 기존 7단계에서 4단계로 단순화하고, 호칭은 차장님, 부장님 등 대신 이름을 붙여 '○○○ 님'으로 부르도록 했다. 상급자의 눈치를 보며 퇴근하지 않는 '눈치성' 잔업도 근절시키고 올해 하절기부터는 반바지 착용도 허용한다. 덩치만 큰 기업이 되기보단 조직문화도 구글, 페이스북 등 글로벌 기업에 견줄 수 있는 수준으로 만들겠다는 이재용 부회장의 생각이 작용한 결과다.

삼성전자는 글로벌 경쟁력 제고와 창의·수평적 조직문화 조성을 위해 '직무·역할' 중심의 인사 체계로 개편한다고 27일 밝혔다. 개편방안은 직급 체계 단순화, 수평적 호칭 도입 등을 골자로 하고 있다. 삼성전자가 인사 체계 개편에 나선 이유는 규모와 명성 등 외형적인 성장에 비해 기업의 '소프트웨어'라고 할 수 있는 조직문화는 낙후돼 있다는 내부 반성에 따른 것이다. 삼성전자는 전 세계적으로도 '관리와 시스템(체계)'이 잘 갖춰져 있기로 널리 알려진 기업이다. 이를 토대로 위기극복이나 양적 성장에는 강한 면모를 보여 왔지만, 경직된 조직문화 탓에 직원들의 자율과 창의를 바탕으로 한 '혁신'에는 약하다는 평가를 받고 있다.

이 부회장은 조직문화 개편을 위해 지난해 7월 사내 온라인 집단토론장인 '모자이크'를 통해 '글로벌 인사제도 혁신'을 주제로 대토론회를 열었다. 토론에는 2만6,000여명의 임직원이 참석해 1,200여건에 달하는 제안과 의견을 쏟아냈다. 당시 나온 의견들을 취합해 올 3월 '스타트업 삼성 컬처혁신 선포식'을 열고 전담팀을 꾸려 인사 혁신방안을 연구해왔다. 개편안에서는 직급 체계를 기존 부장, 차장, 과장, 대리, 사원1~3 등 7단계에서 직무 역량 발전 정도에 따라 '경력개발 단계'의 4단계(CL1~CL4)로 단순화했다. 이에 따르면 부장은 CL4, 차장·과장은 CL3, 대리·사원3은 CL2, 사원1~2는 CL1으로 직급이 변경된다.

임직원 간 공통 호칭은 이름을 붙여 '○○○ 님'을 사용하게 된다. 각 부서 내에서는 업무 성격에 따라 '님', '프로', '선후배님', 영어 이름 등 상대방을 서로 존중하는 수평적인 호칭을 자율적으로 사용할 수 있도록 했다. 팀장, 그룹장, 파트장, 임원은 현재처럼 직책으로 호칭한다. 회의문화와 보고문화도 개선한다. 회의는 반드시 필요한 인원만 참석해 자유롭게 의견을 내고 회의의 결론을 도출해 이를 준수하는 회의문화 확산을 추진한다. 회의시간도 되도록 1시간 이내에 끝내도록 권장할 방침이다. 상급자를 의식한 '눈치성' 잔업, 불필요한 습관성 잔업, 특근도 근절키로 했다. 연중 휴가 사용이 가능하도록 계획형 휴가문화를 도입할 예정이다. 올 하절기부터는 임직원 편의를 위해 반바지 차림 출근도 허용키로 했다.

삼성전자 관계자는 "스타트업 기업처럼 빠르게 실행하고 소통의 문화를 지향하면서 지속적으로 혁신하자는 게 인사 체계 개편의 최종 목표"라며 "새 인사제도는 내년 3월부터 시행할 예정"이라고 밝혔다.

(경향신문, 2016.6.27)

요 약

인적자원관리는 조직의 목표를 달성하기 위한 직무분석부터 지원자 모집, 선발, 배치, 교육훈련, 성과평가, 보상관리, 유지관리까지의 순환과정을 말한다.

직무분석이란 분석적인 방법에 의하여 직무 혹은 직위의 내용을 한정 짓는 요인을 서술하여 이를 체계적으로 제시, 기록하는 활동이다. 지원자 모집은 기업의 내부·외부의 환경에 맞게 지원자에게 채용계획을 알리는 과정이다. 선발은 지원자들을 모집한 후 조직이 필요로 하는 가장 적합한 인재를 찾는 과정이다. 배치는 신규로 모집하여 선발된 직원을 적합한 부서에 위치시키는 것이다. 교육훈련은 기업측에서 직무성과를 향상시키기 위해 추가지식 및 기술학습의 기회를 제공하는 것이다. 성과평가는 직원들이 각자의 직무를 바탕으로 평가하는 활동이다. 보상은 개인의 성과평가와 밀접하게 관련되어 있으며, 급여/임금과 복리후생을 모두 포함한다. 유지관리는 우수한 인재가 다른 회사로 옮기지 않도록 관리하는 활동이다.

직장 조직에 속한 사람들은 자신의 개인적 목표와 조직이 추구하는 목표가 함께 실현될 수 있도록 삶의 질과 환경이 함께 개선되기를 바란다. 조직의 입장에서도 조직의 효과적이고 효율적인 운영을 위해서는 조직구성원의 태도와 행동을 이해하고, 관리할 수 있어야 한다. 조직행동관리는 개인차원, 집단차원, 조직차원으로 구분된다.

개인행동은 주변 환경이나 학습에 의해 결정된다. 조직관리에 있어서 개인 차이에 관하여 신체적, 지능적, 정신적 요인 등을 감안하여 접근하는 것이 필요하다.

집단행동에는 집단 내 행동과 집단 간 행동이 있다. 집단 내 행동은 집단역학을 통하여 나타나며 집단 간 행동은 2개 이상의 집단 간에서 나타나는 상호작용의 행동을 통하여 나타난다.

조직행동은 조직개발, 조직문화, 조직구조로 나눌 수 있다. 조직개발은 조직과 조직구성원이 가지고 있는 가치관이나 신념체계를 변화시켜 인력, 기술, 과업, 구조를 바꾸어 가는 노력이다. 조직문화는 조직구성원들이 가지고 있는 독자적인 분위기와 문화를 말한다. 조직구조는 국내중심에서 글로벌 위주의 조직구조로 변화하고 있다.

주요 용어

- 개인행동
- 보상
- 이직
- 조직개발
- 조직행동
- 직무분석
- 집단 내 행동
- 노사관계관리
- 성과평가
- 인간관계관리
- 조직구조
- 지원자 모집
- 집단 간 행동
- 리더십
- 유지관리
- 인적자원관리
- 조직문화
- 직무교육

토의 문제

1. 인적자원이 무엇인지 설명하시오.
2. 인적자원관리의 과정을 설명하시오.
3. 성과제도의 특징과 차별화에 대하여 설명하시오.
4. 조직행동이 무엇인지 설명하시오.
5. 개인행동, 집단행동, 조직행동의 차이점을 설명하시오.
6. 글로벌 조직구조에 대하여 설명하시오.

CHAPTER

5

경 영 전 략

학습목표

1. 경영전략이란 무엇인지 학습한다.
2. 기업은 경쟁력 강화를 위해 어떠한 전략을 사용하는지 학습한다.
3. 기업의 외부환경이 무엇인지 학습한다.
4. 기업의 내부역량이 무엇인지 학습한다.
5. 전략에는 어떠한 유형이 있는지 학습한다.

제5장을 시작하며

구글판 하드웨어 전략, 왜 AI 퍼스트인가

“인공지능(AI : artificial intelligence) 퍼스트 전략으로 승부하겠다.” 개인용 하드웨어 시장에서 애플, 아마존을 압박하기 위한 구글의 밑그림이 ‘AI 퍼스트’란 비전 아래 점점 구체화되고 있다. AI 경쟁력을 기반으로 구글 서비스에 최적화된 하드웨어를 사용자들에게 제공하는 것이 AI 퍼스트에 담긴 핵심 메시지다.

4일(현지시간) 구글은 미국 샌프란시스코에서 개최한 미디어 이벤트를 열고 AI 퍼스트를 뒷받침하는 하드웨어 신제품들을 대거 공개했다. 구글이 선보인 제품은 픽셀2와 픽셀2 XL 스마트폰, 가상현실(VR : virtual-reality) 헤드셋 데이드림 업데이트 버전, 프리미엄 및 보급형 스마트 스피커, 태블릿과 노트북 겸용 제품인 픽셀북, 정사각형 카메라 픽셀 클립스, 무선 이어폰 ‘픽셀 버드’ 등이다. 구글은 이들 신제품이 모두 AI 퍼스트 비전 아래 개발됐음을 강조하고 또 강조했다. AI 퍼스트를 통해 자사 웹서비스들의 존재감을 강화하고 애플과 아마존으로 대표되는 경쟁사들에게 견제구를 던진다는 전략이다.

구글에 따르면 AI 퍼스트는 사용자들이 보다 대화식으로, 또 감각적인 방법으로 컴퓨터와 상호 작용할 수 있도록 하는 것이다. 그러려면 컴퓨터가 PC나 스마트폰 외에 주변의 다양한 기기들에 탑재돼 있어야 하는 것은 물론 사용자가 어떤 상황에 있는지 맥락도 이해할 수 있어야 한다. 구글은 갈수록 진화하고 있는 AI 기술이 이 같은 시나리오를 가능하게 해줄 것임을 분명히 했다. 순다 피차이 구글 CEO는 “하드웨어 디자인은 경쟁력을 가진 AI를 중심으로 이뤄진다”면서 “컴퓨터는 사람들이 살아가는 방식에 적응해야 한다. 구글은 하드웨어, 소프트웨어, AI 간 고유한 조합을 제시할 수 있는 고유한 시점에 와 있다”고 목소리를 높였다.

구글이 주도적으로 개발하는 안드로이드는 스마트폰 운영체제(OS) 시장에서 압도적인 점유율을 자랑한다. 그럼에도 구글은 하드웨어 협력 업체들이 애플 아이폰에 맞설 수 있는 프리미엄급 스마트폰을 개발하도록 효과적으로 유인하지 못했다. 현실적인 어려움이 있었다는 지적이다.

애플은 자체 개발한 하드웨어와 소프트웨어를 긴밀하게 통합하는 전술로 구글과 제조업체들이 협력해 만든 것과 비교해 ‘디테일’에서 한 수 앞서는 스마트폰 사용자 경험(UX)을 제공해 왔다. 이를 기반으로 애플은 모바일 결제, 음성 기반 비서 ‘시리’와 같은 서비스로 영역을 확장했고 최근에는 디지털과 실제 세계를 결합하는 증강현실 분야에도 진출했다. 자사 하드웨어에 최적화된 서비스로 영토를 확장해 나가고 있는 셈이다. 아마존의 질주도 구글 입장에선 위협적이다. 아마존은 알렉사 음성 인식 소프트웨어와 이를 탑재한 에코 같은 하드웨어에 힘입어 스마트홈 시장을 주도하는 회사로 부상했다.

AI 퍼스트는 차세대 디지털 하드웨어 시장에서 애플, 아마존을 상대하기 위해 구글이 던진 승부수 성격이다. 음성 비서 플랫폼인 구글 어시스턴트 등 다양한 AI 기반 구글 서비스를 경험할 수 있는 최적화된 하드웨어를 제공한다는 비전을 담고 있다. 이의 일환으로 구글은 지난해 한때 해체됐던 하드웨어 관련 프로젝트 조직들을 모토로라 임원 출신인 릭 오스터로의 지휘 아래 재편했다. 이후 구글 서비스 경험을 극대화할 수 있게 해주는 다양한 하드웨어들을 개발해 왔다. 이번에 공개한 신제품들은 이 같은 노력의 중간 결과물이다. 구글은 신형 픽셀 스마트폰 2종에 대해 구글 어시스턴트, 음성 검색 인터페이스, 음악 등 자사 서비스에 쉽게 접근할 수 있다는 점을 특징으로 꼽았다. 999달러에 판매될 예정인 픽셀북 역시 AI를 중심으로 소개했다. 399달러 스마트 스피커인 ‘홈맥스’의 경우 구글 소프트웨어 기반 스마트사운드 시스템을 통해 최적화된 음향을 제공한다는 점이 강조됐다. 리시 챈드라 구글 부사장은 “위대한 하드웨어는 위대한 소리를 제공하는 데 충분치 않다”면서 소프트웨어의 전략적 가치를 부각했다.

구글은 선도적인 AI 연구개발 능력을 보유한 업체로 평가받는다. 디지털 비서 소프트웨어는 복잡한 질의(쿼리)를 처리하는 데 있어 가장 효과적이란 얘기도 있다. 그럼에도 구글은 디지털 비서를 활용한 하드웨어 시장점유율에선 아마존에 한참 뒤져 있다. 최근 시장 조사 업체 코웬에 따르면 아마존 에코 판매량은 구글홈의 두 배에 달한다. 그리고 아마존 시장점유율은 계속 늘고 있다. 애플과 아마존 하드웨어 판매량이 늘수록 사용자들이 구글 서비스에 접근하는 통로는 좁아진다. 애플과 아마존 모두 독자적인 서비스 포트폴리오를 늘려나가고 있다. 서비스로 먹고사는 구글 입장에선 치명상을 입을 가능성이 커지는 분위기다. 파트너들이 애플과 아마존을 제대로 견제해 주면 좋을 텐데, 그것도 현재로선 무리가 있다.

안드로이드와 관련해 구글과 협력했던 삼성전자와 화웨이는 AI 기반 음성 비서만큼은 독자 노선을 들고 나왔다. 구글 입장에선 직접 나설 수밖에 없는 상황이다. 하드웨어 투자를 늘리는 것도, 최근 11억달러에 대만 스마트폰 업체 HTC 기술 전문가들과 지적 재산을 인수한 것도 이 같은 상황을 밑바탕에 깔고 있다. 늘어나는 타사 하드웨어들에 자사 서비스가 포위되는 것을 막기 위해 자사 AI 서비스에 최적화된 하드웨어로 타사 하드웨어를 침몰시키겠다는 의지가 엿보인다. (테크M, 2017.10.5)

1 경영전략이란?

전략(strategy)이란 군사용어에서 유래하였으며 그 사전적 의미는 '전쟁에서의 승리를 위해 여러 전투를 계획 · 조직 · 수행하는 방책'이다. 현대의 기업경영과 관련한 전략인 경영전략은 '희소한 경영자원을 합리적으로 이용하여 경쟁우위를 창출시켜 유지할 수 있는 의사결정'이라고 정의할 수 있다. 현대사회에서 기업들은 경쟁이 더욱더 치열해져 경영목적을 달성할 전략이 필요하다. 기업이 우수한 인재와 풍부한 자원이 있더라도 전략이 없다면 쉽게 무너질 수 있다. 따라서 이러한 상황에서 경쟁우위를 확보하기 위해 체계적이고 구체적인 실행전략을 수립하는 것이 필요하다.

경영전략을 수립하는 과정은 [그림 5-1]과 같다. 즉, 전략을 수립할 때에는 먼저 기업이 장기적으로 나아갈 바인 비전과 이를 구현하는 데 지침이 될 경영이념을 반영해야 한다. 또한 기업들은 전략 마련을 위해 외부환경(거

그림 5-1
경영전략의 수립과정

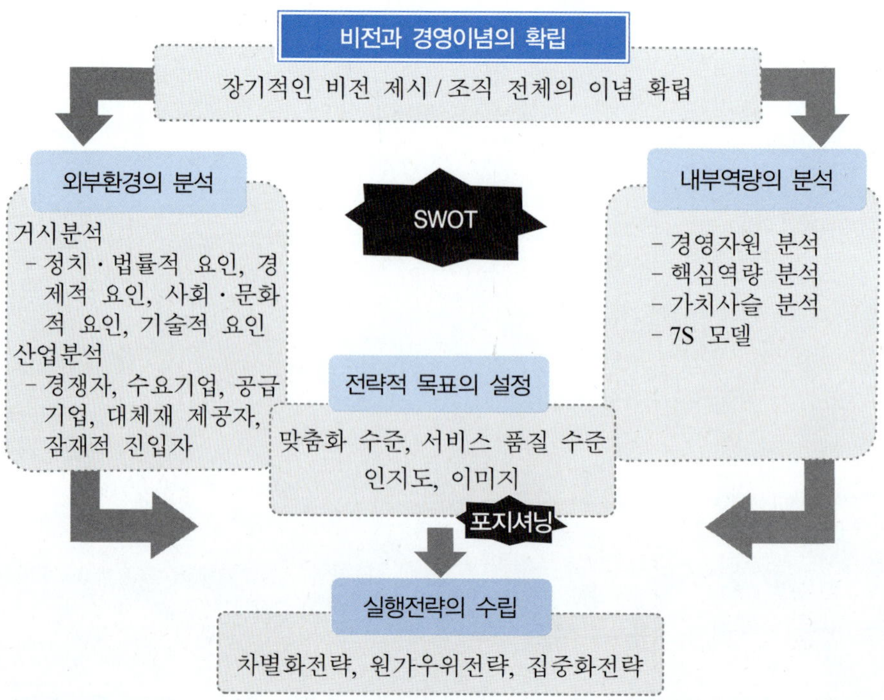

시환경 및 산업환경)을 분석하고 자금력, 기술력, 마케팅 능력, 인적자원 등의 내부역량을 분석하며 이 두 가지 분석에 기반한 SWOT 분석을 수행하여 전략적 목표를 설정하고 이에 맞는 실행전략을 수립해야 한다.

실행전략을 수립하는 것은 기업 내 자원을 효율적으로 이용하여, 원가우위와 차별화, 집중화를 통해 수익성을 높이고 더불어 기업의 목적을 달성시키는 과정이다.

경영전략의 핵심은 시장에서 경쟁자에 비해 경쟁우위를 갖는 것이다. 경쟁우위를 확보하기 위하여 마이클 포터는 [그림 5-2]와 같이 세 가지 전략(차별화전략, 원가우위전략, 집중화전략)을 실행전략으로 제시하였다.

그림 5-2
전략적 경쟁우위 확보

포터가 제시한 세 가지 전략	
차별화전략	• 제품 사양 및 믹스, 브랜드 • 표준화된 상품에 맞춤화 특성 가미 • 혁신적 기술
원가우위전략	• 학습효과 • 고객서비스 표준화 • 자동화 시설을 이용한 소요인력 축소 • 고객과의 상호작용을 줄여 규모의 경제 도모
집중화전략	• 특정한 표적시장을 효과적으로 충족 • 특정그룹을 목표로 경영자원 집중투입 • 한정된 전략목표를 보다 효과적으로 달성

사례 대한민국 경영현장 삼성 내년 경영전략 조기 수립… "20조 M&A 계획 주목"

삼성전자가 내년도 경영전략을 한 달 이상 앞당겨 세운다. 3년 동안 180조원 투자, 4만명 고용을 골자로 한 큰 틀의 경영구상을 내놓은 만큼 내년 전략 수립을 늦출 필요가 없다는 판단이 반영됐다. 12일 복수의 재계 관계자에 따르면 삼성전자는 내년도 경영계획을 이달 안에 수립하는 것을 목표로 내부 논의 중이다. 예년의 경우 9~10월에야 본격적으로 준비했던 새해 경영계획을 1개월 이상 빨리 논의하기 시작한 것이다.

통상 경영계획안에는 투자·고용 방안과 주력 제품, 지역별 마케팅 전략 등 사업 전반에 대한 구상을 포함해 차세대 중장기 계획이 포함된다. 사업부문별로 마련한 경영계획안은 12월 열리는 글로벌전략회의에서 논의해 확정, 내년 경영에 반영한다. 내년도 경영계획엔 이달 초 발표된 역대 최대 규모의 투자·고용·상생 종합계획이 대거 반영될 예정이다.

이재용 삼성전자 부회장이 주도하는 뉴삼성의 큰 그림이 드러난 만큼 '가이드라인'을 충실히 따르는 범위에서 세부 계획이 세워질 것이라는 얘기다. 전자계열사를 중심으로 3년 동안 180조원을 투자하기로 한 가운데 삼성전자의 투자금은 전체의 90%인 160조원 안팎인 것으로 알려진다. 연평균 53조원 규모로 해마다 반도체 설비 투자에 들어가는 자금을 제외하더라도 30조원가량을 추가 투자하게 된다.

내부적으론 반도체 경기 고점 논란이 끊이지 않는 상황에서 최근 시장 위기 요인으로 거론되는 중국의 추격에 대비하자면 한발 앞선 전략이 불가피하다는 위기감이 큰 것으로 전해진다. 다소 이른 감은 있지만 그만큼 시장 상황을 꼼꼼하게 점검해 전략을 다듬을 수 있다는 효과도 적잖을 것으로 보인다.

업계에선 삼성이 해외 M&A 용도로 책정한 자금이 3년 동안 20조원에 달하는 것으로 알려지면서 내년 경영계획에 담길 M&A 전략에 대한 관심도 높다. 삼성전자는 2016년 미국 최대 자동차 전자장비업체 하만을 9조원에 인수했지만 국정농단 사태와 맞물려 이 부회장이 재판을 받으면서 1년 반 이상 M&A 시장에서 발을 뺀 상태다.

재계 한 인사는 "글로벌 M&A 시장에 국한해 본다면 지난 8일 투자계획 발표는 삼성전자의 시장 복귀를 알리는 예고편인 셈"이라며 "내년이나 내후년 조단위 M&A가 성사될 경우 이 부회장의 완전한 경영복귀로 평가할 수 있을 것"이라고 말했다. (머니투데이, 2018.8.13)

2 기업의 외부환경

기업의 경영의사결정과 경영성과에 영향을 주는 외부환경은 거시환경과 산업환경으로 분석한다. 거시환경은 기업이 속한 산업에 영향을 주는 정치·법률적 요인, 경제적 요인, 사회·문화적 요인, 기술적 요인 등을 포함하고, 산업환경은 경쟁기업, 수요기업, 공급기업, 대체재 제공자, 잠재적 진입자 등의 요인을 포함한다.

거시환경

현재의 거시환경은 기업의 미래전략에 영향을 미칠 수 있다. 거시환경분석이란 거시환경을 정치·법률적 요인, 경제적 요인, 사회·문화적 요인, 기술적 요인 등으로 구분하여 [그림 5-3]과 같은 세부요인들을 살펴보고 기업의 경쟁력에 영향을 미치는 요인들을 식별하여 이에 대한 대비책을 마련하는 것이다.

그림 5-3
거시적 환경

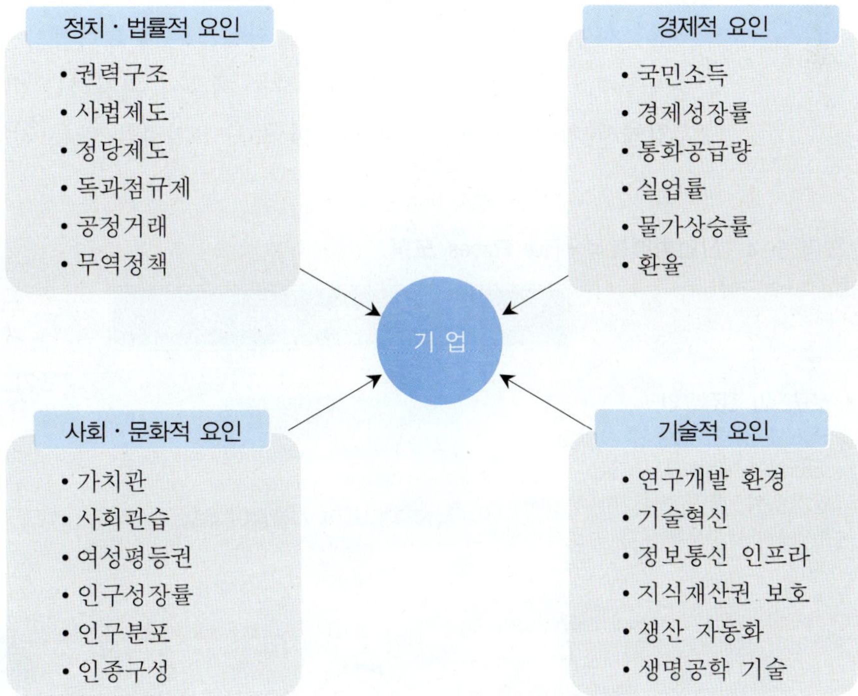

산업환경

산업환경분석에는 [그림 5-4]와 같은 Five-Forces 모형이 널리 쓰인다. 마이클 포터(M. Porter)가 제안한 Five-Forces 모형은 기업이 사업을 전개하면 기존 경쟁기업, 구매기업, 공급기업, 잠재적 진입자, 대체재 제공자 등 관련 산업 내의 5개의 세력에 의해 경쟁력과 수익률이 결정되므로 이들 5개의 세력에 대해 적절한 교섭력과 경쟁력을 발휘해야 한다는 이론이다.

기존 경쟁기업과의 경쟁은 5개의 세력 중에서 가장 중요한 요인이다. 기존 경쟁기업과의 경쟁에서는 산업집중도, 경쟁기업의 동질성 정도, 제품의 차별화 정도, 초과 설비와 비용 구조 등이 경쟁의 양상과 강도를 결정하므로 이들을 분석하여 적절한 대책을 마련해야 한다. 예를 들면 경쟁기업의 수가 적고 경쟁기업의 크기가 크다면 산업의 집중도가 커지므로 해당기업은 치열한 경쟁을 감내해야 하고 이에 적절한 전략 마련에 집중해야 한다.

수요기업의 경우 기업이 생산한 제품을 구매하면서 경쟁에 영향을 미친다. 자사의 경쟁우위를 달성하기 위해서는 수요기업의 수와 크기, 자사의 총 매출에서 특정 수요기업에 판매하는 제품이 차지하는 비중, 수요기업의 총 매입에서 자사 제품이 차지하는 비중, 수요기업을 다른 기업으로 전환하는 비용

그림 5-4 산업환경분석 - Five Forces 모형

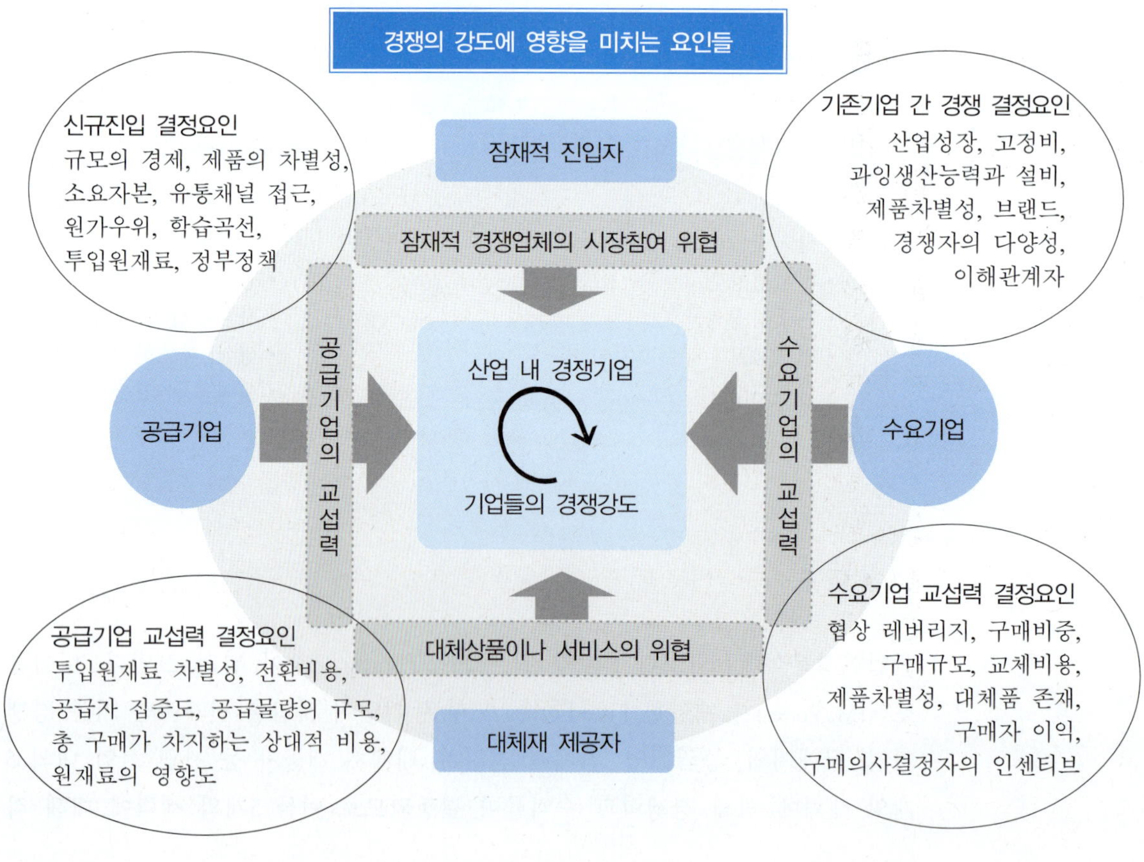

등을 파악하여 자사의 경쟁력에 유리하도록 교섭력을 발휘해야 한다. 예를 들면 자사가 차별화되지 않은 품질과 가격으로 글로벌 규모의 완성차회사에 자동차 부품을 제공하고 있다면, 수요기업인 완성차회사가 공급가격을 낮추거나 공급량을 줄이겠다고 위협할 때 적절한 대응방법이 없을 것이다. 따라서 자사의 경쟁력은 약화될 수밖에 없으니 품질과 가격의 열위를 극복하는 전략이 필요하다.

부품과 재료를 제공하는 공급기업의 경우 제품의 원가와 품질에 영향을 미치면서 자사의 경쟁력을 결정한다. 따라서 자사에 재료, 부품 등을 제공하는 공급기업들을 대상으로 하는 전략 마련이 필요하다. 공급기업의 수와 크기, 자사의 총 구매비용에서 특정 공급기업의 제품이 차지하는 비중, 공급기업의 총 공급량에서 자사 제품이 차지하는 비중, 공급기업의 전환비용 등을 파악하여 자사의 경쟁력에 유리하도록 교섭력을 발휘해야 한다. 예를 들면 애플이 자사의 아이폰 생산에 필수적인 메모리 반도체의 품질과 가격 조건을 분석한 결과 삼성전자가 다른 공급기업보다 월등하므로 삼성전자와 지식재산권 분쟁을 겪던 2010년대 초반에도 메모리 공급기업을 삼성전자에서 다른 기업으로 변경할 수 없어서 공급관계를 유지하였고, 장기간의 노력으로 공급업자의 다변화를 달성하였다.

잠재적 진입자의 경우 현재는 경쟁에 영향을 미치지 않고 있지만 현존하는 경쟁 영역으로 등장한다면 경쟁 양상에 큰 영향을 미친다. 따라서 기존 산업의 수익률과 성장 전망 등으로 측정할 수 있는 현존하는 시장의 매력도, 고객의 특성, 잠재적 진입자의 역량 등을 분석하여 잠재적 진입자의 시장 진출에 대비해야 한다. 예를 들면 디스플레이 시장은 막대한 설비 투자와 높은 기술력이 필요해서 잠재적 진입자가 신규로 진출하기에는 소위 '진입장벽'이 높은 산업이었다. 하지만 최근에 중국의 전자업체들은 그동안 축적한 자본과 기술력에 더해 중국 정부의 강력한 지원정책을 기반으로 디스플레이 산업의 경쟁력 있는 진입자로 등장하고 있다.

대체재 제공자의 경우 종전에는 같은 제품군으로 분류되지 않던 제품이 기술의 진보, 소비자의 기호도 변화 등으로 대체재로 부각되는 제품을 생산하는 사업자들이다. 따라서 대체재의 등장 가능성과 등장할 때 자사 제품과의 경쟁 양상 등을 분석하여 적절한 전략을 수립해야 한다. 예를 들면 자동차 내비게이터의 경우 예전에는 독자적인 제품으로 분류되었으나, 앱(app)으로 내비게이터 기능 구현이 가능해지고 실시간 교통정보를 선호하는 고객 수요의 변경 등으로 스마트폰이 내비게이터의 대체재로 등장하여 시장을 크게 잠식하게 되었다.

사례 대한민국 경영현장 한국, 세계은행 기업환경평가 5위… 지난해보다 한 단계 ↓

한 국가가 기업을 운영하기에 얼마나 좋은 환경을 갖췄는지를 따져보는 세계은행 평가 순위에서 우리나라가 세계 5위로 집계됐다. 지난해보다 한 단계 내려왔지만, 2014년 이후 5년간 '탑5'를 유지했다.

31일(한국시각) 세계은행이 발표한 '2018년 기업환경평가(Doing Business 2019)' 결과를 보면, 평가 대상 190개국 가운데 한국이 5위를 차지했다. 한국은 2008년 23위를 기록한 뒤 매년 꾸준히 상승해 2015년과 지난해 역대 최고 순위인 4위를 기록한 바 있다. 하지만 올해는 지난해 5위였던 홍콩이 한국을 앞질렀다. 1·2·3위는 뉴질랜드, 싱가포르, 덴마크로 지난해와 순위 변동이 없었다. 미국과 영국이 8위와 9위로 지난해보다 두 단계씩 내려앉았지만 노르웨이는 한 단계 올라가 7위를 차지했다. 독일은 20위에서 24위로 떨어졌다. 일본은 5단계 하락해 39위, 중국은 32단계 상승해 46위가 됐다. 한국은 주요 20개(G20) 국가 중 1위, 경제협력개발기구(OECD) 회원국 중에선 뉴질랜드, 싱가포르에 이어 3위에 해당했다.

세계은행의 기업환경평가는 국가별로 기업 생애주기에 따라 창업에서 퇴출에 이르는 10개 분야를 설문조사·법령분석을 통해 비교·평가한다. 기업을 만들고 정리하는 과정에서 관련 제도가 얼마나 기업 친화적인지를 보는 것이다. 한국은 10개 분야 중 법적분쟁해결(2위), 전기공급(2위), 건축인허가(10위) 분야에서 상위권을 유지했다. 반면 재산권등록(40위), 자금조달(60위) 분야에선 상대적으로 낮은 순위를 보였다.

지난해와 비교하면, 1개 분야에서 순위가 상승했고 6개 분야에서는 하락했다. 3개 분야에서는 지난해와 같은 순위를 기록했다. 순위가 오른 분야는 건축인허가(28 → 10위)이다. 떨어진 분야는 퇴출(5 → 11위), 자금조달(55 → 60위), 소액투자자보호(20 → 23위), 창업(9 → 11위), 재산권등록(39 → 40위), 법적분쟁해결(1위→2위) 등이다. 전기공급(2위)과 세금납부(24위), 통관행정(33위)은 지난해와 순위가 같았다.

기획재정부는 "앞으로 건강한 창업생태계 조성을 지속하는 한편, 기업 경영상 전 주기에 걸친 창업·경쟁 제한적 규제 혁신을 강화해 나갈 것"이라고 밝혔다. (한겨레신문, 2018.10.31)

3 기업의 내부역량

경영전략 수립을 위해서는 [그림 5-5]와 같이 내부역량 파악을 위해 경영자원 분석, 핵심역량 분석, 가치사슬 분석, 7S 모델 등을 수행한다.

그림 5-5
내부역량 분석

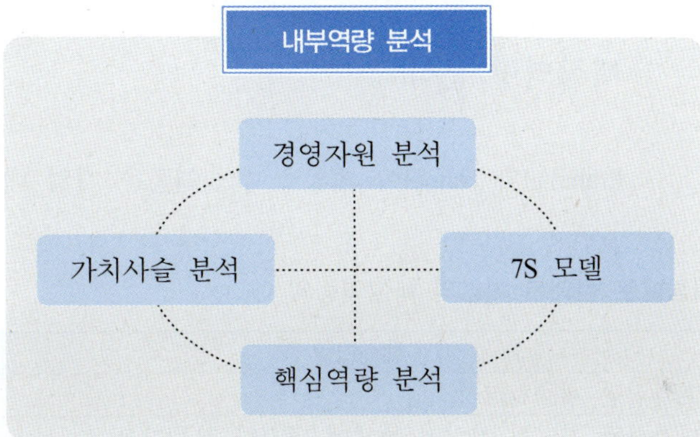

경영자원 분석

기업의 내적 경영자원은 기계와 같은 자본재, 직원들이 보유한 기술, 기업이 보유한 특허권과 브랜드 등을 포함한 총체적인 자원을 말하며, 유형자원, 무형자원, 인적자원으로 나눌 수 있다.

유형자원(tangible resource)은 기업의 소유물로 눈에 보이면서 가장 쉽게 파악할 수 있는 토지, 건물, 공장, 기계 등의 구체적인 형태가 있는 자원을 말한다.

무형자원(intangible resource)은 기업이 갖고 있는 좋은 이미지나 명성, 브랜드 등으로 경쟁기업이 쉽게 모방할 수 없는 경영자원이다. 또, 독자적인 기술이나 특허권도 기업의 무형자원이며 경쟁우위를 지속적으로 유지할 수 있는 중요한 요인이다.

인적자원(human resource)은 유형자원처럼 노동력을 생산자원으로 보는 것이다. 기업이 보유하고 있는 인적자원은 갖고 있는 기술이나 노하우, 서비스 등

눈에 보이지 않는 무형자원이면서 유형자원의 성격을 모두 갖고 있다. 따라서 인적자원은 물리적으로 측정하거나 평가하기는 어려우나, 조직이 갖고 있는 문화나 환경, 구성원의 가치관 등은 경쟁우위를 가지는 주요 요인이 될 수 있다.

경영자원 분석은 경쟁전략 수립을 위해 자사가 보유한 유형자원, 무형자원, 인적자원 등을 파악하여 강점과 보완할 점 등을 마련하여 경쟁우위를 달성하고 기업의 성장을 담보하기 위한 경영행위이다.

핵심역량 분석

Prahalad와 Hamel이 제안한 핵심역량은 기업 내부의 조직구성원들이 보유하고

표 5-1 기능별로 살펴본 기업의 핵심역량의 예[1]

기능별 분야	핵심역량	대표적 기업
경영관리	효과적인 재무관리시스템	Exxon
	다각화된 기업의 전략적 통제에 필요한 전문지식	General Electric, ABB
	효과적인 부문별 및 사업부단위의 경영조정과 동기부여	Shell
	인수합병 관리능력	Electrolux, Cisco
	강력한 리더십	Wal-Mart, General Electric
경영정보	중앙에서 강력하게 조정되고 있는 효율적인 MIS네트워크	American Airlines
연구개발	혁신적인 신제품을 개발할 수 있는 기초연구능력	Merck, Sony, 3M
	신제품 개발의 속도	Canon
생 산	생산의 효율성	Toyota
	제조공정의 지속적인 향상능력	Nucor
	유연성과 민첩한 반응속도	Benetton
제품디자인 마케팅	디자인 능력	Apple Computer
	브랜드의 관리 및 판촉	Proctor & Gamble, Pepsi Co, Philip Morris
	고품질의 명성을 널리 활용하는 판촉활동	American Express, Mercedes Benz
	시장의 흐름에 대한 빠른 반응	Gap
판매와 유통	판촉활동	Microsoft, Glaxo
	신속, 효율적인 물류	Federal Express, Wal-Mart
	대고객 서비스의 품질과 효율성	Singapore Airline

1) 장세진, 『글로벌경쟁시대의 경영전략』, 박영사, 2006.

있는 총체적인 기술, 지식, 문화 등 기업의 핵심을 이루는 능력이다. 핵심역량이란 단순히 기업이 잘하는 것이 아닌 경쟁기업과 비교하여 월등한 경쟁우위를 가져다주는 힘을 말한다. 단기적인 기업의 경쟁력은 제품의 가격, 성능, 특성 등에서 나오지만 경쟁우위의 진정한 원천은 경쟁자보다 낮은 비용으로 더 빨리 새로운 제품을 개발할 수 있는 핵심역량에서 비롯된다. 이러한 핵심역량은 기업이 신규산업으로 진출할 때에도 영향력을 발휘할 수 있다. 〈표 5-1〉은 기능별로 살펴본 기업의 핵심역량을 예로 든 것이다.

가치사슬 분석

가치사슬이란 [그림 5-6]과 같이 기업의 전반적인 활동을 주활동부문과 보조활동부문으로 나누어서 기업의 생산활동의 각각의 부문에서 비용이 얼마나 들고 소비자들에게 얼마나 부가가치를 창출하는지를 정교하게 분석하는 틀이다. 가치사슬 분석은 가치사슬을 이용해서 자사의 기업활동 내용을 단계별로 가장 뛰어난 경쟁자와 벤치마킹을 통해 자신이 경쟁우위가 있는 부문과 열위가 있는 부문을 파악하고 이 결과를 기반으로 경쟁우위를 위한 전략을 도출하는 것이다.

그림 5-6
가치사슬

7S 모델

7S 모델은 [그림 5-7]과 같이 조직구조(structure), 전략(strategy), 체계와 절차(system), 기술력(skills), 인력(staff), 기업문화(style) 등 자사의 7가지 경영요소에 대한 정보를 수집하여 경영요소 간 입체적 분석을 통해 조직의 현황 및 혁신과제를 도출하고 미래의 조직 변화에 대한 영향 예측 및 검토를 수행하는 방법이다.

그림 5-7
7S 모델[2)]

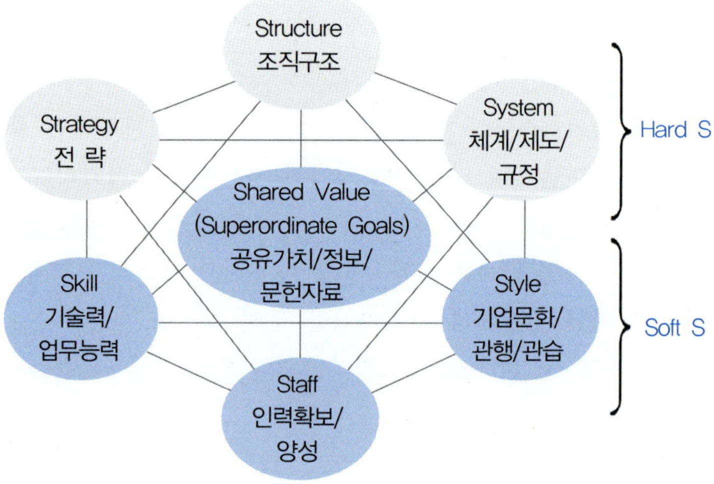

SWOT 분석

제2절에서 수행한 거시환경과 산업환경을 분석하여 기회(O)와 위협(T)을 파악하고, 제3절에서 수행한 내부역량을 강점(S)과 약점(W)으로 정리하고 이들 4개의 요소를 결합하여 현재와 미래의 기업전략을 수립하기 위한 SWOT 분석을 실시해야 한다. 구체적으로는 [그림 5-8]과 같이 강점이면서 기회가 되는(SO), 약점이지만 기회가 될 수 있는(WO), 강점이지만 위협이 되는(ST), 약점이면서 위협도 되는(WT) 전략으로 나누어 전략과제를 도출한다.

2) Peters & Waterman, 1982.

그림 5-8
SWOT 전략 도출

내부역량 / 외부환경	강점(S)	약점(W)
기회(O)	SO 전략	WO 전략
위협(T)	ST 전략	WT 전략

→ 전략과제 도출

- 전략과제
- 사업구조 전략
- 세계화 전략
- 핵심역량 강화

4 전략의 유형

전략의 유형(type)은 기업수준별 구분과 사업 포트폴리오 전략, 성장 · 축소 전략, 경쟁력 강화전략 등으로 구분해 볼 수 있다.

전략의 수준

전략의 수준(level)에는 크게 전사적 전략, 사업부문 전략, 기능적 전략 등이 있다.

전사적 전략 또는 기업전략(corporate strategy)은 기업의 장기적인 방향을 정하는 전략이고, 이 전략의 목적은 기업의 자원을 어떻게 배분할지 방향을 결정하는 것이다. 중요 내용으로 인수 · 합병, 새로운 사업영역 개발, 사업부의 분할매도, 기타 사업영역 등이 해당된다. 특히 기업활동을 국제적으로 넓혀가게 되면서 외국 기업과의 전략적 제휴는 큰 관심이 되고 있다. 전사적 전략의 하나인 기업 간 인수 · 합병(M&A)은 한계에 다다른 생존문제로 과감한 결단력이 필요한데, 단시간 내에 효율적으로 성장하는 데 도움이 될 수 있으며, 특히 기술력 확보와 시장진입에 큰 도움이 된다.

사업부문 전략(business strategy)은 사업단위 또는 상품라인을 위한 경영전략이다. 삼성전자는 2019년 기준으로 반도체 등을 담당하는 DS(Device Solutions)부문, 스마트폰 등을 담당하는 IM(IT & Mobile Communications)부문, 가전제품을 담당하는 CE(Consumer Electronics)부문 등으로 사업부문이 나누어져 있다. 이들 부문은 경영환경, 내부역량, 고객, 경쟁기업이 서로 다르므로 별도의 사업전략이 필요하다. 즉, 사업전략은 특정사업이나 특정시장 내에서 경쟁하기 위해 제품이나 서비스 믹스, 신기술 도입 등과 같은 시너지 효과를 최대화하는 방향으로 의사결정이 이루어진다.

기능적 전략(functional strategy)은 제한된 조직의 자원을 어떻게 하면 효율적으로 관리할지 등의 실천전략으로 세부전략이라고 볼 수 있다. 즉 마케팅, 재무, 연구개발 등을 세부적으로 관리하고, 최신기술을 도입하여 생산운영관리를 하며, 우수한 인재를 선발·육성하는 등의 계획을 수립하는 것이 여기에 해당된다.

사업 포트폴리오 전략

기업이 사업부문이나 경영다각화를 위해 전사적 전략 중 하나로 사업 포트폴리오를 어떻게 갖추어야 하는지를 결정하는 것이 사업 포트폴리오 전략이다. 사업 포트폴리오 전략 수립을 위해 BCG 매트릭스가 널리 사용된다. BCG 매트릭스는 Boston Consulting Group이 개발한 사업 포트폴리오 분석의 대표적인 평가기법으로, 기업이 진출한 분야나 제품군을 시장성장률과 시장점유율을 두 축으로 삼아 Matrix 형태로 도식화하여 사업 포트폴리오의 전략 대안을 판단하는 기법이다. 이때 구분하는 4개의 사업 포트폴리오 군은 Star(인기사업), Cash Cow(과실사업), Question Mark(문제사업), Dog(사양사업) 등으로 구분된다. 이들의 특성과 적절한 전략은 [그림 5-9] 및 〈표 5-2〉와 같다.

그림 5-9
BCG 매트릭스

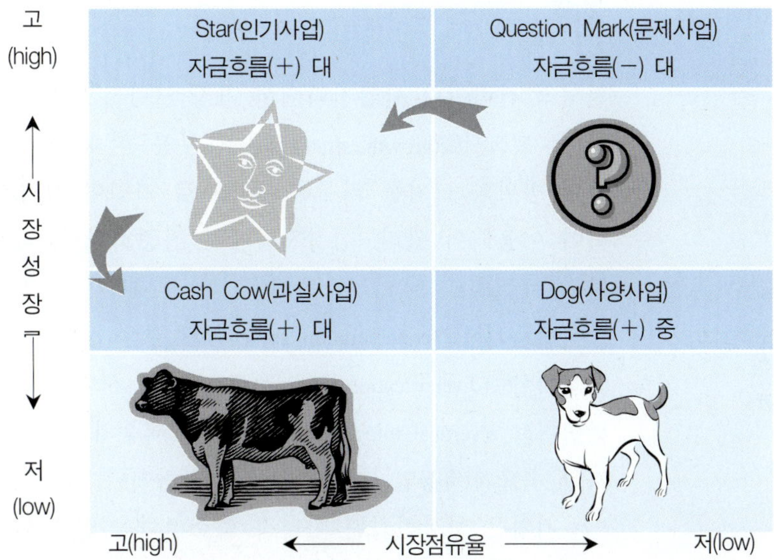

표 5-2
BCG 매트릭스 포트폴리오 군의 특성

포트폴리오 군	특 징
Star	• 경쟁우위 역량에 집중 • 성장률도 높고 시장점유율도 높은 상품 • 지속적인 제품개발, 시장 유지 및 확대 전략 필요 • 시장성장률 정체시 안정적으로 Cash Cow화하는 전략 필요
Cash Cow	• 저성장 시장에서 강한 기업이 누리는 특권 • Higher growth area로 상품 또는 활동의 다각화 필요
Question Mark	• 성장률은 높지만 시장점유율이 낮은 상품 • 시장전략에 대한 재평가 필요 • 공격적인 시장개발과 침투로 Star화하는 전략 필요
Dog	• 저성장 시장에서 낮은 시장점유율로 경쟁하는 상품 • 축소/퇴출 결정 필요 • 비용절감, 다른 사업에 자원을 돌리는 reengineering 필요

성장 · 축소 전략

전사적 전략이나 사업전략에서 가장 일반적으로 활용되어 온 전략은 성장전략이다. 성장전략(growth strategy)은 대부분 현재의 매출성장과 부가가치, 조직원 등의 범위와 크기를 키우는 전략으로 기업이 장기적인 경쟁에서 살아남기 위하여 이용되어 왔다. 성장전략에는 집중화전략, 다각화전략, 수직적 통합화전략 등이 있다.

집중화전략(concentration strategy)은 같은 사업영역 내에서 확장하는 것이며, 다각화전략(diversification strategy)은 새로운 사업영역에 진출하는 것이다. 수직적 통합화전략(vertical integration strategy)은 제품의 생산과정이나 유통경로에서 공급자나 수요자(유통업자)를 통합하는 전략이다.

기업은 성장전략뿐 아니라 축소전략을 선택하기도 한다. 정상적인 경영이 어려운 경우에 해당되는데, 축소전략에는 리스트럭처링, 다운사이징, 영업양도, 현상유지전략 등이 있다. 리스트럭처링(restructuring)은 조직의 효율성을 높이고 성과를 개선하기 위하여 조직의 규모나 사업구조 등을 바꾸는 것이다. 다운사이징(downsizing)은 리스트럭처링의 한 방법으로 조직의 규모를 줄여 비용절감과 영업효율성을 높이는 것이다. 그리고 영업양도(divestiture)는 비용절감과 영업효율성을 위해 핵심사업에만 집중하고 나머지 일부는 다른 기업에 파는 것이다. 여기에는 내부조직의 일부를 떼어내 분리(spin-off)하는 방법과 독립적인 영업부분을 매각(sell-off)하는 방법이 있다. 현상유지전략(stability strategy)은 현재의 시장점유율을 유지하는 안정전략으로 내부의 반발이나 새로운 사업진출의 위험부담을 없애고 현재의 시장점유율 등 현재 상황을 그대로 유지하는 전략이다.

경쟁력 강화전략

현대 기업경영에서 경쟁력 강화를 위한 전략으로 기업 간의 제휴가 활발하게 이루어지고 있다. 전략적 제휴(strategic alliances)는 둘 이상의 기업이 서로 간의 이익을 위하여 동반자 관계를 맺는 것을 말한다. 우수한 품질의 부품이나 원재료를 원활하게 공급받기 위해 공급제휴(supplier alliances)를, 제품이나 서비스의 공동 생산 · 판매를 위해 유통제휴(distribution alliances)를 하고 있다.

정보화시대로 인터넷이 일상화되면서 거의 모든 경영자는 e-비즈니스 전략을 사용하고 있다. e-비즈니스 전략이란 경쟁상의 우위를 획득하기 위하여 인터넷을 활용하는 전략을 말한다. e-비즈니스 전략은 정보기술 및 인터넷 기반 기술을 이용하여 상거래를 하는 것으로 [그림 5-10]과 같은 B2B, B2C 모형으로 구분가능하다. B2B(Business to Business)는 기업과 기업이 상거래를 하는 것이고, B2C(Business to Consumer)는 기업과 일반 소비자의 거래를 뜻한다.

이 밖에도 [그림 5-11]과 같이 정부와 기업이 거래를 하는 G2B와, C2C 또는 P2P로 불리는 소비자 간 거래 등의 전략을 택하는 기업들도 늘어나고 있다.

그림 5-10

B2B, B2C 모형

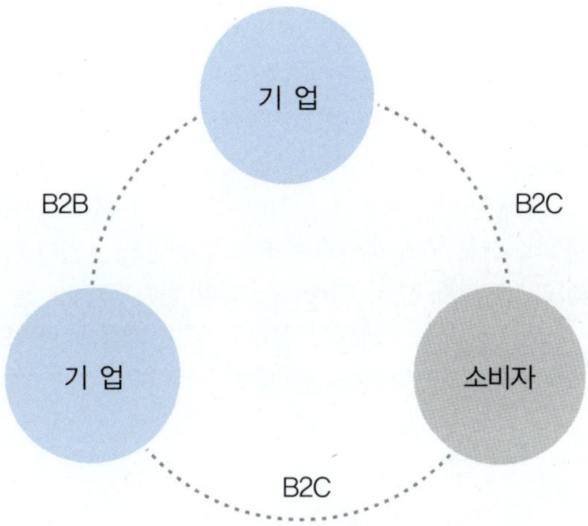

그림 5-11

확장된 e-비즈니스 모형

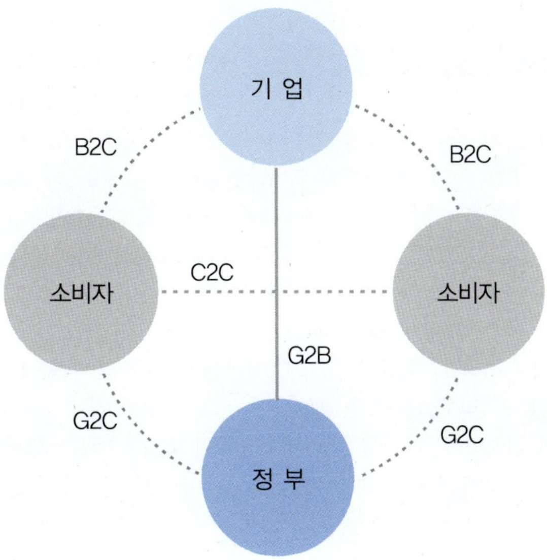

더 알아봅시다

아마존의 성장전략을 벤치마킹하자

장면 1. 몇 년 전까지는 매년 11월 마지막 목요일인 추수감사절 다음 금요일이며 휴일인 블랙 프라이데이가 미국의 가장 큰 쇼핑일이었다. 그러나 올해는 온라인 구매의 약진으로 추수감사절 연휴가 끝나는 월요일인 사이버 먼데이의 매출이 처음으로 블랙 프라이데이를 뛰어넘는 매출을 이뤘다고 한다. 덩달아 온라인 쇼핑몰인 아마존의 회장인 제프 베조스는 재산 규모가 1,000억달러를 넘어서서 워런 버핏, 빌 게이츠를 넘어서는 세계 제일의 부자로 등극했다.

장면 2. 우리나라 증권시장이 뜨겁다. 얼마 전까지는 글로벌 1, 2위 기업을 가지고 있는 반도체산업을 중심으로 하는 코스피시장이 뜨겁더니, 최근 코스닥시장으로 열기가 확산되고 있다. 코스닥시장에서는 올해 들어 10배 이상 주가가 뛰는 기업도 나타날 정도로 특히 제약바이오 기업들과 게임기업들이 주목받고 있다.

아마존을 창업한 베조스는 30세인 1994년 어느 날 잡지에서 당시 인터넷의 규모가 1년 사이 2,300배 성장했다는 기사를 읽고 인터넷 사업을 위해 부사장으로 근무하던 월스트리트의 헤지펀드 회사를 그만둔다. 자신의 탄탄한 위치보다는 인터넷의 빠른 성장 속도를 주목했다. 우리나라 제약바이오 기업들은 글로벌 규모의 기업이 현재 하나도 없다. 연매출 1조원이 넘는 제약기업도 최근에야 나타날 정도로 규모에서 경쟁력이 약한 실정이다. 하지만 투자자들은 제약기업들의 미약한 현재가 아닌 빠르게 성장하는 속도를 믿고 투자한다.

베조스가 남보다 먼저 인터넷 서점을 시작한 것은 선두주자의 이점이 중요한 인터넷 비즈니스의 속성상 성공의 첫째 조건이었다. 이에 더해 베조스는 빠르게 성장하는 인터넷에서 무엇을 팔아야 가장 효과적인지 철저히 분석했다. 사업을 시작하기 전에 사무용품, 의류, 음반, 꽃, 책 등 다양한 상품들을 검토했다. 그 결과 구매 장소가 어디든지 품질이 동일하고, 배송이 어렵지 않고, 내용을 원격으로도 확인하기 쉽고, 종류가 많아 매장에 모두 진열하기 어려운 오프라인 시장의 문제점을 극복하기 쉬운 책이라는 적절한 제품을 선정한 것도 중요한 성공요소다.

다음으로 베조스는 끊임없이 변화에 대응했다. 초기의 온라인 서점에서 사업영역을 확대해 취급상품을 다양화하되, 음반, 게임, 비디오, 앱 등 일반 제품보다는 콘텐츠와 전자책 같은 관련 기기에 집중했다. 그 결과 1995년의 51만달러의 매출을 2016년 1,359억달러로 27만배나 성장시켰다. 2006년 이후부터는 아마존 쇼핑몰의 보다 효율적인 컴퓨팅 자원 사용을 위해 개발한 기술들로 컴퓨팅 자원을 빌려주는 AWS라는 세계 최대의 클라우드 서비스까지 공급하는 발 빠른 변화를 보여주고 있다.

우리나라의 코스닥시장에서 게임이나 바이오시밀러 같은 분야에서는 글로벌 경쟁력을 갖춘 기업들이 등장하고 있다. 게임산업에서는 다른 나라 기업들이 TV콘솔게임을 중시할 때 우리 기업들은 PC온라인게임에 치중하다가 이후 스마트폰이라는 변화의 물결을 잘 타고 있다. 또한 국내시장보다는 해외시장을 주목한 것도 적절했다. 통신서비스, 시스템통합, 패키지SW 등 다른 정보통신 서비스가 성취하지 못했던 글로벌 시장 진출의 결과 음반, 드라마를 합친 것보다도 한류 수출 기여도가 성장했다. 바이오시밀러 산업도 앞선 투자, 규모의 경제 활용, 해외 마케팅 제휴 등 빠른 시장 변화에 적절하게 대응해 지금까지는 상승곡선이 분명하다.

하지만 문제는 중국의 게임기업들이 추격을 시작하고 바이오시밀러 기업들이 지속되는 임상실험과 제품경쟁의 파고를 이겨 나가야 하는 지금부터이다. 대책은 지속적인 연구개발과 비즈니스 플랫폼이나 인프라를 효율적으로 활용하는 전략이라고 생각한다. 아마존이 작년에 자신의 매출액의 12% 정도가 되는 12억달러를 연구개발에 사용해 세계 3위의 R&D투자를 하는 기업이고, 미국의 많은 스타트업들이 AWS 같은 클라우드 서비스 덕분에 고정자산에 얽매이지 않아 창업과 기업 활동이 효율적이라는 최근 보도는 시사하는 바가 크다.

(이희상–성균관대 기술경영전문대학원장 시스템경영공학과 교수, 디지털타임스, 2017.11.30)

요 약

경영전략이란 '희소한 경영자원을 합리적으로 이용하여 경쟁우위를 창출시켜 유지할 수 있는 의사결정'이라고 정의할 수 있다. 경영전략의 핵심은 시장에서 경쟁자에 비해 경쟁우위를 갖는 것이다.

기업의 경영의사결정과 경영성과에 영향을 주는 외적 환경은 거시환경과 산업환경으로 분류된다.

기업의 내적 경영자원은 기계와 같은 자본재, 직원들이 보유한 기술, 기업이 보유한 특허권과 브랜드 등을 포함한 총체적인 자원을 말한다. 경영자원 중 유형자원은 기업의 소유물로 눈에 보이면서 가장 쉽게 파악하고 평가할 수 있는 자원이다. 무형자원은 기업이 갖고 있는 좋은 이미지나 명성, 브랜드 등 경쟁기업이 쉽게 모방할 수 없는 중요한 경영자원이다. 인적자원은 유형자원처럼 노동력을 생산자원으로 보는 것이다. 핵심역량은 경쟁기업에 비하여 그 기업이 우월한 위치에서 뛰어난 능력을 발휘할 수 있는 상대적인 경쟁능력을 말한다.

전략은 수준(level)에 따라 전사적 전략, 사업부문 전략, 기능적 전략으로 구분할 수 있다. 성장전략은 현재의 영업활동 범위와 크기를 키우는 전략으로 기업이 장기적인 경쟁에서 살아남기 위하여 이용되어 왔다. 기업은 정상적인 경영이 어려운 경우에 확장이 아닌 축소전략을 선택한다. 전략적 제휴는 둘 이상의 기업이 서로 간의 이익을 위하여 동반자 관계를 맺는 것을 말한다. 우수한 품질의 부품이나 원재료를 원활하게 공급받기 위해 공급제휴를, 제품이나 서비스의 공동 생산·판매를 위해 유통제휴를 하고 있다. e-비즈니스 전략이란 경쟁상의 우위를 획득하기 위하여 인터넷을 활용하는 전략을 말한다.

주요 용어

- 가치사슬
- 기업문화
- 다운사이징
- 사업부문 전략
- 수직적 통합화전략
- 인력
- 전략
- 조직구조
- 현상유지전략
- BCG 매트릭스
- 기능적 전략
- 기업전략
- 리스트럭처링
- 성장전략
- 영업양도
- 인수 · 합병(M&A)
- 전략적 제휴
- 축소전략
- B2B
- e-비즈니스 전략
- 기술력
- 다각화전략
- 무형자원
- 7S 모델
- 유형자원
- 인적자원
- 전사적 전략
- 핵심역량
- B2C
- SWOT

토의 문제

1. 전략이란 무엇이며, 경영전략은 무엇인지 설명하시오.
2. 기업의 내부역량과 외부환경에 대하여 설명하시오.
3. 전략의 유형 중 성장 · 축소 전략에 대하여 설명하시오.
4. 기업의 경쟁력 강화에 대하여 설명하시오.
5. 기업의 다각화전략에 대하여 설명하시오.

CHAPTER

6

마 케 팅

학습목표

1. 마케팅이란 무엇인지 학습한다.
2. 마케팅활동이 기업을 경영하는 데 중요한 이유는 무엇인지 학습한다.
3. 시장세분화, 목표시장, 포지셔닝이 무엇인지 학습한다.
4. 마케팅믹스(제품, 가격, 유통경로, 촉진)에 대해서 학습한다.

제6장을 시작하며

배달의민족이 성공한 저비용 마케팅 비법 6가지

"나는 '저 회사 저거 왜 하는 거지?'라는 생각이 들 만큼 이상하고 쓸데없는 일들을 하고 있다. 오히려 스타트업이기 때문에 더 잘할 수 있는 마케팅 비법 6가지를 소개하겠다." 배달의민족 장인성 브랜딩실 이사는 12일 경기도 판교 경기창조경제혁신센터에서 개최된 '제3회 넥스트 스타트업 어워드'의 특별강연자로 참여해 스타트업을 위한 마케팅전략 6가지를 공개했다. 강연에서 장 이사는 사업 초기 때부터 배달의민족만의 톡톡 튀는 정체성이 드러나는 일들을 벌여왔다고 소개했다. 배달의민족은 배민신춘문예, 치믈리에 자격증 시험, 배민문구사업 등을 진행해왔다.

먼저 장 이사는 저렴한 비용으로 홍보와 브랜딩 효과를 극대화하는 방법에 대해 발표했다. 장 이사는 배달의민족 콘셉트가 찌질함과 유머지만 오히려 이 때문에 월 50만원밖에 들지 않는 이벤트를 기획할 수 있었다고 역설했다. 장 이사는 "사업 초기 우리는 사회 초년생이 좋아할 만한 배달 서비스를 진행하기로 했다"며 "B급, 키치, 패러디 등을 콘셉트로 기본적인 설계를 해나갔다"고 말했다.

이어 "넉가래와 눈삽 중 하나를 선택해 가져갈 수 있는 이벤트를 내걸었는데, 누가 참여하나 싶었지만 진짜 참여하는 사람이 있었다"면서 "이런 것들로 이벤트를 했더니 큰돈이 드는 것도 아니었는데 큰 홍보 효과를 얻었다"고 덧붙였다.

장 이사는 월 100만원밖에 들지 않는 지하철역 포스터 광고에서 한 가수의 '지하철라이브'가 탄생한 비화에 대해서도 소개했다. 배달의민족은 전국 지하철역이 아닌 지하철역 한 곳만 선택해 출구 계단에 포스터를 붙이는 방식으로 광고를 진행했다. 포스터 내용은 일반인으로부터 받은 사연이 전부였다. 장 이사는 "디지털미디어시티역에서 미지니라는 가수가 새 곡을 썼다는 사연을 포스터로 내보냈는데 나중에 그 가수가 그 포스터 앞에서 공연을 하겠다고 했다"며 "이 가수가 지하철역 공연한 것을 영상으로 제작해 페이스북에 게재했더니 큰 인기를 얻었다"고 말했다. 이어 "이 상황들을 지켜보는 사회 초년생들은 가수가 마치 내 친구인 것 같고 후배인 것 같은 심정에 응원하게 된다"며 "응원을 하면서 배달의민족이 좋은 일을 하는 회사라는 이미지가 심어진다"고 설명했다.

이 외에도 장 이사는 스타트업 마케팅 비법으로 ▲재치 있는 브랜딩 굿즈 만들기 ▲매월 한 잡지만 공략하는 잡지 광고 ▲가족과 지인을 동원한 팬클럽 운영 ▲기존부터 회사를 좋아하는 직원 채용 등을 소개했다.

장인성 이사는 "진심으로 그 브랜드가 잘됐으면 하는 마음이 있는 사람과 일하면 그 스타트업은 절반 정도 성공했다"며 "다 함께 잘하는 데서 기쁨을 느끼는 사람과 일하는 것도 중요하다"고 조언했다.

(ZDNet, 2018.4.12)

1 마케팅의 정의와 변화

마케팅의 정의

대부분의 직장인이나 대학생들 중 "마케팅(marketing)"이라는 단어를 모르는 이는 거의 없다. 아마 이들의 대화 속에 가장 빈번하게 등장하는 용어 중 하나가 마케팅이다. 그렇다면 과연 마케팅은 무엇일까? 이러한 질문에 자신 있게 대답할 수 있는 사람은 그리 많지 않다. 대부분의 사람들에게 마케팅이 무엇이냐 질문하면 판매 또는 광고라고 대답한다. 이 대답이 잘못된 것은 아니지만, 보다 광의의 개념에서 보아야 정확한 마케팅의 본질을 이해하는 것이다. 마케팅이라는 개념이 상당히 난해할 것처럼 보이지만 실제로는 지극히 간단하다. 소비자들에게 자신들이 만든 제품을 보다 더 좋은 이미지로 인식시키고, 보다 더 많은 제품을 판매하기 위해 노력하는 일련의 활동이 바로 마케팅이다.

미국 마케팅학회는, 마케팅이란 "개인과 조직의 목적을 만족시키기 위한 교환활동을 수행하는 제품과 서비스의 생산, 가격결정, 경로 및 촉진 과정이다"라고 정의하고 있다. 일찍이 마케팅의 대부라 할 수 있는 필립 코틀러(Philip Kotler)는 "마케팅은 상품 판매보다 가치를 만드는 기업 예술이다"라고 주장한 바 있다. 즉, 마케팅이란 단순히 물건을 파는 것이 아니라 수익성 있는 고객을 찾아내 편의와 가치를 파는 과학이자 예술이다. 마케팅의 본질과 범위를 알아보기 위한 예를 한 번 들어보자.

만일 여러분이 옷가게를 개업하기로 결정했다면 아래와 같은 중요한 마케팅 관련 의사결정을 내려야 할 것이다.

- 어떤 고객에게 우리의 옷을 팔아야 하는가? 우리의 주 고객층을 어떻게 정의하는가? 주요 고객을 지역별로 분류해야 하는가? 아니면 연령대, 성별, 소득에 따라 구분해야 하는가?
- 어떤 옷을 내놓아야 하는가? 정장, 캐주얼 혹은 한복?
- 옷값은 어느 정도가 되어야 하는가? 현금으로 사거나 여러 개를 사는 사람에게는 할인을 해주어야 하는가?
- 점포는 어떤 종류가 적절한가? 백화점 입점, 동대문 쇼핑몰, 동네 근린상가, 혹은 인터넷 쇼핑몰?
- 고객들에게 어떻게 옷의 존재를 알려야 하는가? 광고를 한다면 어떤 매체가 적당한가? TV, 인터넷, 신문, 카탈로그 등?

본질적으로 마케팅의 의미는 시장을 상대로 벌이는 활동[마케팅(marketing)=시장(market)+활동(~ing)]으로 볼 수 있다. 시장과 활동의 용어가 결합된 만큼 기업은 시장을 선택하고 선택된 시장에서 소비자들이 원하는 부분을 파악하여 이들의 필요와 욕구를 충족시키는 활동을 해야만 한다. 시장과 활동이라는 용어를 고려했을 때 결국 기업이 올바른 시장의 선택과 선택한 시장에서 마케팅활동을 펼치는 것이 마케팅의 핵심이라 할 수 있다. 특히 마케팅활동을 수행하기 위해서는 네 가지의 마케팅 도구가 필요한데, 제품(product), 가격(price), 유통경로(place), 촉진(promotion)이 그것이며, 이들을 마케팅믹스(marketing mix) 또는 4P(네 가지의 P)라고 한다. 기업의 마케팅전략은 이들 4P를 중심으로 전개된다.

마케팅 개념의 변화

과거의 마케팅 개념은 단순히 기업에서 생산한 제품을 판매하여 이익을 극대화시키는 소극적인 판매의 개념이었다. 당시만 하더라도 제품에 대한 수요가 공급을 초과하였기에 기업은 자신의 이익만을 극대화하기 위해 판매와 광고만을 강조하였다. 이 시기에는 마케팅이라는 개념은 단순히 판매와 광고로 국한되었기에 그리 중요하지는 않았다.

그러나 소비자들의 구매를 유인하기 위한 경쟁이 치열해지면서 기업은 소비자의 반응에 잘 대처해야 성공할 수 있다는 사실을 알게 됨으로써 보다 고객에게 초점을 두기 시작하였다. 고객에 초점을 둔다는 것은 소비자들이 원하는 것이 무엇인가를 찾아내고 그것을 소비자에게 제공하는 것을 의미한다. 즉, 소비자의 욕구와 필요를 알아내고 이를 충족시킬 수 있는 제품을 생산하여 판매하는 것이다. 이로 인해 기업의 마케팅 개념이 기업중심에서 소비자중심으로 바뀌게 되었다.

최근의 마케팅 개념은 소비자들의 욕구나 필요를 충족시키고 욕구나 필요를 불러일으키도록 하는 적극적인 개념까지 포함한다. 동시에 고객에게 상품과 서비스를 제공함으로써 만족을 주고, 기업도 그 대가로 매출과 이익을 얻어 발전하면서 아울러 사회의 발전에도 기여하려는 사회 전체의 이익과 복지를 고려한 사회적 마케팅(social marketing) 관점에서 기업활동을 추구하고 있다. 다시 말해서 기업에 대해서는 이익을 창출할 수 있어야 하고, 동시에 기업이 존재하는 사회에 대해서는 창출된 부를 돌려주는 환원이 이루어져야 한다는 것이다. 대표적인 예가 유한킴벌리의 그린마케팅(green marketing)이다. 유한킴벌리는 '우리강산 푸르게 푸르게'라는 캠페인뿐만 아니라 기부문화를 정착시킨 공이 높아서 사회적 공헌을 많이 하는 기업으로 알려져 있는데, 대표적인 사회적 마케팅 경영을 수행하는 기업이라 할 수 있겠다.

[그림 6-1]은 마케팅활동이 변화해온 과정을 보여준다.

그림 6-1
마케팅활동의 변화

판매 위주의 마케팅활동 → 소비자 위주의 마케팅활동 → 사회적 마케팅활동

사례 대한민국 경영현장 LG전자는 어떻게 '겸손' 마케팅으로 네티즌을 움직이게 했나?

LG전자는 일명 '마케팅 못하는 회사'로 유명합니다. 제품의 장점은 많은데 그 점들을 잘 알리지 않고 일부 스펙만 홍보하는 '축소' 마케팅 때문입니다. 그런 사례들은 (수도 없이) 많습니다. 최근에도 에피소드 하나를 기어코 만들어냈습니다. LG전자에서 최근 내놓은 전략 스마트폰 'G6'가 바로 그 주인공입니다. G6의 광고를 보신 분들은 아시겠지만, LG전자는 "넓은 화면", "16:9"에만 초점을 잡아 홍보하고 있습니다. 하지만 G6의 진짜 장점은 여기 있었습니다.

"베젤을 최소화한 디스플레이임에도 불구하고 세상에서 가장 강한 내구성을 가진 폰이다." G6는 미국 국방부의 14개 테스트를 통과함으로써 현재 판매되고 있는 전 세계 스마트폰 중 가장 많은 항목에서 '밀리터리 스펙'을 갖췄다는 사실이 얼마 전에 알려졌습니다. 낙하테스트뿐만 아니라 저온과 고온, 습도, 진동, 일사량, 저압, 분진, 방수, 열충격, 염수 분무, 방우(防雨) 등의 테스트를 통과한 '무적의 폰'이었던 셈이죠. 그런데도 LG전자는 이 사실을 알리지 않았습니다.

뿐만 아니라 LG전자는 얼마 전 2월 미국 라스베이거스에서 열린 CES 2017에 출품되어 해외 매체에서 극찬을 받았던 '투명TV'에 대해서 언론 보도 자료를 배포하지 않았습니다. 해외 매체가 아니었으면 아무도 모르고 넘어갈 뻔했습니다. 그리고 LG전자의 노트북 '그램'의 무게를 940g이라고 홍보했으나 실제로는 922g이라는 점이 알려지면서 SNS에서는 "내가 마케팅해도 LG전자보다는 잘하겠다"라는 네티즌들이 나오면서 이슈가 되기도 했습니다.

과연, LG전자는 진짜 마케팅을 못하는 회사일까요? 제가 생각하기에 전혀 그렇지 않습니다. 마케팅 채널이 다양해지고 있고, 각종 광고 콘텐츠들이 쏟아지고 있는 와중에 '이슈'를 연속성 있게 만들어낸다는 것은 어찌 보면, 마케팅적으로 '성공'했다고 말할 수 있습니다. 그래서 이번에는 LG전자는 어떻게 '축소' 마케팅으로 이슈를 만들어내고 있는지 살펴보고자 합니다.

삼성전자의 광고들을 보면 항상 '자신감'에 차 있습니다. 최고의 기술력을 바탕으로 최고의 품질을 갖춘 제품이라는 점을 강조하기 때문입니다. 그러다보니 품질에 있어서는 소비자들로부터 높은 신뢰를 확보할 수 있지만, 이상하게도 '친근해지고' 싶은 브랜드는 아닙니다. 마치 "전교 1등이 또 1등 했네!"

와 같은 느낌입니다. 이런 상황에서, 국내를 비롯해 글로벌 가전 브랜드에서 숙명의 라이벌 관계인 LG전자는 고민에 빠졌습니다. "우리 제품도 기술력에 있어서는 삼성 제품에 뒤지지 않으니까, 삼성처럼 기술력을 강조한 광고를 해볼까?" 하지만 결론적으로 '라이벌 따라하기'에 불과하고 사용자와 친근한 브랜드가 되지 못할 것이라는 결론이 나왔습니다. 이때, 번뜩였던 게 바로 '겸손' 마케팅입니다. 삼성전자와 LG전자가 숙명의 라이벌 관계인 만큼, 마케팅 역시 극과 극으로 가보자는 생각을 하게 된 거죠. 삼성전자가 "이렇게 좋은 걸 담았어요! 얼른 사보세요!"라며 가지고 있는 장점을 모두 어필하는 자신감 마케팅을 할 때, LG는 '원칙을 지킨 마케팅'으로 "이런 것도 담긴 했는데요. 오해하실 수 있는 부분이 있어 잘 알리지 않았어요"라며 겸손 마케팅을 하게 된 거죠.

결과는 성공이었습니다. 당연히 광고나 홍보기사에 담겨 있어야 할 내용이 네티즌이나 SNS 채널에 의해 발견되어지자 사람들은 충격을 받았죠. 그러면서 1차적으로는 "마케팅 못하는 회사네!" "LG전자, 홍보 제대로 일 안 할래?"라는 악플을 남겼지만, 확실한 건 바이럴된 에피소드를 통해 "LG전자의 이 제품에는 이런 기능까지 있네!"를 확실히 알게 된 점입니다. 제품의 USP(Unique Selling Proposition, 고유 세일즈 포인트)를 알리기 위해 몇 십억의 광고비를 집행하는 경쟁 가전 업체들에 비해 LG전자는 ROI(투자수익률) 좋은 마케팅으로 제품의 USP를 '이슈화'하고 있는 셈입니다.

마케터 대다수분들은 광고나 프로모션의 성공 기준을 '유명 커뮤니티 내 바이럴'로 보고 있습니다. 뽐뿌, 디시인사이드와 같은 유명 커뮤니티 내에서 HOT이나 인기글에 올라가면 홍보에 성공했다라고 보는 거죠. LG전자의 '겸손' 마케팅 에피소드들은 유명 커뮤니티 내에서 수일 동안 인기글에 올라갈 정도로 '핫한 글'입니다. LG전자를 놀리는 재미와 '마케팅 못하는' 에피소드를 계속 캐나가는 시리즈 느낌이 있기 때문이죠. 오죽하면, LG전자의 새 제품이 출시되면 "이번에도 뭐 숨긴 거 없어?"라는 질문을 던지며 커뮤니티 회원들이 제품을 샅샅이 분석하고 먼저 사례를 찾아 '베스트 글'에 등극하기 위해 치열하게 경쟁한다고 합니다. 네티즌들이 자발적으로 제품의 USP를 찾게 하는 창의적인(?) 마케팅 기법이 아닐 수 없습니다.

뿐만 아니라, 보다 못한 네티즌들은 LG전자 마케팅을 대신 해주는 '놀이'도 온라인상에서 선보이고 있습니다. 블로거들은 "LG전자, 이번에도 겸손 마케팅 아닌가요?"라는 글들을 올립니다. 또 'LG, 마케팅 대신 해드립니다' 트위터 계정(@LGinsteadofMKT)을 통해 LG전자 마케팅을 대신 해주기도 합니다. 온라인상에서는 LG전자 마케팅을 가지고 이야기하는 것이 하나의 '놀이'가 되어 버렸습니다.

LG전자 담당자들에게 이런 질문들을 물어본 기사들이 있었습니다. 질문 – "왜 노트북 '그램'의 무게가 실제로는 922g이지만 940g으로 홍보했나요?" LG전자 마케팅 담당자 답변 – "노트북 '그램'의 경우 실제로는 922g이지만 소비자 분들의 저울 자체에 오차가 있을 수도 있어 ±10g 정도의 오차를 고려하여 최대 무게로 홍보했습니다. 만약 무게를 재보셨는데 홍보된 무게보다 많이 나가면 얼마나 당황스러우시겠어요."

질문 – "G6가 전 세계 스마트폰 중 최고 '밀리터리 스펙'을 갖췄지만 이 점을 알리지 않은 이유가 무엇인가요?" LG전자 마케팅 담당자 답변 – "밀리터리 스펙이 알려지게 되면 사용자분들이 폰을 지나치게 험하게 다뤄 오래 사용하지 못할 수도 있다는 생각에 적극적으로 알리지 않았습니다."

공급자 마인드라면 소비자들이 '혹'할 만한 포인트들을 최대한 잘 알려야 합니다. 그래야 제품 구매로 이어질 수 있기 때문입니다. 하지만 LG전자는 욕심 부리지 않고 '소비자' 입장에서 오해를 불러일으키거나 제품의 상태에 영향을 미칠 수 있는 부분들에 대해서는 알리지 않았습니다. 이런 사례는 사실 마케팅 사례에서 보기 드뭅니다. 어떻게든 소비자를 현혹하기 위해 수단과 방법을 가리지 않고 제품을 잘 '포장'해서 알려왔죠.

하지만 이제 시대는 투명성을 요구하는 시대가 왔습니다. 제품의 하자가 있어 페북에 글 하나만 올려도 바이럴이 되면서 업체의 사과를 유도할 수 있는 시대입니다. 만약 SNS 등이 활성화되지 않은 10년 전에 갤럭시노트7과 같이 배터리 사고가 일어났다면, 제품 단종을 결정하는 일들이 일어날 수 있었을까요?

이런 시대에 맞춰 LG전자는 최대한 소비자 사이드에서, 모두가 인정할 수 있는 제품 특징만 광고 메시지에 담았습니다. 그리고 이 외의 장점들은 SNS를 통해 비하인드 스토리식으로 네티즌들에 의해 '발견'될 수 있도록 했습니다. 회사가 주장하는 메시지와 사용자(네티즌)가 실제로 내는 메시지는 진정성 측면에서 차이를 가집니다. 사용자가 내는 메시지가 훨씬 신뢰성을 가지게 되죠. 이 점을 LG전자 마케팅은 잘 활용했습니다. 회사의 진심을, 회사의 입장이 아닌 사용자의 입장에서 말할 때, 그 효과가 엄청나다는 것을 잘 알았던 거죠.

물론, LG전자 마케팅팀이 진짜 일을 못할 수도 있습니다. 하지만 '결과'로 승부하는 마케팅 세계에서 어찌됐든 LG전자의 제품들은 더 잘 알려지게 되었고, 완벽하지는 않지만 인간적인 회사로 자리매김하며 대중의 호감을 이끌어냈습니다. 개인의 시대, 투명의 시대가 오면서 회사가 주도적으로 마케팅을 끌어나가는 것보다 회사를 대변해 줄 수 있는 '제3자'를 발굴해 메시지를 내도록 하는 것이 유효해질 수 있다는 점을 이번 사례를 통해 알게 되었습니다. (출처 : 생각노트(https://insidestory.kr/), 2017.3.25)

2 마케팅관리

마케팅관리(marketing management)란 기업의 목표를 달성하기 위해 시장의 고객을 만족시키는 마케팅전략 및 마케팅계획을 기업 및 시장 분석에 근거하여 수립하고 그것을 실행 및 통제하는 일련의 활동을 말한다. 마케팅관리는 분석에서 출발한다. 여러 가지 분석기법을 통해 자사, 소비자, 유통경로, 경쟁사 등을 상세히 분석한 후 이를 바탕으로 어떤 시장에 접근해야 하고 마케팅활동의 도구인 4P를 어떻게 활용할지를 결정하게 된다. 이후 마케팅활동의 실행을 통해 처음에 목표했던 것과 실행의 결과 사이에 차이가 없도록 조정하고 이를 통제하게 된다.

일반적으로 기업이 수행하는 마케팅관리 프로세스는 [그림 6-2]와 같이 마케팅 목표 설정 → 시장기회 분석 → 시장세분화와 목표시장 선정 → 제품 포지셔닝 → 마케팅믹스의 개발 → 마케팅 실행 및 통제의 순으로 이루어진다.

그림 6-2
마케팅관리 프로세스의 구성

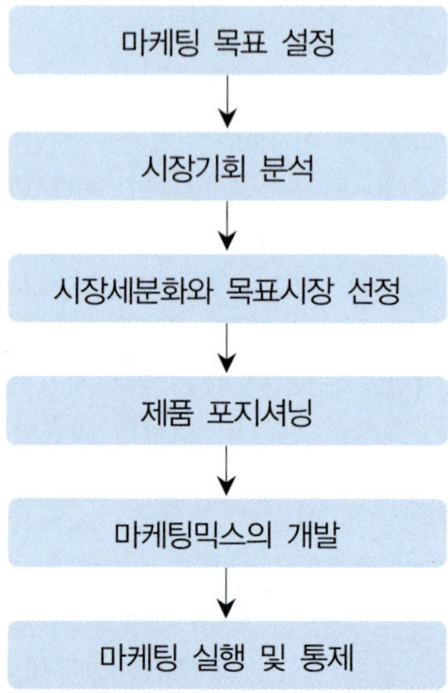

마케팅 목표 설정

일반적으로 기업의 경영목표는 이익·매출액·시장점유율 등을 기준으로 설정된다. 마케팅 목표는 기업 경영목표의 한 부분으로 경영목표와 일관성을 가지는 마케팅 부문의 세부목표라 할 수 있다. 이때 마케팅 목표는 구체적인 수치로 기간이 명시되는 것이 보편적이다. 예를 들어 '소비자 만족 극대화'와 같은 추상적인 것보다는 '신제품 출시 후 1년 동안 만족고객 비율 전년도 대비 10% 증가'라는 구체적인 목표를 설정하는 것이다.

시장기회 분석

마케팅조사

마케팅에서 시장기회에 대한 분석은 기업의 기회요인을 파악하고 의사결정에 필요한 정보를 발견하는 시장분석 과정이다. 따라서 시장에 대한 기회분석은 마케팅활동을 위한 출발점이라 볼 수 있다. '지피지기(知彼知己, 적을 알고 나를 알면) 백전백승'이라 했듯이 시장에 대한 기회를 탐색하여 시장에 대해 알게 되면 해당시장에서 수익을 창출하여 기업의 목표를 충족시킬 수 있다.

소비자의 구매행동 원인을 조사해 보면 소비자는 자신의 욕구, 선호 등의 정도가 다르다. 예를 들어 30대의 주부가 청바지를 구입했다면 구입동기가 청바지의 실용적인 측면을 선호하기 때문인지, 아니면 20대였던 결혼 전의 모습을 상상하며 젊어지기 위한 하나의 표현으로 자신의 욕구를 충족하고자 한 것인지 알 수 없다. 그러나 이 주부가 청바지를 구매한 원인을 주의 깊게 조사하면 이 주부의 필요와 욕구를 파악하여 보다 효과적인 마케팅활동이 가능해진다. 이러한 일련의 활동을 마케팅조사(marketing research) 또는 시장조사(market research)라고 한다. 마케팅조사는 마케팅 의사결정에 도움을 주는 정보를 마케팅 담당자에게 제공하기 위해 관련 자료를 수집·분석하는 것을 말하며, 소비자들이 과거에 구매한 제품과 그들이 현재와 미래에 원하는 것이 무엇인지를 파악하는 데 도움이 된다. 마케팅조사의 프로세스는 [그림 6-3]과 같이 네 단계로 구성된다.

그림 6-3
마케팅조사의 프로세스

- 조사문제 정의와 현재 상황 파악 : 조사문제 정의단계에서는 해결해야 할 마케팅 의사결정문제가 무엇인지를 명확히 정의하고, 현재의 상황, 문제, 대안, 필요한 정보 등을 파악해야 한다.
- 자료수집 : 마케팅 의사결정을 위해 수집할 자료는 크게 1차 자료와 2차 자료로 구분된다. 1차 자료란 조사할 문제와 직접 관련이 되는 자료로서 조사자가 직접조사를 통해 얻어진 자료를 말하며, 2차 자료는 다른 사람들에 의해 이미 수집된 정보, 잡지나 서적에 게시된 자료, 온라인을 통해 수집된 자료 등을 말한다. 1차 자료 수집방법에는 설문조사법, 관찰법, 실험법이 있다. 설문조사법은 일반적으로 전화조사, 온라인 조사, 우편조사 등을 통해 이루어지며 가장 널리 쓰인다. 관찰법은 훈련된 조사원들이 구매자들의 행위를 관찰하여 그 내용을 기록하는 방법으로, 편의점에서 음료수, 과자, 라면 등과 같은 상품을 구입하는 소비자들의 행동을 관찰하여 그들의 특성을 분석하는 것이 좋은 예이다. 마지막으

로 실험법은 주로 인과관계를 밝혀내기 위한 목적으로 사용된다. 예를 들면, 소비자가 어떤 디자인을 선호하는지, 성별에 따른 차이가 있는지 등을 엄격한 통제상황을 설정하여 조사하는 것이다.

- 조사자료 분석: 조사과정에서 수집된 자료는 마케팅활동을 위한 유용한 정보로 바뀌어야 한다. 수집된 자료를 면밀히 분석하여 그 결과를 해석하면, 회사는 마케팅활동을 위한 최적의 대안을 발견할 수 있다.
- 최적해법의 선택: 자료수집과 분석단계를 거치게 되면 대안전략을 결정하게 된다.

마케팅 환경 분석

마케팅은 시장의 변화, 즉 고객과 경쟁기업의 변화를 파악하고 이에 즉각적으로 대응해야 하는 대외지향적인 활동을 수행한다. 따라서 기업은 마케팅활동에 영향을 미치는 마케팅 환경요인을 분석해야 한다. 마케팅 환경을 구성하는 요인은 많을 뿐만 아니라 이들 사이의 관계도 매우 복잡하게 얽혀 있다.

마케팅 환경요인은 크게 두 요인으로 구분할 수 있다. 첫째는 거시적 환경요인으로, 정치・경제・사회・문화・기술・인구통계학적 요인 등이 포함된다. 둘째는 미시적 환경요인으로, 소비자・경쟁기업・공급사・유통업체 등 마케팅활동에 직접 영향을 미치는 요인 등이 포함된다. 마케팅의 거시적 환경요인과 미시적 환경요인을 모두 고려하고 이를 토대로 자사의 강점, 약점, 기회, 위협 등에 대한 분석을 하게 된다.

소비자행동 이해

마케팅에서 소비자행동을 이해한다는 것은 매우 중요한 일이다. 왜냐하면 제품이나 서비스를 최종적으로 구입하는 자가 소비자이기 때문이다. 따라서 어떠한 소비자가 언제, 어디서, 어떻게, 왜 제품이나 서비스를 구입하는지를 파악하는 것은 마케팅의 핵심이다. 소비자의 행동을 파악하기 위해서는 첫째, 소비자의 구매행동에 영향을 미치는 요인들이 무엇인가를 알아내어 어떻게 대응해야 하는지를 파악하고, 둘째, 소비자의 구매의사결정을 이해해야 한다.

- 소비자 구매행동에 영향을 미치는 요인: 소비자 구매행동에 영향을 미치는 요인은 내적요인과 외적요인으로 구분된다. 내적요인은 동기・태도

등의 심리적 요인, 나이 · 성별 · 학력 등의 인구통계적 요인 등이 포함된다. 외적요인은 문화, 사회계층, 준거집단, 가족 등이 포함된다. 준거집단(reference group)이란 가족이나 친척, 친구, 서클 등 개인의 행동에 영향을 미치는 크고 작은 집단을 의미한다.

- 소비자 구매의사결정 : 소비자는 제품이나 서비스를 구매하는 데 있어 주로 다섯 단계의 행동과정을 보인다. 〈표 6-1〉은 고장으로 인해 새로운 세탁기를 구입하려는 사람의 구매의사결정 단계를 예시한 것이다.

표 6-1 소비자 구매의사 결정단계와 예[1]

구매의사결정단계	의 미	예
문제인식단계	자신에 주어진 문제가 무엇인지 인식한다.	세탁기가 고장났다. 새로운 세탁기로 교체해야겠다.
정보탐색단계	문제를 해결할 수 있는 정보를 탐색한다.	• 세탁기에 대한 광고를 탐색하고, 광고물들을 유심히 살펴본다. • 주변사람들에게 자문을 구하기도 한다.
대안평가단계	몇 가지 대안을 평가한다.	L사의 세탁기를 살까? 아니면 S사의 세탁기를 살까? S사의 세탁기를 사야겠다.
구매행동단계	실제로 구매한다.	S사의 세탁기를 구입하여 사용한다.
구매후평가단계	자신의 행동을 평가한다.	이전에 샀던 사람들에게 성능이 어떠한지 확인해 보고 자신의 것과 비교해 본다.

시장세분화

마케팅활동에 있어 시장을 세분화하고 목표시장을 선정하는 작업은 매우 중요한 과정이라 할 수 있다. 고객의 수는 많고 널리 퍼져 있어, 기업이 모든 고객의 요구사항을 반영하여 대응한다는 것이 어렵기 때문에 세분화된 고객 중 기업에 가장 유리한 집단을 선택하여 이들을 대상으로 마케팅활동을 전개해야 한다.

슈퍼마켓에 가보면 다양한 청량음료를 접할 수 있다. 이 중에는 설탕이 가미되어 있는 것과 그렇지 않은 것도 있고, 첨가된 향도 종류별로 다양하다. 음료용기의 종류와 크기 또한 천차만별이다. 이들 중에서 어떤 음료는 연령대를

1) 장영광 · 정기만, 『생활속의 경영학』, 신영사, 2007.

고려하여 젊은 층 혹은 노인층을 위한 것이며, 또 다른 어떤 음료는 건강에 관심이 많은 고객을 위한 것이거나 혹은 가격에 민감한 고객을 위한 것이다. 이러한 예는 시장세분화의 개념으로 설명된다.

청량음료회사는 소비자들의 다양한 욕구를 충족시키기 위해 이들을 다양한 기준으로 분류하여 각 집단에 맞는 상품을 개발한 것이다. 즉, 시장세분화란 보다 효과적인 마케팅활동을 위해 전체 시장을 비슷한 욕구를 가지고 있는 세분시장(market segment)으로 나누는 작업을 말한다. 시장을 세분시장으로 나누는 것은 다음과 같은 세분화 변수를 사용한다.

- 인구통계학적 변수 : 나이, 성별, 소득, 직업, 교육수준, 사회적 계층, 가족 규모, 인종, 국적, 종교 등
- 지리적 변수 : 지역, 국토 크기, 도시 크기, 인구밀도, 기후 등
- 심리적 변수 : 라이프스타일, 성격, 동기, 개성, 생활주기, 추구하는 효용 등
- 행동적 변수 : 구매 성향, 사용 성향, 구매 동기, 사용 경험, 사용률, 충성도, 제품에 대한 태도, 마케팅 민감도 등

목표시장 선정

세분시장 중에서 기업이 구체적으로 마케팅믹스를 개발하여 상대하려는 시장을 목표시장(target market)이라고 한다. 목표시장은 세분화된 시장 중에서 기업이 마케팅활동을 수행하는 데 있어 가장 매력적인 시장이라고 볼 수 있다.

목표시장에 대해 접근하는 전략은 집중적 마케팅, 차별적 마케팅, 대량 마케팅의 세 가지로 구분된다. 집중적 마케팅은 하나 또는 소수의 작은 목표시장을 설정하고 이 시장에 대해 자원과 역량을 집중하여 높은 시장점유율 달성을 목표로 한다. 집중적 마케팅은 자사의 자원과 역량이 충분하지 않거나 세분시장에서의 고객의 차이가 큰 경우에 적합하다. 차별적 마케팅은 두 개 이상의 목표시장을 설정하고 각각의 목표시장에 대해 적합한 마케팅전략을 구사한다. 차별적 마케팅은 집중적 마케팅보다 넓은 시장을 공략하고 대량 마케팅보다 효과적인 시장점유율 확보가 가능하다는 장점이 있지만, 각각의 세분시장에

적합한 마케팅전략을 구사하기 위한 비용이 커진다는 단점이 있다. 대량 마케팅은 세분시장 간의 차이를 무시하고 하나의 제품으로 전체 시장을 공략한다. 대량 마케팅은 세분시장 간의 차이보다는 공통점이 많고 자사 제품이 대량 유통과 대량 광고의 효과가 큰 제품인 경우에 효과적이다.

제품 포지셔닝

기업이 목표시장을 정하게 되면 그 다음 과제는 원하는 목표고객들에게 자사의 제품을 어떻게 부각시키느냐이다. 제품 포지셔닝(positioning)이란 "이 제품은 어떤 제품이다"라고 고객들에게 각인시키는 활동을 말한다. 고객의 인상이나 경험, 정보 등을 통해서 형성하게 되는 이러한 포지션이 기업의 입장에서는 바람직할 수도 있고 그렇지 않을 수도 있기 때문에 제품 포지셔닝이란 고객의 마음속에 자사의 상품을 원하는 위치로 부각시키려는 노력이라 볼 수 있다.

제품 포지셔닝을 이해하기 위해서는 제품의 위치(product position)를 알아야 한다. 즉, 고객들이 그 제품을 어떻게 인식하고 있느냐가 중요하다. 고객들이 여러 경쟁상품을 비교하는 기준을 제품속성(product attributes)이라고 한다. 따라서 제품의 포지션은 고객들이 경쟁제품들과 비교해서 자사의 제품을 일정한 제품속성을 기준으로 어떻게 인식하고 있느냐에 달려 있다. 즉, 제품 포지셔닝이란 [그림 6-4]와 같이 경쟁기업들과 효과적으로 경쟁하기 위해 마케팅믹스를 사용하여 소비자의 의식에 제품의 정확한 위치를 심어주는 과정을 의미한다.

마케팅관리과정에서 효과적인 마케팅활동을 위해서는 전체 시장을 적절한 수의 세분시장으로 나누고 공략할 시장을 선택하면 자사의 모든 능력을 그 시장에 집중하게 되며 시장에 제품을 포지셔닝하게 된다. 이러한 과정을 STP(segmentation-targeting-positioning)과정이라 한다.

그림 6-4
승용차 포지셔닝 지도(map)

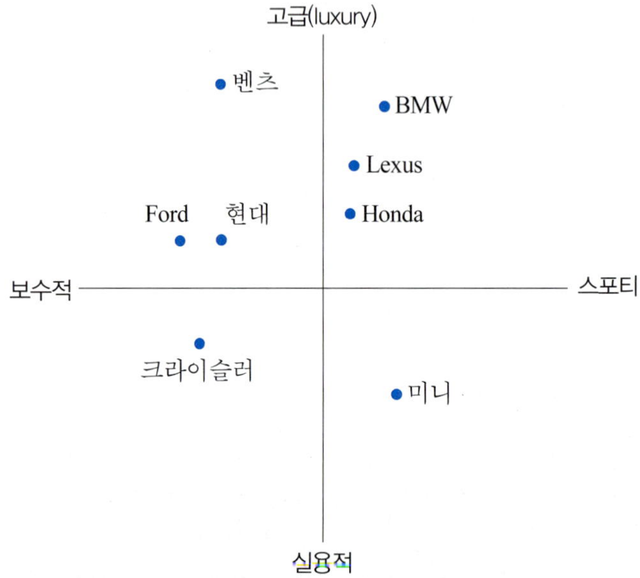

사례 대한민국 경영현장 **브랜드 가치에 초점 맞춰 마케팅 강화하는 자동차업계**

국내 자동차업계가 브랜드 이미지 강화를 위해 자사 콘텐츠가 집약된 온라인사이트나 체험관을 잇따라 열고 있다. 단순히 차량 전시나 판매 프로모션만으론 차량 브랜드의 역사와 가치 등을 중시하는 소비자들의 기대를 만족시키기 어렵다고 판단해서다. 온・오프라인 마케팅을 통해 기존 고객에게는 브랜드에 대한 신뢰도를 높이고 잠재 고객에게는 다른 업체들과 차별화된 브랜드 정체성과 가치를 알린다는 전략이다.

1일 업계에 따르면 프랑스 자동차 브랜드 시트로엥은 올 6월 국내에 시트로엥 브랜드의 98년 역사를 집약한 온라인 사이트 '시트로엥 오리진스'를 만들어 운영 중이다. 푸조・시트로엥(PSA)의 국내 공식수입사인 한불모터스 관계자는 "해당 사이트에는 시트로엥의 브랜드 스토리와 역사는 물론 클래식카부터 현재 판매되고 있는 모델까지 한눈에 볼 수 있다"며 "시트로엥의 '온라인 브랜드 박물관'"이라고 설명했다. 1919년부터 현재까지 시트로엥의 전 차종을 확인할 수 있는 '테마 여행' 코너에서는 시트로엥 최초의 모델이자 유럽 최초의 양산차인 '타입A'(Type A)부터 가장 최신 모델 중 하나인 C3 모델까지 전 모델에 대한 정보와 일화들을 확인할 수 있다. 또한 클래식카부터 현 모델까지 클랙슨과 와이퍼, 엔진 시동음 등 156가지에 달하는 시트로엥 각 모델 고유의 개성적인 사운드를 들을 수도 있다.

혼다 코리아도 올해 초 국내에서 일본 자동차 브랜드 혼다를 경험한 사람들의 체험을 공유하는 '와이 혼다'(Why Honda) 캠페인을 진행했다. 혼다의 기술력과 성능 등 딱딱한 정보만 전달하기보다는 혼다를 직접 경험한 사람들의 휴머니즘 스토리를 통해 브랜드 선호도를 높이고 고객 소통을 강화하기 위한 전략이었다. 혼다는 이를 위해 '와이 혼다' 브랜드 사이트를 열고 혼다 코리아 딜러 영업사원과 혼다 일본 본사에 근무하는 한국인 기술자까지 다양한 사람들의 이야기를 소비자에게 알리는 데 주력하고 있다.

자사 브랜드 감성을 전달하기 위한 오프라인 체험 마케팅도 활발하다. 한국토요타자동차는 서울 잠실 롯데월드몰에 자동차 복합 문화공간 '커넥트 투'를 운영 중이다. 커넥트 투는 토요타 브랜드가 추구하는 '고객의 기대를 뛰어넘는 감동'을 전달하기 위해 약 2년에 걸쳐 계획한 프로젝트 공간이다. 지난 2014년 개관해 지난 연말 누적방문객 수 67만명을 돌파했다. 한불모터스는 올해 안에 제주 서귀포시 중문 단지 인근에 총면적 8,264m^2 규모에 달하는 브랜드 박물관도 개관할 예정이다. 이곳에선 PSA그룹 브랜드의 대표적 모델인 푸조와 시트로엥 등은 물론 브랜드 역사를 대표하는 클래식카 30여대도 전시될 예정이다.

기아자동차는 지난 6월 기아차 최초의 브랜드 체험공간인 '비트 360'(BEAT 360)을 공식 개관하기도 했다. BEAT 360이라는 명칭에는 음악을 들을 때 느끼는 비트와 같은 두근거림(Beat)을 360도 전방위에서 입체적으로 전달하겠다는 기아차 브랜드의 방향성이 녹아 있다. 현대자동차는 서울, 하남, 고양, 코엑스, 러시아 모스크바에 고객 참여를 유도하는 '현대 모터스튜디오'를 운영 중이다. 지난 4월 개관한 현대 모터스튜디오 고양은 국내 최초 체험형 자동차 테마파크로 자동차가 만들어지는 과정과 자동차와 관련된 다양한 스토리를 접할 수 있다. (한국일보, 2017.8.1)

마케팅믹스의 개발

공략할 시장이 선정되었으면 네 가지 기본적인 마케팅전략수단을 이용하게 된다. 제품(product), 촉진(promotion), 유통경로(place), 가격(price)의 네 가지 전략수단들을 마케팅믹스 또는 4P라고 한다.[2] 따라서 마케팅관리자는 제품, 촉진, 유통경로, 가격활동이 조합된 마케팅믹스를 통해 어떤 제품을 어떤 가격에 어떠한 유통경로를 통해, 그리고 어떠한 촉진방법을 이용할 것인가를 고려한다.

마케팅 실행 및 통제

마케팅믹스에 대한 계획이 수립되면 구체적으로 제품을 생산하고, 가격을 책정하며, 유통기관을 선정하고, 판촉활동을 진행한다. 이런 단계를 마케팅 실행이라

2) 4P라는 용어는 네 단어가 모두 P로 시작하는 것에 착안하여 1960년대에 Jerome McCarthy 교수가 명명한 것으로 알려지고 있다.

고 한다.

마케팅활동을 실행하였으면 활동결과에 대한 마케팅 통제를 실시한다. 초기에 설정했던 목표가 마케팅활동이 진행 중이거나 종료된 후에 달성이 가능한지 여부를 확인한다. 만약 초기 목표를 달성하지 못했다면 그 원인이 마케팅 믹스의 네 가지 요소 중 어느 부분에 문제가 발생되었는지, 아니면 시장세분화를 통해 목표시장을 선정하는 시작단계에서부터 잘못되었는지를 확인해야 한다. 이 단계는 미래의 마케팅활동을 지속적으로 성공할 수 있도록 도움을 준다.

사례 대한민국 경영현장 이마트 맥주 광고, 바이럴 대박 터뜨린 배경은

"광고는 세금이다." 뉴욕대학교에서 디지털 마케팅을 가르치는 스캇 갤러웨이(Scott Galloway) 교수의 말이다. 김경달 네오캡 대표는 "돈이나 기술적 이해를 통해 광고를 스킵(skip)할 수 있는 경향이 확대되는 점에 대한 지적"이라며 "씁쓸한 일이지만 사실"이라고 말했다. 이러한 경향 때문에 브랜디드 콘텐츠는 '바이럴 마케팅'(viral, 인터넷 사용자들이 자발적으로 어떤 기업 등의 제품을 홍보하기 위해 퍼뜨리는 마케팅 기법)에 집중하게 된다. 지난달 26일 서울 강남구에 위치한 잼투고에서 미디어오늘과 콘미 얼라이언스(가칭)가 주최한 '콘텐츠의 미래 콘퍼런스'에서는 어떻게 '광고 콘텐츠를 바이럴시킬 수 있는지'에 대한 고민이 공유됐다.

이무신 현대자동차 차장은 "사람들은 광고 자체를 싫어한다기보다 광고가 본인의 시간을 소모하고 기다리게 하는 데 반감이 있는 것"이라며 "광고가 유익하고 재미를 준다면 광고임을 밝혀도 좋아하기에, 브랜드 광고는 곧 콘텐츠 위주가 돼야 하며, 각 브랜드가 모두 미디어가 돼야 한다"고 말했다. 김경달 네오캡 대표 역시 "광고가 신문에서 방송, 웹으로 넘어오면서 지면이 부족해지고, '편성'이라는 개념이 해체됐다"며 "웹 기반의 광고 콘텐츠가 사람들의 '관심'을 끌어야만 하는 시대"라고 말했다. 김경달 대표는 "콘텐츠가 사람들의 관심을 끌고 참여로 이끌기 위해서는 브랜드와의 긴밀한 협력과 플랫폼마다 맞는 마케팅 방식을 따르는 것이 필수적"이라고 말했다. 그는 대표적인 사례로 2015년 삼성전자와 72초 TV가 제작한 브랜디드 콘텐츠 '레벨U' 영상을 꼽았다. '72초 드라마' 콘셉트 안에서 '삼성으로부터 협찬을 받아 부득이하게 PPL을 하는 상황'을 광고로 만들었고, 바이럴에 성공했다. 하나의 콘텐츠를 통해 서로의 브랜드를 함께 홍보하면서 시너지를 낸 것이 핵심이다.

최근 바이럴에 성공해 가장 주목받는 사례는 돌고래유괴단의 콘텐츠다. '신세계 이마트 세계 맥주 광고'는 87만뷰가 넘는 조회수를 기록했고 광고 이후 이마트의 수입맥주 매출 신장률은 29.5%에 달했다. 광고의 줄거리는 다음과 같다.

#. 남편과 장을 보는 아내. 아내는 100원이라도 싼 물건을 사려 한다. 남편은 전복을 집어 든다. 언제 철들 거냐고 화를 내는 아내. 그때 아내의 엄마에게 전화가 온다. 아내는 남편이 바쁜 자신을 걱정했던 사실을 듣는다. 다시 남편에게 눈길이 간다. 남편에게 맥주를 골라오라고 한다. "하나씩만 골라와." 시무룩했던 남편이 웃는다. 화면이 바뀐다. 남편이 세계 맥주를 종류별로 '하나씩' 넣어 맥주로 가득 찬 카트를 끌고 온다.

코믹한 반전이 있는 단편영화 콘셉트의 광고는 큰 호응을 얻었다. 돌고래유괴단은 2015년 카메라 브랜드 '캐논'의 광고를 찍으며 입소문을 탔다. 최현석 셰프가 야생에서 카메라를 사용해 곰을 찍다가 곰에게 죽고, 축구선수 출신 안정환 씨가 소매치기를 잡기 위해 공을 차는데, 경찰을 맞추며 공무집행 방해죄로 잡혀가는 식이다. 캐논 시리즈 광고 중 800만 뷰를 기록한 영상도 있다.

신우석 돌고래유괴단 대표는 "우선은 영상의 질이 높아야 한다. 우리가 만든 광고는 2분이 넘는 영상이었는데, 보통 광고라면 30초를 넘지 않아야 한다고 생각하지만 많은 분이 보셨다"며 "재미있는 영상이라면 시간이 몇 분이든 사람들은 찾아보기에, 기본적으로 영화와 비슷한 질을 갖추려고 노력한다"고 말했다. 신 대표는 '바이럴이 되는 콘텐츠'의 차별성과 함께 브랜드와 협업이 중요하다고 강조했다. 그는 "우리와 협업한 브랜드가 영상을 선택할 때, '광고가 뭐 이러냐'는 임원급의 반대가 있었다고 한다. 하지만 홍보 담당자가 임원들을 설득했고, 브랜드 측의 용기가 중요하다는 것을 깨달았다"며 "유니클로의 '감탄팬츠' 광고의 경우 브랜드 측에서 '감탄팬츠'라는 이름을 잘 지었고, 거기에 우리 영상이 더해져 반응이 좋았던 것 같다"고 설명했다.

브랜드 마케팅에 있어 고객과 협업을 하는 경우도 있다. CU 편의점의 경우 편의점 고객들이 편의점 제품 조합을 만든 레시피를 공유하고, SNS에 자신이 만든 음식을 공유하면서 '바이럴'을 탔다. CU 편의점의 모회사 BGF리테일의 김윤경 상무는 "새로운 신제품 아이디어나 이름을 고객 이벤트 등으로 정하면서 고객들이 진짜 필요한 것, 좋아하는 것, 공유하고 싶은 것이 무엇인지 파악하고, 홍보하고 있다"며 "우리 상품을 '공유할 만한 것'으로 만들고 이를 부추기기 위해 고객들이 먼저 제안하는 이벤트 등을 적극적으로 수용하고 있다"고 말했다. AIA생명의 마케팅을 담당하는 허종훈 커뮤니케이션 부장 역시 고객과의 협업 경험을 강조했다. 특히 허 부장은 온라인뿐 아니라 오프라인에서의 고객 경험도 중요하다고 전했다. AIA생명은 광고모델인 축구선수 데이비드 베컴을 초청해 고객들과 함께 시간을 보내고 이를 영상으로 홍보하며 바이럴을 만들었다. 허 부장은 "이제 온라인과 오프라인의 경계가 사라진 시대이며, 고객들은 온라인에서 접한 브랜드를 오프라인에서도 경험하고 싶어 한다"며 "사람들은 자신이 경험한 것을 더 잘 말하고 자주 말하기에, 소비자가 직접 참여한 '경험 콘텐츠'는 바이럴에 더 강하다"고 말했다. (미디어 오늘, 2017.11.3)

3 마케팅믹스

제품관리

제품전략수립과정

제품이란 기업이 팔고자 하는 물건으로, 고객의 욕구를 충족시켜 주기 위해서 제공되는 물리적 제품, 서비스, 이벤트, 사람, 장소, 아이디어 또는 이것들의 조합을 의미한다. 따라서 제품을 개발하려고 할 때에는 먼저 그 제품이 소비자의 어떤 욕구를 충족시킬 수 있는지를 확실히 알아야 한다.

우리는 시중에 판매되는 "물먹는 하마"라는 제품을 익히 알고 있다. 이 제품을 생각할 때 습기를 제거해 주는 기능만을 생각하는 것이 아니라 포장에 인쇄된 하마의 그림도 생각나고, 제품의 모양도 생각나며, 또한 제품의 색깔도 생각나게 된다. 다시 말해서 제품은 물리적인 기능 외에도 여러 가지 다양한 요소들로 구성된다. 제품의 구성요소에는 제품디자인, 제품기능, 브랜드(상표명), 로고, 포장 등이 있다. 이들 각각의 구성요소들은 제품개념과 일관성을 가지고 있어서 각각의 요소가 제품의 개념을 전달하는 데 도움을 준다.

제품을 출시하기 위해서는 제품전략을 수립해야 하며, 제품전략 수립과정은 [그림 6-5]와 같다.

그림 6-5
제품전략 수립과정

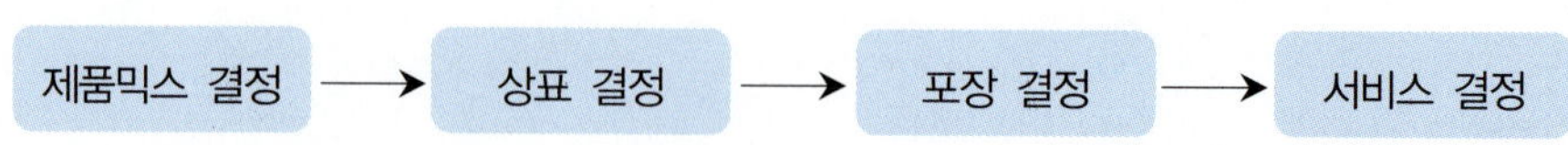

제품믹스(product mix)란 흔히 말하는 제품 구색으로, 소비자에게 판매되는 모든 제품의 계열과 제품품목의 집합을 말한다. 제품믹스는 제품의 넓이, 제품의 깊이로 나타낼 수 있다. 제품의 넓이란 서로 다른 제품계열(product line)의 수를 의미하는데, 예를 들어 A회사에서 비누, 샴푸, 주방세제 등을 출시하는 것을 말한다. 제품의 깊이란 같은 제품계열에서의 종류 수(product item)를 의미하는데, 예를 들면 A회사에서 알로에비누, 우유비누, 소프트비누 등 종류별로 비누를 출시한 경우가 이에 해당된다.

제품믹스가 결정되면, 다음으로 상표를 결정하게 된다. 상표(brand)는 특정 제품이나 서비스를 식별하고 다른 것과 구분하기 위해 명칭, 용어, 기호, 상징, 디자인 등의 요소가 결합되어 만들어진다. 상표는 제품개념을 전달하는 중요한 수단이다. 예를 들어 'Business Week'라는 상표 하나만으로도 이 잡지가 어떠한 잡지인지를 명확히 전달하고 있다.

상표가 결정되면 제품의 포장이 결정된다. 소비자는 제품 자체가 아무리 좋을지라도 포장이 잘되어 있지 않다면 다시는 구매하지 않으려 한다. 포장은 제품의 특성에 맞게 포장의 크기, 형태, 재료, 색 그리고 도안이라는 요소에 의해 결정된다. 마지막으로 서비스가 결정되는데, 제품이나 서비스를 구매한 고객에게 제공되는 서비스의 수준을 어느 정도로 할 것인가를 결정하게 된다.

제품수명주기

과거 '삐삐'라고 불리던 호출기는 1990년대 초중반 없어서는 안 될 통신기기였다. 당시 관련업체들은 앞 다투어 최고의 호출기 상품을 출시하였다. 그러나 삐삐가 나온 후 얼마 되지 않아서 시장에 나온 휴대폰에서 문자 서비스가 제공되고 문자를 보낸 사람과 즉시 통화도 가능한 상황이 되자 삐삐는 도저히 경쟁할 수 없는 제품이 되었다. 즉, 기업에서 아무리 잘 만들고 당시 최고라 할 수 있었던 제품이라도, 소비자들의 기호가 변하고 기술이 발전하면 시장에서 자리를 잃게 된다. 사람도 유년기, 청년기, 성년기, 노년기를 거치듯이 제품 역시 수명주기가 있다. 제품수명주기의 이해를 통해 특정제품이 현재 어느 시기에 위치해 있는지를 파악해낸다면 제품관리가 보다 효과적일 것이다.

제품수명주기(PLC : Product Life Cycle)란 시간의 경과에 따른 제품의 수명을 묘사하는 방법으로, 제품은 생성되고, 성장하며, 성숙하고, 쇠퇴하며, 사라지는 단계를 거치게 된다는 것이다. [그림 6-6]과 같이 일반적으로 제품은 도입기,

그림 6-6
제품수명주기 동안의 매출액과 이익

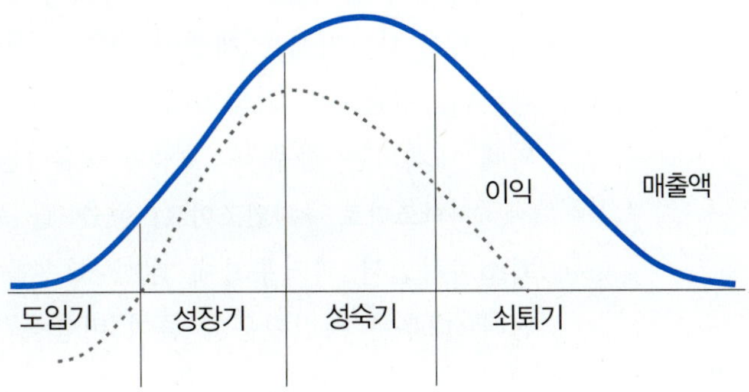

성장기, 성숙기, 쇠퇴기의 4단계의 제품수명주기를 거치게 된다.

신제품에 대한 각 단계의 일반적인 기간을 알고 있다면 제품이 각 단계에 접어들기 전에 마케팅전략을 수립할 수 있게 된다. 이동통신기기에 대한 예를 들어보자.

- 도입기 : 제품출시 초기단계로 제품 인지도가 높지 않고 유통이 한정되어 있는 등의 이유로 제품에 대한 수요가 많지 않다. 예컨대 휴대폰이 처음 출시되었을 때에는 소비자들이 그 휴대폰의 존재에 대해 아는 것이 별로 없고 가격 또한 상당히 높게 책정되어 있어 수요가 많지 않았다. 도입기에는 제품에 대한 인지도를 높이는 데 주력해야 한다.
- 성장기 : 제품이 보다 널리 알려지고 구전이 확산되는 시기이다. 이 시기에는 소비자들이 제품에 대해 잘 알게 되면서 다양한 고객집단이 형성된다. 휴대폰의 경우 출시 후 2년 정도 지나면 새로운 기능과 향상된 디자인의 제품이 등장하고 제품 도입기에 비해 가격도 떨어져 수요가 증가하기 시작한다. 성장기에는 광고활동이 본격적으로 전개되면서 시장의 성장이 진행된다. 이로 인해 해당기업의 매출과 이익이 급증한다.
- 성숙기 : 경쟁이 치열해지면서 판매성장이 둔화되기 시작하며 시장은 성숙기에 접어들게 된다. 이 시기에는 성장이 둔화되는 만큼 시장점유율과 수익성을 유지하는 데 초점을 두게 된다. 저성장의 시장에서 경쟁자들 간 가격경쟁이 심화되면서 이로 인해 수익성이 낮은 기업들은 도태되어 전체 경쟁기업의 수는 줄어든다. 기업 입장에서는 성숙기 시장에 접어들면 계속 어려운 경쟁을 지속할지를 결정해야 하는 시기가 된다. 2000년대 중반 피처폰 시장이 성숙하면서 애플은 피처폰 시장에 뒤늦게 참여하는 것 대신에 스마트폰이라는 새로운 제품을 개발하면서 스마트폰의 도입기를 시작하게 하였다.
- 쇠퇴기 : 쇠퇴기에는 제품에 대한 판매하락이 서서히 또는 급속하게 진행된다. 제품군이 쇠퇴기에 들어가는 이유는 새로운 기술이나 제품에 의해 대체되는 경우(예 : 호출기 → 휴대폰), 소비자의 기호가 변화한 경우(예 : 화학조미료 → 자연조미료) 등을 들 수 있다. 쇠퇴기에는 광고활동을 최소화하면서 과거투자에 대한 회수를 극대화하는 방향으로 선회하게 된다. 대부분 촉진활동을 줄여 비용을 절감시키는 데 초점을 둔다.

사례 대한민국 경영현장 "5G · 폴더블 리더는 나"… MWC 혁신폰 관전포인트

올해 스마트폰 시장에 활기를 불어넣을 혁신 제품들이 약 열흘 후 모습을 드러낸다. 특히 5G와 폴더블 기술이 가미된 스마트폰들이 본격 공개되면서 새로운 수요를 창출할 것으로 기대된다. 세계이동통신사연합회(GSMA)가 오는 25일(현지시간)부터 28일까지 스페인 바르셀로나에서 주최하는 모바일월드콩그레스(MWC) 2019에서는 모바일 시장의 미래를 담은 차세대 기술과 신제품이 대거 전시된다. 올해는 '지능형 연결성(Intelligent Connectivity)'의 주제로 진행된다. 5G 통신, 사물인터넷(IoT), 인공지능(AI), 빅데이터의 융합상을 한눈에 보여줄 것으로 예상된다.

올해 MWC에는 각국에서 2,400개가 넘는 업체들이 참가한다. 스마트폰은 통신 기술과 함께 MWC 최대 관전 포인트로 꼽히는 만큼 관련 업체들도 대거 참가해 신제품을 발표한다. 이번 전시회에는 삼성전자와 LG전자가 참가해 차세대 스마트폰을 전시하며, 무서운 속도로 성장하고 있는 화웨이, 샤오미 등 중국 업체들의 행보도 두드러질 전망이다. 삼성전자는 상반기 스마트폰 신작 발표 장소를 MWC가 아닌 미국 샌프란시스코로 택했다. MWC보다 닷새 앞선 오는 20일에 이슈를 선점해 신제품을 보다 효과적으로 알리고, 선두의 위상을 굳힌다는 전략이다. 삼성전자는 5G 통신을 지원하는 갤럭시S10 시리즈와 갤럭시 폴드로 선공에 나선다. 자체 핵심 부품 조달을 통한 완성도 높은 폴더블폰과 초고속 5G 단말기로 프리미엄 수요를 선점할 계획이다. MWC에서는 5G를 지원하는 갤럭시S10 모델의 성능을 체험해 볼 수 있을 것으로 기대된다.

LG전자는 이번 MWC 하루 전인 24일 플래그십 모델인 G8 씽큐와 V50 씽큐 5G를 함께 선보인다. LG G8 씽큐는 카메라 성능을 높이기 위한 최첨단 3D 센서, 화면 자체에서 소리가 나는 크리스탈 사운드 올레드(CSO), 화면을 터치하지 않고도 기능을 조작할 수 있는 사용자 인터페이스(UI)를 탑재해 차별화를 꾀했다. V50 씽큐 5G는 퀄컴 스냅드래곤 855, 개선된 방열 성능, 4천mAh 배터리를 탑재해 초고속 인터넷, 고해상도 게임, 대용량 앱 등 멀티미디어를 원활하게 사용할 수 있도록 했다.

삼성전자와 애플의 선두 자리를 턱밑까지 추격한 화웨이는 24일 5G 폴더블폰을 선보일 전망이다. 화웨이가 배포한 신제품 행사 초청장을 살펴보면 '미래로의 접속(Connecting the future)' 문구와 함께 아웃폴딩(밖으로 접는) 방식의 폴더블폰을 연상케 하는 이미지를 강조했다. 화웨이는 지난 달 "5G 폴더블폰을 MWC에서 세계 최초로 공개하겠다"며 삼성전자를 견제하는 듯한 발언을 하기도 했다. 상반기 주력 모델 P30 시리즈는 지난해에 이어 3월 프랑스 파리에서 공개될 것으로 전해졌다.

샤오미는 트리플 카메라가 탑재된 미(Mi) 9 신제품을 공개할 것으로 예상된다. 샤오미는 최근 트리플 카메라로 추정되는 이미지를 강조한 초청장을 공개하기도 했다. 또 미 9은 2.5D 곡면 디자인이 적용된 6.4인치 OLED 디스플레이, 화면 지문인식 기능, 4K 영상과 슬로우 모션 촬영 기능, 3천500mAh 배터리, 퀄컴 스냅드래곤 855를 탑재할 전망이다. 5G를 지원하는 풀스크린 스마트폰 미믹스 3도 전시될 것으로 알려졌다. 앞서 샤오미가 영상을 통해 공개했던 밖으로 두 번 접히는 폴더블 스마트폰을 공개할지도 관심사다.

이 밖에 오포는 23일 광각 렌즈, 일반 렌즈와 망원렌즈로 이뤄진 트리플 카메라를 장착, 10배 광학줌을 지원하는 스마트폰 신제품을 선보일 것으로 보인다. 오포의 미디어 초청장은 독특한 형태로 접을 수 있어 폴더블폰을 공개하는 게 아니냐는 전망도 나오고 있다. 원플러스는 퀄컴 스냅드래곤 855와 X50 5G 모뎀을 장착한 5G 스마트폰을 선보인다. MWC 부스에서 해당제품을 통해 5G 게임을 체험해 볼 수 있을 것으로 보인다. 핀란드 HMD 글로벌(노키아)은 펜타 카메라와 5.99인치 홀 디스플레이, 스냅드래곤 845가 탑재된 노키아9 퓨어 뷰를 선보일 것으로 예상된다. 소니는 이번 MWC에서도 엑스페리아 신제품을 공개할 전망이다. 소니의 신작은 21대 9 비율의 6.5인치 화면과 트리플 카메라, 퀄컴 스냅드래곤 855 칩셋 등을 장착한 엑스페리아XZ4가 될 것으로 보인다. 업계는 첫 21대 9 비율의 화면을 통해 영화 등 멀티미디어 영상 시청 경험이 개선될 것으로 보고 있다.

GSMA 관계자는 "지능형 연결성은 언제 어디서나 상황에 맞게 맞춤형 사용자 경험을 제공하는 새로운 산업의 미래를 열게 될 것"이라며 "당분간은 4G 기기들이 사용되겠지만, 5G가 하드웨어뿐 아니라 폴더블 기기와 가상현실, 증강현실 서비스에 어떤 영향을 미칠지에 대해서 지켜봐야 할 것"이라고 말했다.

(ZDNet Korea, 2019.2.15)

가격관리

가격이란 상품의 가치를 금액으로 표시한 것으로, 시장거래에 있어서 합의를 보게 되는 상품 또는 서비스의 화폐액을 말한다. 가격은 기업에 이익을 창출해 주는 근원이라 볼 수 있다. 일반적으로 가격을 결정하는 방법에는 다음의 세 가지가 있다.

- 원가기준법 : 제품의 원가를 기초로 하여 가격을 설정하는 방법으로, 목공소에서 목재를 20만원에 구입하고, 10만원의 인건비와 10만원의 간접비용이 들어 나무 의자를 만들었다면 원가가 40만원인 제품이 된다. 원가에 25%의 마진인 10만원을 붙여 50만원의 가격을 붙여 판매하는 경우이다. 이 방법의 장점은 현업에서 실행하기 쉬운 점이다. 하지만 다른 방법보다 합리성이 약하다는 평가가 가능하다.
- 경쟁기준법 : 시장에서의 경쟁강도에 따라 제품가격이 결정되는 방법으로, 가격결정의 기초를 자사의 원가나 시장수요보다는 경쟁사의 가격에 둔다. 예를 들어 S할인점에서 라면 5개 묶음을 2,500원에 판매한다면 경쟁사인 A할인점에서는 동일한 제품에 대해 동일한 2,500원으로 판매하거나 경우에 따라서는 2,450원 또는 2,400원 등 조금 낮게 가격을 책정하는 방법이다. 반대로 자사의 브랜드가 고객에게 높이 평가된다면 경쟁사에 비해 가격을 다소 높여서 이득을 높이는 경우도 있다. 이 방법의

장점은 원가 산정이나 소비자의 가치 측정이 여의치 않은 경우에도 사용할 수 있고 동태적인 가격 변화에 유연하게 대응할 수 있다는 점이다. 단점으로는 시장에서 이미 결정된 가격의 타당성을 판단하거나 자사가 가격 변화를 이끌어 갈 준거점을 확보하기 어렵다는 점이다.

• 수요기준법 : 원가가 아닌 소비자의 인식가치나 수요 강도에 의하여 가격을 설정하는 방법이다. 제품, 유통경로, 촉진방식 등을 적절히 활용하여 소비자가 인식하는 가치를 높이려 한다. 예를 들어 새로운 제품을 출시했을 때 명품처럼 판매를 한정하는 등의 방법으로 고급제품 이미지를 구축함으로써 가격을 높일 수 있다. 또한 시장에서 해당제품이 수요가 많을 것으로 판단되면 상대적으로 가격을 높게 설정할 수 있다. 이 방법은 제품 생산 이전에 소비자의 가치를 예상하여 목표가를 설정함으로써 현대 마케팅의 고객가치 중심 사조에 부합된다는 장점이 있다. 하지만 소비자가 제품에 부여하는 가치를 알기가 쉽지 않다는 단점이 있다.

신제품의 가격전략은 다음과 같은 2가지 전략이 널리 사용된다. 초기고가전략은 제품의 초기 시장에서는 고소득층 또는 혁신적인 소비자들이 구매를 하므로 높은 가격으로 판매하여 빠른 시간에 개발비용을 회수하기 위한 전략이다. 반면에 시장침투가격전략이란 신제품 가격을 낮게 설정하여 빠른 시장 침투와 높은 시장점유율 달성을 목표로 하는 전략이다. 한편, 가격은 다양한 방법으로 조정이 가능한데, 예를 들어 단수가격, 준거가격 등이 있다. 단수가격이란 10,000원 대신 9,900원으로 책정하는 가격으로 소비자들에게 제품가격이 최하의 가능 선에 결정되었다는 심리적인 인상을 주는 방식이다. 준거가격(reference price)이란 소비자들이 특정제품에 대해 생각하는 가격의 기준을 말한다. 예를 들어, TV에서 광고하는 휴대폰 기기를 보았을 때 대략적으로 저제품은 20만원~30만원 정도 하겠다는 나름대로의 범위가 바로 준거가격이 된다.

더 알아봅시다 **스마트폰 역성장… 삼성 · 애플, 고가폰 전략 '딜레마'**

그동안 프리미엄 스마트폰을 위주로 성장세를 이어왔던 삼성전자와 애플이 올해를 기점으로 중저가폰 시장에서 힘을 발휘하면서 기존과는 다른 전략을 취할지 주목된다. 중국의 중저가스마트폰 제조업체를 중심으로 시장 점유율이 요동치고 있기 때문이다. 8일 시장조사업체 트렌드포스 등에 따르면 전 세계 스마트폰 생산량은 14억1천만대로 지난해보다 3.3% 줄어들 것으로 예상된다.

시장조사업체별로 차이는 있지만 지난해 연간 스마트폰 시장은 2% 역성장한 것으로 추정된다. 분기가 거듭될수록 시장은 위축됐고 지난해 4분기에는 전년 대비 5%가량 축소된 것으로 관측된다. 글로벌 시장에서 삼성전자와 애플이 18.7%, 18.2%로 각각 1위와 2위를 유지했는데 삼성은 전년 동기 대비 6%, 애플은 12% 출하량이 감소했다. 반면에 화웨이(16.1%), 오포(7.8%), 샤오미(7.6%) 등 중국업체는 전년보다 각각 43.9%, 6.8%, 1.4%로 성장하며 글로벌 시장을 이끌었다.

중국업체의 부상은 인도 등 신흥시장의 영향에 따른 것이다. 인도 스마트폰 시장은 전 세계의 약 10% 규모이며, 현재 보급률도 25%에 불과하다. 하지만 인도는 높은 인구 증가율로 지난해 중국에 이어 전 세계 2위의 이동통신 시장으로 성장했다. 이에 따라 인도의 스마트폰 시장 성장 속도도 가장 가파르게 변화하고 있다. 시장조사업체 카운터포인트리서치에 따르면 지난해 인도 스마트폰 시장에서 중국 샤오미가 삼성전자를 제치고 처음으로 1위를 차지했다. 중국업체 샤오미는 지난해 점유율 28%로 인도 스마트폰 시장을 주도했다. 전년도 점유율 19%보다 9%포인트 높아진 결과다.

샤오미에 이어 삼성전자가 지난해 점유율 24%를 기록해 2위를 나타냈다. 비보(10%), 오포(8%) 등 다른 중국업체가 지난해 점유율 3, 4위에 각각 자리했다. 애플은 인도시장에서 점유율 2%에 불과해 고가폰 위주의 정책으로 타격을 봤다. 애플은 지난해 4분기 중국시장에서 출하량이 전년 대비 22% 감소했다. 중국 화웨이와 비보의 스마트폰 출하량은 각각 23%, 8% 늘어났다는 점과 대비된다. 글로벌 선두를 다투는 중국의 제조업체와 인도시장은 대표적인 중저가스마트폰을 중심으로 성장세가 나타나고 있는 셈이다.

이는 삼성전자와 애플이 올해 중저가폰 시장에서 경쟁력 있는 제품으로 경쟁해야 하는 이유이기도 하다. 인도시장에서 1위 자리를 빼앗긴 삼성전자는 최근 인도에서 처음 판매를 시작한 중저가스마트폰 갤럭시M 시리즈가 좋은 반응을 얻고 있다. 애플도 올해 고가정책을 버리고 다양한 스마트폰 전략을 취할 것으로 전망된다.

업계 한 관계자는 "제조업체들의 입장에서는 스마트폰 시장에서 성장세가 정체를 보이는 미국이나 국내시장을 대신해 중국과 인도시장을 얼마나 잘 공략하느냐가 중요해졌다"면서 "올해가 삼성이나 애플이 중국 제조업체에 맞서 경쟁력 있는 중저가폰을 만드느냐의 분기점이 될 것"이라고 지적했다. (연합인포맥스, 2019.2.8)

유통경로관리

유통경로

유통이란 제품이나 서비스를 생산에서부터 최종소비자에게 전달하는 전 과정으로, 이 과정에서 연결되는 제조업체, 도매업체, 소매업체들의 집합을 유통경로라고 한다. 유통경로는 유통할 제품이 소비자인지 산업재인지에 따라 구분된다. 또한 유통경로는 직접유통과 간접유통으로 구분되는데, 직접유통이란 생산자와 소비자가 직접거래를 하는 경우이며, 간접유통이란 생산자와 소비자 사이에 중간상이 있는 경우이다. [그림 6-7]은 소비재의 유통경로의 유형을 나타낸다. 생산에 활용할 목적으로 기업이 소비자가 되는 산업재의 경우 구매자가 개인이 아니라 조직이 되고 구매 단위가 크다는 특징을 갖는다. 따라서 산업재의 구매 시에는 구매자가 전문적인 지식을 보유하고 구매에 대한 체계적인 절차와 기준을 가지고 있는 경향이 강하다. 산업재 유통경로는 소비재에 비교하여 짧은 경우가 일반적이다.

그림 6-7 유통경로의 유형

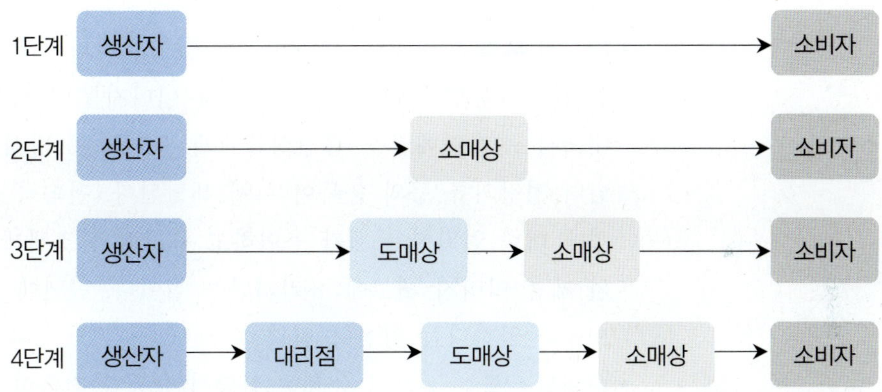

- 1단계(생산자 → 소비자) : 생산자가 직접 소비자와 거래하는 것으로 생산자직판, 보험 등이 이런 유통경로를 거쳐 소비자에게 전달된다.
- 2단계(생산자 → 소매상 → 소비자) : 의류, 자동차, 가전제품 등에서 많이 사용된다. 백화점이나 대리점이 소매상의 역할을 하는 경우가 많다.
- 3단계(생산자 → 도매상 → 소매상 → 소비자) : 생산자가 소규모이어서 소비자와 직접 거래하기가 힘든 농산물, 의약품 등과 같은 제품의 유통경로이다.
- 4단계(생산자 → 대리점 → 도매상 → 소매상 → 소비자) : 과일, 야채, 곡물과 같은 1차상품에서 많이 사용되며, 소매상들이 매우 영세하기 때문에 생산자와 직접 거래하기 힘든 경우가 대부분이다.

유통경로의 설계

유통경로의 설계에서 가장 중요한 문제는 각 단계별로 이용할 중간상의 수에 관한 것이다. 이와 관련해서는 다음과 같은 세 가지 정책이 있다.

- 집약적 유통: 가능한 한 많은 도매업체, 소매업체 등 중간상들에게 자사의 제품을 취급하도록 하는 것으로 소비자에게 시장의 노출을 극대화하는 것이다. 슈퍼마켓에서 팔리는 대부분의 제품이 이에 해당된다. 집약적 유통은 소비자에게 제품을 쉽게 인지시키며 구매를 편리하게 한다는 장점이 있다. 하지만 개별 중간상을 관리하기 힘들고, 거래단위가 작아지므로 효율성이 낮다는 약점이 있다.
- 전속적 유통: 정해진 지역이나 상권에서 하나의 특정 유통업자만을 활용하는 유통방식이다. 이는 제품의 이미지를 유지하기 위해 특정지역 내에서 독점판매권을 중간상들에게 부여하는 방식이다. 가전제품이나 남녀 정장의류 등의 품목이 이에 해당된다. 전속적 유통의 장점은 소매점에 대한 엄밀한 통제가 용이하고 유기적 협조체제로 거래비용의 감소와 제품 이미지 제고에 유리하다는 점이다. 반면에 소비자에 대한 시장 노출은 약하다는 약점이 있다.
- 선택적 유통: 선택적 유통은 집중적 유통과 전속적 유통의 절충된 형태로 제조사가 특정 시장, 상권에 소수의 도·소매상을 선정하여 유통경로를 운영한다. 이는 제품개념에 독특함, 희소성 같은 이미지를 부여하고자 할 때 이용되는 유통방식이다. 예를 들어 약국에서 판매되는 치약의 경우, 일반치약들이 일반소매점에 경쟁적으로 판매되는 것과는 달리 약국에서 판매됨으로써 치료약이라는 개념과 고가임을 고객에게 알리는 것이다. 선택적 유통은 전속적 유통에 비교해 제품 이미지를 저하시키지 않으면서 소비자에게 노출효과를 증대시킨다는 절충적인 장단점을 가지고 있다.

사례 대한민국 경영현장 주부들이 바꾸는 유통시장 지형도

아주미(젊은 아줌마) 인플루언서(제품 · 서비스 등의 구매에 영향력을 끼치는 일반인)들이 유통시장 지형도를 바꾸고 있다. 기존의 소매 유통시장은 소비자, 백화점 · 대형마트 등 유통채널, 생산자로 구분됐지만, 이들이 등장하면서 이런 경계가 무너지고 있다. 아주미들은 때로는 유통채널이 되기도 하고, 직접 제품을 제조하는 생산자 역할을 하기도 한다. 이들이 가치 있게 생각하는 것은 백화점이나 면세점에서 살 수 있는 값 비싸고 유명한 제품도, 대형마트에서 파는 품질 좋고 저렴한 제품도 아니다. 원하면 아무 때나 살 수 있는 기성품보단 내 아이와 살림에 '특별함'을 더해줄 수 있는 제품을 찾아다닌다. 곽금주 서울대 심리학과 교수는 "이제는 아이에게 비싼 것을 해주는 것보다 엄마의 정보력으로 찾아낸 '특별한 것'을 주는 것이 경쟁력으로 여겨지는 분위기"라면서 "인스타그램이나 맘카페 등에서 얻은 정보로 살림을 꾸리는 것이 엄마로서 나의 능력을 증명하는 것이나 다름없는 상황"이라고 했다.

아무리 좋은 품질의 물건을 만들어 멋지게 진열한다 해도, 팔리지 않는 시대다. 제조사와 전통 유통채널들은 어떻게 상품을 소비자에게 알리고 그들의 지갑을 열게 할 것인가로 고민에 빠져 있다. DB금융투자는 지난해 4분기 이마트의 연결기준 영업이익을 전년 동기 대비 24.2% 감소한 1,278억원으로 전망했다. 신영증권은 같은 기간 신세계와 현대백화점의 영업이익이 각각 1,327억원, 1,059억원으로 13%, 9.2%씩 감소했을 것으로 내다봤다. 이렇게 침체된 유통시장에서 아주미들은 시장 파괴자이자 구세주다. 제조사나 유통사가 제아무리 특급 마케터를 써도 하기 어려운 '히트상품 탄생'을 한 명의 아주미 인플루언서가 해내기도 한다.

• 변화 1. 취향 공유하다 장터까지 열어 – 속성 1. 소비자이면서 유통채널 역할

'띵굴시장'은 아주미가 자신의 일상과 취향을 소셜네트워크서비스(SNS)에 공유하다가 판매 채널을 만들어낸 대표적인 사례다. 띵굴시장은 온라인상에서 '띵굴마님'이란 닉네임을 사용하는 이혜선 씨가 기획한 일종의 현대판 5일장이다. 넓은 공간에 중소기업 또는 1인 창업자들을 몰아넣고 시장을 여는 것이다. 띵굴시장은 2015년 9월 시작해 현재는 온라인에서도 주기적으로 열린다. 그가 자신이 이용했던 상품 업체 24곳을 모아 장터를 연 것이 띵굴시장의 시작이었다. 지난해 12월 22일 22회차 띵굴시장이 열렸고, 220개의 업체가 참여했다.

이씨는 2007년부터 블로그를 통해 자신의 일상을 공유해왔던 파워 블로거다. 대기업에서 만든 세련된 제품은 아닐지라도 '특별하다'는 인상을 주는 제품에 열광하는 '아주미'들 사이에서 인기가 높다. 그가 인스타그램 계정에 사진을 올리면 "그 물건 어디서 사셨어요?"라는 질문 댓글이 주르륵 달린다. 그가 사용하는 제품들은 '아는 사람만 아는' 특별한 살림 용품이란 느낌을 준다. 이씨는 자신에게 쏟아지던 '사진 속 물건을 어디서 샀냐'는 문의에 일일이 답하다가 아예 장터를 열어 판매자와 구매자를 직접 연결해 보기로 했다. 이렇게 시작한 띵굴시장은 아무데서나 살 수 없는 희소성 있는 살림 도구를 판다는 입소문을 금세 타기 시작했다. 이씨가 올렸던 자녀들과의 일상, 주방용품, 직접 만든 요리 사진이 잠재적인 소비자에게 제품을 소개하는 유통 플랫폼처럼 작용한 것이다.

• 변화 2. 직접 만든 제품으로 '대박' – 속성 2. 판매자이면서 유통채널 역할

주부들의 전폭적인 지지는 중소업체와 1인 창업자들이 새로운 유통 판로를 개척하는 발판이 되고 있다. 취미로 올렸던 인스타그램 게시글에서 시작해 식료품 제조 회사를 창업하게 된 아주미도 있다.

이는 '메종드율'이라는 브랜드를 창업한 30대 중반의 임보연 씨 이야기다. 메종드율은 수제 드레싱 소스와 피클을 판매한다. 이 브랜드의 시작은 평범했다. 2014년쯤부터 임씨가 딸 '유리'를 위해 매일 직접 만든 음식 사진을 인스타그램에 올렸는데, 어느 순간부터 "요리에 사용한 소스가 뭐냐"는 질문이 서서히 늘어났던 것이다. 임씨는 여기에 소스 제조법이나 활용법을 일일이 답해주다가, 이후엔 자신이 만든 소스를 들고 2016년 2월 부산의 한 플리마켓에 참가했다. 당시 100만원어치 수제 소스와 피클을 2시간 만에 '완판'하면서 이름을 알렸다. 아주미 사이에 입소문을 타던 중, 2016년 임씨는 플리마켓에 참가해 서울지역의 더 많은 사람에게 자신이 만든 소스를 팔기로 했다. 이 플리마켓에는 인스타그램으로 이미 임씨의 존재를 알고 있던 팬들이 소스를 사겠다며 몰려, 준비한 제품이 순식간에 '완판'됐다. "소스를 온라인에서도 팔아달라"는 요청이 빗발치자, 임씨는 블로그를 통해 직접 만든 소스를 병에 담아 판매하기 시작했다. 블로그가 초기 '판매 채널'이었던 셈이다. 고객이 빠른 속도로 늘어나다 보니, 임씨는 한 달에 한 번씩 블로그를 통해 주문받고 주문을 접수한 후에 제품을 만들어 팔던 기존의 판매 방식을 접어야만 했다. 대신 2017년 10월 공장을 차려 더 많은 물량을 생산하기 시작했다. 이렇게 규모를 키운 메종드율은 현재 이마트몰과 헬로네이처에 입점해 제품을 판매하고 있다. 임 대표는 "인스타그램에서 제품 판매 2년 전부터 꾸준히 요리사진을 올리다보니, 고객들이 진정성을 알아준 것 같다"고 설명했다.

• **변화 3. 맘카페 공동구매 – 속성 3. 가격 협상력 갖춘 유통채널**

젊은 주부들이 모여 육아·생활 정보를 공유하는 온라인 커뮤니티를 통틀어 일컫는 '맘카페(영어로 엄마라는 뜻을 의미하는 '맘(mom)'에 온라인 커뮤니티를 의미하는 '카페'가 합성된 단어)'도 중소기업의 판로로 자리매김하고 있다. 맘카페는 여성만 가입할 수 있으며, 구·시·도 등 지역 단위와 전국 단위로 구분된다. 이런 성별, 지역별 구분은 개별 맘카페 회원들 간 소속감을 갖게 하는 요인으로 작용한다. 가입에 제한이 있는 만큼 이 안에서 유통되는 정보는 믿을 수 있으며 특별하다는 인식을 갖는 것이다.

이런 맘카페의 특성을 절묘하게 활용한 것이 '공동구매'다. 공동구매는 백화점이나 대형마트, 동네 슈퍼마켓 등 전통적인 유통회사를 거치지 않고 판매자와 맘카페 회원들을 직접 이어준다. 회원들은 맘카페 운영진이 기획한 공동구매에 참여해 시중 판매가보다 저렴하게 제품을 산다. 가격이 저렴한 이유는 맘카페가 판매자와 가격을 협상할 힘을 갖게 됐기 때문이다. 수만 명에 달하는 회원과 회원들의 구매력 그리고 공동구매에 따른 홍보 효과 덕이다. 2월 현재 회원 270만여 명의 맘카페 '맘스홀릭베이비'에서는 어린이 완구, 어린이 옷, 조리 기구, 식품, 황사마스크 등 다양한 품목에 대한 공동구매가 진행되고 있다. 이곳에서 주선하는 공동구매 제품은 시중 판매가보다 10% 이상 저렴하다. 이름이 잘 알려진 대기업 제품보다 저렴하지만 성능 좋은 '가성비' 위주의 중소기업 알짜 제품이 많이 올라온다. 중소기업 입장에선 구매력 큰 주부들에게 제품을 홍보할 수 있고, 중간 유통 마진을 줄여 가격 경쟁력을 높일 수 있는 장점이 있다. (조선일보, 2019.2.11)

촉진관리

촉진(promotion)이란 기업의 제품이나 서비스를 소비자들이 구입하도록 유도할 목적으로 소비자들에게 의도적으로 제품이나 서비스에 대한 정보를 적절하게 전달하는 것을 말한다. 촉진의 궁극적인 목적은 판매를 늘리는 것으로, 사용되는 수단으로는 광고, 홍보, 판매촉진, 인적판매 등이 있다.

- 광고 : 광고는 촉진에서 사용되는 수단 중 가장 강력한 것으로, 특정 광고주가 아이디어나 제품, 또는 서비스에 대한 정보를 TV, 라디오, 잡지 등의 매체를 통해 알리고 구매를 설득하는 수단이다. 하나의 메시지를 여러 번 반복하여 전달할 수 있고, 전체 광고비용은 크지만 소비자 1인당 광고비용은 저렴하다.
- 홍보(PR : public relation) : 제품이나 서비스를 신문이나 TV 등의 매체에 기사나 논설의 형태로 게재함으로써 수요를 자극하는 것을 말한다. 대개 이 방법은 좋은 기업이미지를 구축하고 기업과 관련 있는 대중(예 : 고객, 공급업체, 판매업체, 주주, 고용자, 관계기관 등)과의 좋은 관계를 맺기 위해 사용된다. 예를 들어, 일간지 하단에 자사 제품이 최우수제품상을 수상했다는 뉴스내용을 언론매체에 게재하거나 이에 관한 기자회견을 하는 일이 이에 해당된다.
- 판매촉진 : 제품이나 서비스의 판매를 확대시키기 위해 이용되는 단기적인 방법으로, 중간상들에게 리베이트, 협동광고, 후원금 등의 수단을 사용하거나, 소비자들에게 경품이나 가격할인 등의 수단을 사용할 수 있다.
- 인적판매 : 판매원이 직접 고객과 대면 접촉하여 대화를 통해 구매를 설득하는 과정이다. 판매원이 고객에게 정보를 직접적으로 제공하기 때문에 고객이 제품을 평가하고 구입할 마음을 정하도록 하는 데 매우 효과적이다. 그렇지만 이러한 방법은 판매조직을 구축하고 운영하는 데 많은 비용이 소요되는 단점이 있다.

더 알아봅시다 "광고비 4,200억원, 역사상 3번째 규모"… 숫자로 보는 2019년 슈퍼볼

미국에서 최고의 인기를 누리며 초당 2억원에 달하는 광고비를 자랑하는 프로미식축구(NFL) 챔피언 결정전인 '슈퍼볼(Super Bowl) 2019'가 올해도 새로운 기록을 세우고 있다. 8일 외신과 업계에 따르면 지난 3일(현지시간) 개최된 슈퍼볼이 예년만큼의 시청자를 확보하지는 못했지만 새로운 광고주를 영입하면서 역대 3번째 규모의 광고를 선보였다.

칸타 미디어(Kantar Media)에 따르면 올해 개최된 53회 슈퍼볼에서는 57편의 광고가 방송됐다. 광고비는 총 3억8,200만달러로 한화 약 4,289억원이다. 이는 슈퍼볼 역사상 3번째로 큰 규모다. NFL 및 CBS 등 슈퍼볼 공식 중계 채널에서 총 49분 45초 동안 광고를 진행했다. 이는 역사상 3번째로 많이 소요된 시간으로 광고비 규모와 일치한다. 광고는 전체 방송의 23%를 차지했다.

버드와이저 맥주를 생산하는 안호이저 부시 인베브(Anheuser-Busch InBev)는 이번 슈퍼볼에서 약 6분에 이르는 광고시간을 패키지로 구입했다. 여기에 들인 광고비는 약 5,000만달러(한화 약 561억7,500만원)로 업계는 추정한다. 버드와이저는 NFL 공식 맥주 스폰서이자 매년 정기적으로 광고에 참여하고 있다. 아마존은 2,500만달러(한화 약 281억원)를 지출한 것으로 예상되며 이어 구글과 도이치텔레콤 및 도요타자동차가 각각 2,000만달러(한화 약 225억원)를 지출한 것으로 보인다.

카테고리별로 보면 자동차 분야 광고가 가장 많은 지출액을 썼다. 약 6,600만달러를 썼으며 소요 시간은 6분 30초였다. 이는 2010년 이후 슈퍼볼에서 가장 작은 규모다. 자동차 분야 광고는 총 6개로 각각 60초와 90초 광고를 사용해 방송했다. 슈퍼볼 신규 광고주로는 보안업체 ADT, 데이팅 앱 범블(Bumble), 업무 비용 관리 앱 익스펜시파이(Expensify), 통신업체 민트 모바일(Mint Mobile), 보안업체 심플리세이프(SimpliSafe) 및 워싱턴포스트(Washington Post) 등 총 6개사다. 2009년부터 2018년까지 매해 평균 8명의 신규 광고주를 영입했던 것에 비해 줄었다. 코카콜라와 피아트는 매년 슈퍼볼 광고에 참여해왔지만 올해는 빠졌다.

인터넷 여론조사 업체인 크림슨 헥사곤(Crimson Hexagon)에 따르면 올해 슈퍼볼에서 광고를 진행한 브랜드 중 '워싱턴포스트'가 SNS상에서 가장 많은 버즈량을 기록했다. 이어 4월 방영 예정인 환상특급(The Twilight Zone) 리부트 시리즈 트레일러와 ASMR 광고로 화제가 된 맥주 브랜드 미켈롭 울트라(Michelob Ultra)가 언급량이 많은 브랜드로 집계됐다.

개인 통산 9번째 슈퍼볼 무대에서 6번째 우승을 이끌며 개인 통산 최다 우승을 기록한 뉴잉글랜드의 쿼터백 톰 브래디는 슈퍼볼 관련 토픽 부분에서 SNS 버즈량 1위를 차지했다. 이어 하프타임 쇼에서 만화영화 주인공 스펀지밥과 특별무대를 장식한 마룬5가 뒤를 이었다. 스펀지밥은 하프타임 쇼 중 래퍼 트래비스 스캇 무대에서 스캇과 함께 등장해 화제였다. 마룬5는 2019년 하프타임 쇼 주인공으로 나섰지만 불안정한 라이브와 지루한 퍼포먼스로 주어진 13분의 시간을 날려버렸다는 비판을 받았다. NFL 공식 유튜브 채널에 게재된 무대 영상은 공개 10시간 만에 23만 개의 '싫어요'를 달성했다.

닐슨에 따르면 올해 슈퍼볼 시청자 수는 감소한 것으로 나타났다. CBS 방송을 통해 슈퍼볼 중계를 본 미국 시청자는 9,820만명으로 지난 2008년 9,750만명 이후 가장 적었다. (뉴데일리, 2019.2.8)

요 약

마케팅이란 개인과 조직의 목적을 만족시키기 위한 교환활동을 수행하는 제품과 서비스의 생산, 가격결정, 경로 및 촉진 과정이다.

마케팅활동을 위한 마케팅전략을 마케팅믹스 또는 4P라고 하며, 제품(product), 가격(price), 유통경로(place), 촉진(promotion)이 포함된다.

제품전략수립과정은 제품믹스 결정, 상표 결정, 포장 결정, 서비스 결정의 순으로 이이루어진다. 가격전략에서 가격을 결정하는 일반적인 방법에는 원가기준법, 경쟁기준법, 수요기준법 등이 있으며, 이러한 가격방식을 통해 상품이나 서비스의 가격을 조정한다. 유통경로관리에서 유통경로란 제품이나 서비스를 최종소비자에게 전달하는 과정에서 연결되는 제조업체, 도매업체, 소매업체들의 집합을 의미하며, 생산자와 소비자가 직접 거래하는 직접유통과 생산자와 소비자 사이에 중간상이 존재하는 간접유통으로 구분된다. 촉진을 수행하는 방법으로는 광고, 홍보, 판매촉진, 인적판매 등이 있다.

주요 용어

- 가격전략
- 단수가격
- 마케팅
- 마케팅관리
- 마케팅믹스
- 마케팅 실행
- 마케팅조사
- 마케팅 통제
- 마케팅 환경 분석
- 목표시장
- 사회적 마케팅
- 세분시장
- 소비자행동
- 시장세분화
- 시장침투가격전략
- 유통
- 유통경로
- 제품관리
- 제품믹스
- 제품속성
- 제품수명주기
- 제품전략
- 제품 포지셔닝
- 준거가격
- 초기고가전략
- 촉진
- STP과정

토의 문제

1. 경영활동에 있어 마케팅활동이 중요한 이유를 설명하시오.
2. 마케팅조사를 실시할 때 소비자의 행동을 파악하는 것이 중요한 이유를 설명하시오.
3. 마케팅활동에서 시장세분화, 목표시장 선정, 포지셔닝이 중요한 이유를 설명하시오.
4. 스마트폰을 대상으로 제품수명주기를 설명하시오.
5. 가격을 결정하는 여러 방법에 대해 설명하시오.
6. 인터넷쇼핑몰의 출현으로 유통경로의 길이가 짧아지고 있다. 바람직한 현상인지 생각해 보시오.
7. 인터넷을 통한 촉진활동은 마케팅활동을 하는 기업에 효과가 있을 것인지 설명하시오.

CHAPTER

7

기술경영

학습목표

1. 기술경영의 정의와 중요성을 학습한다.
2. 제품혁신과 프로세스 혁신, 급진적 혁신과 점진적 혁신, 구조혁신과 부품혁신의 차이점과 특징에 대해 학습한다.
3. 기술수준, 기술전파의 S-커브와 지배적 디자인에 대해 학습한다.
4. 기술기획의 절차를 학습한다.
5. 기술예측과 기술예견의 개념 및 방법을 학습한다.
6. 기술니즈 분석, 기술 포트폴리오 분석, 기술 로드맵 분석 등을 학습한다.
7. 상품개발의 의의와 전략에 대해 학습한다.
8. 신상품 개발의 프로세스를 학습한다.
9. 연구개발 프로젝트 프로세스 관리방법을 학습한다.
10. 지식재산권의 종류와 관리방법을 학습한다.

제7장을 시작하며

삼성전자, R&D 투자 세계 1위… 폴크스바겐 제쳐

삼성전자가 2017년 연구개발(R&D)투자 규모에서 세계 1위를 기록했다. 연구개발투자액 '글로벌 상위 1,000대 기업'에 들어간 우리나라 기업은 25개로 세계 8위를 기록했다.

한국산업기술진흥원(KIAT)이 11일, 유럽연합(EU)집행위원회가 발표하는 '유럽연합 산업 연구개발 스코어보드' 보고서를 활용해 발표한 '글로벌 1,000대 기업의 연구개발투자 분석 스코어보드'에 따르면, 삼성전자의 2017년 연구개발투자액은 134억 3,700만유로로 세계 1위를 기록했다. 삼성전자의 연간 연구개발투자액은 2013~2015년에 폴크스바겐에 이어 매년 세계 2위였고 2016년에는 폴크스바겐 · 알파벳 · 마이크로소프트에 이어 세계 4위였으나 2017년에 폴크스바겐을 제치고 1위로 올라섰다. 2017년 글로벌 연구개발투자 상위 기업을 보면, 삼성전자에 이어 2위는 알파벳(133억 8,800만유로), 3위 폴크스바겐(131억 3,500만유로), 4위 마이크로소프트(122억 7,900만유로), 5위 화웨이(113억 3,400만유로), 6위 인텔(109억 2,100만유로), 7위 애플(96억 5,700만유로) 등이다. 삼성전자의 매출액 대비 연구개발투자 비중은 7.2%(2017년)다.

연구개발투자 규모(2017년)에서 글로벌 상위 1,000대 기업에 포함된 국내 기업은 25개(총 267억유로)로 집계됐다. 삼성에 이어 엘지(LG)전자(26억 3,700만유로 · 세계 53위), 에스케이(SK)하이닉스(19억 3,700만유로 · 67위), 현대자동차(18억 2,800만유로 · 73위), 기아자동차(11억 7,000만유로 · 118위), 엘지화학(6억 9,400만유로 · 198위), 현대모비스(6억 500만유로 · 220위), 한국전력(5억 9,700만유로 · 223위), 삼성에스디아이(SDI)(4억 900만유로 · 293위) 등이다.

연구개발투자액 상위 1,000대 기업에 속한 국가별 기업 수는 미국(319개 · 2017년 총 2,520억 유로)이 1위로, 미국 기업의 투자액은 글로벌 1,000대 기업 총투자액의 37.9%를 차지했다. 1,000대 기업에 속한 기업의 투자총액은 미국(2,520억유로), 일본(908억유로), 독일(767억유로), 중국(569억유로), 프랑스(269억유로), 한국(267억유로 · 6위) 순이다. 1,000대 기업에 포함된 기업 수로는 미국에 이어 2위 일본(153개), 3위 중국(120개), 4위 독일(69개), 5위 영국(56개), 6위 프랑스(44개), 7위 대만(32개), 8위 한국(25개)이다.

(한겨레신문, 2019.2.11)

1 기술경영의 정의와 중요성

기술과 기술경영

기술의 정의

기술[1)]은 사전적 정의로 "① 과학이론을 실제로 적용하여 자연의 사물을 인간 생활에 유용하도록 가공하는 수단"이나 "② 사물을 잘 다룰 수 있는 방법이나 능력"이란 의미이다. 기술에 대한 사전적 정의 중 ①의 정의는 인간의 사유의 결과인 과학을 실제적으로 이용하는 수단이라는 점을 강조하고, ②의 정의는 물적 재화를 생산하거나 사용하는 실질적인 지식이라는 점을 강조한다.

기술경영의 정의

미국에서 기술경영에 대한 본격적 논의를 주도했던 국립연구위원회(NRC : National Research Council)(1987)는 기술경영이란 "조직의 전략적 · 운영적 목표를 형성하고 달성하기 위해 기술적 능력의 계획, 개발, 실행을 위한 관련된 문제들에 답하는 공학, 과학 및 경영학을 연계하는 것이다"[2)]라고 정의한 바 있다. 미국의 국립연구위원회와는 별도로 많은 학자들이 기술경영을 정의해 왔으나 이들의 정의를 종합해 보면, 기술경영이란 "글로벌 경제에서 효과적으로 경쟁하기 위해 기술을 핵심자원으로 갖는 기업의 성공을 위해 엔지니어링과 경영 두 분야를 연결, 통합시켜 주는 것"이라고 요약할 수 있다.

최근의 국내외 학자들은 기술경영을 Management of Technology(MOT)란 용어로 정의하여, 이를 전통적인 엔지니어들의 관리활동인 Engineering Management (EM) 및 MBA의 기술관련 활동인 Technology Management(TM)와의 비교를 통해, 두 분야에서 충족되지 못한 코스, 개념, 분야들로서 이 두 영역을 연결시켜

1) 기술(technology)이란 단어는 그리스어 '테크네(technē)'에서 유래되었으며 자연의 생성이나 인간의 사고 등과는 구별된다.

2) 원문 : "linking engineering, science, and management disciplines to address the issues involved in planning, development, and implementation of technological capabilities to shape and accomplish the strategic and operational objectives of an organization."

주는 것으로 규정한다.3)

기술경영은 ① 기술을 "대상"으로 하는 경영과 ② 기술을 "활용"하는 경영의 양면적 측면이 있다. 전자는 연구개발 관리 등 기술을 효과적으로 관리하고자 하는 것에 강조점을 두고 있고, 후자는 기술을 통해 조직의 경영역량을 높이고자 한다. 따라서 기술경영은 기술을 관리 대상으로 하는 경영과 기술을 활용하는 경영을 모두 포함한다.

기술경영의 중요성

최근 국내외적으로 다음과 같은 이유들 때문에 기술경영의 중요성이 크게 부각되고 있다.

- 국가적으로 연구개발의 중요성이 더욱 강조되고 있고 연구의 규모가 점점 커지고 있다. 따라서 국가적 차원에서 연구개발 자원의 효과적인 관리가 필요한 시점이다. 2017년 우리나라의 총연구개발비는 78조 7,892억 원 규모로 세계 5위 수준이고 총생산(GDP) 대비 연구개발비의 비율은 4.55% 수준으로, 세계 2위의 높은 수준을 보이고 있다.
- 글로벌 차원에서 새롭게 등장하거나 경쟁력을 유지하는 기업들은 모두 기술에 있어서 확실한 경쟁력을 가지고 있다. 이들의 기술경쟁력은 우연히 얻어진 것이 아니라 전략적인 방향으로 끊임없이 기획, 개발, 관리된 기술경영의 산물이다. Microsoft, Apple, Toyota, Google, 삼성전자 등은 모두 자신의 사업부문에서 절대적인 첨단 기술력을 확보하고 있다. 이들은 첨단 기술력을 바탕으로 신상품을 적시에 개발하고 출시하여 시장을 개척하고 있다. 기존 상품의 경쟁력 확보를 위해서도 기술력을 바탕으로 비용의 감소, 고객효용의 만족, 기능의 확대 등을 통해 경쟁력을 유지하고 있다. 글로벌 기업들은 기술의 기획, 개발, 사업화, 마케팅, 확산 등 다양한 기술경영활동의 각 부문에 대해 자사에 적합한 모형과 방법론을 확보하고 있다.

---

3) National Research Council, *Management of Technology : The hidden competitive advantage*, National Academy Press, Washington DC, 1987.

• 기술기반 기업 경영층(Techno-CEO 또는 CTO)에게 기술경영 지식이 필요하다. 기업경영환경의 변화, 기술 컨버전스의 부각 등에 따른 중소기업의 적극적 대응이 필요한 시점이다. 기술력을 바탕으로 창업한 많은 벤처기업이 1999년 이후 소위 닷컴버블 붕괴라는 이름하에 기술전략 및 기술사업화 능력 부족으로 도산한 바 있다. 기술을 기반으로 하는 벤처기업, 중소기업의 경영층은 상당수가 이공계를 기반으로 하는 연구개발자로서의 경력을 가지고 있지만 연구원 경험, 이공계 교육 등과 비교하여 경영에 대한 직접경험과 지식이 부족하다. 이러한 이유로 이들이 운영하는 벤처기업이 기술은 보유하고 있어도 연구개발 과정 및 사업화 과정에서 실패율이 높고, 적정규모 이상의 조직으로 성장하면 피합병, 부도, 도산 등 쉽게 조직이 와해되는 현상이 발생한다. 국내 중소기업의 경영활동 악순환 고리를 제거하고, 지속적인 성장을 위해 자체적인 기술경영시스템 구축의 필요성과 중요성이 대두되고 있다.
• 연구개발 중간관리자의 기술경영 전문지식의 필요성이 증가하고 있다. 연구개발 대상인 기술의 라이프 사이클 단축으로 기술의 선정 · 관리의 문제가 기업의 생존에 결정적인 영향을 주고 연구개발 관리자 전문인력의 지적 수준이 기술 선정과 관리에 중요해지고 있다. 특히 기업에서 연구개발자로서 10년 이상 종사하면 연구개발조직의 리더로 성장할 수 있는 기회가 주어지면서 기존의 연구개발 활동 외에 프로젝트 발굴 · 선정 · 평가, 연구조직 관리, 연구원 관리, 기술의 발굴 및 관리 등의 역할을 수행하게 된다. 그러나 이에 필요한 기술경영 지식이 부족하면 연구개발 조직은 심각한 효율의 문제가 발생하기 때문에 기술경영의 중요성이 부각되고 있다.

더 알아봅시다 **'혁신 방법을 혁신하다'… IBM 리서치의 발명 리더십 비결**

IBM 산하 R&D 조직인 IBM 리서치(IBM Research)는 산업연구기관으로는 세계 최대 규모다. 그 역사가 1945년으로 거슬러 올라간다. 당시 토마스 J 왓슨 시니어는 세계 최초로 순수과학 연구에 전념하는 기업 연구소를 설립했다. 그리고 이 연구소는 하드 드라이브, ATM, 스마트폰, 휴대용 컴퓨터, 관계형 데이터베이스, 레이저를 이용한 눈 수술의 기반이 되는 기술 등을 발명해 왔다.

이러한 발명의 '속도'가 전혀 느려지지 않고 있다. 2018년, 미국 기업 중 가장 많이 특허를 획득한 기업이

IBM이었다. 이 회사는 26년 연속 이 기록을 유지하고 있으며, 지난해에는 9,100개의 특허를 획득해 기존의 기록을 갱신했다. 또한 IBM 직원들은 수많은 저널 논문과 연구 보고서의 저자들이다. 네이처의 연간 지표에 따르면, 두 번째로 많이 논문과 연구 보고서를 기여한 기관이었다. 특허의 약 1/3, 저널 논문의 절반 이상이 IBM 리서치에서 일하는 3,000명의 과학자들이 기여한 것들이다. IBM 리서치는 6개 대륙에서 12개의 연구소를 운영하고 있다.

이 회사의 설명에 따르면, 25년 넘게 특허 분야의 선두 자리를 유지하고 있는 데에는 이유가 있다. 그동안 계속 동일한 전략만 활용했다면 이런 성과를 일궈내지 못했을 것이다. IBM은 지난 10년간 전략을 수정, 더 외향적이고 협력적인 연구 개발, 활동이 일어나는 장소와 더 가까운 위치에서의 연구 개발을 수행했다. 즉 이 회사의 혁신 리더십은 바뀌지 않았지만, 연구에 대한 방식과 방법은 계속 변화해 왔다. 1985년부터 IBM 리서치에서 일을 해왔으며, 지금은 멜버른 연구소의 부소장을 맡고 있는 유르그 본 카넬은 "초기에는 연구원이 혼자 조용히 연구를 수행할 수 있어야 한다고 가정했다. 그래서 세상의 방해가 없는 공원 같은 환경, 외진 환경에 연구소를 위치시켰다. 그러나 이제 더 이상은 그렇게 하지 않는다"라고 말했다.

IBM 리서치가 전용 연구 '사옥'을 처음 건설한 시기는 1961년이다. 연구 개발 부문의 규모가 너무 커지는 바람에 콜롬비아 대학에 있던 실험실이 부족했다. 그래서 뉴욕 곳곳에 임시 시설들을 옮겨 다녀야 했으며, 그러다 전용 연구 사옥을 건설했다. 토마스 J 왓슨 연구 센터는 조용한 소도시인 요크타운 헤이츠로부터 차로 1시간 거리에 위치해 있다. 주변은 농장과 자연 보호구역이다. 연구소는 이후 오랜 시간 '이렇게 조용한 구석'에 연구소 입지를 마련했다. 예를 들어, 유럽 지역의 첫 번째 연구소는 스위스 뤼슐린콘의 평화로운 취리히호 호반 소도시에 설립했다. 지금은 문을 닫은 프랑스 연구소는 니스 라고드(La Gaude) 마을 인근 시골 23헥타르 중앙에 위치시켰다. 미국 서부 해안의 경우, 1986년에 캘리포니아 산호세 인근 알마덴의 '녹지'에 건설을 했다. 그러나 최근 들어 연구소 입지에 변화를 줬다. 협업이 훨씬 용이한 장소에 연구소를 개관했다. 2011년 말 개관한 멜버른 연구소를 예로 들 수 있다. 페더레이션 광장에서 강 건너편의 시티 로드라는 도시 중심부에 자리 잡고 있다. 본 카넬은 "멜버른 연구소가 이런 변화를 잘 보여준다. CBD에 위치해 있다. 대학과 가깝다. 제휴와 협력이 쉽다. 세상과 대화를 할 수 있다"라고 말했다.

연구소장인 아이븐 마릴스는 "우리 연구소를 시작으로, 번창할 수 있는 생태계의 존재 여부가 연구소 입지의 중요한 고려사항이 되었다. 이는 산학협력에 있어 독창적인 기회를 제공한다"라고 덧붙였다. RMIT가 도보로 16분, 멜버른 대학이 30분 거리이다. 또 라트로브(La Trobe)와 모나쉬(Monash) 대학 캠퍼스도 인근이다. 연구원 가운데 약 절반이 생명과학 및 의료연구에 집중하고 있다(나머지는 정부 자동화 및 디지털화, IoT, 엣지 컴퓨팅, 에너지, 블록체인 등을 연구). 이런 점에서 아주 가까운 거리에 로얄 멜버른 병원, 성 빈센트 연구소, 파크빌 생명의학 기관이 위치한 것도 유리하다. 연구소의 시니어 매니저 겸 'AI 포 더 아이(Ai for the eye)' 프로젝트 책임자인 나탈리 건은 "생태계 측면에서 호주는 의료와 헬스케어 연구에서 글로벌 리더십을 보유하고 있다. 따라서 의료분야를 크게 중시하는 기술회사의 입지로 적합하다"라고 말했다.

발견한 결과를 공유하는 것에 대한 IBM 리서치의 관점도 최근 몇 년 동안 바뀌었다. 아내를 따라 IBM 취리히 연구소에 인턴으로 입사, 박사 학위 과정을 마친 본 카넬은 "초기에는 특허의 목적이 경비 절약과 라이선싱이라고 생각했다. 그러나 우리는 하나의 공동체로 진화를 했다. 우리는 오랜 세월이 지나 생태계가 중요하다는 사실을 깨달았다. 시장을 100% 가질 수 없다. 따라서 (예를 들면) 특허를 오픈소스로 제공하고, 이를 통해 우리 혼자가 아닌 큰 생태계를 성장시키는 방식으로 특허를 활용하고 있다. 초기처럼 폐쇄적인 방식이 아니다. 우리가 속한 공동체에 대해 개방성을 유지한다"라고 설명했다. 이는 연구 사전–특허에도 적용되는 원칙이다. 인근 대학 및 분야 전문가들과 제휴 관계를 강화했다. 멜버른 대학의 공과대학 학장을 지낸 경력을 갖고 있는 마릴스는 이런 제휴와 협력은 특히 헬스케어 연구에 중요하다고 강조했다. 그는 "우리는 지금 외부와 협력하고 있다. 우리 연구원 중에는 의학박사가 없다. 그러나 이런 제휴 관계를 통해 의사, 의료 전문가와 협력해 연구를 수행할 수 있다. 자연스럽게 아이디어에 대해 토론을 하고, 아이디어를 실험할 수 있는 파트너들이다. 많은 아이디어가 실패할 수 있으며, 의료 관련 테스트를 통과하지 못할 수도 있다. 그러면 이를 추구하지 않는다"라고 덧붙였다. IBM은 또 지난 10월 런칭된 ARC(Australian Research Council)의 의료 기술용 인지 컴퓨팅 트레이닝 센터의 핵심 파트너 중 하나이다. 마릴스는 "우리에게는 균형이 필요하다. 우리는 과학계가 우리에 대해 알고, 우리가 과학계에 대해 아는 것을 원한다. 그러려면 논문을 써야 하고, 대화의 일부가 되어야 한다"라고 말했다.

전 세계적으로 IBM 리서치는 과거보다 훨씬 더 개방적인 연구기관이 되었다. 최근에는 AI 공동체가 더 나은 시스템을 개발할 수 있도록 100만 개의 사람 얼굴 이미지 주석에 대한 데이터세트를 공개했다. 이 회사는 이와 관련, "우리는 혼자서는 성과를 낼 수 없다고 믿는다"라고 밝혔다. 마릴스는 "반드시 제휴가 필요하다. 특히 AI 세계에서는 '필수'이다"라고 강조했다. 기업, 다른 연구기관과의 협력은 연구소가 연구를 더 집중할 수 있도록 도와준다. 마릴스는 "초창기에는 수많은 아이디어를 착안하고도, 단 한 개도 실현시키지 못했다. 그러나 지금은 초점을 옮겨, 더 나은 행위자가 되는 방식, 생태계에 더 큰 영향을 초래하는 방식에 초점을 맞추고 있다"라고 말했다.

보다 최근에는 이런 공유가 IBM은 물론 전체 연구 공동체에 큰 이익이 된다는 증거가 나타나고 있다. 본 카렐은 "돌파구적 혁신이 아닌 등산이나 계단을 오르는 방식으로 접근하고 있다. 지식을 구축하고, 이를 공개하고, 특허를 획득한다. 이런 방식으로 하나씩 계단을 오르는 것이다. 계단을 오르기 위해서는 많은 지식이 필요하다. 돌파구적 혁신은 단 하나의 조직이 이룰 수 있는 것이 아니다. 특정분야에 기여하면서, 학습한 모든 것을 활용해 달성한다. 특허를 내고 공개를 한다. 이를 바탕으로 발전을 한다. 스스로를 향상시키고, 다른 이들을 장려해 돌파구적 혁신을 달성하려 시도하는 것이다"라고 말했다. (CIO Korea, 2019.2.11)

2 기술혁신의 이해

기업은 기술혁신을 통해 신상품을 개발하고, 이를 통해 고객의 가치를 혁신한다. 기술경영의 주된 임무 중 하나는 기업에서의 기술혁신을 체계적으로 관리하는 것이다. 따라서 기술경영을 위해서는 기술혁신을 이해하는 것이 중요하다.

기술혁신의 구분

제품혁신과 프로세스 혁신

'제품혁신'은 기업의 산출물에 관련된 혁신이다. 제조업체에서는 제조된 물품이 제품이 되고, 서비스업체에서는 산출된 서비스가 제품이 된다. 제조업체인 삼성전자의 D-RAM 반도체의 용량 혁신이나 서비스업체인 SKT의 5세대(5G) 이동통신 서비스 등이 각각의 제품혁신의 예가 된다. 반면에 '프로세스 혁신'이란 기업이 산출물을 만들거나 제공하는 방법에 대한 혁신을 말한다. 제품생산을 위한 생산공정이나 마케팅 기법 같은 것이 프로세스의 예가 된다. 프로세스 혁신은 생산의 효율성이나 경제성을 높이기 위해 사용되는 경우가 많다. 도요타 자동차가 각종 부품을 창고에 충분히 보관하고 생산하던 방식을 버리고 필요한 시기에 필요한 만큼만 공급받아 재고를 줄이는 JIT(Just In Time) 방식을 도입한 것은 프로세스 혁신의 예가 된다.

제품혁신과 프로세스 혁신은 서로 연관이 있다. 새로운 공정 프로세스는 새로운 제품의 생산을 가능하게 한다. 예를 들어 새로운 합금을 생산하는 프로세스 혁신이 자전거의 체인을 만들 수 있게 하였고, 자전거 체인이라는 새로운 제품은 자전거 기어라는 새로운 제품과 결합하여 지금 우리가 사용하는 기어식 자전거라는 제품혁신을 가능하게 하였다. 반대로 신제품의 개발을 통한 제품혁신이 프로세스 혁신을 야기하기도 한다. 컴퓨터라는 신제품의 출현을 통해 컴퓨터 통합 생산이라는 생산 프로세스가 새롭게 개발되었다. 또한 한 기업에서의 제품혁신이 다른 기업에게는 프로세스 혁신이 될 수도 있다. 유통 서비스 회사인 아마존이 자사의 책을 주문한 고객에게 드론을 활용하여 배달 서비스를 제공하는 것은 아마존에게는 제품혁신이지만, 다른 제조회사가 아마존과 계약을 맺고 이를 자신들의 제품 배달에 사용한다면 이 회사에게는 프로세스 혁신이 된다.

급진적 혁신과 점진적 혁신

혁신의 내용이 현존하는 기술과 얼마나 다르냐에 따라 급진적 혁신과 점진적 혁신으로 나눌 수 있다. 즉, 급진적 혁신이란 현존하는 기술에 대해 새로움과 다름의 정도가 매우 큰 것이고, 점진적 혁신은 정도가 상대적으로 작은 것이다. 새롭고 다르다는 것을 전 세계적으로 새로움이나 다름으로 분류하느냐, 동종

산업에만 적용하느냐, 이를 수용하는 사업단위에만 새롭고 다르냐로 나누어 볼 수도 있다.

급진적인 혁신은 1973년 모토로라가 최초로 손으로 들 수 있는 크기의 휴대폰을 개발한 때와 같이 기존 기술과 확연히 다르거나 전혀 새로운 기술이 구현된 혁신의 경우이다. 점진적인 혁신은 이미 다른 기업이나 산업에 알려져 있거나 기존 기술에 대해 작은 변화를 더한 경우가 된다. 예를 들면, 기존 휴대폰 제품에 터치스크린 기능을 더하거나 이동통신 서비스에 커플제 요금할인 프로세스를 추가하는 경우는 점진적인 혁신의 예이다.

혁신의 급진성을 위험의 관점에서 살펴볼 수도 있다. 급진적 혁신은 새로운 지식을 포함하고 있으므로 기업이나 고객은 모두 상대적으로 드물게 경험한다. 예를 들어 디지털 이동통신은 아날로그 이동통신 내의 혁신과 비교해서는 급진적 혁신으로, 이러한 급진적 혁신을 수행하면 그 결과는 성공이든 실패이든 큰 결과를 가져올 것이다. 따라서 급진적 혁신은 더 큰 효과와 위험을 내포한다.

한편 급진적 혁신과 점진적 혁신의 개념은 시간이나 혁신의 주체에 대해 상대적인 개념이다. 초기에 PC를 생산하는 것은 급진적 혁신이었지만 현재는 점진적 혁신에 불과하다. 비슷한 성능의 디지털카메라를 생산하는 Kodak과 삼성전자 각각에게 디지털카메라의 제품혁신 정도는 다르다. 즉, Kodak의 경우 아날로그 카메라에서 디지털카메라로의 급진적인 혁신이지만, 삼성전자의 경우 디지털 멀티미디어 기술을 구현하는 새로운 단말 상품을 하나 추가하는 점진적인 혁신이다.

구조혁신과 부품혁신

현대의 제품과 서비스들은 보통 계층적인 시스템 구조를 이루고 있다. 즉, 전체 제품은 시스템을 구성하고, 이들은 부분품을 이루며, 부분품은 다시 부품으로 분해될 수 있다. 예를 들면 자동차는 엔진, 섀시, 완충장치, 실내장치, 제어장치 등으로 이루어져 있고, 엔진은 다시 실린더, 피스톤, 축 등으로 구성된다. 이와 같이 시스템을 이루는 제품이나 서비스에 대해 혁신이 부분품이나 부품의 수준에 미치면 '부품혁신'(또는 모듈러(Modular)혁신)이고, 전체 시스템 부품의 결합구조에 영향을 미치면 '구조혁신'이다. 예를 들어 선풍기의 회전 날개를 4개에서 3개로 개선한 경우는 부품혁신이고, 영국의 가전기업인 Dyson이 2009년 회전날개 없이 바람을 밀어내는 방식의 선풍기를 만든 경우는 구조혁신이다.

그림 7-1

부품혁신과 구조혁신의 예

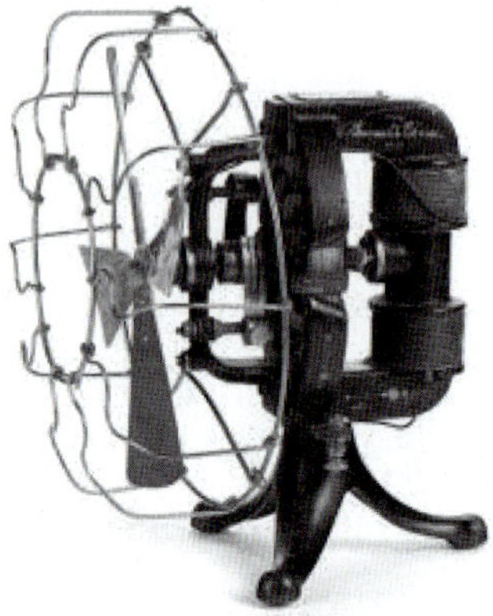

1882년 최초의 Edison 선풍기

2009년 Dyson 선풍기

구조혁신은 보통 부품혁신을 동반한다. 전기 자동차를 만들면 내연기관 엔진이 해야 될 기능을 발전기, 모터, 축전기 등이 수행하게 되며, 이들을 구성하는 부품들이 기존의 휘발유 자동차와는 다르므로 거의 모두 새로 개발되어야 한다. 부품혁신을 추진하는 기업은 그 부품에 대한 지식과 기술만 확보하면 충분하지만, 구조혁신을 수행하는 기업은 전체적인 변화를 진행할 지식과 기술을 이해하고 확보해야 한다.

[그림 7-1]은 부품혁신과 구조혁신의 예를 보여준다.

기술혁신의 패턴

기술수준의 진보와 기술이 시장에서 받아들여지는 수용(또는 전파, 확산)은 모두 S자 모양의 곡선(S-커브)으로 나타난다고 알려져 있다. 기술수준의 진보를 나타내는 S-커브와 기술수용의 S-커브는 서로 상관관계가 있다. 기술수준의 진보가 시장수용을 빠르게 만들기도 하고, 반대로 시장수용이 빨라지면서 기술수준의 진보를 촉진하기도 한다.

기술수준의 S-커브

가로축을 기술개발에 투자한 돈 또는 노력으로 놓고 세로축을 기술수준이라고 하여 기술수준의 변화를 그래프로 그리면, 기술수준의 진보가 S-커브 형태를

그림 7-2
기술수준의 S-커브

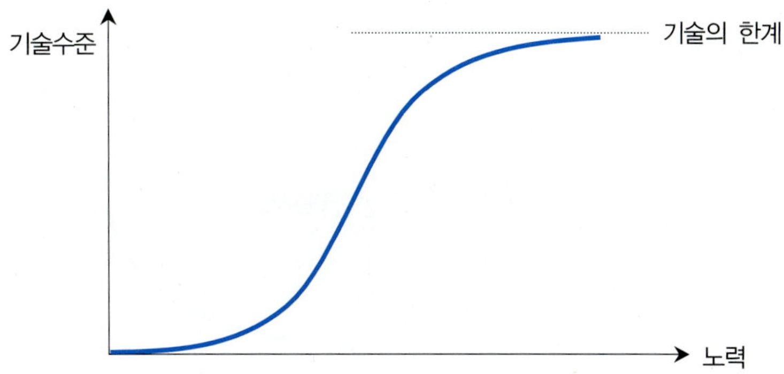

나타내는 경우가 많다. 즉, [그림 7-2]에서처럼 처음 얼마간은 기술수준이 느리게 진보되는 모습을 보인다. 그러다가 어느 순간 그 수준이 급속도로 진보되고, 얼마 후 다시 그 정도가 감소된다. 기술의 처음 단계에서 수준의 진보가 느리게 진행되는 것은 그 기술의 기초가 충분히 이해되거나 파악되지 않았기 때문이다. 또한 기술을 진보시키는 다른 경로를 발견하거나 기술진보의 동인을 찾는 것이 쉽지 않으므로 초기에 매우 많은 노력이 투자되어야 하고 따라서 기술수준의 증가추세는 완만하다. 그러나 과학자와 기술자들이 그 기술에 대해 충분히 연구를 수행한 후에는 새로운 동인이나 경로를 발견하게 되고, 이에 따라 그 기술의 수준은 급속도로 발전한다. 이후 개발자들은 자신들의 노력과 비교하여 최대 수준의 결과를 기대하면서 지속적으로 연구개발의 노력을 투입한다. 그러나 다시 어느 순간 그 진보의 속도가 감소하고 기술의 한계점에 다다르며, 기술의 수준을 나타내는 곡선은 평평한 기울기를 갖게 된다.

모든 기술이 자신의 한계에 다다를 수 있는 기회를 갖지 못할 수도 있다. 이는 그 기술이 자신의 한계에 도달하기 이전에 다른 새로운 기술이 출현하여 기존 기술을 진부화시킬 수 있기 때문이다. 파괴적 기술(disruptive technology)이란 종전과는 전혀 다른 새로운 지식을 기반으로 하여 기존 기술과는 연결되지 않으면서 시장의 요구를 만족시켜 기존 기술을 대체하는 기술이다.

[그림 7-3]에서 보듯이 카메라 시장에서 필름기술의 수준 향상이 진행되다가 아직 한계에 다다르지 않았었지만, 파괴적 기술인 디지털 사진 기술이 등장하여 필름 카메라 기술을 대체한 바 있다. 카세트테이프 레코딩 기술이 콤팩트디스크(CD) 기술에 의해 진부화되는 것도 파괴적 기술의 출현 예이다. 이와 같이 파괴적 기술은 초기에는 기존 기술보다 성능수준이 더 낮은 경우가 많다.

그림 7-3

파괴적 기술의 예

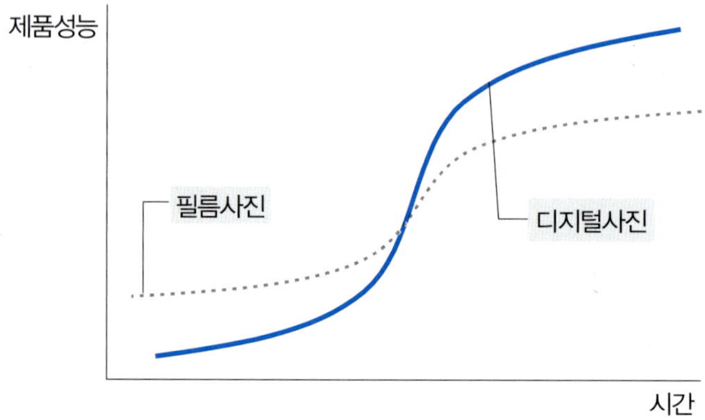

자동차의 경우도 1886년 칼 벤츠가 가솔린 엔진을 장착한 자동차를 발명했을 때 최고속도가 시속 16km 정도로 말보다도 느렸으면서도 조작하기가 어려워 상업화되기 어려웠다. 그러나 지속적 기술개량에 의해 1920년대에 접어들면 마차를 대체하는 파괴적 기술이 된다. 이와 같이 어떤 새로운 기술이 개선에 의해 기존 기술의 수준을 능가하는 경우에는 새로운 기술이 파괴적 기술로 등장하여 종래의 기술은 정점에 다다르지도 못한 채 대체된다.

더 알아봅시다 **"죽은" 회사들이 들려주는 파괴적 기술 이야기**

블록버스터(Blockbuster), 노키아(Nokia), 코닥(Kodak). 이들 회사의 공통점이 뭔지 알고 있을 것이다. 결코 따라가고 싶지 않은 발자취를 남긴 회사들이다. 한때 시장을 선도했다가, 파괴적 기술의 '먹이'가 되어버린 회사들이다. 어느 기업이든 파괴적 기술에 적절히 대처할 많은 시간을 갖는다. 그럼에도 불구하고 실패를 하는 기업이 많은 이유는 뭘까? 회사가 이런 운명을 피하려면 어떻게 해야 할까? 필자는 이 문제를 탐구해 왔고, 최근 한 컨퍼런스에서 핵심사업 분야의 파괴적 기술에 제대로 대처하지 못한 기업들이 알려주는 역사적 교훈을 주제로 이야기를 하기도 했다.

필자는 파괴적 기술과 여기에 부적절하게 대처해 무너져버린 기업에 관한 많은 자료를 읽었다. 또 몇몇 경영진에게 파괴적인 기술의 영향을 받은 조직들과 이들 조직의 대응에 대한 생각을 묻는 등 독자적인 연구를 진행했다. 그리고 이를 통해 두 가지 식견을 얻었다. 첫째, 파괴적 기술은 '핫'한 연구 주제라는 점이다. 둘째, 기업들이 블록버스터, 노키아, 코닥의 전철을 밟지 않도록 만들어주는 '강력하지만 합리적인 가격의' 예방책이 있다는 점이다.

필자는 파괴적 기술에 관한 책 몇 권을 즐겨 언급한다. 그러나 그 전에 필자가 참석해 발표를 하는 컨퍼런스인 플라이트 트레이닝 인더스트리 & 디자인 컨퍼런스(Flight Training Industry and Design Conference), 이른바 '마이그레이션(Migration)' 컨퍼런스에 대해 이야기하고자 한다. 대다수 컨퍼런스는 '베스트 프랙티스'에 초점을 맞춘다. 분명히 그럴 가치가 있다. 그러나 누구나 따르고 싶지 않을 실수를 생각하는 것에 더 큰 가치가 있다. 우리 모두 파괴적 기술에 영향을 받을 수 있다. 파괴적 기술을 대비하기 위해서는 경쟁자들이 주도한 파괴적 기술에 부적절하게 대처했던 기업의 경영을 자세히 분석해 볼 필요가 있다.

필자가 읽은 책들에는 이런 자세한 분석 방법 일부가 소개되어 있다. 파괴적 기술에 관한 사고를 넓힌 책을 집필한 저자 중 한 명인 빈센트 바라바는 파괴적 기술에 가장 부적절하게 대응한 회사들에 근무했던 인물이다. 그는 디지털 사진이라는 파괴적 기술에 의해 파괴된 코닥에서 시장 정보 부문을 책임졌었고, 마우스와 레이저 프린터, 그래픽 사용자 인터페이스(GUI) 등을 개발했지만 상업화에는 실패한 제록스(Xerox)에서는 시장 조사를 관장했으며, 제너럴 모터스(General Motors)의 전략 책임자로 근무했었다. 그가 쓴 〈의사결정 직기(織機) : 인터랙티브한 의사결정 기획(The Decision Loom : A Design for Interactive Decision-Making in Organizations)〉이라는 책에는 많은 사례와 교훈이 들어 있다.

제프리 무어 또한 파괴적 기술의 전문가이다. 그는 〈탈출 속도 : 과거에 발목을 잡히지 않는 기업의 미래(Escape Velocity : Free Your Company's Future from the Pull of the Past)〉라는 책에서 파괴적인 기술에 제대로 대처하지 못한 기업들로 Sperry Univac, Honeywell, Control Data, Digital Equipment Corp., Wang, Data General, Prime, Kodak, Polaroid, Lucent, Nortel, Compaq, Gateway, Lotus, Ashton Tate, Borland, Novell, Nokia, Tower Records, Borders, Barnes & Noble, Blockbuster를 지목했다.

필자가 여러 책을 읽고 발견한 놀라운 사실 중 하나는 파괴적 기술에 무너진 회사들이 파괴적 기술을 인식하지 못한 것은 아니라는 점이다. 파괴적 기술은 소리를 죽여 몰래 다가오지 않는다. 요란스러운 소리를 내며 '희생양'에 접근을 한다. Computer World 등 언론은 새롭게 부상하는 신기술 소개에 큰 역할을 한다. 사실 기술의 미래는 충분히 예측할 수 있다. 대다수의 최고위층 경영진은 기업과 기술이 나아가는 방향을 안다고 확신하는 경향이 있다.

실제로 코닥도 디지털 사진이라는 기술을 잘 알고 있었다. 아니, 알고 있는 정도가 아니라 이를 발명한 회사이다. 1975년, 첫 디지털카메라를 발명한 코닥의 엔지니어 스티브 새슨은 당시 기업 경영진이 "근사하기는 한데 다른 사람에게는 말하지 마세요"라는 반응을 보였다고 회고한다. 다시 말해, 코닥의 경영진은 디지털카메라를 알고 있었지만, 이를 수용하지 않았다는 의미이다. 따라서 파괴적 기술이 등장하면 우선 "우리 회사 경영진의 사고방식은 얼마나 개방적일까?", "경영진이 귀를 기울일 목소리는 뭘까?"라는 질문을 해야 한다. 또 파괴적 기술의 시대에 대처할 리더십을 갖고 있는지 물어야 한다. 다시 코닥의 사례를 살펴보자. 콜비 챈들러 CEO가 은퇴한 1989년, 코닥의 이사회는 기업이 나아갈 방향을 바꿀 기회를 갖고 있었다. 두 사람이 CEO 후보로 최종 물망에 올랐다. 디지털 기술에 대한 감각이 뛰어났던 필 샘퍼와 30년간 몸담았던 정통 필름 산업의 대변자인 케이 휘트모어였다. 그리고 이사회는 휘트모어를 선택했다.

파괴적 기술에 부적절하게 대응한 많은 기업 사례가 알려주는 사실 하나는 파괴적 기술은 그냥 발생하는 것이 아니라는 점이다. 파괴적 기술은 진화를 한다. 기술이 파괴적이 되기 이전에 무언가 행동을 할 기회가 있다는 의미이다. 코닥은 10년이 넘는 기회를 가졌었다. 그러나 그동안 디지털 사진이라는 파괴적 기술에 대처하지 못했다. 당신에게는 얼마나 오랜 기간이 주어질까? (IT World, 2014.11.26)

기술전파의 S-커브

기술의 시장전파에도 S-커브가 등장한다. 기술 시장전파의 S-커브는 가로축을 시간으로 하고 세로축을 기술 수용자의 누적으로 한다. 시간의 흐름에 따라 기술 수용자가 S-커브로 성장하게 되는 이유는 다음과 같다. 신기술이 처음에 시장에 소개되면 친숙하지 않기 때문에 소비자들은 천천히 받아들인다. 그 기술에 대한 이해가 높아지면, 널리 퍼지면서 수용도가 빠르게 증가한다. 이후에 시간이 더 흘러 시장이 포화되면 그 성장률이 줄어들게 되고 S-커브의 평평한 성장추세가 나타나게 된다. 컴퓨터의 경우 초기에 극소수의 과학자나 기술자들이 사용하다가 회계사, 은행원들로 시장이 확대되고, 학생과 일반 대중이라

그림 7-4 기술전파의 S-커브와 수용도에 따른 고객 구분

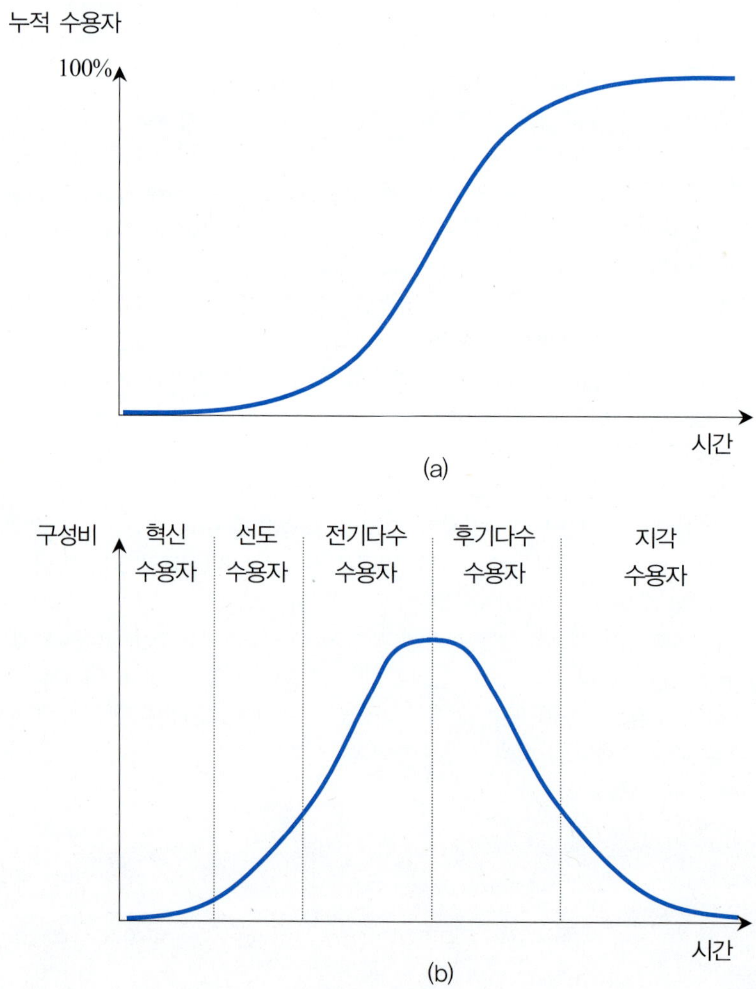

는 큰 시장으로 확산되었다가 이후에는 포화상태가 된 것이 그 예이다.

기술의 시장전파에 있어 S-커브의 성장추세는 그 기술 자체의 속성이나 고객의 만족도가 중요하지만, "기술의 유용성에 관한 정보가 얼마나 빨리 전파되는지", "기술의 유용성을 경험하기가 쉬운지", "보완재가 필요한지", "네트워크 외부성이 있는지" 등 기술 이외의 요소들도 영향을 미친다.

기술전파에서의 S-커브는 기술의 수용과 관련하여 고객을 '혁신수용자', '선도수용자', '전기다수 수용자', '후기다수 수용자', '지각수용자' 등 다섯 개의 집단으로 구분하여 살펴본 Rogers의 수용자 집단 이론과 연결된다. [그림 7-4]에서 그림 (a)는 세로축을 누적 수용자로 그린 전형적인 기술전파의 S-커브이고, 그림 (b)는 세로축이 단위기간에 발생한 수용자의 구성비율이다.

지배적 디자인

기술혁신을 거쳐 개발된 선구적 제품이 시장에 등장하면 많은 사업가들이 모방한 제품을 가지고 시장에 진입하여 경쟁구도가 형성된다. 이러한 태동기에는 어떠한 제품도 소비자의 요구에 완벽히 대응하지 못하고 생산과 유통에서 최고의 경제성이나 효율성을 달성하지 못한다. 그러나 유동기를 거치면서 생산자와 소비자 모두가 학습과 혁신을 수행하게 되고, 이에 따라 점차적으로 지배적 디자인이 나타나게 된다.

이때 지배적 디자인(dominant design)이란 시장에서 소비자들이 가장 선호하는 제품으로, 다른 기업들이 점유율을 확대하기 이전에 소비자들의 높은 호응을 받아 가장 높은 점유율을 확보하면서 다른 제품들이 사양과 특성을 유사하게 모방하도록 하는[4] 제품을 말한다. 퍼스널 컴퓨터 시장에서의 IBM PC, 자동차산업에서의 Ford Model-T, 백열전구의 경우는 Edison의 탄소 필라멘트 백열전구, 타자기의 경우는 Underwood의 Model-5 등이 대표적인 지배적 디자인이다.

---

4) 경쟁자들이 더 이상 새로운 기능이나 특성을 시험하지 않고 지배적 제품의 디자인을 추종하는 현상을 '디자인의 동결'이라고 부른다.

더 알아봅시다 **지배적 디자인 : T-모델**

자동차 제조업은 자전거에서 출발하였다. 자전거는 철강산업의 혁신으로 저렴한 철강을 확보하고 도시의 도로 포장, 타이어를 위한 천연고무의 경화처리기술 개발 등 자전거 운행을 위한 사회적·기술적 환경과 보조재의 발전에 따라 1880년대에 등장한 혁신제품이었다. 자전거의 철강 몸체 구조에 엔진을 얹어 사람의 힘이 아닌 자동화된 동력장치를 통한 이동수단의 발명이 자동차의 발명이 된다. 초기에 엔진으로 시도된 것들은 스팀엔진, 나무연료, 전기모터와 배터리, 가솔린 내연기관 등이다.

1896년 Oldsmobile에 의해 최초로 개별 설계가 아닌 13대의 자동차에 대한 일괄 설계 및 생산이 이루어지고, 1902년 가솔린 엔진 자동차가 시카고의 경주에서 전기와 스팀 자동차를 이겨 가솔린 엔진이 자동차 엔진의 기술적 선택이 된다.

헨리 포드는 당시 미국인구의 절반이 농촌에 살고 농촌의 비포장도로에서는 기존 자동차들이 튼튼하지 못한 것이 문제점임을 간파하였다. 자동차 경주에서 부서진 프랑스제 자동차를 연구하여 프랑스 자동차가 바나듐 강철을 이용하며 이는 미국의 강철보다 2배 이상 강하다는 것을 알아내었다. 포드는 바나듐 강철로 만든 섀시를 사용하고, 엔진을 종전과는 다르게 전면에 부착하는 한편, 볼트 고정 대신 고무로 고정시켜 자동차의 찌그러짐을 막고, 배터리가 필요 없는 magneto ignition을 사용하며 뒷바퀴의 Drive-Shaft Powering을 통해 자전거 체인을 제거한 T-모델의 개발에 성공하였다. T-모델은 이후 50여년간 자동차 업계의 자동차 설계 개념을 지배한 지배적 디자인이 되었다.

하나의 지배적 디자인의 등장에 영향을 미치는 요소는 다양하다. 그러나 기술적 우월성이나 사용의 편리성 같은 단일 사실에만 의존하는 것이 아니라 보완재의 유무, 전통적 사용에 따른 관성, 표준 전쟁의 전개, 호환성, 소비자의 브랜드 및 미적 기호도, 산업규제와 정부시책 등 다양한 이유가 복합적으로 작용한다. 특히 이와 같은 지배적 디자인의 등장은 일회적인 결정이나 경쟁으로 결정되는 것이 아니라 기술, 상품이 경험하는 경로의존성을 갖게 된다. 지배적 디자인의 등장 이후 기술혁신은 제품의 점진적인 혁신과 제품의 혁신에서 공정의 혁신으로 혁신의 축이 옮겨가는 현상이 나타난다.

이러한 이론들을 종합하여 기술의 수명을 [그림 7-5]처럼 두 단계로 설명할 수 있다. '유동기'(fluid phase)는 기술과 시장에 관한 불확실성이 큰 시기로 기업들은 다양한 방식의 제품혁신을 시도하여 새로운 기술과 상품의 개발 및 상업화를 추구한다. 결국 제조자와 소비자는 몇몇의 바람직한 제품형태로 수렴하게 되고, 마침내 지배적 디자인이 출현한다. 지배적 디자인이 등장한 후의 시기는 '경화기'(specific phase)라고 불린다. 경화기에 지배적 디자인은 안정적인 구조로 발전되어 있으므로, 기업들은 이러한 지배적 디자인의 제품을 생산하

그림 7-5
기술의 사이클

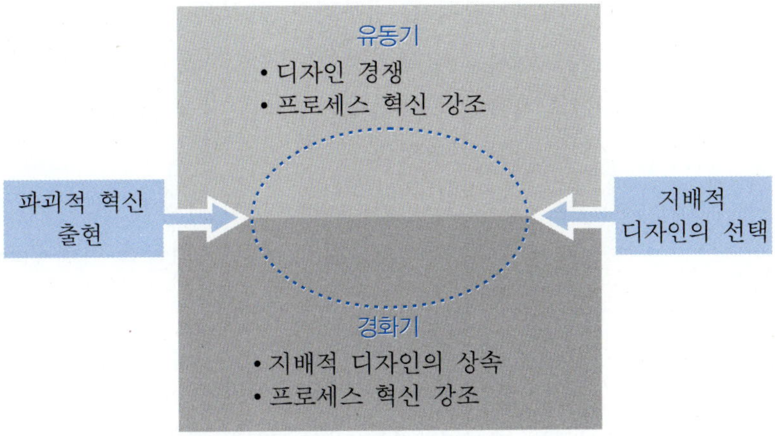

기 위해 프로세스 혁신에 초점을 맞추고 제품혁신에 관련해서는 지배적 디자인의 범위 안에서 점진적인 변화만을 추구한다. 이와 같은 기술단계는 일회적으로 끝나지 않고 사이클을 이룬다. 즉, 기술의 사이클을 '배양기'(era of ferment)와 '점진적 개선의 시기'(era of incremental change)로 구분할 수 있다. 배양기(또는 유동기)에서 점진적 개선의 시기(또는 경화기)로 변화하게 되는 것은 지배적 디자인의 출현이며, 점진적 개선의 시기로 끝나는 것이 아니라 새로운 파괴적 기술이 출현하면서 다시 새로운 기술의 배양기가 시작된다.

3 기술기획 : 기술의 전망과 선택

기술기획의 절차와 환경 및 역량 분석

기술기획은 ① 기업의 외부환경과 내부역량을 분석하고, ② 기술이 어떻게 변화하고 있는지를 전망하며, ③ 어떤 기술을 확보해야 하는지를 결정하고, ④ 필요한 기술을 어떻게 확보해야 될지를 결정하는 절차이다.

① 외부환경과 내부역량 분석은 어떤 환경(know-where)에서 어떤 자원을 가지고 경쟁전략을 세우는지를 결정한다.
② 기술변화의 전망은 미래전망을 통해 언제(know-when) 기술을 확보하는지를 결정한다.
③ 기술결정은 어떤(know-what) 기술을 선택하여 확보하는지를 결정한다.
④ 기술확보수단 결정은 필요한 기술을 어떻게(know-how) 확보하는지를 결정한다.

기술을 기획하는 일 중 가장 먼저 수행해야 하는 것은 기업의 외부환경을 분석하는 것이다. 이는 정치, 경제, 산업, 문화, 사회, 국제적 환경을 분석하고 이것이 기업에 미칠 영향을 판별하는 일이다. 또한 기업 자체가 내부에 보유한 역량, 자원, 능력 등을 분석하는 일도 같이 수행해야 한다.[5)]

기술전망

외부환경과 내부역량 분석을 통해 기술환경과 기술역량이 분석될 수 있더라도, 기술 자체는 현재의 상황만 분석하는 것이 아니라 미래를 전망해야 한다. 이때 기술을 전망하는 것은 기술에 대한 독자적인 예측이나 예견보다는 기업환경과 시장의 변화에 대한 전망을 토대로 기술이 왜 필요한지를 인식해 나가는 절차로 수행되어야 한다. 따라서 시장과 기술의 전망과 함께 기술정보 수립, 기술의 동향 분석과 이들을 고객 니즈에 연결하는 절차가 포함된다. 구체적인 방법론으로는 기술예측, 기술예견, Technology Intelligence, 기술 모니터링 등 다양한 방법이 있다.

기술예측

예측(forecasting)이란 "이용가능한 자료를 합리적이고 과학적인 방법으로 분석하여 미래의 사건, 조건 또는 상황을 전망하는 작업"이다. 즉 실증적인 자료를

5) 이 부분은 기술기획만을 위한 독창적인 방법이 있는 것이 아니라 일반적인 경영전략 수립이나 경영기획에서 사용하는 환경분석과 역량분석의 방법론을 사용할 수 있다. 본서의 제5장에서는 경영전략 수립을 위한 환경분석과 역량분석을 다루고 있다.

사용하고 과학적인 방법론이 있을 때 예측이 가능하다. 기술예측은 예측의 대상이 기술의 속성이나 기술적 사건이 되므로 기술의 특성과 기능에 대한 미래의 합리적이고 과학적인 전망이다. 기술예측을 통해 시간의 흐름에 따라 어떤 기술이 나타나고 특정분야의 기술이 어떤 특성과 수준으로 언제 나타날 것인지에 대해 전망할 수 있다.

기술예측의 방법론에는 정성적 방법, 정량적 방법, 실험적 방법 등이 있다. 정성적 방법으로는 인터뷰 방법, 설문조사 방법, 전문가집단 투표 방법, 델파이 방법 등이 있으며, 정량적 방법으로는 성장곡선 모형, 대체곡선 모형, 추세외삽 모형, 상관관계 분석 등이 있다. 실험적 방법은 시뮬레이션 기법으로 상호영향 분석 시뮬레이션, 시스템 다이내믹스 시뮬레이션 등이 있다.

더 알아봅시다 **기술확산과 그 예측**

기술확산은 시간의 흐름에 따라 신기술이 널리 퍼져 나가거나 채택의 폭이 증가하는 것을 의미한다. 기술확산 예측은 이와 같은 기술확산의 크기와 속도를 모형을 사용하여 정량적으로 추정하는 것이다. 확산 예측모형의 유형은 곡선적합(curve fitting), 실험적 시뮬레이션으로 크게 나누어 살펴볼 수 있다. 곡선적합의 방법 중 단일 기술의 확산에 사용되는 Gompertz 모형 또는 Logistics 모형과 같은 S-커브 기반 방법은 기술의 확산 정도를 단일 시계열 자료에 적합시키므로 기술예측에서 사용되는 모형과 방법이 그대로 사용된다. 기술확산의 커뮤니케이션 채널의 가정에 기반한 Bass 모형과 복수의 기술의 경쟁을 반영하는 Lotka-Voltera 모형 등은 단일기술의 확산과는 달리 경쟁이나 마케팅 영향 등을 감안하므로 현실적 시장환경에서의 기술확산에 더 적합한 모형이다. 기술확산을 위한 실험적 시뮬레이션 방법으로는 시스템 다이내믹스나 행위자 기반의 복잡계 모형 등이 사용될 수 있다.

기술예견

기술예견(technology foresight)은 기술예측과는 달리 전략적 기술분야나 유망 기술분야의 발굴을 위해 장기적인 미래를 체계적으로 조사하는 과정을 의미한다. 미래에 대한 체계적인 조사라는 점에서는 기술예측과 비슷하지만 기술예견이 상대적으로 범위는 더 넓고 방법론적으로는 정량적이기보다는 정성적이고 전략적인 방법을 더 많이 사용한다. 즉, 기술예견은 기술예측과는 달리 미래를 정확하게 예상하고 측정할 수 있는 것이 아니라 예측하는 현재의 이해당사자들이 미래에 영향을 미칠 수 있는 존재이므로 기술예견을 통해 미래에 대한 정책적 결정에 대한 합의를 이끄는 것을 더 강조한다.

기술예견의 방법론 중 대표적인 방법이 시나리오 분석법이다. 시나리오 분석법은 제2차 세계대전 중 미국이 전쟁의 전략 연구법으로 고안한 것으로, 이 연구에 참여하였던 허만 칸이 1960년대 기업경영전략 수립방법의 하나로 응용하고 1970년대 정유회사인 로열 더치 쉘(Royal Dutch Shell)에서 다양한 상황변화에 따른 석유가격의 예측과 대응을 위해 사용되었다. 최근에는 시나리오 분석법을 사용하여 다양한 참여자들이 참여하여 기술관련 예견뿐만 아니라 다양한 국가별, 산업별, 기업별 관련 주제에 대한 미래 예견들을 수행하고 있다.

기술선택

기술예측, 기술예견 등 기술에 대한 전망을 통해 기술에 관련된 미래의 방향에 대해 객관적 정보를 입수한 후에는 이러한 전망을 바탕으로 기업에 필요한 기술을 결정하는 일이 필요하다.[6] 이를 위해서는 먼저 기술니즈를 분석하고, 목표기술에 대한 세부기술을 선택해야 한다.

기술니즈 분석

기술니즈 분석은 목표기술 달성을 위해 필요한 요소기술을 살펴보는 절차이다. 기술니즈 분석은 보통 '기술 트리'(technology tree) 또는 '기술 네트워크도'(technology network) 등의 도표를 사용하여 목표기술을 이루는 요소기술이나 목표제품을 달성하기 위한 요소기술을 분해하는 '기술체계도' 분석을 통해 수행된다. 기술체계도 분석은 요소기술 간의 상호작용이나 영향을 파악하기 위해 기술을 요소기술로 분해하므로 '기술분해방법'이라고도 불린다.

기술 트리는 기술의 성능과 특성을 기능으로 표현하며 나무를 거꾸로 세운 것과 같은 형태로 가지를 나누는 방법을 사용한다. 이때 기능은 정의하는 대상물의 목적을 나타내는 '명사'와 역할을 나타내는 '타동사'로 결합된 문장의 형식으로 표현된다. 예를 들면 4세대 이동통신기술이 지향하는 "언제 어디

6) 삼성전자의 경우 1987년 4메가 DRAM 생산에서 셀을 작게 만들기 위해 높이 쌓는 stack 방식과 아래로 파고드는 trench 방식의 선택을 두고 고민한 것과, 웨이퍼 크기를 6인치로 하느냐 8인치로 하느냐를 고민한 것(6인치에 비하여 8인치는 생산량이 78% 증가하지만, 투자비용이 35% 증가하고 종전의 시설을 고치는 문제점이 있었다)이 유명한 사례이다.

그림 7-6 기술 트리의 예(휴대폰)

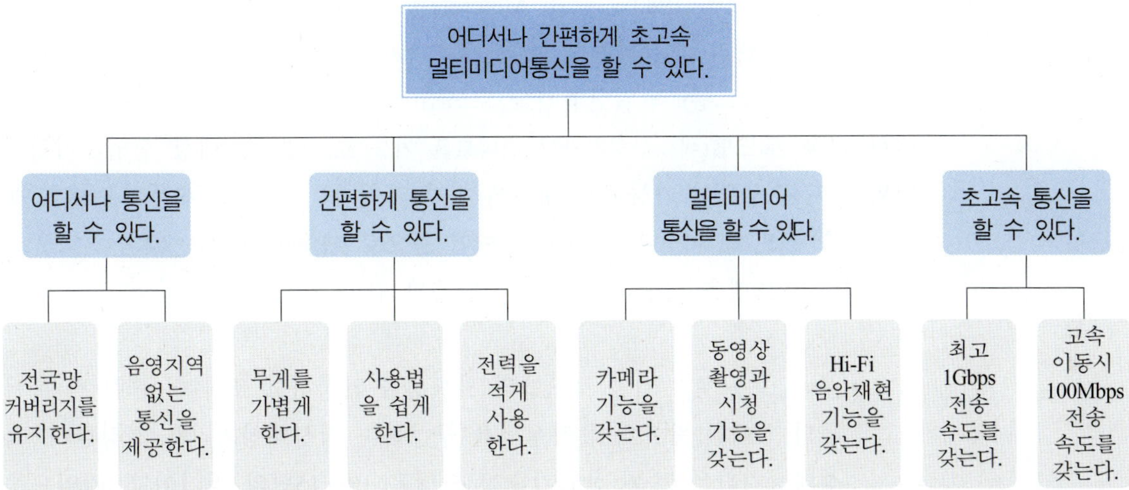

서나 초고속으로 멀티미디어 통신을 할 수 있다"는 것이 전형적인 기능 표현 방식이다. 이때 기능은 단일기능별로 정의되어야 한다. 또한 자동사를 이용한 표현이나 부정적인 표현도 피하는 것이 좋다. 기술 트리의 최상위 부분에는 시장의 니즈가 제시되며, 그 다음 부분은 그 니즈를 만족시키기 위한 기술방식이 제시된다. 이 기술방식을 세부기능별로 나누고 각 기능의 구현방식을 연쇄적으로 전개하면 하나의 기술 트리가 된다. [그림 7-6]은 이동통신 단말기를 위한 기술 트리이다.

기술 로드맵 분석 : 세부기술 선택

목표기술에 대한 세부기술의 선택과 준비에는 보통 기술 로드맵이 사용된다. 기술 로드맵(TRM : Technology Road Map)은 기술기획의 초기단계에 기술의 변화추세를 살펴보고 각각의 세부기술의 상호작용을 파악하여 미래의 기술이 어떠해야 되는지, 어떤 R&D 활동이 언제까지 준비되어야 하는지 등의 규범적인 사실을 기획하기 위해 널리 사용되는 방법이다. 기술 로드맵은 시장, 제품, 요소기술, 개발 프로젝트 등 네 가지 핵심적인 기술경영의 요소를 시간축상에 도표로 그려서 서로 연계시켜 준다. 특히 기술 로드맵은 선택할 세부기술만 결정하는 것이 아니라 이를 준비해야 하는 상대적 시기와 개발 프로젝트도 결정한다. 즉, 기술 로드맵을 통해 세부기술에 대한 필요시기 예측과 함께 이에 대한 기업의 준비태세를 마련할 수 있다.

기술 로드맵은 1980년대 초 Motorola에 의해 처음 개발되어 현재는 거의 모든 산업에 널리 보급되었다. 기술 로드맵은 복수산업에 대한 기술 로드맵(예 : 제조기술 로드맵), 단일산업기술 로드맵(예 : 반도체 기술 로드맵), 개별기업에 대한 기술 로드맵(예 : 삼성전자의 스마트폰 기술 로드맵) 등 대상 산업·기업의 범위에 따른 구분이 가능하고 내용에 따라 과학기술 로드맵, 제품기술 로드맵, 유망기술 로드맵, 이슈관련 기술 로드맵 등으로 나누어 볼 수 있다.

기술 로드맵을 작성하는 단계는 다음과 같다.

- 준비활동단계 : 기술 로드맵의 필요성을 인식하고 조직 내 관련 각 부서들의 참여를 유도하여 작성팀을 구성하며 작성대상기간을 결정한다. 작성대상기간은 보통 산업기술 로드맵은 10~15년의 장기이고, 기업수준에서는 3~5년의 중기가 일반적이다.
- 작성단계 : 기술 로드맵의 구체적인 대상분야를 선정한다. 보통은 제품을 기준으로 작성하지만 제품의 구조가 너무 복잡하면 부품수준에서 선정할 수도 있다. 대상분야에 대해 시장과 고객의 니즈를 토대로 대상분야의 특성과 성능을 결정한다. 가능한 기술대안을 탐색한 후 경제성, 실현시기, 가능성 등의 기준에서 가장 적합한 대안을 선정하고, 이 대안을 수행하기 위한 R&D 프로젝트를 기획한다.
- 후속활동단계 : 작성된 기술 로드맵의 타당성을 검증하고 수정하는 작업을 수행한다. 이 작업은 주기적으로 수행되어야 하는데, 이때 주기는 기술진보와 시장 수용변화 정도 등을 반영하여 결정한다.

더 알아봅시다 **코닥은 정말 기술 트렌드를 외면했을까?**

'필름사업 안주하다 파산' 혹평… 시대 앞서 갔지만 실행력 한계로 좌절

최근 십수 년 동안 급격한 정보통신기술(ICT) 발전이 펼쳐지면서 과거의 영광을 추억으로 남긴 채 몰락하는 낙오기업과 그들을 둘러싼 말잔치는 이제 흔한 풍경이 됐다. 휴대전화 업계의 에릭슨·노키아, 가전 업계의 산요·마쓰시타(파나소닉)·소니 등 여러 업체처럼 말이다. 그러나 역시 뭐니 뭐니 해도 가장 여러 사람의 입에 오르내린 기업은 코닥(Kodak)이다.

2012년 1월 19일 코닥이 전격적인 파산보호 신청과 함께 뉴욕 증시에서 상장폐지됐다는 뉴스는 그야말로 충격이었다. 그 후 2년여 동안 난파선처럼 핵심사업을 포기하고 지난한 구조조정을 거쳐 간신히 2013년 11월 1일 뉴욕 증시에 재상장되긴 했지만 이제는 그저 그런 기업의 하나로 전락했을 뿐이다.

이처럼 기술 트렌드에 뒤처져 몰락한 코닥에 대한 이야기는 너무나 많이 회자돼 재론할 필요가 없을 정도다. 잘 알려져 있다시피 1975년 세계 최초의 디지털카메라를 개발한 주역은 코닥의 엔지니어 스티븐 사슨이었다. 또한 유기발광다이오드(OLED)의 원천기술을 가지고 있었으며 최근까지도 소니의 고급 디지털일안반사식(DSLR) 카메라 등 주요 디지털카메라가 코닥의 CCD 소자를 채용하는 등 디지털 시대에 걸맞은 기술력도 갖고 있었다. 그럼에도 불구하고 사내 마피아 같은 기존 필름사업부의 견제로 디지털사진 시대에 적극적으로 대응하지 못하다가 몰락했다는 레퍼토리다. 그러나 코닥의 몰락을 그저 그렇게 '과거에의 안주', '혁신의 회피'로만 단순화해 설명할 수 있을까. 그렇지 않다. 사실 코닥은 그 누구보다 변화하는 기술 트렌드를 잘 이해하고 있었으며 때로는 놀랄 만큼 그 본질을 간파하고 있었다.

• 디지털 기술 차곡차곡 쌓아가

코닥이 디지털사진의 가능성에 대해 주목하기 시작한 것은 이미 1980년대의 일이었다. 그 계기가 된 사건은 1981년 소니의 전자 카메라 '마비카(Mavica)'의 출시였다. 이 카메라는 사실 디지털카메라가 아닌 아날로그 비디오 촬영기에 더 가까운 것이었지만 코닥은 장차 자사의 주력 제품인 필름 · 영사기 · 인화지 등이 완전히 필요 없는 세상이 도래할 것이라는 걸 직감했다. 그리고 콜비 챈들러 최고경영자(CEO)는 무려 30년 전인 1983년에 비디오와 전자사진 부문을 강화하라는 지시를 내린다.

그 첫 성과물은 1984년에 TDK · 마쓰시타와 함께 내놓은 '코다비전(Kodavision)' 비디오시스템이었다. 그리고 관련 기술 기업 인수 · 합병(M&A)도 적극 추진하며 기술력을 차곡차곡 쌓아나갔다. 1986년에 세계 최초의 전자 이미지 전용 140만 화소 센서를 개발하고 아예 1987년에는 전자사진 부문을 독립 사업부화한 것도 코닥이었다. 제품군도 사진 스캐너, 고성능 프린터, 각종 영상 처리 소프트웨어 등 다양하게 뻗어나갔다.

1990년대 들어 코닥은 디지털 시대에의 대응수위를 더욱 높여 갔다. 1990년에 CEO로 취임한 케이 위트모어는 그 노림수로 '포토CD'를 발표했다. 이것은 기존의 필름으로 찍은 아날로그 사진을 스캐닝해 디지털화, CD로 저장하는 새로운 기술 규격이었다. 포토CD는 코닥에 한때 '신의 한 수'로 여겨졌다. 요즘이야 스마트폰 카메라의 화질로도 과거 일반 필름을 한참 능가할 수준이 됐지만 당시 디지털카메라의 화질은 최고급 전문가형이 아닌 이상 비교가 되지 못했다. 반면 PC는 이미 봇물 터지듯 보급이 확대되고 있었으므로 기존의 필름사진을 디지털화해 이용할 수 있는 매체와 서비스가 긴요한 시점이었다. 더군다나 코닥은 세계 곳곳에 막강한 현상소 네트워크를 갖고 있었다.

코닥은 이와 함께 디지털카메라 시장도 계속 문을 두드렸다. 코닥은 당대 최고의 이미지 센서 기술과 니콘 · 캐논 등 일본 일안반사식(SLR) 카메라 업체들의 보디를 결합해 수만달러짜리 전문가용 DCS(Digital Camera System) 라인업을 전개하기 시작했다. 1994년 미국 월드컵을 전후해 일부 기자들이 찍어대는 코닥 DSLR은 그야말로 선망의 대상이었다.

그러나 이런 코닥의 대응은 머지않아 의도와 다르게 꼬여가기 시작했다. 디지털사진 이용자들을 하나의 거대한 코닥 생태계 속에 가두려고 했던 회심의 그물, 포토CD 사업은 저렴하고 성능이 좋은 대체기술, 즉 JPEG 이미지 압축기술에 의해 무력화됐다. 오늘날에도 이 파일('.jpg')을 흔히 볼 수 있듯이 이 기술은 포토CD와 화질은 큰 차이가 없으면서도 파일을 훨씬 작게 만들 수 있었다.

디지털카메라 사업도 마찬가지였다. 코닥 내부에서 전망이 엇갈렸던 부분은 향후 디지털사진과 기존 필름사진의 공존 구도였다. 일부에서는 디지털사진 기술이 급속도로 발전, 필름사진이 완전히 종언을 고할 것이라는

(결과적으로 정확한) 예측을 내놓았지만 많은 기술 전문가와 특히 필름사업부 쪽에서 디지털사진이 중요하긴 하더라도 성장이 완만히 이뤄져 상당 기간 동안 두 기술이 공존할 것이라고 예측했다. 코닥의 경영진은 이러한 낙관적 시나리오에 입각해 디지털카메라 사업을 하나의 전략적 옵션으로 끌고 갔다.

• 신생기업 등장 · 체력 고갈로 백기

그 사이 일본업체들은 무섭게 보급형 디지털카메라 라인업 확대에 주력했다. 경쟁사 후지필름은 1993년 플래시 메모리를 쓴 최초의 디지털카메라 DS-200F를 출시했고 1995년 카시오는 당시로서는 파격적인 6만 5,000엔에 7만 6,800화소를 갖춘 QV-10으로 대히트를 쳤다. 이어 소니도 잇달아 히트작을 내놓으며 시장점유율 50%에 육박하는 절대강자로 부상했다. 그 사이 코닥은 겨우 구색을 맞출 만한 범작들을 내놓는 데 그쳤다. 1999년까지도 코닥은 미국 디지털카메라 시장에서 점유율 27%로 2위를 수성했지만 이어 올림푸스 · 니콘 · 캐논이 연쇄적으로 시장에 진입하면서 시장 주도권을 상실해 버렸다.

그렇다고 코닥이 그대로 주저앉은 것은 아니었다. 강력한 일본기업에 하드웨어로 정면 승부하기 어렵다는 사실을 직감하자 코닥은 새로운 사업 모델을 구상했다. 1990년대 후반 코닥을 이끈 CEO 조지 피셔는 이에 대응해 그야말로 경쟁의 장을 옮겨 버리고자 했다. 코닥이 꿈꾼 것은 '디지털 이미지 활용 플랫폼 기업'이었다. 디지털카메라로 사진을 찍는 즉시 이 파일을 손쉽게 PC 또는 인터넷 서비스의 저장소로 업로드하고 여기서 사진 편집도 하고 필요하면 가까운 출력소에서 인화하는 종합 서비스 플랫폼을 구상한 것이다.

실제 이런 개념에 입각해 내놓은 '이지셰어(EasyShare)' 구상은 오늘날 실제 디지털사진이 유통되는 모습과 크게 다르지 않았다. 우리는 스마트폰으로 사진을 찍는 즉시 무선 인터넷을 통해 구글이나 여타 온라인 사진 서비스에 그 사진을 전송, 공유하는 시대에 푹 빠져 살고 있다. 그런데 이미 10여 년 전부터 코닥은 그런 아이디어를 현실화하기 위해 고군분투하고 있었다. 코닥이 지리멸렬한 와중에도 그 가치를 발한 특허와 지식자산 가운데 상당 부분은 바로 이 과정에서 나온 것이었다. 코닥이 국내외 전자기업들을 제소한 특허 가운데 하나가 '디지털 이미지를 캡처한 후 이를 e메일로 전송하는 기술'일 정도였으니 말이다. 과거 스티브 잡스가 이러한 원대한 구상을 엿보고 몹시 감명을 받았다고 할 정도로 코닥의 혜안은 놀랄 만한 수준이었다.

코닥의 몰락 스토리는 기술 트렌드를 바라보는 우리에게 근본적인 질문을 던지게 해준다. 과연 트렌드를 정확하게 읽는다고 성공할 수 있을까. 실패한 기업들의 경영자들도 대부분이 대략적인 기술과 산업의 흐름을 놀랄 만큼 그럴듯하게 읽어내고 있었으며 코닥처럼 한참 전부터 대응책을 강구해 온 경우도 비일비재하다. 그럼에도 불구하고 결국 몰락하게 된 것은 그러한 방안을 효과적으로 적시에 실행하는 데 실패했기 때문이며 다른 산업에서 밀려드는 경쟁기업, 참신한 두뇌와 열정을 갖고 시장에 진입하는 신생기업과 정면승부할 체력이 부족했기 때문이었다. 막연히 '아는 것'만으로는 험난한 기술 변화 속의 시장 경쟁을 이겨 나갈 수 없다. 그 이상의 정확한 때를 포착하고 실행하는 능력을 갖추지 않으면 '알고도 당한' 수많은 패자의 전철을 밟을 수밖에 없다는 것을 되새겨야 할 것이다.

(한국경제매거진, 2014.4.7)

4 신상품 개발

신상품의 분류

상품개발이란 기업이 신상품을 개발하여 시장에 출시하는 과정을 말하며 기술경영의 중요한 분야 중 하나이다. 이공계 인력 중 자연과학대학, 공과대학, 생명과학대학 등의 졸업생들은 기업에 취업하면 처음에는 상품개발부서에서 근무하게 될 확률이 매우 높다. 이는 이공계 인력들이 새로운 제품과 서비스를 개발하는 데 필요한 자연과학의 분석적 지식과 실험 실습의 훈련을 갖추었기 때문이다.

신상품을 구분하는 것은 기준에 따라 다양하다. 먼저 소비자 측면에서 성능이나 가치의 혁신 정도에 따라 신상품을 분류하면 다음과 같다.

- 혁신형 신상품 : 이제까지 없었던 성능과 효능, 편리성을 갖는 뛰어난 상품
- 사용성을 크게 개선한 신상품 : 이제까지의 상품 기능과 효능을 개선한 신상품
- 심리가치 개선형 신상품 : 기존 상품의 감각적·심리적 가치를 개선한 상품
- 후발 모방 신상품 : 새로운 점이 무엇인지 뚜렷하지 않고, 시장에 출시된 타 회사의 상품과 유사한 상품

생산기업과 시장 양 측면에서 새로운 정도를 기준으로 신상품을 분류하면 〈표 7-1〉 및 [그림 7-7]과 같이 여섯 가지로 구분이 가능하다.

표 7-1
기업과 시장의 새로움 정도에 따른 신상품 분류

구 분	정의 및 특징
원초적 신상품	새로운 기술과 개념으로 세상에 없던 상품을 개발한 New-to-the World 상품
신상품 계열 (new product line)	타기업의 상품으로 형성된 기존 시장에 자신의 기업이 처음으로 진출하기 위해 출하하는 상품
상품계열 내 신상품	기업이 자신의 기존 상품계열 내에서 자재 변경, 용도 세분화, 사용법의 개선 등을 통해 새로 출시하는 보완적인 상품
Repositioning 신상품	새로운 세분시장이나 틈새시장을 목표로 하는 신상품
원가절감 신상품	동일/유사 성능의 상품을 원가절감을 통해 새로 공급하는 상품
기존 상품 개선상품	자사의 기존 상품을 개량한 상품

그림 7-7
새로움 정도에 따른 신상품 분류

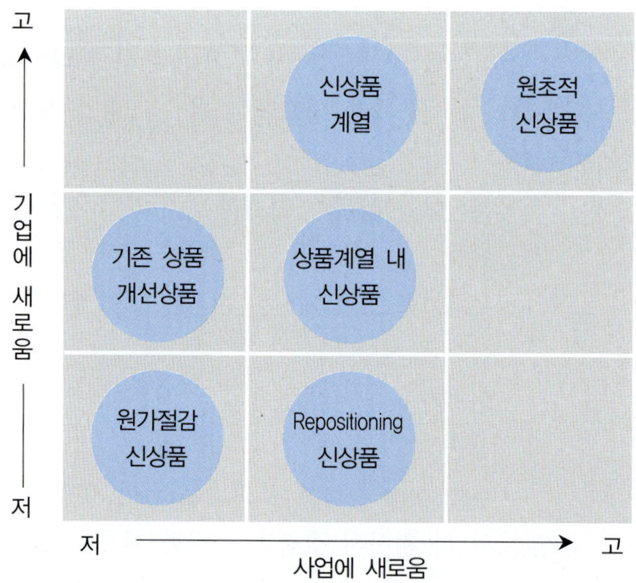

상품 기획/개발의 전략

신상품 개발이란 팔리는 상품을 시장에 내놓는 작업이다. 팔리는 상품은 '상품력'을 갖고 있다고 이야기한다. 상품력은 소비자가 '구매 전에는 갖고 싶다고 생각하게 하는 힘'과 '구매 후에는 구매를 잘했다고 생각하게 하는 힘'을 의미한다. 전자를 보통 상품 콘셉트(concept), 후자를 상품 성능(performance)이라고 한다. 즉, 팔리는 상품이란 상품 콘셉트와 상품 성능이 동시에 높은 상품이다. 상품 콘셉트는 소비자의 수요 욕구를 자극하여 그 상품을 갖고 싶게 만들고 소비자의 초기 구매를 유발시킨다. 한편 상품 성능은 소비자에게 만족을 주어 구매를 잘했다고 생각하게 만들고, 만족된 소비자는 반복구매를 하게 된다. 더 나아가 만족도가 아주 높은 소비자는 다른 사람에게도 구매하도록 충동하고, 소문을 내게 된다.

기업은 시장에서 신상품을 제시하는 상대적 위치에 따라 〈표 7-2〉와 같이 시장 선도기업, 시장 도전기업, 시장 추종기업, 시장 니처기업 등 네 가지 입장의 선택을 통한 상품개발 전략을 사용할 수 있다.

표 7-2
상대적 위치에 따른 신상품 전략

구 분	신상품 전략
시장 선도기업 (market leader)	• 혁신적/개량적 신상품을 경쟁기업에 앞서 출시 • Full Line 상품전략 사용 －먼저 도입한 신상품은 점차 가격을 내려 경쟁기업의 참여를 저지 －다른 기능과 시장을 겨냥한 새로운 상품영역으로 이동
시장 도전기업 (market challengers)	• 차별화된 신상품 개발 : 기존의 고정관념을 탈피한 개념의 신상품 도입. 새로운 개념의 상품은 선도기업의 상품특성, 유통경로, 서비스 등의 약점을 해결해 주는 상품 • 2세대 제품을 선도기업보다 먼저 출시
시장 추종기업 (market followers)	• 시장 선도제품의 모방출시 : 개발비용 절감 및 저가격 진입 • 기존 성립된 시장 참여로 투자위험부담 감소, 안정적 · 부수적 시장지위 확보 • 디자인, 포장, 가격 등 부분적 차별화, 상품화
시장 니처기업 (market nichers)	• 틈새시장 공략 • 특수상품 개발

기업이 네 가지 중 어떤 선택을 해야 할지는 시장과 경쟁자를 분석하여 스스로 결정할 전략의 문제이다. 시장 선도기업, 시장 도전기업 또는 시장 추종기업은 〈표 7-3〉과 같이 각각의 장점이 있을 수 있다.

표 7-3
시장 선도, 도전/추종의 장점

구 분	장 점
시장 선도기업	• 해당 기술영역의 리더로서의 명성과 기술적 리더십을 획득 • 기업이미지, 브랜드 로열티, 시장점유율 등에서 선점효과 • 기술의 형식, 특징, 가격 등 상품특성에 대해 소비자의 기대치를 형성하고 유지하는 영역에서의 리더십 • 정부 승인, 유통채널, 공급업자와의 관계 등 희소자원을 우선적으로 획득하고 활용할 수 있음
시장 도전기업, 시장 추종기업	• 탐험적인 연구개발 비용들을 회피하고 꼭 필요한 기술개발에만 집중할 수 있으므로 비용부담 감소 • 윤곽이 드러난 소비자 기호에 대응하므로 불확실성과 위험을 회피 • 유통망, 보완재 등에서 더 좋은 조건을 가짐

〈표 7-4〉는 기업경영의 역사에서 최초 진입자와 추종자 중 누가 성공했는가는 시장 상황과 기술에 따라 달랐음을 보여준다.

표 7-4
최초 진입자와 추종자의 성공/실패 사례

제 품	최초 진입자	추종자	승 자
8mm 캠코더	Kodak	Sony	추종자
일회용 기저귀	Chux	Pampers, Kimberly	추종자
성형 판유리	Oilkington	Corning	최초 진입자
마이크로웨이브 오븐	Raytheon	삼성전자	추종자
개인용 컴퓨터	MITS	Apple, IBM	추종자
PC 운영체제	Digital Research	Microsoft	추종자
그룹웨어	Lotus	AT&T	최초 진입자
VCR	Ampex/Sony	Matsushita	추종자
비디오 게임기	Magnavox	Atari, Nintendo	추종자
즉석카메라	Polaroid	Kodak	최초 진입자
스프레드시트 SW	VisiCalc	Microsoft (Excel)	추종자
마이크로프로세서	Intel	AMD, Cyrix	최초 진입자
웹 브라우저	NCSA Mosaic	Microsoft Internet Explorer	추종자
워드프로세서 SW	MicroPro (Word Star)	Microsoft (MS Word)	추종자
워크스테이션	Xerox Alto	Sun Microsystems	추종자

신상품 개발 프로세스

신상품 개발 절차

신상품이 개발, 출시되어 소비자의 손에 들어가기까지는 상당한 기간에 걸쳐 여러 가지 복잡한 활동이 수행되어야 한다. 그러므로 합리적인 신상품 개발활동이 수행되기 위해서는 그 과정에 포함되는 여러 가지 활동을 적절한 단계로 분류하고 그 절차에 따라 체계적으로 관리해야 한다. 신상품 개발 절차는 여러 부문과 활동이 서로 관련되어 수행되는 것이므로, 각 기업의 상황에 맞게 어떤 단계는 통합되거나 혹은 더 세분화될 수도 있다. 그러나 일반적으로 다음과 같은 5단계의 프로세스를 갖는다.

① 1단계 : 시장기회 탐색과 아이디어 창출

신상품의 개발은 기업의 강점과 능력에 가장 적합하도록 시장기회를 탐색하면서 시작된다. 시장기회 탐색은 신상품 기회의 탐색, 시장의 정립, 잠재요구 분석, 개발예상 분야 정립의 4단계로 수행된다. 아이디어 창출은 시장의 기회를 잘 살려 고객에게 가치를 제공할 수 있는 상품의 아이디어를 도출하는 단계이다. 창출된 아이디어는 체계적으로 평가하고 선별되어야 한다.

② 2단계 : 상품 콘셉트 개발과 평가

선정된 신상품 아이디어 중에서 시장에서의 성공확률이 가장 큰 상품을 기획하며 기본적인 마케팅 전략을 형성하고 연구/기술개발에 관한 결정을 하게 된다. 콘셉트 발상, 상품 콘셉트 포지셔닝, 상품 콘셉트의 수요 예측, 콘셉트 테스트, 상품화 기술 검토 등 콘셉트와 관련된 여러 프로세스를 수행한다.

③ 3단계 : 마케팅 전략 개발과 사업성 분석

마케팅 전략 개발이란 앞으로 개발하고 시판할 신상품의 마케팅 전략을 미리 개발하는 단계로, 목표시장의 규모와 구조 및 행동패턴, 이익목표, 마케팅 믹스 전략 등이 검토되고 예비적인 마케팅 전략 계획이 세워진다.

④ 4단계 : 상품개발과 테스트

앞의 단계에서 기획이 완성된 경우, 상품개발, 디자인 관리, 시장 테스트 등이 필요하다. 이 단계의 결과에 따라 신상품의 출시여부가 결정된다.

⑤ 5단계 : 상품출시와 출시 후 통제

마지막 단계는 신상품을 실제적인 영업 기반에 따라 생산하여 시장에 공급하는 "출시단계"이다. 출시결정이 내려지면 기업은 자원을 배분해 본격적으로 시장 도입을 위한 계획과 실행을 한다. 신상품이 시장에 도입된 다음 통제단계에서는 발매 계획과 발매 후를 추적하는 과정이 필요하다.

더 알아봅시다

CES 2019, 가전의 정의를 재정의하다 – 인공지능을 매개체로 자동차와 로봇도 스마트 단말로 급부상

매년 초 미국 라스베이거스에서 개최되는 세계 최대의 가전전시회 'CES(Consumer Electronics Show)'는 TV와 백색가전 등 집에서 이용하는 가전제품은 물론 PC와 스마트폰 등의 개인 단말 등 다양한 영역에 걸쳐 새로운 기술과 신제품이 등장하면서 한 해의 트렌드를 예고하고 개별 기업들의 전략적 방향성을 제시하는 중요한 의미를 지닌다. 지난 1월 8일~11일 개최된 CES 2019 행사에서도 전 세계의 수많은 기업들이 모여 전략 상품들과 제품 콘셉트를 제시했다.

올해 행사의 핵심 주제는 단연 '인공지능'이었다. 인공지능은 개별 단말 수준에서 이용가치를 높이는 수준을 넘어 음성인식 기반의 인공지능 개인비서를 매개체로 각 단말들이 서로 연계되어 통합된 서비스 이용환경을 구성함으로써 진정한 스마트홈 환경의 도래가 멀지 않았음을 예고했다. 특히 자동차와 로봇으로도 인공지능 기술이 광범위하게 확산되어 새로운 스마트 단말로서의 입지를 굳히기 시작했음도 보여주었다.

자동차는 이미 새로운 스마트 단말로 주목받고 있으며, 2~3년 전부터 CES에서 많은 전시가 이루어졌기에 올해 행사에서도 자동차업체와 부품업체들이 부스를 차리고 최신 기술을 전시하는 것이 전혀 새로운 일은 아니다. 그러나 이번 CES 2019에서 자동차와 관련해 새롭게 등장한 트렌드는 기술적인 측면에서의 변화뿐 아니라 인터넷 접속, 즉 커넥티비티(connectivity)와 자율주행 등 새롭게 도입되는 기술 요소들이 일상생활을 어떻게 변화시킬 것인가 여부가 화두로 부상했다는 점이다. 우선 자동차 운전석을 포함한 실내 공간에 다양한 디스플레이를 장착하거나 증강현실 기술을 이용해 정보 및 콘텐츠 제공을 강조하는 트렌드가 나타났다. 삼성전자와 퀄컴, 파이오니아 그리고 중국의 신흥 전기차업체 바이톤(Byton) 등은 대형 디스플레이 등을 활용한 콕핏(cockpit) 콘셉트를 제시했다. 또한 인포테인먼트 측면에서는 음성인식 기반 인공지능 개인비서의 통합이 주된 이슈였다. 구글의 '구글 어시스턴트'나 아마존의 '알렉사'를 카 인포테인먼트 시스템에 통합시키는 것인데, 이 경우 이용자들은 운전 중에 음성으로 내비게이션 조작, 식당 검색 및 예약, 음성 통화 등을 쉽게 할 수 있다. 또한 아이오티(iOttie)나 하만 산하의 JBL, 로브(Roav) 등은 인터넷 접속 기능이 없는 기존 차량에서도 인공지능 개인비서를 쉽게 이용할 수 있는 거치대 등의 차량용 액세서리를 선보였다.

(중략)

삼성전자는 이번 CES에서 '삼성 봇(Samsung Bot)' 3종과 '젬스(GEMS)'라는 로봇을 공개했다. '삼성 봇 케어'는 노약자 등을 위한 의료 보조용 로봇이며, '삼성 봇 에어'는 집 안의 오염된 곳을 감지해 직접 이동하며 공기질을 관리하는 로봇이다. 또한 '삼성 봇 리테일'은 쇼핑몰이나 음식점 등에서 결제와 서빙 등 다양한 기능을 지원한다. 젬스는 웨어러블 보행보조장치로서 고관절, 무릎, 발목 등에 착용해 보행에 어려움을 겪는 사람들도 쉽게 걸어 다닐 수 있게 지원한다. 삼성전자가 공개한 로봇들은 산업용 로봇이 아닌 일반인이 접할 수 있는 로봇 시장의 발전 방향성을 잘 보여준다. 우선 가정에서 애완동물처럼 인간의 벗이 되거나 여러 서비스를 제공하는 소셜 로봇 또는 노인 등을 위한 의료용 로봇이 다수 등장하고 있다. 이 로봇에도 인공지능이 적용되어 이용자를 식별해 감정을 파악하고 맞춤형 서비스를 제공한다. 또한 무거운 짐을 드는 작업을 보다 쉽게 할 수 있게 하거나 보행을 지원하는 외골격 로봇도 주목받고 있다. LG전자 역시 외골격 로봇 '클로이 슈트봇(CLOi SuitBot)'의 업그레이드 버전을 공개했다.

이 외에 로봇 관련 업체들이 주력하는 분야는 매장 또는 거리에서 활용되는 로봇으로, 자율주행 기술과 결합되면서 이용가치가 더욱 높아지고 있다. 매장 내에서 손님을 안내하거나 짐을 운반하는 것이 주된 목적으로 특히 커머스 및 물류 산업에서 주목하고 있다. 해당산업에서는 배송을 위해 자율주행차를 활용하려는 시도를 하고 있는데, 차도에서 집으로 배달하는 것에는 한계가 있을 수밖에 없다. 이에 자율주행이 가능한 소형 로봇을 통해 최종 고객까지, 즉 '라스트마일'까지 상품을 배송하려는 것이다. 이와 관련해 차량 부품업체 콘티넨탈(Continental)은 자율주행 차량 CUBE와 개 모양의 로봇을 이용해 상품을 배송하는 콘셉트를 제시해 많은 관심을 받았다. 또한 인공지능 및 로봇 제조사로서 유니콘 스타트업이 된 중국의 유비테크(UBtech)는 이족보행 가정용 로봇 '워커(Walker)'와 매장용 서비스 로봇 '크루저(Cruzr)'를 공개했다.

자동차와 로봇은 전통적으로 컨슈머용 가전제품은 아니었다. 그러나 ICT 기술의 발전에 따른 융합으로 인해 이제 자동차와 로봇도 기능이 다양화되고 인공지능 등 기술을 통해 더욱 스마트해지고 '가전'의 영역으로 들어오고 있음이 이번 CES를 통해 잘 나타났다. 또한 해당산업에 대한 진입장벽 역시 크게 낮아져 타 업종 또는 스타트업들도 새롭게 속속 진입 중이다. 또한 구글과 아마존 등이 인공지능 플랫폼 경쟁의 일환으로 각 사의 개인비서를 써드파티 개발사들의 단말에 쉽게 통합하거나 연동하도록 지원하고 있어 하드웨어 스타트업들도 인공지능 개인비서를 자사 단말을 통해 제공할 수 있다. 이는 이번 CES에서 수많은 업체들이 구글 어시스턴트나 알렉사를 지원하는 사물인터넷(IoT) 단말을 선보인 것에서도 잘 나타난다.

이처럼 컨슈머용 단말의 범주가 더욱 확대되고, 각 단말이 인공지능 개인비서를 탑재한다는 것은 인공지능 플랫폼을 매개체로 이종 단말 간 유기적인 서비스 이용이 가능해짐을 의미한다. 이를 통해 진정한 스마트홈 환경이 빠르게 도래할 수 있다. 예를 들어 자동차에서 집 안의 가전제품 조작이 가능해진다. 또한 최근 구글 액션, 아마존 알렉사스킬, 그리고 삼성 빅스비 기반의 캡슐 등 음성 앱 시장이 개화되고 있다는 점에서 인공지능 플랫폼 도입 단말의 증가는 그만큼 많은 단말로 고객 접점이 확대되고 더 많은 단말에 서비스를 제공할 수 있음을 의미한다. 하드웨어 제조사가 아니어도 인공지능 탑재 단말의 확산으로 새로운 기회를 잡을 수 있게 되는 것이다. 서비스는 단말을 통해 구현되며, 충분한 가치를 주는 서비스와 연동되지 않는 단말은 의미를 갖지 못한다. 바로 이 점이 이번 CES 2019가 주는 핵심 메시지라 할 수 있다. (스타트업4, 2019.2.12)

5 연구개발 프로젝트 평가 및 관리

기술투자 평가

기술투자는 기업의 기능분야 중 재무관리와 관계가 깊다. '재무관리'는 기업가치의 극대화를 위해 기업의 자금흐름과 관련된 활동들을 효율적으로 수행하는 문제를 다룬다. 재무관리의 주요 기능은 '투자(investment) 결정'[7]과 '자본조달(financing) 결정'이다.[8] 기술투자 평가는 기술 프로젝트와 관련하여 투자의 경제성을 평가하는 것을 의미한다.[9] 기업의 투자결정 과정은 복잡하며 많은 시간과 노력이 필요하다. 기업마다 처한 상황이 다르지만 투자 목적의 확립, 투자안의 설정, 투자안별 평가, 투자 결정 및 실행의 단계로 정리할 수 있다.

많은 기업들은 프로젝트를 단일 프로젝트가 아닌 포트폴리오로서 관리한다. 이를 위해 프로젝트 포트폴리오 지도를 통해 개발 프로젝트를 [그림 7-8]과 같은 네 가지 유형('진보적 R&D 프로젝트', '차세대 발전 프로젝트', '플랫폼 프로젝트', '파생 프로젝트')으로 구분하여 관리한다. 프로젝트 포트폴리오 지도의 구분기준은 공정변화 정도와 제품변화 정도이다. 기업의 프로젝트 포트폴리오 지도는 기업으로 하여금 예산과 계획의 측면에서 단기적 현금흐름 수용과 장기적인 전략적 모멘텀을 동시에 고려할 수 있게 한다. 예를 들어 위험을 조금만 부담하면서 상업화를 즉시 수행할 수 있는 파생 프로젝트에 많은 투자를 하는 기업은 단기적으로는 프로젝트 투자 및 수행을 통해 수익을 창출하지만, 새로운 기술을 향한 시장의 흐름을 주도하지는 못한다. 반면 기업이 진보적 R&D 프로젝트나 차세대 발전 프로젝트에만 집중한다면 기술의 선도기업은 되겠지만, 상업화된 플랫폼이나 파생제품을 통한 단기수익을 결여하여 현금유동성의

7) 자본예산 결정(capital budgeting)이란 용어를 사용하기도 한다.

8) 투자결정은 대차대조표상의 차변항목인 자산을 어떻게 최적으로 구성하느냐에 관한 결정이며, 자본조달은 대차대조표상의 대변항목인 자본과 부채를 어떻게 구성해야 유리한가를 결정한다.

9) 많은 프로젝트 평가기법들은 모든 가치 있는 프로젝트들은 반드시 필요한 만큼의 자본을 확보할 것이라는 가정을 하지만, 현실적으로는 먼저 확정된 자본예산하에서 수행가능한 여러 프로젝트의 우선순위를 매기고 순위에 따라 자본을 배분하는 방식을 사용한다.

그림 7-8
프로젝트 포트폴리오 지도

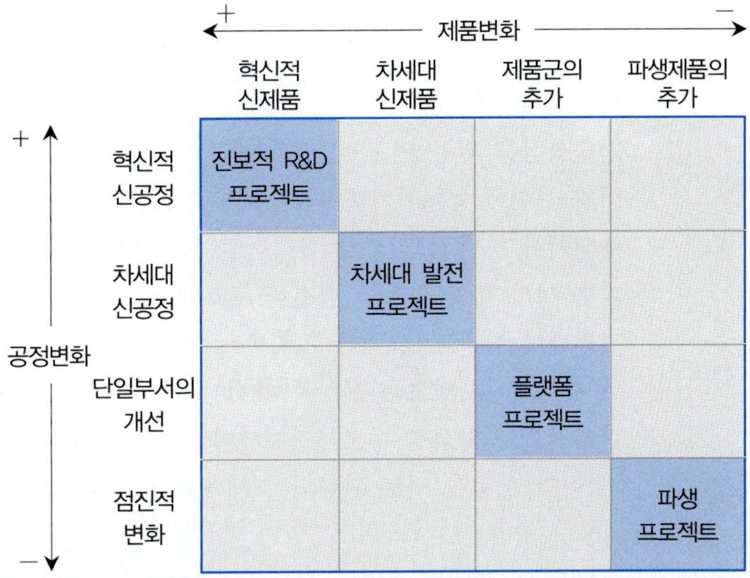

압박을 받게 될 것이다. 따라서 기업은 단기와 장기를 모두 대비하기 위해서 네 가지 프로젝트 유형을 효율적인 포트폴리오로서 관리해야 한다.

개별 투자안별 평가 및 결정에 있어서 사용하는 방법론은 크게 ① 정량적 평가법과 ② 정성적 평가법으로 구분이 가능하다. 정량적 평가법은 프로젝트 수행에 필요한 투입(input)이나 수행결과를 나타내는 산출(output)에 대한 수치적 자료를 추정하여 경제성을 분석하는 방법으로 투자결정론적 모형,[10] 경제성 지표 모형,[11] 위험분석 모형, 의사결정이론 모형, 실물옵션 평가법 등이 있다. 정량적 평가법 중에서는 '투자결정론적 모형'이 가장 널리 사용된다. 이는 프로젝트로 예상되는 미래 현금수익의 예상치를 구하고 비교하는 방법이다. 정성적 평가법은 프로젝트의 선정단계에서 고려해야 할 요소들을 파악하고 각 요소별로 투자안을 평가하여 종합하는 방법으로 프로파일 모형, 점검표 모형, 평점(scoring) 모형, 쌍비교 모형, 마름모 모형, 프런티어 모형 등이 있다. 프로젝트의 정성적 평가는 이와 같이 기법상 다양한 방법이 사용될 수 있지만 판단의 기준으로 어떤 기술적 평가기준과 시장적 평가기준을 사용하느냐가 중요한 차이점을 만든다.

10) 순현가법, 내부수익률법, 회수기간법, 회계적 이익률법, 수익성 지수법 등이 널리 쓰인다.
11) 지표의 선정에 따라 지표를 정의한 사람의 이름을 딴 Olsen법, Pacifico법, Teal법, Sidney Sobelman법 등이 있다.

연구개발 프로젝트 프로세스 구성과 관리

프로젝트 프로세스

기술혁신을 위한 연구개발 프로젝트가 선정되고 신상품이 개발, 출시되어 소비자의 손에 들어가기까지는 상당한 기간에 걸쳐 여러 가지 복잡한 활동이 수행되어야 한다. 그러므로 합리적인 프로젝트 수행을 위해서는 그 과정에 포함되는 여러 가지 활동을 적절한 프로세스로 분류하고, 그 절차별로 체계적으로 관리해야 한다. 기술혁신 프로젝트 프로세스 절차는 연구개발활동이 효율적으로 수행될 수 있도록 신상품 개발 목적, 마케팅 목적, 그리고 기업목적까지도 합리적으로 달성될 수 있도록 해야 한다. 이와 관련된 조사, 계획, 실행, 통제의 여러 활동이 서로 관련되어 체계화된 것이 바로 '프로젝트 프로세스'이다.

스테이지 게이트 기법

프로젝트 프로세스를 관리하는 기법 중 하나가 스테이지 게이트(stage gate) 기법이다. 스테이지 게이트 기법은 Robert G. Cooper에 의해 개발되었으며 개발 프로세스의 각 단계들에서[12] 순차적으로 단계적인 의사결정을 수행한다. 즉, 기

그림 7-9 아이디어에서 출시 이후 평가까지 일반적인 스테이지 게이트 프로세스

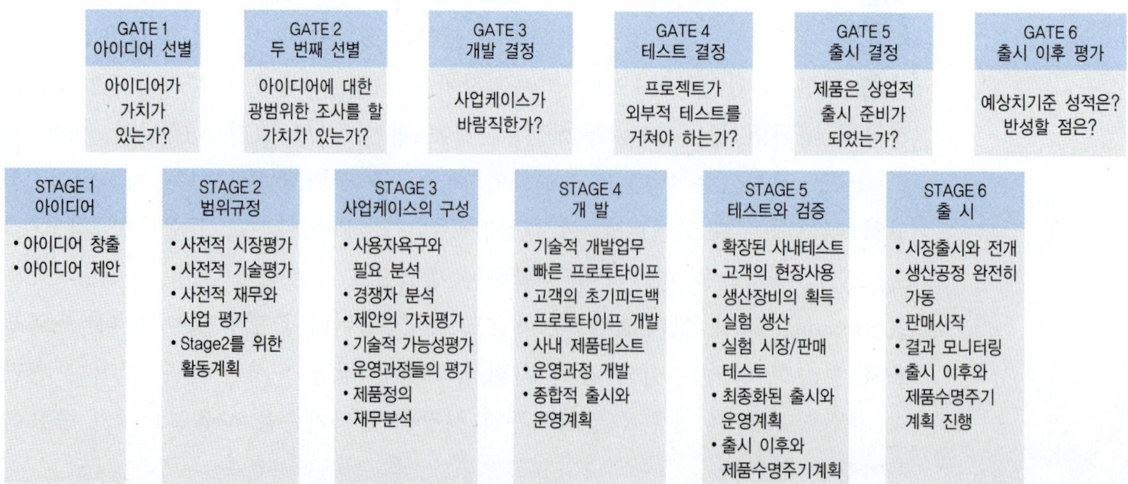

12) 각 단계에서 개발 프로젝트의 위험을 낮추고 전체 기간을 줄이기 위해 (다음 소절에서 언급하는) 동시공학적 프로세스를 수행할 수 있다.

업은 [그림 7-9]처럼 프로세스의 각 단계에서 계속 진행(go), 중단(kill), 유지 등을 결정해야 한다. 이와 같은 결정을 위해서는 필요한 기술, 시장, 재무에 관한 정보조사와 의사결정 기법의 사용이 필수적이다.

동시공학의 등장

1990년대 중반 이전에는 신제품 개발 프로세스는 [그림 7-10](a)에서와 같이, "릴레이 경기에서 배턴(baton)을 터치"하듯이 순차적인 절차를 따르는 것이 일반적이었다. 이때 각 단계 종료 후에는 스테이지 게이트 프로세스를 통해 다음 단계로 진행할지를 결정한다. 즉 제품 디자인 단계가 끝나면, 제품 디자인을 시작할지 아니면 이 단계에서 프로젝트의 성공이 보장되지 않으므로 프로젝트를 중단할지를 결정하였다.

그러나 1990년대 중반 이후 여러 학자들은 이러한 순차적 연구개발 프로세스를 비판했다. 예를 들어 제품 디자이너와 제조 기술자 간에 의사소통의 문

그림 7-10 연구개발의 순차적 프로세스와 동시공학적 프로세스

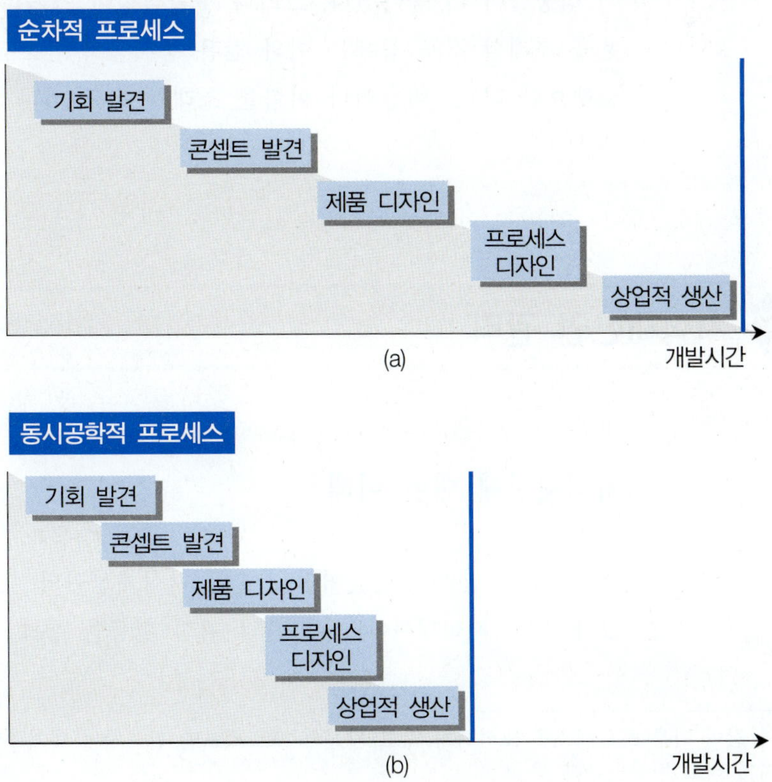

제가 있어서 제조 요구사항에 대한 고려 없이 제품 디자인이 이루어지게 되었다고 가정하자.[13] 순차적으로 프로세스를 진행한다면 제품 디자인이 완성되었어도 제조가 가능하지 않다는 것을 알려주는 조기경보시스템이 없게 된다. 따라서 제조 프로세스가 수행되고 나서야 디자인 단계가 잘못된 것을 알고 디자인 단계로 되돌아가서 제조가 가능하도록 추가사항을 고려한 제품 디자인이 다시 수행되어야 한다. 이러한 문제점을 해결하기 위해서는 [그림 7-10](b)에서와 같이, 여러 개의 단계적 프로세스를 "동시에 진행"하는 "동시공학적(또는 병렬적) 프로세스의 진행"이 가능하다.

동시공학적 프로세스로 개발을 진행하면 제품 개념이 확정되기 전에 제품 디자인이 시도되고, 제품 디자인이 확정되기 전에 프로세스 디자인이 시도된다. 이에 따라 전 단계가 다음 단계를 지원하지 못하는 것을 조기에 발견하여 수정할 수 있고, 순차적인 프로세스를 수행할 때보다 빠른 개발시간을 달성할 수 있다. 동시공학적 프로세스는 최근에 발전한 정보통신기술을 활용하여 프로세스나 개발팀 상호간에 의사소통과 디지털화된 자료 교환을 원활히 함으로써 성공률이 더 높아졌다. 그러나 불확실성이 크거나 각 단계의 변화가 큰 비용을 초래할 경우 등에는 이와 같은 동시공학적 프로세스는 순차적 프로세스 실행보다 더 큰 비용이나 위험을 초래할 수도 있다.

6 지식재산권 관리

지식재산에 대한 이해

연구개발의 결과로 만들어진 기술은 지식재산권의 형태로 보호되고 관리될 수 있다. 이때 지식재산이란 "인간의 지적 활동을 통해 얻어진 결과물"이고 지식

13) 이와 같이 다른 프로세스를 고려하지 않고 자신의 프로세스만 완성하여 넘겨주면 된다는 잘못은 "벽 너머로 던지기"라고 비판받는다.

재산권이란 “지식재산에 대해 배타적인 소유권을 인정하는 법적·제도적 장치”로 정의할 수 있다.

특허와 실용신안 제도

특허제도는 발명을 보호 및 장려함으로써 국가산업의 발전을 도모하기 위한 제도이다. 즉, 특허는 발명에 대해 일정한 요건하에서 일정기간 동안 독점적이고 배타적인 권리를 부여하고 그 대신 특허 발명의 상세한 내용을 특허공보를 통해 공개해야 하는 제도이다. 통상 20년으로 되어 있는 유효기간이 만료되면 누구나 그 기술을 사용할 수 있다. 특허권은 크게 물품 자체에 대한 발명(물질 특허), 그것의 용도에 대한 발명(용도 특허), 그것을 만드는 방법에 대한 발명(제법 특허)으로 나누어진다. 특허권을 받기 위해서는 출원하는 발명이 산업에 이용될 수 있어야 하고(산업상 이용가능성), 출원하기 전에 이미 알려진 기술이 아니어야 하며(신규성), 선행기술과 다른 것이라 하더라도 그 선행기술로부터 쉽게 생각해 낼 수 없는 것(진보성)이어야 한다.

실용신안은 특허제도와 마찬가지로 기술적 창작에 해당하는 권리를 보호해 주는 제도이다. 발명이라고 불리는 업적에 수여되는 특허와 비교하여 고안이라 불리는 업적에 수여되는 실용신안권은 특허만큼의 기술적 진보는 없지만 실제 생산 또는 사용 과정에서 기능 및 용도의 부분적이고 실용적인 개선이 이루어진 경우이다. 우리나라의 특허법에 따르면 발명은 “자연법칙을 이용한 기술적 사상의 창작으로서 고도한 것”인 반면, 고안은 “물품의 형상·구조 또는 조합에 관한 자연법칙을 이용한 기술적 사상의 창작”으로 정의된다.

디자인권과 상표권

디자인이란 제품의 평면적·입체적 형태에 대하여 아름다움을 느끼게 하는 것이다. 지식재산에서 보호하는 디자인이란 제품 디자인, 광고포스터·그래픽디자인·디지털 디자인 등과 같은 시각디자인, 생활공간이나 환경에 관한 환경디자인 등을 포괄하는 광의의 개념을 포함한다. 따라서 디자인권이란 물품의 형상, 모양, 색채 또는 이들의 결합으로, 시각을 통하여 미감을 일으키게 하는 공업적 고안을 보호대상으로 한다. 따라서 디자인권은 제품의 실용적 가치보다 미적 가치가 중요한 산업이나 제품에서 특히 중요성이 크다.

상표란 제품의 생산자나 판매자가 자신의 상품을 식별하기 위하여 사용하는 일체의 감각적인 표현수단을 의미한다. 우리나라에서는 종전에는 기호, 문자, 도형, 입체적 형상 또는 이들을 결합한 것과 이들 각각에 색채를 결합한 것만으로 상표의 구성요소를 한정하였으나, 2007년 이후에는 상표권의 보호대상을 확대하여 색채 또는 색채의 조합만으로 된 상표, 홀로그램상표, 동작상표 및 그 밖에 시각적으로 인식할 수 있는 모든 유형의 상표를 상표법으로 보호하고 있다.

저작권과 신지식재산권

저작권 제도는 학문적 혹은 예술적 저작물의 저작자를 보호함으로써 학문과 예술이 발전하기 위한 제도이다. 따라서 저작권을 가진 저작물에 대해서 무단 사용이나 복제 및 변경이 금지되어 있고, 저작권자는 저작물의 사용에 대해 금전적 보상을 요구할 수 있다. 통상적인 특허권이 20년인 반면에 저작권은 저작자의 생존기간과 사후 50년(1963년 이후 사망한 저작자의 경우 70년) 동안 권리가 보장된다.

신지식재산권이란 ① 컴퓨터 프로그램, 소프트웨어, 데이터베이스 등의 저작권, ② 생명공학이나 반도체 설계 등의 신기술 분야에서 만들어지는 첨단산업재산권, ③ 노하우(know-how), 멀티미디어/뉴미디어로 구현된 기술과 같이 특허로 등록하기 어렵지만 권리의 보호가 필요한 정보재산권 등으로 구성된다.

지식재산권 관리

최근 기업 간에는 기술혁신에 기반을 둔 경쟁이 치열하다. 2012년부터 시작된 삼성전자와 애플의 스마트폰 디자인과 기능에 대한 특허소송에서 보듯이 기술혁신에 관련된 경쟁은 지식재산권을 둘러싼 치열한 전쟁으로 더욱 가열된다. 따라서 지식재산의 체계적인 관리는 매우 중요하다. 지식재산권 관리는 다음과 같이 단계적 활동으로 이루어진다.

지식의 창출

지식의 창출을 관리하는 것은 자사의 연구개발 전략과 연계하여 지식(주로 기술에 관련한 지식)을 체계적으로 만들어내는 것이다. 이를 위해서는 먼저 기존

지식, 특히 지식재산화된 지식에 대한 조사와 분석이 필요하다.

이와 같은 조사와 분석을 통해 기업은 현재 어떤 지식재산들이 개발, 확보되어 있는지를 알 수 있고, 이를 통해 현재 자사가 필요로 하는 기술 중 공백기술이 무엇인지를 판단할 수 있다. 필요한 기술 포트폴리오에 대한 계획과 공백기술에 대한 판단을 바탕으로 어떤 지식재산을 창출해야 할지를 결정할 수 있다. 또한 지식재산의 창출을 자사에서의 창출만으로 고집할 것이 아니라 외부조달의 필요성도 검토하여 지식재산 확보 전략을 확정해야 한다. 지식재산의 조사는 조사하는 지식재산의 종류에 따라 다양하다. 지금부터는 지식재산 중 기술경영에서 가장 중요하게 다루어지는 기술지식, 그중에서도 특허를 중심으로 지식 창출에 관련된 사항을 정리하도록 한다.

특허 조사는 특허정보원을 선정하는 것으로 시작된다. 특허정보원이란 특허정보를 얻을 기관, 데이터베이스, 서비스 등을 의미한다. 주요 국가의 특허청은 한국, 미국, 일본, 유럽의 특허청이 되며 상용 특허 데이터베이스는 미국의 Delphion, 영국의 Derwent WPI, 우리나라의 WIPS, FOCUST 등이 있다. 특허정보원을 통해서 조사하는 내용은 조사의 성격에 따라 다르지만 보통 다음과 같은 내용들이 조사된다.

- 선행기술 조사분석 : 특허출원 전에 유사한 기술의 공개 유무를 확인하여 중복된 연구개발을 방지할 수 있다. 일본의 경우 선행기술조사를 통해서 중복연구를 줄이면 연간 60조원의 낭비를 줄일 수 있고, 영국 특허청은 유럽에서 선행기술조사 미흡으로 (2003년 기준) 연간 24조원이 낭비되고 있다고 분석한 바 있다.
- 특허 청구범위 조사분석 : 특허는 어떤 항목에 대해서 권리를 주장할지를 정의한 1개 이상의 청구항을 갖는다. 따라서 특허 청구항에 대한 조사를 통해 그 기술의 세부적인 구성과 권리관계를 알 수 있고, 특허청구범위 조정을 위해 이와 같은 조사와 분석을 수행할 필요가 있다.
- 특허 인용 분석 : 특허문서에는 논문처럼 인용이 포함되어 있다. 특허의 인용에는 먼저 등록된 특허와 특허 이외의 기술문헌이 있다. 이를 분석함으로써 선행 특허와의 관계를 파악할 수 있고, 인용된 논문을 분석함으로써 해당특허에 영향을 준 원천 지식이나 기술의 흐름을 알 수 있다.

지식재산의 권리화

지식재산을 권리화하는 것은 지식재산의 종류에 따라 다르다. 우리나라에서 특허권의 출원은 먼저 법령이 정한 서식에 의한 출원서, 요약서, 명세서, 도면 및 첨부서류를 특허청에 제출해야 한다. 특허청은 출원인으로부터 출원서를 접수하면 일정한 방식으로 심사를 한 후 국제특허분류(IPC)를 기준으로 분류한다. 특허는 출원 후에 1년 6개월이 지나면 공개하고, 1년 6개월 전이라도 출원인이 우선공개신청서를 제출하거나 특허가 등록되면 기술 내용을 일반에게 공개한다. 이는 새로운 발명을 공개함으로써 기술개발을 촉진하고 중복연구 및 중복투자를 방지하기 위함이다. 발명을 출원한 후에는 기술분야별로 담당심사관이 심사청구 순서에 따라 심사하고, 그 과정에서 거절 이유를 발견하면 그 이유를 출원인에게 통보하고 기간을 정하여 출원인이 의견을 제출할 수 있도록 한다. 거절이유를 발견할 수 없을 때에는 특허등록 결정을 하며 특허공보에 게재하여 등록공고를 한다. 등록공고 후 3개월 이내에 제3자로부터 이의신청이 있으면 심사관은 기술평가 결과 등록유지 결정 또는 등록취소 결정을 하고 이의신청이 없으면 등록이 확정된다.

실용신안의 출원은 출원인으로부터 출원서를 접수하여 일정한 방식의 심사 및 기초적 요건 심사(실용신안 보호대상, 청구범위 기재방법, 출원의 단일성 등)를 마친 후 실용신안권의 설정등록을 하고 이를 실용신안공보에 등록공고한다. 선등록된 실용신안을 제3자에 대하여 권리행사하기 위해서는 기술평가를 청구해 등록유지 결정을 받아야 한다. 기술평가 청구는 누구든지 할 수 있으며 청구 시 심사관은 기술평가 결과 등록유지 결정 또는 등록취소 결정을 한다. 실용신안의 보존기간은 설정등록이 된 날로부터 출원 이후 10년이 되는 날까지이다.

해외에서 특허를 받는 방법은 해외에서 직접 출원하는 방법과 PCT 국제출원제도를 활용하는 방법이 있다. PCT 국제출원제도란 특허협력조약(PCT : Patent Cooperaton Treaty)에 가입한 나라 간에 특허를 좀 더 수월하게 획득하기 위해 출원인이 자국 특허청에 "출원하고자 하는 국가를 지정"하여 PCT 국제출원서를 제출하면 바로 그날을 각 지정국에 출원한 날로 인정받을 수 있는 제도이다.

지식재산권의 보호

지식재산 중 산업재산권에 관한 분쟁이 있을 때에는 특허심판, 특허심결 취소소송, 대법원 상고, 산업재산권 분쟁조정 등을 통해 해결한다.

특허심판이란 출원된 특허에 대해 심사관이 행한 처분이나 산업재산권을 둘러싸고 당사자 간에 제기된 분쟁의 해결을 위해 우리나라의 특허청 산하 특허심판원에서 행하는 쟁송의 해결절차를 말한다. 특허심판은 심판청구인만 존재하는 사정계 심판과 청구인과 피청구인으로 대립된 구조로 쟁송하는 당사자계 심판으로 나뉜다. 당사자계 심판에서는 특허의 무효심판, 정정의 무효심판, 권리범위 확인심판, 통상실시권 허여심판, 상표등록 취소심판, 특허권 존속기간 연장등록 무효심판 등이 있다.

특허심판원에서 특허분쟁이 해결되지 않을 때에는 2심(고등법원급)인 특허법원을 통한 특허심결 취소소송과 3심인 대법원에서 상고심을 통해서 해결하는 구조로 되어 있다. 산업재산권 분쟁조정제도란 산업재산권에 관한 다툼이 있을 경우 법원이나 심판을 통해서 해결하는 데 드는 비용과 시간을 절약하기 위해 특허청이 설치한 산업재산권분쟁조정위원회에서 당사자를 분쟁해결절차에 직접 참여시켜 상호간의 합의를 유도해내는 제도이다.

타인이나 타기업이 자신의 특허를 침해하였다고 판단될 때에는 〈표 7-5〉와 같은 대응이 가능하다.

표 7-5
특허 침해 대응방안

단 계		대응방안
출원공개 전		• 조기공개 신청 • 우선심사 신청
출원공개 후		• 특허출원된 발명임을 서면으로 경고 • 보상금청구권 행사
설정등록 후	민사상 구제	• 금지청구 : 침해의 금지 또는 예방에 대해 청구하며 침해행위를 조성한 물건의 폐기, 침해에 제공된 설비의 제거, 기타 침해 예방에 필요한 행위의 청구 • 손해배상청구 : 불법행위에 의한 손해배상청구권으로 금지청구와 함께 특허권 침해소송에서 널리 쓰이는 방법
	형사상 구제	• 침해자에 의해 고의적으로 침해되고, 특허권자 또는 전용실시권자가 고소할 경우 5년 이하의 징역 또는 5천만 원 이하의 벌금형이 가능

지식재산 활용

특허를 활용하는 전통적인 비즈니스 모델은 발명자가 해당 발명활동의 창의성에 대한 보답으로 국가와 사회가 발명자에게 발명의 인센티브를 주는 것이었다. 그러나 최근 지식재산을 통한 다양한 사업이 가능해지는 추세에 따라 기업마다 지식재산을 다음과 같이 다양하게 활용하려는 노력이 나타나고 있다.

첫째, 특허 조사 등을 통해 연구개발의 방향을 세우는 데 활용되고 있다. 즉, 기업마다 개발해야 할 기술에 대해 관련 시장의 동향, 경쟁자의 움직임, 연구기관들의 R&D 동향 등을 조사할 때 특허 맵 등을 활용하여 현재 출원 및 등록되어 있는 지식재산권을 감안하고 자신들이 창출할 지식재산권의 목표를 수립한 후 연구개발을 기획하고 있다.

둘째, 지식재산권을 경쟁전략의 요소로서 활용하기 시작하고 있다. 즉, 자신들이 경쟁력을 확보해야 할 기술에서는 적극적으로 지식재산권의 포트폴리오를 갖추고 기업자산으로 적극 활용하고 있다. 특히 필요하다면 다른 조직과 같이 기술개발을 수행하거나 R&D의 외주나 위탁, 산학협동, 기술이전 등을 통해 풍부한 지식재산을 갖추고 경쟁에 대비하고 있다.

셋째, 지식재산권이 기업의 리스크 관리의 수단으로 활용되고 있다. 다른 사업자가 자신의 지식재산권이 침해가 일어날 경우 해당사업을 중지시키는 금지청구권을 발동할 수 있으므로 지식재산권에 대한 비체계적인 대응은 기업에는 중대한 리스크가 된다. 따라서 적극적이고 체계적으로 타사의 기존 특허에 대한 침해와 이에 따른 소송을 피하기 위한 리스크 전략의 수립이 필요하다. 특히 최근에는 Interdigital, Intellectual Ventures 등 특허괴물이라고 불리며 전문적으로 특허를 통해 다른 기업들을 압박하는 특허비실시기관(NPE : Non Performing Entity) 등도 등장하고 있으므로 리스크 관리가 중요하다.

넷째, 지식재산권을 기존 사업의 수단이 아닌 적극적인 수익창출로 활용하는 경우도 활발해지고 있다. 즉, 지식재산을 독립적인 경영자산으로 파악하여 지식재산권의 활용 자체를 목적으로 삼는 전략이 가능하다. 이때에는 지식재산을 기존 사업에 활용하는 것만이 아니라, 이를 이전하거나 라이선스로 판매하는 방법으로 직접적인 이익을 얻는 것이다.

더 알아봅시다

삼성-애플 특허분쟁 "요란한 시작 조용한 결말"
- 초반엔 '시장퇴출' 기세… 피로감 쌓이면서 타협

"애플은 서류상으론 승리했다. 하지만 막상 손에 쥔 건 별로 없다." 뉴욕타임스는 27일(이하 현지시간) 삼성전자와 애플 간의 특허소송 합의소식을 전하면서 이렇게 요약했다. 2011년 스티브 잡스의 '핵전쟁 선포'로 시작됐던 두 회사 간 특허소송이 조금은 싱겁게 마무리됐다는 평가인 셈이다. 세계 IT 시장을 뜨겁게 달궜던 삼성과 애플 간의 디자인 특허소송이 마무리됐다. 미국 캘리포니아 북부지역법원의 루시 고 판사는 이날 삼성과 애플이 7년간의 특허소송을 합의로 끝내기로 했다고 밝혔다. 구체적인 합의 조건은 공개되지 않았다. 현재 시장 상황엔 아무런 영향을 미치지 않을 조건인 것으로 추정된다. 씨넷에 따르면 두 회사는 '같은 조건으로 다시는 제소할 수 없는(dismiss with prejudice)' 조건으로 합의를 했다. 사실상 전쟁을 전면 중단하겠다는 선언인 셈이다.

2011년 스티브 잡스는 '안드로이드와의 전쟁'을 선포했다. 아이폰 특허를 무단 도용했다면서 어떤 대가를 치르더라도 시장에서 쫓아내겠다고 선언했다. 실제로 애플에게 안드로이드 특허전쟁은 '돈 이상의 문제'였다. '안드로이드와의 성전'이나 다름없었다. 반면 삼성에게 애플은 '한 발 먼저 길목을 차지한 뒤 후발주자를 막아서는 횡포'를 자행하는 업체였다. 삼성과 애플의 특허전쟁은 그렇게 시작됐다.

"어떤 대가를 치르더라도 그들에게 쓴맛을 보여주라"는 잡스의 명령에 애플은 전방위 폭격을 가했다. 초반엔 애플의 이런 전략이 먹혀드는 듯했다. 2012년 미국 캘리포니아 북부지역법원 배심원들은 10억달러를 웃도는 거액의 배상금 선물을 안겼다. 삼성이 '고의로' 애플 특허를 도용했다는 평결까지 함께 내놨다. 여기까지만 놓고 보면 애플의 완벽한 승리처럼 보인다.

하지만 그 사이 애플이 전가의 보도처럼 휘둘렀던 디자인 특허의 위상이 조금씩 흔들리기 시작했다. 둥근 모서리를 비롯한 주요 특허권들이 무효 판결을 받았다. 전열을 정비한 삼성의 반격도 매서웠다. 항소법원에선 제품 특유의 분위기를 의미하는 '트레이드 드레스' 침해 부분에 대해 무죄 판결을 받아냈다. 2016년 열린 연방대법원 상고심은 더 극적이었다. '일부 디자인 특허 침해 때 전체 이익 상당액을 배상하는 것은 부당하다'는 판결을 받아내는 데 성공했다. 굳이 비유하자면 줄곧 뒤지던 경기를 8회말 역전 홈런으로 뒤집은 모양새였다.

하지만 그게 9회말은 아니었다. 올 들어 캘리포니아 북부지역법원에서 속개된 파기 환송심에서 다시 반전이 일어났다. 일반인인 배심원들이 '애플의 UI 디자인 특허는 제품 전체나 다름없다'는 취지의 평결을 내놓은 것. 결국 삼성 배상금은 5억3,900만달러로 또다시 늘어났다. 물론 삼성은 즉각 항소했다. 이쯤 되면 두 회사 특허전쟁은 '뫼비우스의 띠'처럼 끝없이 이어질 모양새였다.

미국 기업인 애플에겐 '베트남 전쟁'과 비슷한 상황이었다. 삼성 역시 끝없이 계속된 특허전쟁으로 인한 피로감이 적지 않을 수 있었다. 두 회사가 법정 밖 화해로 승부를 끝낸 건 이런 상황이 작용한 것으로 풀이된다. 특히 '모양새 좋게 철수할 명분'이 필요했던 애플에겐 지금이 명예롭게 싸움을 끝낼 최적기일 수도 있었다. 스티브 잡스의 독려로 시작했던 7년 특허전쟁. 하지만 이번 전쟁에서 애플이 얻은 것은 많지 않다. 물론 삼성에게 10억달러 가까운 배상금을 받긴 했다. 하지만 통장에 2,670억달러를 쌓아놓고 있는 애플에겐 그다지 큰돈이 아니다. 그 사이 세계 최대 스마트폰 업체로 성장한 삼성 역시 배상금이 크게 부담스러운 수준은 아니다. 오히려 특허전쟁 덕분에 삼성의 글로벌 인지도는 훨씬 더 올라갔다. 시장점유율도 특허전쟁 시작 전과는 비교할 수 없을 정도다. IDC에 따르면 세계 스마트폰 시장에서 안드로이드 점유율은 85%에 이른다. 반면 애플 아이폰은 15% 남짓한 점유율만 차지하고 있다.

뉴욕타임스는 "서류상으론 애플이 이겼다. 하지만 삼성에 경쟁우위를 확보하겠다는 목표는 달성하지 못했다"고 평가했다. 이 신문은 또 "애플은 무시해도 될 정도의 이익만 얻고 철수했다"고 혹평했다. 특허전문 사이트 포스페이턴츠는 "애플은 지적재산권을 강화할 준비가 됐다는 걸 보여줬다"고 전제한 뒤 "하지만 삼성은 무서운 방어자란 사실을 입증했다"고 진단했다. (ZDNet, 2018.6.28)

요 약

기술경영이란 글로벌 경제에서 효과적으로 경쟁하기 위해 기술을 핵심자원으로 갖는 기업의 성공을 위해 엔지니어링과 경영 두 분야를 연결, 통합시켜 주는 것이다.

제품혁신은 기업의 산출물에 관련한 혁신이고, 프로세스 혁신은 기업이 산출물을 만들거나 제공하는 방법에 대한 혁신이다. 급진적 혁신이란 현존하는 기술에 대해 새로움과 다름의 정도가 매우 큰 것이고, 점진적 혁신은 정도가 상대적으로 작은 것이다. 시스템을 이루는 제품이나 서비스에 대해 혁신이 그 부품의 수준에 미치면 부품혁신이고, 전체 시스템 부품의 결합구조에 영향을 미치면 구조혁신이다. 기술수준의 진보와 기술이 시장에서 받아들여지는 수용은 모두 S자 모양의 곡선으로 나타난다. 기술수준의 진보가 시장수용을 빠르게 만들기도 하고, 반대로 시장수용이 빨라지면서 기술수준의 진보를 촉진하기도 한다. 지배적 디자인이란 시장에서 소비자들이 가장 선호하는 제품으로, 다른 기업들이 점유율을 확대하기 전에 소비자들의 높은 호응을 받아 가장 높은 점유율을 확보하면서 다른 제품들이 사양과 특성을 유사하게 모방하도록 하는 제품이다.

기술기획은 ① 기업의 외부환경과 내부역량을 분석하고, ② 기술이 어떻게 변화하고 있는지를 전망하며, ③ 어떤 기술을 확보해야 하는지를 결정하고, ④ 필요한 기술을 어떻게 확보해야 될지를 결정하는 절차이다. 기술예측은 이용가능한 자료를 합리적이고 과학적인 방법으로 분석하여 미래의 사건, 조건 또는 상황을 전망하는 작업이고, 기술예견은 전략적 기술분야나 유망 기술분야의 발굴을 위해 장기적인 미래를 체계적으로 조사하는 과정이다. 기술니즈 분석은 목표기술 달성을 위해 필요한 기술을 살펴보는 절차이다. 기술니즈 분석은 보통 도표를 사용하여 목표기술을 이루거나 목표제품을 달성하기 위한 요소기술을 분해하는 '기술체계도' 분석을 통해 수행된다. 자사의 기술 포지션과 기술의 중요도를 반영하는 기술 로드맵을 사용하여 기술 포트폴리오와 관련한 의사결정을 수행할 수 있다.

신상품 개발은 기업이 신상품을 개발하여 시장에 출시하는 과정이다. 신상품은 생산주체, 소비자 혁신 정도, 새로움 정도 등에 따라 다양하게 구분된다. 신상품 개발 프로세스는 시장기회 탐색과 아이디어 창출, 상품 콘셉트 개발과 평가, 마케팅 전략 개발과 사업성 분석, 상품개발과 테스트, 상품출시와 출시 후 통제 등 다섯 가지 단계로 구분할 수 있다.

기술투자 평가는 기술 프로젝트에 관련하여 투자의 경제성을 평가한다. 많은 기업들은 프로젝트 포트폴리오 지도를 통해 기업의 예산과 계획 측면에서 단기적 현금흐름 수용과 장기적인 전략적 모멘텀을 동시에 고려하고, 공정변화 정도와 제품변화 정도에 따라 진보적 R&D 프로젝트, 차세대 발전 프로젝트, 플랫폼 프로젝트, 파생 프로젝트의 네 가지 유형으로 구분하여 관리한다. 프로젝트 프로세스 관리방법에는 스테이지 게이트 기법과 동시공학적 기법 등이 사용된다.

지식재산권은 연구개발의 결과로 만들어진 기술을 보호하고 관리한다. 지식재산권은 보호 목적 기준으로, ① 산업재산권(특허권, 실용신안권, 디자인권, 상표권 등), ② 문화예술분야의 창작물과 관련된 저작권, ③ 새로운 분야에서 출현하는 신지식재산권으로 분류되고 지식재산권의 관리는 ① 지식의 창조, ② 지식의 재산화 및 보호, ③ 지식재산의 수익화의 3단계로 이루어진다.

주요 용어

- 구조혁신
- 기술경영
- 기술예견
- 동시공학
- 상표
- 상품 콘셉트
- 예측
- 제품혁신
- 지식재산권
- 프로세스 혁신
- 급진적 혁신
- 기술기획
- 기술예측
- 모듈러혁신
- 상품개발
- 시나리오 분석법
- 저작권
- 지배적 디자인
- 특허
- 프로젝트 포트폴리오 지도
- 기술
- 기술 로드맵
- 기술 트리
- 부품혁신
- 상품력
- 신지식재산권
- 점진적 혁신
- 지식재산
- 파괴적 기술
- S-커브

토의 문제

1. 기술과 경영을 연결해야 하는 필요성에 대해서 논의하고 이러한 목적에 기술경영이 어떻게 기여할 수 있는지 설명하시오.
2. 기술경영이 중요한 이유를 설명하시오.
3. 교재에 나오지 않은 지배적 디자인의 예를 하나 찾아 그 형성 경위와 기업이 이를 어떻게 활용하였는지를 조사 분석하시오.
4. 특정기술을 선택하여 기술수준과 기술전파의 S-커브상 어떤 지점에 이르렀는지를 설명하시오. 또 이 기술에 대해 어떤 전략적 선택을 할 수 있을지 논의하시오.
5. 신상품 개발은 기업에 어떤 의미가 있는지 설명하시오.
6. 기업을 신상품 개발속도의 상대적 위치에 따라 네 가지로 구분하고 각각의 전략은 어떠해야 하는지 설명하시오.
7. 신상품 개발의 절차를 다섯 단계로 설명하시오.
8. 스테이지 게이트 기법과 동시공학적 기법을 통한 연구개발 프로젝트 프로세스 관리의 장단점을 논의하시오.
9. 지식재산권의 종류와 각각의 특징에 대하여 설명하시오.
10. 특허와 실용신안의 권리화 프로세스에 대해 설명하시오.
11. 업종마다 지식재산을 관리할 때 이슈가 다를 것이다. 소프트웨어산업과 제약산업의 예를 들어 두 산업 간에는 지식의 창조, 지식의 재산화 및 보호, 지식재산의 수익화 단계에서 각각 어떤 차이가 있을지 논의하시오.

CHAPTER

8

제조업 생산관리

학습목표

1. 생산관리의 목표와 기능을 학습한다.
2. 생산활동에서 생산성의 개념과 생산성 향상을 위해 필요한 관리법들을 학습한다.
3. 공정의 연속성 구분에 따른 생산방식의 차이점을 학습한다.
4. 생산계획의 장기, 중기, 단기적 이슈의 차이점을 학습한다.
5. 공급사슬의 개념과 공급사슬관리의 중요성에 대해 학습한다.
6. 구매관리의 필요성과 프로세스에 대해 학습한다.
7. 재고의 의의와 관련 비용, 관리 기법과 철학에 대해 학습한다.
8. 자재소요계획의 필요성과 발전현황을 학습한다.

제8장을 시작하며

위기의 제조업. 우리 경제의 근간이 흔들린다… 생산 · 투자 · 고용 '트리플 부진'으로 최대 위기

우리 경제 · 산업의 근간인 제조업이 최대 위기를 맞고 있다. 반도체 등 일부 업종을 제외하고 조선 · 자동차 · 철강 등 주력산업의 경쟁력이 크게 떨어진 가운데 신(新) 성장산업의 창출이 지연되면서 생산 · 투자 · 고용이 동시에 저조한 '트리플 부진'의 늪에 빠진 것이다. 게다가 작년 후반 이후 반도체 경기도 꺾이고 있어 한국 제조업의 위기가 가속화할 것으로 우려된다. 정부는 이에 대응해 규제 샌드박스 도입 등 기업 투자 촉진책을 펼치고 있지만, 불협화음이 끊이지 않으면서 이렇다 할 성과를 내지 못하고 있다. 주요 선진국들이 추진하는 것과 같은 한국 제조업의 '르네상스'를 위한 체계적인 전략이 시급하다는 지적이다.

11일 통계청과 기획재정부에 따르면 지난해 우리나라 제조업은 생산 · 투자 · 고용이 동반 위축되면서 성장동력의 역할을 상실했다. 특히 생산능력 등 일부 지표는 1970년대 경제개발 이후 최대 위기에 직면, 제조업이 중대 전환점에 처했음을 보여주었다. 먼저 우리나라 제조업 생산은 지난해 0.1% 증가하는 데 머물러 사실상 정체한 가운데, 재고는 6.2% 늘어나 '껍데기' 성장을 한 것으로 나타났다. 작년 12월 재고율은 116.0%로 외환위기 당시인 1998년 9월(122.9%) 이후 20년 만의 최고치를 기록했고, 제조업 평균 가동률은 경제위기 당시 수준인 72%대에 3년째 머물고 있다. 반도체 등 일부 업종을 제외하면 사실상 뒷걸음질 친 셈이다.

투자는 더욱 심각하다. 지난해 설비투자는 전년 대비 4.2% 감소했고, 특히 제조업 생산능력지수는 1.1% 줄어 1970년대 경제개발 이후 처음 감소했다. 생산시설 폐기나 해외이전 규모가 신규 · 증설 규모를 웃돌면서 생산기반이 사실상 와해되고 있는 것이다. 생산능력 증감을 업종별로 보면 21개 대분류 업종 가운데 음료(5.5%) · 식료품(3.7%) · 전기장비(2.5%) · 의료 및 정밀기기(1.4%) 등 8개 업종의 생산능력이 늘어난 반면, 절반이 넘는 13개 업종의 생산능력은 줄어들었다. 특히 구조조정이 본격화된 조선을 포함해 기타운송장비 생산능력이 14.6%나 급감했고, 자동차 생산능력도 3.0% 줄었다. 철강을 비롯한 1차 금속(-1.3%), 비금속광물(-4.7%) 등 핵심 제조업은 물론, 섬유(-2.9%) · 가죽(-6.4%) · 목재(-5.6%) 등 경공업의 생산능력도 줄줄이 줄어들었다.

이처럼 생산과 투자가 위축되면서 상대적으로 좋은 일자리로 분류되는 제조업 취업자는 2016년 이후 3년째 감소세를 지속했다. 감소 규모는 2016년 2만1,000명, 2017년 1만8,000명에서 지난해에는 5만6,000명으로 확대됐다. 산업별 근로자 소득(2017년 기준)을 보면 제조업이 366만원으로 도소매(238만원)나 음식숙박(122만원), 부동산업(229만원)을 크게 웃돌고, 공공행정 및 국방(371만원)과 비슷하다. 제조업 취업자는 전체 취업자의 20% 정도를 차지하기 때문에, 제조업이 살아나지 않으면 고용회복도 불가능하다.

경제의 서비스화가 가속화되더라도 제조업 기반을 상실하면 경제기반 자체가 무너진다. 세계 각국이 펼치는 제조업 부흥 전략은 전쟁을 방불케 한다. '위대한 미국 제조업'을 기치로 내건 미 트럼프 행정부는, 중국이 첨단제조 강국을 목표로 추진 중인 '중국제조 2025'를 견제하기 위해 무역전쟁을 치르고 있고, 독일 · 영국 · 일본 등 선진국도 제조업 '르네상스' 전략을 추진하고 있다.

지난 40~50년 우리 경제를 이끌어온 제조업의 새로운 도약을 위한 정부와 기업의 전략적 · 체계적인 접근이 시급한 시점이다.

(헤럴드경제, 2019.2.11)

1 생산관리의 개요

제조업과 생산

고객이 원하는 제품을 생산하거나 서비스를 창출하여 고객에게 효용을 제공하는 것은 기업의 기본적인 의무이다. 제조업은 제품을 제조하여 고객에게 제공하며 고객은 제품의 사용을 통해 효용을 얻게 된다. 생산관리는 “투입물을 제품으로 변환하는 생산시스템을 효율적으로 관리”하는 목적을 가진다. 이때 투입물은 원자재, 에너지, 노동, 자본, 정보, 기술 등이고, 투입물은 “공정”이란 변환을 거쳐 제품이라는 산출물을 내놓는다. 제조업의 공정은 물리적인 변환이 될 수도 있고, 조립이 될 수도 있다.

제조기업에서 최고운영관리자(COO : Chief Operation Officer)는 최고경영자(CEO : Chief Executive Officer)를 보좌하면서 제품의 생산을 책임지는 최고책임자이다. 예를 들면 자동차 제조업의 승용차 생산담당 COO는 승용차생산부, 품질관리부, 부품 및 자재부, 생산기술부 등을 통괄하여 생산에 필요한 자재, 설비, 인력, 품질, 비용을 계획하고 통제해야 한다.

이공계 인력 중 공과대학 졸업생들은 기업에 취업하면 처음에는 생산관리를 담당할 확률이 매우 높다. 예를 들면 TV를 제조하는 기업에서는 전자공학이, 자동차를 제조하는 기업이라면 기계공학이 제품의 생산에 사용될 수 있는 가장 밀접한 전공이기 때문이다.

생산관리의 목표

생산관리에서 관리목표로 하는 요소들은 ① 원가, ② 품질, ③ 시간, ④ 맞춤형 요구충족 등이다. 먼저, 제조기업은 제품을 만들고 제공하기 위해 투입되는 비용인 원가를 가능한 한 줄여야 한다. 이를 위해서는 투입물을 필요한 범위를 만족하되 가능한 한 적게 들여야 하고, 변환과정이나 자원의 활용에서 낭비를 줄이고 효율을 높여야 한다. 두 번째로, 제공하는 제품의 품질은 고객의 만족을 결정한다. 따라서 제공하는 제품의 품질에 고객의 불만이 많은 기업은 결국에는 시장점유율이 낮아지고 경쟁에서 도태된다. 따라서 생산부문은 제품을 설계하고 만들 때 품질을 높이도록 최선을 다해야 하며, 만들어진 제품의 품질을 측정하고 검사하여 적절한 품질관리활동을 수행해야 한다. 세 번째로, 제공시기가 적절해야 하고, 고객이 제품을 제공받을 때까지 기다리는 시간이 단축되어야 한다. 즉 원하는 시점에 맞도록 제품을 공급해야 하고 가능한 한 고객의 기다림을 최소화해야 한다. 마지막으로, 제품에는 고객별로 다양한 요구가 있을 수 있다. 이는 시간이 흐를수록 단순한 제품에 만족하던 고객들이 좀 더 특화되고 자신에게 적합한 제품을 찾기 때문에 발생하는 현상이다. 따라서 제품의 생산에서 이와 같은 다양한 고객의 요구를 맞추어주는 것이 생산부문의 경쟁력이 될 수 있다.

생산성과 생산방식

생산성

생산관리는 생산성을 높이는 활동이라고 볼 수 있다. 이때 생산성이란 산출물의 가치를 투입물의 가치로 나누는 것으로 정의한다. 즉 생산성은 다음 수치로 정량화될 수 있다.

$$\text{생산성} = \frac{\text{산출물의 가치}}{\text{투입물의 가치}}$$

생산성은 제조업이든 서비스업이든 기업의 경쟁력을 높이는 중요한 역할을 한다. 생산성을 높이기 위해 생산관리는 구체적으로는 다음과 같은 이슈를 다룬다.

- 생산/운영 능력 : 제품의 생산을 위해서는 적절한 투입물을 적기에 적량으로 제공해야 한다. 또한 생산을 하는 공정과 설비의 용량도 적절히 준비되어야 한다. 이러한 관리활동은 생산관리 중에서 장기계획 수립의 기초가 된다.
- 일정 : 최종 산출물인 제품을 적기에 생산하고 제공하기 위해서는 최종 생산/제공 일정은 물론 중간변환과정이 적절한 시기에 진행되는지를 관

리해야 한다. 이와 같은 관리활동은 생산관리 중에서 단기계획과 통제에 초점을 맞추며 일정계획이라고 불린다.

- 자재 및 부품 : 생산할 제품의 자재나 부품을 조달해야 한다. 이를 합리적으로 관리하는 활동이 자재 및 부품의 소요계획 및 통제이다.
- 품질 : 생산되는 제품은 고객에게 적절한 품질을 제공해야 한다. 이를 유지하기 위한 관리활동은 생산관리의 하나의 주제이고 품질관리라는 독립된 관리행위로 다루어지기도 한다.
- 노동력 : 제품의 생산을 위해서 생산에 참여할 작업자의 선정, 채용 및 해고, 훈련, 감독, 보상 등에 대한 결정과 관리는 생산관리에 있어서 매우 중요하다.

생산방식

생산방식은 공정의 연속성 구분에 따라 [그림 8-1]과 같이 연속흐름 시스템, 조립라인 시스템, 배치(batch) 시스템, 개별주문생산 시스템 등으로 구분할 수 있다.

- 연속흐름(continuous flow) 시스템 : 표준화 정도가 높아 정해진 공정경로를 따라 자동으로 제조물이 유동하며 연속으로 반복적인 대량생산이 가능한 생산방식이다. 정유, 제철, 제당, 전력, 비료, 음료수 등의 생산이 연속흐름 시스템의 대표적인 예이다. 연속흐름 시스템에서는 중단 없이 순조로운 가동이 가장 중요하다. 연속흐름 시스템은 산출물이나 생산시스템의 변경을 위해서는 가동이 중단되어야 하고 중단 시에 높은 비용을 초래한다. 대개의 연속흐름 시스템은 생산을 위해 초기에 대량의 설비와 장치에 대한 투자가 필요하므로 이런 생산공정을 가진 산업을 "장치산업"이라고 한다.
- 조립라인(connected line) 시스템 : 조립라인은 일정한 경로계획(routing)에 따라 이동하면서 제조되고 조립되며 반복생산 시스템이라고도 불린다. 이는 헨리 포드가 개발한 컨베이어 생산시스템이 시초이며, 전체적으로 여러 개의 하부공정으로 세분화되고, 일정한 작업장에 배정된 각 하부공정 안에서는 연속적으로 작업이 수행된다. 하부공정 간의 물자의 흐름은 일정한 간격을 둔 물류장치에 의해 수행된다. 조립라인 시스템에서는

그림 8-1
생산방식의 네 가지 구분

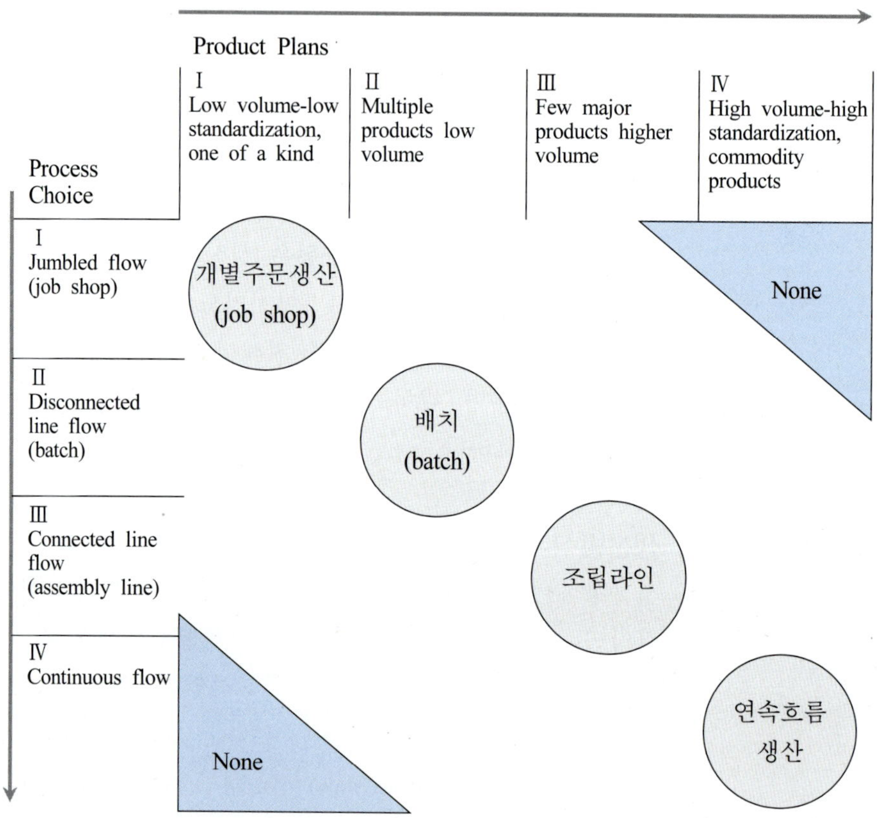

Hayes, R.H. and S.C. Wheelwright, "Link Manufacturing Process and Product Life Cycles," *Harvard Business Review*, January-February 1979. (재구성)

각 작업의 산출량을 조정하여 라인의 균형을 잡는 것이 중요하다. 조립라인의 장점은 연속흐름 시스템과 비교하여 탄력성을 발휘할 수 있고, 전체 공정의 중단 없이 공정의 부분 변경이나 장비의 일부 교체 등이 가능하다는 것이다. 조립라인 시스템은 자동차, 가전제품, PC 등은 물론 서비스산업에도 널리 사용된다.

- 배치(batch, 또는 불연속라인) 시스템 : 정해진 장소에서 배치 단위의 생산이 진행되고 적은 수의 경로계획을 통해 이 장소들을 연결한다. 경로계획은 발생하지만 물류장치가 일정한 간격을 갖지는 않는다. 배치 시스템에서 중요한 과제는 하부공정 간의 연결에서 발생하는 재고를 줄이는 것이다. 굴착기, 탱크, 대형 모터 등 소품종이고 대형제품의 생산에서 많이 나타난다.

• 개별주문생산(job shop) 시스템 : 개별주문생산 시스템은 주문제품의 생산과 운영에 적합하다. 개별주문생산 시스템에서 경로계획은 상당히 종류가 많다. 개별주문생산 시스템의 대표적인 예는 주문형 기계 제작소, 조선소, 주문형 가구업체, 인쇄소, 병원 수술실 등이다. 이 생산시스템은 제품의 변화수준이 높은 편이고, 수명주기가 짧으며, 제품의 도입속도가 빠른 시장에 적합하다. 이 시스템 아래에서는 생산시스템의 각 부분요소들이 각각 다른 과업을 수행할 수 있다.

더 알아봅시다 불량률 0.0011%… 독일 제조업의 비밀 'AI'

'믿고 쓰는 독일산'이라는 말은 초미세 부품에서부터 완제품에 이르기까지, 어느 분야에서나 압도적인 품질을 자랑하는 '제조업 강국 독일'의 힘을 말해주는 클리셰다. 이제 독일은 인공지능(AI)을 적극 활용하며 제4차 산업혁명에서도 제조강국의 지위를 더 굳건히 할 전망이다.

5일 한국산업기술평가관리원에 따르면, 독일의 종합 엔지니어링 회사 지멘스는 AI를 활용해 스마트공장을 실현하고 있다. 독일 바이에른주 오버팔츠현 암베르크시(인구 4만명)에 위치한 지멘스의 암베르크 공장이 대표적이다. 이 공장의 주요 생산품은 산업자동화 시스템 구축에 필요한 부품이다. 약 1만 제곱미터 면적에 약 4,500명이 근무하고 있다. 암베르크 공장은 모든 공정을 실시간 정밀추적해, 2014년 기준 불량률 0.0011%를 달성했다. 20여년 전의 불량률 0.05%에서 40배 이상 개선된 수치다. 다른 유사제품을 생산하는 일반공장의 불량률은 0.03~0.04% 수준이다. 암베르크 스마트공장에선 모든 부품・제품에 바코드가 부착돼 제품 전주기가 실시간으로 관리된다. 생산설비는 공정에 필요한 정보를 송・수신한다. 공정의 75% 이상이 자동으로 운영된다. 20여년 전과 종업원 수 및 공장규모는 유사하지만 생산량은 8배나 늘어났다. 매일 5,000만건의 빅데이터가 생성・분석돼, 지속적으로 공정개선에 활용하고 있다.

지멘스 공장의 기적은 독일의 인공지능연구소 'DFKI(Deutsches Forschungszentrum fur Kunstliche Intelligenz GmbH)'의 도움을 통해 이루어졌다. 1998년 공공-민간 합작으로 설립된 비영리연구소다. 연구과정에서 얻은 특허를 연구소가 소유하지 않고 주주나 고객 및 파트너에게 양도하는 것을 원칙으로 한다. BMW, 폭스바겐, 보쉬, 에어버스, 인텔, 구글 독일지사, 마이크로소프트 독일지사 등 19개 기업과 프라운호퍼연구소, 카이저슬라우테른 공대, 브레멘 대학 등 4개 연구기관이 주주로 참여하고 있다. 60개국 출신 480여명의 연구원, 376명의 학생이 16개의 연구영역(그룹), 9개의 역량센터, 6개의 리빙랩 등에서 180여개의 연구프로젝트를 수행하고 있다. 주 연구분야는 로봇, 빅데이터 지능형 분석, 증강현실 및 모의현실, 유통 혁신, 혁신적인 공장시스템, 지식관리 등이다. DFKI는 2011년 '산업4.0(Industry 4.0)'이라는 용어를 처음 사용한 논문을 발표한 것으로 유명하다. DFKI가 개발한 제품으로는 아이트래킹 기술을 이용해 관람객이 바라보는 작품에 대한 정보를 제공해 주는 안경인 '뮤지엄 가이드 2.0', 직립자세로 두 팔을 사용할 수 있어 재해 현장에서 인명구조에 활용되는 로봇 '맨티스' 등이 있다.

2005년 비영리 협회로 설립된 스마트팩토리KL(SmartFactory KL)의 역할도 빼놓을 수 없다. 스마트팩토리KL은 기업들이 모여 인공지능(AI)・정보통신기술(ICT)과 제조공장을 결합시키기 위한 기술을 교환함으로써 '산업4.0'이 실현되도록 한다. 제조업체에 구애받지 않고 혁신적 ICT를 실제적인 산업 생산환경에 적용시키기 위해 연구하는 유럽 유일의 시현 및 연구 플랫폼이다. 이처럼 독일은 인공지능연구소를 중심으로 인공지능 연구를 가속화하고 있다. 4차 산업혁명의 핵심인 인공지능, 사물인터넷, 로봇 등을 연계해 스마트공장의 표준화 제정은 물론 적용·확산에까지 나서고 있다.

독일의 스마트공장의 핵심은 생산효율을 극대화하는 것이다. 이를 인공지능과 빅데이터, 사물인터넷센서 등 기술로 이루어낸다. 제조업과 ICT를 융합하고, 제조공정에 인공지능 기술을 적용한다. 스스로 실시간으로 설비나 제품의 문제점을 진단, 분석, 파악하게 하고, 빠른 시간 안에 해결한다. 독일 기업의 76%가 스마트공장을 도입하였거나 계획 중이다. 주로 생산부문(86%)에 스마트공장을 도입하고 있다.

독일 역시 2008년 금융위기를 피해가진 못했다. 당시 심화된 제조업분야 글로벌 경쟁에서 미래경쟁력 확보를 위해 부단히 노력했다. ICT를 활용한 스마트공장 도입으로 제조업을 진화시킨 것이 독일의 선택이었다.

(아시아경제, 2017.3.5)

2 생산계획 및 통제의 구성

생산계획 및 통제는 기업이 처한 환경하에서 전략적 목표달성을 위해 적절한 제품의 생산을 설계·계획하고 통제하는 것이다. 생산계획 및 통제는 장기·중기·단기의 계획과 통제로 구분할 수 있다. 즉, 생산계획 및 통제는 장기 생산능력계획, 중기 총괄생산계획, 단기 일정/경로계획 및 통제로 구분되어 관리된다.

장기 생산능력계획은 3년 이상을 주기로 수립하여 생산품목, 생산수량 등 생산능력을 감안하여 용량을 계획하고 설계한다. 중기 총괄생산계획은 분기에서 1년 정도의 주기로 수립하며 장기계획을 감안하여 작업장 내 생산설비의 재배치, 자원조달방식, 고용수준 등을 결정한다. 단기 일정/경로계획은 중기계획을 감안하여 월단위 혹은 주단위로 세부 생산계획과 일정계획, 수급계획 등을 수립하고 이들이 제대로 실행되는지를 감시하며 계획과 다르게 진행되면 적절한 통제를 실행하는 것이다.

장기 생산능력계획 및 중기 총괄생산계획

생산능력계획

장기적으로 생산능력을 좌우하는 자원은 재료(material), 인력(man), 설비(machine), 자금(money) 등으로 다양하다. 장기 생산능력계획은 ① 자체생산 또는 구매(make-or-buy) 결정,[1] ② 생산입지나 설비규모의 계획이나 결정, ③ 생산공정을 설계하고 설계된 공정에 따라 설비를 배치하는 계획 등으로 구성된다.

- 자체생산 또는 구매 결정은 생산/조달할 제품의 생산을 기업 자체에서 할지 아니면 외주를 통해 수행할지를 결정하므로 이후에 많은 생산계획에 영향을 준다. 완제품의 경우에는 외부에서 100% 구매나 조달하는 경우가 드물지만 부품, 원재료, 단위 서비스 등은 생산이나 운영 설비를 자체로 구축하는 비용과 외부조달하는 업체의 품질을 비교하여 적절한 결정을 해야 한다.
- 생산입지의 선정은 생산요소의 획득이 얼마나 쉬운지, 마케팅 측면에서 제품의 생산을 별도의 생산지에서 할지 아니면 고객과 가까운 시장에서 할지를 감안하여 결정할 수 있다. 또한 제조업 유치를 위한 중앙정부나 지방자치단체의 인센티브 제공이나 해외 입지 선정 시 외국정부가 제공하는 인센티브 등의 요소도 검토해야 한다. 생산설비의 규모에 대한 결정은 규모의 경제의 이점과 장기적인 수요예측의 불확실성 등을 검토하여 결정해야 한다. 또한 산업의 특징에 따라 추가생산능력과 설비를 구축하는 데 필요한 기간 및 점진적 증설과 대규모 증설의 장단점 비교도 필요하다.
- 생산공정의 설계는 생산하는 제품의 성격에 따라 경제적이며 좋은 품질이 되도록 공정을 설계하고 이에 맞추어 설비를 배정해야 한다. 생산공정의 설계에서 설비의 배치는 다음과 같은 유형의 구분이 가능하다.
  - 제품별 배치 : 특정제품을 생산하는 데 필요한 기계설비를 제조과정의 순서에 따라 배치하고 작업 흐름은 미리 정해진 패턴을 따라가는 방법으로 조립라인 시스템에 적용되기 쉽다. 운반시간이 적게 들고

1) 제품, 반제품, 부품, 자재 중 어떤 것들은 외부에서 구매하고 어떤 것들은 자체 생산/조달할 것인지를 결정하는 것을 자체생산 또는 구매(make-or-buy) 결정이라고 한다.

재고가 감소하여 단위당 생산원가가 작다는 장점이 있다. 수요변동, 제품변경, 작업순서 변경 등에 대한 신축성이 약한 단점이 있다. 생산라인 간의 균형이 중요하다.

- 공정별 배치 : 개별주문 시스템이나 배치 시스템처럼 제품의 종류가 다양하고 소규모로 생산하는 경우 설비의 가동률을 충분히 확보하고자 유사한 설비를 같은 작업장에 모아두고 제품이 필요한 설비가 있는 작업장으로 이동하며 생산하는 방법이다. 각 제품이 가공요건에 따라 필요한 작업장으로 이동하므로 수요변동, 제품변경, 작업순서 변경 등에 대해 신축성이 크고 시설 투자액이 작다는 장점이 있다. 소량생산 시에는 단위당 생산원가가 높아지는 단점이 있다.
- 셀 배치 : 제조 셀(cell)이란 비슷한 모양과 가공조건을 가진 제품을 그룹으로 묶고 이들의 생산에 필요한 기계들을 모아 놓은 장소를 말한다. 셀 배치는 제품별 배치와 공정별 배치를 혼합하여 유사한 공정 특징을 갖는 제품과 설비로 제조 셀을 형성하고 셀별로 5~10명의 작업자가 한 팀이 되어 제작의 처음부터 끝까지 책임을 진다. 이 방식은 작업자의 숙련도가 중요한 성공요인이 된다.
- 고정 배치 : 대부분의 토목공사, 항공기, 선박 같이 제품 또는 작업 결과물이 무게, 부피 등의 제약으로 이동이 어려울 경우, 제품을 한 장소에 고정시키고 작업자, 재료, 장비가 필요에 따라 이동하는 방법이다. 작업결과물의 이동이 필요 없거나 최소화되고 다양한 제품의 생산이 가능한 장점이 있다. 생산 현장까지 설비와 재료를 이동시키는 비용과 노력이 필요한 단점이 있다.

총괄생산계획

총괄생산계획(aggregate production planning)은 수요나 주문의 시간적 변동을 파악하여 이것을 만족시킬 수 있도록 생산시스템의 능력을 조정해 나가는 기능이다. 다양한 제품을 생산하기 위해 전체적인 능력과 자원을 사용하여 수행해야 하므로 개개의 제품 구분보다는 기업의 설비역량, 고용수준, 재고수준 등을 통합적으로 결정하고 계획한다. 따라서 총괄생산계획은 고용수준, 재고수준, 생산수준, 잔업, 하청 등을 의사결정 변수로 하여 결정한다. 총괄생산계획은 총비용을 평가척도로 삼아 이를 최소화하는 대안을 찾는 것이다.

총비용을 최소화하기 위해서는 다음과 같은 사항을 고려해야 하며, 이들은 각각 다양한 비용들을 포함하고 있다.

- 설비의 확장과 축소 : 장기적으로 수요가 늘거나 주는 것이 명확한 경우 설비의 확장이나 축소를 통해 생산능력을 개선할 수 있다.
- 고용수준의 변화 : 생산능력을 늘리거나 조절하기 위해 고용수준을 변화시키는 것은 신규고용비용, 훈련비용, 해고비용, 퇴직금 등 비용적인 측면뿐만 아니라 종업원의 직업안정성 등을 반영하여 신중하게 고려해야 한다.
- 가동률 조정 : 조업의 단축이나 잔업 등을 이용하여 생산능력을 조절할 수 있다. 이때 발생하는 비용은 정규 작업시간을 초과할 때 지불해야 하는 잔업비용과 가동률이 낮아져 유휴시간에 대해 지불하는 비용 등이다.
- 재고수준의 변화 : 수요의 변동이나 원활한 생산을 위해 재고를 변화시킬 수 있다. 이는 생산이 일어나는 기업 내부만을 고려하여 재고수준을 결정할 수 있지만, 공급사슬의 다른 참여자들을 감안한 재고수준의 결정이 필요할 수도 있다. 재고를 유지할 때 발생하는 비용으로는 재고에 묶여 있는 자본기회비용과 보관비용, 보험요금, 손실에 대비한 보험료, 진부화 비용 등이 있다.
- 하청의 이용 : 생산수준의 변동요인을 외부하청 분량의 증가나 감소를 통해 흡수할 수 있다. 하청을 주는 계약에 따른 비용이 주된 비용이 된다.

총괄생산계획은 선형계획법이나 발견적 기법 등의 경영과학 기법을 사용하는 독자적인 계획수단을 사용하거나 ERP 등의 경영정보시스템에 내재된 통합적 계획방법을 사용하여 수립하는 것이 일반적이다.

단기 일정계획 및 경로계획

단기적으로 생산을 실행하고 통제하기 위해서는 일정계획과 경로계획을 수립하고 실행한다. 특히 단기적인 계획은 계획의 수립 이상으로 실행 시 발생하는 변동요소에 적절히 대처하여 중장기 계획의 범위 내에서 기업의 생산활동이 잘 실행되도록 해야 한다.

일정계획

총괄생산계획에서 결정된 제품의 종류와 수량을 일정기간 내에 어떤 공정을 통해 생산할지를 일정계획에서 결정해야 한다. 일정계획은 장비, 노동력, 기계 등의 자원을 효율적으로 이용하여 정해진 납기를 준수하기 위해 각 작업에 소요되는 시간을 결정하고 통제하는 계획이다. 작업에 대해 할당하는 자원의 종류, 분량, 생산 및 운영 시작시간과 종료시간 등을 결정하는 업무이다. 일정계획은 산출물이 생산되기 직전의 마지막 단계이다.

일정계획은 단기계획이므로 중기계획인 총괄생산계획에 주어진 조건을 사용하여 특정작업의 할당, 작업순서의 결정 등이 주된 내용이 된다. 즉, 작업자, 기계 등을 작업에 할당하고 언제부터 언제까지 수행할지를 계획하고 실행하는 것이 된다.

일정계획의 평가기준

일정계획의 평가기준으로 다음과 같은 것들이 많이 쓰인다.

- 유동시간(flow time, throughput time) : 과업이 작업장에 도착한 시간부터 완성될 때까지의 경과된 시간으로 정의된다. 유동시간은 가공시간과 대기시간으로 구성된다. 모든 과업의 유동시간의 합을 과업수로 나눈 평균 유동시간을 중요한 기준으로 사용한다.
- 지연시간(job tardiness, past due) : 과업이 납기보다 늦게 완성되어 지체된 시간으로 정의한다. 모든 과업의 지연시간의 합을 과업수로 나눈 평균 지연시간을 중요한 기준으로 사용한다.
- 재공품(WIP : work-in-process) : 작업장에서 작업 중인 과업 미완성 제품의 수로 정의한다. 즉 재공품은 작업장에서 미완성으로 가공 중, 대기 중, 이동 중, 지연 중, 반조립 중인 상태의 제품을 말한다. 재공품 재고는 재공 중인 과업의 수, 물량, 금액 등으로 표시되며 평균 재공품 재고를 중요한 기준으로 사용한다.
- 가동률(utilization) : 작업장에서 이용할 수 있는 총시간 중에서 기계나 작업자가 생산적으로 사용한 시간의 비율이다. 다수의 기계에 대하여 모

든 기계의 생산적 사용시간의 합을 모든 기계의 가용시간의 합으로 나눈 평균 가동률이 중요한 기준으로 사용된다.

- 전가동시간(makespan) : 주어진 모든 과업을 완성하는 데 소요된 시간, 즉 '최종과업 완료시점 − 최초과업 시작시점'으로 정의한다.

간트 차트

프로젝트 일정계획 방법 중 가장 간단한 방법으로 간트 차트가 사용된다. 간트 차트는 X축에는 시간의 흐름을, Y축에는 요구되는 과업들을 나타낸다. 이는 1910년대 헨리 간트가 창안한 방법으로, 전체 일정계획에서 핵심과업이나 지체작업을 파악하고 진도를 점검하는 데 효과적으로 사용된다. 간트 차트는 복잡한 과업의 일정계획에도 사용될 수 있지만 과업별 연관관계, 선후관계를 충분히 반영하지 못한다는 약점 때문에 간단한 과업의 일정을 관리하는 경우에 흔히 쓰인다. 간트 차트는 매우 간단하여 쉽게 작성하고 쉽게 이해할 수 있으므로 사무실에서 종업원들의 월간, 주간 일정계획을 칠판에 표시하여 관리하거나, 프로젝트 제안서의 일정계획 등에도 사용될 수 있다.

재료를 구입하여 가방을 만드는 과업을 8주 이내에 마무리 짓고자 하는 상황에서 〈표 8-1〉과 같은 간트 차트가 준비될 수 있다. 간트 차트의 X축에서 단위과업을 구분할 때 몇 개의 기계, 작업 팀(또는 개인) 등으로 구분하여 이들의

표 8-1 가방을 만드는 작업의 간트 차트

담당	단위과업 \ 일정	1주	2주	3주	4주	5주	6주	7주	8주
A	가방 디자인 결정	------							
B	재료 구매업자 선택		------						
A	가격협상 및 구매		------	------					
B	재료 운반 및 처리			------					
B	가방 봉재작업				------	------			
A	가방 표면처리작업				------	------			
A	품질관리 및 재작업						------	------	
B	판매계획 수립							------	
A	판매 후 마케팅 지원								------
B	다음 제품 기획								------

작업역량을 고려한 후 작업을 할당하면 작업자별로 일정을 지정하는 용도로도 사용될 수 있다. 예를 들어 앞서 가방을 만드는 작업을 A, B 두 명의 직원이 나누어 계획한다면 가방 제조 문제에 있어서도 A, B 두 사람이 일을 나누어 수행하여, A는 가방 디자인 결정, 가격협상 및 구매, 가방 표면처리작업, 품질관리 및 재작업, 판매 후 마케팅 지원 등을 순서대로 수행하고, 반면에 B는 남은 과제인 재료 구매업자 선택, 재료 운반 및 처리, 가방 봉재작업, 판매계획 수립, 다음 제품 기획 등을 담당하도록 간트 차트가 작성되었다.

CPM과 PERT

1950년대에 DuPont사는 공장건설 프로젝트를 수행하면서 일정계획의 새로운 방법론으로 주요경로법(CPM)을 개발했다. CPM(Critical Path Method)은 종전의 간트 차트가 간과하였던 단위과업 간의 선행관계를 주목하면서 전체 과업을 지연시킬 수 있는 일련의 단위과업들을 주요경로(Critical Path) 과업으로 식별하여 관리한다. CPM은 고단위과업별 필요한 자원과 예산 등도 반영하는 장점이 있으나 모든 단위공정 실행의 소요시간을 상수로 취급하는 약점이 있다.

단위과업 완성시간의 불확실성을 통계적인 확률변수로 반영한 방법인 PERT(Program Evaluation & Review Technique 또는 Project Evaluation & Review Technique)는 CPM의 이와 같은 단점을 극복한다. PERT는 복잡한 일정계획이 필요한 대륙 간 탄도미사일 개발 프로젝트를 수행하면서 경영컨설팅 회사인 Booz-Allen & Hamilton에 의해 처음 개발되었다. PERT는 전체 사업에서 매우 중요한 토목/건설 프로젝트나 대형 연구개발 프로젝트의 수행에 널리 사용된다.

경로계획

경로계획은 공정상에서 제품이 흘러가는 경로를 결정하는 것을 말한다. 경로계획은 제품의 유형과 설비배치에 따라 달라진다. 일반적으로 연속흐름공정을 사용하는 경우에는 경로계획이 필요 없지만, 조립라인, 배치 시스템, 개별주문생산의 경우 경로계획이 중요하다.

경로계획은 어느 지점에서 병목(bottleneck)이 발생하는지를 찾아내고 이를 해결하는 것이 핵심과업이다. 물리적 경로를 설비 지도에서 표현하고 경로상 흐름의 시간과 설비의 용량 등을 감안하여 병목을 찾아내는 가치-흐름 매핑 등의 방법이 많이 사용된다. 경로계획은 보통 기업의 생산현장 내의 경로를 관리하는 것을 의미한다. 그러나 공급사슬 전체를 주목하면 공급사슬 내의 구성요소인 기업 간의 경로계획도 중요하다. 이러한 기업 외부의 경로계획은 공급사슬 관점이라는 더 큰 개념의 일부로 다루는 것이 일반적이다.

사례 대한민국 경영현장 "IoT 센서로 쇳물 상태 실시간 파악"… 스마트 공장으로 진화하는 포스코

'고로'는 '높은 곳에 있는 화로'란 뜻이다. 고로가 제철소의 심장인 이유는 제철 공정의 첫 단계인 제선 공정이 이뤄지기 때문이다. 제선 공정은 쇳물을 생산하는 기초 과정이다. 철광석과 연료탄·유연탄을 높이 약 100m의 고로에 넣은 뒤 섭씨 영상 1,200도의 뜨거운 바람을 불어넣는다. 연료탄이 타면서 나오는 열에 의해 철광석이 녹아 쇳물이 된다.

9월 3일 오전 9시가 조금 넘은 시간, 포항제철소 제2고로에 도착했다. 고로 계단을 오르고 또 올라 중앙 운전실에 도착했다. 이곳에서는 하늘색 작업복을 입은 3명의 직원이 제2고로의 상황을 실시간으로 점검하고 있다. 스마트 공장으로의 변신이 시작됐다고 해서 중앙 운전실 근무자들의 주요 업무가 변한 것은 아니다. 하지만 업무를 수행하는 방식은 전과 확연히 다르다. 중앙 운전실에서는 연소 상태를 볼 수 있는 30개의 화면을 통해 고로로 들어가는 철광석의 상황을 실시간으로 감시할 수 있다.

• 40년의 경험의 '숫자'로

이전에는 근무자들이 30개의 화면을 육안으로 살펴봐야만 했다. 순전히 '경험'에 의지해 환했던 화면이 어두워지면 연소 상태가 좋지 않다고 판단해 조치를 취했다. 하지만 2016년부터 이른바 '디지타이제이션(digitization)'이 시작된 후 연소 상태를 정확한 데이터로 파악할 수 있게 됐다. 김형우 포항제철소 제선부 매니저는 "기존에도 1,000여 개의 센서는 있었지만 스마트 공장을 구축하면서 10개의 센서가 신설됐다"고 말했다. 신설된 센서들이 바로 디지타이제이션의 결과물이다. 첨단 기술은 인간의 경험과 조화를 이뤘다. 디지타이제이션은 철강 제조 현장에서 축적된 아날로그 데이터를 디지털로 변환한 것으로, 40여 년간 작업 현장에서 축적된 경험을 정확한 수치로 표현해 냈다.

스마트 공장은 기업별·업종별로 구축 방법과 목표가 천차만별이다. 한국 최고의 철강 기업 포스코의 첫째 목표는 딥러닝을 통한 인공지능(AI)으로 용광로의 상태인 '노황(爐況)'을 '자동제어'하는 것이었다. 용선 온도는 항상 '섭씨 영상 1,500도'에 가까워야 한다. 이보다 온도가 떨어지면 유동성이 악화돼 조업이 원활하지 않기 때문이다. 이를 위해 포스코는 제2고로의 '스마트화' 과정을 두 단계로 우선 나눴다.

첫째는 비정형 데이터를 정형화하는 1단계의 디지타이제이션, 둘째는 딥러닝 AI를 활용해 용광로 노황을 자동제어하는 스마타이제이션(smartization)이다. 이 과정을 통해 제2고로는 구체적으로 어떻게 변신하고 있을까. 김형우 매니저가 코크스(점결탄의 고온 건류에 의해 생기는 다공질 고체 연료)가 오가는 물류 트래킹 화면을 가리켰다. 쇳물을 만들어 내는 '고로'에는 쇳물의 주원료인 철광석과 철광석을 녹이는 코크스가 함께 들어간다. 철광석과 코크스의 상태는 쇳물의 질을 좌우한다. 예전에는 용광로에 사용하는 석탄과 철광석을 사람이 직접 수동으로 샘플링(모집단에서 시료를 채취하는 것)해 확인해야만 했다. 하지만 고로의 '스마트화'로 이러한 수고는 더 이상 필요 없어졌다. 고화질 카메라로 코

크스의 상태를 판단하고 쇳물의 상태를 예측할 수 있기 때문이다. 여기에 사람이 2시간에 한 번씩 직접 측정해야만 했던 용광로 내부의 쇳물 온도도 사물인터넷(IoT) 센서를 활용해 실시간으로 확인할 수 있게 됐다.

작업의 정확도도 높아졌다. 스마트 공장 도입 전 제2고로에서는 네 시간에 한 번씩 50kg의 철광석을 총 6번 샘플링했다. 즉 하루에 철광석 300kg을 근무자가 직접 샘플링해 강도나 입도 등을 확인한 것이다. 6,000톤의 쇳물을 만들기 위해서는 철광석 1만 톤이 필요하다. 샘플링된 철광석은 전체 표본의 0.003% 수준으로 전체 철광석을 대표한다고 보기는 어려웠다. 하지만 지금은 철광석의 상태를 좀 더 정확히 판단할 수 있다. 김 매니저는 "고화질 카메라의 설치로 철광석의 수분이나 입도 비율을 실시간으로 확인하는 게 가능해졌다"며 "기존에 전체 철광석의 0.003%만 확인할 수 있었다면 지금은 40%의 상태까지 파악할 수 있다"고 설명했다.

자연스레 인력의 효율성도 높아졌다. 제2고로에서는 1980년대만 해도 1조에 10명 이상의 노동자가 투입돼 공정을 지켜봤다. 하지만 지금은 스마트화의 일환으로 중앙 운전실에만 1조에 3명의 노동자가 근무하고 있다. 그래도 하루에 6,000톤의 쇳물을 생산해 내는 제2고로를 '컨트롤'하는 데에는 아무 문제가 없다.

• '노황' 최적 유지로 원가절감 꾀해

제2고로의 관리자들에게도 디지타이제이션은 큰 호응을 얻고 있다. 가장 좋은 점은 노황의 흐름을 볼 수 있다는 점이다. 지금은 수많은 데이터 값이 꺾은선으로 표시되지만 과거에는 순간의 데이터가 점으로 나타나 파편적인 상황만 파악할 수 있었다. 이 때문에 노황이 좋은 방향으로 가는지, 혹은 나쁜 방향으로 가는지 전혀 알 수 없었다. 이렇게 육안으로만 파악해야 했던 고로의 상황이 숫자와 꺾은선으로 기록되면서 피로도가 상당히 줄었다는 게 현장 노동자들의 설명이다.

스마트 공장은 결국 인력의 문제와 귀결된다. 첨단 기술이 인간의 일자리를 빼앗을 수 있다는 우려다. 하지만 포스코는 오히려 새로운 일자리를 늘리는 추세로 가고 있다. 과거 제철소에서도 어느 정도 공정 자동화는 이뤄진 상태였다. 여기에 디지타이제이션을 도입하자 연구 인력이 오히려 늘어났다. 하지만 공장이 완전한 '스마트 공장'으로 거듭난다면 운전 인력은 1명도 필요 없어지는 게 아닐까. 이 질문에 대한 답은 '아니다'라는 게 관계자들의 설명이다. 모든 수치를 데이터화해 컴퓨터의 자동제어가 가능해져도 '셧다운'이나 혹시 발생할 수 있는 에러를 막기 위해서는 1명의 근무자는 꼭 필요하다. 여기에 2명은 설비 개선 등 고부가가치 업무로의 전환이 가능하다. 지금처럼 3명의 근무자는 꼭 상주해야 한다.

산업 현장에서는 '오늘도 무사히'라는 문구를 흔히 볼 수 있다. 생산 현장의 최전선에서 근무하는 노동자들은 대형 사고에 노출될 위험도 높다. 이러한 사고를 예방하는 데도 스마트 공장으로의 전환이 도움을 줄 수 있다. 고로는 커다란 압력 용기다. 밑에서는 열풍을 주입하고 그 열풍은 코크스를 태운 후 상부에서 해소된다. 만약 고로 안의 통기성이 저하돼 열풍의 압력이 제대로 해소되지 않는다면 상부의 압력이 순간적으로 상승하는 '취발현상'이 생긴다. 하지만 스마트화로 고로 안의 상태를 데이터로 볼 수 있게 되면서 사고를 미리 예방할 수 있게 됐다. 딥러닝 기반의 인공신경망 기술을 활용해 컴퓨터가 자동으로 풍량을 예측하고 미리 제어하기 때문이다.

스마트 공장의 목적은 결국 '원가절감'이다. 제2고로는 스마트 공장이 그리는 최종적 목표를 차근차근 이뤄 가고 있다. 포스코에 따르면 포항 제2고로의 지난해 생산량은 전년 대비 5% 개선됐고 연료비는 용선 1톤에 4kg이 절감됐다.

• 모든 데이터 집약한 '데이터센터' 개소

포스코는 그룹 차원에서 전사적으로 스마트 공장 구축에 심혈을 기울이고 있다. 제2고로가 '퍼스트 무버'로 움직이고 있지만 포항의 다른 고로와 광양 제철소도 스마트 공장으로의 변신을 서두르고 있다. 2017년 제철소와 기술연구원, 성균관대 시스템경영공학과 이종석 교수가 산학연 공동으로 '인공지능 기반 도금량 제어 자동화 솔루션'을 개발해 광양 3CGL(도금공장)에서 본격 가동하고 있다. 이 솔루션은 자동차 강판 생산의 핵심 기술인 용융아연도금(CGL)을 AI를 통해 제어해 도금량 편차를 획기적으로 줄이는 기술이다. 실시간으로 도금량을 예측하고 목표량을 정확히 맞춘다.

또 지난 2월에는 제철 설비에 최적화된 하이브리드형 스마트 공장 플랫폼 개발을 선언했다. 포스코의 스마트 공장 플랫폼 '포스프레임(PosFrame)'과 제너럴일렉트릭(GE)의 솔루션 'APM'을 결합해 제철 설비에 최적화된 플랫폼 '포스프레임 플러스'를 개발 및 사업화한다. 포스코와 GE는 그 첫째 단계로 포항제철소 5호기 발전설비에 APM을 적용해 기존 포스프레임과의 호환성을 테스트하고 연말까지 모듈 개발과 적용성을 검증한다. 만약 포스프레임 플러스가 개발된다면 설비 운영 효율 향상은 물론 안전사고 예방에도 획기적인 전환점을 가져올 것으로 보인다.

지난 8월 23일 포항제철소 '스마트데이터센터'가 가동에 들어가 공장 스마트화에 한 발 더 다가섰다. '스마트 데이터센터'는 본사 전산실과 포항제철소 내 32개 공장에 설치된 IoT 센서로 얻은 빅데이터를 실시간으로 수집·저장하는 곳이다. 산업의 쌀을 만들며 1970년대 고도의 경제 발전의 한 축을 이룬 제철소는 이제 어엿한 4차 산업혁명의 중심지로 거듭나고 있다.

(한경비즈니스 제1189호, 2018.9.10)

3 공급사슬 관점의 생산관리

공급사슬

공급사슬(supply chain)이란 공급업체로부터 원료와 부품을 구매하여 생산공정을 거쳐 완성된 제품을 고객에게 전달하는 전체 과정이나 참여자들을 지칭한다. 공급사슬은 고객에게 제품을 제공하기 위해 자재/부품 공급자, 제품 생산자, 유통업자로 이어지는 기업 관계의 연결구조이면서, 동시에 수요예측, 자재/부품 구매, 재고관리, 생산계획 및 통제, 창고 보관, 유통, 고객서비스로 이어지는 일련의 이종기업 간의 프로세스 연결이다.

각각의 기업이나 프로세스가 독자적으로 최적화를 지향하는 것보다는 협력과 통합을 통해 전체적인 참여자와 프로세스의 최적화를 지향하기 위해 공급사슬관리가 중요하다. 즉, 고객의 수요가 감소하였는데도 생산부서에서 계속 생산을 하여 완성품 재고가 쌓인다거나, 반면에 급증하는 수요에 대비한 부품의 공급이 늦어져 수요를 못 맞추는 일을 방지하기 위해, 다수의 독립된 조직과 별개의 비즈니스 프로세스가 아닌 하나의 전체 공급사슬 관점에서 통합된 생산 프로세스를 조율하는 것이 공급사슬관리의 목표가 된다.

공급사슬의 전체 과정 중에 어느 한 부분이 취약하면 다른 부분이 우수하여도 시간과 비용의 비효율이 발생하고 가격이 높아지거나 품질이 나빠지는 부작용이 생긴다.

공급사슬관리의 필요성과 이슈

공급사슬상의 참여자들은 과거에는 대립적인 시각으로 바라보는 것이 일반적이었다. 즉, 자재/부품의 공급업체와 구매업체의 관계에서도 구매자는 저렴한 공급업자만 찾고, 수시로 계약관계를 바꾸어 안정적이지 못한 공급사슬 체제를 유지하였다. 그러나 공급사슬이 개개의 단기적 이익만을 추구하지 않고 참여자 모두에게 이익이 되는 전략적 관계를 유지하는 것이 고객은 물론 공급사슬 참여자 모두에게 이익이 된다는 것이 최근의 시각이다.

공급사슬관리자는 자재와 부품의 공급자를 찾고 조달활동을 하며 제조, 재고관리, 물류활동들을 계획하고 조정한다. 이러한 관리활동은 공급사슬을 논의하기 이전의 생산관리에서도 중요한 이슈이었지만, 공급사슬관리 관점에서는 공급업체가 더 이상 외부인이나 계약의 대상에 머무르지 않고 생산 팀의 일원이 된다. 따라서 협력적 관계의 공급업체는 구매업체에 높은 품질의 부품을 공급하고 전체적인 생산원가를 감소시켜주며 고객의 수요에 적절히 반응하기 위한 제품의 기능 변경이나 새로운 가치창출을 가능하게 해주는 존재로 인식되고 협력하게 된다. 공급사슬관리는 공급사슬상에서 제품의 흐름과 정보의 교환을 효율적으로 수행하여 고객의 요구에 잘 대응하는 동시에 전체 비용을 낮추는 데 초점을 맞춘다.

공급사슬관리는 자재 공급업자, 부품 공급업자, 반제품 조립업자, 관련 서비스 사업자를 통해 자사를 향하는 다운스트림(down stream)과 자사의 물류센터, 유통업자, 관련 서비스 사업자를 거쳐 최종적으로 고객에게 흘러가는 업스트림(up stream)에 대해 자재, 부품, 완성품의 주문, 물류, 재고관리, 정보유통 등의 관리를 수행하는 것으로 구분가능하다.

공급사슬관리에서는 비용의 최소화와 함께 불확실성과 변동성을 줄이도록 관리해야 한다. 공급사슬에서 불확실성과 변동성을 증가시키는 요인은 부정확한 수요 예측, 길고 가변적인 리드 타임, 늦은 배달, 불완전한 수송, 주문 제품 변경, 가격 변동과 할인, 적절하지 않은 재고 정책 등이다.

최근의 정보통신기술 발전은 공급사슬 전반에 걸친 관리를 위한 의사소통, 협업, 의사결정 등을 가능하게 한다. 예를 들면 인터넷을 통하여 온라인으로 자재와 부품을 구매하는 기업 간(B2B) 전자거래가 일반화되어 미국의 경우 2015년 $7,800억 규모에서 2020년에는 $1.1조로 성장할 전망이고, 이는 2014년 기준으로 전체 B2B 구매 중 전자구매의 비율이 63%에 해당한다.[2] 기업들은 구매전용 웹사이트, 온라인 역경매(reverse auction),[3] 전자문서교환(EDI : Electronic Data Interchange)[4] 등을 통해 적합한 가격과 조건을 제시하는 더 많은 전략적 파트너를 자신의 공급사슬로 유치할 수 있게 되었고, 바코드를 통해 제품이 공급사슬을 흘러갈 때의 제품 정보를 수집・활용하며, RFID를 통해 제품, 컨테이너, 운송차량 등의 정보를 공유할 수 있어 기존의 공급사슬상의 전략적 파트너들과 편리하게 협력할 수 있다.

2) 위키피디아(en.wikipedia.org) 자료
3) 구매업체가 구매물품의 사양과 구매조건을 게시하고 납품업체들이 상세사양과 가격, 납기 등을 정하여 경쟁적으로 입찰에 참여하게 하는 경매제도이다.
4) 정보와 문서를 교환하기 위한 표준 등을 설정하여 설계도면, 문서양식 등을 온라인으로 주고받고 변환 없이 사용할 수 있는 시스템이다. 종전에는 관련 당사자들만의 별도 네트워크인 부가가치망(VAN : Value Added Network)을 통하여 EDI가 가능하였으나 현재는 보안기술을 보완한 인터넷을 사용한다.

더 알아봅시다

아마존의 미래 공급망 체인(SCM)을 지배하려는 야망

(전략)

웹(web)이 공개된 지 15년 후인 2006년에 AWS(Amazon Web Service)가 출시되었습니다. 이는 당신이 원하는 것만큼만 사용하고 비용을 지불하는 원스톱 서비스로 복잡하고, 어려운 컴퓨팅에 대한 진입 장벽을 없애주었습니다.

그해 또 다른 혁신 서비스가 출시되었습니다. 그것은 전혀 기술적인 지식이 없는 사람들도 온라인 판매가 가능토록 만들어진 것으로 이커머스를 완전히 변화시켰습니다. 이 서비스를 아마존은 FBA(Fulfilled by Amazon)라고 불렀습니다. 아마존에서 쇼핑한다면 FBA가 주는 혜택을 누리게 될 가능성이 높습니다. 2017년에 아마존에 판매되는 제품 중 절반 이상이 써드 파티가 제공하는 제품이었습니다. 그들 중 대다수는 FBA를 이용합니다. 그러면 이 800억달러짜리 FBA 내부를 살펴봅시다.

지금 2018년, 여러분의 오프라인 가게는 아주 잘 돌아가고 있습니다. 이제는 장인정신으로 만든 수제 양말을 온라인으로 판매할 때입니다. 여러분은 골치 아픈 세 가지 물류 문제에 직면합니다.

- 재고를 어디에다 쌓아 놓을 것인가?
- 어떻게 주문받은 상품을 포장할 것인가?
- 어떻게 배송할 것인가?

이에 대해서 오래된 질문이 다시 떠오릅니다. 직접 해야 할까요? 아니면 누군가에게 시키고 돈을 지불할까요? 만약 당신이 많은 돈을 가지고 있지 못하거나 기꺼이 빚을 질 의향이 없다면, 이것을 당신 스스로 하는 것은 굉장히 비쌀 수밖에 없습니다. 창고와 주문 공급망에 대한 선행투자는 아무리 돈이 많아도 이 "상품의 온라인 판매"가 성공할지 모르기 때문에 큰 위협이 될 수 있습니다.

고맙게도 더 쉬운 방법이 있습니다. 당신 상품의 재고, 포장 그리고 배송을 FBA와 같은 제3의 서비스에게 아웃소싱하는 것입니다. 단지 상품을 창고로 보내세요. 돈이 들어오는 것으로 보세요. 다른 모든 것을 처리할 겁니다. 여러분 상품의 재고가 아마존에 보관되고, 주문이 들어오면 창고팀은 아마존 제품을 처리하는 것과 똑같은 프로세스로 해당상품을 적절한 박스에 포장하여 배송 기사에게 넘겨 배송토록 합니다. 전통적으로 이러한 종류의 편의성은 보다 높은 마진이 붙습니다. 아마존은 이러한 주문을 이행하기 위해 5달러 이상을 청구할 수 있습니다. 그러나 대규모의 경제에서 이러한 법칙은 무너졌습니다. 아마존 사이즈 규모(Amazon-size scale)로 더 낮은 비용으로 여러분이 직접 하는 것과는 질적으로 다른 서비스를 받을 수 있습니다. 아마존은 아마존 프라임 서비스와 보조를 맞출 수 있는 배송 네트워크를 만들고, 주문 상품을 포장하는 창고 로봇 그리고 아마 많은 논쟁이 있겠지만 적은 급여라면 도망가 버릴 노동자 군단(Army of workers)에 투자했습니다.

이러한 모델 – 대규모 시장을 활성화하고, 가장 최고만의 서비스를 제공하는 것은 시대를 초월할 정도로 뛰어납니다. 이 모든 인프라가 자체 재고를 위해서 마련되었으므로 FBA로 다른 사람들에게 임대하는 것은 많은 비용이 들지 않습니다. 판매자들은 온라인 판매가 10배 더 쉬워지기 때문에 행복하고, 아마존도 다른 사람들이 상품을 판매하는 동안 힘들게 상품을 소싱하고 아마존에 비용을 지불하기 때문에 행복합니다. 지금까지 아마존은 아마존 웹서비스와 FBA를 통해서 커다란 성공을 거두었습니다. 다음에는 무엇이 있을까요?

배송비에 대한 소비자들의 비이성적인 분노를 이해하는 것은 아마존을 현재처럼 만든 핵심 통찰 중의 하나였지만 무료 배송에는 돈이 듭니다. 아마존 프라임 멤버십 비용을 고려한다고 해도 아마존은 고객만족을 위해 매년 70억달러 이상의 배송비를 잃습니다. 이것은 당연히 아마존이 줄이고 싶은 비용이죠. 최근까지 아마존은 UPS나 Fedex와 같은 제3자에게 모든 배송을 아웃소싱했지만 이제는 직접할 만한 규모에 다다랐습니다. 아마존은 대당 2천 5백만달러에 달하는 보잉 767S 27대로 구성된 아마존 프라임 비행대와 자체 라스트 마일 배송 제공업체를 포함해 자체 배송 인프라를 구축하기 시작했습니다.

모든 상품의 최종 단계의 배송(라스트 마일)은 매우 비쌉니다. 1,000개의 패키지를 트럭을 이용해 전국으로 옮기는 것은 간단하지만, 그 패키지를 지역 창고에서 꺼내어 1,000여개의 각기 다른 주소로 배달하는 것은 많은 노력이 필요합니다. 이 라스트 마일 단계에서 업체들은 효율성을 높이기 위해 끊임없이 투쟁하고 있으며, 이 “라스트 마일”이 현재 가장 치열한 전쟁터가 되고 있습니다. 필요시마다 호출할 수 있는 다양한 곳에서 몰려드는 배송 기사들의 네트워크인 아마존 플렉스(Amazon Flex)는 아마존 제프 베조스의 가장 최신 무기입니다.

이 “배송을 위한 우버” 서비스는 차를 가진 사람이라면 누구나 지역 내에서 아마존 패키지를 배송함으로써 융통성 있는 일정 조정으로 약간의 돈을 만질 수 있게 해줍니다. 시간당 18~25달러인 플렉스 레이트(Flex Rate)는 UPS 또는 Fedex보다는 적지만 크라우드 소스 모델의 실질적인 이점은 아마존이 수요에 맞게 배송 용량을 확장할 수 있다는 점입니다. 피크타임에는 더 많은 운전자들이 배달에 참여할 수 있게 만들고, 한가한 시간에는 계약된 택배사들에게 불필요한 비용을 지불할 필요가 없습니다. 또한 “지구상에서 가장 고객 지향적인 회사”가 드디어 고객 경험을 처음에서부터 끝까지 경험할 수 있게 만들며, 배송회사에 대한 극히 나쁜 인식들을 개선할 기회를 맞았습니다.

아마존의 이 새로운 사업부는 아마존이 가진 고용에 대한 나쁜 평판을 개선하고, 그들의 관행을 개선할 수 있는 기회가 될 수 있습니다. 아마존 플렉스를 포함해 배송회사 기사들은 종종 gig economy – 테크니컬리 자영업자–의 일부로서 그들은 종종 비합리적인 근무 환경에 처하게 됩니다. 제3자 택배사들은 아마존의 예약 소프트웨어에 의해 만들어진 엄격한 배송 일정표에 따라 속도 제한을 어기고, 늦은 배송에 대한 패널티를 피하기 위해서는 화장실 가는 것조차 쉽지 않은 것으로 알려져 있습니다.

비록 아마존 인력 모집 담당 스파이엘이 “여러분 스스로가 상사가 되는 것과 일과 삶의 균형을 맞춰줄 것을 약속합니다”라고 하더라도 배송 기사들이 오랜 시간 일하고 결국 최저임금보다 적게 버는 것은 드문 일이 아닙니다. 올해 초 19년차 DPD 기사가 건강검진에서는 건강하다고 나왔지만, 운전대에서 쓰러져 사망했습니다. 이후 3명에게도 이러한 일이 벌어졌습니다. 비록 아마존 플렉스 자체는 그러한 공포스러운 사례가 없습니다만 지금까지 평가는 매우 엇갈리고 있습니다.

Fedex나 UPS 및 기타 배송 서비스업체는 이 모든 것에 대해서 어떻게 생각할까요? 아마존 플렉스에 대해서 아마존은 단지 배송 능력을 늘리고 싶을 뿐이라고 합니다. 아마존은 기존 배송 파트너들은 걱정할 게 아무것도 없다고 이야기합니다. 아마존 CFO 브라이언 올사브스키(Brian Olsavsky)는 “기존 배송업체를 대체하려는 것이 아닙니다”라고 주장합니다. 하지만 파트너십과 관련해 아마존에 너무 많이 의존하고 있는 회사들에는 좋지 않은 영향을 줍니다. 토이저러스(Toys “R” Us)와 보더스(Borders)는 둘 다 아마존과 거래했지만 이커머스를 포기하면서 아마존에 그들의 왕국에 이르는 열쇠를 넘겨주고 말았습니다. 그 이후로 둘 다 파산했습니다. 아마존이 그들의 시장을 잠식했습니다.

전통적인 배송업체들의 미래가 어찌될지 불확실합니다. 하지만 최근 아마존의 움직임으로 판단컨대 이 부분에서 새로운 혁신적인 배송 혁신이 일어날 것으로 보입니다. 오늘은 아마존 자체를 위해서 배송을 할 것이고, 내일은 다른 회사들을 위해서 배송을 할 겁니다. 우리가 알아차리기 전에 아마존은 모두를 위해 모든 것을 배송할 것입니다.

(출처 : 꿈꾸는 섬(https://happist.com/), 2018.8.28)

구매관리

구매관리의 필요성

구매(purchasing)란 조직이 필요로 하는 물품을 유상으로 취득하는 활동을 말한다. 구매는 필요한 자재나 부품을 외부에서 조달할 때 발생하므로 공급사슬 프로세스의 시작점이 된다. 구매를 통해 기업에 자재가 조달되므로 기업 내에서 구매관리는 자재관리의 일부로 간주되기도 한다. 또한 우리나라의 제조업은 원자재를 해외에서 구매하고 가공생산하여 수출하거나 내수판매를 하는 경우가 많으므로 구매기능이 국내구매와 해외구매로 나누어지기도 한다. 해외구매는 각 지역별 전문성과 각 국가별 세관을 통한 관세문제 및 운송의 차이 등이 있으므로 미주, 유럽, 동남아 등 지역별 구매관리기능으로 나누어지기도 한다.

구매관리는 해외나 국내의 구매 파트너를 물색하고 발주하여 대금을 지불하고 공장에 입고하는 것까지를 관리한다. 구매관리에서 신경을 쓰는 세 가지 요소는 품질, 비용, 납기(QCD : Quality, Cost, Delivery)이다. 즉 좋은 품질의 물품을 작은 비용으로 적기에 구매 조달해야 한다. 구매부서는 조직의 공급수요를 충족시켜 생산과 운영 활동을 지원하는 역할을 한다.

구매관리 프로세스

구매관리의 프로세스는 다음과 같이 나누어진다.

- 구매 요청 : 자재와 부품을 필요로 하는 부서가 구매부에 대하여 구매요청을 함으로써 구매 프로세스가 시작된다. 구매요청서에는 물품명, 수량, 품질, 납기, 납품장소, 결제계정 등이 기재된다. 구매 자재에 대해서는 자재명세서가 작성된다. 자재명세서(material specification)는 자재의 필요부서가 작성하며 자재의 특성, 도면 등이 기술되어 구매부서에 어떤 자재가 필요한지를 알려주는 정보전달 수단이다.
- 견적 요구 : 구매부서가 견적요구서를 작성하여 공급자에게 발송한다. 구매부는 견적요구서를 통하여 공급자에게 구매품목의 자재명세, 구매수량, 납기, 납품장소, 업자 선정기준 등을 알려주고, 공급자가 제출하는 견적서를 통해 공급조건을 제시해 줄 것을 요청한다.
- 공급자 선정 : 구매부서는 견적서를 기준으로 다수의 잠재적 공급자 중

최선의 공급자를 선정한다. 이때 기존의 공급자만 공급에 참여하지 않도록 하는 개방성과 공급자들과의 장기적 협력관계를 유지하는 충성도 사이에 적절한 균형이 필요하다.

- 발주 : 공급자가 선정되면 공급자에게 납품을 요구하는 주문서를 발송한다. 주문서에는 자재명세, 수량, 납품일, 단가, 운송방법 등의 조건이 명시된다. 이와 같은 발주에 의해 공급자는 공급을 개시한다. 동일한 공급자에게서 반복적으로 공급되는 품목은 정기적인 발주 스케줄을 설정해야 한다.
- 검수 : 발주된 주문이 도착하면 수량과 품질을 확인하고 인수한다. 검수 결과는 구매부서뿐만 아니라 회계부서, 생산부서 등에 통고해야 한다. 납품된 물품이 불량인 경우에는 공급자에게 반송하고, 검수의 품질관리 방법을 조정(전수검사로 변경 등)하며, 공급자의 평가에 반영한다.
- 발주 후 주문관리 : 발주된 주문사항에 대해 진척사항을 확인하고 통제한다. 공급자의 사정으로 납품지연이나 물량부족이 발생하는 것을 방지하고 조정해야 한다. 또한 수요자의 입장이나 사정이 변화되어 발주량이나 일정을 조정해야 한다면 이를 실행한다.

구매관리의 환경변화

최근 기업의 구매관리는 다음과 같은 환경변화 요인을 갖는다.

- 생산자동화 : 생산이 자동화되면서 인적자원의 비용부담이 줄고 생산능력이 증대함에 따라 원재료와 설비의 유지보수 부품 등의 구매필요성이 증가하고 있다.
- 자재비의 증대 : 세계적인 자원난으로 원자재의 가격이 상승하고 있다. 전체 생산 및 운영비에서 인건비의 비중은 감소하는 반면 자재비의 비중은 증가하고 있다.
- 공급사슬 전반에 걸친 재고의 감소 : 적기납입(JIT : Just In Time)[5] 시스템 등의 도입으로 생산부문에서의 자재의 공급조건이 복잡해지고, 개별 작업장이나 기업의 재고관리가 아닌 공급사슬 전반에 걸친 재고의 통합적

5) 적기납입 시스템이란 적시에 적량의 필요한 부품을 생산에 공급하도록 하여 재고의 낭비를 최소화하는 생산관리기법이다.

관리 요구가 강화되고 있다.

- 글로벌 구매 : 기업의 생산과 판매 영역이 글로벌화되고, 더 저렴한 공급자를 찾는 과정에서 구매의 대상이 급격히 글로벌화되고 있다. 이는 교통과 통신 수단의 발달과 무역자유화 등의 요건에 의해 더욱 촉진될 전망이다.
- 전자거래화 : 유무선 인터넷을 이용한 전자상거래를 통해 기업 간 구매에서도 많은 비중이 전자거래화, e비즈니스화되고 있다.
- 구매관리의 아웃소싱 : 사무용품, 유지보수 물품 등 핵심 재료/부품이 아닌 품목들을 중심으로 전문기업에 대행시켜 더 싸고 적합한 품목을 구매하도록 하고 있다.
- 주문생산(BTO : Build-To-Order) 방식의 보급 : 생산자가 생산하여 재고를 쌓고 판매하는 push 방식이 아니라 고객들이 주문을 하면 여기에 맞추어 생산을 하는 pull 방식을 채용하여 공급사슬의 불확실성을 줄이는 방식이다. 이는 Dell 컴퓨터로부터 시작되어 최근에는 전기자동차 회사 등의 공급사슬 운영 방식으로 채택되고 있다.
- 공급자 재고관리(VMI : Vendor Managed Inventory) 방식의 보급 : Wall Mart 등 대형 유통업자들은 주요 공급자들과 POS 데이터를 통해 고객 수요 정보를 제공하고, 배송과 재고 정보를 공유한다. 주요 공급업자는 이를 통해 유통업자 매장의 자사 제품 재고 보충을 스스로 통제하고 유통업자는 제품의 재고 부족을 효과적으로 예방하면서도 자사의 인건비를 줄이는 혜택을 얻을 수 있다.

재고관리

재고의 의의

재고란 공급사슬상에서 원자재, 부품, 재공품, 완제품 등을 필요량 이상으로 보유하는 것을 의미한다. 재고는 생산의 지연이나 부진 등의 불확실성에 대비하고, 재료나 부품이 부족하여 생산이 중단되는 사태를 방지하기 위해서 필요하다. 재고의 대상이 되는 물품은 원료, 재공품(work in process), 완성품 등 세 가지로 구분할 수 있다. 예를 들면 제과점에서 원료는 밀가루, 설탕, 얼음, 우유 등이고, 재공품은 밀가루 반죽, 구워지고 있는 페이스트리, 숙성되고 있는 크림소스 등이며, 완성품은 케이크, 쿠키, 빵 등으로 이들 모두는 재고가 될 수 있다. 재고는 이에 투입된 자금뿐만 아니라 투입된 노동력의 비용도 감안해야 한다.

재고는 기능적으로 주기재고, 안전재고, 비축재고 등으로 구분된다. 주기재고는 물품을 주문하고 재고로 관리하는 물량 단위를 낱개가 아닌 생산 로트(lot) 단위로 하고, 재고보충기간을 연속적이 아닌 주기적으로 하기 때문에 발생한다. 이러한 주기재고를 두는 것의 이점은 대량구매나 수송에 따른 가격할인과 생산비용 및 주문비용의 절감이다. 안전재고(safety stock)는 완충재고(buffer stock)라고도 부르며, 수요와 공급의 단기적인 불확실성에 대비하여 보유하는 재고이다. 안전재고는 불확실성을 줄이면서 감소시킬 수 있는 재고로 적시생산 시스템 등에서의 제거대상이 되는 재고이다. 비축재고는 수요의 상승을 예측하여 의도적으로 확보하는 재고이다. 비축재고는 계절적인 수요를 가지고 있는 상품이나 트렌드의 변화가 예상되는 상품에서 많이 발생한다.

재고관리비용

재고관리비용은 재고유지비용, 구매비용, 주문비용, 품절에 대한 위험비용 등으로 구분이 가능하다. 재고유지비용은 재고를 유지하고 보관하는 데 발생하는 보관비용, 보험료, 관리비용과 자금을 재고에 묶어두기 때문에 발생하는 기회비용 및 자본비용 등을 포함한다. 재고유지비용은 재고관리에서 가장 큰 영향을 미치는 비용으로 연간 제품가격의 20~40%에 이른다고 알려져 있다. 구매 시 다량으로 구매할 때 수량/규모 할인이 가능한 경우에는 주문량이 클수록 구매비용이 작게 발생한다. 주문비용은 한 번 주문할 때 필요한 서류와 주문 및 검사, 운반절차에 따라 발생하는 비용으로 주문의 횟수에 따라 증가한다. 품절에 대한 위험비용은 재고가 부족하여 품절이 일어나고 이로 인해 생산이 중단되거나 감소하는 등의 위험이 발생할 때에만 나타나는 비용이다. 이는 기회의 상실에 대한 비용과 브랜드나 고객불만 등에 따라 발생하는 비용 등을 포함한다.

공급사슬상의 입장에 따라 재고에 대한 태도는 다를 수 있다. 예를 들면 자동차 생산과 판매 공급사슬상 마지막 단계인 영업소에서는 잘 팔리는 자동차 모델에 대해서는 많은 재고를 가지고 고객에게 대응하고자 한다. 반면에 잘 팔리지 않는 모델에 대해서는 재고를 최소한으로 하고, 주문이 들어오면 그때그때 공장으로 주문하고자 할 것이다. 반면에 공장에서는 고객의 수요와 수출이나 내수의 배달기간 등을 감안하고, (파업이나 천재지변 등으로) 혹시 발생할 수 있는 생산중단이나 부진도 감안하여 자동차 완성품 재고를 관리한다. 또한 공장 내에서는 원활한 생산을 위해 엔진, 섀시, 파워트레인 등 부품의 재고나 베어링, 볼트 등 단위재료들의 재고도 관리해야 한다.

재고관리 철학과 기법

일본의 도요타자동차를 중심으로 적기납입(JIT : Just In Time) 시스템을 통해 재고를 최소화하는 노력이 활발하게 이루어졌는데, 이는 재고의 감소와 적기에 양질의 재료와 부품을 공급받는 것 등을 목표로 하는 경영혁신의 하나의 수단으로 간주되었다. 이들은 간판(Kanban)이라는 재고주문카드를 이용하여 필요한 부품을 요청하는 관리방식을 사용함으로써 재고의 수준을 최소화하였다. JIT에서는 이동간판과 생산간판을 통해서만 각각 자재의 이동과 생산지시가 이루어지므로, 전체 공정이 간판에 의해 유기적으로 연결된다. JIT는 재고가 필요한지에 관한 정보를 간판이라는 형식을 통해 명시적으로 한 것이 특징이다. 또한 JIT는 재고를 줄이는 것을 생산부서의 창고 담당자만의 노력이 아니라 주생산자, 납품업체 간의 협력을 이끌어내는 방식을 통해 달성한다는 점에서 효율적이었다.

수요변화에 대응하기 위해 재고를 통제하는 시스템으로는 정량주문 시스템, 정기주문 시스템, (s, S) 시스템 등이 있다. 이들 각각의 특징은 다음과 같다.

- 정량주문 시스템 : 순환재고와 안전재고를 유지하면서 최소의 비용을 달성하기 위해 매번 같은 양을 주문하고, 이때 최적의 주문량을 찾는다.
- 정기주문 시스템 : 정기적으로 재고량을 조사하고 출하가 있었다면 적정 재고보충수준과의 차이만큼을 주문하는 방법이다.
- (s, S) 시스템 : 이중저장 시스템이라고도 부르는데, S는 재고보충수준으로 주문품 도착 직후의 최대 재고량을 나타내며, s는 주문시점의 재고량을 나타낸다. 연속적 또는 정기적으로 재고를 파악하여 s보다 작으면 재고수준이 S가 되도록 주문한다.

자재소요계획

자재소요계획의 필요성과 특징

재고는 생산의 공정상 발생할 수 있는 여러 가지 변화와 문제발생에 대처하기 위해 보유하게 된다. 재고는 기업의 자산 일부를 활용하지 않고 묶어두는 것이므로 많으면 많을수록 기업에는 비용을 발생시킨다. 재고는 다른 품목에 관계가 있느냐 없느냐에 따라, 독립수요를 갖느냐 종속수요를 갖느냐로 구분할 수 있다. 독립수요를 갖는 경우는 완제품이나 수리용 부품 등이 그 예가 된다. 이러한 독립된 수요의 재고문제는 수요를 정확히 예측하고 주문과 재고유지에 관련된 비용을 최소로 하는 재고량을 찾는 것이 중요한 관리활동이 된다. 반면에 종속수요를 갖는 경우는 독립수요를 갖는 제품의 부품이나 재료가 그 예가 되며, 그것이 종속되는 독립수요 제품을 위해 공급을 결정하는 자재소요계획이 중요한 재고 및 공급 관리방법이 된다.

자재소요계획(MRP : Material Requirement Planning)은 효율적 생산을 위해 필요한 종속적인 부품 수요의 재고량과 주문시점을 계산하는 계획문제이다. 이 방법의 특징은 최종제품을 위해 필요한 부품의 종류와 개수를 산정하고 이들이 필요한 시점과 주문량을 계산하며, 각각의 부품을 위한 재료에 대해서도 필요한 재료의 종류와 개수를 산정하고 이들이 필요한 시점과 주문량을 계산한다는 점이다. 예를 들어 가전회사에서 선풍기 1대의 생산을 위해서는 1개의 날개, 1개의 모터, 3개의 똑딱이 스위치, 1개의 전자기판, 24개의 3cm 나사못, 8개의 12cm 전선, 1개의 10m 전선, 좌우대칭인 케이스 각 1개 등이 필요하다고 가정하면, 조립 시 이들 중 무엇이 먼저 준비되어야 할지도 결정해야 한다.

제품을 생산하려면 원자재, 부품, 장비 등이 적절한 시점에 확보되어야 한다. 승용자동차의 경우 수만 개, 대형 항공기의 경우 백만 개 이상의 부품이 들어가므로 이들의 수요를 적절히 관리한다는 것은 쉬운 일이 아니다. 완제품을 기준으로 필요한 자재와 부품의 종류 및 수량을 표로 만든 것을 자재명세서(BOM : Bill of Material)라 한다. 자재소요계획은 자재명세서를 컴퓨터에 데이터베이스화하고 이를 기준으로 자재를 관리한다. 자재소요계획을 가능하게 하는 소프트웨어인 MRP시스템은 수요예측에 기반을 두어 준비한 완제품 생산 일정계획을 맞추기 위해 자재명세서를 기초로 준비된 소프트웨어가 특정 자재나 부품의 소요량 및 소요시점을 계산하고, 그 시점의 예상재고량을 감안하여 적정한 외부 주문량과 내부 생산량 및 시점을 계산해 준다. 대부분의 제품에서는 이와 같은 자재소요를 산출하기 위해 많은 정보와 계산 논리가 필요하다.

MRP의 발전 : MRP Ⅱ와 ERP

1980년대 이후 MRP의 기능을 개량한 것이 제조자원계획(MRP Ⅱ : Manufacturing Resource Planning Ⅱ) 시스템이다. MRP Ⅱ는 자재에 대한 정보뿐만 아니라 재무, 회계, 마케팅, 생산 등 생산 및 제조와 직접 관련이 있는 부문의 정보를 통합하여 관리하는 정보시스템이다. MRP 및 MRP Ⅱ와 비교하여 생산 및 관련 활동에 한정하지 않고 기업 내 모든 자원을 통합하여 관리하는 전사적 자원관리(ERP : Enterprise Resource Planning) 시스템이 1990년대 이후 등장하게 되었다. 이는 생산은 물론 물류, 회계, 인사 등 기업의 전반적인 자원을 통합적으로 관리하는 정보시스템이다.

더 알아봅시다 **재고관리의 진화, ERP를 넘어 AI와 IoT를 만나다**

재고관리 시스템은 구매를 추적하고, 재고 물품 및 자재의 수량을 파악하며, 재고 수준이 낮아지면 자재를 재주문한다. 정교한 재고관리 시스템이라면 재고 위치를 추적할 수 있고 과거의 판매, 날씨 예측 등 다양한 데이터를 이용해 자재를 재주문할 적절한 시기까지 예측할 것이다. 재고관리 시스템은 구매 및 판매 시스템과 통합되거나, 이들을 대체할 수도 있다. 그리고 바코드 스캐너나 RFID 판독기를 통해 창고에서 입수된 실제 수량과 구매 및 판매로부터 계산된 재고 수준을 조정하는 수단을 제공한다. 1대의 PC에서 실행할 수 있는 중소기업용 재고관리 시스템, 조직 내 온프레미스나 클라우드에서 실행되는 이보다 더 큰 소프트웨어 스위트, 그리고 ERP 시스템 내 재고관리 모듈이 있다.

- **재고관리와 ERP :** 재고관리 시스템은 재고 추적 측면에서 ERP시스템의 기능을 부분적으로 제공하는 것이다. ERP시스템은 고객의 주문을 접수하고, 대금을 청구하며, 협력업체에 주문하고 결제하고, 직원에게 급여를 지급하며, 비즈니스 현황을 보고한다. 따라서 재고관리는 전형적인 ERP시스템 모듈의 하나일 뿐이다. 이 모듈은 ERP업체의 규모에 따라서, 그리고 ERP업체가 고객의 시장을 어느 정도 알고 있는가에 따라서 충분할 수도 있고, 아니라면 전문 재고관리 소프트웨어 업체를 이용할 수 있다.
- **재고관리 소프트웨어의 장점 :** 물품 및 재료를 구매하고 판매하는 업체에 재고관리는 구매한 것과 판매한 것을 단순히 추적하는 차원을 넘어 사업에 필수적인 큰 그림을 제공한다. 우수한 재고관리 시스템은, 매출 및 평판에 악영향을 줄 수 있는, 고객에게 재고가 없다고 말할 필요를 없앰으로써 사업에 혜택을 준다. 재고관리 시스템은 원자재, 미완성 제품 및 완제품의 수준을 최소화하는 데에도 유익하다. 따라서 불필요한 재고에 자본이 묶이는 것을 방지하고, 적정한 공간만을 임대함으로써 창고 비용을 절감한다. 아울러 변질되기 쉬운, 또는 일시적으로 유행하는 물품이 창고에서 보통 얼마나 오래 지속되는가를 추적함으로써

유효기간이 지나거나 유행이 지나기 전에 판매할 수 있는 양으로 재고를 제한해 비용을 절감할 수 있다. 게다가, 재고관리는 단순히 유익한 발상이 아니라 법이다. 여러 법률에서 재무보고 시 전체 재고를 공개하도록 요구한다.

- **재고관리 소프트웨어의 기능 :** 가장 단순한 기능 측면에서, 재고관리 소프트웨어는 반입되는 재고를 합계하고, 판매되거나 도난당하거나 폐기된 재고를 차감한다. 재고가 떨어지지 않도록, 또는 재고를 보관할 공간이 부족하지 않도록, 소프트웨어는 최근 판매, 계절 판매 실적 등의 과거 성과 데이터에 기초해 재고가 얼마나 빨리 창고에서 반출될 것인지, 새 재고가 유입되기까지 얼마나 시간이 걸릴 것인지, 협력업체가 납품하는 데 시간이 보통 얼마나 걸리는지를 예측한다. 이보다 더 정교한 시스템은 기상 뉴스, 매장 스케줄, 수치화가 가능한 모든 것 등 추가 요소들을 동원해 예측을 정교화한다.
- **재고관리 기능 :** 재고관리 시스템은 단순히 재고 수량 파악을 넘어 훨씬 더 많은 기능을 제공할 수 있다. 이는 얼마나 투자할 의향이 있고, 어디서 운용할 것인지, 다른 애플리케이션과 통합할 의향이 있는지에 좌우된다. 바코드 스캐닝은 요즈음은 구멍가게에서조차 거의 필수적이다. 이에 의해 소프트웨어는 판매시점에 재고 수준을 자동으로 업데이트할 수 있다. RFID 태그를 처리한다면 한 수준 높아진다. 단순히 어떤 제품이 출하되었거나 판매되었는지를 추적할 뿐 아니라, 개별 제품을 일일이 식별할 수 있다. 소프트웨어는 재고 변화에 대한 보고서를 생성하거나 계절 수요를 예측할 수 있어서, 판매를 최대화할 수 있도록 원자재를 주문하거나 생산을 계획할 수 있게 해준다. 아울러 재고 수준이 낮을 때 자동으로 재주문을 하고, (이는 별로 관심이 없는 품목을 부정기적으로 판매할 때 특히 유용하다), 나아가 아마도 회계 소프트웨어와 통합함으로써 구매 주문과 청구서를 생성하는 등의 업무를 자동화할 수 있다. 현장에서 주문을 받거나 견적을 작성하는 경우, 현실적 인도 기일을 약속할 수 있도록 재고를 원거리에서 접근해야 할 것이다. 따라서 태블릿이나 스마트폰 인터페이스를 가진 시스템이 필수이다. 여러 장소의 재고를 추적하는 기능은 나라 전체에 걸쳐 창고들이 있거나 회사 내부 판매를 하는 경우에 중요하다. 마지막으로, '키팅(kitting)'을 수행할 수 있는 재고관리 시스템이라면 그것이 자동차이든, 아니라면 단순히 고급 기기 세트이든(기기, 여분의 배터리, 클리닝 천을 완비) 원재료의 완제품별 전체 대금을 추적하는 것이 훨씬 더 쉬워질 것이다.
- **재고관리 제품 :** 재고관리를 시작하는 데 막대한 비용을 투자할 필요는 없다. 요구사항이 크지 않다면 무료 클라우드 시스템이 유용할 것이다. 예를 들어 딜리버드(Delivrd)는 단일 재고 장소에서 10개의 제품 라인까지 관리할 수 있다. 월간 49.99달러를 지불하면 무제한 장소에서 무제한으로 제품을 관리할 수 있다. 2배를 지불하면 이를 회사의 전자상거래 또는 주문 인출 시스템과 통합할 수 있다. 마찬가지로, 클라우드에서, 조호(Zoho)는 자사 CRM 및 협업 플랫폼에 재고관리 모듈을 추가하였다. 이는 키팅(kitting), 자동 재주문 등의 기능을 무료로 제공하지만, 일주일에 처리하는 주문이 얼마 되지 않는 경우가 아니라면, 또는 다수의 창고에 대한 중앙집중적인 시야를 원한다면 월 29달러에서 (이용자 10명, 100개의 온라인 주문에 대해) 월 249달러를 (무제한 이용자 및 3만 온라인 주문에 대해) 지불해야 한다. 오픈소스 시스템도 있다. 일반적으로 보다 광범위한 오픈소스 ERP시스템 내의 모듈 형식이다. 예컨대 오픈브라보(OpenBravo), 아파치의 오에프비즈(OFBiz), 오두(Odoo) 등이다. 오픈브라보와 오두는 소프트웨어 지원 서비스에 대해 비용을 부과하고 아파치는 이를 써드파티 업체에 일임한다. 이보다 규모가 더 큰 경우라면, 여러 엔터프라이즈 소프트웨어 업체가 자사 플랫폼을 위해 재고관리를 제공한다. 예를 들어, 오라클 인벤토리 매니지먼트(Oracle Inventory Management)는 오라클의 구매, 재고 및 공급망 소프트웨어와 통합되고, 클라우드 또는 온프레미스로 이용할 수 있다. SAP는 이의 방대한 ERP시스템에서 다수의 재고관리 기능을 제공한다. 그리고 이의 많은 부분이 S/4HANA 인-메모리 플랫폼으로 이동함에 따라 재고 분석을 실시간으로 수행할 수 있다.

- **재고관리와 AI :** 예상된 일이지만, 인공지능은 예측을 보강하거나 재고 기록이 현실과 일치하는지 대조하는 데 쓰이고 있다. 바베큐를 위한 최적의 날씨를 찾아내는 것 등 무엇을 언제 팔 것인지에 관한 경향을 파악하고, 반입 물품의 검사를 개선하여 주문과 인도가 일치하도록 보장하는 데 쓰이고 있다.
- **재고관리와 사물인터넷 :** 재고관리는 사물인터넷(IoT)이 성장할 수 있는 비옥한 토양이다. 물품에는 이제 일상적으로 RFID 태그가 붙는다. 따라서 재고가 얼마나 있는지, 나아가 어디에 있는지를 계속 증가하는 정확성으로 추적할 수 있다. 그뿐만 아니라 센서 가격 하락으로 인해 단순히 무엇이 어디에 있는지를 넘어, 어떤 온도에서 보관되고 있는지, 얼마나 심하게 떨어졌는지를 한층 세밀한 수준까지 기록하는 것이 더욱 용이하다.

(CIO, 2018.10.8)

요 약

생산관리는 "투입물을 제품으로 변환하는 생산시스템을 효율적으로 관리"하는 목적을 가진다. 생산방식은 공정의 연속성 구분에 따라 연속흐름 시스템, 조립라인 시스템, 배치 시스템, 개별주문생산 시스템 등으로 구분할 수 있다.

생산계획 및 통제는 장기적인 생산능력계획, 중기적인 총괄생산계획, 단기적인 일정/경로계획 및 통제로 구분되어 관리된다. 장기 생산능력계획은 3년 이상을 주기로 수립하여 생산입지, 생산품목, 생산수량 등 생산능력을 결정하는 것을 계획하고 설계한다. 중기 총괄생산계획은 분기에서 1년 정도의 주기로 수립하며 장기계획을 감안하여 작업장 내 생산설비의 재배치, 자원조달방식, 고용수준 등을 결정한다. 단기 일정/경로계획 및 통제는 중기계획을 감안하여 월단위 혹은 주단위로 세부 생산계획과 일정계획, 수급계획 등을 수립하고 이들이 제대로 실행되는지를 감시하며 계획과 다르게 진행되면 적절한 통제를 실행한다.

공급사슬은 고객에게 제품이나 서비스를 제공하기 위해 다양한 구성원으로 이어지는 연결구조이며 동시에 서로 다른 기업들의 프로세스 결합이다. 각각의 기업과 프로세스가 독자적으로 최적화를 지향하는 것보다는 협력과 통합을 통해 전체적인 참여자와 프로세스의 최적화를 지향하기 위해 공급사슬관리가 중요하다. 구매관리는 해외나 국내의 구매 파트너를 물색하고 발주하여 대금을 지불하고 공장에 입고하는 것까지를 관리한다. 구매관리에서 신경을 쓰는 세 가지 요소는 품질, 비용, 납기(QCD : Quality, Cost, Delivery)이다. 생산을 위해 재고는 필요하지만 관련 비용을 발생시킨다. 재고를 최소화하는 노력은 JIT 등과 같은 다양한 철학과 방법을 개발하였다. 종속되는 독립수요 제품을 위해 공급을 결정하는 자재소요계획은 MRP, MRP II, ERP 등으로 발전되어 왔다.

주요 용어

- 가동률
- 고정 배치
- 구매
- 비축재고
- 안전재고
- 일정계획
- 장기 생산능력계획
- 전가동시간
- 제품별 배치
- 중기 총괄생산계획
- 간트 차트
- 공급사슬
- 단기 일정/경로계획
- 생산계획 및 통제
- 연속흐름 시스템
- 자재명세서
- 재고
- 전사적 자원관리
- 조립라인 시스템
- 지연시간
- 개별주문생산 시스템
- 공정별 배치
- 배치 시스템
- 셀 배치
- 유동시간
- 자재소요계획
- 재공품
- 제조자원계획
- 주기재고

토의 문제

1. 단기생산실행 및 통제는 중기계획을 감안해야 한다. 중기계획은 단기계획의 입력으로 어떤 사항을 결정하여 제공할까?
2. 자동차제조업의 경우 서로 다른 구성원 간에 공급사슬상에서 연결되는 프로세스는 무엇이 있겠는가?
3. 해외 구매관리는 국내 구매관리와 어떤 점에서 차이가 나겠는가?
4. 주기재고, 안전재고, 비축재고 등은 각각 어떤 역할을 하는가?
5. 현재 기업에 보급된 ERP 중 하나를 골라 어떤 기능을 제공하는지 조사해 보시오.

CHAPTER

9

서비스업 운영관리

학습목표

1. 제조업과 비교한 서비스업의 특징과 차이점을 학습한다.
2. 서비스업의 운영관리가 제조업의 생산관리와 어떤 차이점을 갖는지를 학습한다.
3. 서비스 기업의 경영전략/운영전략과 고객의 기대/니즈에 대해 학습한다.
4. 서비스 기업의 입지 선정 시 고려사항과 대기행렬 관리에 대해 학습한다.

제9장을 시작하며

한국 서비스업 생산성, OECD 국가 '꼴찌' 수준

국내 서비스산업 경쟁력은 경제협력개발기구(OECD) 국가 가운데 최저 수준이라는 평가를 받고 있다. 서비스 수지 적자가 갈수록 커지는 등 상황이 개선되기보다 오히려 나빠지는 추세다. 환골탈태 수준의 변화 없이는 한국 서비스산업이 이대로 가라앉을 것이라는 우려가 나온다.

OECD에 따르면 한국의 서비스산업 노동생산성은 제조업 대비 45.1%(2014년 기준)로 회원국 가운데 가장 낮다. 프랑스(87.8%) 미국(82.6%) 영국(80.8%) 등 선진국의 절반 수준이다. 낮은 경쟁력으로 서비스 수지 적자폭은 점점 커지고 있다. 2015년 149억달러, 2016년 176억달러에 이어 올 들어서는 상반기에만 157억달러 적자를 봤다. 여행과 사업서비스에서 적자를 지속하는 가운데 운송도 지난해부터 적자로 돌아섰다. 서비스산업 성장 자체도 둔화하고 있다. 서비스산업 성장률은 2014년 3.3%, 2015년 2.8%에서 2016년에는 2.3%로 낮아졌다. 지난해 경제성장률(2.8%)을 밑도는 수치다.

서비스산업이 침체일로를 걷는 이유는 규제 일변도 정책 때문이라는 분석이 나온다. OECD는 지난해 '한국경제보고서'에서 "한국의 서비스업 규제 건수는 제조업의 네 배가 넘는다"고 지적했다. 연구개발(R&D) 부족도 요인으로 꼽힌다. 한국경제연구원에 따르면 한국의 전체 민간 R&D에서 서비스산업이 차지하는 비중은 2015년 기준 8.1%로 OECD 국가 중 최하위였다. 영국(58.2%) 미국(29.5%) 일본(12.4%) 등과 비교하면 민망한 수준이다. 한국은 주요 선진국의 서비스산업 R&D 비중이 늘어나는 가운데서도 2015년에 2000년(10.1%) 대비 오히려 2.0%포인트 감소했다.

전문가들은 경제성장률 상향과 일자리 창출을 위해서도 서비스산업 육성이 시급하다고 지적했다. 2016년 경제성장률 2.7% 가운데 제조업이 차지하는 비중은 0.5%포인트에 그쳤지만 서비스업은 1.4%포인트에 달했다. 한국은행과 통계청에 따르면 국내총생산(GDP) 10억원당 취업자 수를 뜻하는 취업계수는 지난해 교육서비스업 28.1명, 사업서비스업 24.8명으로 제조업(10.6명)을 웃돌았다. (한국경제, 2017.11.26)

1 서비스업의 특성

서비스와 제품

현대에 이르러 산업구조가 고도화될수록 1차 산업인 농수산업이나 2차 산업인 제조업의 비중은 낮아지고 3차 산업인 서비스산업의 부가가치와 고용 비중은 높아진다. 이는 소득이 늘어날 때 농산물이나 공산품의 수요 증가보다 서비스의 수요 증가가 훨씬 크게 나타나고, 서비스업의 특성상 기계화가 어려워서 서비스 수요가 늘어날수록 고용도 함께 늘어나기 때문이다. 따라서 서비스산업의 발달은 후기 산업사회의 특징으로 인식되고 있다. 후기 산업사회에서는 농업이나 제조업의 부가가치 비중과 종사자의 비중이 감소하는 '탈공업화' 현상이 나타난다. 그러나 우리나라는 아직도 OECD 평균보다는 서비스산업의 비중이 취약한 실정이다. 즉, 2015년 기준으로 우리나라의 서비스산업의 부가가치 비중은 59.4%로 OECD 평균인 71.0%보다 낮고, 고용 비중도 69.7%로 OECD 평균인 74.4%보다 낮은 상태로 체코, 폴란드, 멕시코 등과 비슷한 수준이다.

제조업에서 제품을 만들어내는 것을 "생산" 또는 "제조"라고 하였던 것과 비교하여, 서비스산업에서 서비스를 창출하는 것은 "운영"한다고 표현한다. 제조업은 제품을 생산하여 고객에게 제공하며 고객이 제품의 사용을 통해 직접적인 효용을 얻게 되는 데 반해, 서비스업은 제품의 사용 장소, 시간을 확장하는 부가적 효용을 주거나(교통, 통신, 유통, 창고 등), 고객에게 경험이나 지식의 효용을 제공(정보통신서비스산업, 전문서비스산업, 대인(對人)서비스산업 등)한다. 제조업에서 제품을 생산하고 서비스업에서 서비스를 운영하는 것은 가장 핵심적인 기업활동이고, 이와 같은 제품과 서비스의 창출을 관리하는 것은 기업경영의 중심적 활동이다.

정보통신, 금융, 유통, 물류 등 서비스산업의 비중이 제조업 이상으로 성장한 현대 경영학에서는 경영학의 전통적인 생산관리 분야가 "생산/운영 관리"(production & operations management)라는 이름으로 대체되고 있다. 따라서 생산관리라는 이름으로 공장에서 제품을 만드는 것을 관리하던 개념이나 기법이 서비스업의 운영관리로 확대되고 있다. 제조업의 경우 물리적인 재료나 부품이 중요한 투입물이었던 반면, 서비스업의 경우 업종에 따라 다양한 설비가 필요하고 식당, 관광, 엔터테인먼트 등 대인 서비스산업에서는 특히 서비스를 제공하는 인력이 중요한 투입물이 된다.

더 알아봅시다 **제조업과 서비스업의 스펙트럼**

하나의 기업이 제공하는 것이 제품만이거나 서비스만일 수도 있지만, 많은 기업들은 제품과 서비스를 조합하여 제공하기도 한다. 아래 표에서 보듯이 순수하게 제품만 공급하는 기업부터 순수하게 서비스만 제공하는 기업까지 그리고 제품을 핵심적인 것으로 제공하고 서비스를 부가적으로 제공하거나, 반대로 서비스를 핵심적인 것으로 제공하고 제품을 부가적으로 제공하는 경우도 있다.

순수 제품	핵심 제품	핵심 서비스	순수 서비스
• 음식 • 화학제품 • 도서출판	• 전기기구 • 데이터 저장 시스템 • 자동차	• 호텔 • 항공 • 인터넷서비스 제공자	• 교육 • 의료 • 재무 컨설팅

서비스의 특징과 구분

경제가 발달하면서 국가경제에서 제조업의 비중이 감소하고 금융, 유통, 수송, 통신, 병원, 교육 등 서비스업의 비중이 증가한다. 서비스산업은 제조업과 비교하여 다음과 같은 특징이 있다.

- 무형성 : 서비스의 산출물은 형태가 없고 보이지 않는다. 따라서 계측이 힘들고 명확히 정형화하기가 어렵다. 관리 측면에서는 계량화하고 동일한 품질을 유지하는 것이 어렵다. 서비스의 무형성에서 오는 관리적 어려움을 해결하기 위해서 서비스 내용을 유형화하기도 한다.[1)]
- 생산과 소비의 동시성 : 제품과는 달리 서비스의 생산과 소비는 동시에 이루어지는 경우가 많다. 따라서 생산의 특징이었던 재고의 존재가 없

1) 식당에서 음식의 조리법이나 업무처리절차를 표준업무절차(SOP : Standard Operating Procedure)로 명문화하고, 호텔에서 청소 후 "소독필"의 스티커를 붙이는 것 등이 그것이다.

다. 대신에 제품의 생산에서 재고가 담당하던 수요와 공급의 불일치에 대한 대처를 위해서는 인적자원을 추가로 투입하거나 고객을 기다리게 해야 한다.

- 고객과 제공자의 상호작용 : 제조업에서는 생산이 완료된 후 고객에게 전달되어야 고객이 효용을 얻는다. 그러나 서비스업에서는 서비스의 창출과 동시에 서비스를 제공받으며 고객이 서비스의 창출에 영향을 주는 경우가 대부분이다.
- 시한성 : 서비스는 일회적이고 시간의 흐름에 따라 자연히 소모되므로 정해진 시간에만 제공되는 경우가 많다.
- 고객과 서비스 제공자의 직접 접촉 : 서비스의 고객 접촉에는 서비스 요원들이 개입하는 경우가 많다. 특히 교육서비스, 의료서비스 등은 서비스를 제공하는 사람들에 대한 만족이 고객이 인식하는 효용의 대부분을 차지한다. 즉, 제조업에서의 제품은 고객과 분리된 설비에서 생산되는 데 반해, 서비스는 대면하여 제공되는 경우가 많으므로 서비스 제공 시에 고객의 등장이나 참여를 염두에 둔 시설이나 인터페이스 수단을 확보해야 한다.
- 모방의 용이성 : 물리적 형태를 갖는 제품과는 달리 서비스의 혁신을 특허로 보호하기 힘들고, 고객이 구매하기 전에 미리 사용하거나 테스트해 보는 것이 어렵다. 따라서 좋은 서비스는 경쟁자에 의해 모방되기 쉽다.

서비스 기업은 다음과 같은 특징이 있다.

- 서비스 기업의 품질은 고객이 서비스를 경험하는 짧은 순간에 고객에게 인식된다.
- 서비스 기업은 서비스 현장에서 고객과의 상호작용에 의해 고객의 개별적인 특성에 대응하는 서비스를 창출할 수 있어야 한다.
- 고객과 직접적으로 접촉하면서 서비스를 생산하고 판매하는 최일선 종업원의 서비스 정신이 서비스 기업의 성공에 중요한 역할을 한다.

서비스업은 ① 생산된 제조물을 유통, 수송, 창고 등을 통해 고객에게 전달・유통하는 산업, ② 통신, IT 서비스 등 정보통신서비스산업, ③ 금융업, 의료, 교육, 법률 등 전문서비스산업, ④ 요식업, 관광, 엔터테인먼트 등 대인서비스산업, ⑤ 전력, 수도, 가스 제공/유통 등의 유틸리티산업 등으로 구분이 가능하다. 또한 서비스의 대상과 결과에 따라 〈표 9-1〉과 같이 네 가지로 구분할 수도 있다.

표 9-1
서비스의 분류

	서비스 수혜 대상이 사람	서비스 수혜 대상이 물체
서비스 결과가 유형	• 사람을 대상으로 가시적인 서비스를 제공 • 서비스가 제공되는 동안 고객은 서비스 제공자와 같이 있어야 함 • 여객운송, 건강, 미장원, 음식점	• 물체의 성능 향상이나 문제를 해결해 주는 서비스 • 자동차 정비업, 화물운송, 우편/택배, 세탁, 애완동물 케어
서비스 결과가 무형	• 사람을 대상으로 하지만 그 결과가 물리적으로 파악하기 어려우며 사람을 변화시켜 미래의 행동을 변화시키는 것으로 나타남 • 방송, 영화, 교육, 음악회, 경영컨설팅	• 물체를 대상으로 서비스가 이루어지며, 그 결과가 물리적으로 측정되기 어려움 • 금융, 법률, 회계, 시스템통합, 컨설팅

서비스 기업의 운영

제조업의 생산과 서비스업의 운영은 산출물은 다르지만 원자재, 에너지, 노동력, 자본 등의 투입물과 이들을 변환하는 과정에는 공통점이 많다. 또한 서비스업에서의 운영체계는 물리적 변환보다는 내용적인 변환과 요소 서비스를 조합하는 절차를 갖는다. 예를 들면 창고업에서는 보관 물품에 따라 적절한 시설에 보관 운영하고, 병원에서는 환자의 질병의 분류에 따라 다른 치료 운영체계를 제공하는 등 서비스를 받는 대상에 따라 성격이 다른 서비스가 조합되어 제공되어야 한다.

기업에서 최고운영관리자(COO : Chief Operation Officer)는 최고경영자(CEO : Chief Executive Officer)를 보좌하면서 기업이 고객에게 제공하는 (제조업의 경우) 제품의 생산이나 (서비스업의 경우) 서비스 운영을 책임지는 최고책임자이다. 제조업의 최고운영관리자가 생산에 필요한 품질, 자재, 설비, 인력, 비용을 계획하고 통제해야 하듯이 서비스업의 최고운영관리자는 서비스 제공에 관해 담당 부서의 서비스 창출과 제공을 책임진다. 예를 들면 금융서비스를 제공하는 은행의 COO는 고객으로부터 예금, 적금 등을 유치하는 수신업무, 기업, 개인에게 자금을 대출해 주는 여신업무, 수신/여신 서비스 제공을 위해 필요한 기능 등을 총괄하여 고객에 대한 은행의 서비스 제공에 필요한 인력, 설비, 비용을 계획하고 통제해야 한다. 또 다른 예를 들면 MP3플레이어의 음원 콘텐츠를 제공하는 포털서비스 기업의 COO는 MP3플레이어에 필요한 음원을 확보하고, 인터넷 통신회선과 서버를 확보하며 고객에게 필요한 인터페이스를 구현하여 다양한 음악서비스를 제공하고 관련된 요금결제, 보안, 부가서비스 등의 계획, 실행, 통제를 책임진다.

사례 대한민국 경영현장 기술 중심의 제조업, 서비스업과 융합으로 지속가능한 발전 이룬다

4차 산업혁명이 제조업에 기회를 줄 것이라는 전제는 중소 제조 기업들의 현황을 기준으로 한다면 판단을 유보해야 할 수도 있다. 체감경기가 좋지 않은 상황에서 선제적인 투자가 사실상 어렵고, 이로 인한 신산업 또는 성장 동력 확보도 용이치 않기 때문이다. 때문에 산업 전문가들은 산업 간 융합과 협업에 주목하고 있고, 대상으로 제조업과 서비스업의 융·복합을 솔루션으로 제시하고 있다. 4차 산업혁명은 산업 간 경계를 넘어선 융합혁명의 시대로 전환하고 있고, 21세기에 급속히 성장하는 산업의 대부분은 제품과 서비스의 융합에 기반하기 때문이라는 분석에서다.

국내 실물 경제 중 산업의 생산은 8월 중 전년 동월 대비 2%, 전월 대비 1.6% 증가했다. 반도체와 컴퓨터 석유제품의 호조로 인한 것이고, 이들을 제외하면 10개 품목이 감소했다. 자동차산업은 내수와 수출부진이라는 이중고를 겪고 있고, 조선산업 역시 수출 감소가 지속되고 있다. 상대적이긴 하지만 서비스산업의 전체 생산은 전년 동월 대비 2.0% 증가했고, 7월 서비스산업 취업자 수 역시 전년 동월 대비 5만4,000명으로 0.3% 증가했다. 때문에 '경계를 넘어선 융합혁명'을 목표로 한 4차 산업혁명 시대로의 전환이 필요하다는 주장이 힘을 얻고 있는 것이다.

또한 최근 한국은행 경제연구원이 발간한 보고서를 보면 제조업의 경우 장기적 고용효과가 있지만 서비스업종에서의 창업은 지식집약적인 생산자서비스 업종을 제외하면 장기적으로 고용증대에 크게 기여하지 못하는 모습을 보였다. 산업을 제조업과 서비스업으로 나누고 이들 산업을 보다 세분해 분석한 결과, 고용효과는 산업별로 일률적으로 나타나지 않았다. 창업 후 10년에 걸쳐 고용효과를 누적한 결과 역시 기반산업에 해당하는 제조업에서는 기술수준이 우세한 업종일수록 높은 수준을 나타냈다. 창업의 장기효과를 주목한 보고서는 '제조업의 경우 기술수준이 높은 업종일수록 일자리의 생성과 소멸이 모두 크게 나타나는 등 노동시장에 상당한 영향을 미치는 것으로 보인다'고 소개했고, '고위기술 제조업종의 경우 기존 일자리에 대해 상당히 큰 대체효과를 발생시켰다'고 밝혔다.

국토연구원 조성철 책임연구원과 한국은행 김기호 연구위원은 "창업의 고용효과를 제고하기 위해서는 기술적인 잠재력이 높은 부문의 창업기업을 선별하고 이들에 대해 과감한 투자를 연계해 줄 필요가 있다"면서, "또한 기술형 제조업 기업의 창업 생태계에 대한 적극적인 지원이 시행될 필요도 있다"고 밝혔다. 결국 기술형 제조업의 창업 생태계를 활성화하기 위한 적극적인 정책이 필요하다는 것이 보고서의 핵심이 된다.

진작부터 제조업과 서비스업의 융합을 강조한 산업연구원은 때문에 4차 산업혁명 시대에 직면한 우리나라는 제조업과 서비스업의 연계성이 낮아 융·복합을 통한 산업구조 고도화와 신산업 창출이 어려운 상황이라면서 향후 제조업과 서비스업 두 부문의 융합적 가치사슬을 확대하는 방향으로 정책의 추진이 필요하다고 밝히고 있다. 산업연구원 이동희 연구위원은 지난해 "제조업 부문에 중간재로 투입되는 서비스업 부문의 증가는 산업 간 연계성에 따른 외부효과를 통해 경제 전체의 생산성을 증대한다"면서, "신기술 등장에 따른 주력산업과 신산업의 공진적 발전을 위한 산업 내 혹은 산업 간 연계성 확대방안이 요구된다"고 밝혔다. 그는 우리나라 산업의 연계성을 볼 때 일부 산업이나 기업의 생멸보다 전체 산업 간 연계성을 강화하고 확대하는 방향의 전략이 바람직하다면서 산업 간 연계성이 높거나 연계가 필요한 서비스업에 대한 식별을 통해 핵심고리 업종에 대한 선별적 관리가 이뤄질 경우 제조업과 서비스업의 고도화를 촉진하는 역할 수행이 가능하다고 밝혔다. (인더스트리뉴스, 2018.11.26)

2 서비스 기업의 고객

고객 계층의 선택과 서비스 개념의 정의

서비스 기업이 모든 고객에게 서비스를 제공할 수도 있지만, 자신들의 경영전략에 적합한 고객을 골라 이들에게 적합한 서비스를 제공하는 것이 기업의 입장에서는 더 효과적일 수 있다. 고객의 선택은 다음과 같은 원칙에 따른다.

- 고객 계층의 구분 : 일정한 기준에 따라 고객 계층을 구분한다. 이때 기준은 보통 나이나 소득 같은 인구통계학적인 요소, 라이프스타일 같은 심리학적 요소 등이 사용된다.
- 고객 계층의 욕구 파악 : 구분된 고객 계층 각각의 욕구는 무엇이며, 어

떻게 충족되는지, 어떤 기업들이 서비스를 제공하는지, 이들이 만족시키지 못하는 욕구는 무엇인지 등을 파악한다.

- 고객 계층의 선택 : 서비스 기업이 목표로 선택할 고객 계층을 결정한다. 선택된 고객 계층이 충분히 큰지를 판단하고, 이들의 공통적인 요구를 파악한다.

서비스 기업이 고객을 선택하고 이들에게 서비스를 제공할 때에는 다음과 같은 것을 고려해야 한다.

- 고객을 선택할 때에는 경쟁력이 있는 시장 계층을 겨냥해야 한다. 시장 규모가 작다면 성장의 한계가 있고 효율적인 기업활동을 할 최소한의 규모가 충족되지 못한다.
- 목표 계층에 따라 고객의 기대를 만족시킬 서비스의 제공절차가 명확하게 정의되어야 한다.
- 서비스 기업의 모든 정책과 실행방안들이 선택된 고객 계층의 기대를 만족시키는 데 초점을 맞추어야 한다.
- 선택된 고객 계층의 가장 중요한 요구는 경쟁업자 중 최고의 수준으로 제공해야 하며, 부수적인 요구는 업계의 표준을 유지하는 정도로는 제공해야 한다.

모든 고객에게 서비스를 제공하는 것이 아니었듯이 선택된 고객 계층에게도 모든 서비스를 제공하는 것이 아니라 어떤 서비스를 제공할 것인가를 결정하여 선택적으로 제공하는 것이 효율적이다. 서비스 기업이 자신들이 제공할 서비스의 개념을 정의할 때 고려해야 할 사항은 다음과 같다.

- 고객에게 제공되는 서비스의 주요 요소는 무엇인가?
- 기업이 제공할 서비스의 요소에 대해서 고객은 어떤 반응을 보일 것인가?
- 고객은 기업이 제공하는 서비스에 대해 경쟁기업의 서비스와 차별화되게 인식하고 있는가?
- 기업이 제공하고자 하는 서비스의 전달방식과 서비스를 실현하는 데 필요한 비용은 기업의 가치를 증가시킬 수 있는 수준인가?

모든 고객이 아니라 고객을 선택하고 선택된 고객에 대해서도 제공할 서비스 개념을 선택하는 것을 서비스 기업의 포지셔닝(positioning)이라고 한다. 서비스 기업의 포지셔닝 전략은 다음과 같이 구분될 수 있다.

- 고객 위주의 포지셔닝 : 고객 계층을 먼저 선택하는 방식으로 새로운 고객 계층을 개발하거나 기존 고객 위주로 고객의 충성도를 높이는 전략이다. 미시족, 맞벌이부부, 소득이 높은 은퇴자, 1인 가구 등 특정고객 계층을 구분하고 그들이 중요하게 생각하는 서비스 개념을 창출하여 새로운 시장을 만들 수 있으며, 기존 고객 계층에 대해서는 더 가치 있는 서비스 개념을 창출하여 충성도를 높일 수 있다.
- 서비스 개념 위주의 포지셔닝 : 서비스 개념 위주의 포지셔닝은 경쟁기업과는 다른 특별한 서비스 개념을 창출하고 이를 원하는 고객 계층을 대상으로 서비스를 제공하는 전략이다. 서비스 개념 위주의 포지셔닝 전략이 성공하려면 경쟁기업의 모방이 쉽지 않아야 하며, 선택한 서비스 개념을 선호하는 고객 계층이 충분히 커야 한다.
- 고객 계층과 서비스 개념을 동시에 고려하는 포지셔닝 : 고객 계층과 서비스 개념을 동시에 고려하여 새로운 고객 계층을 개발하고 그 고객 계층에 대해 서비스 기업이 창출한 독특한 개념의 서비스를 제공하는 전략이다.

서비스 기업이 포지셔닝을 마친 후에는 서비스 운영전략을 수립하고 서비스 전달시스템을 설계해야 한다. 서비스 운영전략이란 어떠한 서비스 정책과 운영방식을 택할 것인가를 결정하는 것이다. 구체적인 운영전략은 기업의 인적자원과 물적자원을 어떻게 배치하고 투자할 것인지, 서비스의 품질과 제공원가를 어느 수준으로 할 것인지 등을 결정해야 한다. 서비스 전달시스템이란 서비스가 고객에게 제공되는 방법과 절차를 말한다. 서비스 전달시스템에는 종업원, 설비, 기술 등이 포함되며, 피크타임을 고려한 시설의 수용능력을 고려해야 하고 제공하는 서비스를 경쟁기업과 차별화해야 한다. 고객은 서비스를 받는 순간(MoT : Moment of Truth)부터 자신의 선택의 정당성을 확인하고자 하므로 서비스 전달시스템의 설계는 고객의 입장에서 설계되는 것이 중요하다.

사례 대한민국 경영현장 **서비스업 매출 2천조 돌파 7.4%↑… 출혈경쟁에 업체당 매출 감소**

지난해(2017년) 서비스업이 성장 흐름을 이어갔다. 그러나 업종별로는 희비가 엇갈렸다. 예술·스포츠·여가업 등 접근이 쉬운 업종엔 사람이 몰리는 '출혈경쟁'이 나타나는 양상이었다.

통계청이 집계한 2017년 기준 서비스업 조사 잠정 결과를 보면 지난해 서비스업종 전체 매출액은 2,041조원으로 지난해 1,900조원보다 7.4% 증가했다. 2007년 931조원에서 10년 동안 연평균 8.2%씩 성장하며 지난해 2,000조원을 처음 돌파했다. 사업체 수도 286만3,000개로 2.2%(6만2,000개) 늘고 종사자 수도 1,171만4,000명으로 2.5%(28만4,000명) 늘었다. 사업체당 매출액도 7억1,300만원으로 1년 전보다 5.1%(3,500만원) 늘었다.

업종별로 희비가 엇갈렸다. 예술·스포츠·여가 업종은 시장 성장세 이상으로 유입자가 늘어나며 '출혈경쟁'으로 이어졌다. 이 기간 관련 사업체 수는 11만8,797개로 7.8% 늘고 종사자도 41만7,000명으로 5.5% 증가했다. 서비스업종 중 인적 유입이 가장 활발했다. 그러나 매출액은 48조8,000억원으로 증가율(4.4%)이 전체 평균을 밑돌았다. 이 결과 사업체당 매출액은 4억1,100만원으로 1년 전보다 오히려 3.1% 줄었다.

(이데일리, 2018.12.27)

고객의 기대

서비스의 품질은 고객의 기대와 경험에 따라 결정된다. 즉, 고객이 자신의 기대보다 높은 수준의 서비스를 경험하면 만족하게 되고, 기대보다 낮은 수준의 서비스를 경험하면 불만족하게 된다. 기업이 제공하는 서비스에 대한 고객의 기대는 지역, 문화, 성별, 나이 등 여러 요소에 따라 영향을 받지만 고객 개개인의 경험에 의해 형성되며, 한번 형성된 서비스 기업에 대한 기대는 바꾸어지기가 쉽지 않다. 형성된 기대는 고객에게는 습관화되며, 서비스 기업이 고객의 습관화된 기대에 미치지 못하는 서비스를 제공하면 치명적인 결함이 된다.

고객의 서비스 기업에 대한 기대는 다음과 같은 유형으로 나타나며, 각 기대에 대한 서비스 기업의 대응이 서비스의 품질을 결정한다.

- 신뢰성 : 확실한 성과의 유지
- 대응도 : 서비스를 제공하는 종업원의 신속한 대응시간
- 능력 : 서비스를 제공하기 위해 필요한 기술과 지식
- 접근성 : 서비스가 수행되는 장소에 대한 접근 용이성

- 예절 : 서비스를 제공하는 종업원의 사려 깊은 행동
- 의사소통 : 서비스를 제공하는 기업과의 부담 없는 의사소통
- 안전성 : 도난, 사고 등의 위험에 대한 보호장치

고객의 기대 관리

고객의 기대를 일반적인 관념에 의해 추정하는 것은 잘못된 판단을 가져올 수 있기 때문에 직접 설문조사나 인터뷰 등을 통해 조사하는 것이 바람직하다. 고객의 기대를 조사하는 목적은 다음과 같다.

- 고객이 서비스를 받는 순간(MoT)을 이해하고 고객의 입장에서 바라봄으로써 고객의 기대를 만족시키기 쉬워진다.
- 여러 고객의 집합체인 시장의 욕구와 기대를 확인한다.
- 고객이나 협력업자가 생각하고 있는 아이디어를 발굴할 수 있다.
- 고객을 서비스 기업의 경영에 참여시키는 유효한 방법을 찾아낸다.

서비스는 완전하게 제공되어야 하지만 그렇지 못한 경우가 발생할 수 있다. 서비스 제공 시 불량이 발생한 경우에 고객은 서비스 실패에 대한 적절한 회복이 있을 것을 기대한다. 따라서 서비스 기업이 서비스 회복에 대한 고객의 기대를 만족시키지 못하는 경우에는 고객은 원래의 서비스가 실패한 것보다도 더 큰 불만족을 경험하게 되며 서비스 기업에는 치명적인 결과를 초래할 수 있다.

고객의 서비스 회복에 대한 기대를 만족시키기 위해 적절한 서비스 회복 계획을 수립하는 것이 매우 중요하다. 서비스 실패에 대한 적절한 회복은 서비스의 품질을 높일 뿐만 아니라 고객의 최종적인 불만족을 감소시킬 수 있으므로 서비스 회복은 즉각적이고 효과적으로 이루어져야 한다.

고객의 니즈

고객의 니즈(needs)란 고객의 기대와는 달리 고객이 분명하게 표현할 수 없는 내재적인 욕구를 말한다. 고객의 기대와 니즈는 다음과 같이 차이가 있다.

- 기대는 고객이 의식하고 있고, 세부적이고 표면적으로 요구하며, 비교적 단기간에 형성된다. 반면에 니즈는 고객이 무의식적으로 갖고 있으며, 총체적이고 장기간에 걸쳐 형성된다.
- 고객의 기대는 서비스의 접점, 서비스의 결과, 서비스의 전달과정에서 만족된다. 니즈는 고객으로서만이 아니라 인간적인 존재로서의 가치 달성을 통해 만족된다.

고객의 니즈는 안전, 공정성, 고객 존중 등에 관한 니즈로 구성된다.

- 안전에 대한 니즈 : 안전에 대한 니즈는 신체적 · 정서적 · 경제적 위험들로부터 안전하고자 하는 욕구이다. 고객은 서비스를 제공받음으로써 현재 확보하고 있는 신체적 · 정서적 · 경제적 상황보다 불리한 방향으로 진행되거나 진행될 가능성이 있는 것을 원하지 않는다.
- 공정성에 대한 니즈 : 서비스 기업이 무의식적이건 의식적이건 고객에게 공정하게 서비스하지 않으면 고객은 좌절감을 느끼게 된다. 예를 들면 고객이 대기하고 있는 순서가 지켜지지 않거나, 종업원에 따라 다른 대우를 받는 경우 등이다.
- 고객 존중에 대한 니즈 : 고객은 서비스 기업의 서비스 전달과정에서 자신이 존중받고자 하는 니즈를 갖고 있다. 여성고객이 남성과 차별된 서비스를 받는다든지, 인종적 편견에 따라 제대로 된 서비스를 받지 못한다면 이러한 니즈는 크게 손상된다.

고객의 니즈를 만족시키지 못한 기업은 서비스 회복의 기회를 가질 가능성이 있지만, 일반적으로는 서비스 회복의 기회가 없다.

사례 대한민국 경영현장 **티몬, 가격 경쟁력은 기본, 서비스 경쟁력 강화해 고객 만족 선도**

티몬이 가격 경쟁력을 기본으로 다양한 고객 서비스를 도입하며 경쟁 소셜커머스 업체와 차별화에 나섰다. 티몬은 고객이 '최저가보상제'를 통해 구매한 배송 상품의 실결제 금액이 경쟁 소셜업체보다 비쌀 경우 차액만큼 적립금으로 보상해 주는가 하면, 생필품을 온라인 최저가 수준으로 구매할 수 있는 '최저가 공화국'을 운영하며 가격 경쟁력을 높여왔다. '최저가 공화국'은 스마트 프라이스 전략에 따라 국내 온라인 최저가 수준으로 생필품을 판매하는데, 소비자는 '최저가 도전' 마크가 붙은 상품을 국내 모든 온라인 채널에서 가장 싸게 살 수 있다. 티몬은 최저가 도전 프로젝트를 위해 전담 팀을 별도로 구성하는 등 지난해 하반기부터 집중적으로 투자를 하고 있다.

• 고객 만족=재구매율↑ 선순환 구조 구축, 소셜 최초 VIP 멤버십 제도 도입

티몬이 고객 만족 강화를 위해 노력하는 이유는 고객 만족이 재구매율과 직결되기 때문이다. 티몬은 2013년 9월 고객 만족 강화를 위해 업계 최초로 VIP 멤버십 제도를 신설했다. 구매 금액・횟수에 따라 할인쿠폰, 카트할인 등 다양한 가격 혜택을 단계별로 제공하면서 단골 고객을 일반 고객과 차별화했다. 등급이 올라갈수록 보다 많은 할인 혜택을 누릴 수 있다. VIP 등급 이상인 고객은 전용 상담 창구를 이용할 수 있다. 단순 변심으로 교환이나 환불을 요청할 경우 주문번호당 1회씩 택배비를 최대 5,000원까지 적립받을 수 있다. 티몬은 최대 2만원까지 상시 이용가능한 할인 쿠폰을 제공하기도 한다. 또 특정기준에 부합하는 고객을 선정, 감사 카드와 선물 등을 지급하고 있다.

• 3초결제 티몬페이, 이탈고객 잡고 편의성도↑

티몬페이는 비밀번호 입력만으로도 안전하고 편리하게 쇼핑할 수 있는 티몬의 초간편 결제서비스다. 티몬 앱에서 최초 1회 카드정보와 6자리 개인인증번호를 등록하면 기존 카드로 결제할 때 필요했던 '공인인증서' 인증 등 복잡한 과정 없이 비밀번호만으로 단 3초 만에 결제할 수 있다. 티몬페이의 가장 큰 특징은 타 간편 결제서비스와 달리 티몬앱 자체 시스템 내에 프로그래밍돼 있어 별도의 앱을 다운받지 않아도 된다는 점이다. 신한, 현대, 삼성, 국민, 비씨, 하나, 농협, 시티 등 국내 거의 모든 카드사 등록이 가능하다. 티몬페이는 장점을 인정받은 덕에 서비스 제공 한 달을 조금 지난 현재 가입자가 30만명을 넘었다. 결제 이용률은 10% 이상인 것으로 조사됐다. 특히 신용카드 결제 시스템을 불러오는 과정에서 오류나 복잡하고 불편한 결제 절차 때문에 결제 과정에서 10%가량에 이르렀던 고객 이탈을 최소화할 수 있어 매출 증대 효과도 함께 있을 것으로 분석된다.

• 무제한 배송지연 자동보상제, 바로환불로 고객 불편 최소화

티몬은 고객 만족 혁신을 위해 최근 '무제한 배송지연 자동보상제'와 '바로환불제'를 도입했다. 온라인 쇼핑 고객의 가장 큰 불만인 늦은 배송과 환불로 인한 불편을 최소화하기 위해서다. '무제한 배송지연 자동보상제'는 피치 못할 내부 상황으로 배송이 지연될 경우, 기준보다 늦어지는 일수에 따라 매일 1,000원씩 누적 보상해 주는 제도다. 지급금액의 제한 없이 자동으로 적립해 주는 점이 특징이다. 본 제도는 배송지연 보상 마크가 달려 있는 상품이 대상이며, 보상금은 상품이 출고된 다음날 바로 자동 적립된다. '바로환불제'는 4~10일가량 걸리던 환불 기간을 2~3일이면 완료될 수 있도록 환불처리

절차를 줄였다. 기존에는 고객이 환불접수를 하면 반송된 상품이 수거된 뒤 제품 손상 여부의 확인절차를 거쳐 진행됐기 때문에 최대 10일가량이 소요됐지만, '바로환불제'는 고객이 환불접수 후 택배사의 반송장만 확인되면 익일 즉시 처리되어 완료까지 2~3일밖에 걸리지 않는다. 티몬은 새로운 배송지연 보상제도를 통해 배송지연율 제로에 도전하고 업계 평균 환불 기간을 반으로 줄여 고객 만족도를 최상의 수준으로 높이겠다는 계획이다.

하성원 티켓몬스터 최고운영책임자(COO)는 "티몬 스토어에서 상품을 구입하며 겪을 수 있는 불편사항을 고객입장에서 파악하고, 해소할 수 있도록 다양한 정책들을 준비하고 있다"며 "고객을 최우선으로 생각하는 서비스 정책과 이를 구현할 수 있는 기술 개발을 통해 더 많은 혜택과 감동을 선사할 수 있도록 최선을 다하겠다"고 말했다. (조선비즈, 2015.4.22)

3 서비스 기업의 관리

서비스 입지 선정

서비스 입지 선정이란 서비스를 제공하는 위치를 결정하는 것이다. 입지에 대한 의사결정은 다음과 같이 서비스 기업의 경영에 영향을 미친다.

- 입지 선정은 기업의 경쟁력과 기업활동의 여러 가지 측면에 영향을 미친다. 예를 들면 서비스 제공에 필요한 재료비, 노무비, 수송비용 등 원가에 영향을 주고, 고객의 접근성에도 영향을 미쳐 매출에도 영향을 준다.
- 입지 선정은 한번 결정하면 바꾸기 힘들기 때문에 다른 경영의사결정보다 더 장기적으로 서비스 기업에 영향을 미친다.

입지 선정을 결정할 때에는 다음과 같은 항목을 고려해야 한다.

- 접근성 : 접근성은 고객 방문의 용이성과 편리성을 좌우한다. 접근성을 검토할 때에는 대중교통은 물론 자가운전 고객을 감안한 주차능력 등도

고려해야 한다.

- 고정비 : 서비스 시설의 초기 투자비용은 장기적으로 회수되어야 한다. 토지비, 건축비 등은 물론 실내장식이나 서비스 제공을 위한 시설비용 등이 입지의 위치에 따라 다르므로 이를 감안해야 한다.
- 변동비 : 서비스 제공 시설에서 근무하는 인건비, 수송비, 재료비 등도 입지에 따라 영향을 받는다.
- 인력 충원 : 위치에 따라 근무할 인력을 쉽게 충원할 수 있느냐 아니냐가 결정될 수 있다. 특히 의료 서비스나 교육 서비스 같이 특수한 기술이나 지식이 필요한 고급인력이라면 입지가 불리한 장소에서는 인력 충원이 어려울 것이다.
- 유연성 : 유연성은 변화하는 경제 환경에 대해 서비스가 대응하는 정도를 의미한다. 입지의 결정은 장기적인 자본투자와 관련이 있기 때문에 미래의 경제적·인구통계적·문화적 환경변화에 대응할 수 있는 입지 선정이 중요하다.

서비스 입지 선정 시 업종에 관계없이 일반적인 고려 요인은 〈표 9-2〉와 같다.

표 9-2 입지 선정 시 일반적인 고려 요인

구 분	고려 요인
일반 환경	수요, 정부규제, 세금, 지역 경제, 임대료
노동력	인건비, 직업윤리, 교육수준
경쟁관계	인근 경쟁업체 수, 인근 경쟁업체의 역량, 잠재적 경쟁자
인프라	금융, 운송수단, 통신시설
지역사회	생활수준, 소득수준, 소비수준, 문화생활 수준

서비스 입지 선정 시 유형별로 고려해야 할 요인은 다음과 같다.

- 서비스 공장(service factory) : 서비스 공장이란 국제공항, 특급호텔, 대형 리조트, 대형 레크리에이션 센터, 철도 역사 등과 같이 다수의 고객들이 한 장소에서 서비스를 받는 시설이다. 서비스 공장은 사람이 많이 사는 지역이나 왕래가 많은 도시의 중심가에 위치하는 것이 필수적이며, 공항

이나 기차역과 같이 도심에 위치하기 어렵다면 고속도로, 전철 등의 교통 인프라를 개선하여 도심으로부터 접근성을 보장하는 것이 필요하다.

- 대량 서비스(mass service) 제공업 : 할인매장, 슈퍼마켓 등 대량 서비스를 제공하는 서비스점에서는 고객 작용이 상대적으로 작고 경쟁업자와 차별화하기 어렵다. 따라서 이들의 입지는 대중교통의 접근성과 자가운전의 접근성이 중요하다.
- 전문 서비스(professional service) 제공업 : 의사, 변호사 등의 전문 서비스의 경우 노동강도가 높고 고객 접촉의 정도가 크므로 자가운전의 접근성이 중요하며 대리주차 등으로 방문 고객의 편리성을 보장할 수 있는 입지 선정이 중요하다.

서비스 대기행렬 관리

서비스 공급 능력(service capacity)이란 '은행 지점의 일일 거래 건수'처럼 단위시간당 서비스를 제공할 수 있는 수준으로 정의된다. 은행 지점의 서비스 공급 능력은 지점의 은행원 수와 업무처리능력, 현금지급기의 대수 및 효율성, 은행 지점의 크기 등 다양한 자원과 역량에 의해 결정되며 공급자인 은행 입장에서는 서비스 공급 능력을 크게 갖추려면 비용이 발생하고, 충분히 갖추지 못하면 매출 손실이나 서비스 불만족이 발생한다.

서비스를 제공받는 고객 입장에서는 기업의 서비스 공급 능력에 따라 서비스를 제공받기 이전에 기다려야 하는 경우가 많다. 예를 들어 은행에서 자기 차례를 기다리는 것, 콜센터에 전화를 걸었을 때 모든 상담원이 통화 중이면 대기행렬에서 기다리는 것 등이다. 대기행렬(waiting line)이란 고객이 서비스 제공 시설에 도착하였을 때 서비스 제공자가 다른 고객에게 서비스를 제공 중이어서 고객이 서비스 제공 전에 기다리는 물리적 또는 가상공간을 의미한다. 서비스업에서의 대기행렬의 예는 〈표 9-3〉과 같다.

표 9-3
서비스업에서의 대기행렬의 예

서비스 설비	서비스 제공자	도착자	대기행렬의 형태
은행	은행원	고객	번호표
콜센터	콜센터 직원	걸려오는 전화	대기하라는 녹음을 듣고 전화를 끊지 않고 기다림
슈퍼마켓	계산원	고객	계산대 앞 고객이 대기하는 줄
영화관	입구	관객	입구 앞 관객이 대기하는 줄
공항 활주로	관제탑	비행기	착륙을 위해 관제탑의 지시를 기다리며 공항 상공을 선회
톨게이트	수금원	자동차	요금 지불을 위해 기다리는 자동차가 대기하는 줄

대기행렬을 분석하여 서비스 수준을 개선하려면 다음과 같은 구성요소를 살펴보아야 한다.

- 도착 : 대기행렬이 발생하려면 서비스를 필요로 하는 도착자가 대기행렬에 도착하는 것으로 시작된다. 도착자는 사람뿐만 아니라 자동차, 전철, 비행기 등의 교통수단이나 전화 또는 인터넷 패킷과 같은 통신 단위 등이 될 수도 있다.
- 서비스 제공자 : 서비스를 제공하는 사람 또는 시설을 의미한다.
- 대기행렬 : 대기행렬은 도착자가 서비스를 제공받기 위해 기다리는 고객의 줄을 의미한다. 도착자는 도착시점에 비어 있는 서비스 제공자가 있으면 대기행렬에서 기다리는 일 없이 서비스를 제공받고, 그렇지 않은 경우에만 대기행렬에서 기다리게 된다.
- 이탈 : 도착자가 서비스 제공자에게서 서비스를 받는 것이 완료되면 서비스 시설에서 벗어나는 것을 의미한다.

대기행렬의 우선순위는 다음과 같이 다양한 원칙을 적용할 수 있다.

- 선입선출(FCFS : First Come First Served) : 가장 일반적인 원칙으로 먼저 도착하여 오래 기다린 고객 순서로 서비스를 받는다. 식당, 영화관, 운동경기장 등에서 널리 사용된다.
- 후입선출(LCFS : Last Come First Served) : 선반에 수직으로 차곡차곡 제품

을 올려 보관하는 경우와 같이 가장 나중에 도착한 제품부터 출하된다. 후입선출은 보통 고객이 사람이 아닌 물질이고 부패 등이 없는 경우에 사용한다.

- 우선권 원칙(priority rule) : 비행기 일등석, 비즈니스석, 이코노미석 순으로 탑승하는 것처럼 미리 정해진 우선순위에 따라 서비스를 제공한다.
- 조기 완료 우선 원칙(EDD : Earliest Due Date) : 가장 빨리 완료해야 되는 고객부터 서비스를 제공한다.

현재 미국에서는 대기행렬에서 기다리는 데 1년에 370억 시간을 낭비하고 있고, 이 시간은 2,000만 명의 연간 노동력에 해당하는 시간이라고 한다. 서비스를 제공하는 직원을 많이 채용하거나 서비스를 제공하는 설비를 많이 구비하려면 비용이 증가한다. 따라서 서비스 기업은 적절한 용량의 서비스 제공자를 배치해서 대기행렬에서의 기다림을 줄여야 하며, 이를 위해서는 대기행렬의 도착과 서비스 제공의 시간을 확률적으로 분석하거나 컴퓨터 시뮬레이션을 통해서 과학적으로 연구하는 방법을 활용해야 한다.

사례 대한민국 경영현장 **수요미식회 맛집은 어떻게 고객관리를 하나**

나우버스킹. 이름만 들으면, 홍대 어딘가에서 기타 치면서 노래 부를 것 같은 이들이 하는 일은 의외로 IT 서비스 개발이다. 이 회사가 만든 앱은 '나우웨이팅'이다. 식당 앞에 설치된 태블릿을 본 적이 있다면, 십중팔구 나우웨이팅일 확률이 높다. 줄 서서 기다리는 대신 휴대폰 번호를 태블릿에 입력하면 내 입장 차례에 문자를 준다. 손님 입장에선 언제 줄어들지 모르는 대기줄에서 시간을 버릴 필요가 없고, 식당 주인은 입력한 번호를 보고서는 이 손님이 우리 집에 몇 번 온 단골인지 금세 파악할 수 있다.

나우웨이팅의 주 고객은 점주다. 예컨대 수요미식회에 나온 줄이 엄청나게 긴 집 '고기리막국수'는 나우웨이팅으로 수집한 데이터를 단골손님 관리에 반영했다. 최근 6개월간 세 번 이상 방문한 고객을 단골로 분류하고, 감사 쿠폰을 발송했더니 쿠폰 수신자의 90%가 이를 다운로드하고, 70%가 실제로 매장에 방문해 사용했다. 눈코 뜰 새 없이 바쁜 식당에서, 쿠폰을 내는 고객을 알아보고 서비스가 나간다면, 단골 관리로는 최적이다.

목마른 자가 우물을 판다고, TV에 나온 맛집에 들어가려고 줄 서서 시간을 버리는 걸 하는 수 없이 받아들여야 했던 이들이, 자발적으로 자기 휴대전화 번호를 태블릿에 입력하도록 행동 패턴을 바꾼다는 아이디어는 어떻게 나오게 됐을까? 이들은 어떻게 고기리막국수집 주인의 마음을 얻게 됐을까? 나우버스킹을 함께 만든 전상열, 백인범 공동창업자를 만나 이야기를 들어봤다.

나우버스킹은 '가설'과 '검증'으로 일한다. 이들이 창업 후 처음 만든 서비스는 '나우플레이'였다. '비콘'이라는 무선 기술을 이용해서 오프라인에서 고객이 어떻게 행동하는지를 쫓는 서비스다. 나우플레이를 만들 때 가설은 '사용자를 알면 제대로 서비스를 할 수 있을 것'으로 잡았다. 사용자의 행동 패턴을 추적하다보니, 오프라인에 대한 이해도는 계속 쌓였다. 그런데 여기서 예상치 못한 문제점을 발견했다. 서비스를 받는 이용자가 비콘으로 쏘는 정보를 '귀찮게' 느낀다는 점이었다.

예컨대, 온라인 쇼핑몰에서 고객을 유치하기 위한 가장 쉬운 방법은 쿠폰 발행이다. 내가 어떤 쇼핑몰에서 어떤 상품을 검색했는지를 바탕으로 관련 상품의 할인 쿠폰을 쏴준다. 비콘을 통한 오프라인 고객 유치도 유사한 방법으로 진행되어왔다. 스마트폰을 통해 내 위치를 파악하고, 지나가는 길목의 가게에서 할인 쿠폰을 무자비로 쏘는 방식이다. 누군가에게는 유용한 쿠폰이겠지만, 다른 누군가에게는 스팸 공해로 느껴질 수 있다. 마치, 할인 쿠폰 문자나 카톡처럼.

"나우플레이를 하면서 하나 확신한 게 있었어요. 그간 O2O 시장이 실패한 것은 온라인 고객 경험을 오프라인에 그대로 적용하려고 했기 때문이라는 거예요. 오프라인에서 온라인 서비스로 자연스럽게 접속할 수 있는 사용자경험을 만드는 게 키포인트라는 결론을 내렸죠." 전상열 대표의 말처럼, 나우버스킹 팀은 이때부터 오프라인의 이용자가 자연스럽게 더 좋은 경험을 위해 온라인에 접속하게 만드는 서비스를 기획했다. 워커홀릭의 행동 패턴이 누워서는 기획, 앉아서는 일, 서서는 자료 수집이라고 하더니 이들도 마찬가지였다. 어느 날 음식점 앞에서 대기장부에 이름을 쓰고 기다리면서 점주도 피곤하고 손님도 힘들어하는 걸 보면서 "저 대기판이 태블릿이었다면 어땠을까"를 상상하게 됐다. 그게 나우웨이팅의 시작이었다. "그동안 오프라인 서비스는 사용자는 가만히 있고 공급자가 쿠폰 같은 걸 제공하는 식이었죠. 저희가 주목한 것은 사용자가 직접 쓰고 싶어서 서비스에 참여해야 한다는 거였어요. 그래야 그 다음 비즈니스 기회가 열릴 거라고 생각했으니까요. 맛집에 들어가려고 전화번호를 적게 하는 것은 사용자가 직접 할 것 같은 행동이었죠."

여기서, 나우버스킹이 나우웨이팅 초창기에 한 실험을 소개한다. 맛집은 돈을 많이 번다. 손님이 끊이지 않는 집은 적게는 수십억원에서 많게는 백억원까지도 연매출을 낸다. 이렇게 많은 손님이 오는 집에서는, 어떤 손님이 얼마나 오래 기다렸다가 어떤 상황에서 음식을 맛보고 갔는지를 알 수가 없다. 나우웨이팅은 손님에 대한 데이터를 준다면 점주가 고객 관리를 할 수 있다는 가설에서 시작했다. 가설을 검증할 곳이 필요했다. 마침, 회사 직원의 지인이 양재역 맛집인 영동족발을 운영했다. 아직 검증되지 않은 서비스를 무조건 테스트하게 해달라고 조르긴 어려웠다. 그래서 생각한 것이 손님이 들어갈 때마다 나우버스킹 직원이 옆에 서서 가상 번호를 입력해 보는 일이었다. 예상 대기시간과 손님 입장시간이 일치하는지, 그리고 태블릿에 전화번호를 입력하는 것이 실제로 대기판에 이름을 쓰는 것보다 효율적인지를 알아보기 위한 과정이었다. "예상 시간이 맞아? 이게 말이 돼? 편하게 누를 수 있어? 이 과정을 며칠간 진행하면서 확신이 섰을 때 저희 서비스를 설치해 보자고 제안했죠. 처음 오는 할아버지께서도 태블릿 이용이 쉬운지, 실제로 손님들 반응은 어떤지 계속 관찰했어요."

2016년 봄에 고민을 시작해서, 올 9월 베타 서비스가 나올 때까지 가설을 실험하고 검증하는 과정은 계속됐다. 맛집이 손님들 입소문을 타듯, 나우웨이팅이 점주들 사이에 알음알음 알려졌다. 꽤 괜찮은, 그러니까 방송에도 나오는 맛집들이 나우웨이팅에 관심을 갖게 됐다. 앞서 말한 고기리막국수집 같은 곳이 그 한 예다. "8개월간 데이터를 뽑아봤어요. 세 번 이상 온 사람이 900명이 되더군요. 더 자세하게 들여다봤더니 7번이나 온 사람도 있었어요. 한 가게에 3번 이상 온 사람이라면 고마운 손님이잖아요? 점주 입장에서는 선물을 하고 싶은 거예요. '소중한 손님에게 수육 소자를 드릴게요'라는, '와주셔서 고맙습니다' 쿠폰을 800명에게 보냈고, 이 중 500명이 이 쿠폰을 들고 다시 왔어요. 서울에서 한 시간 걸리는 고기리까지요. 이게 그저 단순히 방문 다음날 무작위로 뿌리는 재방문 할인 쿠폰이었다면, 여기까지 손님들이 다시 찾아왔을까요?"

백인범 개발자의 말대로 이들은 시장을 만들어가는 입장에서 나우웨이팅이 소비자 대상 마케팅보다는 고객 관리 도구로 쓰이길 바란다. 사실 그래야 비즈니스 확장도 가능하다. 예컨대, 장사가 안 되는 곳들은 데이터가 부족하고 그래서 신규 고객을 어떻게 유치해야 할지 모른다. 장사가 잘되는 곳은 재방문 고객 관리가 중요하다. 수요-공급 관리를 잘하도록 정보를 제공하고 매장 내 효율을 극대화할 수 있도록 하는 것이 궁극적으로 나우웨이팅이 목표하는 바다.

흔히들 창업의 핵심을 '아이템'이라고 본다. 그런데 나우버스킹 팀은 아이템을 후순위로 둔다. 어느 아이템이 분명히 뜰 것이라고 확신한 후 창업했는데 그 사업이 만약 실패한다면, 다음을 노릴 기회가 없다. 그러니까 "우리가 틀렸어" 하고 낙담하고 사업을 접게 된다는 것이다. 두 사람이 말하는, 아이템보다 더 중요한 것은 '성장 산업' 진입이다. 예를 들면 전단지 만드는 시장은 누가 봐도 사양 산업이다. 여기서는 전단지를 최고로 싸게 만드는 단 한 곳만 살아남을 확률이 높다. 그러나 새롭게 열리는 산업에서는 서로 다른 아이디어를 가진 자들이 성공할 확률이 높아진다.

핵심은 또 있다. 바로 사람이다. 마음 맞고 실력 있고 철학이 일치하는 사람끼리 모여 회사를 이끌어가는 방식에 동의해 일을 시작한다면 하나의 아이템이 안 되더라도 곧바로 다른 일에 도전할 수 있다. 나우플레이가 잘 안 됐다고 회사 문을 닫은 게 아니라 나우웨이팅을 만들어 회사를 더 키워가는 것처럼 말이다. 전 대표는 "아이템이 중요한 게 아니다. 누구랑 일을 하느냐가 중요하다"고 인터뷰 중간 몇 번을 강조했다. 심지어, 꼭 해야 하는 업무가 있는데 당장 사람이 필요하면 어떻게 할 거냐고 묻자 "극단적으로는 그 일에 맞는 사람이 나타날 때까지 그 일을 안 할 수 있다"고 답했다. "기업이 1~2년 해서 되는 것도 아닌데, 구성원들이 핵심 가치가 되어야 한다"면서 "당장 눈앞의 일 때문에 이 가치를 훼손하면 돌이킬 수 없게 될 것 같다"고도 덧붙였다.

그렇다. 이 말처럼 전상열 대표는 '도덕 교과서' 같은 말을 하는 사람이다. 두 시간가량 인터뷰 동안 '도덕 교과서 같은 말이지만'을 대여섯 번 반복했다. 얼굴에 '성실'이라고 쓰여 있는 인상에 상당히 진중하게 보였다. 네이버를 시작으로 스마일게이트, 앱디스코 같은 회사를 다니다가 창업한 계기도 본인이 중요시하는 가치를 지키고 싶어서였다. 전 대표와 함께 창업한 백인범 개발자도 마찬가지다. 백인범 개발자는 한국형 트위터로 주목받았던 미투데이의 첫 번째 직원 출신이자 네이버, 캠프모바일, 비트를 다니다 나우버스킹 창업에 합류했다. 꽤 화려한 이력을 가진 그가 전 대표와 뜻을 합친 데는 "직원이 주인이 되는 회사"라는 창업 이념에 동감해서다. 그는 "(상열이) 형이 판을 깔아주면 나는 그 위에서 신나게 일하고 싶었다"고 말했다. 백인범 개발자와 같이 회사 창업에 합류한 다섯 명은 현재 경영, 서비스, 사업, 운영, 데이터분석 등을 맡아 사업을 키워나가고 있다.

아직까지 나우버스킹은 적자다. 고객사도 늘고, 이용자도 많아졌는데 왜 아직 적자냐고 물었더니 "지금은 수익보다는 매장주가 서비스의 가치를 느껴야 할 때"라고 답했다. 기존 투자사도 공감하는 부분이라, 아직은 수익화를 주요한 과제로 생각하고 있지는 않는다는 이야기다. 나우웨이팅에 만족하는 점주가 늘어난다면 수익은 담보되는 것이기도 하다.

"'우리는 일 잘하는 사람이야. 제대로 찾으면 일은 잘할 거야'라는 확신이 있었어요. 지금 세상에 자본은 많죠. 오히려 지식 자본인 사람이 성공에 제일 중요한 요소라고 봐요. 4차 산업은 일하는 사람을 중심으로 구성하는 거죠. 지금 회사가 고민하는 건 이 훌륭한 사람들이 얼마나 일에 집중할 수 있느냐를 보는 거예요."

(바이라인네트워크, 2018.11.28)

요 약

서비스업은 서비스를 운영하는 것을 가장 핵심으로 하는 기업활동이고, 제품의 사용 장소, 시간을 확장하는 부가적 효용을 주거나, 고객에게 경험이나 지식의 효용을 제공한다. 국가경제의 발전은 금융, 유통, 수송, 통신, 병원, 교육 등 서비스업의 비중이 증가하는 특징을 수반한다. 서비스업은 무형성, 생산과 소비의 동시성, 고객과 제공자의 상호작용, 시한성, 고객과 서비스 제공자의 직접 접촉, 모방의 용이성이라는 특징을 가지고 있다. 서비스업은 ① 생산된 제조물을 고객에게 전달, 유통하는 산업, ② 통신, IT 서비스 등 정보통신서비스산업, ③ 금융업, 의료, 교육, 법률 등 전문서비스산업, ④ 요식업, 관광, 엔터테인먼트 등 대인서비스산업, ⑤ 전력, 수도, 가스 제공/유통 등의 유틸리티산업 등으로 구분이 가능하다.

서비스 기업은 경영전략에 따라 ① 고객 계층을 구분하고, ② 고객 계층의 욕구를 파악한 후, ③ 고객 계층을 선택하여 적합한 서비스를 제공한다. 선택된 고객에 대해서 제공할 서비스 개념을 선택하는 포지셔닝 전략은 ① 고객 위주의 포지셔닝, ② 서비스 개념 위주의 포지셔닝, ③ 고객 계층과 서비스 개념을 동시에 고려하는 포지셔닝 등으로 구분된다. 포지셔닝을 마친 후에는 서비스 운영전략을 수립하고 서비스 전달시스템을 설계한다. 서비스 운영전략이란 어떤 서비스 정책과 운영방식을 택할 것인가를 결정하는 것이고, 서비스 전달시스템이란 서비스가 고객에게 제공되는 방법과 절차를 의미한다.

서비스의 품질은 신뢰성, 대응도, 능력, 접근성, 예절, 의사소통과 안전성 등의 고객 기대와 경험에 따라 결정된다. 고객의 기대를 충족시키기 위해서는 직접 설문조사나 인터뷰 등을 수행하는 것이 바람직하다. 고객 기대와는 달리 고객이 분명하게 표현할 수 없는 내재적인 욕구인 고객의 니즈는 ① 안전에 대한 니즈, ② 공정성에 대한 니즈, ③ 고객 존중에 대한 니즈로 구성된다. 서비스 기업의 존립을 위해서 고객의 기대 관리와 고객 니즈의 충족은 필수적이다.

기업의 경쟁력과 기업활동의 여러 가지 측면에 영향을 미치고, 한번 선정하면 바꾸기 힘든 서비스 기업의 입지 선정은 접근성, 고정비, 변동비, 인력 충원 등을 고려하여 결정해야 한다. 대기행렬 분석을 통해 서비스 수준을 개선하여 서비스를 제공받을 때까지의 대기시간을 줄여 고객의 불편을 최소화해야 한다.

주요 용어

- 고객의 니즈
- 서비스 공급 능력
- 운영
- 포지셔닝
- 대기행렬
- 서비스 공장
- 전문 서비스 제공업
- 대량 서비스 제공업
- 서비스 입지 선정
- 최고운영관리자

토의 문제

1. 서비스산업의 특징에 대해 설명하시오.
2. 서비스업을 분류하고 각 분류에 대해 설명하시오.
3. 서비스 기업에서의 바람직한 최고운영관리자의 역할에 대해 토의하시오.
4. 서비스 기업이 고객을 선택하고 서비스를 제공할 때의 고려사항에 대해 설명하시오.
5. 서비스 기업의 포지셔닝 전략에 대해 설명하시오.
6. 서비스 운영전략과 서비스 전달시스템에 대해 설명하시오.
7. 고객의 니즈의 종류에 대해 설명하시오.
8. 서비스 기업의 입지 선정 시 고려해야 할 사항에 대해 설명하시오.
9. 대기행렬 분석이 필요한 이유에 대해 토의하시오.
10. 대기행렬 분석 시 필요한 구성요소에 대해 설명하시오.
11. 대기행렬의 다양한 우선순위 원칙에 대해 조사하시오.

CHAPTER

10

품질경영

학습목표

1. 품질의 개념을 학습한다.
2. 품질관리란 무엇인가를 학습한다.
3. 통계적 품질관리의 도구들을 학습한다.
4. 품질관리 개념의 진화에 대해 학습한다.
5. 식스 시그마의 문제해결방법에 대해 학습한다.
6. 식스 시그마의 벨트 제도에 대해 학습한다.

제10장을 시작하며

현대차그룹 J.D파워 상위권 싹쓸이, 내구품질 의구심 풀리나

현대차그룹 세 개 브랜드가 미국시장 조사업체 J.D파워의 신차품질 조사에서 1~3위를 싹쓸이했다.

J.D파워가 21일(한국시간) 발표한 '2018 신차품질조사'에서 전체 31개 브랜드 중 제네시스가 1위, 기아차가 2위, 현대차가 3위를 차지했다. 특히 제네시스는 전체 브랜드 중 1위, 프리미엄 브랜드 2년 연속 1위를 차지하며, 고급브랜드로서의 입지를 확실히 다졌다. 무엇보다 포르쉐, 렉서스 등의 유명 프리미엄 브랜드를 제쳤다는 점에서 상당히 고무적인 일이다.

J.D파워 신차품질조사는 구입 후 3개월이 지난 신차 100대당 제기된 불만건수로 나타낸 지표다. 점수가 낮을수록 품질만족도가 높음을 의미한다. 전체 31개 브랜드 가운데 제네시스는 68점을 기록해 1위를 차지했고, 기아차가 72점으로 2위, 현대차가 74점으로 3위에 올랐다. 일반브랜드에서 따진다면 기아차 1위, 현대차 2위다.

차종별로는 제네시스 브랜드의 플래그십 모델 EQ900(현지명 G90)가 대형 프리미엄 차급 1위 최우수품질상을 받았고, G80가 중형 프리미엄 차급 우수품질상을 수상했다. 기아차에서는 쏘렌토가 중형 SUV 차급에서, 프라이드가 소형 차급에서 각각 1위에 올라 최우수품질상을 수상했다. 현대차는 투싼이 소형 SUV 차급 1위 최우수품질상을 받았고, 싼타페가 중형 SUV 차급 우수품질상을 수상했다.

현대차그룹의 자동차 품질은 급속도로 발전했다. 사실 2000년대까지만 해도 현대·기아는 J.D파워 신차품질조사에서 하위권을 맴도는 브랜드였다. 문제는 내구품질이었다. 몇 년 전부터 신차품질조사에서 상위권을 차지했다는 소식이 꾸준히 전해지긴 했지만, 내구품질 조사에선 평균 이하의 성적을 받아 왔었다. 그러나 올해 내구품질 조사에서 기아차가 2위, 현대차가 3위의 역대 최고성적을 거두면서 내구품질에 대한 의구심도 해소할 수 있게 됐다. 전반적으로 품질이 좋아졌다는 소리다. (오토엔뉴스, 2018.6.21)

1 품질과 품질관리

품 질

품질(quality)이란 제품이나 서비스가 사용 목적을 달성하기 위해 갖추어야 할 모든 성질·형상·상태 및 조건 등을 의미한다. 현대의 경쟁사회에서는 기업이 생산하는 제품 또는 서비스의 품질은 기업의 성공과 실패를 구분하는 가장 중요한 요소 중 하나가 되고 있다.

품질은 다음과 같이 구분된다.

- 설계품질 : 설계품질이란 소비자의 욕구를 반영하기 위해 기업의 제조/서비스 기술, 설비 등의 자원을 고려하여 경제적으로 제조/제공 가능한 것으로 결정된 품질을 말한다. 설계품질이 높아지면 제품/서비스의 가치가 상승되지만 어느 수준 이상으로는 상승하지 않으며, 설계품질을 높이기 위해서는 원가가 증가하므로 설계품질의 가치와 원가의 차이가 최대화되는 수준에서 최적의 설계품질이 결정된다.
- 제조/서비스 품질 : 제조/서비스 품질이란 실제로 제조한 제품이나 제공하는 서비스의 품질을 말한다. 제조/서비스 품질이 설계품질과 일치하는 것이 이상적이지만 기술적 또는 경제적 이유에서 차이가 날 수 있다. 제조/서비스 품질이 설계품질과 다른 것을 불량이라고 하고 이를 줄이기 위해 품질을 관리한다.
- 사용품질 : 사용품질이란 소비자가 제품을 실제로 사용하거나 서비스를 받을 때 소비자가 평가하는 품질을 말한다. 사용품질을 높이기 위해서는 제품의 원가가 증가되고 그로 인해 제품의 판매가격이 높아져 수요가 감소하게 되므로 사용품질의 향상은 기업의 이익이 극대화되는 수준에서 결정된다.

생산자 관점에서는 품질이란 설계와의 일치성이나 요건에 대한 합치성으로 정의된다. 이는 생산 현장에서 설계품질에 일치하는 제조/서비스 품질을 생산/운영할 수 있는지의 문제가 된다. 그러나 제조/서비스 품질이 설계품질에 일치하는 것만으로 고객의 요구나 기대에 부응하기는 어렵다. 따라서 소비자의 사용품질에 얼마나 적합하느냐의 문제가 발생하며 이 경우 많은 복합요소들이 존재한다. 이들 각각의 요소를 품질을 구성하는 품질특성이라고 부르며, 이와 같은 품질특성이 소비자의 용도에 적합성을 결정하게 된다.

품질관리

품질관리(quality control)란 소비자의 요구에 알맞은 품질의 제품 또는 서비스를 경제적으로 생산/운영하기 위해 조직 내의 여러 그룹이 수행하는 관리적 활동이다. 좋은 품질이란 반드시 모든 면에서 가장 양질의 제품 또는 서비스를 제공한다는 의미는 아니다. 품질과 원가는 상충관계에 있으며, 원가를 고려한 알맞은 수준의 품질을 결정하고 달성하기 위해 품질관리를 수행한다. 품질관리의 1차 단계는 다음과 같은 절차로 이루어진다.

- 설계품질의 결정과 설계
- 설계품질과 제조/서비스 품질의 차이에 대한 평가
- 그 차이에 대한 시정 조치

이 단계는 품질관리를 위해서 가장 기초적인 단계로서 설계단계에서 정해진 제품규격에 맞는가를 검사함으로써 품질을 확보한다. 이때 모든 대상을 검사할 수도 있지만 검사대상이 매우 많다면 보통 검사대상 모집단에서 일정한 분량의 표본을 추출하여 그 표본에 포함된 불량품의 수를 검사한 후, 그 불량품의 수가 허용된 표준수보다 적으면 그 모집단을 합격품으로 판정하여 받아들이고, 그 불량품의 수가 허용된 표준수보다 크면 그 모집단을 불합격품으로 거부하거나 아니면 전수검사로 확대하여 불량품을 제거하기 위한 관리를 수행한다. 이와 같이 모집단이 아닌 표본을 사용하는 통계방법을 표본검사라고 하는데, 이는 통계적 품질관리의 대표적인 방법이다.

사례 대한민국 경영현장 日도요타 품질경영 공부한 LG그룹… 구본준 부회장 "품질 · 현장에 답 있다"

12일 오전 서울 여의도 LG트윈타워. 구본준 LG 부회장을 비롯한 최고경영진과 임원 400여명의 이목이 한 명에게 집중됐다. 연단에 선 사람은 일본 도요타의 자회사인 기후차체공업의 호시노 테츠오(星野鐵夫) 회장. 호시노 회장은 책상이 아닌 현장에서 끊임없이 낭비를 찾아 개선하고 이를 표준화해 세계 최고의 품질에 도전하는 도요타식 생산방식(TPS)과 기업문화를 자신의 경험을 통해 소개했다.

호시노 회장은 TPS의 창시자인 고(故) 오노 다이치 도요타 전 부사장으로부터 직접 가르침을 받았다. 호시노 회장은 오노 전 부사장이 항상 현장을 방문하면서 분필로 바닥에 원을 그린 뒤 실무자가 현장의 문제점을 찾아낼 때까지 그 원 밖으로 나가지 못하게 했다는 등의 일화를 소개했다. 구본준 부회장이 이날 도요타의 사례를 임직원들과 공유한 것은 품질경영을 강조하기 위해서다. 재계 관계자에 따르면 구 부회장은 대내외 경영환경이 나쁠수록 품질이 승부를 가른다며 최근 전 계열사에 품질을 강조하며 변화를 주문하고 있다.

계열사별로는 LG전자가 가전 분야에서 얻은 경험과 노하우, '제조회사의 핵심 경쟁력=품질'이라는 경영철학을 기반으로 품질을 경영의 큰 축으로 삼아 '일등 품질'을 실현하겠다는 목표를 올해 초 내세웠다. LG화학은 지난 8월 배터리 품질 강화를 위한 '깜짝' 인사를 단행했다. LG전자의 품질센터장을 담당했던 김준호 부사장을 전지 품질센터장으로 선임하고, 기존 센터장이었던 심원보 전무를 전지 품질혁신태스크 담당으로 발령했다.

구 부회장은 "기업에 대한 사회적 기대가 높아지고 있는 가운데 품질과 환경 안전 등에서 실수나 부주의로 고객의 믿음을 저버리지 않도록 유념하고, 능력 있는 우수 인재 선발도 각별히 챙겨달라"고 말했다. 구 부회장은 이런 품질경영의 핵심이 현장에 있다고도 했다. 구 부회장은 "어떠한 환경에도 흔들리지 않는 사업의 탄탄한 기본 경쟁력은 상품의 가치가 만들어지는 현장에서 나온다"며 "무엇보다 생산성 극대화를 추구하는 4차 산업혁명 시대에서 현장의 역량은 경쟁의 성패를 좌우할 것"이라고 말했다.

구 부회장의 이런 생각은 올해 경영진의 협력사 현장 방문에서도 잘 드러났다. LG 최고경영진 30여명은 지난 9월 7일 LG와의 공동 개발 등을 통해 장비 국산화 성과를 창출한 1 · 2 · 3차 협력회사를 잇달아 방문했다. LG 최고경영진은 이날 일정 모두를 대형버스 2대에 나눠 이동하면서, 이동 중에도 장비 국산화를 통한 상생협력 강화 성과와 향후 추진과제를 논의했다.

구 부회장은 품질경영이 인재 육성과 함께해야 한다는 점도 강조하며 새로 지은 LG사이언스파크가 중추적인 역할을 해야 한다고 했다. 그는 "미래 준비 과제들의 진척 상황을 냉철하게 점검하고, 핵심 R&D 인력 등 필요한 자원은 제대로 확보해 집중해야 한다"며 "이번 달부터 입주가 시작되고 있는 LG사이언스파크를 통해 LG의 미래 사업을 이끄는 기술 융복합 성공 사례를 많이 만들어야 한다"고 말했다.

(조선비즈, 2017.10.12)

2 통계적 품질관리

품질관리의 7가지 기본 도구

품질관리의 목적은 품질특성에 변동을 유발하는 요인을 발견하여 이에 대한 적절한 조치를 통해 그 변동을 줄임으로써 품질특성치를 바람직한 수준으로 유지하는 데 있다. 그러기 위해서는 품질특성치에 대한 상태를 통계학을 통해 올바로 파악하는 것이 필요하다. 따라서 전통적인 품질관리는 자료(data)를 근거로 한 정확한 통계를 기초로 한다. 경험과 육감을 가지고 얻어진 것을 토대로 품질관리를 하는 것이 아니라 사실을 나타내는 자료를 근거로 정확하게 품질을 관리하기 위해서 현장에서 가장 많이 활용하는 도구를 품질관리 7가지 기본도구라고 한다. 품질관리 7가지 기본도구는 다음과 같이 공정흐름도, 체크시트, 히스토그램, 산점도, 파레토 그림, 특성요인도, 관리도 등이다.

- 공정흐름도(process flow chart) : 공정의 진행을 상대적 순서에 따라 단계적으로 묘사하여 공정을 이해하는 데 도움을 준다. 공정흐름도는 공정의 전후 순서와 합류, 분기 등을 표시할 수 있다. [그림 10-1]은 화학 공장의 공정흐름도의 예이다.

그림 10-1
공정흐름도

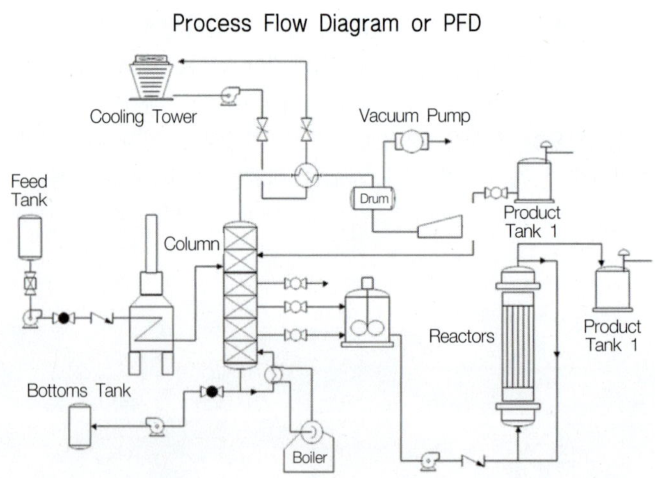

• 체크시트(check sheet) : 체크시트는 주로 자료를 수집하는 데 쓰이는 도구로서, 자료의 기록용지 구실을 한다. 불량의 개수, 결점의 개수 등 셀 수 있는 자료가 분류 항목별로 어디에 집중하고 있는가를 알아보기 쉽게 나타낸 표 또는 그림이다. 일단 자료가 체크시트에 정리되면 이를 토대로 분석하여 품질관리에 관한 결론을 쉽게 도출할 수 있다. [그림 10-2]는 특정작업이 재작업되는 경우의 부서별 주당 발생 건수의 분포를 보여주는 체크시트의 예이다.

그림 10-2
체크시트

Check Sheet of Reworked Jobs									
Dept.	Weeks								
	No.1	No.2	No.3	No.4	No.5	No.6	No.7	No.8	Total
A		/		//		/			4
B	/		/		//		//	/	7
C	///	/	//	//	/	~~////~~	//	////	20
D	/	//		///	//		/	/	10
E			/		/		//		4

• 히스토그램(Histogram, 도수분포표) : 히스토그램은 길이, 무게, 시간, 경도, 두께 등 숫자로 나타나는 품질특성치가 같은 값 또는 구간으로 모아서 그 빈도수를 나열하여 그 분포상태를 알아보기 쉽게 나타낸 막대그래프이다. 히스토그램을 작성하면 품질특성치의 수치만으로는 알아보기 어려웠던 전체의 모습을 간단하게 알 수 있고 대체적인 평균이나 산포의 모습 및 크기도 간단하게 알 수 있다. [그림 10-3]은 물류업체에서 취급하는 박스당 무게의 분포를 나타내는 히스토그램의 예이다.

• 파레토 그림(Pareto Chart) : 불량품이나 결점, 클레임, 사고 등을 그 현상이나 원인별로 분류하고 이를 불량건수나 손실금액의 크기순으로 표시한 그림을 파레토 그림이라고 한다. 이는 파레토(V. Pareto)가 소득분포의 불균등상태를 나타내는 데 이용한 것으로 주란(M. Juran)이 불량품 수나 불량손실의 대부분이 극히 적은 수의 불량원인에 의해 야기됨을 밝히는 데 사용한 누적도수분포표의 일종이다. 파레토 그림은 제한된 자원으로 품질개선의 효과를 극대화하기 위하여 가장 우선적으로 관심을 두어야 할 항목이 무엇인가를 찾는 데 효과적인 도구이다. [그림 10-4]는 인쇄공

그림 10-3
히스토그램

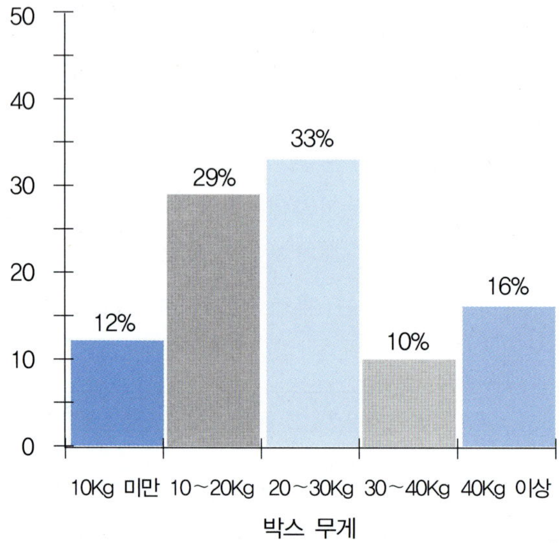

그림 10-4
파레토 그림

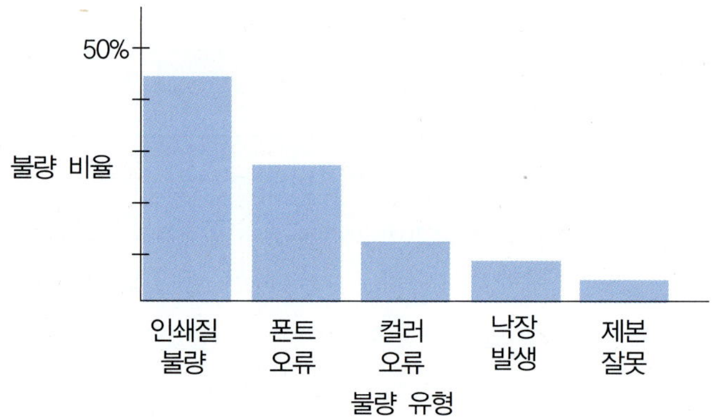

정에서 불량의 원인에 대한 파레토 그림의 예이다.

- 산점도(scatter plot) : 산점도는 두 개의 짝으로 된 자료를 그래프용지 위에 점으로 나타낸 그림이다. 산점도는 두 자료 간의 관계에 대한 전반적인 윤곽을 그림을 통해 보여준다. 예컨대 경도라는 품질특성에 대한 잠재요인으로 특정성분의 함량이 있다면 함량과 경도가 실제로 관련이 있는지, 있다면 함량에 따라 경도가 어떻게 달라지는지를 알 필요가 있다. 이런 경우 산점도를 이용하면 두 종류의 자료에 대한 관련성을 쉽게 알 수 있다. 그 관계를 수치화하는 데에는 보통 상관계수를 사용한다. [그림 10-5]는 철강 제작 공정에서 탄소의 함량과 철강의 경도의 관계를 나타내는 산포도의 예이다.

그림 10-5
산점도

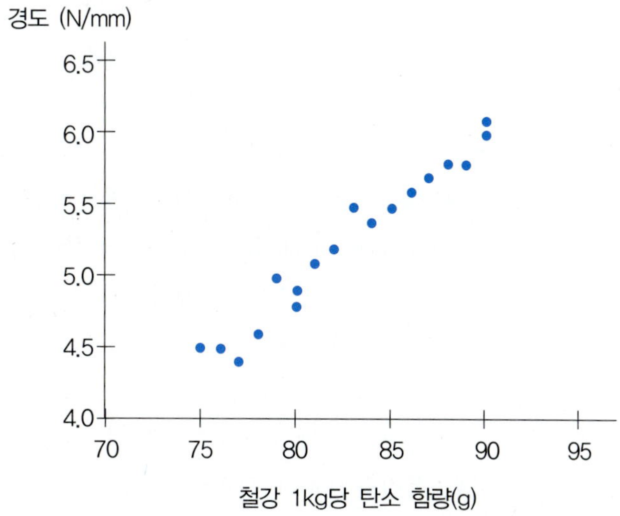

• 특성요인도(characteristics diagram) : 특성요인도는 현장에서 발생하는 많은 문제점들의 원인을 정리하여 상호관계를 조사함으로써 원인과 결과의 관계를 그림으로 나타낸 것이다. 특성요인도를 작성하는 방법은 특성으로 표시되는 결과를 오른쪽 화살표의 맨 끝 부분에 표시하고 결과

그림 10-6
특성요인도

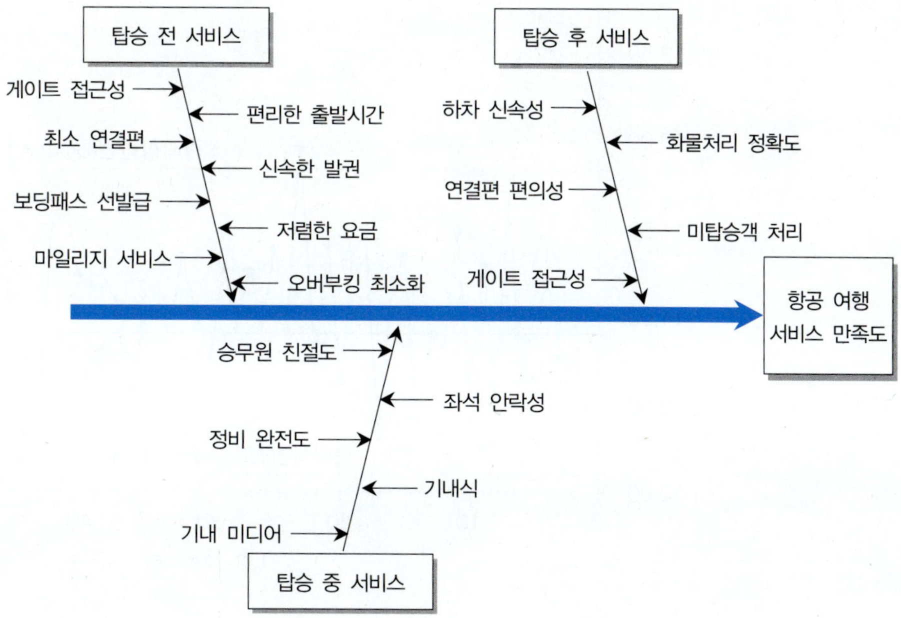

를 일으키는 원인들을 화살표 방향을 거슬러 올라가며 요인에 따라 체계적으로 나타낸다. [그림 10-6]은 항공 여행 서비스 만족도 관련 특성요인도의 예이다.

- 관리도(control chart) : 관리도란 품질특성치를 시간에 따라 변화하는 그래프로 표시하고 중심선과 관리상한선(upper control limit), 관리하한선(lower control limit)을 기입하여 공정이 정상적으로 작동하고 있는지를 판단하는 데 사용되는 그래프 기법이다. 예를 들면 제조공정을 잘 관리된 상태로 유지하거나 잘 관리된 상태에 있는가를 조사하기 위하여 품질특성치를 꺾은선 그래프로 나타내고, 특정한 시간에 품질특성치가 관리상한선, 관리하한선을 넘어가는지 등을 판단하여 관리하는 방법이다. 측정된 품질특성치가 관리상한선보다 크지 않고 관리하한선보다 작지 않다면 관리상태에 있다고 판단하고, 그렇지 않다면 이상상태라고 판단하여 적절한 조치를 취해야 한다. [그림 10-7]은 배치(batch) 생산하는 강판의 공정에서 강도에 대한 관리도의 예이다.

그림 10-7 관리도

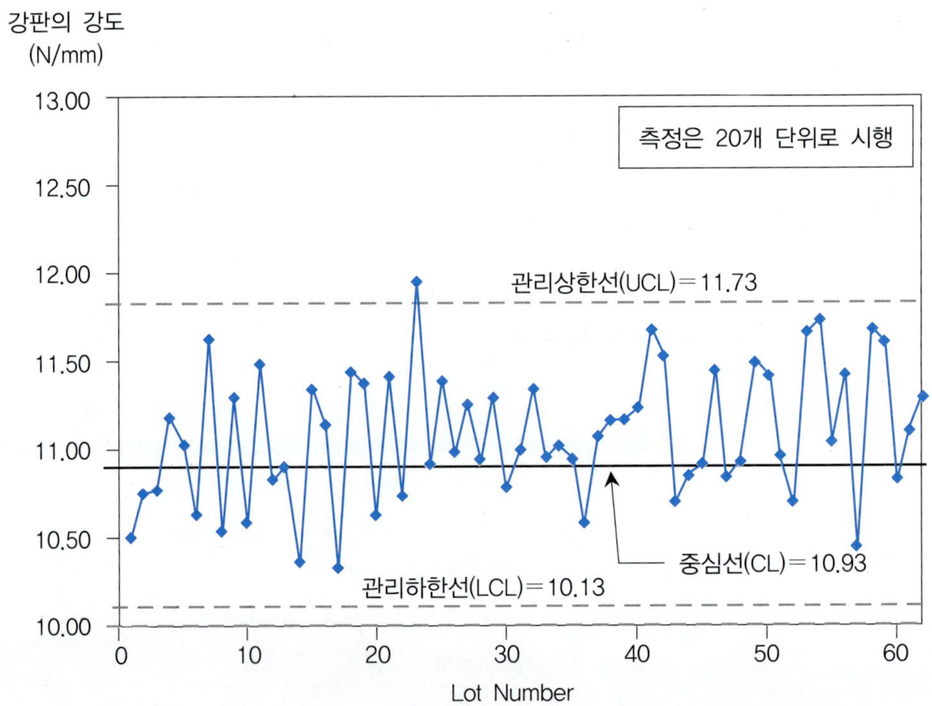

〈표 10-1〉은 품질관리 7가지 기본도구의 특징과 용도를 나타낸다.

표 10-1
품질관리 7가지 기본도구의 특징과 용도

구 분	특징 및 용도
공정흐름도	• 공정의 진행을 상대적 순서에 따라 단계적으로 묘사 • 공정의 전후 순서와 합류, 분기 등을 표시 • 공정의 이해에 도움을 줌
체크시트	• 공정관리를 위해 정기적으로 필요한 사항을 사전에 확인 체크 • 공정의 문제점 해결을 위해 현물을 보고 조사, 분석 • 공정 전체의 사항 파악 • 정기적으로 변화사항을 기록하여 사고를 사전에 조치
히스토그램	• 자료의 분포 양상 파악 • 자료의 전체적인 모습 파악 • 자료가 갖는 산포의 크기 및 중심의 위치 파악 • 자료와 규격치 비교를 통한 여러 정보 획득가능
파레토 그림	• 문제가 되는 항목을 찾아낼 수 있음 • 문제항목의 순위와 그 비율을 한눈에 알 수 있음 • 누적 점유율을 통해 문제항목들의 점유율을 알 수 있음
산점도	• 상관관계의 유무(개선해야 할 특성과 요인의 관계 파악) • 두 특성(예 : 경도와 인장강도)의 관계 파악 • 상관관계가 있다면 규격 범위를 맞추기 위해 어떤 값으로 조절하면 좋은지를 알고자 하는 데 사용할 수 있음
특성요인도	• 관리용 : 이상발생 시 원인을 찾아 제거 • 개선해석용 : 품질향상, 능률향상 • 작업표준 작성용 : 작업방법, 관리방법, 표준개정 • 품질관리 도입용, 교육용 : 관리도에 의해 공정에 대한 조처
관리도	• 시간의 변화에 따른 품질특성치의 변화를 파악하는 동적인 통계기법 • 경향과 이상 여부를 파악하기 쉬움 • 제조공정의 통제가능한 변동원인을 감지하는 데 사용

더 알아봅시다

각 국가의 품질경영 대상 제도

생산성을 높이기 위해 선진국들은 품질을 측정하여 품질이 높은 조직에 국가적 권위의 상을 수여하는 제도를 사용하고 있다.

구 분	내 용
미국 Malcom Baldrige National Quality Award	• 1980년대 일본과의 경쟁에서 경쟁우위를 상실한 원인이 경영력과 생산성에 있다는 결론을 내리고, 당시 레이건 정부의 상무장관이었던 Malcom Baldrige의 제안을 받아들여 국가품질개선조례가 입법되었고 국가품질상 창설 • 말콤 볼드리지 심사기준으로 결국 최종적으로 미국기업이 부활함으로써 미·일 역전을 실현 • 대통령으로부터 직접 상을 받는 명예가 주어지기 때문에 급속히 기업에 확산 • 응모여부에 관계없이 심사기준 자체가 경영 전체를 평가하는 나침반으로서 미국기업의 자체 경영 진단의 지침으로 사용 • 상무성과 전미표준규격기술협회(NIST : National Institute of Standards and Technology)가 주최하고, 미국품질관리협회(ASQC : American Society for Quality Control)가 관리를 담당, 관민 일체로 추진 • 제품과 제조공정의 품질개선이 중점이 아닌, 기업경영 전체의 테두리를 정해서 전략에서부터 실천에 이르는 방법론을 세워 놓고 경영 전체의 품질을 개선하는 전체 시스템을 생각하는 방식 • 참고사이트 : www.nist.gov/baldrige
유럽 European Quality Award	• 미국기업이 말콤 볼드리지 국가품질상 제정을 계기로 세계시장에서 경쟁력을 향상시키자 EU를 중심으로 한 14개 국가가 1988년에 유럽품질경영재단(EFQM : The European Foundation for Quality Management)을 설립하고 세계시장에서 유럽기업 및 조직의 경쟁력을 향상시킬 목적으로 1991년에 유럽품질상(EQA : European Quality Award)을 제정 • EQA의 시작은 미국의 말콤 볼드리지에서 유래되었기 때문에 형태는 유사하나, 유럽기업에 맞게 평가체제를 재정리하여 EFQM Excellence Model을 제시 • 참고사이트 : www.efqm.org
일본 Japan Quality Award	• 일본 제품이 세계시장에서 높은 경쟁력을 유지하였지만 버블경제로 인해 빅뱅이 이루어지고 있는 동안 미국경제는 부활하고, 아시아 국가의 경제 비약이 진행되는 위기감 속에 이를 타파하기 위해 일본사회경제생산성본부가 주관(민간 중심)하는 경영품질수상제도를 1996년에 도입 • 미국이 일본의 데밍상을 연구하여 말콤 볼드리지 수상제도를 도입한 것과 반대로 이번에는 일본이 말콤 볼드리지 체계를 벤치마킹하여 도입 • 일본사회경제생산성본부에 있는 사무국과 경영품질협의회라는 독립된 협의회가 담당 • 경영품질협의회에서는 일본기업 경영의 질을 높이기 위해 월별 심사기준연구회, 베스트 프랙티스 연구회, 수상기업 보고회, 심사기준 내용설명회, 경영품질 리포트, 말콤 볼드리지 국가품질상 조사단 파견, 자체평가회를 갖는 등 일본기업 전체에 확산되도록 보급활동을 기획·추진 • 참고사이트 : www.jqac.com
대한민국 국가품질대상	• 1975년 제정되어 제조, 서비스 전 사업부문의 품질경영 혁신활동에 탁월한 경영성과를 창출하여 국가산업경쟁력 향상에 크게 기여한 공로자와 우수기업 및 단체에게 수여하는 정부포상제도 • 법적 근거 : 산업표준화법 제31조의4 • 참고사이트 : knqa.ksa.or.kr/knqa/index.do

3 품질경영

품질관리에서 품질경영으로

전통적인 품질관리는 Quality Control을 번역한 것으로, 일반적으로 경영의 4대 기능인 계획(planning), 조직화(organizing), 지휘(leading), 통제(controlling) 중 통제가 가장 강조되면서 품질 통제를 위한 통계적 기법과 제조 관련 활동이 강조되어 왔다. 그러나 시대가 변함에 따라 제조부문만이 아닌 전사적으로 품질을 개선하기 위한 경영활동이 증가하면서, 다음과 같이 통제를 중심으로 한 품질관리가 점진적으로 경영 전반의 보다 폭넓은 영역으로 확장되어 갔다.

- QC(Quality Control, 품질관리) : 설계단계에서 정해진 제품 규격이 맞는지를 검사하는 방법으로 품질을 확보하는 관리단계이다. 이때 품질에 대한 검사를 통해 제품의 불량을 판정하고, 검사의 과정에서 발생하는 각종 정보는 설계 · 기술 · 제조 · 판매 · 구매 활동을 전개할 때 활용한다.
- QA(Quality Assurance, 품질보증) : 검사에 의한 내부통제와 함께 고객에 대한 품질보증을 확립하는 단계이다. QA에서는 조직구조, 책임, 절차, 공정, 자원 확보 및 배분 등으로 이루어진 품질시스템을 구축하여 소비자에 대한 품질보증을 제시한다. 또한 공정조건과 작업조건을 설정한 후 동일한 조건을 유지함으로써 제품의 균일성을 확보한다.
- QM(Quality Management, 품질경영) : 품질전략을 통하여 시장점유율을 증가시켜 시장을 선도하는 단계이다. QM은 고객을 중시하고 항상 고객에게 관심을 기울임으로써 경쟁사보다 고객의 욕구를 정확히 파악하고, 이에 대응한 고객지향적 제품의 개발과 설계, 공정의 지속적 개선과 관리를 통해 설계기준에 적합한 품질의 확보, 외주업체의 육성과 관리를 통한 외주품질 확보 등 품질을 종합적으로 향상시킨다. 따라서 기업이 제공하는 제품 또는 서비스에 대한 총체적인 품질을 높이는 단계이다.
- TQM(Total Quality Management, 종합적 품질경영 또는 전사적 품질경영) : 철저한 고객만족과 기업 구성원의 인간성을 중시하며, 전 종업원이 참여

하고 종합적 수단을 활용하는 품질경영단계이다. TQM은 제품 또는 서비스의 품질은 물론, 공정, 업무, 사람, 자원의 품질과 원가, 납기 등 기업의 종합적인 품질의 향상을 추구하는 의식의 혁신과 기업문화의 구축을 추구한다. TQM은 품질경영의 완성단계로 평가된다. 1980년대 일본 기업들이 세계적인 경쟁력을 갖게 된 것은 TQM을 통해 고객만족을 극대화하기 위해 낭비를 제거하고 불량품을 줄여 비용과 시간을 줄이고 품질을 높이는 동시에 고객의 다양한 요구를 맞추어 주었기 때문이라고 평가받고 있다.

품질에 관한 인증제도

국제표준화기구(ISO : International Standard Organization for Standardization)는 국가마다 다른 공업규격을 조정·통일하고, 물자 및 서비스의 국제적 교류를 쉽게 하기 위하여 1949년에 설립된 국가연합기구이며 180여개의 기술분과위원회가 있는 세계적 표준화기구이다. 1970년대에 이르러 품질이 기업의 국제경쟁력에 주요한 요소로 인식됨에 따라 품질시스템에 대한 인증제도의 보급이 확산되었다. 그러나 각국이 실시하는 품질시스템에 대한 인증제도는 유사한 목표를 가지고 있음에도 불구하고 인증절차, 용어 및 평가방법이 달랐다. 이러한 문제를 해결하기 위해서 ISO는 1979년에 TC176이라는 품질보증시스템의 표준화를 위한 기술위원회를 구성하고 1987년에 품질경영 및 품질보증에 대한 국제규격인 ISO 9000 시리즈를 제정한다. ISO 9000 시리즈는 ISO가 국가 간에 서로 다른 품질 관련 규격과 기술장벽을 해소하기 위해 제정한 표준화제도로서 현재 선진국을 포함한 70여개 국가에서 채택하고 있다.

이 국제규격의 제정과 세계적 보급은 국제경쟁에서 살아남기 위해서는 국제적으로 표준화된 품질경영 체제를 도입해야 하며, 그렇지 않으면 무역장벽이 될 수도 있음을 의미한다. 따라서 국내의 많은 기업들도 ISO 9000 시리즈에 따른 국제 품질경영 체제를 도입하고 인증을 받고 있는 실정이다. ISO 9000 시리즈의 특징은 생산자 중심의 제품 자체에 대한 불량률 조사나 품질보증만이 아니라 기업이 품질경영 프로세스와 시스템을 제대로 구축하였는지를 소비자 중심으로 판단하는 것이다. 따라서 제품 자체의 품질은 물론 시장조사, 제품

개발 및 설계, 자재조달, 생산관리, 설비관리, 제품의 시험 및 검사, 보관, 판매, 애프터서비스, 제품의 폐기 등 기업활동의 모든 단계와 필요 업무를 체계적으로 모형화하여 품질경영에 관련한 기업활동의 과정과 결과 모두를 종합적으로 평가하여 인증하는 체계이다.

ISO 9000 시리즈의 목적은 기업에서 생산하는 제품의 품질보증은 누구에게 책임이 있고, 품질관리는 누가 실행하며 누가 체크하는가를 명기하고, 이를 문서로 체계화하여 품질보증시스템을 확립하는 것이다. 즉, ISO 9000 시리즈는 품질에 관한 모든 기록을 통하여 신뢰가 높은 내·외부 품질검사를 실시한다. 따라서 ISO 9000 시리즈를 인증받는 기업들은 다음과 같은 기대효과가 있다.

- 고객의 요구에 부응 : 고객의 구매규격, 입찰 참가의 전제조건, 모 회사의 요구에 부응 등
- 국제 환경 변화에 대비 : 자국에 수출하는 기업에 대한 선진국들의 인증 요구를 통한 수출장벽 발생 가능성에 대비
- 기업의 체질 개선 : 품질보증시스템의 개선, 기업 내의 품질의식 제고, 기업의 도전목표 제시
- 기업 이미지 제고 : 고객만족도 제고, 품질 우수 기업 이미지 확보

ISO 9000 시리즈의 적용 범위는 〈표 10-2〉와 같다.

표 10-2 ISO 9000 시리즈의 적용 범위

<table>
<tr><th></th><th colspan="2">내 용</th><th>특 징</th></tr>
<tr><td>ISO 9000</td><td colspan="2">• 품질경영과 품질보증 규격
–선택과 사용에 대한 지침</td><td>• 9001~9004 중 어떤 것을 적용해야 하는가의 규격구분 및 사용방법의 안내</td></tr>
<tr><td>ISO 9001</td><td rowspan="3">품질시스템</td><td>• 설계/개발, 제조, 설치 및 서비스의 품질보증 모델</td><td rowspan="3">• 구입자가 공급자에게 요구하는 품질시스템(계약형)
• 특정고객 대상
• 계약형 상품
• 구매자 위주의 규격</td></tr>
<tr><td>ISO 9002</td><td>• 제조와 설치의 품질보증 모델</td></tr>
<tr><td>ISO 9003</td><td>• 최종검사 및 시험의 품질보증 모델</td></tr>
<tr><td>ISO 9004</td><td colspan="2">• 품질경영과 품질시스템 요소
–지침</td><td>• 불특정 다수의 고객이 대상(시장형 상품)
• 내부 품질경영의 목적
• 공급자(생산자) 위주의 규격</td></tr>
</table>

사례 대한민국 경영현장 **부패방지에서 안전까지… 제약업계, ISO 인증 열풍**

제약업계가 리베이트 근절을 위해 적극 도입하기 시작했던 부패방지 경영시스템 ISO 37001. 이 같은 국제적인 기준이 제약업계 안에서도 다양한 부문으로 확대되고 있다. 이에 발맞춰 보다 많은 인증 시스템도 개발되고 있다. 제약업계는 최근 리베이트 근절을 위해 부패방지 경영시스템 국제표준인 ISO 37001을 적극 도입하기 시작했다. 2017년 한미약품을 시작으로 현재는 한국제약바이오협회 이사장단사가 중심이 돼 인증을 획득하고 있다. 업계가 ISO 37001 인증에 나선 데는 제약업계 자정활동이 주요한 역할을 했다. 업계 한 관계자는 "불법 리베이트처럼 부패한 경영이 적발됐을 때 기업 이미지에 미치는 타격은 형언할 수 없을 정도"라며 "이는 곧 제약업계 전체가 도매금으로 부정적인 영향을 미칠 수 있어 미연에 방지하자는 게 전체적인 분위기"라고 말했다.

제약업계 전반적으로 CP(Compliance Program)가 확대되는 추세도 한몫했다는 평가도 있다. 한국컴플라이언스인증원 이원기 원장은 "국내 제약시장은 제네릭 위주로, 살아남기 위해서는 글로벌 제약사로부터 품목을 도입해야 하는 상황에서 오리지널사는 한국 제약기업의 컴플라이언스 활동을 주요 지표로 보고 있다"며 "그동안 CP는 선언적 의미가 컸지만, 현재는 강화되는 규제 속에서 지속가능한 성장 기반을 만들고자 ISO 37001과 같은 국제표준 인증이 확대되는 추세"라고 전했다.

ISO 37001 인증이 표준으로 받아들여지는 풍토가 생기자, 제약업계에서는 산업안전, 정보보호 등 다양한 영역으로 인증을 확대하고 있다. 실제로 한미약품은 ISO 37001을 제약업계 처음으로 인증받은 데 이어 올해에는 정보보호 경영시스템 국제표준인 ISO 27001 인증 획득에 성공했다. ISO 27001은 정보보호 경영시스템에 대한 국제표준이다. ISO 27001 획득을 위해서는 정보보호 정책, 물리적 보안, 접근 통제, 법적 준거성 등 14개 관리영역 114개 항목에 대한 적정성평가를 모두 통과해야 한다. 한미약품은 향후 지속적인 보완관리를 위해 전담조직과 인력 등을 확충할 계획이다. 한미약품은 "기업의 지속가능성과 경쟁력을 높이기 위해 글로벌 수준의 경영시스템을 구축해 운영하고 있다"며 "ISO 27001 인증을 바탕으로 보다 신뢰받는 글로벌 제약기업이 되도록 하겠다"고 말했다.

최근 업계에서는 안전보건 경영시스템인 ISO 45001도 관심을 쏟고 있다. ISO 45001은 조직의 안전보건 리스크 파악과 안전보건 사고 예방 등을 위해 국제표준화기구가 국제노동기구와 협의, 작년 3월 새롭게 제정한 국제표준이다. 현재 국내 제약사 중에서는 부광약품을 시작으로 GC녹십자, 대웅제약 등이 인증을 획득했다.

업계에 따르면 규제준수 경영시스템, 내부고발자 보호를 위한 국제표준, 모범지배구조 원칙 관련 국제표준 등 다양한 국제표준이 개발 중이다. 컴플라이언스인증원 이원기 원장은 "오는 2020년 인증 가능한 표준으로 개발 중인 규제준수 경영시스템 ISO 37301 등 다양한 준법 관련 국제표준이 쏟아져 나올 것"이라고 전했다. 이처럼 다양한 ISO 인증이 개발·추진되고 있지만, 업계는 그 필요성은 인정하면서도 부담스러운 기색은 역력하다. 인증 추진 과정에서의 리스크를 비롯해 인증 이후 지속적인 운영 등이 부담인 셈이다. 국내사 한 관계자는 "제약업계에도 여러 ISO 인증이 개발, 필요성이 커지고 있지만, 부담이 있는 게 사실"이라며 "인증을 추진하다 실패할 경우 감당해야 할 리스크, 또 인증 이후 지속적인 운영을 하지 못해 박탈됐을 때의 이미지 실추 등이 직접적으로 다가온다"고 말했다.

ISO 인증 종류가 많아지면서 '쫓아가기식' 인증이 되지 않을까 하는 우려도 나온다. 또 다른 국내사 관계자는 "너도나도 여러 ISO 인증을 받으려 몰려다니는 모양새"라며 "글로벌 시장 진출에 필요한 점이라는 건 인정하지만, 회사에 필요한, 향후 지속적인 운영이 가능한 인증을 받는 풍토가 생겨야 한다"고 조언했다.

(메디칼업저버, 2019.2.11)

4 식스 시그마 경영

식스 시그마의 문제해결

시그마(σ)는 통계학에서 분포의 산포 정도를 알려주는 표준편차를 나타내는 그리스 문자이다. 품질경영에서 불량의 발생확률을 나타낼 때 시그마가 사용된다. 2시그마 품질이란 허용오차 내에 평균 ±2 표준편차가 존재한다는 뜻이므로 불량률이 4.56%가 된다는 의미이다. 반면에 6시그마 품질이란 허용오차 내에 평균 ±6 표준편차가 존재한다는 뜻이므로 불량률이 0.00034%가 된다는 의미이다. 즉 백만 개 중에서 3~4개 불량이 발생할 정도로 품질이 좋은 기업을 만들기 위해서는 기존의 품질관리나 품질경영과는 다른 접근이 필요하다는 인식에서 출발한다.

식스 시그마는 1987년 미국 Motorola의 정부용 전자기기 사업부문에서 근무하던 마이클 해리(Mikel Harry)에 의해 창안되었다. 식스 시그마는 품질을 획기적으로 향상시키려면 Motorola에서 그동안 해오던 품질개선 운동을 결합하여 높은 수준의 엔지니어링 기법을 개발하고 사내 대학을 활용한 교육을 통해 체계적인 품질경영기법을 확립해야 한다는 믿음에서 시작되었다. 기존의 품질경영이 생산자 위주의 제조 중심의 관리기법이었다면 식스 시그마는 전사적인 경영혁신 방법이다. 식스 시그마는 불량을 정의하는 개념부터 차이가 난다. 전통적 품질경영이 고객에게 인도되는 최종 생산품의 불량을 줄이는 것이라면 식스 시그마는 불량을 고객의 입장에서 설정하고 불량이 일어날 수 있는 원인을 근본적으로 제거하는 기법이다. 따라서 기업의 프로세스 전 부문에서 오류가 발생할 수 있는 구조, 시스템 그 자체에 혁신을 실시한다. 또한 경영의 모든 문제를 객관적이고 계량적으로 측정하여 자료화하고, 혁신활동의 결과에 대한 성과 측정도 객관적인 수치로 표현하는 것을 기본으로 하며 이에 대한 다양한 통계기법을 활용한다.

식스 시그마는 DMAIC라는 문제해결 절차를 가지고 있다. DMAIC 5단계는 정의단계, 측정단계, 분석단계, 개선단계, 관리단계로 구성되며 종전의 문제해결방법과 비교하여 과거의 경험, 업무에 대한 지식, 통계기법의 사용, 체계적인 문제해결과정, 혁신 프로젝트와 교육의 병행 등을 통하여 시행착오를 줄이고 효율적으로 문제를 해결한다고 알려져 있다. DMAIC의 내용을 구체적으로 살펴보면 다음과 같다.

- 정의(Define)단계 : 정의단계는 무엇을 혁신해야 고객과 사업에 바람직한 영향을 미치는가에 대한 혁신 기회를 명확히 하고, 혁신 프로젝트팀을 결성하여 혁신 목적, 목표, 일정 등을 포함하여 실행계획을 작성하는 단계이다.
- 측정(Measure)단계 : 측정단계는 프로세스의 현재 상태를 파악하는 단계이다. 측정단계의 주요 내용은 품질에 결정적인 요소(CTQ : critical to quality)의 선정, CTQ에 대한 성능표준의 설정, 자료의 수집, CTQ에 대한 현재 수준의 파악 등이다.
- 분석(Analyze)단계 : 분석단계는 결함이 언제 어디에서 발생하느냐를 파악함으로써 혁신의 대상을 명확히 하는 단계이다. 분석단계에서부터 통계기법이 많이 사용되며 주요 내용은 잠재원인의 파악, 핵심원인의 추출, 혁신 목표의 검증 등이다.
- 개선(Improve)단계 : 개선단계는 실제적으로 혁신 방안을 마련하여 실시하는 단계이다. 혁신 방안을 찾기 위해 중지를 모으거나 가능한 해결방안을 실험적으로 실시해 보기도 한다. 개선단계의 주요 내용은 개선안의 도출, 최적안의 선정, 개선효과의 검증 등이다.
- 관리(Control)단계 : 관리단계에서는 프로세스를 혁신된 상태로 유지할 수 있는가 하는 문제를 다룬다. 이 단계에서의 중요한 점은 혁신 프로젝트의 결과가 현장에 잘 정착될 수 있도록 해당부서로 주관을 명확히 이전하는 일이다. 관리단계의 주요 내용은 프로세스의 문서화 및 표준화, 관리계획의 수립과 모니터링 시스템의 구축이다.

식스 시그마의 활동 추진자

식스 시그마는 모든 임직원들의 참여를 유도하고 이들에게 과학적 문제해결능력을 제공하는 것을 중요시하고 있다. 이를 위해 벨트(belt)라는 식스 시그마 활동 추진자 제도를 운영한다.

- 챔피언(champion) : 챔피언은 식스 시그마의 경영전략 수립과 실행을 책임지는 고위임원들이다. 챔피언은 다시 식스 시그마 추진 챔피언(deployment champion)과 식스 시그마 프로젝트 챔피언(project champion)의 두 종류로 구분된다. 추진 챔피언은 리더십과 권한에서 최고경영층의 역할을 맡는다. 프로젝트 챔피언은 운영상의 비전을 제시하며 식스 시그마 추진계획을 수립하고 마스터 블랙 벨트와 블랙 벨트들을 지도해 나간다. 따라서 챔피언은 식스 시그마 경영활동에 대한 진단과 점검을 통해 활동을 지원하고 추진과정을 지원하며 식스 시그마 경영을 기업문화에 접목하여 발전시킬 수 있도록 한다.
- 마스터 블랙 벨트(MBB : Master Black Belt) : 마스터 블랙 벨트는 식스 시그마 혁신전략을 조직 전체에 파급시키기 위하여 챔피언이 선발한 식스 시그마 전문가로서 마스터 블랙 벨트 교육과정을 이수하고 인증받은 사람이며 혁신 프로젝트 실행의 지도 전담자이다. 이들은 식스 시그마 경영기법에 대한 깊은 이해, 강의능력, 정보수집, 리더십을 겸비한 전문가로서의 역할을 담당한다.
- 블랙 벨트(BB : Black Belt) : 블랙 벨트는 식스 시그마 경영혁신의 추진주체로서 기업의 여러 프로젝트들을 신속하게 완성할 수 있는 정신적 집중력과 민첩성이 요구된다. 이들은 혁신전략의 각 단계인 정의, 측정, 분석, 개선, 관리의 사이클을 적용하여 문제의 원인이 되는 주요 요소들을 파악하고 그 원인들을 개선함으로써 문제를 해결한다. 블랙 벨트는 식스 시그마 방법론을 완벽하게 혁신 프로젝트에 적용해야 하며 품질분야의 기술적 · 문화적 변화를 주도해야 한다.
- 그린 벨트(GB : Green Belt) : 그린 벨트는 해당업무의 실무자로서 그린 벨트 교육과정을 이수하고 인증을 받은 사람이다. 이들은 자신의 일상적 업무와 관련된 혁신 프로젝트에 주력하면서 식스 시그마를 파트타임으로 실행하는 종업원들이다. 블랙 벨트보다 단순한 형태의 교육과 훈련을 받으며 식스 시그마의 성공적 추진을 돕고, 소규모 혁신 프로젝트를 이끌어 나간다.
- 화이트 벨트(WB : White Belt) : 화이트 벨트는 모든 직원들이 해당되며 이들은 식스 시그마 추진을 위한 최소한의 교육과정을 이수해야 한다.

〈표 10-3〉은 기존의 품질경영과 식스 시그마 경영의 비교이다.

표 10-3 기존의 품질경영과 식스 시그마 경영의 비교

구 분	기존의 품질경영	식스 시그마 경영
방침 결정	하의상달	상의하달
목표 설정	추상적이며 정성적	구체적이며 정량적
문제의식	겉으로 드러난 문제 중시	드러난 문제 및 잠재적 문제까지 포함
성공요인	감각과 경험	감각과 경험 및 객관적 자료분석 중시
개혁대상	문제점이 발생한 곳	모든 프로세스
적용범위	부분 최적화	전체 최적화
활동기간	제약 없음	제약 있음(대체적으로 6개월 이내)
담당자	자발적 참여 중시	전임요원 및 의무수행
교육	자발적 참여 중시	체계적이고 의무적
기본수법	PDCA(Plan, Do, Check, Action)의 4단계	DMAIC(Define, Measure, Analyze, Improve, Control)의 5단계
적용방법	QC 7가지 도구 및 통계적 기법	광범위한 기법 및 통계적 분석방법
평가방법	노력을 중요시	가시화된 이익으로 평가

더 알아봅시다 **'불량률 낮추기'서 출발한 식스 시그마, 경영 전반의 숨은 해결책으로 진화**

'시그마(σ)'란 그리스문자 중 영어 알파벳의 's'에 해당하는 문자다. 통계에서는 자료가 분산된 정도를 나타낸 수치, 즉 표준편차를 의미한다. 시그마 앞에 있는 숫자가 커질수록 확실성이 더 크다는 뜻이다. 통계용어 시그마에서 유래한 식스 시그마는 100만개 제품 중 불량품을 3.4개 이하로 유지할 정도의 고른 품질을 확보하는 것을 목표로 한 경영혁신기법이다. 이를 위해 데이터를 수집하고 통계적으로 분석해 문제의 원인을 찾아내고 개선하는 것이 식스 시그마의 기본 골자다. 초두리 ASI 회장은 "제조업의 불량률 낮추기에서 출발한 식스 시그마가 경영 전반의 숨은 해결책으로 진화하고 있다"고 말했다.

식스 시그마를 가장 처음으로 고안한 기업은 모토롤라다. 모토롤라는 1987년 자사 제품이 품질 불량으로 고전을 면하지 못하자 대대적인 품질혁신에 나선다. 당시 모토롤라에서 근무하던 마이클 해리(Harry) 박사는 불량률을 낮추면서 제품 생산 시간과 비용을 줄이기 위한 프로그램을 개발했는데, 여기에 식스 시그마란 명칭을 붙였다. 모토롤라는 식스 시그마 도입 다음 해인 1988년 약 4억8,000만달러의 비용을 절감했고, 이후 10년 동안 총 100억달러의 비용을 감축하는 성과를 올렸다.

식스 시그마를 가장 잘 활용한 기업으로는 GE가 꼽힌다. 잭 웰치 당시 GE 회장은 모토롤라에서 벤치마킹한 식스 시그마 기법을 제품의 생산라인은 물론 인사, 관리, 총무, 마케팅 등 경영 전반에 도입했다. GE는 식스 시그마 도입에 총 2억달러를 투자했는데, 도입 3년 뒤인 1998년에만 약 10억달러, 1999년에는 20억달러가량의 비용을 절감했다. 웰치 전 GE 회장은 2005년 출간한 저서 '위대한 승리'에서 "식스 시그마는 지난 25년 동안 가장 위대한 경영혁신운동이자 기업의 경쟁력을 증대시키는 가장 강력한 방법"이라고 언급했다.

식스 시그마에 대한 비판도 있다. 식스 시그마가 숫자로 검증되는 근거를 바탕으로 한 경영기법이다보니 데이터를 수집하는 데 너무 많은 시간이 걸리고, 데이터로 정량화하기 힘든 요소들을 반영하지 못한다는 것이다. 그리고 미시적인 문제를 해결하는 데 집중한 나머지 큰 그림을 보지 못하게 만들어 근시안적인 의사결정을 부추긴다는 견해도 있다. (조선비즈, 2016.5.7)

사례 대한민국 경영현장 조직문화에 맞는 경영기법 찾기

남의 보약이 내 기업에는 독약? 남들은 다 좋다는 식스 시그마, 우리는 안 되는 이유

참신한 아이디어로 유명한 사무용품 업체 M사. 그런데 요즘 문제가 생겼다. 3개월 전, 효율성 부문에 문제가 제기되자 경쟁사도 큰 성과를 봤다는 경영혁신기법 '식스 시그마'를 도입했다. 하지만 최근 핵심 부서인 연구개발(R&D) 파트에서 불만들이 터져 나오기 시작했다. 직원들의 창의적인 아이디어가 고갈되고, 급기야 핵심인력의 이탈 우려까지 나온다. 도대체 무엇이 잘못된 것일까.

식스 시그마는 통계를 적용해 프로세스를 정량화하고 표준화해 효율성을 높이는 품질개선법으로 기업들 사이에서 경영혁신기법으로 크게 인기를 끌었다. 하지만 이런 경영기법 도입을 통한 성공이 모든 기업에 해당되는 것은 아니다. 그 차이는 바로 해당기업의 '조직문화' 때문이다.

먼저 조직문화를 살펴보자. 마이클 트레이시와 프레드 위어스마가 구분한 세 가지 조직문화는 효율지향, 창의지향, 고객지향으로 나뉜다. 효율지향 조직문화를 대표하는 기업은 제너럴일렉트릭(GE)으로 첨단기술 및 금융서비스가 주 업종인 만큼 비용을 낮추고 생산성을 높여 이익을 내는 사업 모델을 취하고 있다. 효율을 높이려면 표준화와 정량화를 통한 최적화된 프로세스가 중요하므로 이런 기업은 위계질서가 강하고, 조직원들이 절차와 규율을 충실히 따르는 조직문화를 갖고 있다.

반면에 창의지향 조직문화의 대표는 혁신적인 제품으로 유명한 3M이다. 시장을 선도하는 차별화된 상품으로 승부를 거는 사업 모델에 맞다. 창의성을 높이려면 개인의 자유를 존중하는 분위기와 창조적인 직원이 필요해 조직이 수평적이고, 조직원들이 자율적으로 업무방식과 일정을 관리하는 조직문화를 갖고 있다.

마지막으로 고객지향 조직문화의 대표 기업은 주택건설용 자재, 소비재 등을 파는 유통업체 홈디포다. 확실한 고객만족을 통해 충성고객을 만드는 사업에 적합하다. 고객만족을 높이려면 고객지향적 조직구조와 서비스 정신이 강한 직원이 필요하다. 따라서 이런 기업은 의사결정을 할 때마다 고객 관점을 중시하고, 현장 직원에게 많은 권한을 위임하는 조직문화를 갖고 있다.

사업 모델에 따라 각기 다른 조직문화를 갖고 있는데, 획일적이고 무조건적인 경영기법 도입은 실패를 낳을 수밖에 없다. 과거 GE는 식스 시그마와 같은 경영혁신기법을 적극 활용, 큰 성공을 거뒀다. 이를 경험한 GE 출신 경영자 밥 나델리는 2000년 고객지향 조직문화를 가진 홈디포 사장으로 취임해 식스 시그마를 도입했다. 경영상 어려움에 빠져 있던 홈디포에 새로운 '군대식 경영'은 단기적으로 효과가 있었다. 조직은 빠르게 안정을 찾았고, 경영성과도 개선됐다. 그러나 현장에 많은 권한을 위임했던 고객지향 조직문화와 달리 식스 시그마 경영방식은 표준화와 중앙 집중화된 의사결정을 강요했다. 결국 고객 접점에 있는 현장직원들이 등을 돌리면서 영업망이 손실돼 또다시 어려움을 겪게 되었다.

또 다른 GE 출신인 제임스 맥너니는 3M 사장으로 자리를 옮긴 뒤 인력을 11% 감원하고 비용절감을 골자로 한 식스 시그마 운동을 시행했다. 그러나 효율성을 강조한 이 조치는 3M의 창의적인 조직문화를 위축시켰다. 자율성을 강조한 창의지향 문화에 익숙해 있던 직원들이 반발해 조직을 떠났고, 3M의 경쟁력은 잠식되었다. 2004년에 혁신기업 순위에서 정상을 차지했던 3M은 2009년 41위까지 떨어졌다. 결국 제임스 맥너니는 물러나고 3M의 창의지향 조직문화에 익숙한 조지 버클리가 부임했다. 조지 버클리는 '3M 웨이(Way)'로 불리는 창의지향 조직문화를 복원하려고 노력했다. 근무시간 중 15%를 창조적 연구 시간으로 배정해 직원들이 자유롭게 사용하도록 배려했고 비용절감 차원에서 중단되었던 R&D 프로젝트에 대규모 투자를 재개했다. 그 결과, 경영성과가 향상되고 2009년 바닥까지 내려갔던 주가도 예전 수준을 회복했다.

효율지향 조직문화에는 식스 시그마 이외에도 공정 전체에서 품질을 향상함으로써 낭비를 제거하는 전사적 품질경영(TQM)이 적합하다. 반면에 창의지향 조직문화에는 직원들이 근무시간에 자율적인 연구를 하게 만드는 15% 규칙이라든지 모순적 상황을 넘어서는 창의적 문제해결방식인 트리즈(TRIZ)가 적합하다. 또 고객지향 조직문화에는 고객정보를 활용해 맞춤형 고객관리를 지향하는 고객관계관리, 즉 고객만족 관리기법이 적합하다.

이렇듯 각 기업의 조직문화는 그 기업만의 특성을 만드는 데 결정적인 역할을 한다. 조직문화와 어울리는 경영기법을 시도했을 때 시너지 효과를 낼 수 있다. 남의 몸에 좋은 보약이 꼭 나에게도 좋다는 것은 아니라는 점을 기억하자.

구 분	효율지향형	창의지향형	고객지향형
사업모델의 특징	생산과정 최적화로 고효율 추구(표준화, 정량화를 통한 최적화 프로세스 기반)	차별화된 혁신 제품·서비스(직원 창의, 창조성 기반)	서비스 중심 고객친화형(고객만족도 향상을 통한 고객관계 기반)
기업 예시	GE	3M	홈디포
조직문화의 특징	표준화와 정량화 중시, 강한 위계질서, 절차와 규율 준수	수평적, 자율적, 개발에 전폭적 지원, 위험 감수	고객지향, 서비스 정신 강조, 현장 권한 위임
적합경영 기법	식스 시그마, TQM	15% 룰(3M의 창의성과 이윤추구 경영기법), TRIZ(창의적 문제해결)	CRM(고객관계관리), CSM(고객만족관리)

(전자신문, 2014.4.30)

요 약

품질이란 제품이나 서비스가 사용 목적을 달성하기 위해 갖추어야 할 모든 성질·형상·상태 및 조건 등을 의미하며, 설계품질, 제조/서비스 품질, 사용품질 등이 있다.

품질관리란 소비자의 요구에 알맞은 품질의 제품 또는 서비스를 경제적으로 생산/운영하기 위해 조직 내의 여러 그룹이 수행하는 관리적 활동이다. 통계적 품질관리는 공정흐름도, 체크시트, 히스토그램, 파레토 그림, 산점도, 특성요인도, 관리도 등 7가지 기본 도구를 사용한다.

시대가 변함에 따라 제조부문만이 아닌 전사적으로 품질을 개선하기 위한 경영활동이 증가하면서, 통제를 중심으로 한 품질관리가 점진적으로 경영 전반의 보다 폭 넓은 영역으로 확장되어 갔다. 품질에 대한 인증제도로 ISO가 제안한 ISO 9000 시리즈가 대두되었다.

미국 Motorola에서 발명된 식스 시그마는 전반적인 경영혁신방법 중 하나이며 DMAIC 5단계인 정의단계, 측정단계, 분석단계, 개선단계, 관리단계로 구성된 프레임워크를 사용한다. 또한 식스 시그마는 모든 임직원들의 참여를 유도하고 이들에게 과학적 문제해결능력을 제공하기 위해 벨트라는 제도를 운영한다.

주요 용어

- 개선단계
- 관리도
- 산점도
- 제조/서비스 품질
- 특성요인도
- 품질
- 히스토그램
- 공정흐름도
- 분석단계
- 설계품질
- 체크시트
- 파레토 그림
- 품질관리
- 6시그마
- 관리단계
- 사용품질
- 정의단계
- 측정단계
- 표본검사
- 품질특성
- ISO 9000 시리즈

토의 문제

1. 기업의 입장에서 품질은 왜 중요한가?
2. 제조업과 서비스업은 품질이 어떻게 차이가 날까?
3. 통계적 품질관리의 7가지 도구는 각각 어떤 장점이 있는가?
4. QC, QA, QM, TQM은 각각 어떤 차이점이 있는가?
5. 식스 시그마 경영은 기존 품질경영과 어떤 차이가 있는가?
6. 식스 시그마 경영의 벨트 제도에서 5개 직책의 역할은 각각 무엇인가?

CHAPTER

11

경영정보시스템

학습목표

1. 정보의 개념과 가치에 대해 학습한다.
2. 정보관리가 왜 중요한지를 학습한다.
3. 경영정보시스템의 의의와 유형에 대해 학습한다.
4. 정보시스템이 기업의 경영활동에 미치는 영향에 대해 학습한다.

제11장을 시작하며

클라우드 도입, 비용절감 효과 있나 – 다우존스, 1억달러 절감… 진짜 효과는 빠른 시장 대응

바야흐로 클라우드 컴퓨팅 서비스 시대가 시작됐다. 클라우드 컴퓨팅은 서버, 스토리지, 데이터베이스(DB) 등을 온라인에 접속해 사용하고 쓴 만큼 비용을 지불하는 서비스. 이로 인한 비용 절감 효과는 클라우드의 대표적인 장점 중 하나로 꼽히나 일각에서는 의구심을 품는다. 클라우드가 결코 싸지 않다는 시선이다.

클라우드 도입에 따른 비용 절감 효과는 정말 크지 않은 걸까. 우선 이 시장의 개척자이자 독보적 1위 사업자인 아마존웹서비스(AWS)의 설명을 들어보자. AWS는 여러 사례로 들며 클라우드 비용 절감 효과를 강조한다. 예컨대 다우존스(Dow Jones)가 자체 데이터센터를 AWS 클라우드로 옮겼을 때 비용 효과를 추정한 결과 총 1억달러의 인프라 비용을 절감할 수 있는 것으로 나타났다. 미 해군은 온프레미스나 호스팅 서비스를 쓸 때보다 최대 60%를 절감하고 있다. AWS는 클라우드가 IT를 고정비용(capital expense)에서 가변비용(variable expense)으로 바꿔준다고 말한다. 그조차 AWS의 규모의 경제 덕에 고객이 직접 구축할 때마다 비용이 적게 든다고 한다. 여기에 시장조사기관 IDC도 AWS의 손을 들어주고 있다. IDC는 AWS에서 핵심 애플리케이션을 개발·배포·관리할 경우 온프레미스 환경에서 동일한 리소스를 배포하는 것과 비교해 5년간 총소유비용(TCO) 64.3%가 절감됐다고 발표한 바 있다. 5년간 투자대비수익률(ROI)은 560% 증가하고 작동 중단시간은 81.7%로 줄었다는 내용도 포함됐다.

그러나 여전히 클라우드를 쓰는 것이 자체 구축보다 오히려 더 비싼 것이 아니냐는 반응이 존재한다. 이에 대해 한국마이크로소프트(MS)는 물리 서버와 가상 서버(VM)를 일대일로 단순히 TCO만 비교한다면 그럴 수 있다고 이야기한다. 가령 100만원대 서버 한 대를 살 경우 2~3년 동안은 전기세만 내면 되지만, VM은 가격이 월 8만원이라 치면 3년이면 더 많은 돈(8×36)을 쓰는 것처럼 보이기 때문이다. 관리적 측면은 고려되지 않은 계산법이다. 한국MS 관계자는 "클라우드는 오토스케일링 기능이 있어 사용자가 적을 때에는 2~3개 VM을 운영하다가 사용자가 늘어나면 자동으로 서버 수를 늘리게 된다"며 "반면 데이터센터에 서버를 사 놓게 되면 원하든 원치 않든 24시간 켜놓고 365일 쓰게 된다"고 비용 차이를 설명했다. 또 "우리나라 엔지니어들은 트래픽이 늘어날 것에 대비해 VM을 '오버사이징'해서 많이 쓰는데, 클라우드를 클라우드답게 운영하는 것이 중요하다"며 덧붙였다. 운영 노하우가 쌓이면 비용 절감 효과는 더 커질 수 있다는 의미다.

IBM의 설명도 비슷하다. 클라우드 비용 절감 구조를 이해하려면 클라우드 환경 전환에 따른 인프라 사용 최적화를 통한 비용 절감분을 고려해야 한다는 것. 자체 구축할 경우 비즈니스 상황 변동과 HW 장애에 대비해 실제 사용량보다 서버 등의 자원을 과다하게 보유하게 되고, 비즈니스가 급성장할 경우 대비가 안 돼 비즈니스 기회를 잃어버릴 수 있다. 반면 클라우드 환경으로 전환하면 자원 보유량을 최소화·최적화하고, 일시적으로 급증하는 수요에 유연하게 대비하며 가용 자원을 최소화할 수 있어 기존 IT 운영비용이 줄어들게 된다는 것이다. 결론적으로 IBM은 클라우드를 통해 일반적으로 20~30% 비용을 절감할 수 있을 것으로 예상한다.

진정한 클라우드 도입 효과는 비용 절감이 아닌 '타임 투 마켓(시장화 속도)'에 있다는 의견이 더 많다. 클라우드를 통해 빠르게 서비스를 개발하고 시장에 내놓을 수 있다는 뜻. 이런 이유로 클라우드는 '돈을 아끼기 위한 서비스'라기보다 '돈을 벌기 위한 서비스'에 더 가깝다는 것이 클라우드 업체 관계자들의 설명이다. 특히 최근엔 클라우드를 통해 인공지능(AI) 등 최신 기술을 손쉽게 도입해 사용할 수 있게 됐다.

한국MS 관계자는 "클라우드 서비스는 단순히 가상 서버만 제공하는 것이 아니라 다양한 기업 분석 도구가 통합돼 있다"며 "기존에는 일일이 툴을 사서 해야 했지만 클라우드에는 머신러닝 등 서비스가 다 녹아져 있어 연결만 하면 쓸 수 있다"고 설명했다. (아이뉴스24, 2017.10.1)

1 기업의 정보관리

기업활동에서 정보는 인적·물적자원과 더불어 중요한 자원 중 하나이다. 그러나 최근에는 정보자원은 기업에 없어서는 안 될 필수자원이 되었다. 과거에도 기업의 경영자들은 자신들의 업무를 처리하기 위해 정보를 사용해 왔지만, 다른 점이라면 과거와는 달리 컴퓨터나 정보기술을 활용하여 정확한 정보를 실시간으로 정확하게 이용할 수 있게 되었다는 점이다. 이에 따라 현재의 대부분의 기업들은 컴퓨터 기반의 정보시스템을 통한 정보에 의존하고 있다. 따라서 컴퓨터 기반의 정보시스템이 기업경영에 미치는 영향은 매우 크다. 기업이 경쟁에서 우위를 점하기 위해서는 정보시스템을 어떻게 이용하느냐가 중요하다.

정보의 가치

정보는 우리가 살고 있는 세상 어디에든 존재한다. 이름, 생일, 전화번호, 주소 등 개인정보에서부터 열차출발시각, 관광명소 이름 등 생활과 관련된 정보도 모두가 정보라고 할 수 있다. 기업경영 관점에서 볼 때 정보는 매우 특별한 의미를 지니게 된다. 왜냐하면 정보는 기업의 경영활동에 중요한 역할을 하기 때문이다. 경영자의 경영활동은 정보를 토대로 이루어진다. 여기서 정보(information)란 의사결정을 하는 데 있어 유용하게 활용되는 일련의 처리 또는 가공된 데이터(data)로 정의할 수 있다. 데이터와 정보는 그 뜻이 엄연히 다르다. 데이터는 가공되지 않은 수치나 사실을 의미하는 것으로, 이 데이터가 적절한 방법으로 요약·정리·분석되어 의사결정에 도움을 줄 수 있는 형태가 되었을 때 정보가 된다. 예를 들어 1990년 5월 21일이란 일자는 그냥 데이터이지만, 이 일자가 자신이 좋아하는 사람의 생일이라는 것을 알게 되면 정보가 되는 것이다.

가치 있는 정보가 되려면 다음과 같은 특성을 갖추어야 한다.

- 적시성(timeless) : 필요한 시기에 정보가 제공되어야 한다.

- 정확성(accuracy) : 오류가 없이 정확해야 하며 이를 통해 이용가치가 높아야 한다.
- 완전성(completeness) : 내용과 형식 면에서 충분한 분량의 자료를 보유하고 있어야 한다.
- 관련성(relevance) : 의사결정이나 문제를 해결하는 데 있어 관계가 있어야 한다.
- 사용 편리성(easy to use) : 사용자가 원하는 정보를 찾기 어렵지 않고 이해가 쉬워야 한다.
- 표현 적합성(format) : 입출력 화면이나 보고서에서 정보를 표현하는 방식이 사용자에게 적합해야 한다.

정보의 가치는 그것을 이용하여 해결하고자 하는 의사결정문제의 중요성에 따라 달라진다. 예를 들어 벼농사를 하고 있는 농부에게는 날씨가 벼농사에 영향을 주므로 날씨와 관련된 정보의 가치를 크게 인식하지만, 같은 날씨정보에 대해 인터넷쇼핑몰에 근무하는 사람에게는 단지 자료일 뿐이다. 따라서 정보의 가치는 사용자가 실제로 가치를 느껴야 하며, 의사결정자들에게 어떠한 형태로든 도움을 주어야 정보의 가치가 있다.

정보자원관리의 중요성

초등학교 주변의 소규모 문구점을 운영하는 주인은 상품, 매장, 현금, 고객이동과 관련된 상황을 눈으로 관찰함으로써 자신의 자산을 관리할 수 있다. 그러나 문구점의 규모가 커지고, 직원의 수가 수십 명에 달하게 되면 이 문구점 주인은 더 이상 눈을 통한 관찰이라는 방법으로는 자신의 자산을 관리하기가 어려워진다. 따라서 점차적으로 관찰보다는 정보에 의존하게 된다. 대부분의 기업에서도 역시 정보를 근거로 경영활동이 이루어진다. 왜냐하면 조직의 규모가 크고, 조직원의 수가 많으며 작업장이 물리적으로 분산되어 있기 때문이다. 정보자원은 필요한 데이터를 수집하고 유용한 정보로 가공되어 적시에 적절하게 제공되는 것이 중요하다. 오늘날과 같이 점점 복잡해지는 경영환경에서 컴퓨터 및 정보기술의 발전은 정보자원의 관리에 더욱 관심을 기울이는 계기가 되었다.

정보시스템의 필요성

최근에 정보관리의 중요성이 증대되었지만 방대한 양의 정보를 체계적으로 관리하는 것은 쉬운 일이 아니다. 이에 정보시스템으로부터 정보의 이용 및 관리에 대한 도움을 받아야 한다. 정보시스템(information system)이란 조직의 운영관리와 의사결정을 지원하기 위해 정보를 수집하고, 처리하며, 저장하고 전달하는 일련의 활동을 수행하기 위한 구성요소들의 집합으로 정의할 수 있다. 정보시스템은 다음과 같은 효과로 인해 경영활동에 필수적이다.

- 생산성 향상 : 정보기술을 통해 사무실에서 업무의 생산성을 높여주는 효과를 제공할 수 있다.
- 마케팅 개선 : 편의점이나 할인점의 POS(Point-of-Sales : 판매시점)시스템을 통해 잘 팔리는 품목과 그렇지 않은 품목을 구분하여 마케팅 전략 수립에 일조할 수 있다.
- 기업전략의 실현 : 은행의 인터넷뱅킹 도입을 통해 차별화 전략을 구사하는 등 기업전략을 실현하는 데 도움을 준다.
- 의사결정의 질 개선 : 보다 정확하고 계량화된 정보를 제공함으로써 의사결정의 효율성을 도모할 수 있다.

정보시스템의 구성요소

정보시스템의 구성요소를 살펴보면 다음과 같다.

- 하드웨어(hardware) : 컴퓨터시스템의 운영에 필요한 장치를 의미하며, 입력장치(키보드, 마우스, 스캐너 등), 출력장치(프린터, 모니터 등), 보조장치(하드디스크, USB 등), 중앙처리장치 등을 말한다.
- 소프트웨어(software) : 하드웨어를 작동하게 지시하고 원하는 작업을 수행할 수 있게 해주는 것으로, 시스템 소프트웨어(윈도와 같이 기반이 되는 프로그램)와 응용 소프트웨어(특정업무 처리를 위한 프로그램)로 구분된다.
- 데이터베이스(database) : 많은 자료를 체계적으로 저장하여 검색 및 처리

를 편리하게 해준다.

- 네트워크 및 통신기술(network and telecommunication) : 네트워크는 데이터나 전산자원을 공유하기 위해 두 개 이상의 단말기를 연결한 것을 의미한다. 통신기술은 연결된 네트워크를 통해 음성, 데이터, 이미지, 비디오 등을 전송하고 공유하게 해준다.
- 운영요원(operators) : 컴퓨터를 운영하는 데 필요한 인원으로, 시스템 프로그래머, 시스템 운영요원, 유지보수 프로그래머, 응용 프로그래머, 시스템 분석가 등으로 구성된다.
- 운영절차 : 사용자의 시스템사용을 위한 절차, 데이터 입력 절차, 컴퓨터 운영을 위한 절차 등으로 구성된다.

한편, 정보시스템의 기능을 살펴보면 [그림 11-1]과 같다. 정보시스템은 기업환경이라는 틀 안에서 고객, 경쟁사, 공급사, 정부 등 조직과 조직을 둘러싸고 있는 환경에 대한 정보를 제공한다. 정보시스템은 필요로 하는 정보를 산출하기 위해서 입력, 처리, 출력, 피드백 기능이 있어야 한다. 입력은 데이터를 획득하

그림 11-1
정보시스템의 기능[1)]

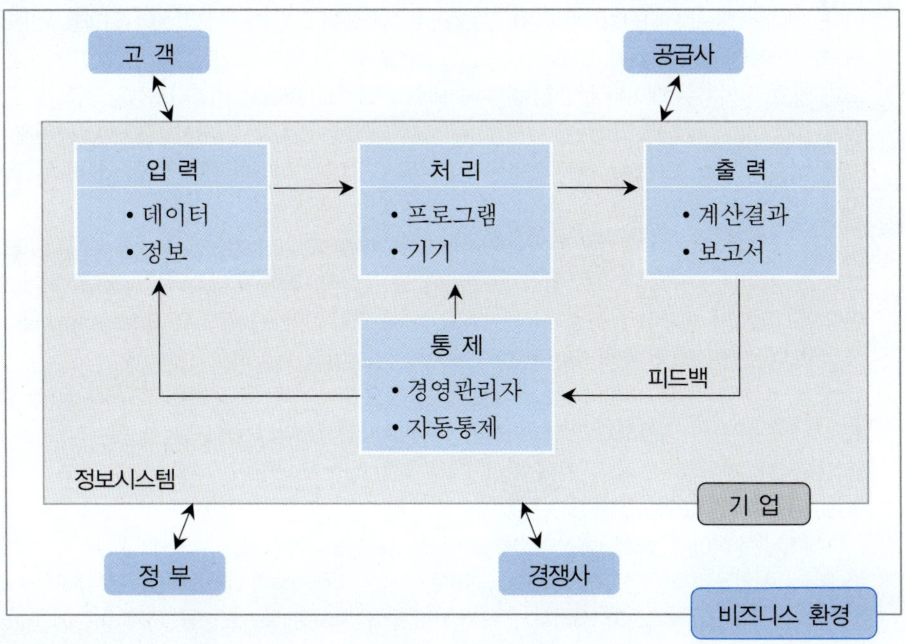

1) 홍일유, 『디지털기업을 위한 경영정보시스템』, 법문사, 2005.

고 수집하는 것을 말하며, 처리는 데이터를 의미 있는 형태로 변환 또는 가공하는 것을 의미한다. 출력은 가공되거나 변환된 정보를 사용자에게 제공하는 기능을 말하며, 피드백은 출력결과를 토대로 입력결과에 반영하는 것을 말한다.

더 알아봅시다 **빅데이터 트렌드 및 국내외 성공사례**

빅데이터란 무엇인가? 빅데이터의 정의는 주체자에 따라 조금씩 다르게 표현하고 있다. Wikipedia를 참조하면 빅데이터란 "기존 데이터베이스 관리도구로 데이터를 수집, 저장, 관리, 분석할 수 있는 역량을 넘어서는 대량의 정형 또는 비정형 데이터 집합 및 이러한 데이터로부터 가치를 추출하고 결과를 분석하는 기술"이라고 정의하고 있다. IDC(Industrial Development Corporation)에 의하면 빅데이터의 정의를 "다양한 데이터로 구성된 방대한 볼륨의 데이터로부터 고속 캡처, 데이터 탐색 및 분석을 통해 경제적으로 필요한 가치를 추출할 수 있도록 디자인된 차세대 기술과 아키텍처"라고 명시하였다.

여러 국내외 선진사의 정의를 바탕으로 빅데이터란 다음과 같이 정의 내릴 수 있다. "Big data란 대량의 다양한 정보뿐만 아니라 신속한 정보의 수집 및 처리속도를 갖추는 것, 나아가 데이터의 불확실성을 인지하고 분석을 통한 비즈니스 가치를 찾아내는 것이라 할 수 있다." 즉, 다양하고 복잡한 데이터에서 비즈니스 가치를 찾아내는 과정이 빅데이터 분석이라 할 수 있다. 다시 말해, 어려운 분석방법을 통해서 데이터 분석을 했지만 비즈니스적 가치가 없다면 그건 빅데이터라고 할 수 없다.

그렇다면 빅데이터는 왜 출현하게 되었을까? 첫 번째 이유는 CPU, 스토리지, 메모리 등 하드웨어의 가격이 낮아지면서 정보 저장 및 처리비용이 저렴해졌기 때문이다. 또한, Hadoop 및 R 같은 오픈 소스의 기술 발전에 있다. 이제는 대용량 비정형 데이터를 Hadoop를 써서 빠르게 분산 처리하여 결과를 얻을 수 있고 통계 툴 R을 활용하여 통계함수 처리 및 Data Visualization을 할 수 있게 되었다. 세 번째 이유는 원래 존재했지만 관리되지 않고 버려지는 데이터에 관심을 갖게 되었고 그 데이터에서 비즈니스적인 가치를 찾으려는 노력을 시도했기 때문이다. 마지막 이유는 실제 이런 데이터에서 가치를 찾아서 활용한 사례가 등장했기 때문이다. Facebook, Twitter, Google, Dell, Target 등 여러 기업에서 빅데이터를 활용하여 비즈니스적 가치를 찾아내고 실제 사업에 적용하고 있다.

최근 소셜미디어, 스마트 폰, IoT(사물인터넷), 웨어러블 기기의 확산으로 인해 빅데이터는 ICT분야에서 큰 역할을 할 것이며 신규 비즈니스 영역으로 주목받을 것이다. 이에 국내·외 기업들은 빅데이터를 활용한 사업에 주력하고 있으며 빅데이터 산업 시장은 국외, 국내 각각 연평균 52%, 27.9%로 급증세를 보일 것으로 예상한다. 가트너 선정 "2015 전략기술 트렌드 10선에 "빅데이터 분석(고차원분석)"이 포함되어 있다. 최근 5년간 가트너 10대 전략기술에 데이터라는 주제는 항상 등장했다. 그로 인해 지금까지 데이터에 대한 관심을 갖고 그 활용사례도 꾸준히 증가하고 있다. 이제는 정형·비정형의 다양한 데이터를 분석하는 분석기술이 발전되었고 관심을 더 갖게 되었다. 즉, 과거에 빅데이터에 대한 단순한 관심이 이제는 보다 진보된 똑똑한 데이터 분석과 활용에 옮겨지고 있다는 것을 알 수 있다

빅데이터는 바이오, 소셜, 생산, 금융, 통신 등 많은 분야에서 활용되고 있다. 특히, 글로벌 기업에서는 이미 빅데이터 사업을 시작하였으며 그 예로, 아마존에서는 소비자들의 소비패턴을 분석하여 누가 언제 어떤 상품들을 구매할 것인지 예측하여 소비자가 구매 버튼을 클릭하여 배송요청을 하기 이전에 미리 배송준비를 할 수 있는 시스템을 개발하였다.

구글의 '플루 트렌드' 역시 빅데이터를 활용한 사례이다. 일반적으로 사람들은 감기에 걸리면 병원, 약국에 가기 전 '감기'나 '독감'과 같은 단어를 검색하는데, 구글은 이러한 점에서 생각해서 2008년부터 검색 정보와 위치를 기반하여 미국의 감기바이러스 확산 상황을 알려주는 서비스를 제공 중에 있다. 즉, 이 시스템은 '감기'나 '독감'과 같은 검색빈도가 높은 지역을 지도에 표시함으로써 독감의 확산을 예측할 수 있다. 대부분의 보건기구는 일주일에 한 번만 예상 수치를 업데이트하지만 구글의 '플루 트렌드'는 18개 국가를 대상으로 매일 업데이트되므로 기존의 시스템을 보완한 것이다.

또한, 패션브랜드인 자라(ZARA)도 빅데이터를 분석하여 활용하고 있다. 자라의 경우 다품종 소량생산을 마케팅 판매 전략으로 삼고 있다. 일반적인 패션 브랜드의 상품 종류에 비해 2배 이상의 종류를 생산한다. 오더부터 생산, 매장에 입점할 때까지 단 6주 이내로 걸린다. 때문에 수요 예측과 매장별 재고 산출, 상품별 가격 결정, 운송까지 실시간으로 파악해야 할 필요가 있었고, 이를 위해 MIT연구팀과 연계해 빅데이터를 활용하는 재고관리시스템을 개발했다.

빅데이터를 비즈니스에 활용한 국내 기업 중 하나인 SK텔레콤은 SNS, 소셜데이터, 검색키워드를 이용하여 고객, 사회 트렌드 파악 및 기업이미지 파악, 홍보에 자체 개발한 빅데이터 솔루션을 이용하고 있다. 이를 바탕으로 최근에는 "스마트 아티스트 마케팅" 사업을 본격적으로 시작하였다. 즉 SNS, 키워드를 분석하여 연예인의 활동 방향 및 이미지 분석에 활용할 계획이다. SK텔레콤은 이 외에도 모바일 광고 분석, 소셜데이터 분석 등 다양한 빅데이터 기반의 서비스 모델을 새롭게 개발 중에 있다.

주요 카드업체들은 소비자의 행동패턴을 분석하여 마케팅에 활용하고 신규상품 개발 및 상품추천에 빅데이터를 활용하고 있다. 한 예로 KB국민카드의 경우, 빅데이터 분석을 통해 카드이용서비스 및 편의성을 제공하고 있다. 최근 몇 년 동안 카드 이용객의 행동패턴을 분석하여 "혜택가맹점" 앱을 개발하여 고객에서 맛집 추천 및 비슷한 고객의 상점이용 패턴을 제공함으로써 편리하게 정보를 얻을 수 있었다. 또한, 최근에는 "실시간 마케팅시스템"을 개발해서 비즈니스에 적용, 운영하고 있다. 이 시스템을 통해 고객은 자신의 니즈와 위치에 따라 최적화된 카드혜택 및 맞춤형 정보를 실시간으로 검색하고 받을 수 있다. 예전에는 무작위성 마케팅을 했다면 지금은 전략적으로 고객의 상황에 맞게 최적의 시간에, 최적의 상황에, 최적의 혜택을 제공하는 것이 목적이다. 이를 위해 KB국민카드는 정형·비정형 데이터 분석을 위해 빅데이터를 적극 활용하고 있다.

엔씨소프트에서도 빅데이터 기반의 고객데이터 분석시스템을 구현하고 운영 중에 있다. 불법적으로 다른 사람의 자산을 이용하거나 가져가는 행위를 잡기 위해 오랫동안 연구해 왔고 여기에 빅데이터 기술을 활용하고 있다. 즉 방대한 고객의 행동 및 사용 로그 데이터를 분석하여 사기 탐지(Fraud detection) 알고리즘을 고도화하여 적용하고 이를 이용하여 불법 행위를 모니터링하고 있다. 수많은 사람들이 게임을 하고 여기서 엄청난 양의 로그 데이터가 쏟아져 나온다. 많은 양의 비정형 데이터를 실시간으로 분석하고 알람을 표기하는 데 빅데이터는 꼭 필요하다. 또한, 고도화된 사기탐지 알고리즘을 개발하기 위해 Data Mining기법 및 기계학습기술을 적극 활용하고 있다. (IE 매거진, 2016년 가을호)

2 경영정보시스템

경영정보시스템의 개념

경영정보시스템(MIS : Management Information System)의 개념은 크게 협의와 광의로 나누어 볼 수 있다. 협의의 개념은 경영관리층에 정보를 제공하는 정보보고시스템으로, 1970년대 초에 등장한 경영관리자 중심의 정보시스템에 기초하여 형성된 MIS의 초기개념이다. 즉, 회계업무처리나 종업원들의 급여지급처리, 판매나 구매와 같은 거래처리 업무가 전산화되어 이루어짐을 의미한다. 광의의 개념에서 MIS는 컴퓨터 기반의 정보시스템으로, 조직의 다양한 정보시스템을 포괄하는 개념이다. 이는 정보기술이 기업의 전략수립에서부터 경영자의 의사결정을 지원하는 범위까지를 포괄하므로, 근래에 와서는 MIS가 정보시스템(IS : Information System)과 거의 동의어로 사용될 정도로 광의의 개념으로서 이해되고 있다.

경영정보시스템의 분류

조직계층에 따른 분류

기업에서 활용되는 경영정보시스템은 일반적으로 하위관리층, 중간관리층, 고위관리층 용으로 분류되는데, 각 계층별로 사용되는 시스템은 [그림 11-2]와 같다.

하위관리층은 과장, 현장감독자 등 부서단위를 책임지는 사람들을 말하는데, 이들은 정해진 규칙이나 절차에 의해 일이 순차적으로 진행되는지를 주로 확인한다. 이들은 시스템을 활용하여 거래를 처리한다든가 보고서를 처리하는 등의 업무를 한다. 또한 종업원의 근무상황을 시스템을 통해 조회할 수도 있으며, 정리 및 출력하여 보고서로도 만들 수 있다. 이러한 업무를 지원하는 대표적인 시스템은 거래처리시스템과 사무자동화시스템이다. 거래처리시스템은 일반적으로 업무를 자동화하여 처리해 주는 시스템이라 할 수 있다. 예를 들어

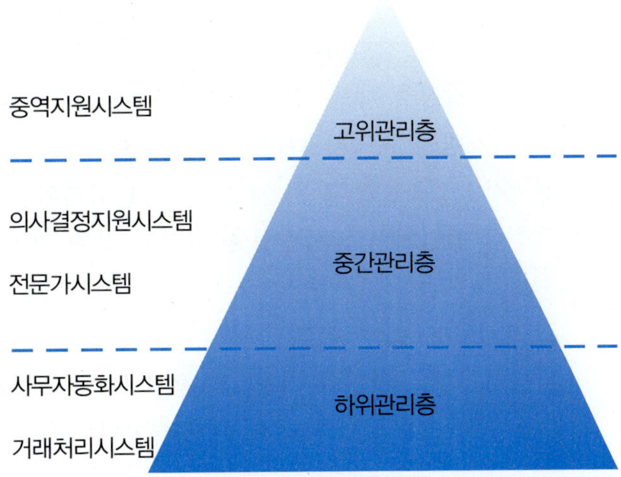

그림 11-2
조직계층에 따른 분류

주문접수 및 상품발송, 대금지급 등과 같은 업무를 지원하는 것이 대표적이다. 사무자동화시스템은 사무실에서 근무하는 사람들의 업무생산성을 높이기 위해 사무실의 여러 기능을 자동화하는 것으로, 주로 문서의 작성, 편집, 보관, 배포, 자료의 정리 및 요약 등의 활동을 대상으로 한다. 이 외에도 사무자동화를 촉진시키는 기술로는 워드프로세서, 전자출판 시스템, 전자우편, 음성매체, 화상회의 등이 있다.

중간관리층에는 지역본부장, 제품책임자, 부서장 등이 포함되며, 전략에 의한 실행계획을 수립하고 실행하며 통제하는 활동을 주로 한다. 이들 계층을 지원하는 정보시스템은 전문가시스템, 의사결정지원시스템 등이다. 전문가시스템이란 전문가들로부터 논리적 규칙이나 사실의 형태를 지식으로 저장하여 특정문제 해결에 도움을 줄 수 있게 지원하는 시스템이다. 예를 들어 은행에서 불량계좌나 불법자금의 흐름을 확인하거나 고객의 신용도를 평가하는 시스템이 이에 해당된다. 의사결정지원시스템은 경영자의 판단이 많이 요구될 때 이들의 의사결정에 도움을 주는 시스템이다. 예를 들어 새로운 제품에 대한 수요예측, 제품에 대한 가격결정, 손익분기점에 도달할 만한 제품생산량 예측 등이 이에 해당한다. 일반적으로 우리가 사용하고 있는 MS-EXCEL과 같은 소프트웨어를 통해 특정한 값을 바꾸어 그 결과를 이해하기 쉽게 표나 그림으로 보여주기 때문에 많이 활용된다.

고위관리층은 기업에서 이사, 사장, 회장의 직급을 보유한 사람들이다. 이들이 하는 업무는 주로 기업의 장기적인 전략계획을 수립하는 것이다. 이들의 업무는 주로 경험이나 직관에 의한 의사결정이기 때문에 합리적이고 신속한 전략적 결정을 내릴 수 있도록 정보시스템을 지원한다. 고위관리층을 지원하는 시스템을 중역지원시스템이라고 한다. 중역지원시스템은 주로 매출액·이익·시장점유율과 같은 기업 전체의 성과와 관련된 정보를 제공하여 고위관리층이 합리적인 의사결정을 내리는 것을 지원한다.

경영기능에 따른 분류

정보시스템은 경영의 기능, 즉 생산, 판매 및 마케팅, 회계, 재무, 인적자원 관리에 따라 [그림 11-3]과 같이 분류된다.

그림 11-3
경영기능에 따른 분류

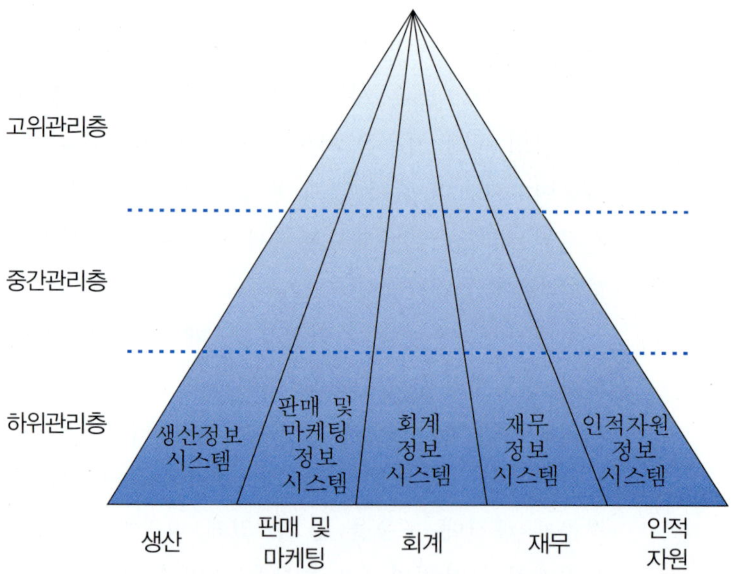

- 생산정보시스템 : 제품을 설계하거나 제품생산을 위한 과정을 설계하는 등 생산시스템의 설계부분과 재고 및 생산일정 계획 등 생산운영에 대한 활동을 지원하는 시스템이다.
- 판매 및 마케팅정보시스템 : 시장정보의 수집이나 시장세분화 및 목표시장의 선정, 마케팅믹스의 개발과 같은 활동을 지원하는 시스템이다.
- 회계정보시스템 : 회계전반의 업무를 정보기술을 활용하여 지원하는 처

리시스템이다.

- 재무정보시스템 : 기업의 자금조달 및 투자활동과 관련된 업무를 지원하는 시스템으로 현금관리, 경영분석 등이 대표적인 예이다.
- 인적자원정보시스템 : 종업원을 선발하고 부서에 배치하며, 이들의 업무를 평가 및 보상하기 위해 인사관리기능을 지원하는 시스템이다.

전략정보시스템

1950년대 거래처리시스템(TPS)의 등장으로 기업들은 대량의 데이터를 효율적이면서 신속·정확히 처리하게 되었다. 1960년대에는 경영보고서 생성을 중심으로 한 좁은 의미의 경영정보시스템(MIS)이 등장하였으며, 1970년대에는 경영자의 의사결정을 지원해 주는 의사결정지원시스템(DSS)이 등장하였다. 이들 시스템들은 오늘날까지 계속되어 왔으며, 이것이 정보시스템의 전략적 역할개념이라 할 수 있다. 전략정보시스템(SIS : Strategic Information Systems)은 거래처리시스템, 의사결정지원시스템 등과 같이 별도로 존재하는 정보시스템이 아니라 기존의 정보시스템을 전략적으로 활용하는 개념이다. 즉, 전략정보시스템이란 기업 간의 경쟁에서 경쟁우위를 선점하기 위해 기업의 프로세스, 제품, 서비스에 정보시스템을 전략적으로 활용하는 것이다. 기업은 정보시스템을 전략적으로 활용하여 비용을 절감시킬 수도 있고, 제품이나 서비스를 차별화할 수도 있다. 또한 기업은 정보시스템을 활용하여 고객, 공급업체, 경쟁업체, 신규 진입업체, 대체재 생산업체와의 교섭력에서 우위를 점할 수 있다.

결국 정보시스템의 전략적 활용은 기업이 경쟁우위를 제공하는 제품이나 서비스의 혁신을 위해 정보시스템을 사용한다는 의미이다. 따라서 기업이 경쟁우위를 점할 수도 있고, 경쟁에 있어 손실을 최소화할 수도 있으며, 경쟁목적을 달성하는 데 도움을 줄 수 있는 시스템이라면 거래처리시스템이나 의사결정지원시스템 등도 전략정보시스템으로 볼 수 있다.

더 알아봅시다

2019년 주목되는 10대 전략 기술 트렌드는?

IT 자문기관 가트너(Gartner)가 기업들이 주목해야 할 2019년 주요 전략 기술 트렌드를 발표했다. 오는 18일까지 미국 플로리다 주 올랜도에서 개최되는 가트너 심포지엄/IT엑스포에서 보다 자세한 내용이 공개됐다. 가트너가 선정한 전략 기술 트렌드는 혁신적인 잠재력을 갖고 있는 기술들로 이루어져 있다. 초기 상태에서 벗어나 보다 폭넓은 영향력과 활용 사례를 보이는 신기술과 급성장세를 자랑하며 향후 5년 내 정점에 달할 것으로 예상되는 기술들이 이에 해당된다.

가트너의 부사장 겸 펠로우인 데이비드 설리(David Cearley)는 "지능(Intelligent), 디지털(Digital), 메시(Mesh)는 지난 2년간 지속적으로 주목받았던 주제였으며, 2019년에도 주요 성장 요인으로 꼽힐 것이다. 이 세 가지 주제에 해당되는 트렌드들은 컨티뉴어스NEXT(ContinuousNEXT) 전략의 일환으로 지속적인 혁신 프로세스를 추진하는 핵심요소"라고 말했다. 그는 "일례로, 자동화된 사물의 형태인 인공지능(AI)과 증강 지능(augmented intelligence)은 IoT, 에지 컴퓨팅, 디지털 트윈과 함께 이용되어 고도로 통합된 스마트 공간을 제공한다. 여러 트렌드들이 합쳐지면서 새로운 기회를 창출하고 새로운 혁신을 유도하는 종합적인 영향력은 가트너가 제시하는 2019년 10대 전략 트렌드의 특징"이라고 강조했다. 가트너가 제시하는 2019년 10대 전략 기술 트렌드는 다음과 같다.

1. **자율 사물(Autonomous Things) :** 로봇, 드론, 자율주행차 등과 같은 자율 사물은 AI를 이용해 인간이 수행하던 기능들을 자동화한다. 이들이 제공하는 자동화는 엄격한 프로그래밍 모델을 통한 자동화의 수준을 뛰어넘고, AI를 활용하여 주변 환경 및 사람들과 자연스럽게 상호작용하는 고급 행동을 선보인다. (중략)
2. **증강 분석(Augmented Analytics) :** 증강 분석은 분석 콘텐츠가 개발, 소비 및 공유되는 방식을 혁신하기 위해 머신러닝을 이용하여 증강 지능의 특정영역에 초점을 맞춘다. 증강 분석 기능은 데이터 준비, 데이터 관리, 최신 분석, 비즈니스 프로세스 관리, 프로세스 마이닝 및 데이터 사이언스 플랫폼의 주요 기능으로 빠르게 발전할 것으로 보인다. 증강 분석으로부터 얻은 자동화된 통찰력은 HR, 재무, 영업, 마케팅, 고객 서비스, 구매조달 및 자산관리 부서 등의 기업활동에 적용되어 애널리스트나 데이터 과학자를 포함한 모든 직원들의 결정과 행동을 최적화할 수 있게 된다. (중략)
3. **인공지능 주도 개발(AI-Driven Development) :** 그간 대부분의 AI 강화 솔루션을 만들기 위해 전문 데이터 과학자들이 애플리케이션 개발자와 협력해야만 했던 접근 방식에서 벗어나 전문 개발자들이 서비스형 사전 정의 모델을 사용하여 단독으로 운영할 수 있는 모델로 시장이 빠르게 변화하고 있다. 이는 개발자에게 AI 알고리즘 및 모델 생태계는 물론, 모델 및 AI 역량을 솔루션에 통합하도록 설계된 개발 툴을 제공한다. 다양한 데이터 과학, 애플리케이션 개발, 테스트 기능을 자동화하기 위해 AI가 개발 프로세스 자체에 적용되면서 또 다른 수준의 전문 애플리케이션 개발 기회가 발생한다. 2022년에 이르면 새로운 애플리케이션 개발 프로젝트 중 최소 40%가 해당팀에 AI 공동개발자가 소속되어 있을 것으로 예상된다. (중략)
4. **디지털 트윈(Digital Twins) :** 디지털 트윈은 현실 세계에 존재하는 대상이나 시스템의 디지털 버전을 말한다. 가트너는 2020년까지 200억 개 이상의 커넥티드 센서 및 엔드포인트가 생성될 것으로 예상하며, 잠재적으로 수십억 개에 달하는 사물에 디지털 트윈이 존재할 것으로 내다봤다. 조직들은 처음에는 간단한 방식으로 디지털 트윈을 적용할 수 있다. 시간이 지나면서 이들은 올바른 데이터를 수집 및 시각화하고, 올바른 분석과 규칙을 적용하며, 비즈니스 목표에 효과적으로 대응할 수 있는 역량을 향상시키면서 진화할 것으로 보인다. (중략)

5. **자율권을 가진 에지(Empowered Edge)** : 에지는 사람들이 사용하거나 우리 주변에 내장된 엔드포인트 디바이스를 지칭한다. 에지 컴퓨팅(Edge Computing)은 정보 처리, 콘텐츠 수집 및 전달이 엔드포인트와 인접한 곳에서 처리되는 컴퓨팅 토폴로지(topology)다. 에지 컴퓨팅은 트래픽 및 지연 시간을 줄이기 위해 트래픽과 프로세싱을 로컬에서 처리하려고 한다. 머지않아 에지는 IoT에 의해 주도되고, 필요에 의해 프로세싱은 중앙화된 클라우드 서버가 아닌 끝 부분 가까이에서 유지될 것으로 예측된다. 하지만 새로운 아키텍처를 만드는 것 대신, 클라우드 컴퓨팅과 에지 컴퓨팅은 중앙 서버뿐만 아니라 분산화된 온프레미스 및 에지 디바이스 자체에서 중앙 서비스로서 관리되는 클라우드 서비스를 보완하는 모델로 진화할 것으로 보인다. 향후 5년간 더 뛰어난 처리 능력과 스토리지 그리고 기타 고급 기능을 탑재한 특수 AI 칩이 다양한 에지 디바이스에 탑재될 전망이다. (중략)
6. **몰입 경험(Immersive Experience)** : 대화형 플랫폼은 사람들이 디지털 세상과 상호작용하는 방식을 변화시키고 있다. 가상현실(VR), 증강현실(AR) 및 혼합현실(MR)은 사람들이 디지털 세상을 인식하는 방식을 바꾸고 있다. 이러한 인식과 상호작용 모델의 통합된 변화는 미래 몰입형 사용자 경험을 이끌어 낸다. (중략)
7. **블록체인(Blockchain)** : 블록체인은 분산 원장(distributed ledger)의 한 종류로, 신뢰 구축, 투명성 제공, 비즈니스 생태계 간의 마찰 감소로 인한 잠재적 비용 절감, 거래 합의 시간 단축, 현금흐름 개선 등을 통해 산업을 재구성할 것이다. 오늘날 신뢰는 은행, 어음교환소, 정부, 그리고 중앙당국 역할을 하는 기타 기관들에 구축되어 있고, "단일 버전의 진실"은 이들의 데이터베이스에 안전하게 저장된다. 이러한 중앙화된 신뢰 모델은 거래에 지연 및 마찰 비용(커미션, 수수료 및 화폐의 시간가치)을 추가한다. 반면, 블록체인은 대안적 신뢰 모드를 제공하고 중재 거래에서 중앙당국의 필요성을 없앤다. (중략)
8. **스마트 공간(Smart Spaces)** : 스마트 공간은 인간과 기술 시스템이 더욱 개방되고, 연결되며, 조율되고, 지능적인 생태계에서 상호작용하는 물리적 혹은 디지털 환경을 말한다. 사람, 프로세스, 서비스 그리고 사물 등 여러 요소들은 스마트 공간에 모여 타깃 사용자 및 산업 시나리오를 겨냥한 보다 몰입적이고 상호적이며 자동화된 경험을 창출한다. (중략)
9. **디지털 윤리와 개인정보보호(Digital Ethics and Privacy)** : 디지털 윤리와 개인정보보호는 개인, 조직 및 정부 모두가 우려하는 부분이다. 사람들은 자신의 개인정보가 공공 및 민간부문에서 조직에 의해 어떻게 사용되는지에 대해 점점 더 우려하고 있고, 이러한 우려에 대해 적극적인 조치를 취하지 않는 조직들에 대한 반발도 증가하고 있다. (중략)
10. **양자 컴퓨팅(Quantum Computing)** : 양자 컴퓨팅은 정보를 양자 비트(큐비트) 요소로 나타내는 전자나 이온과 같은 아원자 입자의 양자 상태에서 작동하는 비고전적인 컴퓨팅의 한 유형이다. 양자 컴퓨터의 병렬 실행과 기하급수적인 확장성은 전통적인 접근 방식으로는 너무 복잡하거나 전통적인 알고리즘으로 해결책을 찾기에 시간이 매우 오래 걸리는 문제들을 해결하기에 탁월하다는 것을 의미한다. 자동차, 금융, 보험, 제약, 군사 및 연구 기관과 같은 업계들은 양자 컴퓨팅의 발전으로부터 가장 큰 혜택을 누리고 있다. 예를 들어, 제약 업계에서는 양자 컴퓨팅이 새로운 암 치료 약물을 시장에 내놓는 시간을 가속화하기 위해 아원자 수준에서 분자의 상호작용을 모델링하는 데 이용될 수 있다. 또는 양자 컴퓨팅을 이용해 새로운 제약 방법론으로 이어지는 단백질의 상호작용을 더 정확하게 예측할 수도 있다. (중략) (보안뉴스, 2018.10.17)

3 디지털 경영을 위한 4대 정보시스템

오늘날의 기업은 컴퓨터와 통신기술을 기반으로 외부의 공급사, 협력사, 고객과 정보를 공유하고 있어 이른바 초고속 경영이 가능해졌다. 컴퓨터와 통신기술 등의 활용을 통해 기업은 디지털 경영을 한다. 기업들의 디지털 경영을 효율적으로 지원하는 대표적인 소프트웨어로는 네 가지가 있는데, 공급망관리시스템, 고객관계관리시스템, 전사적자원관리시스템, 지식관리시스템이 그것이다. 이 시스템들은 현재 기업의 경영활동에 중요한 비중을 차지하고 있다. 아래에서 자세한 내용을 살펴보기로 한다.

공급망관리시스템

최근에 제조업체 및 유통업체를 중심으로 큰 관심을 가지고 있는 정보시스템이 공급망관리시스템(SCM : Supply Chain Management systems)이다. 여기서 공급망관리란 제조, 물류, 유통업체 등 공급체인에 참여하는 모든 업체들의 협력을 바탕으로 정보기술을 활용하여 재고를 최적화하고 리드타임을 대폭적으로 감소시켜 결과적으로 높은 품질의 제품이나 서비스를 소비자에게 제공하는 것을 지칭한다.

기업환경의 불확실성의 증가와 정보기술의 발달로 인해, 기업 간 경쟁이 심화되어 생존을 위해 기업들이 개별기업 수준이 아닌 '공급망'이라는 한 배를 탄 '공동운명체'의 관점에서 경쟁력 강화를 함께 추구할 수밖에 없다. 기업은 일반적으로 예측된 수요를 기반으로 생산, 판매 등의 경영활동계획을 수립한다. 그러나 예측한 수요와 실제 수요는 항상 차이가 발생할 수 있다. 가장 큰 이유를 들자면, 제조업체를 중심으로 볼 때 원재료공급업체와 유통업체가 각각 수요정보를 따로 가지고, 따로 계획을 수립하며 따로 움직이기 때문에 발생한다. 따라서 공급망 내 경제주체 전체가 원활하게 정보를 공유할 필요가 있다. 유통업체와 제조업체가 정보를 공유하게 되면 소비자에게 맞는 제품을 신속하게 생산하여 매장에 내놓을 수 있다. 또한 이 정보가 원재료공급업체와 공

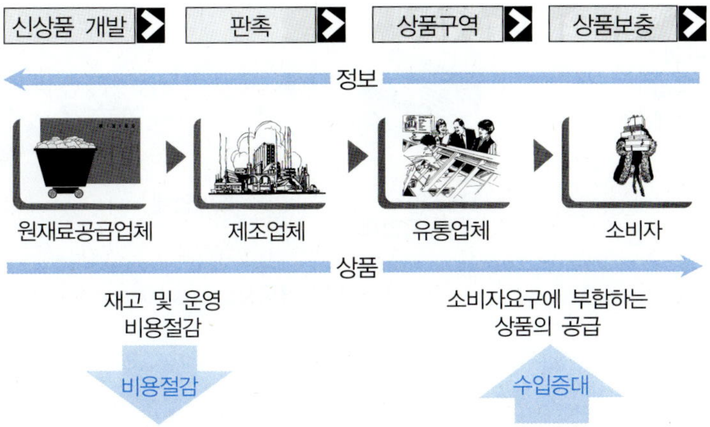

그림 11-4 공급망관리의 개념[2)]

유될 경우에는 생산과 이에 따른 유통계획을 충족시킬 수 있다. 예를 들어 [그림 11-4]에서 예시하는 제조업체와 유통업체로 이어지는 간단한 공급망 관계를 살펴보면 다음과 같다. 일단 유통업체는 자신들의 매장에 방문할 소비자들의 욕구를 충족시켜주기 위해서 많은 종류의 제품을 진열하고자 한다. 그러나 제조업체의 입장에서는 유통업체에서 원하는 다양한 종류의 제품 진열이 반갑지만은 않다. 왜냐하면 제품라인을 늘리게 되어 궁극적으로 생산비용이 늘어나기 때문이다. 이러한 경우에 제조업체와 유통업체 간에 갈등이 발생할 수밖에 없다. 따라서 이를 해결하기 위해서는 공급망에 속한 모든 기업들 간의 신뢰와 협력을 바탕으로 한 기업 간의 시스템적·연합적 대응방식이 요구된다. 결국 공급망관리시스템은 원자재로부터 제품이 만들어지고 이것이 유통경로를 거쳐 최종 소비자에게 전달되는 절차와 이와 관련된 모든 활동의 계획과 통제를 정보시스템이 지원하는 것이다.

공급사슬은 푸시기반 공급사슬(push-based supply chain) 프로세스와 풀기반 공급사슬(pull-based supply chain) 프로세스로 구분할 수 있다. [그림 11-5]에서 보듯이 푸시기반 공급사슬 프로세스는 제조업체에서 수요예측을 통해 적정한 제품을 생산하고 생산된 제품을 도매업체나 소매업체에 제공하여 소비자가 구매하는 과정이 연쇄적으로 발생하는 것을 말한다. 반면에 풀기반 공급사슬 프로세스는 제품을 구매하고자 하는 고객이 제조업체에 주문을 하게 되면 고객이 주문한 정보에 맞추어 제조업체가 생산을 시작하게 되는데, 이때 제조업체는

2) 자료 : ECR Korea

그림 11-5

푸시기반과 풀기반 공급사슬 프로세스

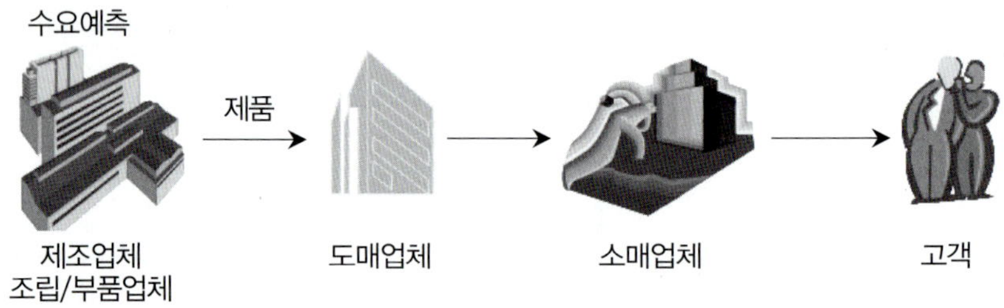

푸시기반 공급사슬(push-based supply chain) 프로세스

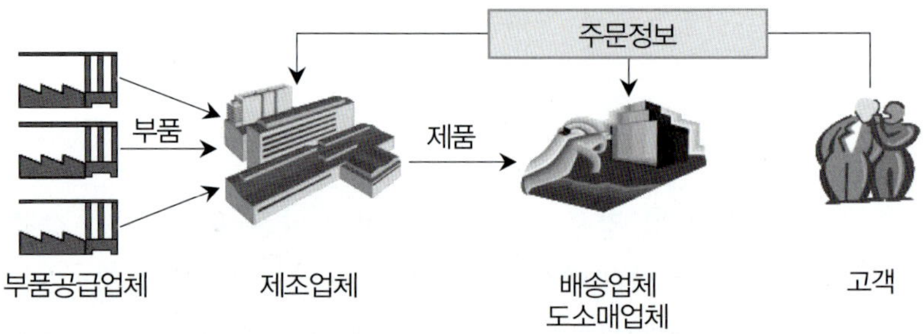

풀기반 공급사슬(pull-based supply chain) 프로세스

생산을 위해 공급업체에 부품이나 재료를 주문하는 연쇄반응을 야기하게 된다.

푸시기반 공급사슬 프로세스는 정확한 수요예측을 근거로 생산량을 결정하고 이에 따라 생산이 이루어진다. 그러나 이 프로세스는 수요예측을 토대로 계획생산을 실시하기 때문에 정확하게 수요를 맞추기 힘들고 따라서 모자라거나 재고가 남을 수 있는 단점이 있다. 이에 반해 풀기반 공급사슬 프로세스는 고객의 실제 주문정보를 바탕으로 생산이 이루어지기에 재고비용을 절감할 수 있다는 장점이 있으나 공급업체와의 정보공유가 필수적으로 요구된다.

고객관계관리시스템

기업에서 기존의 고객 모두가 마케팅활동의 목표고객이 될 수는 없다. 따라서 기업들은 우량고객을 유지하고, 이탈고객을 최소화하며 기존고객과의 관계를 지속적으로 유지하는 데 중점을 두고 있다. 이에 따라 기업들은 고객관계관리시스템(CRM : Customer Relationship Management systems)을 도입하게 되었다.

Kalakota와 Robinson(1999)은 고객과의 관계를 관리하는 활동의 중요성과 기업의 CRM 도입 필요성에 대해 다음과 같이 주장하였다.

- 현존하는 고객에게 판매하는 것보다 한 사람의 새로운 고객에게 판매하는 것이 여섯 배 많은 비용을 지출하게 한다.
- 한 사람의 불만족 고객이 8명 내지 10명의 다른 사람들에게 자신의 경험을 이야기할 것이다.
- 한 해에 5%의 고객 이탈만 막아도 이익을 85% 증가시킬 수 있다.

CRM이란 기업이 선별된 고객으로부터 이익을 창출하고 장기적인 고객관리를 가능하게 하는 시스템이다. 여기서 고객관계관리란 현재 기업이 보유하고 있는 고객과 잠재고객에 대한 자료를 수집하고 분석하여 통합한 후 고객특성에 알맞은 마케팅활동을 지원하는 것이다. 고객관계관리는 우리 회사의 고객이 누구이며, 그 고객이 무엇을 원하는지를 파악하여 고객이 원하는 제품과 서비스를 계속해서 제공함으로써 고객들이 우리 회사를 떠나지 않도록 하여 기업의 수익성을 높이는 통합된 프로세스이다. CRM을 개념적으로 설명하면 [그림 11-6]과 같이 나타낼 수 있다.

그림 11-6
CRM의 개념도

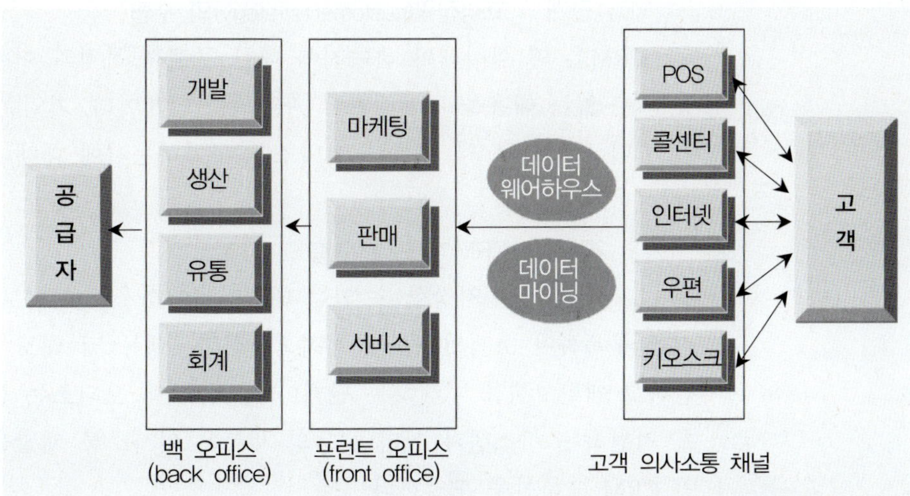

공급자와 고객 간에는 통상적으로 정보시스템 관련 요소들이 존재하는데, 개발 · 생산 · 유통 · 회계 등의 백 오피스(back office) 시스템과 마케팅 · 판매 · 서비스 등의 프런트 오피스(front office) 시스템이 존재한다. 기업은 고객으로부터 POS(판매시점관리 : Point of Sale), 콜센터(call center), 인터넷, 우편, 키오스크(kiosk) 등의 고객 의사소통 채널을 활용하여 데이터를 수집한다. 이렇게 수집된 고객데이터는 방대한 양의 고객데이터를 저장하는 데이터웨어하우스(data warehouse)와 데이터베이스로부터 유용한 정보를 통계적 방법으로 찾아내는 데이터마이닝(data mining) 기법들에 의해 분석되어 백 오피스와 프런트 오피스 지원활동에 사용된다.

고객 의사소통 채널에서 POS는 단말기를 통해 상품판매시점에 판매정보를 즉각적으로 입력하여 중앙의 컴퓨터로 송신하는 장치이다. 콜센터는 고객 및 기타 전화통화가 조직적으로 처리되는 중추적인 장소로서, 방대한 양의 통화를 동시에 처리하고, 통화를 구분하여 그 일을 처리할 수 있는 다른 사람에게 연결하거나 통화내역을 자동으로 기록하는 등의 능력을 가지고 있다. 키오스크는 무인 정보단말기로, 금융업무를 위한 현금 자동입출금기나 발권, 구매, 등록을 대행하는 단말기 등이 이에 해당된다.

기업의 CRM 도입은 일반적으로 다음 다섯 단계로 추진한다.

① 1단계 : 고객전략(customer strategy)의 수립

CRM을 왜 실시해야 하는지에 대한 구체적 목적과 이에 따라 기업가치를 높일 수 있는 내용을 구체적으로 파악하는 단계이다. 기업은 이 단계에서 고객이 어떤 방법으로 왜 제품과 서비스를 구입하는지에 대해 종합적으로 검토해야 한다.

② 2단계 : CRM 인프라 구축

고객데이터를 저장할 수 있는 데이터웨어하우스와 정보분석지원시스템 환경을 구축하여 고객의 인구통계적 · 심리적 · 행동 및 태도차원에서 정보를 수집하고 개별고객을 이해하는 단계이다. 특히 백 오피스는 물론 프런트 오피스를 지원하는 시스템과 인터넷 등의 새로운 의사소통 채널을 구축하여 통합적인 CRM 솔루션을 도입한다.

③ 3단계 : 고객분석과 마케팅 실시

데이터마이닝 기법을 활용하여 각 고객의 성향을 분석하고 구매를 유발할

수 있는 마케팅 전략을 수립하는 단계로, 고객층을 수익성이 있는 고객과 그렇지 않은 고객으로 분류하여 차별적 접근을 시도한다.

④ 4단계 : 고객분석결과를 기반으로 실제 판매과정에 적용

수익성이 있는 고객층을 대상으로 판매 및 영업을 통해 실제 매출성장을 도모하는 단계로, 단순한 제품판매를 벗어나 교차판매(한 제품을 구매한 고객에게 연관된 다른 제품을 판매하는 행위, 예를 들어 문구점에서 연필을 산 손님에게 지우개를 더불어 파는 행위), 업셀링(upselling : 기존고객들이 이윤을 많이 내는 제품들을 구매하도록 기업에서 유도하는 행위)을 통해 기업의 매출을 올리도록 한다.

⑤ 5단계 : 고객유지차원의 서비스지원 및 사후관리

지속적인 고객과의 관계유지를 위해서 이 단계에서는 개인화된 서비스(personalization)를 제공하여 주 고객층 형성을 강화하고 고객에 대한 사후관리를 통해 이탈고객의 수를 줄이며 기존고객이 우량고객으로 전환하도록 모색한다.

전사적자원관리시스템

전사적자원관리시스템(ERP : Enterprise Resource Planning systems)이란 기업의 모든 사내자원을 효율적으로 관리해 기업운영의 최적화를 돕는 정보시스템이다. 생산, 물류, 회계, 판매/마케팅, 인적자원, 재무관리 등 각 부서에 다루는 데이터를 통합하여 일원화함으로써 기업의 전체 자원을 관리할 수 있는 시스템이다.

과거에는 생산, 판매/마케팅, 회계, 재무 등 각 기능이 개별적인 정보시스템을 통해 관리되어 왔다. 예를 들어 생산활동은 생산정보시스템이, 판매/마케팅은 판매정보시스템 등이 각 해당분야의 데이터를 관리하기 때문에 각 부서단위 중심으로 업무가 이루어졌다. 그러나 부서 간의 정보흐름이 이루어지지 않아 기업의 전반적인 운영상황을 한눈에 살펴보기가 어려운 문제가 있었다. 예를 들어 판매직원이 판매할 제품에 대한 재고상황을 확인하기가 어려운 문제가 종종 발생하였다. 이러한 문제를 해결하기 위한 대안으로 경영활동을 통합하는 방식이 등장하는데, 이를 비즈니스 프로세스(business process)라고 한다. 즉, 업무를 비즈니스 프로세스로 처리한다는 것은 제품이나 서비스를 제공하기 위해 생산, 판매/마케팅, 재무 등의 각 업무를 해당 업무흐름에 맞게 구성하고 조정하는 것을 의미한다. 최상의 업무흐름을 구성하고 조정하는 것을 가능

하게 하는 시스템이 전사적자원관리시스템이다. 흔히 ERP라 불리는 이 시스템은 [그림 11-7]과 같이 회계, 제조, 재무 등 각 부서 간의 비즈니스 프로세스를 전사차원의 정보로 통합함으로써 신속하고 통합된 정보교류를 가능하게 하고, 이를 통해 효율적으로 계획 및 관리하게 하여 기업운영의 효율성 증대에 도움을 준다.

그림 11-7
ERP의 개념도

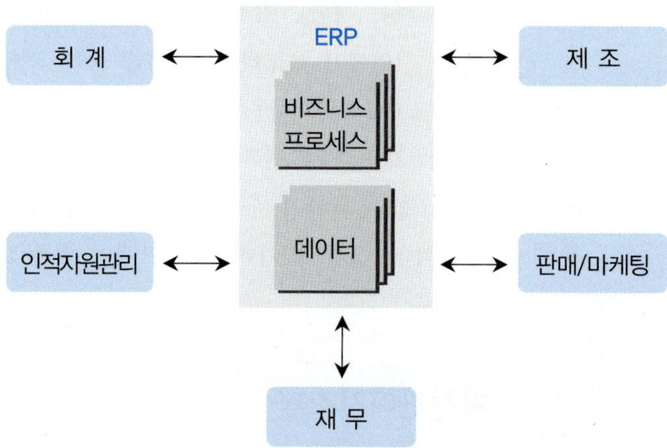

최근에는 ERP를 재무·회계·판매·재고·인사 등 기업의 업무와 관련있는 모든 데이터를 일원화하여 관리하는 정보시스템으로 지칭하고 있으며, 그 의미와 적용성을 고려할 때 기업통합정보시스템, 즉 기업 전체 자원의 효율적 관리시스템 개념으로 보고 있다.

ERP의 발전과정

ERP는 정보기술의 변화에 따라 자연스럽게 대두된 개념으로, 제조업체의 생산부문을 효율적으로 관리하기 위해 등장한 MRP(Material Requirement Planning : 자재소요량계획)에서 출발한다. 1970년대에 등장한 MRP는 당시 기업에서 고민거리였던 재고를 줄일 목적으로 자재수급관리를 지원하는 시스템이었다. 당시 MRP는 생산스케줄링시스템, 자재소요계획시스템, 자재발주시스템의 세 가지 요소로 구성되어 구체적인 제조일정과 자재생산, 조달계획을 계산하는 기법으로 활용되었다.

이후 1980년대에 등장한 MRP Ⅱ(Manufacturing Resource Planning : 생산자원계

획)는 재고뿐만 아니라 생산에 필요한 모든 자원을 효율적으로 관리하기 위한 목적을 가진, 종전 MRP의 확장된 개념이다. MRP Ⅱ는 생산능력계획, 조달예산계획, 재고예산계획, 판매계획 등과의 연동을 구현한 시스템으로 제조자원을 관리하여 원가를 절감시키는 효과가 있었다. MRP Ⅱ에서 보다 확장된 개념의 ERP는 기존의 생산부문을 포함하여 인사, 회계, 영업 등 좀 더 생산관점에서 전사적으로 자원의 효율적 관리를 하는 것이 주목적이었다. 1990년대 들어서 첨단의 정보기술을 기반으로 한 ERP가 출현하면서 기업활동 전반의 모든 업무와 경영자원을 일원화하게 되었다. 2000년대 들어와서는 종전의 기업 내 ERP 개념에서 벗어나 SCM과 CRM 기능을 포함한 ERP 기능의 확장을 추구하고 있다. [그림 11-8]은 ERP의 발전과정을 보여준다.

그림 11-8

ERP의 발전과정

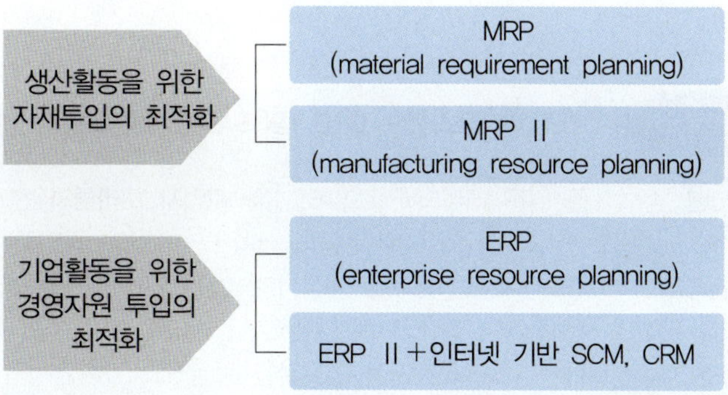

ERP의 구성요소

ERP는 기업규모나 자본, 종업원 수에 따라 차이가 있지만 대개 생산, 물류, 회계, 인사, 공통 부문의 다섯 가지로 구성되고, 〈표 11-1〉에서처럼 이들 각 부문은 업무흐름상 모두 연동되어 있으며 각 부문은 여러 개의 모듈들로 구성되어 있다. 업체에 따라 이 모듈들을 모두 수용하여 구축하거나 자사에서 필요로 하는 모듈만을 선택해 구축하기도 한다.

표 11-1
ERP의 구성요소

부 문	모듈의 기능
생 산	• 생산관리 : 생산계획, 수요관리, 자재소요계획 등 • 품질관리 : 품질계획, 품질검사 및 관련 문서처리 등 • 설비관리 : 설비예방점검, 이력관리, 통계분석 등
물 류	• 영업관리 : 고객문의접수, 배송관리, 판매수준관리 등 • 자재관리 : 구매요청, 발주처리, 재고자산 입출고처리 등
회 계	• 재무회계 : 총계정원장관리, 채권관리, 채무관리, 고정자산관리, 연결회계 등 • 관리회계 : 간접관리부분, 제품원가관리부분, 수익성분석 등
인 사	• 인사관리 : 인사계획, 인사고과, 급여산출, 임금관리, 출장경비관리 등
공 통	• 프로젝트 관리 : 프로젝트 계획, 일정수립 및 관리 등 • 워크플로(workflow) : 전자메일, 전자결제 기능관리 등

더 알아봅시다

DB 1위 오라클↔ERP 1위 SAP… 정면충돌

오는 2025년 '승부처'를 앞둔 데이터베이스(DB) 1위 사업자 오라클과 전사적자원관리(ERP) 1위 사업자 SAP 간 신경전이 고조되고 있다. 차세대 ERP 제품의 타사 DB 지원을 중단하기로 한 SAP는 기존 ERP 제품 'R3'의 유지 관리(SI) 서비스도 2025년 종료할 예정이다. 이에 따라 오라클 DB와 SAP ERP를 겸용하는 기업들은 SAP의 DB와 ERP를 채택하거나, 타 ERP로 전환하거나, 제3의 SI 업체와 계약해야 할 상황에 놓여 있다.

양사 모두 각 분야에서 압도적인 시장 점유율을 보유하고 있어 이 같은 상황에 처한 기업이 적지 않다. 2025년까진 6년여의 시간이 남아 있다. 기업 IT 인프라 전환에 소요되는 시간과 비용 등을 고려하면 이는 넉넉한 기간이 아니라는 게 업계 견해다. 선택권을 제한하는 락인(lock-in) 정책이라 비판하는 오라클 논리와, 최적화된 ERP 성능을 보장하기 위한 정책이라는 SAP 논리가 맞선다.

• **"비싼 오라클 DB 탈피하려는 심리 작용"**

지난해 국내 출시된 SAP 차세대 ERP 'SAP S/4 HANA'는 머신러닝, 인공지능(AI) 등 신기술을 탑재한 ERP다. ▲전자세금계산서 발행 ▲전자세금계산서 신고를 위한 엑셀 파일 발행 ▲매출처별, 매입처별 세금계산서 합계표, 계산서 합계표, 수출실적 명세서 등 부가세 신고 레포트 ▲사업소득, 기타 소득 원천징수 영수증 ▲유무형 고정자산 감가상각비 조정 명세서, 선급금, 기부금, 접대비 등 법인세 부속 명세서 기능 등을 제공한다.

SAP S/4 HANA는 SAP 인메모리 DB 'SAP HANA'를 기반 플랫폼으로 작동한다. 이에 대해 회사는 열(Column) 기반 데이터 저장 방식을 취하는 SAP HANA가 뒷받침돼야 차세대급 ERP 성능을 구현할 수 있다고 강조하고 있다. 업계에 따르면 삼성전자, 현대건설기계, 현대일렉트릭, 경인양행, 웅진, 미미박스 등 기업들은 SAP S/4 HANA를 채택하기로 했다. 기업들이 SAP S/4 HANA를 채택하는 배경에는 오라클의 DB 가격 정책에 대한 불만이 반영됐다는 분석도 제기된다. 업계 관계자는 "오라클 DB에 대한 SI 비용이 매해 비싸지는 것에 대한 업계 불만이 만연했던 것으로 안다"며 "이 때문에 탈(脫) 오라클을 선택하는 기업도 적지 않을 것"이라고 말했다.

• "SAP DB 강요 불만 갖는 고객사도 있다"

오라클이 가장 문제 삼는 부분은 고객사의 선택권 제한이다. 제품 성능의 우위가 아닌, ERP 영향력을 토대로 DB 시장 점유율을 늘리고자 하는 전략을 고객사가 달가워하지 않는다는 것. 오라클 관계자는 "DB는 기업에게 있어 중요한 자산이자 정보인데 검증되지 않은 제품을 사용한다는 건 부담스러운 선택"이라며 "일부 고객사는 이에 대해 불만도 표하고 있다"고 말했다. 이 때문에 실제 2025년 이후 SAP HANA로의 이전을 택하는 고객사는 많지 않을 것으로 봤다. 이 관계자는 "DB를 다룰 인력 채용, 관련 유지보수 등 기업은 DB 선택에 져야 하는 부담이 있다"며 "오라클 DB의 경우 가격 경쟁력을 이유로 선정되지 않은 적은 있어도 성능에 있어선 업계가 인정하고 있다"고 덧붙였다. 지난 14일(미국시간) 마크 허드 오라클 최고경영자(CEO)는 인터뷰를 통해 SAP의 DB 지원 중단 정책에 대해 동의하지 않는다고 밝히기도 했다. (지디넷코리아, 2019.2.20)

지식관리시스템

최근에 기업은 경쟁에서 우위를 점하기 위해 핵심역량에 집중하는 경향이 뚜렷이 나타나고 있다. 기업에서 핵심역량은 지식자산을 의미한다. 지식은 기업이 경쟁력을 유지하고 시장에서 성공을 거두는 데 밑거름이 되기 때문에 기업들은 지식을 생산하고 수집하며 저장하여 전파하려는 지식관리를 진행하고 있다. 지식은 다른 기업이 모방할 수 없기에 기업의 경쟁력 제고에 중요한 요소이다. 따라서 지식을 효율적으로 관리하고 지속적인 지식경영을 위해서 이를 지원해 주는 시스템이 필요한데, 이를 지식관리시스템(KMS : Knowledge Management Systems)이라고 한다. 지식관리시스템은 기업 내 사람들이 기업의 비즈니스 지식을 생산하고 정리하며 전파할 수 있도록 해주는 정보시스템으로 기업이 가지고 있는 가치를 극대화시킬 수 있다는 특성을 가지고 있다. 지식관리시스템의 대표적인 요소로는 전자회의시스템이나 그룹웨어 등이 있다.

전자회의시스템은 근거리통신망으로 연결된 PC를 통해 전자토의방식의 회의를 진행할 수 있도록 지원하는 시스템이다. 이 시스템을 활용하여 아이디어를 도출하고 이를 정리 분류하여 전자투표방식을 통해 아이디어의 우선순위를 결정하게 하는 기능이 있다. 또한 그룹웨어(groupware)란 부서나 팀으로 구성된 조직의 구성원들이 효과적으로 의사소통이나 정보를 공유할 수 있도록 지원해 주는 정보시스템이다. 과거 회의에서 많은 시간을 할애하는 등의 시간적

손해를 줄여주어 업무의 효과성과 효율성을 제고할 수 있다는 특징이 있다.

일반적으로 지식관리시스템의 기술적 요소는 지식창출 및 획득기술 측면과 지식공유 및 교환 측면에서 살펴볼 수 있다.

- 지식창출 및 획득기술 측면 : 기업이 필요로 하는 지식을 창출하거나 획득하는 데 이용되는 기술적 도구는 워크플로, 전자회의 등이 있다. 워크플로(workflow)시스템은 기업 전반에 관련된 지식을 포착하는 데 이용되는 정보시스템이다.
- 지식공유 및 교환 측면 : 기업 구성원들 간에 지식을 공유하거나 서로 교환하는 대표적인 정보시스템으로 전자문서관리, 그룹웨어, 인트라넷 등이 있다. 전자문서관리시스템이란 기업 내 존재하고 있는 문서를 모두 디지털화하는 도구로서, 여러 유형의 문서들을 통합적으로 관리하는 시스템이다. 이 외에 그룹웨어나 인트라넷의 경우, 기업 구성원들 간에 정보를 공유하고 교환하는 데 초점을 둔 지식공유지원시스템이다.

더 알아봅시다 **클라우드로 가는 비즈니스 애플리케이션**

모바일과 클라우드가 개인의 생활패턴만 바꾼 건 아니다. 슬랙이나 스윗 같은 커뮤니케이션 툴들이 기업 내 소통을 쉽게 하며 업무의 속도와 유연성을 높이기 시작했고, 세일즈포스나 워크데이는 기존에는 아주 진지하고 무거운 비즈니스 애플리케이션만이 처리할 것으로 여겨졌던 재무, 인사와 영업 프로세스를 모바일과 멋진 UI를 통해 처리할 수 있게 해 준다. 이렇게 쿨한 기술들 사이에서 ERP의 혁신을 얘기하는 건 자칫 지루하게 느껴질지도 모르겠다. 사용자에게 친절하지 않았던 UI와 수많은 인터페이스를 요구했던 전통적인 온프레미스 ERP를 떠올리는 사람들에겐 더욱더. 하지만 ERP는 여전히 회사의 가장 중요한 시스템 중 하나의 지위를 잃지 않고 디지털 혁신의 백본을 담당한다.

- **디지털 혁신에서 비즈니스 코어 프로세스와 시스템(ERP)의 중요성**

모바일 앱으로 주문받고 드론이 30분 만에 배달하는 멋진 디지털 경험의 예를 들어보자. 심플한 UX를 갖춘 모바일 앱과 충분한 배터리와 목적지를 찾아가는 자율주행기술을 탑재한 드론 기술이 제일 먼저 떠오른다. 그런데 사실 주문한 제품을 드론이 고객에게 배달하기 위해서는 수많은 업무들이 그 뒤에서 돌아가야 한다. 배송지에 따라 어떤 출하 장소에서 드론이 떠야 하는지, 출하 장소에 고객이 필요로 하는 사양의 상품의 재고는 충분한지 실시간으로 파악되고 결정되어야 한다. 기존 주문 데이터로부터 다양한 제품의 수요를 예측하고 그에 따라 구매 혹은 생산계획을 세워서 재고를 확보해야 한다. 이 모든 일들이 아주 빠르게 일어나야 주문 30분 만에 드론이 물건을 앞마당에 내려놓는 멋진 혁신이 완성된다. 결국 기업의 핵심 프로세스인 개발, 구매, 제조, 물류, 마케팅, 판매, 서비스 프로세스가 뒷받침되지 않으면 디지털 혁신의 고객 혁신은 프론트엔드의 경험으로

만 제한될 위험이 클 터이다.

• 클라우드 환경으로 달려가는 ERP

이렇듯 ERP가 비즈니스 크리티컬한 시스템이기에 그동안은 혁신이나 유연성보다는 안정성을 최우선으로 한 보수적인 접근방법이 일반적이었다. 이제는 국내에서도 보편화되고 있는 클라우드 인프라로 IT자원을 옮길 때도 ERP는 항상 이관 로드맵의 가장 끝에 있기 일쑤이다. 클라우드의 안정성과 중요한 기업의 핵심 데이터의 보안에 대한 우려가 가장 큰 이유였다. 일반적으로 ERP에 필요한 IT자원은 예측 가능한 범위 내에 있었기에 클라우드 환경의 가장 큰 이점 중 하나인 IT자원의 유연성이 전통적인 ERP에는 큰 영향이 없는 점도 클라우드 전환에 대한 필요성을 희석시켰다.

이제 이런 ERP와 같은 핵심 애플리케이션이 클라우드로 넘어가는 경향이 뚜렷해지고 있다. 최근 Cloud Security Alliance의 설문 조사 결과에 따르면 70%에 가까운 기업들이 ERP를 클라우드 환경으로 이미 이관 중이거나 이관에 대한 구체적인 계획을 가지고 있다고 대답했다. 클라우드 이관의 가장 큰 이유로는 신기술 수용과 비용 절감을 꼽았다.

SAP ERP를 아마존 웹서비스(AWS) 클라우드 인프라로 전환하는 사례도 늘어나고 있다. 미국 방산회사 록히드마틴이 SAP ERP on HANA를 AWS 클라우드 인프라로 구축하는 등 ERP/하드웨어 교체시기가 되거나 새로이 ERP를 구축하는 프로젝트는 클라우드 환경이 일반화되어가고 있다. 국내에서도 LS글로벌 등 40개 이상의 기업이 이미 SAP on AWS로 이관 운영 중이고 클라우드 인프라 MSP 회사 메가존 클라우드는 최근에 매트리스 혁신 회사 지누스의 ERP를 AWS 클라우드 환경에 성공적으로 구축하기도 했다.

이렇듯 미션 크리티컬 시스템인 ERP가 급격히 클라우드 인프라로 전환하는 이유는 무엇일까.

이제는 필수가 되어버린 디지털 혁신이 그 첫째 이유이다. 앞서 드론 시나리오뿐 아니라 IoT로 폭발적으로 증가한 빅데이터를 머신 러닝을 통해 분석하고 의사결정하는 등 다양한 신기술이 기업의 핵심 프로세스와 통합되어야 디지털 혁신이 완성된다. 이를 위해서는 ERP 등 핵심 엔터프라이즈 애플리케이션과 다른 시스템들이 데이터와 프로세스 모두 유기적으로 연결되어야 하고 그에 따라 IT 시스템 자원 유연성과 최신 기술을 유지하는 것이 매우 중요해졌다. SAP가 HANA와 같은 혁신 애플리케이션 기술들을 지속적으로 도입하는 상황에서 장비와 애플리케이션 기술이 손잡고 항상 최신 기술을 손실 없이 도입하기 위해서는 클라우드 환경이 필수다.

둘째, 핵심 비즈니스에 대한 IT 지원과 그에 따른 비용을 절감하기 위해서 클라우드가 필요하다. 비즈니스 환경의 변화 속도는 계속 가속화되고 그에 대응하기 위해 IT기술의 역할은 더욱 커져만 간다. 빈번히 일어나는 인수합병과 글로벌 해외 지사의 적시 지원에는 클라우드 인프라는 필수적이다. 실시간으로 바뀌는 시장의 요구사항을 모바일 앱에 고객 경험으로 담아내는 데 클라우드 인프라는 필수적이다. 디자인 싱킹 등 소규모의 파일럿을 통해 리스크를 줄이고 비즈니스의 혁신을 이끌어내는 방법론에 클라우드 인프라는 필수적이다. 주변 환경을 구축하고 관리하는 데 시간과 돈과 노력을 줄이고 비즈니스의 핵심에 집중하려면 클라우드 인프라는 필수적이다.

마지막으로 그동안 우려되었던 클라우드의 안정성과 보안에 대한 우려가 해소되었기 때문이다. 하늘은 무너지지 않았고 클라우드의 안정성과 보안은 온프레미스에 비해 오히려 강화되어 왔다. 클라우드로 전환하면서 오히려 보안에 이점이 발생한다. 클라우드 보안 인프라의 접근성은 높아진다. 클라우드 서비스 제공자와 전문 보안 솔루션을 즉시 시스템에 적용할 수 있다. 클라우드 환경에서는 외부의 위협으로부터 더 전문적인 인프라 방어가 가능하다. 은행이 집보다 안전하다. ERP를 위한 보안 영역으로는 IAM, Firewalls, vulnerability Assess, IDS/IPS 등이 가장 중요하게 꼽히는데 대형 클라우드 인프라 제공 벤더와 새로운 클라우드 보안 솔루션들의 경험과 기술은 진화하고 있고 클라우드 MSP 회사가 이를 통합하여 보안의 수준을 높이고 있다. 메가존 클라우드가 AWS상의 SAP HANA인프라를 보호하기 위해 구성한 서비스가 한 예이다. AWS상의 ElasticSearh 서비스를 이용하여 로그 데이터를 통합하고 GuardDuty를 이용하여 내외부의 위협 현황을 가시화하여 OS단부터 애플리케이션까지 통합 모니터링한다.

변화의 속도를 높이기 위해 비즈니스 애플리케이션의 클라우드 전환은 필수적이다. (전자신문, 2019.2.20)

4 정보시스템의 구축방법

기업에서 활용되는 정보시스템이 성공적이기 위해서는 정보시스템의 성공적인 구축과 원활한 운영 및 유지관리가 필요하다. 정보시스템을 구축하는 방법에는 크게 세 가지가 있다. 시스템 수명주기, 프로토타이핑 방식, 전문 소프트웨어 패키지 도입이 그것이다.

시스템 수명주기

정보시스템은 생명체와 같아서 수명주기를 가지고 있는데, 탄생하고 자라며 성숙해지고 기능을 발휘한 뒤 궁극적으로 최후를 맞는다. 이러한 정보시스템의 변화과정을 시스템 수명주기(SDLC : System Development Life Cycle)라고 한다. 시스템 수명주기의 단계는 시스템 계획→시스템 분석→시스템 설계→시스템 구현→시스템 유지보수의 단계로 구성된다. 기업의 정보시스템이 그 유용성을 다하면 교체되는데, 이 시점부터는 새로운 정보시스템을 도입하기 위해 조사단계에서부터 새로운 수명주기가 시작된다. 이들 다섯 단계를 살펴보면 [그림 11-9]와 같다.

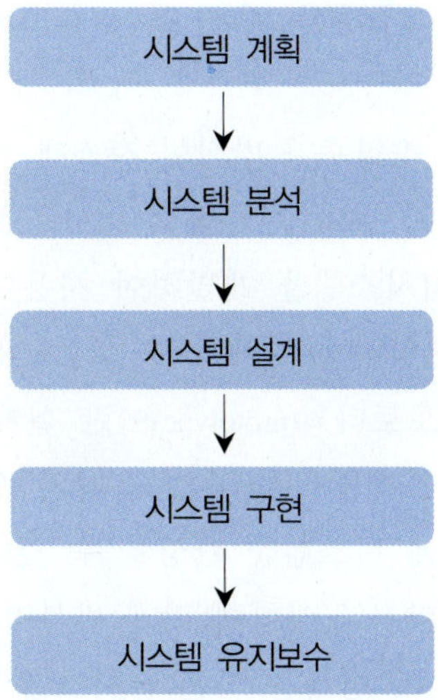

그림 11-9
시스템 수명주기

- **시스템 계획**(plan) : 새로운 시스템에 대하여 계획하는 단계이다. 이를 위해 시스템 개발에 대한 타당성 조사가 이루어지는데, 기술적으로 정보시스템 도입이 타당한지, 새로운 시스템에 대한 사용자의 목적과 일치하는지 그리고 개발될 시스템의 경제성이 있는지 등을 살펴본다.
- **시스템 분석**(analysis) : 기존 시스템에 대한 분석을 통해 새롭게 도입될 정보시스템의 성능을 결정하는 단계로, 직원들의 면담이나 질문조사 등을 통해 자료를 수집한다.
- **시스템 설계**(design) : 새로운 시스템을 설계하는 단계로, 시스템 구현에 필요한 장비를 선택하고 새 프로그램과 데이터베이스의 구현을 명세화한다.
- **시스템 구현**(implementation) : 새롭게 설계된 시스템을 현재 업무 프로세스에 적용시키는 단계이다.
- **시스템 유지보수**(operation and maintenance) : 새롭게 도입되어 사용되고 있는 시스템이 효율적으로 작동하고 있는지 확인하는 단계이며, 시스템에 대한 문제점이 노출되었는지를 확인하여 필요에 따라 보수작업을 하는 단계이다.

프로토타이핑 방식

시스템 수명주기 방식이 시스템 계획단계부터 시스템 유지 및 보수단계까지의 체계적인 절차에 의해 정보시스템을 개발한다면, 프로토타이핑 방식은 견본으로 간이시스템을 개발하여 사용자들에게 제시함으로써 사용자의 요구사항을 보다 분명하게 파악할 수 있는 방법이다.

프로토타입(prototype)이란 실제 사용할 시스템의 특성을 중심으로 제작된 간이시스템을 말한다. 사용자의 요구사항을 그때그때 적용할 수 있기 때문에 신속하게 시스템을 완성할 수 있다는 특징이 있다. 이러한 간이시스템을 통해 사용자의 요구사항에 맞게 반복적으로 수정하는 과정을 거쳐 시스템을 완성해 나가는 이 방식은 기존의 시스템 수명주기 방식이 가지고 있는 단점인 승인절차가 많고 장기간의 개발기간이 소요된다는 문제점을 극복할 수 있어 최근에 많이 이용되고 있다.

[그림 11-10]은 프로토타이핑 개발방식을 나타내며 구체적인 내용은 다음과 같다.

- 기본적인 요구사항 파악 : 시스템을 설계할 요원이 사용자를 만나 시스템의 정보요구사항을 파악하여 이를 토대로 시스템의 주요 기능을 결정하는 단계이다.

그림 11-10
프로토타이핑 개발방식

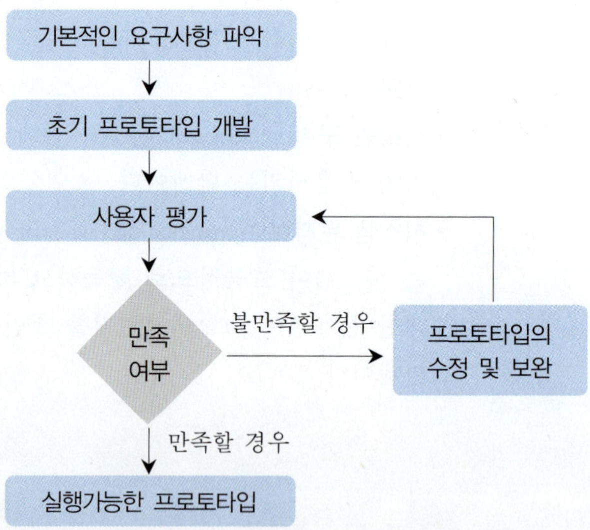

- 초기 프로토타입 개발 : 이전 단계에서 파악된 사용자의 요구사항을 토대로 프로토타입을 개발하는 단계로 보통 1주일 정도 소요된다.
- 사용자 평가 : 사용자가 초기 개발된 프로토타입을 사용해 보고 시스템에 대한 평가를 내리는 단계이다.
- 프로토타입의 수정 및 보완 : 사용자의 지적사항을 반영하여 다음 버전을 개발하는 단계이다.
- 실행가능한 프로토타입 : 사용자의 요구사항이 충분히 반영된 단계이며, 최종산출물이 된다.

이처럼 프로토타이핑 방식은 기존의 시스템 수명주기 방식이 가지고 있는 문제점을 해결하기 위한 대안이 될 수 있다. 정보시스템을 개발하는 데 있어 사용자의 직접적인 참여를 높이고 이들의 요구사항을 파악해 나가므로 실제 사용자가 원하는 시스템을 구축할 가능성이 시스템 수명주기 방식보다 상대적으로 높다.

전문 소프트웨어 패키지 도입

기업에서 사용되는 정보시스템을 반드시 직접 개발할 필요는 없다. 직접 개발하는 대신에 상용화된 전문 소프트웨어 패키지를 도입해서 활용하는 방안도 있다. 외부전문업체에서 소프트웨어 패키지를 도입할 때 요구사항을 결정하는 등의 단계를 거치고 난 후 상용화된 소프트웨어 패키지를 도입하게 된다. 대표적인 전문 소프트웨어 패키지로는 전사적자원관리(ERP : Enterprise Resources Planning)가 있다. ERP는 기업의 생산, 자재, 영업, 인사, 회계 등과 같은 경영활동 전반에 걸친 업무를 통합적으로 관리해 주는 패키지이다. 전문 소프트웨어 패키지를 사용하는 경우, 초기에 패키지의 내용이나 기능을 이해하는 데 시간이 다소 필요하지만 이미 개발된 시스템을 이용하는 것이므로 전체적으로 개발기간을 단축할 수 있으며, 사용자의 요구사항도 쉽게 수용할 수 있다. 또한 패키지에는 선진의 우수한 경영 노하우가 이미 구축되어 있기 때문에 패키지 적용을 통한 경영혁신도 구현할 수 있다.

ERP와 같은 전문 소프트웨어 패키지를 성공적으로 도입하는 경우에는 자체개발보다 훨씬 단기간에 정보시스템을 구축할 수 있으며, 유지 및 보수비용도 작게 든다. 그러나 시스템 개발의 부담이 적어지는 대신에 소프트웨어 전문업체에 구속되는 문제가 발생한다는 단점도 있다.

5 e-비즈니스와 e-커머스

컴퓨터와 네트워크의 발전은 전 세계적으로 인터넷의 확산을 주도하여 ITU에 따르면 2016년 전 세계 인구의 거의 절반 정도인 34억 명이 한 달에 한 번 이상 인터넷을 사용한 것으로 분석된다. 이러한 인터넷의 약진은 기업활동에 큰 영향을 미쳤다. 소위 디지털 혁명이라고도 하는 이 현상은 기업활동을 전자화시키는 e-비즈니스 시대로 전환하게 만들었다. 전자상거래 분야의 예를 들면 2015년 1조 5,480억달러(약 1,259조 3,290억원, 전 세계 소매거래의 7.4%)에 머물렀던 전 세계 전자상거래 시장 규모는 오는 2020년 4조 580억달러(약 3,301조 7,511억원, 전 세계 소매거래의 14.6%) 규모로 성장할 전망이다. 최근에는 대다수 전통적인 기업들이 인터넷 기반 기술을 활용하여 e-비즈니스 기업이 되고 있다. 이러한 현상을 e-트랜스포메이션(e-transformation)이라고도 한다. 그렇다면 기업들이 왜 e-비즈니스를 하려 하는가? e-비즈니스는 소비자에게 많은 혜택을 제공해 줄 뿐만 아니라 기업의 체질을 개선하고 경쟁력을 확보할 수 있는 대안이기 때문이다.

e-비즈니스(e-business)란 인터넷 기반의 정보기술을 활용하여 상거래활동, 기업 내부의 의사소통과 협업, 비즈니스 프로세스를 지원하는 것을 의미한다. 즉, 사이버 공간에서 인터넷을 매개로 하여 이루어지는 상거래 행위와 지원활동을 일컫는다. 반면에 e-커머스(e-commerce)는 전자매체를 활용한 상거래로, 제품, 정보, 서비스 등의 구매와 판매를 인터넷을 기반으로 행하는 것을 의미한다. 인터넷 쇼핑몰이 그 대표적 예이다.

최근까지도 e-비즈니스와 e-커머스는 인터넷을 기반으로 행해지는 기업활동이라는 공통점 때문에 그 개념이 혼재되어 거의 동일하게 사용되어 왔다. 그러나 엄밀히 따지면 이 두 개념은 경영활동을 지원하는 범위에 따라 그 차이가 명확히 구분된다. e-비즈니스는 기업의 모든 경영활동을 지원하기 위해 인터넷 기술을 이용하는 것인 데 반해, e-커머스는 인터넷 기술을 활용하여 판매와 마케팅 활동만을 지원하는 것이다. 따라서 e-비즈니스는 e-커머스를 포함하는 광범위한 개념으로 이해해야 한다.

e-비즈니스 모델

일반적으로 기업이 성공적인 경영활동을 수행하기 위해서는 자사의 상황에 적합한 유형의 사업모델이 필요하다. 특히 오늘날과 같은 극심한 경쟁체제와 다양한 고객들의 요구에 대응하기 위해서는 기업이 수입을 낼 수 있는 비즈니스 모델이 더욱 요구된다.

비즈니스 모델(business model)이란 간략히 말하자면 이익을 내기 위해 사업활동을 수행하는 방식을 의미한다. 즉 기업이 사업을 영위해 가는 방식으로, 특정기업이 주력하고자 하는 목표고객이 누구이며, 어떠한 제품과 서비스를 제공하여 어떻게 돈을 벌 것인가를 결정하는 것이라 할 수 있다. 따라서 e-비즈니스 모델은 인터넷 기술을 활용하여 수익을 창출해내는 방식이라고 정의할 수 있다. e-비즈니스 모델에 대한 여러 유형들은 많은 학자들에 의해 분류되었으나 크게 소매모델, 중개모델, 콘텐츠 서비스 모델의 세 가지 유형으로 구분될 수 있다.

소매모델

소매모델은 온라인상에서 최종 소비자들에게 제품을 판매하는 비즈니스 모델이다. 판매 사이트를 인터넷상에 구축하고 사이트를 운영하는데, 사이트 운영방식에 따라 온라인 소매, 온·오프라인 소매, 직접판매 모델로 구분된다. 온라인 소매모델은 e-테일러(e-tailer)라고도 하며, 순수 온라인상에서만 존재하는 상점이다. 미국의 아마존(www.amazon.com), 국내 인터파크(www.interpark.com)와 같은 쇼핑몰이나 닷컴기업이 이에 해당된다.

다음으로, 온·오프라인 소매모델은 클릭 앤 모타르(click and mortar)라고도 불리며 과거 전통적인 오프라인 매장을 가지고 있으면서 온라인 판매도 하는

그림 11-11
아마존 : 소매모델의 예

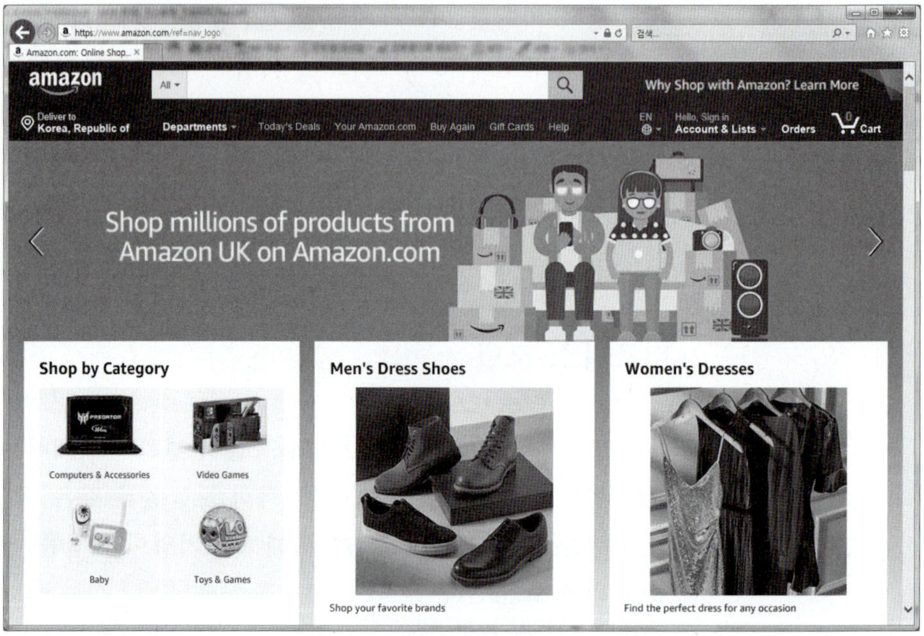

상점을 말한다. 이렇게 온·오프라인을 병행할 경우, 두 판매유통 채널을 통해 시너지효과를 기대할 수 있다. 온·오프라인 소매모델의 예로 미국에는 반스앤노블(www.barnesandnoble.com), 국내에는 백화점들이 운영하는 온라인 쇼핑몰 등이 있다. 마지막으로 직접판매모델(direct model)은 제조업체가 생산을 마친 제품을 유통업체를 거치지 않고 직접 온라인을 통해 판매함으로써 불필요한 유통비용을 절감할 수 있는 비즈니스 모델로, 델 컴퓨터(www.dell.com) 등이 이에 해당된다.

중개모델

중개모델은 구매자와 판매자를 서로 소개해 주고 거래를 활성화시켜 주는 역할을 하는데, 이때 구매자와 판매자를 연결해 주는 사이트가 이에 해당되며, 이러한 사이트를 중개자(intermediary)라고 한다. 이들 중개 사이트는 주로 구매자와 판매자 간의 중개역할을 수행하며 성사된 거래에 대해 수수료를 받는다. 중개모델의 대표적인 유형으로는 e-마켓플레이스, 경매중개, 거래중개, 정보중개, 검색에이전트가 있다.

e-마켓플레이스(e-marketplace)는 가상공간의 상거래를 위한 시장으로, 웹 사

이트상에서 다수의 구매자와 다수의 판매자가 모여 거래를 할 수 있는 공간이다. 주로 기업과 기업 간 거래를 위주로 이루어지며 시장조사에서 가격협상 및 제품발주에 이르기까지 기업의 주문처리 프로세스와 관련된 정보 및 서비스를 제공하는 것이 장점이다. 경매중개(auction broker)는 흔히 우리가 알고 있는 인터넷 경매로 순경매, 역경매, 공동구매 등 다양한 형태의 경매방식이 존재하고 있다. 대표적으로 이베이(www.ebay.com)가 이에 해당한다. 거래중개(transaction broker)는 판매자와 구매자 간 거래를 성사시키기 위해 필요한 지불정보서비스 또는 대금결제서비스 등의 정보를 제공하는 것으로 대표적으로 페이팔(www.paypal.com)이나 에스크로 등이 이에 해당된다. 다음으로 정보중개(information broker)는 구매자들이 제품을 구매하는 데 필요로 하는 정보를 얻기 위해 방문할 수 있는 사이트를 의미하는 것으로 해당 사이트는 판매자의 제품이나 서비스 광고를 사이트에 게시하거나 소개에 대한 판매자 수수료를 부과하여 수익을 발생시키는 특징이 있다. 마지막으로 검색에이전트(search agent)란 구매자의 요청에 따라 제품의 가격이나 재고 여부를 자동으로 찾아내주는 소프트웨어 에이전트로 이용자의 정보탐색시간을 줄여주는 데 목적이 있으며 대표적으로 가격 비교 사이트인 다나와(www.danawa.com) 등이 이에 해당한다.

그림 11-12
옥션 : 중개모델의 예

콘텐츠 서비스 모델

콘텐츠 서비스 모델은 이용자들이 관심을 가질 만한 콘텐츠를 구축하여 관심을 가지고 있는 이용자들이 사이트에 방문하도록 유도하는 방식이다. 대표적으로 포털사이트와 콘텐츠 제공자가 이에 해당된다. 먼저 포털사이트는 네이버(www.naver.com), 다음(www.daum.net) 등이 해당되며 뉴스, 오락 등 다양한 콘텐츠를 지속적으로 업데이트하여 제공하는 것이 특징이다. 다음으로 콘텐츠 제공자를 살펴보면, 뉴스, 사진, 음악, 게임 등의 전문콘텐츠를 웹사이트에 구축해 놓고 이를 필요로 하는 이용자들에게 제공하여 수익을 창출해내거나 광고 배너 판매를 통해 수익을 발생시키는 모델로 엠엘비파크(mlbpark.donga.com) 등이 이에 해당된다.

그림 11-13 다음 : 콘텐츠 서비스 모델의 예

e-커머스의 유형

e-커머스는 인터넷기술을 기반으로 제품이나 서비스를 구매 및 판매하는 활동을 의미한다. e-커머스는 거래하는 당사자가 누구냐에 따라 기업-소비자 간, 기업-기업 간, 소비자-소비자 간 비즈니스의 세 가지 형태로 구분할 수 있다.

- 기업-소비자 간(B2C : Business to Consumer) e-커머스 : 기업-소비자 간 e-커머스는 B2C e-커머스라고도 하며, 주로 인터넷쇼핑몰의 형태로 이루어지고 있다. B2C e-커머스는 웹사이트에서 제품광고는 물론 제품판매와 고객서비스 등을 위주로 이루어지는 것이 특징이다. 따라서 온라인 고객들이 웹사이트에 재방문할 수 있도록 웹사이트를 관리해 나가는 것이 매우 중요하다. 이를 위해서는 웹사이트 시스템의 성능수준을 높이고, 온라인 고객들이 함께 모여 자신들의 구매경험에 관한 정보를 공유할 수 있도록 커뮤니티(community) 공간을 제공해 주어야 한다. 또한 온라인상에서 이루어지는 대금결제와 관련된 개인정보 유출에 대한 보호와 제 때에 배달될 수 있는 배송체계를 갖추어 온라인 고객들로 하여금 신뢰(trust)를 확보해야 한다.

그림 11-14 인터파크 : B2C e-커머스의 예

- 기업-기업 간(B2B : Business to Business) e-커머스 : 기업-기업 간 e-커머스는 흔히 B2B e-커머스라고도 불리며, 대개 기업 내부의 거래가 원활히 이루어질 수 있도록 원재료나 부품이 구입되는 등의 거래활동이 중심을 이룬다. 여기서의 거래활동에는 부품이나 원재료의 조달, 유통, 물류 활동 등이 포함되며, EDI(Electronic Data Interchange : 전자적 문서교환)를 통해 기업과 공급업체들 간에 문서를 전자적으로 교환하는 것이 특징이라 할 수 있다. EDI는 주로 유통업체, 제조업체와 같이 서로 교환하는 문서가 많은 기업에서 문서의 작성과 전달과 관련된 편이성과 불필요한 비용을 줄이기 위해서 이용되어 왔으나 최근에는 이를 기반으로 기업 간 정보·판매·유통채널을 공유하기도 한다. 또한 최근에는 e-마켓플레이스라는 개념이 등장하여 [그림 11-15]와 같이 판매기업들과 구매기업들을 온라인상에서 서로 연동하여 제품이나 서비스를 판매 및 구매할 수 있도록 하는 중개형태가 나타나게 되었다. e-마켓플레이스 웹사이트에서는 제품에 대한 정보가 제공되며, 거래가 이루어지면 거래 수수료에 의해 수익이 발생하게 된다.
- 소비자-소비자 간(C2C : Consumer to Consumer) e-커머스 : 소비자-소비자 간 e-커머스는 흔히 C2C e-커머스라고도 하며 말 그대로 인터넷이라는 매체를 통해 소비자와 소비자 간의 거래가 형성되는 경우를 의미한다. 소비자는 공급의 주체이면서 동시에 수요의 주체가 되기도 한다. 대표적인 예로 이베이(www.ebay.com)나 옥션(www.auction.co.kr)과 같은 경매사이트들을 말한다.

그림 11-15
e-마켓플레이스의 개념

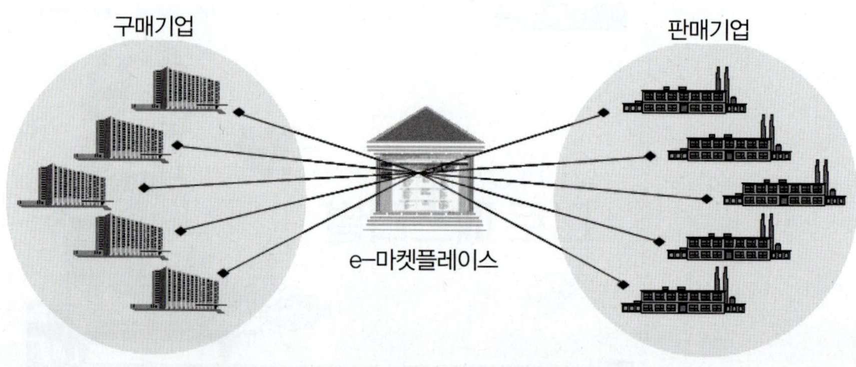

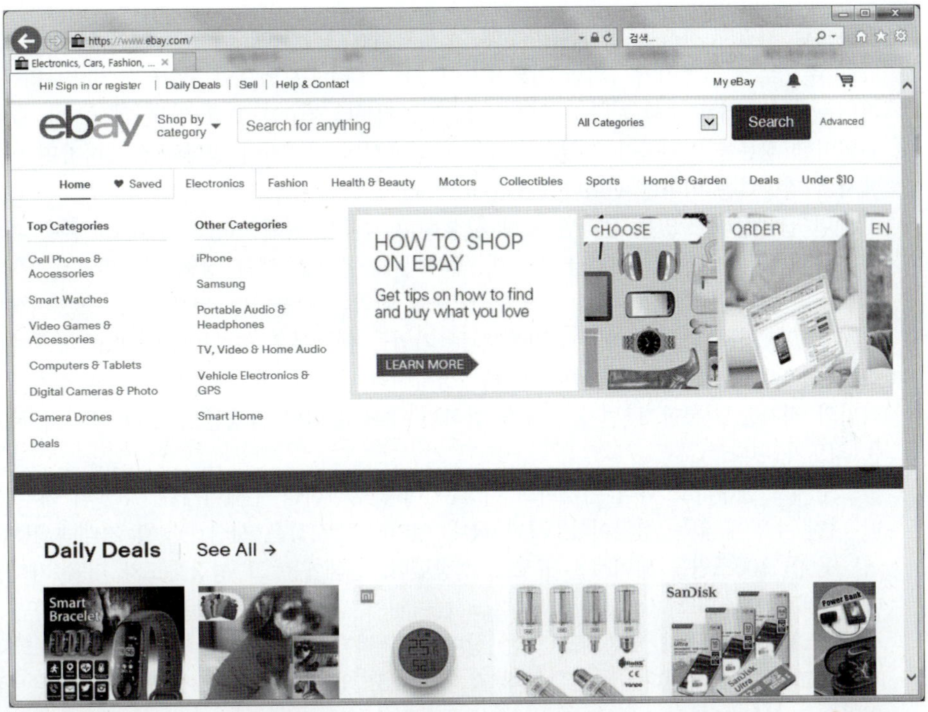

그림 11-16

이베이 : C2C e-커머스의 예

사례 대한민국 경영현장 온라인 쇼핑 大전쟁 시작 '大기업 VS e커머스' 승자는?

이커머스가 빠른 속도로 성장하고 있다. 지난 2017년 국내 이커머스 시장의 총거래액은 91조원으로 집계되고 있는데, 이는 불과 4년 전인 2014년의 45조 3,000억원의 두 배에 이른다. 작년에 국내 이커머스 시장의 성장세는 더욱 커져 산업통상자원부 통계에 따르면 110조원을 돌파한 것으로 집계되고 있다. 정체된 오프라인 유통시장과는 달리 온라인, 모바일 쇼핑은 해가 지날수록 빠른 속도로 성장하고 있으며, 유통시장에서 이커머스가 새로운 경쟁의 핵으로 떠오르고 있는 실정이다.

스마트폰의 확산은 다양한 산업에 영향을 미쳤다. 단순히 스마트폰이라는 단말기의 보급으로 휴대폰의 종류가 바뀐 것을 넘어서, 스마트폰을 이용하고 있는 사용자들의 행태가 바뀌고 있기 때문이다. 그 중에서도 특히나 드라마틱하게 변화하고 있는 것이 사람들의 소비행태다. 모바일 단말기로 물품을 구매하는 모바일 쇼핑이 빠른 속도로 늘고 있는데, 모바일 쇼핑 거래액은 작년 34.6%의 증가세를 이룬 것으로 집계되고 있다. 모바일 쇼핑의 증가가 온라인 쇼핑 전체의 성장을 견인하는 추세로, 현재 온라인 쇼핑 거래액 중 모바일 쇼핑의 비중이 61.1%에 달하는 것으로 나타나고 있다. 비교적 낮은 연령대가 주를 이뤘던 온라인 쇼핑 비중은 최근 3년 동안 40대 이상이 크게 늘어나는 추세이기에, 앞으로도 연령대의 확대를 통해 전체 거래액과 전체 쇼핑에서의 비중도 크게 증가할 것이 예측된다.

이처럼 크게 성장하고 있는 국내 이커머스 시장은 현재 온라인 쇼핑을 전문으로 취급하는 기업들이 높은 점유율을 차지하고 있다. 지마켓과 옥션을 운영하고 있는 이베이코리아와 11번가가 오픈마켓 플랫폼으로 치열한 경쟁을 펼치는 가운데, 소셜커머스 3사가 그 뒤를 빠른 속도로 쫓고 있다. 독립 서비스 기준으로는 11번가가 1위의 점유율(8.1%)을 기록하고 있으며, 옥션과 지마켓을 합쳐 이베이코리아가 13.5%를, 뒤를 쿠팡(7.1%), 위메프(4.3%), 티몬(3.3%)이 쫓고 있는 형국이다. 롯데와 신세계 또한 유의미한 점유율을 기록하고 있으나, 오프라인에서의 절대적인 영향력에 비하자면 아직 이커머스 경쟁에서의 영향력은 미미한 편이다.

매년 급성장하고 있는 온라인 쇼핑 시장을 차지하기 위해 시장의 플레이어들은 지금 치열하게 싸우며 또 피를 흘리고 있다. 지금 시장의 플레이어들은 매출액을 상회하는 마케팅, 운영비 지출을 통해 점유율을 늘리는 데 집중하고 있으며, 당장의 이익을 창출하는 것은 뒷전으로 미뤄두고 있는 상황이다. 2017년 기준 주요 온라인 쇼핑몰 전문 기업들 대부분은 적자를 기록하고 있으며, 유일하게 흑자를 기록한 이베이코리아의 이익률도 저하된 상황이다. 소셜커머스 3사가 기록한 적자 7,959억원에 2,497억원의 적자를 기록한 11번가의 몫을 합하면 주요 온라인 쇼핑몰 운영사들의 적자는 1조원에 육박하는 정도가 된다.

그럼에도 불구하고 아직 이커머스 시장은 계속 성장하는 추세이기에, 추후의 이익을 위해 이들은 달려 나갈 수밖에 없는 상황이다. 작년 국내 이커머스 시장은 사상 첫 월 거래액 10조원을 돌파했으며 어느덧 연 100조원을 넘어서는 규모로 성장했다. 올해에는 그 성장속도가 더욱 가파를 것으로 예상된다. 실제로 이커머스 사업자들의 실적도 순이익이 감소한 이베이코리아를 제외하면 나머지 업체들은 시간이 지날수록 점차 개선되고 있는 상황이다. 적자는 계속되고 있지만 매출 또한 따라서 성장세를 기록하고 있기 때문이다. 실제로 현재 적자를 내고 있는 이커머스 기업들 대부분은 올해를 흑자전환의 원년으로 삼고 희망찬 미래를 그려가고 있는 중이다.

하지만 여기에는 변수가 아직 존재한다. 이커머스 기업들이 꿈꾸는 것처럼 올해에는 이들의 실적이 흑자로 개선될 것으로 기대하기에는 앞에 드리운 암초들이 많이 있기 때문이다. 대표적으로 현재 이커머스 시장에서 낮은 점유율을 기록하며 고전할 수 있는 유통 대기업들의 위협을 들 수 있다. 현재 5.8% 점유율의 롯데, 2.2%의 신세계는 각각 이커머스에 천문학적 금액의 투자를 예고하고 또 실제로 단행하고 있다. 롯데는 작년 8월 이커머스 사업본부를 공식 출범시키고 오는 2022년까지 3조원을 투자해 2022년 매출 20조원, 업계 1위 달성이라는 목표를 이룰 계획임을 밝혔다. 신세계그룹도 온라인 부문 법인을 설립하고 1조원 이상의 자금을 유치해 핵심사업으로 이커머스를 육성할 계획이다. 하나의 사업부문을 성장시키기 위해 대기업이 천문학적 규모의 투자를 단행하는 것은 딱히 드문 일은 아니다. 얼핏 보기에 이들 대기업의 투자는 시대에 뒤진 자신들의 과오를 극복하기 위해 부랴부랴 시행하는 눈먼 투자처럼 비치기도 한다. 하지만 그 속내를 살펴보자면 롯데, 신세계의 대규모 투자가 이커머스 경쟁 구도에 대해 시사하는 바는 단순한 투자를 넘어 시장 전체를 뒤흔들 수 있는 사안으로 비친다. 유통 대기업들은 이커머스 기업들이 가지고 있지 못한 '물류' 인프라를 통해 유통 분야를 거머쥐고 있으며, 이 장점을 활용해서 빠른 속도로 이커머스 분야에서도 자신들의 영향력을 키워나갈 것이 확실하기 때문이다.

이커머스 업체들은 물류센터를 통한 빠른 배송을 강점으로 내밀며 경쟁을 지속해 나가고 있다. 11번가는 이천에, 이베이코리아는 용인에 물류센터를 두고 있으며, 로켓배송을 킬러콘텐츠로 삼고 있는 쿠팡은 전국 각지에 대형 물류센터를 보유하고 있다. 온라인 물류센터를 통해 이커머스 업체들은 빠르고 정확한 배송 체계를 구축할 수 있지만, 그에 못지않게 여기에는 많은 자금이 투여된다. 통계청이 발표한 운수업조사 잠정결과에 따르면 2017년 기준 창고 및 운송관련 서비스업 시장의 규모는 약 27조 9천억원으로 추산되며, 여기의 상당부분을 이커머스 전문 기업들이 부담하고 있다. 이커머스 업체들은 물류를 위해 기존의 물류업체와 계약을 하거나 직접운영, 고용을 통해 물류센터를 확보하는 형태로 물류 경쟁에 대응해 나가고 있다. 그리고 이 상황 속에서 물류에 소요되는 자금 또한 빠르게 증가하고 있다.

물류를 둘러싼 머니게임 속에서, 유통 대기업의 발걸음이 주목을 받고 있다. 먼저 이마트의 신세계그룹은 작년 10월 1조원의 해외 투자금을 유치하고 자체 자금 7천억원을 추가로 마련해 물류센터 확보에 나서고 있다. 현재 이들은 온라인 전용센터인 네오(NE.O)를 경기도 보정과 김포에 각각 운영 중이며, 올해 하반기에는 김포에 세 번째 물류센터를 완공해 가동할 예정이다. 아울러 전국 각지에 퍼져 있는 이마트 매장을 활용해 모자란 물류량을 벌충해 나갈 계획을 세우고 있다. 이마트와 신세계는 3월 이커머스를 위한 합병법인의 설립을 준비하고 있으며, 새로운 합병법인은 신세계보다는 이마트의 지분율이 더 높을 것으로 알려져 있다.

롯데그룹 또한 이마트처럼 계열사별 물류, 배송 시스템을 통합해 온, 오프라인 매장을 물류센터로 활용함과 함께, 물류 시너지를 위한 추가 투자에 집중하고 있다. 이들은 최근 글로벌로지스와 로지스틱스를 합병해 물류 시너지 강화에 나선 상황으로, 롯데글로벌로지스는 메가 허브 터미널 구축과 함께 자동화, 인공지능 기술을 활용한 첨단 기술 투자에 집중할 것으로 알려져 있다. 롯데그룹의 오프라인 인프라는 한국에만 1만 1,000개 이상이 세워져 있는 것으로 전해진다. 쿠팡이 천문학적인 투자를 유치해 집중하고 여타 이커머스 사업자들이 물류센터와의 제휴를 통해 높은 비용을 소요해 가며 어렵게 구축하고 있는 물류 시스템을 유통 대기업들은 이미 갖추고 있거나 기존의 인프라를 활용해 빠르게 대처해 나가고 있는 것이다.

이커머스 사업자들이 출혈경쟁을 계속 치르는 이유, 그리고 쿠팡이 소프트뱅크로부터 천문학적인 금액의 투자를 유치한 이유는 현재의 유통 대기업들이 차지하고 있는 시장을 이들이 차지할 수 있을 것이라는 믿음 덕분이다. 온라인 쇼핑의 비중이 증가하면서 시장에서는 이미 뿌리를 내리고 자리를 잡은 이커머스 기업들이 유통 대기업들을 능가하게 될 날도 다가올 수 있을 것으로 예측하는 이들도 있는 것이다. 그리고 실제로 이커머스 기업들의 지금까지의 행보는 쌓이고 있는 적자에서 눈을 돌리자면, 어느 정도 성공을 거둔 것으로 봐도 무방하다. 문제는 이제 유통 대기업들이 이커머스가 '대세'임을 스스로 자각하고, 이제는 이커머스 위주로 사업을 펼쳐나갈 계획을 진지하게 꾸리기 시작했다는 점이다.

롯데, 신세계는 현재 '옴니채널'을 꿈꾸고 있다. 라틴어의 모든 것을 뜻하는 '옴니(Omni)'와 제품의 유통경로를 의미하는 '채널(Channel)'이 합성된 단어인 옴니채널은 온라인, 오프라인, 모바일을 넘나들며 상품을 검색하고 구매할 수 있도록 한 쇼핑 환경을 이야기한다. 유통 대기업들은 자사의 모든 쇼핑채널을 통합해서, 소비자들이 자사 채널 안에서 연결돼 끊어지지 않는 일관된 경험을 하도록 만들고자 한다. 단순히 각각의 독립된 채널이 많이 존재하는 지금의 멀티채널이 아니라, 오프라인에서 물품을 경험하고 온라인에서 결제하면 동일한 제품을 오프라인으로 배송을 받는 형태의 일관적 경험을 제공하고자 하는 것이다. 이들은 오프라인 매장, 유통의 인프라는 이미 이커머스 기업들이 흉내 내기도 힘들 정도로 확고하게 확보해 놓은 상태다. 실제로 롯데는 자신들의 미래상을 옴니채널이란 용어를 직접 거론하며 제시하고 있고 신세계는 쓱(SSG)을 중심으로 자신들의 채널을 통합해 나가고 있으며, 머지않아 이 두 기업들의 인프라를 통해 개념적으로 모호한 옴니채널을 누구나 이해하기 쉬운 형태로 체험하게 될 것이다.

이커머스를 둘러싼 경쟁은 이제 가격 경쟁, 마케팅 경쟁을 넘어 물류를 중심으로 본격적인 '규모의 경쟁'으로 나아가고 있다. 유통 대기업들은 자신들의 인프라를 활용해 이커머스에서도 자신들의 경쟁력을 유지시켜 나가고자 하고 있다. 쿠팡을 비롯한 이커머스 기업들에게 유통 대기업의 공격적 투자는 그야말로 '재앙'이라 불릴 만하다. 여기에 최근 들어서는 네이버, 카카오 등 IT 기업들까지 적극적으로 시장에 가세해 이커머스 기업들의 시장 파이를 빠르게 잠식해 가고 있는 상황이다. 혼돈 속에서 출혈 경쟁을 통해 상당한 체력을 이미 소진한 이커머스 기업들이 과연 살아남을 수 있을까. 2019년 새로운 체제에 돌입한 이커머스 경쟁에서 살아남아 한국판 아마존, 한국판 알리바바가 될 기업은 현재는 유통 대기업이 될 가능성이 농후해 보인다. (입스토리 매거진, 2019.2.1)

e-커머스 도입효과

e-커머스를 도입하여 기업은 물론 고객도 많은 혜택을 얻을 수 있다. e-커머스 도입을 통해 나타나는 효과를 기업과 고객의 입장에서 살펴보기로 한다.

기업입장에서의 e-커머스 도입효과

첫째, 기업의 비용절감을 들 수 있다. 기업에서 e-커머스를 도입하게 됨으로 인해 주문이나 결제와 관련된 문서의 작성과 전달비용을 절감할 수 있으며, 온라인상에서 제품이나 서비스의 판매가 가능하여 물리적인 점포나 판매인력비용이 절감될 수 있다. 둘째, 대응속도를 향상시킬 수 있는데, 고객주문접수부터 제품발송까지의 절차를 자동화함으로써 고객에 대한 업무처리속도를 높일 수 있다. 셋째, 고객범위를 확대할 수 있다. 온라인상에서의 거래는 국내에만 국한된 것이 아니라 전 세계 규모로 확대되기 때문에 전자상거래 업체 입장에서는 매출증대의 효과를 가져온다.

고객입장에서의 e-커머스 도입효과

첫째, 제품 및 서비스 선택의 기회가 확대된다. 고객들은 인터넷상에서 많은 공급업체와 많은 제품을 대상으로 원하는 제품이나 서비스를 선택할 수 있다. 둘째, 비교구매가 가능해진다. 많은 제품들을 소비자들이 인터넷 공간에서 비교하면서 쇼핑하기 때문에 오프라인에 비해 보다 저렴한 가격에 제품을 구매할 수 있게 된다. 이 외에도 시간과 장소에 구애받지 않고 제품이나 서비스를 구매할 수 있어 보다 편리한 쇼핑이 가능해지는 것도 e-커머스의 도입효과라 할 수 있다.

더 알아봅시다 "아마존고보다 간편"… 일본도 무인 편의점 붐

작년 1월 미국 유통공룡 아마존닷컴이 시애틀에 무인 편의점 '아마존고'를 열어 화제가 됐다. 하지만 무인 편의점은 더 이상 아마존의 전유물이 아니다. 저출산·고령화로 심각한 인력난을 겪고 있는 일본에서도 최근 아마존고에 뒤지지 않는 새로운 도전이 잇따르고 있다고 닛케이비즈니스데일리(이하 닛케이)가 최근 보도했다. 닛케이에 따르면 최근 JR히가시니혼과 IT 기업 사인포스트는 도쿄도 기타구의 JR 아카바네역에 실험 매장을 열었다. 이 매장은 일반 편의점의 10분의 1 정도인 약 $21m^2$. 취급하는 상품도 음료, 과자 등 140여 종에 불과하다. 매장에는 점원도 없다.

매장 안에 설치된 총 100대의 카메라가 고객의 행동을 촬영한다. 진열대에 설치된 카메라는 제품의 움직임을 따라다닌다. 고객이 제품을 손에 들고 게이트로 가면 구입한 상품의 합계액이 화면에 표시된다. 확인 후 신용카드를 대면 결제가 완료되고 게이트가 열리는 구조다. 매장에 있는 제품은 모두 사전에 이미지 정보로 등록이 돼 있다. 일반 POS에서 읽어 들이는 바코드 및 무선통신기능을 가진 IC 태그 등을 붙일 필요가 없다. IC카드뿐만 아니라 신용카드 등 다양한 형태로 결제가 가능하다.

이처럼 획기적인 실험의 주인공은 사인포스트라는 일본 IT 업체다. 시애틀의 아마존고를 둘러봤다는 간바라 야스시 사인포스트 사장은 아마존고보다 자사의 시스템이 훨씬 간편하다고 자신했다. 특수센서도 사용하지 않고 카메라를 추가로 장착하기만 하면 되기 때문에 매장 운영도 쉽다는 것이다.

닛케이는 무인 편의점 도입의 관건은 비용인데, 이런 방식을 도입하면 인건비가 상승하는 가운데 비용 절감 효과가 클 것으로 봤다. 또 대금을 지불하기 위해 계산대에 줄을 설 필요도 없어져 고객의 편리성도 높아질 것으로 분석했다. 일본의 소매업계가 이처럼 무인 편의점 도입에 높은 관심을 갖는 배경에는 심각한 일손 부족이 자리하고 있다. 매장 크기에 따라 다르지만 무인시스템을 도입하면 인건비를 30~50% 줄이는 효과가 있다고 업계는 보고 있다.

이에 심지어 테마파크에서도 무인 기념품 매장을 도입하는 경우가 늘고 있다. 고객들은 얼굴 인증을 통해 결제를 할 수 있다. 이는 제조공장의 품질검사용으로 개발된 화상처리 기술을 응용한 것이다. 적외선 카메라와 거리를 측정하는 카메라로 고객이 선반의 어느 위치에서 상품을 집었는지를 파악, 인공지능(AI)을 사용해 이미지 정보 중에서 손님이 집은 일정범위만을 상품으로 인식한다. 이 때문에 처리 속도가 빨라져 대형 서버 등이 필요 없다.

무인 편의점의 장점은 설치 카메라 대수가 적고 기존 시설을 그대로 활용할 수 있다는 것이다. 약 $30m^2$짜리 매장의 초기 도입 비용은 500만~1,000만엔으로 아마존고에 비해 저렴하다. 심각한 일손 부족과 인터넷 쇼핑몰과의 치열한 경쟁에 직면한 일본의 소매업계. 효율성을 추구하면서 방문 고객의 편리성도 향상시키는 무인 편의점은 당분간 업계의 주요 이슈가 될 것으로 보인다. (이투데이, 2019.1.28)

요 약

정보시스템(information system)이란 조직의 운영관리와 의사결정을 지원하기 위해 정보를 수집하고, 처리하며, 저장하고 전달하는 일련의 활동을 수행하기 위한 구성요소들의 집합으로 정의할 수 있다. 경영정보시스템의 개념은 크게 협의와 광의로 나누어 볼 수 있다. 협의의 개념은 경영관리층에 정보를 제공하는 정보보고시스템으로, 경영관리자 중심의 정보시스템에 기초하여 형성된 개념이며, 광의의 개념으로는 컴퓨터 기반의 정보시스템으로, 조직의 다양한 정보시스템을 포괄하는 개념으로 볼 수 있다.

기업들의 디지털 경영을 효율적으로 지원하는 대표적인 소프트웨어로는 네 가지가 있는데, 공급망관리시스템, 고객관계관리시스템, 전사적자원관리시스템, 지식관리시스템이 그것이다.

전문 소프트웨어 패키지를 사용하는 경우, 초기에 패키지의 내용이나 기능을 이해하는 데 시간이 다소 필요하지만 이미 개발된 시스템을 이용하는 것이므로 전체적으로 개발기간을 단축할 수 있으며, 사용자의 요구사항도 쉽게 수용할 수 있다.

e-비즈니스란 인터넷 기반의 정보기술을 활용하여 상거래활동, 기업 내부의 의사소통과 협업, 비즈니스 프로세스를 지원하는 것을 의미하며, e-커머스는 전자매체를 활용한 상거래로, 제품, 정보, 서비스 등의 구매와 판매를 인터넷을 기반으로 행하는 것을 의미한다.

주요 용어

- 거래처리시스템
- 공급망관리시스템
- 기업-소비자 간 e-커머스
- 비즈니스 모델
- 생산정보시스템
- 소프트웨어
- 운영요원
- 인적자원정보시스템
- 전략정보시스템
- 정보
- 정확성
- 지식관리시스템
- 표현 적합성
- 회계정보시스템
- e-커머스
- 경영정보시스템
- 관련성
- 데이터
- 사무자동화시스템
- 소매모델
- 시스템 수명주기
- 운영절차
- 재무정보시스템
- 전문가시스템
- 정보관리
- 중개모델
- 콘텐츠 서비스 모델
- 프로토타이핑 방식
- e-비즈니스
- 고객관계관리시스템
- 기업-기업 간 e-커머스
- 데이터베이스
- 사용 편리성
- 소비자-소비자 간 e-커머스
- 완전성
- 의사결정지원시스템
- 적시성
- 전사적자원관리시스템
- 정보시스템
- 중역지원시스템
- 판매 및 마케팅정보시스템
- 하드웨어
- e-비즈니스 모델

토의 문제

1. 경영활동에 있어 정보자원이 중요한 이유는 무엇인지 설명하시오.
2. 조직계층별 경영정보시스템이 실제 기업에서 어떻게 활용되는지 설명하시오.
3. 경영기능별 경영정보시스템이 실제 기업에서 어떻게 활용되는지 설명하시오.
4. 정보시스템 또는 정보기술이 기업의 경영활동에 어떤 영향을 주는지 설명하시오.
5. 정보시스템을 도입하는 데 있어 자체적으로 개발하는 방식과 외부전문업체로부터 구입하는 것 중 어떠한 방식이 보다 더 적절한지 설명하시오.

CHAPTER

12 자금조달과 재무구조

학습목표

1. 자금을 조달하는 방법을 학습한다.
2. 차입과 자기자본 투자의 장단점을 이해한다.
3. 재무상태를 재무구조로 판단하고 관리하는 방법을 학습한다.

제12장을 시작하며 빚내 장사하는 자영업자들… 퇴로가 없다

나이스평가정보가 최운열 더불어민주당 의원에게 제출한 자료를 보면 대부업체를 제외한 전 금융권에서 자영업자들이 빌린 금융부채는 지난해 말 432조 2천여억원으로 1년 새 13.69%나 늘었다. 2015년 298조 1천억원에 비하면 3년 새 134조 988억원, 44.9%나 급증한 수준이다. 특히 90일 이상 대출원리금을 갚지 못한 채무불이행자는 지난해 말 2만 7,917명으로 1년 새 18.9%나 늘어났다. 빚을 갚지 못하는 자영업자가 늘어나고 있다는 것은 그만큼 자영업하기가 힘들다는 얘기다.

자영업자들은 사업자대출을 받으면서 동시에 가계대출도 받는다. 한국은행이 조사한 자영업자의 기업대출과 가계대출을 모두 따진 자영업자 대출을 보면 지난해 2분기 말 기준으로 590조 7천억원에 이른다. 특히 저축은행이나 여신전문회사 등 대출이율이 은행보다 높은 금융기관의 자영업자 대출액은 2016년 45조원에서 2017년 65조원, 2018년 84조원으로 매년 20조원 가까이씩 증가해왔다.

• 부채가 늘어나는 만큼 소득도 늘고 있는가?

부채가 늘어나는 것 자체만 가지고 자영업자 부채위기라고 말할 수는 없다. 다만 이런 부채증가 속도에 맞게 자영업자들의 소득이 늘고 있느냐는 것이다. 우리금융경영연구소의 분석결과를 보면 임금노동자 대비 자영업자의 소득비중은 1980년대 93%까지 올랐던 것이 1997년 IMF 외환위기 이후 매년 줄어들어 2017년엔 59%까지 감소했다. 자영업자들의 돈벌이가 갈수록 어렵다는 말로 해석가능하다.

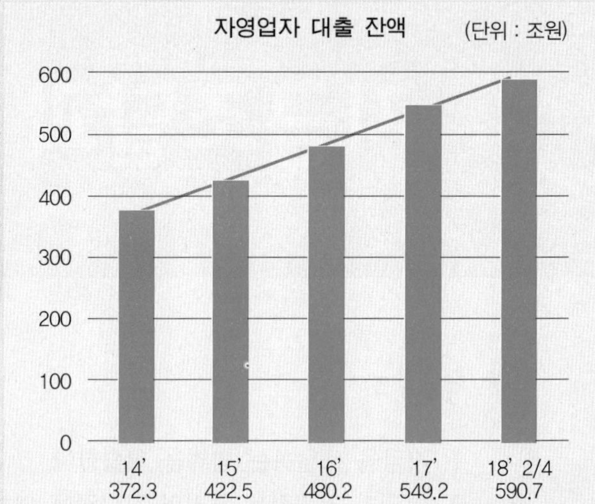

(자료 : 한국은행(가계부채 DB))

또 한 가지 살펴볼 점은 자영업자 안에서도 소득수준에 따라 금융부채를 감당할 수 있는지 여부가 차이난다는 점이다. 사업규모가 클수록 금융부채는 당연히 많겠지만 대신 사업소득이 그만큼 높다면 얼마든지 빚을 감당할 수 있다. 반면 적은 금액을 빌리더라도 그 빚을 감당할 수 없을 만큼 소득이 적다면 자영업 문을 닫는 수순으로 치닫게 된다.

• 영세 자영업자일수록 부채위험도가 높다

4천만원 대출을 갚지 못해 채무불이행자(신용불량자)가 된 이금자(46살, 가명) 씨의 경우가 바로 그 예이다. 서울 은평구에 사는 이 씨는 2011년부터 집 근처에서 소규모 여성의류 판매점을 운영했는데, 자금이 부족해 처음에 적은 금액의 대출을 했으나 원금과 이자를 제때 갚지 못했다. 그러자 이 씨는 고금리 카드나 대부업체에 손을 벌리게 됐고 결국 급속도로 늘어난 대출이자를 갚지 못해 가게 문을 닫고 말았다. 폐업 후 식당 등에서 일용직으로 일해 빚을 갚으려고 했지만 벌어들인 돈으로 채무를 갚지 못해 결국 신용회복위원회에 개인워크아웃을 신청해 지금은 채무조정을 통해 빚을 갚고 있는 상태다.

이 씨처럼 영세한 소규모 자영업자들은 부채의 늪에 빠지기 십상이다. 중소기업연구원 나수미 부연구위원이 통계청 자료를 토대로 자영업자 사업소득 분위별 금융부채 비율을 조사한 결과 사업소득이 가장 많은 5분위 자영업 가구의 부채는 2억 1,330만원으로 부채액수는 많지만, 사업소득 대비 금융부채 비율은 1.89로 크게 높지 않았다. 반면 소득이 가장 적은 1분위 계층에서는 소득 대비 금융부채의 비율이 7.14로 나타나 다른 계층보다 3배 이상 부채비중이 높았다. 부채규모는 적지만 벌어들이는 돈으로 빚을 감당하는 게 버거운 사람들이다.

자영업자 계층별 사업소득 대비 금융부채 비율

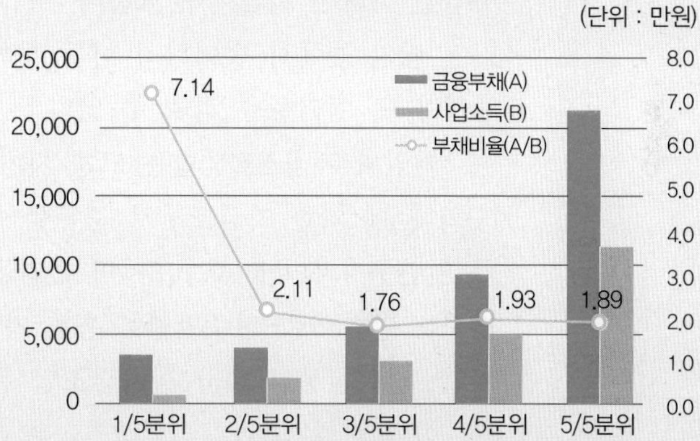

(자료 : 통계청 자료를 중소기업연구원 나수미 부연구위원이 재가공)

위 그래프로만 보면 저소득층 자영업자들은 언제 부러질지 모를 사다리 위에 서서 행인들을 향해 장사를 하고 있는 것과 마찬가지로 위험한 상황이다. 이들 1분위 자영업자들은 외부 충격으로 대출금을 갚지 못할 위험성이 상대적으로 높은데, 그나마 이들의 80.9%는 60대 이상으로 대부분 고용원이 없는 자영업자들이다.

• 한계 자영업자들에겐 퇴로가 시급하다

중소기업연구원 나수미 부연구위원은 보고서에서 "이들 1분위 자영업자의 소득 대비 부채비율이 높고, 경영상황이 좋지 않은 점 등을 고려해 이들을 한계 자영업자로 규정해 자발적 퇴로를 만들어 주고, 운영중인 자영업을 정리해 부채를 조정하는 재정 지원과 공공일자리 제공 등 공공서비스가 필요하다"라고 지적했다.

혹자는 "자기들이 빚내서 장사하는 걸 왜 정부가 재정 지원해 주나 또 퍼주기 하느냐"며 힐난할지도 모르지만, 이는 분명한 사회보장의 영역이다. 공공일자리 등 사회보장이 제대로 안 돼 있다 보니, 먹고살 길이 장사밖에 없어서 빚내 장사하는 한계 자영업자들에겐 이 같은 퇴로 마련으로 새로운 삶의 길을 찾아주는 게 바로 우리 사회가 할 일이다.

(KBS뉴스, 2019.6.9)

1 자금의 조달

자기자본과 타인자본

사업을 하려면 자금이 필요하다. 이 자금을 어떻게 마련할 것인가? 개인이 지나친 빚의 늪에서 벗어나기 힘들 듯이 기업도 사업자금을 남의 돈에 너무 의존하면 큰 어려움을 겪을 수 있다.

기업의 자금조달방법은 크게 자기자본(내 돈)에 의한 자금조달과 타인자본(남의 돈)에 의한 자금조달로 분류할 수 있다. 자기자본조달은 동업자를 구하거나 일반투자자에게 주주로서의 권리를 주면서 기업이 필요로 하는 자금을 조달하는 방법으로, 신주발행을 통한 자금조달, 거래소 시장(증권거래소, 코스닥)에 기업 공개를 통한 대규모 자금조달 등이 있다.

이에 반해, 타인자본(부채)조달은 은행이나 다른 기관과의 개별적인 계약에 의한 차입이나 (회)사채[1] 발행을 통하여 자금을 조달하는 방법으로, 정부 각 부처에서 실시중인 정책금융으로부터의 조달, 은행 등 일반금융으로부터의 조달, 불특정 다수인으로부터 사채발행을 통한 자금조달 등이 있다.

여러 형태의 자금이 이용가능할 때 자기에게 가장 유리한 방법으로 자금을 조달해야 한다. 타인자본(부채)으로 조달하는 경우에는 이자율이 얼마인지, 언제까지 갚아야 하는지, 중도에 미리 갚을 수 있는지, 자본으로 전환할 수 있는지 등을 고려해야 한다. 한편, 자기자본으로 조달하는 경우에도 장단점을 비교하여, 어느 방법을 택할 것인지 잘 판단해야 한다. 경영자의 중요한 활동 중의 하나가 회사에 유리한 방법으로 저렴한 자금을 조달하는 것인데, 이러한 활동을 재무활동이라고 한다.

그림 12-1
자기자본과 타인자본 비교

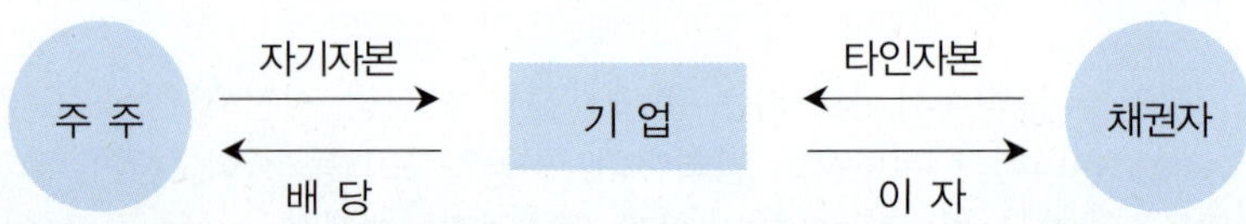

1) 회사가 발행하는 채권을 말하는 (회)사채(社債)와 개인이나 대부업체에게 빌리는 사채(私債)는 다르다.

금융권 등으로부터의 자금조달

금융기관으로부터 차입을 하는 경우 이자율이 가장 낮은 은행, 즉 제1금융권, 그 다음으로 이자율이 낮은 상호저축은행 등의 제2금융권을 이용해야 하며, 매우 높은 이자율을 요구하는 제3금융권은 가급적 이용하지 않는 것이 좋다.

제1금융권, 즉 은행은 특수은행, 일반(시중)은행, 지방은행으로 나누어진다. 특수은행은 정부가 특별한 목적으로 설립한 은행을 말하며 수출입업무를 전담하는 수출입은행, 산업은행이 대표적인 예이다. 일반은행은 우리가 잘 아는 국민은행, 우리은행, 하나은행, 신한은행 등을 말한다. 카카오뱅크, 케이뱅크 등 인터넷은행도 있다. 또 지방은행이란 대구은행, 부산은행 등과 같이 지방의 금융을 원활히 하기 위해서 설립된 은행을 가리킨다.

제2금융권이란 은행과 대비하여 1980년대 이후 급신장한 보험회사, 신탁회사, 증권회사, 카드회사, 종합금융회사, 여신금융회사, 상호저축은행, 캐피털, 새마을금고, 신용협동조합 등을 일컫는 말이다. 비은행금융기관이라고도 불린다.

제3금융권은 제도권 금융기관인 제1 및 제2 금융권에서 대출이 힘들 경우 이용하게 되는 대부업체, 파이낸스사, 사채(私債)업체 등의 사금융권을 말한다. 대출금리가 매우 높은 편으로, 법정최고치인 연 24%의 이자를 받을 수 있다.

고도의 기술력과 장래성은 있으나 경영기반이 약해 일반 금융기관으로부터 융자받기 어려운 벤처기업은 자본을 조달하기가 쉽지 않다. 벤처캐피털이란 이러한 벤처기업을 위해 무담보 주식투자 형태로 투자하는 기업이나 그러한 투자기업의 자본을 말한다. 벤처캐피털은 다른 금융기관의 소극적 태도와는 달리 벤처기업의 장래성과 수익성에 주목하여 이에 투·융자하는 것으로, 벤처기업이 주식을 상장할 경우 자본이익을 얻어내는 것이 목적이다.

대중으로부터 자금을 모은다는 뜻의 크라우드펀딩(crowd funding)도 있다. 크라우드펀딩은 후원기부형, 대출형, 증권형으로 나눌 수 있다. 주로 문화예술 분야나 사회복지영역에 많은 후원기부형은 금전적 대가를 바라지 않고 자금을 제공하는 경우이다. P2P(Peer to Peer) 대출이라고도 불리는 대출형은 이자를 주고 원금을 돌려주어야 한다. 증권형은 창업 7년 이내의 소규모 신생기업들이 증권(채권, 주식)을 발행하는 경우이다.

사례 대한민국 경영현장 크라우드넷(CrowdNet, www.crowdnet.or.kr)의 크라우드펀딩 제도소개

• 크라우드펀딩이란?

크라우드펀딩은 군중 또는 다수를 의미하는 영어단어 크라우드(crowd)와 자금조달을 뜻하는 펀딩(funding)을 조합한 용어입니다.

창의적 아이템을 가진 초기 기업가를 비롯한 자금수요자가 중개업자(온라인소액투자중개업자)의 온라인플랫폼에서 집단지성(the wisdom of crowds)을 활용하여 다수의 소액투자자로부터 자금을 조달하는 행위를 크라우드펀딩이라 합니다.

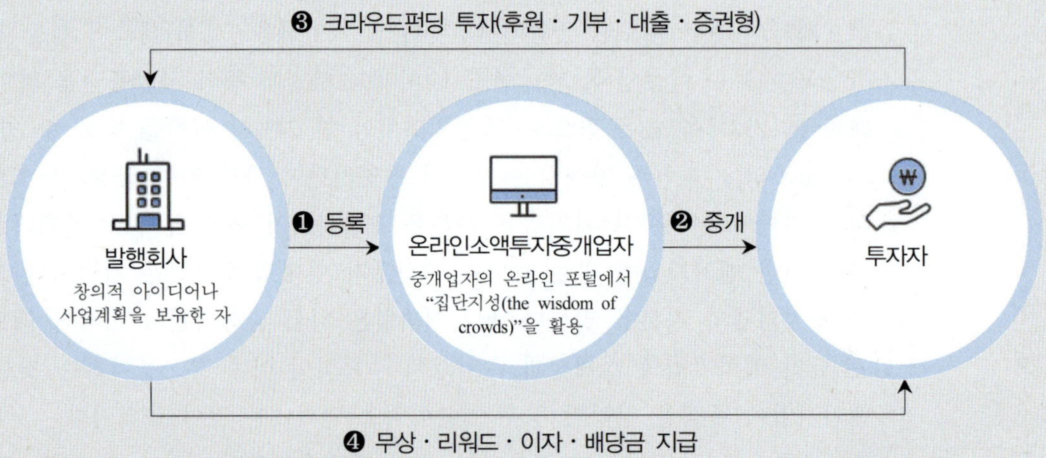

• 크라우드펀딩 유형

자금모집 및 보상방식 등에 따라 1. 후원기부형, 2. 대출형, 3. 증권형의 세 가지 유형으로 구분됩니다.

- 자금모집방식 : 후원금 · 기부금 납입
- 보상방식 : 무상 또는 비금전적 보상
- 주요 사례 : 문화 · 예술 · 복지 · 아이디어 상품

- 자금모집방식 : 대출계약 체결
- 보상방식 : 금전적 보상(원금 · 이자)
- 주요 사례 : 자금이 필요한 개인, 사업자

- 자금모집방식 : 증권(주식 · 채권) 발행
- 보상방식 : 금전적 보상(배당금, 원금 · 이자 등)
- 주요 사례 : 창업 초기기업

• 참가자

– 투자자

신생 · 창업기업에 대한 투자에 관심을 가진 사람이라면 누구나 증권형 크라우드펀딩의 투자자가 될 수 있습니다. 자본시장법에서는 투자자들이 과도한 금액을 투자하여 상당한 손실을 입는 것을 사전에 방지하기 위해서 투자한도를 정하고 있으며, 투자자의 전문성, 위험감수능력에 따라 투자한도를 차등화하여 적용하고 있습니다.

– 발행인

크라우드펀딩을 통하여 증권을 발행할 수 있는 자(온라인소액증권발행인)는 비상장 중소기업으로서 창업 후 7년 이내이거나 프로젝트성 사업을 수행하는 기업이어야 합니다. 다만, 비상장 벤처기업 또는 이노비즈기업 및 메인비즈기업, 사회적기업은 업력이 7년을 초과하더라도 크라우드펀딩을 통한 증권발행이 가능합니다.

크라우드펀딩 제외 업종 : 금융 · 보험업, 부동산업, 무도장, 골프장, 스키장, 베팅업, 숙박 및 음식점업 등

– 온라인중개업자

온라인중개업자는 크라우드펀딩 중개를 담당하는 금융투자업자로서, 고객자산을 직접 수탁하거나 운용하지 않고 발행인과 투자자 사이에서 증권의 모집 또는 사모에 관해 단순히 중개하는 역할을 수행합니다. 온라인중개업자는 투자자를 보호하고 시장질서 교란을 방지하기 위하여 반드시 자본금, 인적 · 물적 요건 등의 일정요건을 갖추어 금융위원회에 등록해야 합니다.

• 크라우드펀딩 운영구조

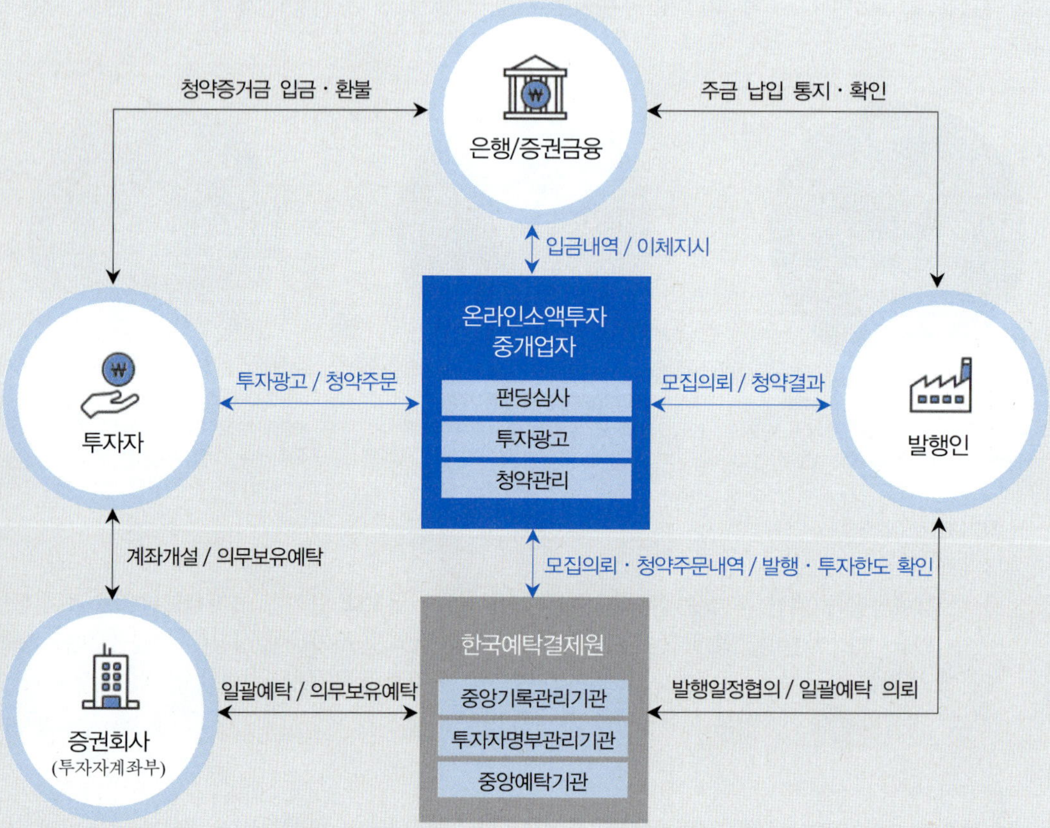
청약증거금 입금 · 환불
은행/증권금융
주금 납입 통지 · 확인
입금내역 / 이체지시
온라인소액투자 중개업자
펀딩심사
투자광고
청약관리
투자자
투자광고 / 청약주문
모집의뢰 / 청약결과
발행인
계좌개설 / 의무보유예탁
모집의뢰 · 청약주문내역 / 발행 · 투자한도 확인
한국예탁결제원
중앙기록관리기관
투자자명부관리기관
중앙예탁기관
증권회사
(투자자계좌부)
일괄예탁 / 의무보유예탁
발행일정협의 / 일괄예탁 의뢰

2 사채나 주식 발행에 의한 자금조달

사채발행 자금조달

회사가 커지면 (회)사채를 발행하여 일반인으로부터 자금을 빌릴 수 있다.[2] 사채(corporate bonds)란 기업이 장기적인 자금의 조달을 위하여 다수의 일반대중으로부터 자금을 차입하면서 발행하는 채무증권(채권)이다. 사채는 투자자의 입장에서는 돈을 빌려준 기업이 파산하지만 않는다면 영업실적과 관계없이 일정한 기간마다 이자수익을 얻을 수 있고 만기에 액면금액을 돌려받을 수 있기 때문에 비교적 안전한 투자대상이다. 기업의 입장에서는 불특정 다수의 대중으로부터 자금을 차입할 수 있어서 큰 규모의 자금을 조달할 수 있다.

사채를 발행할 때 기업이 주는 증서인 채권에는 액면금액, 액면이자율, 이자지급일 및 만기일이 표시되어 있다. 채권은 이를 발행한 주체(기업 또는 정부기관)가 만기일(maturity date)에 채권 소유자에게 액면금액(face value)을 지급한다는 약속이다. 또한 채권 발행기관은 만기일까지 액면금액에 액면이자율을 곱한 금액을 매년 지급한다. 이자지급일은 연 1회 혹은 2회나 4회 등으로 구분하여 표시한다. 만기일은 장기사채인 경우 10년 이상이 될 수도 있지만 우리나라에서는 주로 3~5년 만기의 사채가 많이 발행된다.

□ 사채의 예

사채의 발행금액은 액면금액과 다르다는 데 주목해야 한다. 이는 사채의 액면이자율과 투자자가 원하는 이자율, 즉 시장이자율의 차이로 결정된다. 이는 채권의 가격과 그 채권이 주는 수익률/이자율이 서로 반대로 움직이기 때문이다.

시장이자율이 액면이자율보다 높으면 투자자는 사채 가격이 낮아

2) 민간기업뿐만 아니라 정부나 공기업도 채권을 발행하여 자금을 마련한다. 민간기업이 발행한 채권을 (회)사채라고 하는 반면, 정부나 공기업이 발행한 채권을 국공채라고 한다.

사례 대한민국 경영현장 SK, 사채 차환 기일도래로 3,000억원 자금조달 추진

삼양홀딩스, 발행규모 증액분 '자회사 자본확충에 사용'

SK가 올해 들어 두 번째로 대규모 회사채 발행을 추진중이다. 25일 금융감독원 전자공시에 따르면 SK는 사채 차환을 위해 이달 3,000억원 회사채 발행을 준비중이다. 내주 27일 수요예측결과에 따라 최대 4,000억원 범위 내에서 발행규모가 변경될 수 있다.

5월 4주(5월 20일~5월 24일)간 회사채 발행 현황 (단위 : 백만원)

구 분	발행회차	사채의 종류	회차별 발행총액	권면이자율	상환기일
SK	288-1회	무보증사채	160,000	미정	2024년 6월 4일
	288-2회	무보증사채	60,000	미정	2026년 6월 4일
	288-3회	무보증사채	80,000	미정	2029년 6월 4일
AJ네트웍스	35-1회	무보증사채	44,000	미정	2021년 5월 29일
	35-2회	무보증사채	26,000	미정	2022년 5월 29일
녹십자	42-1회	무보증사채	60,000	1.874%	2022년 5월 27일
	42-2회	무보증사채	60,000	1.929%	2024년 5월 27일
한미약품	87-1회	무보증사채	100,000	2.142%	2022년 5월 28일
	87-2회	무보증사채	75,000	2.541%	2024년 5월 28일
삼양홀딩스	92회	무보증사채	110,000	2.018%	2024년 5월 28일
서홍	24회	무보증사채	50,000	2.243%	2022년 5월 30일

출처 : 금융감독원 전자공시

SK는 올해 2월에도 사채 차환자금을 위해 공모채 시장에서 자금조달을 진행했고, 3,000억원 규모의 회사채 발행을 완료했다. 이달 SK는 3,300억원 규모의 회사채 차환을 위해 다시 공모채 시장에 나왔다. 상환해야 할 사채의 만기일은 각각 6월 14일(269-2회), 8월 4일(281-1회), 8월 5일(264-1회)이다. 수요예측 후 발행규모가 증액될 경우 운영자금에 사용할 예정이다. SK는 회사채 수요예측에서 흥행할 가능성이 적지 않은 것으로 알려졌다. 민간 신용평가사는 SK의 288-1회, 288-2회, 제288-3회 무보증사채의 신용등급에 대해 AA+, 안정적으로 평가했다. 이번 회사채 발행의 공동 주관사인 KB증권 외 6곳의 증권사는 SK의 재무적 지표가 우수하다고 평가했다. 현재 SK의 연결기준 부채비율은 143.60%로 전기말 대비 8.85%포인트 상승했다.

또한 지분투자 외 경상적인 현금흐름상 외부차입의 필요성이 없는 것으로 확인됐다. SK는 차입금 만기도래시점이 장기적으로 분산되어 있어 상환부담이 크지 않고, SK이노베이션, SK텔레콤 등 자회사에서의 안정적인 현금유입을 감안할 때 재무안정성이 우수하다는 평가를 받았다.

(이코노믹리뷰, 2019.5.25)

져서 채권의 실질적인 유효이자율이 시장이자율과 같아지는 수준에서 채권을 구입한다. 이때 채권은 할인발행된다. 반대로 시장이자율이 액면이자율보다 낮으면 투자자는 채권 가격이 높아져서 채권의 실질적인 유효이자율이 시장이자율과 같아지는 수준에서 구입한다. 이때 채권은 할증발행된다.

시장이자율 > 액면이자율 ⇒ 발행금액 < 액면금액 : 할인발행
시장이자율 = 액면이자율 ⇒ 발행금액 = 액면금액 : 액면발행
시장이자율 < 액면이자율 ⇒ 발행금액 > 액면금액 : 할증발행

매우 단순화된 예를 들면, 액면금액이 100만원이고 액면이자율이 0%인 3년만기 사채를 발행할 때 시장이자율이 3년 누적 25%라고 하자. 이때 발행금액은 100만원/(1+0.25)=80만원이 된다. 액면금액은 100만원이지만 80만원에 할인발행되어 회사는 80만원을 채권자에게 빌려서 3년 후에 액면금액 100만원을 주면서 20만원(25% 이자율)의 이자와 원금 80만원을 같이 갚는 형태가 된다.

일단 발행된 사채는 자본시장[3]에서 일반 재화나 용역과 마찬가지로 거래된다. 사채의 시가는 시장이자율의 변화에 따라서 계속 달라진다. 따라서 일반 투자자들은 시장이자율이 상승했을 때 금융기관을 통하여 사채를 매입했다가 시장이자율이 하락할 때 이를 매각하면 매입액과 매각액의 차이만큼 이익을 볼 수 있다. 자본시장에서 많은 투자자들은 주식과 더불어 채권에 투자하고 있다.

더 알아봅시다 **트럼프發 무역전쟁 악재 잠재운 파월… 금리인하론 급속 확산**

9·12월 잇단 금리인하 전망… 뉴욕증시 급등·국채금리 반등

미국 중앙은행인 연방준비제도(Fed·연준)가 연내 기준금리를 인하할 것이라는 기대감이 급속히 확산되고 있다고 경제매체 CNBC방송이 4일(현지시간) 전했다. 저물가발(發) 금리인하 시나리오에는 명확하게 선을 그었던 제롬 파월 의장이 글로벌 무역전쟁에는 강한 우려를 드러내면서 금리인하 가능성을 시사한 영향이다.

가장 유력한 금리인하 시점으로는 '9월'이 꼽힌다. 시카고상품거래소(CME) 페드워치에 따르면 연방기금 금리 선물시장은 오는 9월 연방공개시장위원회(FOMC)에서 금리가 0.25%포인트 인하될 확률을 90% 반영하고 있다. 12월 FOMC에서 금리인하가 단행될 확률도 80%를 웃돌고 있다. 연말까지 최소 한 두 차례 기준금리를 인하할

3) 증권이 처음 발행되는 시장을 발행시장, 그 이후 투자자 사이에 증권이 거래되는 시장을 유통시장이라고 한다.

것이라는 전망에 힘이 실리고 있다는 뜻이다. 당장 이번 달 FOMC에서는 금리가 동결될 것이라는 전망이 75%로 우세하지만, 다음 달 FOMC에 대해선 금리인하를 점치는 의견이 50%를 웃도는 상황이다. 연준 수장의 '달라진' 언급에 민감하게 반응한 셈이다.

금융시장은 환호했다. 뉴욕증시에서 다우존스30산업평균지수는 512.40포인트(2.06%) 상승한 25,332.18에 거래를 마쳤다. 올해 들어 두 번째로 높은 상승폭이다. 스탠더드 앤드 푸어스(S&P) 500지수는 58.82포인트(2.14%) 오른 2,803.27에, 기술주 중심의 나스닥지수는 194.1포인트(2.65%) 오른 7,527.12에 각각 마감했다.

급락세를 탔던 채권금리는 반등했다. 10년 만기 미국 국채금리는 2.119%로 전날보다 0.034%포인트 올랐다. 2년물 국채금리도 0.024%포인트 상승했다. 위험자산 투자심리가 되살아나면서 안전자산인 국채의 투자 매력이 줄어든 것으로 분석된다. 채권값은 금리와 반대로 움직인다. (한국경제, 2019.6.5)

주식발행 자금조달

주식회사의 소유주인 주주는 기업의 운영에 대해 책임이 없으며 언제든지 자유롭게 다른 사람에게 자신의 지분을 팔 수 있다는 장점이 있다. 또한 주식회사는 많은 투자자를 대상으로 주식을 발행할 수 있기 때문에 사업의 전망을 투자자들이 밝게 생각하는 한 대규모의 자본을 조달할 수 있다. 회사 입장에서는 주식은 소유 지분(몫)을 나타내므로 회사가 존속하는 한 상환할 필요가 없으며, 회사의 경영성과가 좋아서 이익이 나면 이를 배당금의 형태로 주주에게 보상하면 된다.

주식회사에서 발행하는 주식은 보통주와 우선주로 나누어진다. 여러 종류의 주식을 발행하는 이유는 투자자의 기호에 따라서 적합한 주식을 선택할 수 있도록 하여 자금조달을 쉽게 하기 위해서이다. 보통주(common stock)는 기본적인 주식으로 기업이 실패하는 경우 최종적인 위험을 부담하게 되고, 성공하는 경우 이익을 받는 잔여지분의 성격을 갖는다. 보통주식을 소유한 주주들은 일반적으로 임원의 선임 및 정관에서 정하는 기타사항에 대해 지분소유비율만큼 의결권을 행사할 수 있으며, 배당을 통하여 이익잉여금[4]을 분배받을 권리가 있다. 또한 신주를 발행할 때에는 이를 우선적으로 인수할 수 있는 권리를 부

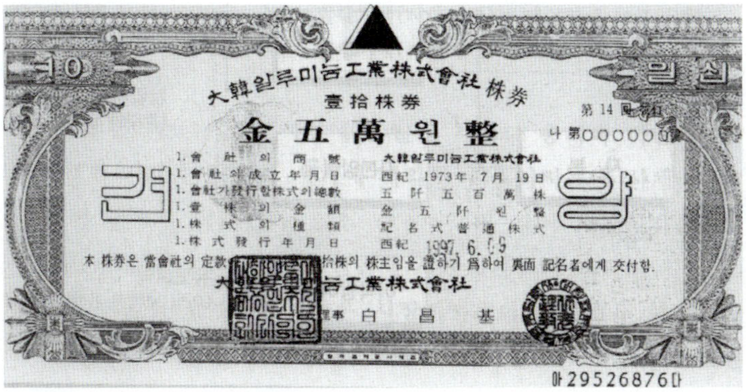

□ 보통주식의 예

여받으며, 회사의 청산 시에는 채무 및 우선주를 갚고 남은 재산에 대한 청구권이 인정된다.

우선주(preferred stock)는 보통주에 우선하여 일정 배당금을 지급받을 권리가 보장되는 주식이다. 그러나 주주총회에서의 의결권을 인정하지 않는다. 일정률의 배당금을 우선 지급받는다는 점에서 우선주는 사채와 비슷한 면이 있다.

기업이 주식을 발행하는 경우는 회사를 설립할 때와 설립 후 자금이 추가로 필요하여 증자하는 경우이다. 주식은 반드시 액면금액으로만 발행하는 것은 아니다. 특히 기업이 거래소에 상장되어 있는 주식의 경우에는 대부분 액면금액과 다른 시가로 발행된다.

사례 대한민국 경영현장 외국인 코스피 소진율 따져보니… 톱3 모두 '우선주'

1위 삼성전자우 소진율 92.44%, LG생활건강우 · 남양유업우 順, 외국인이 틀어쥐며 주가 우상향

지난달 이후 유가증권시장에서 외국인들이 팔자세를 이어가고 있는 가운데 외국인 보유비율이 높은 종목은 굳건히 그 자리를 지키고 있다. 특히 외국인 보유비율이 높은 종목 중에는 우선주가 많아 눈길을 끈다. 9일 한국거래소에 따르면 지난달 이후 이날까지 외국인들은 2조 5,356억원의 매도 우위를 보이고 있다. 올해 1~4월 꾸준히 매수세를 이어오던 외국인들이 지난달 매도로 돌아선 이후 쉽사리 방향을 틀지 않고 있다.

이런 상황에서도 외국인들의 소진율이 100%에 가까운 종목들이 있다. 외국인 소진율은 외국인 보유주식수를 외국인 한도주식수로 나눈 값으로, 코스피시장의 '톱3'가 모두 우선주다. 1위는 삼성전자우[5]로 소진율이 92.44%에 달한다. 삼성전자우는 이달 들어 외국인이 가장 많이 사들인 종목이다.

2위와 3위는 LG생활건강우(90.33%), 남양유업우(86.37%)가 차지했고, 현대차2우B(76.1%), 아모레퍼시픽우(73.18%)도 10위권 안에 포진했다. 외국인들의 굳건히 쥐고 있는 덕택에 주가도 우상향의 모습을 보였다. 올해 들어 LG생활건강우는 18.1% 뛰었고, 삼성전자우와 남양유업우도 각각 14.2%, 6.6% 올랐다.

---

4) 지금까지 기업 내 유보된 이익으로 사업에 재투자되거나 주주들에게 분배될 수 있는 자금이다.

5) 삼성전자우는 삼성전자의 우선주를 말한다.

보통주보다 주가가 높은 우선주도 늘어나고 있다. 한국투자증권에 따르면 올해 들어 전체 우선주 가운데 보통주보다 주가가 높게 형성된 우선주의 비율은 40%를 넘는다. 지난 2009년에는 10%에 불과했으나 10년 만에 4배로 확대된 것이다.

우선주는 보통주보다 이익, 이자배당, 잔여재산 분배 등에 있어서 우선적 지위가 인정되지만 의결권이 없다. 외국인들은 의결권보다는 배당과 같은 실속을 더 챙기고 있다는 해석이다. 정훈석 한국투자증권 연구원은 "우선주는 보통주 대비 배당수익률이 높고, 스튜어드십 코드 활성화 등 지배구조 개선 흐름을 감안할 때 의결권 가치 희석과 함께 우선주 가치가 제고될 가능성이 크다"며 "중기적 관점에서 지배구조 개선 여지가 크면서 보통주 대비 과도하게 할인 거래되고 있는 우선주들에 대한 전향적인 접근이 필요하다"고 판단했다.

(파이낸셜뉴스, 2019.6.9)

3 재무구조

부채비율

기업의 자금조달방식의 구조를 재무구조(capital structure)라고 하는데, 이는 타인자본인 부채와 자기자본의 상대적 크기를 의미한다. 재무구조를 나타내는 대표적인 재무비율이 부채비율이다. 부채비율(debt-to-equity ratio)은 기업의 장기적인 채무지급능력을 측정하는 비율로, 부채총액을 자기자본총액으로 나누어서 계산한다.[6] 부채비율이 클수록 갚아야 할 부채가 자기자본에 비해 상대적으로 크므로 매출활동과 무관하게 고정적으로 지급해야 하는 이자비용의 부담이 크다는 것을 뜻한다. 따라서 영업활동이 순조롭지 못할 경우 채권자에게 이자와 원금을 갚지 못할 위험이 증가한다고 볼 수 있다. 삼성전자의 2018년 말 부채비율은 다음과 같다.

---

6) 일반적으로 타인자본과 자기자본이라는 용어가 사용되나 회계용어로는 타인자본을 부채, 자기자본을 자본으로 부른다.

$$\text{부채비율} = \frac{\text{부채(타인자본)총액}}{\text{자본(자기자본)총액}} = \frac{92\text{조원}}{248\text{조원}} = 37\%$$

삼성전자의 부채비율은 37%인데 이는 타인자본인 부채총액이 자기자본인 자본총액의 37%라는 것이다. 일반적으로 부채총액이 자본총액의 2배보다 적은 경우, 즉 부채비율이 200%보다 낮을 때 기업이 안전하다고 평가한다. 삼성전자의 2017년 말 부채비율은 41%(=87조원/214조원)였다.

부채와 주식에 의한 자금조달의 장단점

자기자본인 주식이나 타인자본인 사채는 모두 기업이 장기적인 자금을 조달하기 위하여 발행하는 유가증권의 일종이라는 점에서 비슷하다. 그러나 사채와 주식은 다음과 같은 점에서 다르다.

- 사채나 차입금은 만기일에 원금을 상환해야 할 의무가 있는데, 주식은 상환해야 할 의무가 없다.
- 자금의 사용대가로 사채나 차입금에 대해서는 이익 크기에 관계없이 일정시점에 일정금액의 이자를 지급해야 하는데, 주식에 대해서는 이익 크기와 기업의 현금 상황을 고려하여 배당금을 지급할 수 있고 그 금액과 시기도 정해져 있지 않다.
- 채권자는 일반적으로 경영에 참여할 수 없으나 주주는 주주총회의 결의 등을 통하여 경영에 직·간접적으로 참여할 수 있으므로 신주를 발행하면 기존 주주의 영향력이 줄어든다.

부채에 의한 자금조달이 적을수록 좋은 것인가? 부채가 많을 때 사업이 잘 안 되면 원금상환과 이자지급의 부담 때문에 부도가 날 수도 있다. 그러나 부채를 적절히 사용하면 레버리지 효과[7]와 세금절약의 혜택을 얻을 수 있다.

---

7) 레버리지 효과는 고정된 이자율을 지급하는 부채를 지렛대처럼 이용하여 자기자본이익률의 변화를 높이는 것으로 지렛대 효과라고도 한다.

사례 대한민국 경영현장 아시아나항공 매각 어디로 - 애경그룹 적극 구애… 달아오르는 2라운드

지난 4월 아시아나항공 매각 발표가 나올 때만 해도 관심이 뜨거웠다. 그러다 인수 주체가 뚜렷하지 않아 수면 아래로 가라앉았다. 최근 분위기는 다르다. 애경그룹이 공식적으로 인수 의향을 밝히면서 인수전이 점차 활기를 띨 조짐이다. 애경그룹은 제주항공과의 시너지 효과가 크다고 여기고 아시아나항공 인수 의지를 적극적으로 알리고 있다.

• 매각가 얼마 정도?

- 산업은행 "1조원대도 가능"

아시아나항공이 매물로 나온 배경은 금호아시아나그룹의 부실한 재무구조다. 그룹에 돈이 마르면서 지난 3월 아시아나항공에 대한 회계감사의견도 '한정'으로 나왔다. 채권단이 아시아나항공에 추가로 자금을 지원하거나 매각해야 할 기로에서 박삼구 전 금호아시아나그룹 회장은 결국 매각 카드를 꺼내들었다. 채권단 지원을 사실상 바랄 수 없었기 때문이다. 주도권은 채권단, 그중에서도 KDB산업은행이 쥐게 됐다. 채권단이 밝힌 매각방식은 구주매각, 제3자 배정방식의 유상증자다.

이동걸 산업은행 회장은 기자회견에서 "(아시아나 재무구조에 문제가 되는) 부채는 3조 6,000억~3조 7,000억원인데, 이를 전액 갚아야 하는 것이 아니고 예시하자면 3분의 1이나 4분의 1을 갚고 나머지는 일정액 부채를 안고 가면 되는 것"이라며 인수금액이 "생각보다 안 비싸다"는 논조를 폈다.

시장에서는 이런 논리대로라면 1조원대에서 인수가격이 형성될 수 있을 것으로 내다봤다. 아시아나항공 주요 주주는 금호산업(33.47%)과 금호석유화학(11.98%)이다. 구주거래 시에는 통상 20~30%의 경영권 프리미엄을 붙여 팔게 되는데 이럴 경우 채권단 외 금호산업도 수천억원의 자금을 확보할 수 있게 된다. 금호산업은 6월 말 실사 후 늦어도 7월 초 투자설명서(IM)를 잠재 인수후보들에게 배포하기로 했다. 빠르면 11월 아시아나항공 인수 우선협상자를 선정할 수 있다는 시나리오를 그린다.

• 애경이 과연 살 수 있나

- 지주사 빚 많지만 자금조달력은 충분

애경그룹이 아시아나항공을 인수한다면 시너지 효과 측면에서는 더할 나위 없다는 분석이다. 보유 항공기 40대로 LCC 1위를 달리는 제주항공을 계열사로 두고 있기 때문. 아시아나항공은 제주항공이

갖지 못한 북미·유럽·중국 등의 운수권을 보유하고 있어 '윈윈'할 수 있는 여력이 많다. 더불어 물류, 항공 엔진은 물론 비용절감 부문에서도 상당한 이득이 있을 수 있다는 계산이다. 특히 아시아나항공을 인수하면 자회사 아시아나IDT도 딸려오는데 아시아나IDT가 국내에서는 유일하게 항공 관련 전산시스템을 제공하고 있어 부가 수입 창출에도 큰 효과를 볼 수 있다는 것이 애경그룹 판단이다.

문제는 인수 의사를 밝힌 애경이 과연 1조원의 자금을 조달할 수 있느냐다. 물론 제주항공은 자금력이 꽤 있다. 최근 실적도 좋다. 지난해 연결 기준 영업이익은 1,012억원을 기록했다. 하지만 한 번에 1조원가량 인수자금을 직접 부담하기에는 버겁다는 분석이다. 그룹 차원에서 인수하려면 AK홀딩스가 주도해야 하는데 3월 기준 AK홀딩스의 유동자산은 1조 3,833억원 수준이다. 대신 부채는 8조원이 넘는다. 이런 상황에서 1조원 이상 큰 자금을 쓰게 되면 재무부담이 상당할 수 있다.

(매일경제, 2019.6.10)

자산규모가 10억원인 오렌지테크의 재무구조를 다음과 같이 타인자본 위주인 경우와 자기자본 위주인 경우의 두 가지로 나누어, 재무구조의 차이가 경영성과에 미치는 레버리지 효과를 분석해 보자.

(1) 타인자본 위주인 경우 : 부채 9억원, 자기자본 1억원
(2) 자기자본 위주인 경우 : 부채 0억원, 자기자본 10억원
단, 부채에 대한 이자율은 연 10%라고 가정한다.

먼저 영업성과가 좋지 않아서 이자비용지급 전의 이익(영업이익)이 6천만원인 경우에 재무구조와 경영성과 간의 관계를 살펴보면, 재무구조가 타인자본 위주로 구성된 경우 이자비용 9천만원을 감당하지 못하여 순손실(적자)이 나지만, 자기자본 위주로 구성된 경우에는 이자비용이 없으므로 6천만원의 순이익을 내게 된다.

반면, 영업성과가 좋아서 이자비용지급 전의 이익이 1억 2천만원인 경우에는 재무구조에 상관없이 모두 순이익이 발생한다. 그러나 회사의 주주 입장에서 보면 타인자본 위주의 경우 자기자본 1억원에 대하여 순이익이 3천만원으로 수익률(자기자본순이익률=순이익/자기자본)이 30%나 되지만, 자기자본 위주의 경우에는 자기자본 10억원에 대하여 순이익이 1억 2천만원으로 수익률이 12%밖에 안 된다(〈표 12-1〉 참조).

요약하면, 기업의 영업환경이 나쁠 때에는 부채가 적은 기업이 유리하고,

표 12-1
재무구조 차이에 따른 기업의 안정성 비교

항 목	타인자본 위주인 경우 (부채 9억원, 자기자본 1억원)		자기자본 위주인 경우 (부채 0억원, 자기자본 10억원)	
영업환경	불황	호황	불황	호황
영업이익 : 이자지급전 이익	6천만원	1.2억원	6천만원	1.2억원
이자비용	9천만원	9천만원	0	0
순이익(순손실)	(3천만원)	3천만원	6천만원	1.2억원
순이익/자기자본	(30%)	30%	6%	12%

표 12-2
이자비용과 세금효과

항 목	이자비용이 있는 경우	이자비용이 없는 경우	차 이
영업이익	190,000	190,000	
이자비용	(−)100,000	−	
법인세비용차감전이익(세전이익)	90,000	190,000	
법인세비용(세율 30%)	(−)27,000	(−)57,000	30,000
순이익	63,000	133,000	70,000

영업환경이 좋을 때에는 부채가 많은 기업이 소유주에게 유리하다. 따라서 경영자는 미래 영업성과에 대해 정확한 예측을 하고 이에 따라 자금조달방법을 선택해야 한다.

한편 부채에 대한 이자비용은 손익계산서상 비용 항목인 반면에 자기자본에 대한 배당은 비용이 아니라는 점에서 성격상 차이가 난다. 이러한 차이로 기업의 법인세부담에 다른 영향을 미치게 된다. 이자비용은 세전이익을 낮추어서 법인세 절감효과가 있고 주주에 대한 배당금은 절세효과가 없다. 영업이익이 190,000원이고, 이자비용이 100,000원이며, 법인세율은 30%로 가정한 분석 예를 살펴보면 〈표 12-2〉와 같다.

이자비용이 있는 경우의 순이익은 이자비용을 차감한 법인세비용차감전이익 90,000원에서 법인세 27,000원을 차감한 63,000원이 된다. 반면에 이자비용이 없는 경우의 순이익은 법인세 57,000원을 차감한 133,000원이 된다. 이자비용 100,000원은 법인세 30,000원을 절감하여 순이익은 70,000원만큼 감소한다. 채권자에게 주는 세전이자비용은 100,000원이지만 기업이 부담하는 세후이자부담은 70,000원에 불과하다. 이처럼 자본조달에 따라서 세금부담도 다르고 재무구조도 달라지기 때문에 경영자는 어떻게 자금을 조달하는 것이 가장 유리한 방법인지를 분석하고 알아보아야 한다.

사업운영에 의한 부채발생과 이익 재투자

사업을 하면서 외상으로 상품을 구입하여도 부채가 생기며 이러한 매입채무를 자금조달에 의한 구매로 볼 수 있으므로 넓은 의미의 타인자본조달에 포함된다. 아직 지급하지 못한 급여나 이자, 임차료, 공공요금 등의 미지급비용과 설비나 토지 등의 유형자산을 사고 아직 지급하지 못한 미지급금도 영업활동에 의해 생긴 부채이다. 이러한 줄 돈뿐만 아니라 미리 받은 돈도 부채이다. 판매대금을 선불로 받은 선수금이 그 예이다. 직원들에게 나중에 주어야 하는 퇴직금 부담을 추정한 퇴직급여충당부채도 사업운영에 의한 부채이다. 영업활동에 의한 부채는 재무활동에 의한 차입금이나 사채의 규모보다 대부분의 경우 훨씬 더 작다.

사업을 하여 이익이 생기면 이 이익을 투자자들에게 배당의 형태로 나누어 주거나 사업에 재투자한다. 재투자된 이익은 이익잉여금으로 불린다. 자기자본은 출자나 주식발행에 의해 마련된 납입자본(자본금과 자본잉여금)과 창출된 이익이 재투자된 이익잉여금의 두 가지 주요 부분을 가지고 있다.

재무상태표로 보는 기업의 자금조달 상태

기업의 자금조달 상황은 재무상태표[8]에서 볼 수 있다. 재무상태표는 특정조직의 재무상태를 보여주는 표로 자산(assets), 부채(liabilities), 자본(owner's equity)의 세 가지 대분류에 의해 작성된다. 즉, 재무상태표는 특정조직이 부채나 자기자본으로 조달한 자금이 어떤 자산[9]으로 운영되고 있는지를 보여준다. 부채는 유동(단기)부채와 비유동(장기/고정)부채로 구분되어 있다. 재무상태표 및 다른 재무제표는 해당기업의 홈페이지나 금융감독원 전자공시시스템(http://dart.fss.or.kr)

8) 과거에 대차대조표(balance sheet)로 불리던 양식이 2009년부터 조기도입이 가능해진 한국채택국제회계기준(K-IFRS)에서 재무상태표(statement of financial position)로 이름이 변경되었다. 실무에서는 여전히 B/S라는 약자를 쓴다.

9) 자산은 조직이 소유한 경제적 자원이다.

에서 쉽게 찾아볼 수 있다.

부채는 일반적으로 재무상태표에 만기가 도래하는 순서대로 먼저 유동부채가 표시되고 그 다음으로 비유동부채가 표시된다.[10] 유동부채란 재무상태표 작성일로부터 1년 이내의 기간에 상환해야 하는 부채를 말하고, 비유동부채는 상환일이 1년 이후에 오는 부채이다. 부채를 이렇게 구분하는 이유는 '언제 부채를 지급해야 하는가'가 매우 중요한 정보이기 때문이다. 예를 들어 유동부채가 많다면 그 기업은 1년 이내에 많은 돈을 갚아야 하기 때문에 자금사정이 어렵고 영업이 위축될 가능성이 높게 된다. 이는 1997년 말 IMF 구제금융사태 발생 시 우리나라의 종합금융회사들에 단기외화차입금이 많았는데, 이를 갚기 위한 외화자금이 없어서 고생한 것을 보면 알 수 있다. 유동부채로는 상품이나 재료 외상구입에 대한 매입채무, 1년 이내에 갚아야 하는 단기차입금, 설비 구입대금에 대한 미지급금 등이 있다. 비유동부채로는 사채, 1년 이후에 갚아야 하는 장기차입금 등이 있다.

〈표 12-3〉은 우리나라 대표 기업들의 2018년 말 자금조달 내용을 보여준다.

표 12-3
우리나라 주요 대기업들의 자금조달 내용 (2018년 말)

(단위 : 10억원)

	삼성전자		현대자동차		SK텔레콤	
	금 액	비 율	금 액	비 율	금 액	비 율
매입채무	8,480	2.5%	7,656	16.2%	381	0.9%
미지급금	10,712	3.2%	5,425	0.9%	1,914	4.5%
단기차입금	13,587	4.0%	12,250	0.2	80	0.2%
[유동부채]	**69,082**	**20.4%**	**49,438**	**16.2%**	**6,848**	**16.2%**
사채	962	0.3%	36,956	20.5%	6,572	15.5%
장기차입금	85	0.0%	9,985	5.5%	2,015	4.8%
장기미지급금	3,194	1.0%	20	0%	1,969	4.6%
[비유동부채]	**22,526**	**0.9%**	**57,321**	**31.7%**	**13,172**	**31.1%**
부채총계	**91,604**	**27.0%**	**106,760**	**59.1%**	**20,020**	**47.3%**
자본금	898	0.3%	1,489	0.8%	45	0.1%
이익잉여금	242,700	71.5%	66,490	36.8%	22,145	52.3%
자본총계	**247,753**	**73.0%**	**73,896**	**40.9%**	**22,349**	**52.7%**
부채 및 자본총계	**339,357**	**100.0%**	**180,656**	**100.0%**	**42,369**	**100.0%**

* 위의 표는 재무상태표(연결기준)에서 부채와 자본의 주요 계정과목만 발췌한 것이다.

10) 한국채택국제회계기준에서 비유동부채를 먼저 표시하는 것이 허용되었으나 일부 회사만이 이 방법을 사용한다. 역유동성 배열이라고 불리는 이 방법을 사용하려면 부채보다 자본을 재무상태표에서 보고해야 한다.

삼성전자, 현대자동차, SK텔레콤 모두 부채비율이 상당히 낮다. 삼성전자는 사채와 장기차입금 등의 비유동부채가 상당히 낮다. 현대자동차와 SK텔레콤은 비유동부채가 유동부채의 2배 정도 된다.

더 알아봅시다 **자본의 구성**

엄밀히 말하면, 한 기업의 (자기)자본은 자본금, 자본잉여금, 자본조정, 기타포괄손익누계액, 이익잉여금의 다섯 가지로 크게 분류된다. 흔히 자본금을 자본총액과 혼동하는 사람이 많은데, 자본금은 단지 발행된 주식의 액면가 총액을 나타낸다. 예를 들어 500만주가 발행되었는데, 1주의 액면가가 1,000원이면 자본금은 총 50억원이다. 1주의 액면가가 1,000원이지만 발행가는 3,000원이었다면 발행가와 액면가의 차액인 총 100억원[=(3,000원−1,000원)×500만주]이 자본잉여금으로 보고된다. 자본조정은 기업의 이익창출과는 관계없이 자본총액에 영향을 미치는 거래금액을 보고하는 항목이다. 기타포괄손익누계액은 손익거래에 해당하지만 당기순손익의 계산에 포함되지 않는 항목들의 누계액을 보고한 것이다.

요 약

사업을 시작하려면 자금이 필요하다. 사무실이나 작업장 시설을 마련할 초기 투자비 및 상품 구입대금과 직원의 급여 등 초기 운영비의 자금이 필요하다. 사업자금은 창업자 자신이나 동업자들이 출자하여 마련한다. 개인이나 은행 등의 금융기관으로부터 빌리거나 사채를 발행하여 추가자금을 마련하기도 한다. 창업자와 동업자 등의 소유주가 출자한 자금은 자기자본이며 외부에서 빌린 자금은 타인자본(부채)이다.

차입이나 사채발행에 의해 자금을 마련하면 정해진 이자와 원금을 약속한 날에 반드시 지급해야 하지만 주식발행을 하면 이러한 의무가 없어진다. 그러나 주식발행은 소유지분의 약화를 가져오고 절세효과나 레버리지 효과를 이용할 수 없게 된다.

재무활동뿐만 아니라 영업활동에 의해서도 매입채무, 미지급비용, 선수금 등의 부채와 이익잉여금의 자기자본 금액의 변화가 생긴다. 기업의 총체적인 재무구조는 부채총액을 (자기)자본총액으로 나눈 부채비율이 잘 나타낸다. 부채는 단기의 유동부채와 장기의 비유동부채로 나누어 재무상태표에 표시한다.

주요 용어

- 보통주
- 우선주
- 재무구조
- 부채비율
- 유동부채
- 재무활동
- 비유동부채
- 자기자본조달
- 타인자본조달

토의 문제

1. 팀별로 창업을 위한 아이템을 선정하여 필요한 자금에 대한 조달계획을 제시하시오.
2. 차입을 할 때 고려할 점을 논의하시오.
3. 특정기업을 선택하여 지난 5년간 재무구조 변화 내용과 이유를 조사하시오.

CHAPTER

13

자금운영과 이익창출

학습목표

1. 자금운영과 자산의 관계를 학습한다.
2. 자산의 종류를 학습한다.
3. 수익성을 평가하는 방법을 학습한다.
4. 기업활동과 관련된 세금을 학습한다.
5. 현금흐름을 분석하는 방법을 학습한다.
6. 투자안을 평가하는 방법을 학습한다.

제 13장을 시작하며

작년 한국 상장사 실적, 美 · 中 · 日보다 저조

韓 매출액 증가율 5.2%, 영업이익은 −1.0%··· 부채비율은 낮아

지난해 한국 상장기업들의 매출과 이익 증가율이 미국, 일본, 중국 기업들보다 낮은 것으로 조사됐다. 전국경제인연합회 산하 한국경제연구원은 29일 한국 1,940개, 미국 2,017개, 일본 3,258개, 중국 3,489개 등 4개국 주요 주식시장 상장기업(금융업 제외)의 경영실적을 분석한 결과 이같이 나타났다고 밝혔다.

그 결과 지난해 한국 상장기업의 매출액 증가율은 5.2%로 미국(9.7%), 일본(6.5%), 중국(12.7%)보다 낮았다. 영업이익은 한국 기업이 1.0% 감소했는데 미국은 16.8%, 중국은 9.7% 증가했다. 일본은 −0.6%였다. 당기순이익 증가율은 한국이 −12.4%로 악화했지만 미국(10.3%)은 10% 넘게 뛰었고 일본도 2.9% 증가했다. 중국은 −4.6%다. 부채비율은 한국이 47.4%로 미국(104.9%), 일본(62.2%), 중국(68.9%)에 비해 낮았다. 부채 증가율도 3.6%로 일본(3.7%)과는 비슷하지만 미국(6.2%), 중국(9.0%)보다 낮았다. 이번 조사는 스탠더드 앤드 푸어스(S&P) 캐피탈 IQ 자료를 토대로 분석했으며 각국 통화를 기준으로 해서 환율효과를 배제했다.

산업별로 보면 한국 부동산업 매출액 증가율이 20.3%로 미국(7.7%), 일본(1.9%), 중국(19.0%)을 앞섰다. 산업재(자본재, 상업서비스, 운송)는 5.2%로 경쟁국의 절반 수준에 그쳤다. 영업이익은 한국 기업들은 IT(14.0%)와 부동산(14.5%)을 제외하고 모두 마이너스였다. 특히 에너지(−25.0%)와 헬스케어(−27.4%)는 미 · 일 · 중의 성장세와 대조를 이뤘다. 한경연은 한국 기업들이 많이 위축됐다고 평가했다. 매출과 이익에서는 경쟁국 기업들보다 뒤처지는 가운데 안정성에 집중하며 부채를 낮은 수준으로 유지했다고 말했다.

산업별 영업이익 증가율 비교

	한 국	미 국	일 본	중 국
경기소비재	−7.2%	−3.1%	−2.6%	−14.8%
필수소비재	−3.2%	2.2%	0.6%	13.1%
커뮤니케이션 서비스	−11.8%	26.4%	−1.1%	−8.9%
산업재	−4.1%	19.3%	−4.3%	6.0%
에너지	−25.0%	107.0%	10.9%	23.7%
정보기술(IT)	14.0%	17.2%	5.4%	−12.0%
부동산	14.5%	7.8%	6.7%	30.2%
헬스케어	−27.4%	10.0%	13.5%	9.7%
유틸리티(전기, 수도 등)	−78.4%	−5.4%	−15.2%	11.0%
소 재	−7.3%	17.6%	−0.6%	15.4%

(자료 : S&P Capital IQ)
전년 대비, 금융업 제외

(연합뉴스, 2019.5.29)

1 자금운영

자금의 운영과 영업순환과정

자금운영

조달된 자금은 사업에 필요한 설비와 장소를 마련하는 투자비 및 직원에게 급여를 주고 경비를 쓰는 등의 운영비로 사용된다. 사업에 사용하기 위해 확보한 다양한 자원을 자산이라 한다. 현금, 재고자산, 설비, 건물, 토지 등이 그 예이다. 기업이 가지고 있는 자산의 종류와 금액을 재무상태표가 보여준다. 즉 재무상태표는 해당조직의 자금운영 내용인 자산과 자금의 조달출처 내용인 부채, 자본의 세부 구성과 금액을 보여준다. 자산총계는 항상 부채총계와 자본총계의 합과 같다. 이를 회계등식이라 한다.

자산총계 = 부채총계 + 자본총계

영업순환과정

기업은 돈을 벌기 위해 자산을 마련하여 사용한다. 기업이 현금으로 영업을 시작하여 여러 가지 활동을 통해 다시 현금을 창출하기까지의 과정을 영업순환과정(operating cycle)이라고 한다. 기업이 자산을 활용하여 매출을 올려서 이익을 내고 현금을 벌어들이는 영업순환과정은 [그림 13-1]과 같이 현금 → 재고 → 매

그림 13-1
영업순환과정

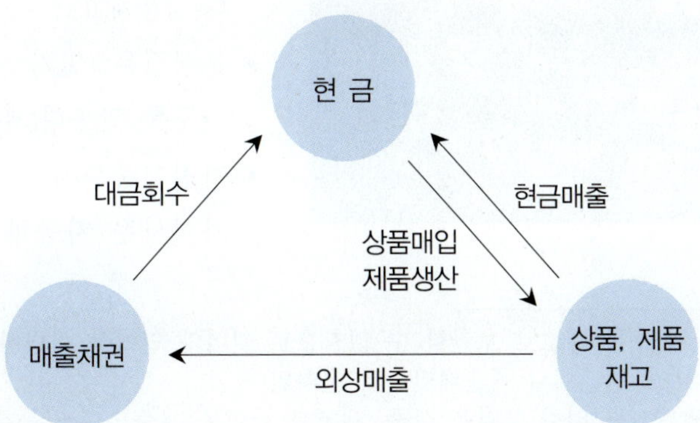

출채권 → 현금의 순환과정을 이룬다.[1] 기업은 현금으로 필요한 상품을 구입하거나 원재료를 구입하여 제품을 생산한다. 상품과 제품은 고객에게 현금 또는 외상으로 판매되는데, 외상으로 판매된 경우 매출채권의 형태로 있다가 대금을 회수할 때 현금으로 바뀌어 순환과정이 종료된다.

재고자산과 매출채권

재고자산

기업이 영업을 하기 위해서는 고객에게 판매할 상품을 구입하거나 생산에 사용할 재료와 완성품인 제품을 보유하게 되는데, 이러한 자산을 재고자산(inventory)이라고 한다.[2] 재고자산은 기업이 어떤 종류의 영업을 하느냐에 따라 다르다. 회계법인, 학원 등의 서비스업은 무형의 서비스를 제공하는 회사로서 물건이 아닌 서비스를 제공하므로 재고자산을 보유하고 있지 않고 서비스를 제공할 수 있는 설비만을 갖추고 있다. 그러나 재화를 구입하여 이를 다시 판매하는 백화점이나 문방구와 같은 도소매업은 팔려고 구매한 재고자산을 가지고 있는데, 이를 상품이라고 한다. 또한 재화를 제조하여 판매하는 제조업에도 원재료, 재공품, 완제품 등의 재고자산이 있다. 재고자산은 다음과 같이 다양하게 발생 가능하다.

□ 상품재고 예

- 학교 앞의 문방구는 공책과 필기구를 준비해야 하고, 책방은 팔 책을 사다 두어야 한다(상품재고).
- 백화점은 많은 종류의 상품들을 진열해 놓고 있다(상품재고).
- 분식집은 밀가루를 준비하고(재료재고), 칼국수나 만두를 만든다(제품재고).
- 가전제품회사는 TV나 냉장고 등을 만들고, 자동차회사는 자동차를 생산한다(제품재고).

---

1) 서비스업은 서비스를 재고로 보관할 수 없으므로 설비와 인력을 마련하여 서비스를 제공하면 재고의 단계를 거치지 않고 바로 현금이나 매출채권으로 전환된다.

2) 회계에서는 팔려고 구입한 물건은 상품, 제조한 물건은 제품으로 구분하여 부른다.

매출채권

외상으로 물건을 팔거나 서비스를 제공하면 받을 외상값인 매출채권이 생긴다. 매출채권(receivables)이란 물건이나 서비스를 외상으로 판매하여 생긴 '돈을 받을 수 있는 권리'를 말한다. 이러한 매출채권은 매출이 발생했지만 아직 돈을 받지 않았으므로 기업의 자금이 영업활동에 투하되어 있는 상태의 자산이라고 볼 수 있다.

매출채권의 비율이 너무 크면 돈이 많이 묶여 있는 상태이고, 대손의 가능성, 즉 돈을 못 받을 가능성이 커지므로 매출채권이 많다는 것은 바람직하지 않다. 따라서 외상대금을 빨리 갚으면 금액을 할인해 주는 등의 정책을 통해서 매출채권의 조기회수를 위해 노력해야 한다. 매출과 매출채권의 상대적 비율을 보여주는 매출채권회전율은 매출채권관리를 위해 중요한 지표이다.

$$\text{매출채권회전율} = \frac{\text{매출액}}{\text{매출채권 평균잔액}}$$

매출채권이 빨리 회수되면 매출채권회전율이 높아지고 그만큼 영업순환과정이 빨라진다. 매출채권회전율의 역수가 매출채권회수기간이다. 매출채권회전율이 3이면 매출액이 매출채권 평균잔액의 3배이며 매출채권을 회수하는 데 1/3년, 즉 4개월이 걸린다는 의미이다.

2 유동자산과 비유동자산

비유동(장기)자산

유형자산

제과점과 같이 제품을 만들어 판매하는 경우 빵과 과자를 만들기 위해 작업공간과 진열장이 필요하다. 세탁소와 같은 용역업의 경우에는 세탁소라는 건물

표 13-1
기업의 종류와 유형자산

기업의 종류	유형자산
학원	칠판, 책걸상
놀이동산	토지, 건물, 놀이기구
음식점	주방기구, 탁자, 의자
백화점	토지, 건물, 진열장, 차량
제조회사	토지, 건물, 기계설비
서점	건물, 진열장, 금전등록기

과 세탁기, 다리미 등이 있어야 한다. 자동차제조회사의 경우에는 넓은 토지와 건물 그리고 수많은 기계장치가 있어야 자동차를 생산할 수 있다. 이렇게 영업활동을 수행하기 위해서 설비나 기계, 건물 등을 사용해야 하는데, 이러한 자산을 유형자산(tangible assets)이라 한다.3)

재고자산과 유형자산을 단순하게 비교하면, 재고자산은 팔 물건이고 유형자산은 장기적으로 사용할 목적으로 가지고 있는 물건이다. 같은 물건이라도 용도에 따라 재고자산이나 유형자산이 될 수 있다. 가구회사가 판매를 위해 가지고 있는 가구는 재고자산이지만 회사사무실에서 사용하는 가구는 유형자산이다. 자동차제조회사가 판매를 위해 보관한 차량은 재고자산이지만 공장에서 운행하는 차량은 유형자산이다.

무형자산

고객에게 가치가 있는 재화나 서비스를 제공하기 위해서는 설비나 건물 등의 유형자산뿐만 아니라 기술이나 우수한 인력이 필요하다. 제품이나 회사에 대한 명성, 브랜드도 중요하다. 현대 기업은 브랜드 자산, 인적자산, 지식자산 등 물리적인 형태가 없는 무형자산(intangible assets)이 물리적 자산보다 더 중요하다고 말한다. 브랜드 자산의 가치를 측정하는 컨설팅회사도 있다.

재무상태표에 표시할 수 있는 무형자산은 상당히 제한되어 있다. 이는 회계원칙 중 자산가치나 이익측정을 보수적으로 하는 보수주의 원칙에 의해, 미래의 혜택이 불확실한 광고선전비 지출에 의한 브랜드 가치나 연구비 지출에 의한 지식자산을 재무상태표의 자산으로 인정하지 않기 때문이다. 현재 개발

3) 영업활동을 지원하기 위한 자산 중 물리적 형태가 있는 자산은 유형자산, 물리적 형태가 없는 자산은 무형자산이다.

비 지출 중 비경상적인 부분만 무형자산으로 인정한다. 사람들에 대한 소유권을 기업이 가질 수 없고 직원들은 언제든지 조직을 떠날 수 있으므로 인적자산은 기업의 자산으로 인정하지 않는다.

재무상태표에 인식하는 무형자산은 영업권, 산업재산권(특허권, 실용신안권, 의장권, 상표권), 저작권, 공업권, 어업권, 개발비 등이 있다. 이 중 영업권(goodwill)은 사업인수, 합병 등으로 생기게 된다.

유동자산과 비유동자산의 구분

한 기업이 보유하고 있는 자산의 구성은 재무상태표가 보여준다. 자산은 1년 이내에 사용되거나 현금으로 전환되는 유동(단기)자산(current assets)과, 1년 이상 사용하거나 1년 이상이 지나야 현금이 되는 비유동(장기)자산(noncurrent assets)으로 나누어 재무상태표에 나타난다. 유동자산의 예로는 현금 및 현금성자산, 단기금융상품, 매출채권, 재고자산 등이 있다. 현금 및 현금성자산은 통화와 타인발행수표 등의 통화대용증권과 당좌예금, 보통예금 및 3개월 이내에 만기가 도래하는 채권 등이 있다. 단기금융상품은 금융기관의 정기예금·정기적금 및 사용이 제한되어 있는 기타 정형화된 상품으로 단기적 자금운용 목적으로 소유하거나 기한이 1년 내에 도래하는 것을 말한다.

비유동자산의 예로는 건물, 설비 등의 유형자산, 영업권과 개발비 등의 무형자산, 투자주식이나 투자부동산 등의 장기적인 투자이윤을 획득할 목적으로 보유하거나 다른 기업을 지배하거나 통제할 목적으로 보유하는 투자자산이 있다.

기업의 안정성을 위해 부채총액과 자본총액의 상대적 비율인 부채비율이 중요하지만, 단기적인 부채의 상환을 위해서는 유동성이 높은 자산의 보유가 중요하다. 단기적인 부채를 갚을 충분한 유동자산이 없다면 아무리 비유동자산이 많아도 당장의 부채상환 문제, 즉 유동성 문제가 생긴다. 유동성의 파악을 위해 유동부채에 대한 유동자산의 비율인 유동비율이 사용된다. 일반적으로 유동비율이 200%, 즉 유동자산이 유동부채의 2배가 되는 것이 바람직하다.

$$유동비율 = \frac{유동자산}{유동부채}$$

유동자산과 유동부채의 차액을 운전자본이라 하는데, 이는 회사의 운영자금 필요액으로 볼 수 있다. 재고보유액, 매출채권의 판매대금미회수액, 현금성자산 등의 유동자산 자금 소요액에서 유동부채로 조달된 자금절약액을 뺀 차액이 운영자금 필요액이다. 한 기업의 현금 및 현금성자산이 1천만원, 재고액이 5천만원, 매출채권액이 2천만원이어서 총유동자산이 8천만원이고, 납품업체에 대한 매입채무의 유동부채가 1천만원이면 운전자본은 7천만원이 소요된다고 할 수 있다.

$$운전자본 = 유동자산 - 유동부채$$

〈표 13-2〉는 우리나라 대표 기업들의 2018년 말 자금운영 내용을 보여준다. 삼성전자와 현대자동차는 유동자산이 유동부채의 2배가 넘어 유동비율 200% 이상의 충분한 단기 유동성을 가지고 있다. SK텔레콤의 유동비율은 200%보다 낮지만, 유동자산 중 유동성이 상대적으로 낮은 재고자산이 거의 없고 재고자산을

표 13-2
우리나라 주요 대기업들의 자금운영 내용 (2018년 말)

(단위 : 10억원)

	삼성전자		현대자동차		SK텔레콤	
	금 액	비 율	금 액	비 율	금 액	비 율
현금 및 현금성자산	30,341	8.9%	9,114	5.0%	1,507	3.6%
매출채권	33,868	10.0%	3,596	2.0%	2,009	4.7%
재고자산	28,985	8.5%	10,715	5.9%	288	0.7%
단기금융상품	65,894	19.4%	7,936	4.4%	1,046	2.5%
[유동자산]	174,697	51.5%	73,008	40.4%	7,959	18.8%
〈유동부채〉	69,082	20.4%	49,438	16.2%	6,848	16.2%
유형자산	115,417	34.0%	30,546	16.9%	10,718	25.3%
무형자산	14,892	4.4%	4,921	2.7%	5,514	13.0%
공동/관계기업투자	7,313	2.2%	17,143	9.5%	12,812	30.2%
[비유동자산]	164,660	48.5%	107,648	59.6%	34,410	81.2%
자산총계	339,357	100.0%	180,656	100.0%	42,369	100.0%

* 위의 표는 재무상태표(연결기준)에서 자산의 주요 계정과목만 발췌한 것이다.

제외한 유동자산(당좌자산이라고도 함)이 유동부채보다 크므로 유동성에 문제가 없다. 총자산 중 비유동자산의 비율이 삼성전자 48.5%, 현대자동차 59.6%, SK텔레콤 81.2%이다. SK텔레콤의 경우, 조달된 자금의 상당 부분을 공동기업 및 관계기업에 투자하여 비유동자산의 비율이 상당히 높다.

사례 대한민국 경영현장 **외국인 '현금부자 · 실적개선株'는 사들인다**

기아차 · 현대위아 · 카카오 등 호실적에 재무 탄탄한 8종목 올 들어 1조원 이상 순매수
기아차 현금, 단기차입금 4배, 카카오는 영업이익 2배 늘 듯

외국인이 현금 1조원 이상을 보유하는 등 재무지표가 우량하고 실적개선이 기대되는 8개 종목을 올해 1조원어치나 집중 매수한 것으로 나타났다. 이들 8개 종목은 미 · 중 무역전쟁 장기화 전망에 따른 이익 감소로 재무 압박까지 받는 다른 상장사와 차별화돼 외국인의 매수 강도가 높아질 수 있다는 분석이 나온다. 8개 종목 중 보유 현금에 비해 단기차입금이 작아 사실상 무차입 경영을 하고 있는 삼성SDS, 카카오, 현대위아 등 3곳에는 기관 매수세도 가세했다.

2일 에프앤가이드에 따르면 올해 코스피 종목 중 증권사 3곳 이상에서 실적 추정치가 나온 상장사는 203곳이다. 이 중 지난 3월 말 기준으로 보유 현금이 1조원이 넘는 곳은 48곳이다. 여기서 현금은 현금성자산과 단기금융상품 합계로 구했다. 이 가운데 1년 내 갚아야 할 부채인 단기차입금보다 보유 현금 규모가 크고 올해 매출 · 영업이익 · 순이익이 작년보다 모두 증가할 것으로 예상되는 종목은 8개다. 그 주인공은 기아자동차, 현대글로비스, 현대위아 등 자동차 업종 3곳과 LG전자, 삼성SDS, 카카오 등 정보기술(IT) 관련주 3곳, 게임주 넷마블, 건설주 HDC현대산업개발이다.

외국인은 지난달 무역전쟁 격화로 코스피에서 2조 4,390억원 규모의 순매도를 기록했다. 같은 기간 8곳에 대해 2,512억원어치를 순매수하며 대조를 이뤘다. 올 들어 5개월 동안 코스피에서 4조 4,031억원을 순매수했는데 이 중 8개 종목만 1조 449억원어치나 샀다. 이들 종목 순매수 규모가 전체의 23.7%에 달한다. 업계 관계자는 "증시 하락기에는 재무적으로 안정된 방어주를 찾기 마련"이라며 "부채상환 능력을 갖춘 상장사가 실적까지 개선되면 설비투자와 인수 · 합병(M&A), 배당 여력 모두 확대돼 외국인의 장기 투자 기준에 부합하게 된다"고 말했다.

주요 상장사 보유 현금과 단기차입금 비교 (단위 : 억원)

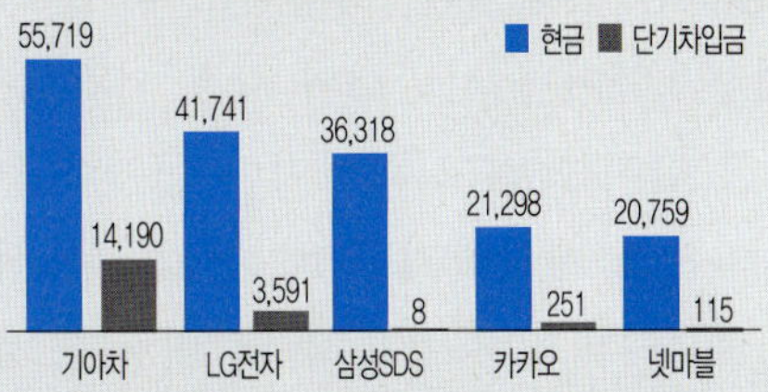

* 지난 3월 말 기준 현금(현금성자산+단기금융상품), 단기차입금(1년 내 갚아야 할 빚) 기준
(자료 : 에프앤가이드)

실적개선 코스피 주요 상장사 지표 (단위 : %,,억원)

종 목	작년 대비 실적 증가율		투자자 매매동향	
	매 출	영업이익	외국인	기 관
기아차	2.4	55.7	3,838	662
LG전자	3.9	4.2	2,645	1,040
삼성SDS	9.0	10.8	857	741
카카오	24.7	109.8	387	3,366
넷마블	17.2	26.4	783	−292
HDC현대산업개발	49.0	49.1	106	−201
현대글로비스	6.0	10.7	1,681	−355
현대위아	1.5	2,136.9	152	184

기아차가 보유한 현금은 5조 5,719억원으로 단기차입금(1조 4,190억원) 대비 4배가량 많은 규모다. 여기에 올 들어 국외 시장에서 자동차 판매가 늘면서 현금이 더 쌓일 전망이다. 기아차는 올해 1~4월 국외 시장에서 총 72만204대를 판매해 전년 동기 대비 판매량이 1.1% 증가했다. 기아차의 올해 영업이익은 1조 8,020억원으로 작년(1조 1,575억원)보다 55.7% 증가할 것으로 예상된다. 같은 기간 영업이익률 역시 작년 2.1%에서 올해 3.2%로 회복될 전망이다.

LG전자가 쌓아놓은 현금은 4조 1,741억원으로 단기차입금(3,591억원)에 비해 월등히 많아 재무적으로 안정돼 있다. 글로벌 경기 악화에도 고가 가전제품이 잘 팔리고 있는 데다 각종 비용 절감으로 스마트폰 사업 적자 규모가 줄어들 전망이어서 올해도 대규모 현금 유입이 예고되고 있다. LG전자의 올해 영업이익은 2조 8,158억원으로 사상 최고치를 기록할 것으로 추정된다.

삼성SDS와 카카오의 지난 3월 말 기준 단기차입금은 각각 8억원, 251억원에 불과하다. 이들의 현금이 모두 2조원을 넘는다는 점에서 사실상 외부 차입 없이 운영되고 있는 셈이다. 삼성SDS는 최대 고객인 삼성전자의 대규모 반도체 투자에 힘입어 이익이 증가하고 있다. 올해 영업이익은 9,724억원으로 사상 최대 기록을 세울 전망이다.

카카오의 영업이익은 올해 1,530억원으로 작년(729억원) 대비 2배 이상 급증할 것으로 예상된다. 올 1분기 흑자로 전환한 카카오뱅크를 비롯해 전자상거래 등 신사업이 모두 호조를 보이고 있기 때문이다.

(매일경제, 2019.6.2)

3 수익성 판단

손익계산서

아무리 사업을 열심히 해도 이익을 내지 못하면 소용이 없다. 물건이나 서비스를 너무 싸게 제공하면 손해이다. 그렇다고 너무 비싸게 받으면 팔리지 않을 것이다. 비슷한 경쟁제품이나 서비스와 같은 가격으로 정할 수도 있지만, 제품과 서비스가 완전히 같지는 않고 회사마다 돈이 드는 내용이 다를 수 있다. 사업에서 벌어들이는 돈을 계산하기 위해 제품이나 서비스를 제공하고 받은 판매액 등의 수익과 이를 위해 사용한 돈인 비용을 계산하여 그 차이인 이익을 계산한다.

수익－비용＝이익

더 알아봅시다 수익과 이익, 수익성

수익과 이익을 혼동하는 사람이 많다. 손익계산서의 수익(revenues)은 매출이나 영업외수익 등으로 비용을 빼기 전의 금액이며 비용을 뺀 후의 금액은 이익(income, profit)이다. 경영학에서는 이익으로, 경제학에서는 이윤이나 소득으로 불린다. 세무에서도 소득이라고 불린다. 수익을 이익으로 혼동하는 이유 중의 하나는 이익 정도(profitability)를 수익성이라 부르기 때문이다. 또한 재무관리 분야에서는 return을 수익으로 번역하여 고이익-고위험(high return-high risk), 이익률(rate of return), 투자이익률(return on Investment)이라는 표현보다 고수익-고위험, 수익률, 투자수익률이라는 표현을 쓰기 때문이다. 아래의 투고내용도 같은 취지이다.

지난 5월 29일자 A13면의 "폐기될 뻔했던 제주 양배추, 주문 폭주로 8억원 수익 '금배추' 됐네"란 기사는 과잉생산으로 폐기될 뻔했던 양배추를 제주 농협과 유관 행정기관의 소비촉진운동으로 모두 판매했다고 소개했다. 내수경기 침체에다 농산물 유통구조 불합리로 이중고를 겪는 제주 농민들에게 도움이 됐다는 좋은 뉴스였다.

그러나 기사 중 "매출액 212억원으로 사업비와 물류비, 인건비 등 모든 비용을 제외하고 8억원의 수익을 올린 것으로 집계됐다"는 문장에서 '수익'은 명백히 '이익'으로 표현되어야 맞다. 회계학에서 수익(revenue)은 총액 혹은 총매출액 개념이며, 여기서 일체의 관련 비용을 뺀 나머지를 뜻하는 이익(profit)과 명확히 구별하여 사용한다.

또 같은 기사 중 "적자 예상과 달리 수익이 발생하였다"와 "수익금을 대의원총회를 거쳐 … (중략) … 밭 작물 기금으로 사용할 계획"이라는 표현에서도 이익 또는 이익금이라고 해야 할 것을 각각 수익, 수익금이라고 잘못 사용하고 있는데, 이러한 잘못된 용례가 동일 기사에서 다섯 군데나 나오고 있어 독자에게 큰 혼선을 초래하였다.

이러한 오류는 바자회 관련 다른 기사에서도 종종 있었다. "유명인사들의 물품 기증을 받아 판매한 결과 '수익금 전액'을 사회복지단체에 기부하기로 하였다"는 식의 기사에서도 일용직 인건비 등 판매관리비를 한 푼도 차감하지 않은 매출 '수익' 모두를 기부했다는 말인가? 마땅히 모든 비용을 제한 '이익금' 전액이라고 했어야 할 것이다.

회계는 1997년 IMF 경제위기 이래 목도한 국가신용도 추락, 수많은 분식회계 내지 회계부정 사례들로 인해 그 중요성에 대한 인식이 많이 높아져 이제는 웬만한 교양인에겐 상식이 되었다. 신문에서도 기본적인 회계용어를 제대로 가려 쓰길 바란다. (김광윤 교수, 조선일보, 2009.6.15)

이익계산 결과를 손익계산서(income statement)가 보여준다. 손익계산서는 기업이 일정기간 동안 벌어들인 수익과 이를 벌기 위해 지출한 비용 및 그 차액인 이익에 관한 정보를 제공하는 재무보고서이다. 손익계산서가 일정기간(예를 들면 1월 1일에서 12월 31일까지)의 수익과 비용, 그 차액인 이익을 나타내는 동태적 보고서라면, 재무상태표는 일정시점(예를 들면 12월 31일 현재)의 재무상태를 나타내는 정태적 보고서이다.

표 13-3
손익계산서의 기본형식

손익계산서

회사명 : 오렌지테크 2020년 1월 1일부터 2020년 12월 31일까지 (단위 : 천원)

Ⅰ. 매 출 액		669,000
Ⅱ. 매 출 원 가		459,000
Ⅲ. 매출총이익		210,000
Ⅳ. 판매비와 관리비		80,000
급 여	40,000	
지급임차료	6,000	
광고선전비	34,000	
Ⅴ. 영 업 이 익		130,000
Ⅵ. 영업외수익		
이 자 수 익		20,000
Ⅶ. 영업외비용		
이 자 비 용		50,000
Ⅷ. 법인세비용차감전순이익		100,000
Ⅸ. 법인세비용		16,000
Ⅹ. 당기순이익		84,000

〈표 13-3〉과 같이 손익계산서에는 가장 먼저 기업이 특정기간에 물건(상품이나 제품)이나 서비스를 판매하여 벌어들인 매출액을 적고, 그 팔린 상품을 사거나 제품을 생산하는 데 쓴 돈인 매출원가를 적는다. 매출액과 매출원가의 차이는 매출총이익으로 불린다. 매출을 얻기 위해서 사용한 판매직원 급여, 매장 임차료, 광고비 등의 경비는 판매비와 관리비로 분류되어 매출총이익에서 빼서 영업이익을 계산한다. 영업이익은 사업의 본업인 상품, 제품 또는 서비스 판매에 의해 벌어들인 이익이다. 영업이익 밑에서는 사용하던 토지, 건물, 비품 등을 처분할 때 발생하는 유형자산처분이익이나 예금이자 등의 영업외수익을 더하고 대출이자 등의 영업외비용을 빼서 법인세비용차감전순이익(세전이익)이 계산된다. 여기에서 최종적으로 법인세비용을 빼서 당기순이익이 계산된다.[4]

4) 상장기업에 2009년부터 자율적으로 도입되고 2011년에 전면도입된 한국채택국제회계기준(K-IFRS)에서는 당기순이익(손실)에 추가하여 넓은 의미의 손익수치인 기타포괄손익 계산을 보고하는 포괄손익계산서를 작성한다.

수익과 비용의 종류

수익(revenue) 중에서 매출액은 기업의 중심적인 영업활동인 매출활동을 통하여 재화를 판매하거나 서비스를 제공하고 그 대가로서 받는 수익을 말한다. 오렌지테크의 경우 통신기기의 판매액을 매출액으로 기록 · 보고하고 있다. 자동차 제조회사는 자동차판매액을, 백화점은 상품판매액을, 운송회사는 승객 혹은 화물의 운송수입을, 그리고 놀이동산에서는 입장료를 각각 매출액으로 보고할 것이다.

이 외에도 그 기업의 중심적인 영업활동과는 직접적인 관련이 없으나 경영활동의 결과 부수적으로 발생하는 영업외수익으로서 금융기관에 예금한 금액에 대한 이자수익이나, 사용하던 토지, 건물, 비품 등을 처분할 때 발생하는 유형자산처분이익, 보유하고 있던 다른 회사의 주식을 팔았을 때의 차익인 유가증권처분이익 또는 소유하는 타회사의 주식에 대한 배당금수익, 여유시설을 임대하고서 받은 임대료수익 등이 있다. 〈표 13-3〉에서는 이자수익 2천만원이 영업외수익에 속한다.

다음은 비용(expenses)을 살펴보도록 하자. 비용은 매출원가, 판매비와 관리비, 영업외비용 및 법인세비용으로 구분한다. 매출원가는 당기에 판매된 제품의 제조원가나 상품의 취득원가를 말하는데, 만약 상품이나 제품이 판매되어 그 판매대금을 당기의 매출액으로 보고하였다면 판매된 재고의 제조원가나 상품의 취득원가를 당기의 매출원가로 보고한다.

판매비와 관리비는 매출원가와 같이 재고의 확보에 사용된 원가는 아니지만 영업활동을 하기 위해 사용된 원가를 말한다. 예를 들어 판매담당사원의 인건비와 그들이 쓰는 비용인 교통비, 광고선전비나 접대비, 혹은 사무실의 전기료나 임차료 등은 판매활동과 관련하여 소요되는 비용들이다.

영업외비용은 재무활동과 관련이 있는 이자비용 혹은 비유동자산을 처분하면서 발생한 유형자산처분손실이나 유가증권처분손실 등이 해당된다.[5]

마지막으로 법인의 형태로 영업활동을 영위하는 기업은 한 기간 동안 벌어들인 수익에서 위에서 열거한 비용을 차감한 잔액인 이익을 근거로 국가에 세금을 납부하게 된다. 법으로 정한 세율에 따라 이익에 대해 내는 세금을 법

5) 수익과 비용은 현금흐름을 동반할 수도 있고 아닐 수도 있다, 매출은 현금매출과 외상매출을 모두 포함한다. 비용도 현금비용과 비현금비용을 포함한다. 비현금비용으로는 감가상각비, 대손상각비 등이 있다.

인세비용이라고 한다. 특정기간의 모든 수익에서 비용을 차감하고 난 잔액을 당기순이익이라고 한다.

수익성 평가

자산이 사용되면서 비용이 발생하고 이때 창출된 수익이 비용보다 커야 이익이 생긴다. 기업의 수익성은 매출액이나 투자액에 대한 이익의 상대적 비율로 측정하는 것이 편리하다. 매출액에 대한 이익의 비율을 매출이익률(또는 매출수익률)이라 한다. 이익은 여러 가지 범위로 측정하므로 몇 가지 매출이익률이 존재한다.

$$\text{매출이익률} = \frac{\text{이익}}{\text{매출액}}$$

매출총이익률이라 불리는, 매출에 대한 매출총이익의 비율은 매출원가만을 반영하므로 매출원가 관리를 위한 지표이다.

$$\text{매출총이익률} = \frac{\text{매출총이익}}{\text{매출액}}$$

매출에 대한 영업이익의 비율인 (매출)영업이익률은 매출원가와 '판매비와 관리비'를 같이 반영한 이익률이므로 영업활동이 창출하는 수익성을 측정한다.

$$\text{(매출)영업이익률} = \frac{\text{영업이익}}{\text{매출액}}$$

〈표 13-4〉는 우리나라 대표 기업들의 2018년 말 손익계산 내용을 보여준다. 각 기업의 손익계산서 항목의 매출액 대비 비율을 보면 매출이익률의 차이를 자세히 알 수 있다. 삼성전자와 현대자동차의 매출총이익률은 각각 45.7%와 15.6%로 삼성전자가 현대자동차보다 매출 중 매출원가의 비율이 상당히 낮다는 것을 알 수 있다. SK텔레콤은 통신서비스업이라 매출원가와 매출총이익

표 13-4
우리나라 주요 대기업들의 손익계산 내용 (2018년 말)

(단위 : 10억원)

	삼성전자		현대자동차		SK텔레콤	
	금 액	비 율	금 액	비 율	금 액	비 율
매출액	243,771	100%	96,813	100%	16,874	100%
매출원가	132,394	54.3%	81,670	84.4%		
매출총이익	**111,377**	**45.7%**	**15,142**	**15.6%**		
판매비와관리비	52,490	21.5%	12,720	13.1%	15,672	92.9%
영업이익	**58,887**	**24.2%**	**2,422**	**2.5%**	**1,202**	**7.1%**
공동/관계기업투자손익	540	0.2%	405	0.4%	3,271	19.4%
금융수익	9,999	4.1%	823	0.9%	256	1.5%
금융비용	8,609	3.5%	601	0.6%	385	2.3%
법인세비용차감전순이익	**61,160**	**25.1%**	**2,530**	**2.6%**	**3,976**	**23.6%**
법인세비용	16,815	6.9%	885	0.9%	844	5.0%
당기순이익	**44,345**	**18.2%**	**1,645**	**1.7%**	**3,132**	**18.6%**

* 위의 표는 손익계산서(연결기준)에서 주요 계정과목만 발췌한 것이다.

을 계산하지 않는다. 삼성전자, 현대자동차, SK텔레콤의 영업이익률은 각각 24.2%, 2.5%, 7.1%로 매출 중 영업이익의 비율이 삼성전자가 월등히 높다. 그러나 SK텔레콤의 공동기업 및 관계기업 투자이익이 3조 2,710억원으로 매출대비 19.4%나 되고 영업이익의 2.7배나 되어 삼성전자와 SK텔레콤의 매출 대비 당기순이익 비율이 18.6%로 삼성전자의 18.2%보다 조금 더 높다.

이익의 절대수준도 중요하지만 투자한 금액 대비로 이익률을 판단해야 투자기회별로 비교하거나 차입금에 대한 이자율과 비교할 수 있다. 투자액에 대한 이익의 비율을 투자이익률(또는 투자수익률, ROI : Return on Investment)이라 한다.

$$\text{투자이익률} = \frac{\text{이익}}{\text{투자액}}$$

투자액은 다양한 방법으로 측정할 수 있는데, 총자산(자산총계)으로 측정된 투자액에 대한 수익률은 총자산이익률(또는 총자산수익률, ROA : Return on Assets)로, 자기자본(자본총계)으로 측정된 투자액에 대한 이익률은 자기자본이익률(또는 자기자본수익률, ROE : Return on Equity)로 불린다. 이때 이익은 필요에 따라 영업이익이나 당기순이익을 사용한다.

$$총자산이익률 = \frac{이익}{평균총자산}$$

$$자기자본이익률 = \frac{이익}{평균자기자본}$$

총자산이익률은 매출이익률과 총자산회전율의 곱으로 분해하여 분석할 수 있는데, 이를 듀퐁 분석이라 부른다.

$$총자산이익률 = \frac{이익}{평균총자산} = \frac{이익}{매출액} \times \frac{매출액}{평균총자산}$$
$$= 매출이익률 \times 총자산회전율$$

총자산회전율(asset turnover ratio)은 매출액을 평균총자산으로 나누어 측정하는데, 기업이 보유하고 있는 총자산이 매출을 창출하는 데 얼마나 효율적으로 이용되고 있는지를 나타낸다. 오렌지테크의 경우 2020년 초와 연말의 총자산이 각각 9억원, 11억원이었다면 2020년도 총자산회전율은 다음과 같이 66.9%로 계산된다.

$$총자산회전율 = \frac{매출액}{평균총자산} = \frac{₩669,000,000}{(₩900,000,000 + ₩1,100,000,000)/2} = 0.669$$

총자산회전율이 높다는 것은 1원의 자산으로 더 많은 매출을 올렸다는 것을 뜻하므로 자산이 효율적으로 이용되고 있다고 볼 수 있다. 영업순환과정 각 단계의 효율성은 재고가 판매되는 속도를 보여주는 재고자산회전율(=매출원가/평균재고자산)과, 매출채권이 회수되는 속도를 보여주는 매출채권회전율(=매출액/평균매출채권)로 측정할 수 있다.

〈표 13-5〉는 우리나라 대표 기업들의 2018년 투자수익률 계산내용이다. 삼성전자의 총자산회전율과 영업이익률이 모두 현대자동차와 SK텔레콤보다 높아 총자산영업이익률이 훨씬 높다.

표 13-5
우리나라 주요 대기업들의 투자이익률 내용 (2018년)

(단위 : 10억원)

	삼성전자		현대자동차		SK텔레콤	
	금 액	비 율	금 액	비 율	금 액	비 율
매출액	243,771	100%	96,813	100%	16,874	100%
영업이익	58,887	24.2%	2,422	2.5%	1,202	7.1%
당기순이익	44,345	18.2%	1,645	1.7%	3,132	18.6%
자산총계	339,357	100.0%	180,656	100.0%	42,369	100.0%
자본총계	247,753	73.0%	73,896	40.9%	22,349	52.7%
총자산회전율	243,771 / 339,357	0.718	96,813 / 180,656	0.536	16,874 / 42,369	0.398
총자산영업이익률	**58,887 / 339,357**	**17.4%**	**2,422 / 180,656**	**1.3%**	**1,202 / 42,369**	**2.8%**
총자산순이익률	**44,345 / 339,357**	**13.1%**	**1,645 / 180,656**	**0.9%**	**3,132 / 42,369**	**7.4%**
자기자본순이익률	**44,345 / 247,753**	**17.9%**	**1,645 / 73,896**	**2.2%**	**3,132 / 22,349**	**14.0%**

* 위의 표는 연결기준의 손익계산서와 재무상태표를 사용하였다.

4 세 금

기업의 활동은 세금의 영향을 받는다. 기업의 판매액과 구매액에 부여되는 부가가치세, 기업의 소득에 부여되는 법인(소득)세, 직원의 급여에 부여되는 근로소득세 등이 기업이 처리해야 하는 주요 세금의 종류이다.

부가가치세

부가가치세(VAT : Value Added Tax)는 재화나 용역이 생산이나 유통의 과정에서 창출하는 부가가치에 대해서 부과하는 세금을 말한다. 현행 우리나라의 부가가치세 제도는 재화나 용역의 판매자가 판매시점에 재화나 용역의 가격에

10%를 곱하여 계산된 부가가치세, 즉 매출세액을 구매자로부터 징수하고, 자신이 재화나 용역을 구입했을 때 지불한 부가가치세, 매입세액과의 차액을 계산하여 세무서에 납부하는 방식으로 운영되고 있다. 반면에 매입세액이 매출세액보다 많으면 그 차액을 정부로부터 환급받게 된다.

매출에 따른 부가가치세는 소비자가 부담하므로 기업의 수익도 아니고 비용도 아니다. 고객이 지급하는 금액에는 정부에 낼 부가가치세가 포함되어 있어 전액을 매출로 간주하면 안 된다. 기업이 납부할 부가가치세는 다음과 같이 계산한다.

부가가치세액 = 매출세액 − 매입세액
= 매출액 × 세율 − 매입액 × 세율

그림 13-2
부가가치세액 예시

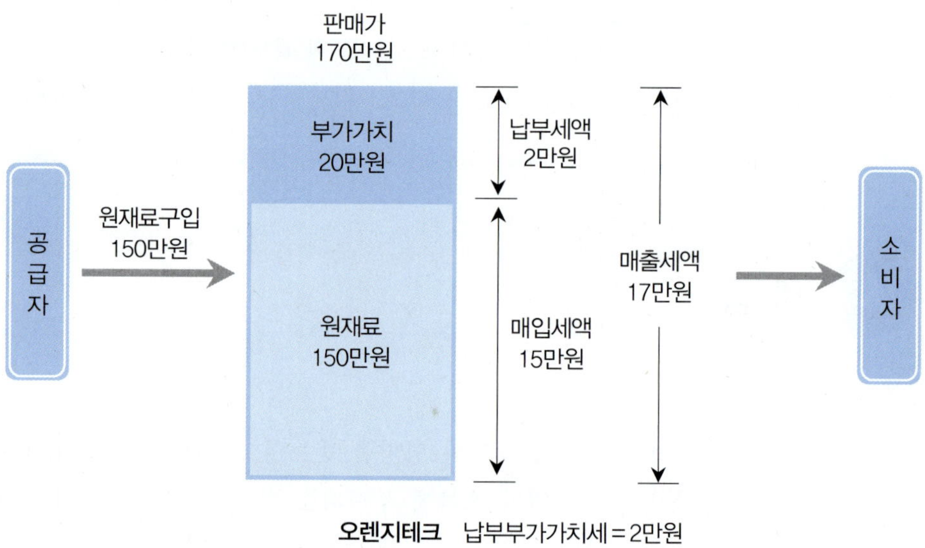

법인세

개인처럼 기업도 소득에 대해 세금을 내며 이 법인세는 기업의 비용이다. 법인세(corporate income tax)는 법인이 한 사업연도 동안 벌어들인 소득에 대해 부과하는 세금을 말하는데, 법인세의 대상이 되는 소득을 각 사업연도 소득금액이라고 한다. 각 사업연도 소득금액은 법인의 총수입금액인 익금에서 지출경비인 손금을 차감한 것이다. 익금과 손금은 손익계산서에서의 수익 및 비용과 매우 비슷한 개념이라고 할 수 있다. 익금은 기업의 순자산(자산에서 부채를 차감한 소유주의 몫을 말함)을 증가시키는 거래에서 발생한 금액을 말하며 손금은 기업의 순자산을 감소시키는 거래에서 발생한 금액을 말한다. 하지만 기업의 순자산을 변동시키는 거래라고 할지라도 회사가 주주로부터 유상증자를 통해서 순자산이 증가하거나 배당금을 지급하여 순자산이 감소하는 거래는 익금이나 손금이 아니다. [그림 13-3]에 법인세의 계산구조가 나타나 있다.

법인세 계산구조의 중요한 특징 중의 하나는 각 사업연도 소득금액을 익금에서 손금을 직접 차감한 금액으로 하지 않고, 손익계산서의 당기순이익으로부터 시작하여 익금산입 · 손금불산입 또는 손금산입 · 익금불산입 등의 세무조정을 거쳐 계산된 금액으로 하고 있다는 것이다.

각 사업연도 소득금액을 계산한 후에는 이월결손금, 비과세소득 및 소득공제를 차감하여 과세표준을 계산한다. 소득공제란 특정한 소득에 대해서 소

그림 13-3
법인세의 계산구조

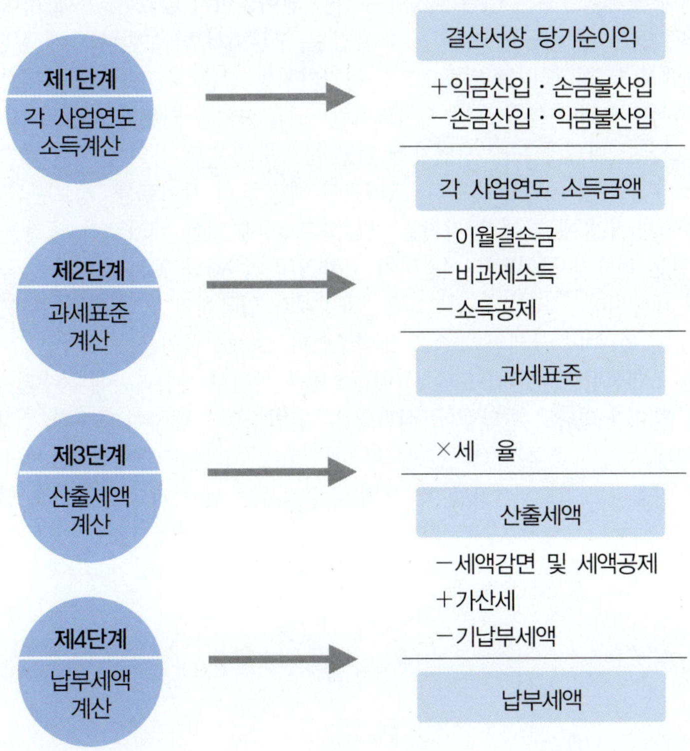

득의 일부를 각 사업연도 소득금액에서 공제하는 것을 말한다. 과세표준이 결정되면 과세표준에 법인세율을 곱하여 산출세액을 계산한 후, 세액감면 및 세액공제, 기납부세액을 차감하고 가산세를 더하여 납부세액을 계산한다.

사례 대한민국 경영현장 "불법 도박 사이트, 수익 아닌 '판돈 전체'에 세금 내라"

불법 도박 사이트는 벌어들인 '수익'이 아닌, 회원들이 건 '판돈' 전체를 과세표준으로 해 부가가치세를 내야 한다는 조세심판원의 결정이 나왔다. 20일 조세심판원에 따르면 A씨 등 3명은 2013년부터 스포츠 경기에 게임머니를 걸고, 승패나 결과에 따라 게임머니를 얻거나 잃는 방식의 불법 스포츠 도박 사이트를 운영했다. 회원들이 A씨의 차명계좌(대포통장)에 돈을 입금하면 게임머니로 바꿔주고, 이 게임머니로 베팅에 참여하는 방식이다.

국세청은 2017년 말부터 A씨 등에 대한 세무조사에 들어갔고, 지난해 2월 21개의 대포통장에 입금된 돈에 대해 "누락한 매출에 대한 부가가치세를 내라"며 과세를 통보했다. A씨가 판돈을 받고 이용자에게 도박에 참여할 기회를 주고, 관련 서비스를 제공했기 때문에 부가가치를 창출한 것으로 본 것이다.

하지만 A씨는 "입금 총액에서 도박에서 이긴 이용자들에게 지급한 금액을 제외한 나머지를 '창출된 부가가치'로 봐야 한다"며 국세청의 결정에 불복하고 조세심판원에 심판청구를 제기했다. '판돈'이 아닌 도박 사이트 '운영수익'을 기준으로 부가가치세를 매겨야 한다는 것이다.

그러나 조세심판원은 이런 A씨의 주장을 받아들이지 않았다. 운에 따라 승패가 결정되는 '도박 행위'와 도박판을 벌여 손님을 끄는 '도박 사업'은 구분해서 봐야 한다는 게 심판원의 판단이다. 조세심판원은 결정문에서 "도박 행위는 일반적으로 부가가치를 창출하는 것이 아니어서 부가가치세 과세대상이 아니다"라면서도 "(해당 불법 도박 사이트처럼) 도박 사업을 영위하는 경우, 고객이 지급한 돈이 단순히 도박에 건 판돈이 아니라 도박 사업자가 제공하는 재화 또는 용역에 대한 대가에 해당한다면 부가가치세 과세대상이라 할 것"이라고 밝혔다. 그러면서 해당 도박 사이트를 "정보통신망에 구축된 시스템 등을 통해 고객들에게 도박에 참여할 기회를 제공하고 이에 대한 대가로서 금전을 받는 경우"로 봤다.

즉 판돈 전체가 사이트를 이용하기 위한 일종의 '재화 또는 용역의 공급 대가'에 해당하고, 이는 부가가치세 대상이라는 의미다. 심판원은 "차명계좌 입금액인 도박 판돈 전액을 과세표준으로 해 과세한 것은 잘못이 없다"며 국세청의 손을 들어주었다. 조세심판원은 구체적인 부과 금액을 공개하지는 않았다.

다만 조세심판원은 불법 도박 사이트 운영을 하면서 사법기관에 몰수된 금액에 대해서는 사업소득에서 차감할 필요가 있다고 판단했다. 심판원은 "위법소득에 대하여 몰수나 추징이 이루어졌다면 경제적 이익을 상실해 소득이 종국적으로 실현되지 아니한 것"이라며 "국세청은 A씨의 몰수 금액을 재조사해 사업소득에서 차감하고, 그 과세표준 및 세액을 경정하는 것이 타당하다"고 판단했다. (중앙일보, 2019.5.20)

근로소득세

직원들의 근로소득은 개인이 근로를 제공하고 그 대가로 받는 소득을 말하는데, 그 예로는 봉급, 급료, 상여, 임금, 수당 등이 있다. 하지만 실비변상적인 성격을 띠는 급여, 예를 들면 숙직료, 차량유지비, 여비, 휴업·요양 보상금, 경찰·군인 등 특수분야 종사자가 받는 위험수당, 식대, 근로자 본인의 학자금 등은 근로소득 과세대상에 포함시키지 않는다. 근로소득금액은 총급여에서 근로소득공제를 차감하여 계산된다. 근로소득세는 사업자가 원천징수하여 세무서에 대신 납부한다. 이 금액은 회사의 손익계산과는 무관하나 원천징수한 금액은 납부 전까지 유동부채인 예수금으로 분류된다.

근로소득금액 = 총급여 − 근로소득공제

더 알아봅시다 **원천징수**

원천징수란 소득지급자가 소득을 지급할 때 일정한 세금을 징수하는 것을 말한다. 예를 들어서 오렌지테크에서 직원에게 월급 2,000,000원을 지급할 때 200,000원의 소득세를 원천징수한 후의 1,800,000원을 근로자에게 월급으로 지급하는 것이다. 원천징수한 세금은 원천징수를 한 회사에서 다음 달 초에 세무서에 납부한다.

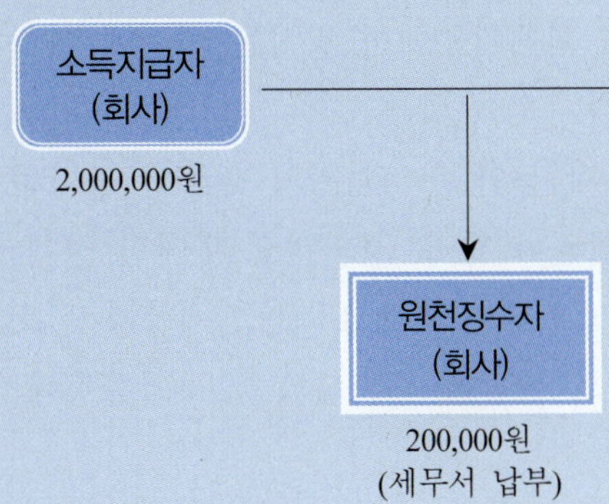

5 자금 조달 및 운영과 현금흐름표

재무상태표의 부채와 자본 항목들은 그 조직이 현재까지 조달하여 남아 있는 자금의 출처를 보여주는 반면, 현금흐름표는 특정기간에 자금이 어떻게 조달되고 사용되었는지를 보여준다. 매출을 통하여 얼마의 현금을 벌어들였으며 원료의 대금 및 인건비를 얼마나 지출하였는가, 사채나 주식의 발행을 통해 어느 정도의 자금을 조달하였으며, 유형자산이나 투자자산의 취득을 위해 얼마를 지출하였는가, 혹은 주주에게 지급된 배당금은 얼마인가 등에 관한 정보를 세부적으로 전달한다.

현금흐름표(statement of cash flows)는 영업활동, 투자활동, 재무활동으로 확보되고 사용된 현금흐름을 보여준다. 이 중 영업활동(operating activities) 현금흐름은 재화나 서비스의 판매에 의해 얻어진 현금과 이러한 수익활동을 수행하기 위해 지출된 현금흐름을 보여준다. 투자활동(investing activities) 현금흐름은 설비, 건물, 토지 등 장기 사용 자산의 구입을 위해 사용된 현금과 이러한 비유동자산을 매각하여 얻은 현금흐름을 보여준다. 재무활동(financing activities) 현금흐름은 부채 차입과 소유주 출자에 의해 조달되거나 상환된 현금의 흐름을 보여준다. 〈표 13-6〉은 회계기준에서 정하는 양식에 따라 작성하여 외부에 공시되는 현금흐름표이다.

오렌지테크는 한 해 동안 총 4억원의 현금이 증가하였다. 즉, 현금유입액이 현금유출액보다 4억원이 많아, 결과적으로 연말 현재 5억원의 현금을 보유하게 된 셈이다. 구체적으로는 원재료 구입, 제품판매 등과 같은 일상적인 영업활동으로부터 9억원의 현금이 증가하였고, 투자활동에서는 유형자산의 처분

더 알아봅시다 **수익 비용과 수입 지출**

수익과 수입이 같고 비용과 지출이 같은 표현인가? 기업은 수익, 비용을 보여주는 손익계산서를 작성하고 비영리기관은 수입, 지출을 보여주는 수지계산서를 작성한다. 수입과 지출은 수익과 비용보다는 현금 유입과 유출에 해당하는 용어이다. 정부회계에서는 세입과 세출이라는 용어를 사용하는데, 세입과 세출은 발생주의에 의한 수익과 비용, 현금흐름에 의한 현금 유입과 유출이 혼합된 개념으로 현금흐름에 더 가깝다.

표 13-6

현금흐름표의 기본형식

현금흐름표

회사명 : 오렌지테크 2020년 1월 1일부터 2020년 12월 31일까지 (단위 : 만원)

Ⅰ. 영업활동 현금흐름		90,000
매출로부터의 유입액	669,000	
이 자 비 용	(50,000)	
매입에 대한 유출액	(480,000)	
판매관리비의 지급	(49,000)	
Ⅱ. 투자활동 현금흐름		(80,000)
투자활동 현금유입액		
유형자산의 처분	100,000	
투자활동 현금유출액		
유형자산의 취득	(180,000)	
Ⅲ. 재무활동 현금흐름		30,000
재무활동 현금유입액		
차 입 금	50,000	
재무활동 현금유출액		
배당금의 지급	(20,000)	
Ⅳ. 현금의 증가		40,000
Ⅴ. 기초의 현금		10,000
Ⅵ. 기말의 현금		50,000

과 구입으로 인하여 8억원의 현금이 감소했다. 재무활동으로 필요한 자금을 차입하고 배당금을 지급하여 현금이 3억원 증가했음을 알 수 있다.

기초현금 ± 현금의 증감 = 기말현금

→ ① 영업활동 현금흐름
② 투자활동 현금흐름
③ 재무활동 현금흐름

〈표 13-7〉은 우리나라 대표 기업들의 2018년 현금흐름 내용이다. 세 기업 모두 투자활동을 위해 영업활동에서 조달된 현금의 대부분을 사용하였다. 남은 현금은 장기차입금이나 사채의 비유동부채를 갚는 데 사용하여, 재무활동 현금흐름이 유입액보다 유출액이 더 많아 음수이다. 결과적으로 삼성전자의 현금 및 현금성자산은 2018년 동안 줄어들었고, 현대자동차와 SK텔레콤은 늘었다.

표 13-7

우리나라 주요 대기업들의 현금흐름 내용 (2018년)

(단위 : 10억원)

	삼성전자	현대자동차	SK텔레콤
영업활동 현금흐름	**67,032**	**3,764**	**4,333**
투자활동 현금흐름	**(52,240)**	**(2,415)**	**(4,048)**
재무활동 현금흐름	**(15,090)**	**(881)**	**(238)**
현금 및 현금성자산의 환율변동효과	94	(79)	2
현금 및 현금성자산의 증가(감소)	(205)	292	49
기초 현금 및 현금성자산	30,545	8,822	1,458
기말 현금 및 현금성자산	30,341	9,114	1,507

* 위의 표는 현금흐름표(연결기준)의 주요 내용이며 현대자동차는 집단매각예정처분자산대체(97)가 추가로 있다.

다음 기사는 코스닥 간판기업들의 매출채권이 회수되는 데 시간이 예전보다 더 걸려 영업활동 현금흐름이 급격히 줄어든 현상을 설명한다.

사례 대한민국 경영현장 코스닥 간판기업들 "현금이 안 들어온다"

2018년 사업보고서 보니… 현금유입 27%↓ 차입금 40%↑

코스닥시장 20대 기업(매출 기준)이 영업활동으로 벌어들인 현금이 지난해 급감한 것으로 나타났다. 경기 침체 등의 여파로 이익이 줄고, 일감을 따도 회사에 현금이 들어오는 기간이 길어졌기 때문이란 분석이다.

2일 한국경제신문이 유가증권시장과 코스닥시장 20대 기업의 2018년 사업보고서를 분석한 결과 성우하이텍, 에스에프에이 등 코스닥 매출 20대 기업의 지난해 영업활동 현금흐름은 총 1조 6,726억원으로, 전년보다 26.7% 줄었다. 2012년 국제회계기준(IFRS)이 본격 도입된 뒤 이들의 영업활동 현금흐름이 감소한 것은 이번이 처음이다. 현금을 충분히 확보하지 못하면서 순차입금은 총 3조 9,879억원으로 전년 대비 40.1% 증가했다.

악화된 코스닥 20대 기업 영업활동 현금흐름 (단위 : 억원)

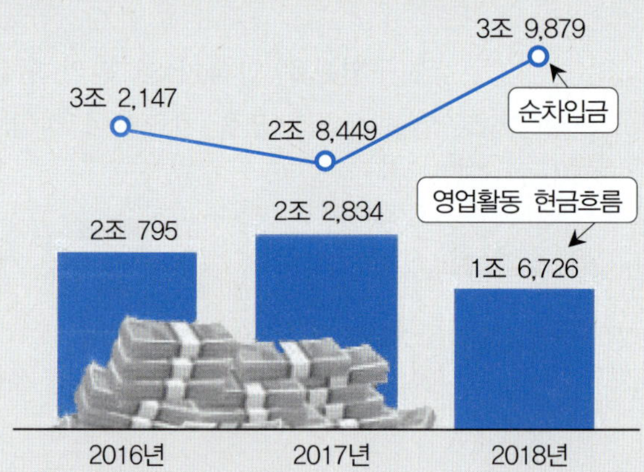

* 매출기준
(자료 : 금융감독원)

이들 기업의 현금흐름이 악화한 것은 회계상 매출은 증가했지만 매출채권(외상매출금)이 현금으로 바뀌는 기간이 길어졌기 때문이다. 이를 나타내는 매출채권회전율(매출/매출채권)은 7.1회로 전년(7.3회)보다 감소했다.

(한국경제, 2019.4.3)

사례 대한민국 경영현장 **10년 후 웃으려면… 길게 봐라, 내 재산**

편안한 노후 준비됐나요. 표 2개로 출발하는 초간단 재무설계

사람이 80세에 가까운 긴 인생을 살아가려면 생애주기(life cycle)에 따라 큰돈이 들어가는 시기가 생긴다. 결혼을 할 때에는 결혼자금이 필요하고, 아이가 생기면 교육자금이 필요하다. 또 가족이 함께 살 집을 구하려면 주택자금이 필요하고, 은퇴를 한 다음 행복한 노후생활을 보내려면 적절한 은퇴자금이 있어야 한다. 건강한 삶을 살고 직장에서 인정을 받는 것 못지않게 중요한 것이 바로 이런 돈을 제때 준비하는 것이다. 수억원이 들어가는 은퇴자금을 불과 몇 개월 만에 뚝딱 만들어낼 수 없는 것은 너무나 당연한 얘기다.

따라서 자신의 인생설계도를 그릴 때에는 삶의 목표를 실현할 수 있는 자금조달계획을 함께 만드는 일이 중요하다. 이렇게 인생의 목표를 달성하기 위해 자신의 수입과 지출 흐름을 체크하고 자산과 부채, 투자 전략을 종합적으로 관리해 나가는 것을 '재무설계(financial planning)'라고 한다.

재무설계를 할 때 가장 중요한 것은 장기적인 안목으로 투자계획을 실천해 나가는 것이다. 1~2년 내에 기대했던 수익률이 나지 않는다고 하여 투자계획을 허물어 버리면 재테크와 별 차이가 없어져 버린다.

- **우선 나의 재무상태표를 만들어보자**

재무설계를 할 때 가장 먼저 해야 하는 것이 자신의 재무상태(재산상태)를 점검하는 일이다. 현재 나의 재산은 얼마이고 부채는 얼마이며, 또 매월 얼마의 소득을 올리고 소비지출은 얼마나 하는지를 살펴보는 것이다.

한국재무설계 오종윤 이사는 "자신의 재무상태를 정확히 진단하려면 재무상태표와 현금흐름표를 직접 만들어보는 것이 좋다"고 말한다. 재무상태표는 기업들이 작성하는 대차대조표처럼 가계(家計)의 보유 자산과 부채를 종합적으로 파악하는 표이다.

1단계 스스로 만들어볼 수 있는 재무상태표

자 산			부채와 순자산		
현금 및 유동성자산	현금	500만원	부채	주택대출금	6,000만원
	CMA	1,000만원		마이너스 대출	500만원
투자자산	채권형 펀드	2,000만원			
	주식형 펀드	2,500만원			
	연금	3,000만원	부채 계		6,500만원
사용자산	주거용 주택	4억원	순자산		4억 3,500만원
	자동차	1,000만원			
자산 합계		5억원	부채와 순자산 합계		5억원

보유 재산상황을 보여주는 자산항목은 크게 유동성자산, 투자자산, 사용자산으로 분류한다. 유동성자산은 수시로 입・출금이 가능한 은행 요구불예금과, 증권회사의 CMA, MMF 같은 단기저축상품을 말한다. 투자자산 항목에는 현재 투자가 진행되고 있는 주식과 펀드, 부동산, 저축성 예금, 연금상품 등을 적어 넣는다.

또 부채항목에는 현재 대출을 받아쓰고 있는 은행차입금 등 부채의 잔액을 기재한다. 그리고 자산에서 부채를 뺀 금액(순자산)을 부채항목 아래에 써 넣으면 재무상태표 작성이 끝난다. 재무상태표를 보면 나의 재산이 현재 주식과 부동산, 예금 상품에 각각 얼마나 투자되어 있는지, 부채는 적정수준으로 관리되고 있는지를 쉽게 알 수 있다.

• 두 번째 만들어볼 것은 현금흐름표

두 번째로 만들어볼 것은 현금흐름표다. 현금흐름표는 가계가 일정기간 동안 벌어들이는 소득액과 지출액을 나란히 정리한 것이다. 다시 말해 현금의 유입과 유출을 나타내는 표이다.

'유입' 쪽에는 본인이나 가족이 벌어들이는 소득, 기타 이자소득 등을 적어 합계를 내 보고, '유출' 쪽에는 고정적으로 나가는 비용, 일시적으로 나가는 비용, 저축과 투자를 나눠서 정리한다.

현금흐름표를 보면 내가 어디에 돈을 많이 쓰고 있는지, 그리고 저축액을 늘리려면 어느 지출항목을 줄여야 하는지를 일목요연하게 파악할 수 있다. 저축과 투자 생활을 보다 효율적으로 하려는 사람들은 평소에 재무상태표와 현금흐름표를 만들어 재산상황의 변화를 수시로 점검해보는 것이 필요하다.

2단계 스스로 만들어볼 수 있는 현금흐름표

현금유입		현금유출		
본인 근로소득	월 270만원	고정지출	세금과 공과금 주택대출 상환	25만원 80만원
배우자 근로소득	월 200만원	변동지출	생활비 사교육비 부모님 용돈	150만원 70만원 20만원
부동산 임대소득 연금소득 이자・배당소득	30만원	저축과 투자	정기적금 적립식 펀드 연금저축	80만원 50만원 25만원
유입 합계	월 500만원	유출 합계		월 500만원

• 필요한 자금규모를 파악한 다음 투자를

이렇게 자신의 자산상태를 알고 난 다음에 본격적인 설계를 해본다. 노후자금과 자녀교육자금, 결혼자금 마련과 같은 개인의 재무적 목표를 세운 뒤 필요한 자금규모를 계산해본다. 이를 앞서 작성한 자신의 재산상태와 비교해본다. 어느 정도 돈이 필요한지가 나올 것이다. 마지막 단계는 구체적인 투자계획(plan)을 세운 다음 보유자산의 구성을 변경하거나 투자상품을 골라 투자하는 것이 필요하다.

연령대별 재무목표와 재무설계 내용

구 분	주요 주제	재무목표	재무설계 내용
가족 형성기 (30 · 40대)	자녀교육 내 집 마련	자녀교육자금 마련 주택구입자금 마련 건강관리자금 마련 노후생활자금 마련	자산배분 전략 수립 세무설계 수립 부채, 주택대출 활용 보험, 투자, 연금 상품 가입
가족 성숙기 (50대)	자녀교육 자녀결혼 은퇴준비	주택규모 확장 자녀결혼자금 마련 자녀교육자금 마련 노후생활자금 마련	주택대출 조정과 상환 자산배분 점검 보험, 투자, 연금 상품 점검 제2의 인생설계 착수
노후생활기 (60대 이후)	행복한 은퇴생활	은퇴생활 안정 상속설계 마련 장기요양 대비 취미생활 즐기기	연금자산 확보 안정적 투자자산 운용 건강 · 장기요양보험 점검 상속자산 분배, 유언장 작성

(조선일보, 2007.11.21)

6 현금흐름과 투자안 평가

투자계획의 타당성 판단

사업투자계획을 세울 때, 매 기간의 운영을 위한 매출, 재료비, 인건비, 경비 등의 영업비용 지출과 함께 설비투자 등의 자본적 지출에 대한 장기계획을 세워야 한다. 투자안 평가에서는 장기투자를 위한 지출과 투자성과에 의한 현금 유입 효과를 예측한 후 그 타당성을 판단한다.

자동화 설비투자를 예로 들어보자. 지금 8억원의 자동화 설비를 취득하면 10년간 매년 1억원의 인건비가 절감된다고 하자. 10년 후에 이 설비의 잔존가치가 전혀 없다고 가정하면 이 투자는 경제성이 있는가? 그 판단을 어떻게 할 수 있는가? 단순히 생각하면, 8억원을 들여서 10년간 총 10억원의 인건비가 절감되므로 총 2억원의 순원가절감을 가져다주는 타당성 있는 투자안이라 말할 것이다. 이러한 단순한 비교는 설비투자는 지금 이루어지는데 그 혜택은 10년에 걸쳐서 나타난다는 시차의 문제와 미래의 혜택이 불확실하다는 위험을 고려하지 않는 문제가 있다. 이 문제를 해결하기 위해서 화폐의 시간가치(time value of money)를 사용할 수 있다.

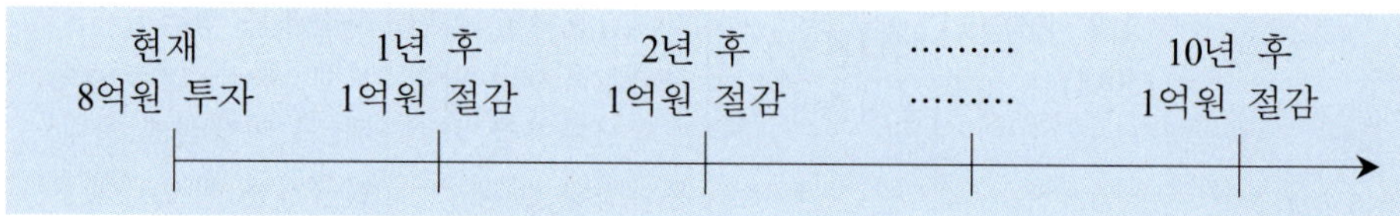

현재가치와 미래가치

화폐의 시간가치 개념은 다른 시점의 현금흐름이 서로 다른 가치를 가지고 있다고 보며, 특히 미래의 현금흐름은 현재의 현금흐름보다 가치가 낮다고 본다. 현재의 현금으로 미래에 수익을 창출할 수 있는 투자기회가 있거나 미래에 대한 불확실성이 있을 때, 현재의 1원이 미래의 1원보다 더 가치가 있다. 이 가치의 차이는 현재가치 지수(present value factor)나 할인율(discount rate)로 표현된다. 1년 후의 현금 100원의 가치가 현재의 90원의 가치와 같다면 1년 후의 현금의 현재가치 지수는 0.9(=90/100)이다.

현재가치[현가] = 미래가치 × 현재가치 지수

현재가치 지수가 90%이면 미래의 현금에 10%의 할인율이 적용되었다고 할 수도 있으나, 좀 더 정확한 할인율과 현재가치 지수의 관계는 다음과 같이 정의된다.

현재가치 지수 = 1 / (1 + 할인율)

따라서 현재가치 지수가 0.9일 때의 정확한 할인율은 11.1%(=1/0.9−1)이며, 할인율이 10%일 때의 현재가치 지수는 약 0.91(=1/(1+0.1))이다. 할인율을 사용하여 현재가치와 미래가치의 관계를 다음과 같이 표시할 수 있다.

현재가치 = 미래가치 / (1 + 할인율)

미래가치 = 현재가치 × (1 + 할인율)

할인율은 미래가치를 할인하여 현재가치로 변환하는 비율이라는 의미를 가지나, 사실상 현재가치가 미래가치를 창출하는 수익률로 볼 수 있다. 할인율[수익률]이 10%일 때, 현재의 1원은 미래에 0.1원의 수익을 창출하여 미래의 총금액[가치]은 1.1원이 된다. 현재 1원의 미래가치가 1.1원이므로, 미래 1원의 현재가치는 1/1.1원, 약 0.91원이다.

순현재가치(NPV)와 내부수익률(IRR)

현재가치 개념을 사용하여 장기 투자안의 타당성을 평가하는 방법으로 순현재가치법과 내부수익률법이 있다. 이 방법들은 미래현금흐름을 할인하여 평가하므로 할인 현금흐름 분석(discounted cash flow analysis)이라 불린다. 순현재가치(NPV : Net Present Value)법에서는 미래의 모든 현금흐름을 현재가치로 할인하여 현금유출액과 현금유입액의 순현재가치를 계산한다. 순현재가치가 양수이면 투자타당성이 있다고 본다.

자동화 설비투자의 예에서 투자액 8억원은 현재 발생하므로 현재가치가 8억원이다. 이에 비해 자동화투자의 혜택인 연간 1억원의 인건비 절감액은 미래에 10년간 발생하므로 현재가치로 할인해야 한다.

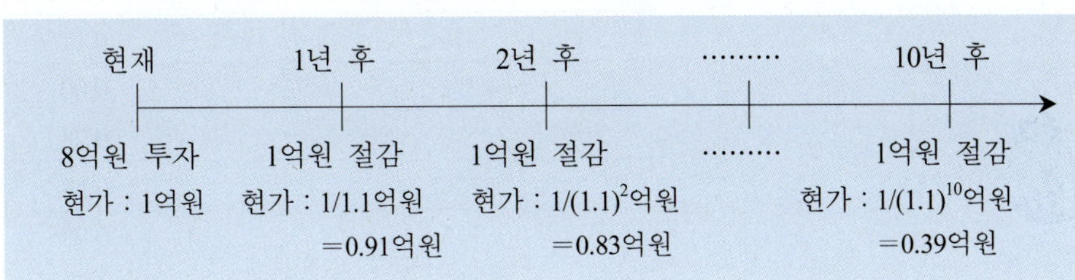

연간 10%의 할인율이 사용되고 편의상 1억원의 인건비 절감이 연말 시점으로 반영된다고 하면, 1년 후 1억원의 현재가치는 0.91억원(=1억원/1.1)이다. 2년 후의 1억원의 현재가치는 연간 할인율 10%가 연 단위로 복리계산된다고

보면 0.83억원(=1억원/$(1.1)^2$)이다.

인건비 절감을 현금유입액으로 보아 양수로 표시하고 현재 투자액을 음수로 표시하면 순현재가치는 모든 현금흐름의 현재가치의 합계이다.

$$\text{순현재가치(억원)} = -8 + 1/1.1 + 1/(1.1)^2 + \cdots\cdots + 1/(1.1)^{10} = -8 + 6.14 = -1.86$$

투자 후 10년간의 인건비 절감액이 할인 전에는 10억원이나 10%로 할인하면 현재가치가 6.14억원에 불과하여 현재의 투자액 8억원보다 적고, 그 차이가 순현재가치 −1.86억원으로 표시된다. 할인율 10%가 적절하다면 이 투자안은 기업에 손해가 되는 계획이다.

이 투자안이 할인율 10%에서는 타당하지 않은데 어느 정도 할인율에서 타당하게 될 것인가? 할인율이 낮아지면 미래 현금유입액의 현재가치가 커져서 순현재가치도 커진다. 이를 〈표 13-8〉과 [그림 13-4]가 보여준다. 할인율이 약 4.3% 이하가 될 때 이 투자안은 양(+)의 순현재가치를 가지며 투자타당성을 가진다. 순현재가치를 0으로 만드는 할인율[수익률]은 이 투자안 자체의 수익률이며 이를 내부수익률(IRR : Internal Rate of Return)이라 한다.

할인율이 내부수익률보다 크면 순현재가치가 음(−)이 되어 투자타당성이

표 13-8
할인율과 순현재가치

할인율	순현재가치
1%	1.47
2%	0.98
3%	0.53
4%	0.11
4.3%	0.00
5%	−0.28
6%	−0.64
7%	−0.98
8%	−1.29
9%	−1.58
10%	−1.86

할인율 > 내부수익률 ⇔ 순현재가치 < 0 ⇔ 투자타당성 없음
할인율 < 내부수익률 ⇔ 순현재가치 > 0 ⇔ 투자타당성 있음

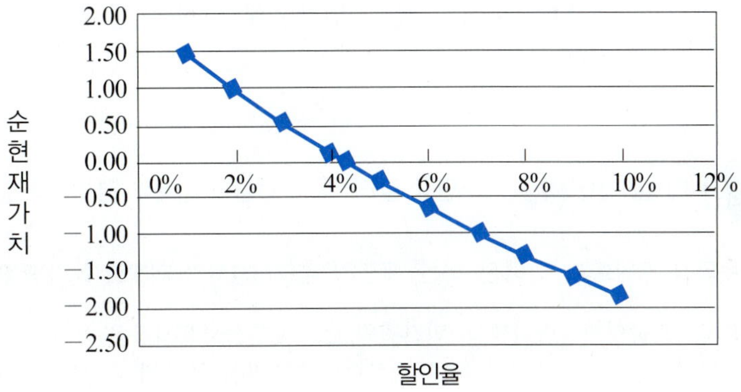

그림 13-4 할인율과 순현재가치의 관계

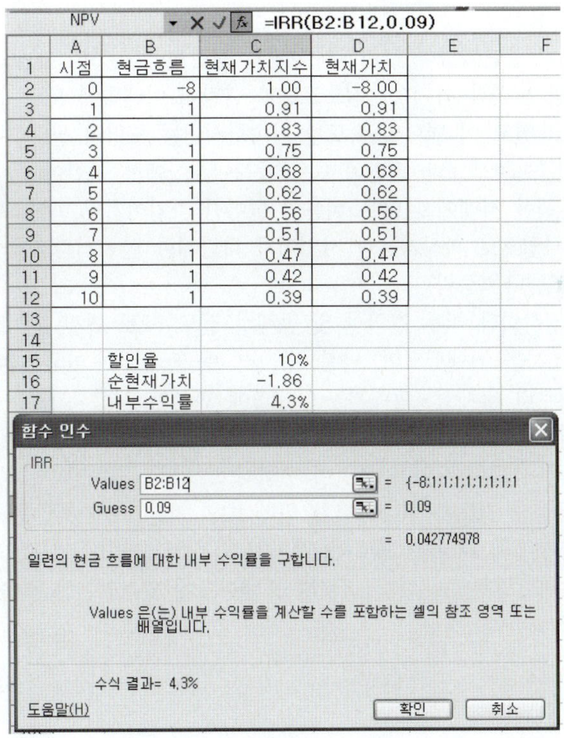

NPV ▾ ✕ ✓ fx =IRR(B2:B12,0.09)

	A	B	C	D	E	F
1	시점	현금흐름	현재가치지수	현재가치		
2	0	-8	1.00	-8.00		
3	1	1	0.91	0.91		
4	2	1	0.83	0.83		
5	3	1	0.75	0.75		
6	4	1	0.68	0.68		
7	5	1	0.62	0.62		
8	6	1	0.56	0.56		
9	7	1	0.51	0.51		
10	8	1	0.47	0.47		
11	9	1	0.42	0.42		
12	10	1	0.39	0.39		
13						
14						
15		할인율	10%			
16		순현재가치	-1.86			
17		내부수익률	4.3%			

함수 인수

IRR

Values B2:B12 = {-8;1;1;1;1;1;1;1;1

Guess 0.09 = 0.09

= 0.042774978

일련의 현금 흐름에 대한 내부 수익률을 구합니다.

Values 은(는) 내부 수익률을 계산할 수를 포함하는 셀의 참조 영역 또는 배열입니다.

수식 결과= 4.3%

도움말(H) 확인 취소

그림 13-5 Excel을 사용한 순현재가치와 내부수익률 계산

없고, 할인율이 내부수익률보다 작으면 순현재가치가 양(+)이 되어 투자타당성이 있다.

순현재가치나 내부수익률을 계산하기 위해 공식을 사용하기보다는 엑셀의 재무함수기능을 사용하면 편리하다. 엑셀에서 현재가치, 순현재가치, 내부수익률 계산기능은 수식 메뉴 중 재무에 PV, NP, IRR로 표시되어 있다. [그림 13-5]

는 MS Excel로 앞의 투자안에 대한 순현재가치와 내부수익률을 계산한 예시이다.

사례 대한민국 경영현장 **"두만강 철도 · 도로 건설… 남북러 경제협력 결정적 계기될 것"**

동북아초국경 경제포럼… '나진-하산' 두만강 철도시범사업 재개로 돌파구 열 수 있어

대통령직속 북방경제협력위원회 민간위원으로 교통물류분과장을 맡고 있기도 한 안병민 연구위원은 "2015년부터 논의가 진행되던 두만강 도로 교량 건설이 올해 초부터 북러 당국 간 구체적 협의로 이어지다 지난 4월 25일 블라디보스토크에서 열린 북러 정상회담을 통해 합의에 이르렀다"고 하면서 "지금까지 진행된 철도 외에 초국경 협력을 가속화할 수 있는 도로협력 사업에 관심을 가질 필요가 있다"고 말했다.

지난 2016년 중단되었다가 지난해 한-러 정상회담을 통해 재개의 뜻을 밝힌 나진-하산 프로젝트를 움직이기 위한 노력과 함께 그 철도교량과 나란히 아래쪽에 도로 교량을 건설하는 것도 과제라는 것. 북한이 변하고 있고 이 변화의 속도를 가속화시키는 노력이 필요하다고 지적했다.

'나진-하산' 프로젝트와 관련해서는 "동북아시아에서 북한이 사업 파트너로 참여해 실제 이행으로 이어진 매우 귀한 사례이고 많은 비용이 들어간 사업이기도 하며, 북한과 러시아뿐만 아니라 남 · 북 · 중 · 러 4자 사업으로 확장가능한 사업이자 바람직한 한 · 러관계를 이야기할 때마다 나오는 주제"라고 중요성을 강조했다. (중략)

작년 남북정상회담 이후 경의선 및 동해선 철도, 도로 연결, 현대화를 합의하고 동의선 717km에 대한 남북공동조사를 진행했으며, 남북, 중, 러, 몽골, 일본+미국을 대상으로 한 동아시아철도공동체 구상, 올해 1월부터 국제철도협력기구(OSJD)에 한국이 서방국가로는 처음으로 회원국으로 가입해 국제철도 운송 시스템에 편입한 것 등을 중요한 변수로 평가했다.

그러나 가장 중요한 요인은 북한이 변화하고 있다는 것이라며, 북한이 지난 2015년 나진-하산과 연계해 원산-금강산 철도를 현대화하기 위한 해외 자본 유치 제안을 하면서 사업에 대한 비용 편익분석(B/C분석)을 시행해 내부수익률(IRR)은 7.3%, 순현재가치(NPV)는 8,870만달러(할인율 5%), 투자회수기간은 12.1년으로 추정하는 등 글로벌 스탠더드에 맞추려는 노력을 하고 있다고 언급했다.

(통일뉴스, 2019.6.4)

요 약

본장은 자금이 어떻게 운영되고 있는지를 파악하고 이익창출을 관리하는 방법을 다룬다. 조달된 자금은 사업을 시작하기 위해 시설, 장치 등에 대한 초기 투자비와 반복되는 운영비에 사용된다. 사업을 위해 확보된 자원은 자산으로 재무상태표에 표시되고 사업 운영 결과는 손익계산서에 나타난다. 경영성과는 매출 등의 수익과 다양한 비용의 차이인 이익으로 측정된다. 자산은 현금화 가능성인 유동성에 따라 단기적으로 보유되는 유동자산과 장기적으로 보유되는 비유동자산으로 분류된다. 비유동자산은 유형자산, 무형자산, 투자자산 등으로 나뉘어 표시된다.

사업을 하는 과정에서 다양한 세금을 처리해야 한다. 재료나 상품을 구입할 때 부가가치세를 내고 매출이 이루어질 때에는 부가가치세를 고객에게 받아서 세무당국에 낸다. 기업의 소득에 대해서는 법인세를 내는데, 과세표준인 법인소득은 손익계산서의 세전이익과 달리 계산되므로 세무조정이 필요하다.

한 기간 동안에 자금이 조달되고 사용된 내용을 보여주는 것이 현금흐름표이다. 현금흐름은 영업, 재무, 투자 활동으로 나누어 그 유입금액과 유출금액이 계산된다.

주요 용어

- 당기순이익
- 매출채권
- 비유동(장기)자산
- 영업외비용
- 유형자산
- 회계등식
- 매출액
- 법인세
- 손익계산서
- 영업외수익
- 재고자산
- 매출원가
- 부가가치세
- 영업순환과정
- 유동(단기)자산
- 판매비와 관리비

토의 문제

1. 개인의 자산 운영과 기업의 자산 운영의 공통점과 차이점을 토론해 보자.
2. 팀별로 선정한 사업을 위해 필요한 자산의 목록과 금액을 추정하시오.
3. 문제 2의 자산을 재무상태표의 형식에 따라 분류하여 보고하시오.
4. 팀별로 선정한 사업의 수익과 비용을 추정하여 손익계산서를 간략히 작성하시오.
5. 작성된 재무상태표의 자산부분과 손익계산서를 사용하여 투자수익률을 계산하시오.
6. 팀별로 선정한 사업의 현금흐름표를 간략히 작성하시오.

CHAPTER

14

기업활동의 원가분석

학습목표

1. 원가의 구성을 학습한다.
2. 원가를 추정하는 방법을 학습한다.
3. 원가-조업도-이익의 관계를 학습한다.
4. 의사결정을 위한 원가분석을 학습한다.

제 14장을 시작하며

현대차 1분기 원재료비 10% 껑충… 전기차 수출 확대 영향

재료비 1,670만원→1,830만원… 올해 들어 전기차 수출 3배 증가

전기차 등 친환경차 수출이 확대하며 현대자동차 원재료비가 크게 증가한 것으로 나타났다. 12일 이베스트증권에 따르면 올해 1분기 현대차 국내 공장의 원재료비는 출하 1대당 1,830만원으로 작년 같은 기간(1,670만원) 대비 9.6% 늘어난 것으로 분석됐다. 직전 분기인 작년 4분기(1,690만원)에 비해서도 훨씬 높은 수준이다. 과거 차량 1대당 원재료비는 2016년 1,500만원, 2017년 1,560만원, 2018년 1,670만원으로 1,500만~1,600만원대였다. 원재료비는 철판, 알루미늄, 변속기 등 재료비용이다.

원재료비 상승 배경에는 배터리가 원가의 큰 비중을 차지하는 전기차 생산 증가가 있는 것으로 분석됐다. 작년 말 코나 전기차 등의 수출이 시작된 영향이다. 현대차에 따르면 올해 들어 4월까지 전기차 수출은 2만1,297대로 작년 같은 기간(6,390대)에 비해 3배 이상으로 뛰었다. 이 기간 내수 판매는 3,951대에서 8,088대로 2배 남짓 증가했다. 이 가운데 코나 전기차는 올해 들어 수출이 1만612대이고 생산량은 1만5,915대에 달한다.

전기차 생산규모는 아직 손익분기점을 넘을 정도는 아닌 것으로 분석됐다. 유지웅 이베스트증권 애널리스트는 "원재료비 상승은 전기차 생산이 연간 20만~30만대를 넘을 때까지 계속될 것"이라고 말했다.

구 분	2016	2017	1Q18	2Q18	3Q18	4Q18	2018	1Q19
별도 매출액(십억원)	41,714	41,607	9,673	10,988	10,085	12,416	43,161	11,277
별도 매출원가	31,821	32,621	8,059	9,075	8,750	10,519	36,403	9,365
국내 출하대수(천대)	1,671	1,652	387	435	409	504	1,735	404
내수	659	687	169	188	171	209	737	180
수출	1,012	964	218	247	238	295	998	224
별도 성격별 분류(십억원)	33,480	34,397	8,505	9,421	8,904	10,828	37,658	9,551
원재료 및 상품 사용액	25,001	25,828	6,466	7,346	6,673	8,541	29,025	7,387
출하대수당 금액(백만원)	15.0	15.6	16.7	16.9	16.3	16.9	16.7	18.3

이 같은 원재료비 상승 추세에서는 급여와 감가상각비 등을 감안한 매출원가율이 크게 개선되긴 어려울 것으로 전망됐다. 1분기엔 매출원가율이 83.0%로 작년 동기보다 0.3%포인트 낮아졌지만 이는 분모가 되는 매출이 늘어서다.

유 애널리스트는 "미국 전기차 시장은 공격적으로 뛰어들기도, 빠지기도 곤란해서 계륵과 같다"고 평가했다. 미국은 전기차 판매량이 일정수준을 넘어서면 보조금이 감소하는 구조이기 때문이다. 코나가 가성비와 상품성으로 인정받고 있음에도 현대차가 공급량을 조절하는 배경이라는 것이 그의 설명이다. 그렇다고 해서 손을 놓고 있을 수도 없다. 성장가능성이 있는 시장이다 보니 제품 구성을 다양하게 갖춰놔야 하기 때문이다. 결국 전기차가 손익분기점을 넘기까지 팰리세이드, 제네시스 등에서 나오는 수익으로 채워야 한다고 그는 덧붙였다.

(연합뉴스, 2019.6.12)

1 원가의 구성

오렌지테크의 경우를 생각해 보자. 오렌지테크는 생산한 제품의 가격을 얼마로 정해야 할지 고민하고 있다. 경쟁기업의 유사제품보다 비싸면 안 되지만 그렇다고 제품을 만드는 데 들어간 원가 이하로 팔 수도 없다. 영리기업은 이윤을 추구하는 조직인데, 이익을 내려면 제품이나 서비스의 판매가격이 그 원가보다 커야 한다. 아무리 열심히 매출을 올려도 제품이나 서비스를 원가 이하에서 팔고 있다면 판매량이 늘어날수록 기업의 적자는 늘어갈 것이다. 가게에서 물건을 파는 사람이 물건을 밑지고 판다고 말하면 그 말을 믿을 사람이 없겠지만 원가계산이 잘못되면 모르는 사이에 실제로 밑지고 팔 수 있다. 이처럼 원가는 기업의 경영자에게 매우 중요한 정보가 되는 것이다.

원가정보는 가격결정뿐만 아니라 다른 의사결정에도 필수적이다. 영리기업이든 비영리단체이든 발생하는 원가의 종류와 크기를 알아야 원가를 절감하고 조직의 효율적인 운영을 할 수 있다.

특정자원을 획득하기 위해 치른 대가를 원가(cost)라고 한다. 즉, 원재료, 상품, 설비, 토지 등을 사기 위해 지출한 금액이 원가이다. 재화나 용역을 취득하기 위해 지불한 가치를 취득원가라고 한다. 취득원가에는 부동산 중개료, 등록세, 취득세, 생산설비의 운임이나 설치·시험가동비 등의 부대비용이 포함된다. 제조업체의 경우 제품을 만들 때 들어간 자원의 가치를 제조원가라고 하며, 제조원가에는 재료비, 생산직 종업원 급여 등이 포함된다.

매출 등 수익창출에 사용된 자원의 금액을 비용(expense)이라 한다. 원가와 비용의 발생시점을 비교해 보면 원가는 자원의 취득시점에 발생한다. 본사 건물의 구입, 상품의 구입 등을 예로 들 수 있다. 비용은 자원의 사용시점에 발생한다. 본사 건물의 사용으로 인한 감가상각비, 상품의 판매 시에 발생하는 운임 등을 예로 들 수 있다.

원가가 먼저 발생하여 자산이 된 후 그와 관련된 비용이 나중에 발생하는 것이 일반적이다. 상품의 취득원가는 판매를 위해 상품재고자산을 구입하기 위해 치른 대가이다. 이 상품이 실제로 팔려서 매출을 발생시키면 매출원가라는 비용이 된다. 한편 지출된 금액이 자산으로 기록되지 않고 지출과 동시에 비용이 되는 경우가 있다. 이는 관련 지출이 수익창출활동에 즉시 사용될 때이다. 예를 들면 광고비를 지출했을 경우에 이는 자산으로 기록하는 과정을 거치지 않고 지출한 기간에 비용으로 기록한다. 판매비와 관리비, 이자비용 등에 지출한 금액이 이러한 비용이다.

원가와 자산가치의 차이점을 구별해 보면 원가는 재고, 설비 등의 자원을 획득할 때 포기된 자원의 가치를 의미하고 자산가치는 그 자산의 현재 장부상의 가치를 의미한다. 자산가치의 특징은 대체로 시간이 지나면 감가상각, 혹은 손상으로 인해 자산의 가치가 줄어든다는 점이다.

상품의 원가구성

물건을 사서 그대로 팔거나 포장 등을 약간 변경한 후 판매하는 것을 주요 영업으로 하는 슈퍼마켓, 백화점 등을 도소매기업, 유통업 또는 상기업이라고 한다. 도소매기업의 경우 판매를 위해 구입한 물건을 상품(merchandise goods)이라 부르고, 구입한 시점에서 상품취득원가가 발생한다. 이 상품이 팔리면 매출원가라는 비용으로 기록된다. 매출원가는 '매출된 상품의 취득원가'를 줄인 말이라고 볼 수 있는데, 매출이라는 수익을 창출하기 위해 포기한 재고자산의 원가를 나타내므로 비용이다. 상품의 취득원가에는 상품의 구입가격뿐만 아니라 상품을 구입하는 데 소요된 부대비용인 운임, 수수료 등의 부수적인 비용들을 모두 포함시켜야 한다.

매출원가 이외에 판매와 일반관리 활동을 위해 쓰인 비용으로 판매비와 관리비가 있다. 이들 항목은 원가가 발생한 시점에서 즉각적으로 기업에 혜택을 준다고 보아, 발생한 기간의 비용으로 손익계산서에 보고된다. 즉, 판매비와 관리비는 기간비용이다. 상품의 가격을 결정하거나 상품의 수익성을 판단하려면 매출원가뿐만 아니라 판매비와 관리비도 포함한 총원가를 고려해야 한다.

제품의 원가구성

물건을 만들어서 판매하는 기업을 제조기업이라 하고, 제조기업에서 생산한 물건을 제품(製品)이라 한다. 제조기업의 경우 제품을 만드는 과정이 있으므로 도소매기업보다 원가의 종류가 다양하고 원가계산도 복잡하다.

오렌지테크의 경우를 생각해 보자. 오렌지테크가 제조·판매하는 통신기기의 원가에는 어떤 것들이 포함되어 있을까? 그 안에는 주요 부품, 반도체 회로 등의 원가가 들어 있다. 이 원가들은 모두 전자제품을 만드는 데 필요한 재료비이다. 제품은 재료만 있다고 저절로 만들어지지 않는다. 부품을 납땜하고 조립해야 한다. 즉 재료를 가지고 제품을 만드는 사람의 수고가 있어야 한다. 이러한 수고에 대한 대가도 원가인데, 이것이 인건비 또는 노무비이다. 재료비 및 노무비와 더불어 빼놓을 수 없는 것이 제조경비이다. 전기수도료, 조립이나 검사에 필요한 설비에 대한 감가상각비, 작업공간에 대한 임차료 등이 그 예이다.

일반적으로 제조원가를 요소별로 재료비, 노무비, 제조경비로 구분하거나, 직접재료비, 직접노무비, 제조간접비로 구분하기도 한다. 즉 재료원가, 노무원가를 제품별로 분리가능한 직접원가와 제품 간에 공통적으로 발생한 간접원가로 나눈 후 간접재료비와 간접노무비를 제조경비와 합쳐서 제조간접비로 분류하는 것이다. 이는 원가계산을 위해 제조원가의 추적가능성에 따라 원가를 분류한 것이다([그림 14-1] 참조).

재료비 + 노무비 + 제조경비 = 직접재료비 + 직접노무비 + 제조간접비

제조간접비 = 간접재료비 + 간접노무비 + 제조경비

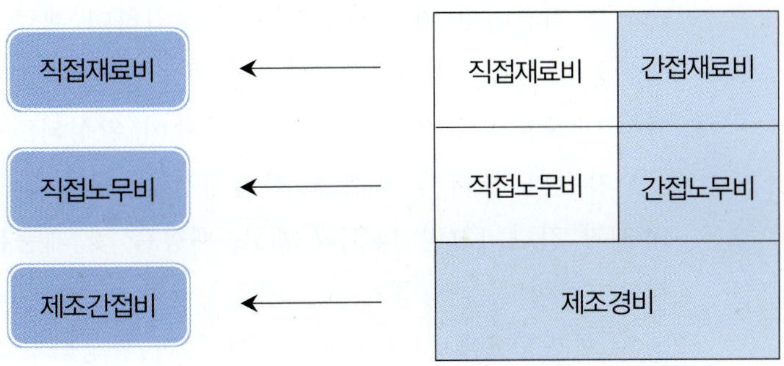

그림 14-1 제조원가의 분류

사례 대한민국 경영현장 첨단공정과 기술력으로 중국 수준까지 원가절감

컨베이어벨트 없앤 안산공장, 고효율 · 저비용 생산 혁신, 34년째 롯데와 성공적 합작

"한국의 인건비가 중국이나 베트남, 태국 등보다 확실히 높지만, 첨단공정과 기술력을 갖추면 중국 수준까지 원가를 절감할 수 있다."

최근 재계에서는 한국 제조업에 진짜 위기가 왔다는 말이 나온다. 자동차를 포함해 화학 · 전자 · 반도체 등 제조업 대표 업종들이 글로벌 불황에서 살아남기 위해 인건비 부담이 덜한 해외로 제조 기반을 옮기면서 제조업 내수시장이 얼어붙고 있기 때문이다.

캐논코리아 비즈니스 솔루션(CKBS)은 최저임금 인상 · 주 52시간 근무 등으로 인한 제조업의 '탈(脫)한국' 러시 속에서도 국내 생산기지를 굳건하게 유지하고 있다. 국내 사무기기 업계에서 국내에 복사기 제조 공장을 가동하는 곳은 캐논코리아 비즈니스 솔루션이 유일하다. 김천주 캐논코리아 비즈니스 솔루션 대표는 최근 매일경제와 인터뷰하면서 "제조업 모든 분야에서 우리 기업들은 일본이나 독일에 비해 기술력은 조금 떨어지고, 중국이나 동남아시아에 비해서는 인건비가 높은 '샌드위치' 상태에 있다"면서 "생산 혁신이 해답"이라고 강조했다. 재료비를 낮추는 방식의 원가절감이 아닌 기술력을 기반으로 한 원가절감이 충분히 가능하다는 게 김 대표의 판단이다.

실제로 캐논코리아 비즈니스 솔루션은 수년 전부터 한국에서의 인건비 상승 등 경영환경 변화에 대비해 공장을 자동화하고 불필요한 공정을 줄이는 생산 혁신 · 개발을 중점적으로 추진해 왔다. 국내에 설립한 기술연구소는 연구개발 투자 · 기술 축적 · 개발 혁신을 주도하고 있다. 김 대표는 "일본에서 설계한 제품을 한국 자체 연구소와 생산기지에서 제조 혁신을 통해 생산하면서 실제 중국 수준의 코스트를 맞추고 있다"고 설명했다.

(매일경제, 2019.6.2)

제조원가의 흐름

(주)KMW자동차에서 원가의 흐름이 [그림 14-2]처럼 재료창고, 작업장, 매장의 순서를 거친다고 가정하자. 재료를 구입하여 재료창고에 보관하다가 작업장의 생산공정에 투입한다. 작업장에서 제조인력이 전기, 수도, 제조설비를 사용하면서 재료를 제품으로 가공한다. 제품이 완성되면 매장에서 판매한다.

자원의 물리적 흐름을 회계계정 사이의 원가흐름으로 표시하면 [그림 14-3]과 같다. [그림 14-3]의 재료, 재공품 및 제품은 제조기업의 세 가지 주요 재고자산이다. 재공품계정은 제조작업이 이루어지는 작업장에 대응된다. 재공품은 제조공정에서 작업되고 있어 아직 완성되지 않은 상태의 물건이다. 예를 들면, 엔진이나 바퀴를 탑재하지 않은 자동차나 제본이 되지 않은 책을 생각할

그림 14-2
제조기업의 재료와 제품의 흐름

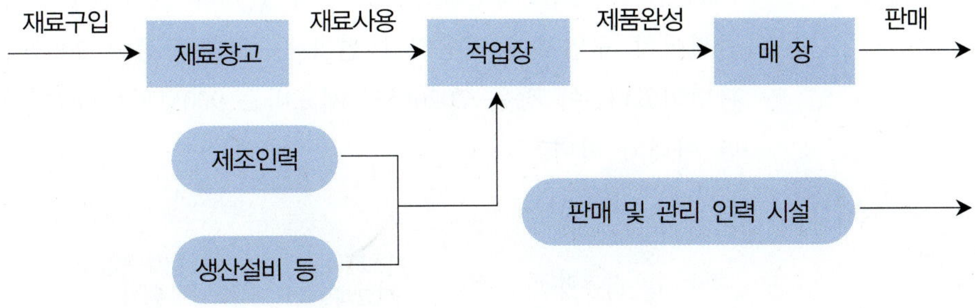

그림 14-3
제조원가의 흐름

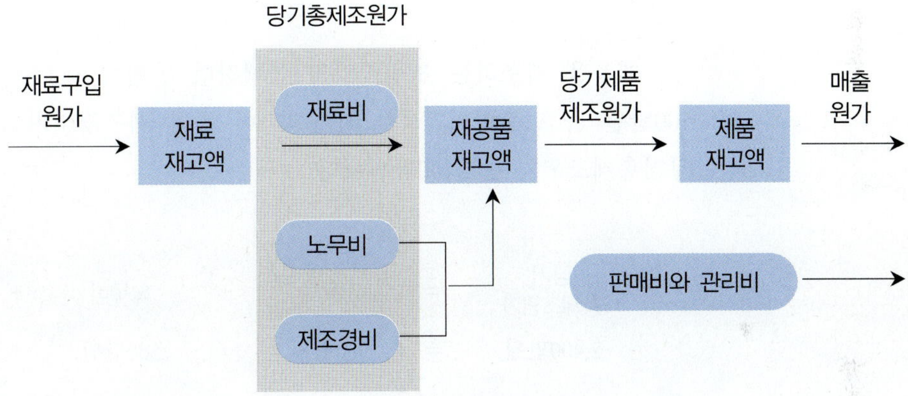

수 있다.

특정기간에 생산에 투여된 재료비, 노무비, 제조경비의 합을 당기총제조원가(total manufacturing cost)라고 한다.[1] 재공품계정으로부터 제품계정으로의 원가 흐름인 당기제품제조원가(cost of goods manufactured)는 당해기간에 완성된 제품의 제조원가를 말한다. 당기제품제조원가는 기초재공품재고액에서 당기총제조원가를 더하고 기말재공품재고액을 빼서 계산한다.[2] 당기총제조원가는 투입물의 원가를, 당기제품제조원가는 산출물의 원가를 나타내므로 이 두 가지 원가수치가 다르다. 마지막으로 매출원가는 기초제품재고액에 당기제품제조원가를 더하고 기말제품재고액을 빼서 계산한다.[3]

오렌지테크의 예를 들어 원가의 흐름을 설명해 보자. 부품이 2020년 초에

---

1) 당기총제조원가는 직접재료비, 직접노무비, 제조간접비의 합으로도 계산할 수 있다.
2) 정확히 말하면 당기제품제조원가를 구하기 위해 '타계정에서 대체액'도 가산하고 '타계정으로 대체액'도 차감해야 한다.
3) 정확히 말하면 매출원가를 구하기 위해 '타계정에서 대체액'도 가산하고 '타계정으로 대체액'도 차감해야 한다.

100만원어치 기초재고자산으로 남아 있었다. 2020년중에 부품을 추가로 1,000만원어치 구입하여 사용하고 연말에 보니, 부품이 200만원어치 남은 것으로 판단되었다. 이 경우, 2020년의 재료비는 900만원이다. 이 계산을 수식으로 보면 아래와 같다.

재료비	=	기초재료 재고액	+	재료구입 원가	−	기말재료 재고액
900만원	=	100만원	+	1,000만원	−	200만원

제품을 제조하는 조립작업과 납땜작업 인원에 대한 급여 등 총노무비가 500만원 들고 동력비, 시설 감가상각비 등의 제조경비가 1,000만원 들었다면 당기총제조원가는 2,400만원이다.

당기 총제조원가	=	재료비	+	노무비	+	제조경비
2,400만원	=	900만원	+	500만원	+	1,000만원

2020년에 총제조원가가 2,400만원 발생하였지만 이 금액이 이 기간에 제조된 제품의 원가는 아니다. 2019년 말에 200개의 제품이 부분적으로 작업되었으나 완성이 안 된 상태로 2020년으로 넘어와 완성되었다고 하자. 추가로 1,800개의 제품이 작업되었고, 이 중 1,400개가 2020년중에 완성되었으며 나머지 400개는 완성되지 않은 채 연말이 되었다. 즉 총 1,600개의 제품이 2020년중에 제조되었다. 이 1,600개의 제조원가를 당기제품제조원가라 한다. 당기제품제조원가를 계산하려면 기초재공품재고인 200개의 원가와 기말재공품재고인 400개의 원가를 고려해야 한다. 기초재공품재고가 200만원이고 기말재공품재고가 400만원이라면, 당기제품제조원가는 2,200만원이 된다. 이 계산과정은 아래와 같다.

당기제품 제조원가	=	기초재공품 재고액	+	당기 총제조원가	−	기말재공품 재고액
2,200만원	=	200만원	+	2,400만원	−	400만원

이제 매출원가에 대해 생각해 보자. 앞에서 1,600개의 제품이 2,200만원의 제조원가에 의해 2020년에 제조된 것을 알았다. 만약 2020년 동안 1,900개의 제품이 팔렸다면 매출원가는 어떻게 계산하는가? 제품의 생산량보다 많은 수량을 판매할 수 있는 것은 제품의 기초재고가 있었기 때문에 가능하다. 2020년 초에 400개의 제품이 남아 있었고, 1,600개의 제품을 제조하여 총 2,000개의 제품 중 1,900개의 제품을 판매한 경우 100개의 제품이 기말에 남는다. 기초제품재고 400개의 원가가 400만원이고, 기간중에 생산된 1,600개의 제조원가가 2,200만원이므로 판매가능한 제품의 총원가는 2,600만원이 된다. 제품 1개당 평균원가는 2,600만원을 2,000개로 나눈 13,000원이다. 판매된 제품이 1,900개이므로 제품단위당 원가 13,000원을 판매된 제품 1,900개에 곱하면 매출원가는 2,470만원이 된다. 기말제품재고액은 기말제품재고수량인 100개에 제품단위당 원가 13,000원을 곱한 130만원으로 계산된다.

이제까지의 원가흐름을 종합하여 그림으로 나타내면 [그림 14-5]와 같다.

그림 14-4
제품재고와 매출원가 계산

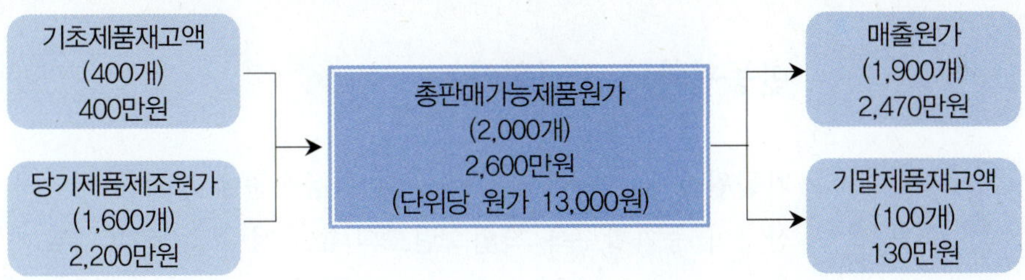

그림 14-5
제조원가의 흐름

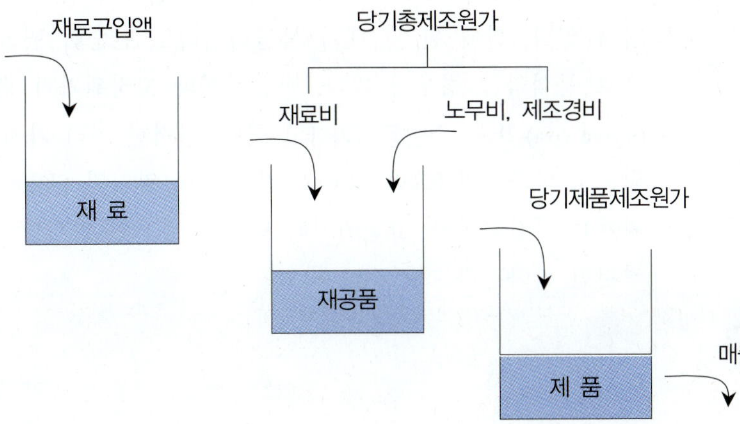

2 원가의 추정

여러 가지 의사결정에 필요한 미래원가를 추정하려면 원가가 발생하는 행태에 대해 알아야 한다. 원가행태(cost behavior)란 활동수준에 따라 원가가 어떻게 변하는지를 의미한다. 원가의 발생행태에 따라 가장 기본적으로 변동원가와 고정원가로 나눈다. 변동원가(variable cost)는 활동의 수준에 따라 원가총액이 변하는 원가이고, 고정원가(fixed cost)는 활동수준과 무관하게 원가총액이 일정하게 발생하는 원가이다. 원가발생요인은 생산량, 판매량, 또는 다른 활동수준일 수 있다. 자동차를 만들 때 부품, 철판 등의 직접재료원가, 생산설비 동력비 등은 생산량에 비례하여 발생하는 변동원가이다. 이에 비해, 사장 등 임원의 급여나 설비의 감가상각비 등은 생산량과 무관하게 일정한 고정원가이다.

변동원가와 고정원가

변동원가가 반드시 생산량 등의 활동수준에 정확히 비례하지 않을 수 있다. 생산량이 증가할수록 작업숙련도와 효율성이 높아져 재료가 절감되고 작업시간이 줄어드는 경우가 그 예이다. 활동수준에 정확히 비례하는 변동원가를 순수변동원가라고도 하나 보통 변동원가라는 용어는 순수변동원가를 의미한다. 전기수도료는 총금액이 월정기본료인 고정원가와 사용료인 변동원가의 2부분이 합쳐 있다. 실제 원가행태가 복잡하더라도 단순히 변동원가와 고정원가의 합으로 분석하는 경우가 많다. 변동원가와 고정원가가 합해진 행태를 혼합원가(mixed cost) 또는 준변동원가라고 한다. 이러한 여러 가지 원가행태를 수식과 그림으로 나타내면 [그림 14-6]과 같다. 변동원가의 단위당 원가, 즉 단위당 변동원가는 일정하지만, 고정원가의 단위당 원가인 단위당 고정원가는 활동수준이 커지면 작아진다.

그림 14-6
다양한 원가행태

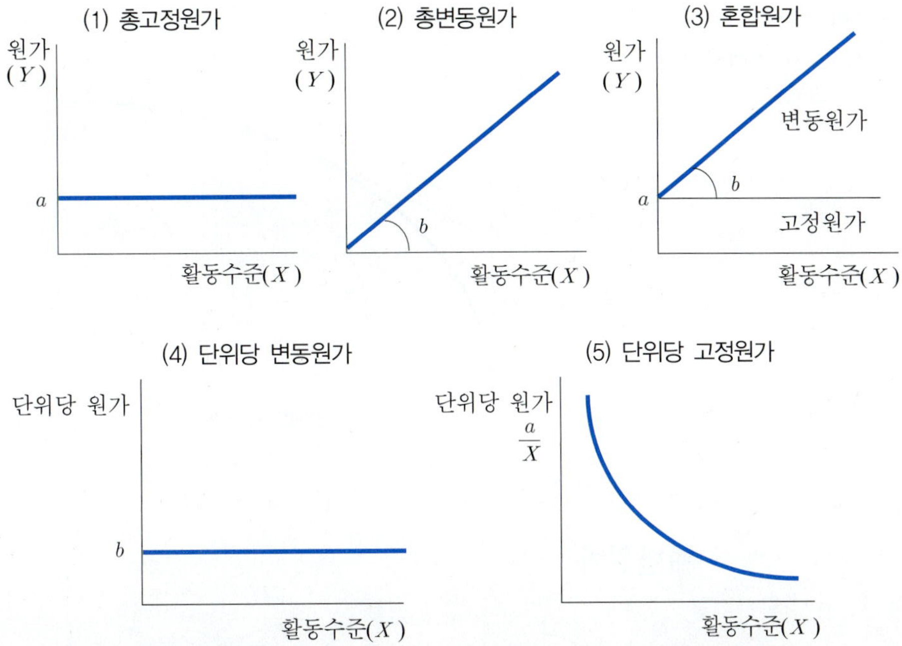

고정원가 : $Y = a$ $\quad$ Y : 원가 $\quad$ a : 총고정원가
변동원가 : $Y = bX$ $\quad$ X : 활동수준 $\quad$ b : 활동단위당 변동원가
혼합원가 : $Y = a + bX$

원가행태와 관련범위

실제로 복잡한 원가행태를 "혼합원가로 추정하는 것이 충분한가?"라는 질문에 "그렇다"라고 답할 수 있다. 혼합원가가 원가추정에 충분한 이유는 복잡한 곡선의 원가관계도 제한된 범위에서는 직선의 혼합원가로 상당히 비슷하게 추정할 수 있기 때문이다. 이 범위를 관련범위(relevant range)라 하는데, 이 범위를 벗어나면 혼합원가 추정선이 큰 오차를 가질 수 있다. 이를 [그림 14-7]이 보여준다.

그림 14-7

혼합원가 추정선과 관련범위

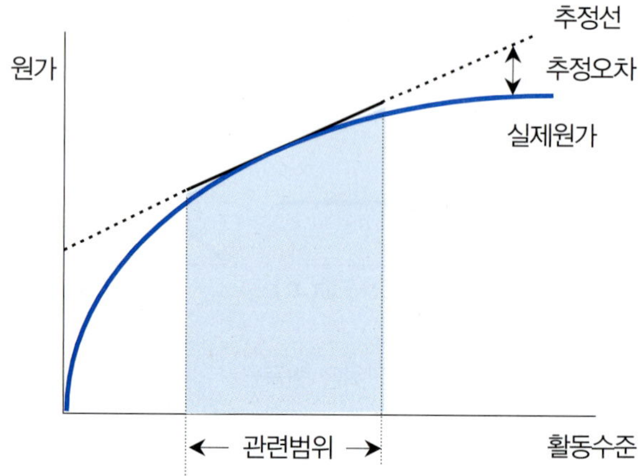

계단원가

오렌지테크가 현재의 설비를 완전가동하여 제품을 연간 500만개 생산한다고 하자. 생산량이 500만개 이하로 줄어도 이 설비의 감가상각비는 줄지 않는 고정원가이다. 만약 생산량을 10% 늘려 550만개를 생산하려면 생산설비를 추가해야 하는데, 추가가능한 최소규모의 생산설비가 200만개라고 하자. 이 200만개 생산능력의 설비를 추가하면 총생산능력이 700만개로 늘고 이 범위 안에서 설비 감가상각비는 새로운 높은 수준에서 일정하다. 이렇게 서로 다른 활동수준 범위에서 다른 고정원가 수준을 가지는 원가행태를 계단원가(step cost)라 한다. 이를 [그림 14-8]이 보여준다. 즉, 계단원가는 어떤 활동수준을 초과하면 고정원가의 수준이 한 단계 높아지는 원가행태이다.

그림 14-8

계단원가

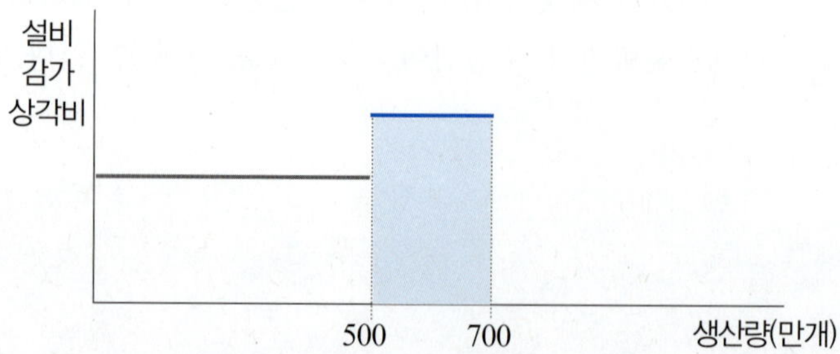

올해의 원가로 내년의 원가추정 - 계정분석법

오렌지테크가 올해에 제품을 400만개 생산하는데, 내년에는 500만개를 생산할 계획이라 하자. 내년에 발생할 원가를 어떻게 추정할 수 있는가? 한 가지 방법은 올해의 원가 세부항목 자료로 내년의 원가를 예측하는 것이다. 계정분석법(account analysis)이라 불리는 이 방법에서는 과거 1년의 원가계정들을 변동원가와 고정원가로 구분한 후 미래의 고정원가는 과거의 같은 금액을, 변동원가는 생산량 등 원가동인의 크기 변화를 고려하여 조정한다. 수식으로 설명하면 원가추정식 $Y=a+bX$에서 a는 과거의 고정원가계정의 합으로 추정한다. 원가동인 X의 단위당 원가인 b는 과거의 변동원가 합계를 과거의 원가동인량으로 나누어 구한다.

예를 들어, 오렌지테크가 올해 변동원가로 집계한 금액이 4천만원이고, 고정원가로 집계한 금액은 3천만원이면, 4천만원÷400만개=개당 10원의 단위당 변동원가가 계산된다. 내년에 발생할 단위당 변동원가와 총고정원가가 올해와 같다고 하면 내년의 원가추정식은 총원가 Y=3천만원+10원×X이므로 내년 생산계획인 500만개를 X에 대입하면 총원가 Y는 8천만원이 된다.

계정분석법의 문제는 각 계정을 변동원가와 고정원가로 구분하는 것이 자의적이고, 일부 계정은 혼합원가의 성격을 가지고 있으나 변동원가와 고정원가로 나눌 수가 없다는 점이다.

지난 2년간의 자료로 내년의 원가추정 - 고저점법

지난 2년간 원가자료를 이용하여 내년의 원가를 추정해 보자. 2년간의 자료가 있으므로, 계정분석법의 자의적인 원가분류를 하지 않는 고저점법으로 내년의 원가를 추정할 수 있다. 고저점법(high-low method)은 과거의 자료 중 활동수준의 최고점과 최저점의 원가수치를 이용하여 혼합원가 추정식을 구한다. 추정식에 두 시점의 원가와 활동수준 값을 대입하면, 단위당 변동원가(b)와 총고정원가(a)를 구할 수 있다.

$$총제조원가(C) = a + b \times 활동수준(X)$$
$$최저점\ \ C_1 = a + b \times X_1$$
$$최고점\ \ C_2 = a + b \times X_2$$
$$b = 단위당\ 원가 = (C_2 - C_1)/(X_2 - X_1)$$

예를 들어, 최고점에서의 원가가 3,000,000원, 생산량은 1,000단위이고, 최저점에서의 원가가 2,000,000원, 생산량은 500단위라고 하자. 단위당 변동원가(b)는

$$(3{,}000{,}000 - 2{,}000{,}000) / (1{,}000 - 500) = 단위당\ 2{,}000원$$

이 된다. 최고점이나 최저점 식 중에서 한 곳에 대입하여 총고정원가(a)를 구해보면, 최고점에서 $a + 2{,}000 \times 1{,}000 = 3{,}000{,}000$이고 총고정원가는 1,000,000원이 된다. 내년에 700단위의 생산이 예상될 때의 원가를 구해보면 총원가는 $1{,}000{,}000 + 2{,}000 \times 700 = 2{,}400{,}000$이 된다.

고저점법의 장점으로는 원가를 변동원가와 고정원가로 분류할 때 계정분석법처럼 주관적인 판단에 의존하지 않아 상대적으로 객관적이라는 점이다. 객관적인 자료를 가지고 분석을 하기 때문에 다수의 사람이 분석하여도 동일한 원가함수를 얻을 수 있다. 단점으로는 활동수준의 최고점과 최저점이라는 극단적인 원가자료를 이용하기 때문에 결과가 비정상적으로 산출될 수 있다.

지난 수년간의 자료로 내년의 원가추정 – 회귀분석법

지난 수년간의 원가 및 생산 자료가 있다면 미래의 원가를 좀 더 정확히 추정할 수 있는 방법이 있을까? 지난 수년간의 자료가 존재한다면 그중 최고생산량의 기간과 최저생산량의 기간의 자료만을 이용하여 고저점법을 적용할 수 있다. 그러나 고저점법은 두 기간의 자료만을 이용하므로 추정이 정확하지 않다.

여러 기간의 자료가 존재하면 이 자료를 모두 사용하는 회귀분석을 할 수 있다. 회귀분석(regression analysis)은 자료를 이용하여 설명변수인 X와 이에 따라 변하는 피설명변수 Y의 관계를 가장 적절히 나타내는 추정식을 찾아내는 통계기법이다.

회귀분석 중 가장 기본적이고 흔히 사용되는 것이 최소자승법이다. 최소자승법(least-squares method)은 추정선과 실제 자료점의 수직거리로 나타나는 추정오차의 자승(제곱)의 합을 최소화하는 추정선을 찾는 방법이다. 추정오차 자체를 최소화하지 않고 자승값을 최소화하는 이유는, 오차는 음과 양의 값을 가지므로 제곱하지 않으면 서로 상쇄되기 때문이다. 실제 계산은 MS Excel 같은 스프레드시트 프로그램의 회귀분석 기능을 사용하면 쉽게 수행할 수 있다.

과거 자료로 미래원가를 추정할 때의 주의점

과거의 자료로 추정식을 구할 때 두 가지 주의할 점이 있다. 과거의 자료 수가 많을수록 원가추정이 정확해진다. 5년간의 자료보다는 10년간의 자료가 회귀분석의 정확도를 높인다. 그러나 자료수집의 기간이 길어지면 다른 문제점이 생긴다. 10년 동안의 자료가 동질적이라고 할 수 있는가? 오렌지테크의 예에서 생산량만을 원가의 변화를 설명하는 변수로 분석에 사용하였지만, 긴 기간 동안에는 물가의 변화, 생산기술의 변화 등이 원가의 크기에 영향을 미칠 수 있다. 자료의 동질성을 높이면서 자료의 수를 늘리기 위해 연간자료 대신 월간자료나 주간자료를 사용할 수 있다. 그러나 많은 기초자료가 연간자료만으로 수집되고 이 연간수치를 임의적으로 배분하여 월간 또는 주간 수치로 바꾼 것은 원가분석에 도움이 되지 않는다. 즉, 첫 번째 주의점은 분석자료의 충분한 확보와 동질성의 문제를 같이 고려하여 적절한 자료수집 기간을 선택하는 것이다.

둘째로, 원가추정을 잘하기 위해서는 생산량 이외의 다른 원가동인을 설명변수로 사용하는 것이 좋다. 생산지원활동 중 작업준비, 운송, 검사 등은 생산량보다 해당작업의 건수나 횟수가 관련원가의 변화를 더 설명할 수 있다. 적절한 원가동인을 선택하기 위해 회귀분석 결과를 이용하기도 한다.

과거의 자료로 추정식을 구한 후 이 추정식을 미래에 적용할 때에도 주의점이 두 가지 있다. 첫째로, 어느 방법에 의해 추정식을 구하더라도, 미래에 과거와 다른 어떤 변화가 있는지를 생각해야 한다. 물가나 임금 상승, 생산기술 변화로 과거와 다른 행태의 원가가 발생할 수 있다. 둘째로, 과거의 설명변수 자료의 범위를 벗어난 미래의 활동수준에 대해 추정식을 적용한다면 추정이 정확하지 않다는 점이다. 오렌지테크의 예에서 과거의 생산량 범위가 250~

400만개였다면, 이 범위의 자료에서 추정된 식으로 미래 500만개의 제조원가를 추정하는 것에는 한계가 있다. 달리 말하면 500만개의 미래 생산량은 선형 추정식의 관련범위를 벗어나므로 이 추정식을 사용하는 것이 부적절하다. 이 관련범위의 문제는 설명변수와 피설명변수의 관계가 비선형일 때 심각하다.

과거 자료 없이 미래원가의 추정 – 공학분석법

오렌지테크가 신제품을 생산하려 한다고 가정하자. 재료와 생산방식이 과거에 생산하던 제품과 많이 달라서 과거의 자료를 쓸 수 없다면 어떻게 원가를 추정할 수 있는가? 이때 공학분석법을 사용한다. 공학분석법(engineering analysis)은 제품의 생산방법에 대한 공학적인 분석을 기초로 직접재료원가, 직접노무원가, 제조간접원가를 추정한다.

직접재료원가는 제품의 설계도나 생산계획안으로부터 재료별 예상사용량을 구하고 예상 재료가격을 적용한다. 직접재료원가를 추정하기 위해 필요한 재료의 종류와 배합비율을 파악하여 재료사용량을 예상하고 재료단가를 곱한다.

예상 직접재료원가 = 재료 예상사용량 × 재료 예상가격

시간동작연구 등의 산업공학 기법을 이용하여 필요작업시간을 구하고 임금을 예상하여 직접노무원가를 구한다. 제품을 생산하기 위해 필요한 작업종류와 시간을 구한 후 이에 시간당 임금을 곱하여 구한다.

예상 직접노무원가 = 작업 예상시간 × 시간당 임금

공학분석법은 직접재료원가와 직접노무원가를 비교적 정확히 추정하지만 제조간접원가는 단순하게 추정한다. 제조간접원가는 과거의 경험을 토대로 대개 직접원가의 일정비율로 추정한다.

더 알아봅시다 **실무의 간접원가 추정비율**

미국의 원가계산 컨설턴트 Brethauer가 최근에 쓴 "The Power of Strategic Costing"은 주요 제조간접원가를 다음의 비율로 추정하는 것이 상당히 정확하다고 소개한다.

연간 에너지비=설비투자액의 2%
연간 설비유지보수비=설비투자액의 6%
연간 감가상각비, 재산세, 보험료=설비투자액의 11%
연간 기타 제조간접원가=직접노무원가의 75%

이에 추가하여 판매관리비는 총제조원가의 15%로 추정한다고 소개한다. 미국과 한국은 에너지 비용, 인건비 수준, 감가상각법 등의 차이가 있어 그대로 적용하기는 어렵지만 좋은 참고자료가 된다.

3 원가-조업도-이익 분석

오렌지테크의 경우 통신기기 몇 개를 팔아야 적자를 면할 것인가? 원하는 수준의 이익을 얻기 위해서는 판매량이 어느 정도가 되어야 하는가? 이에 대한 정보를 얻기 위해 원가-조업도-이익 분석을 사용할 수 있다. 원가-조업도-이익 분석(Cost-Volume-Profit Analysis, CVP분석)은 그 이름이 의미하듯이 원가와 조업도(생산판매량)와 이익의 관계를 단순하게 모형화하여 손익분기점 계산 등 여러 가지 판단에 도움을 받는 분석방법이다.

원가-조업도-이익 분석에서 원가는 변동원가와 고정원가의 두 부분으로 구성된다고 보는 반면, 수익은 일정한 단위당 판매가격을 가정하여 조업도에 비례하여 증가한다고 본다. 수익이 총원가를 초과하기 시작하는 조업도 수준을 손익분기점(break-even point)이라 한다. 손익분기점이라는 용어는 손실과 이익이 나누어지는 조업도 수준이라는 뜻이다. 즉 손익분기점보다 낮은 조업도 수준에서는 손실이 발생하고, 그 이상의 조업도 수준에서는 이익이 발생한다. 원가-조업도-이익 간의 관계는 [그림 14-9]와 같이 나타낼 수 있다.

그림 14-9
원가-조업도-이익

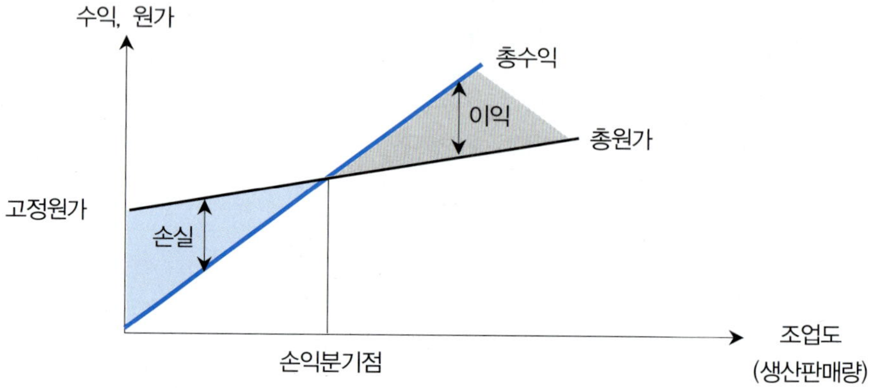

손익분기점을 산출하려면, 먼저 원가-조업도-이익의 관계를 수식으로 나타내어야 한다.

이익=수익−비용(원가)
=수익−[변동원가+고정원가]
=(단위당 판매가×조업도)−(단위당 변동원가×조업도)−고정원가

위의 마지막 수식을 원가-조업도-이익 식이라 한다. 손익분기점은 이익이 0인 조업도(판매량)의 수준이므로 위 식에서 아래와 같이 산출된다.

손익분기점=고정원가 / (단위당 판매가−단위당 변동원가)
=고정원가 / 단위당 공헌이익

사례 대한민국 경영현장 영화 '기생충' 흥행 질주… 손익분기점 400만명 눈앞

대중성 · 작품성 결합 주효, 황금종려상 프리미엄도

제72회 칸 국제영화제 황금종려상 수상작인 봉준호 감독의 '기생충'이 관객들의 호평 속에 흥행 돌풍을 일으키고 있다. 3일 영화진흥위원회 통합전산망 집계에 따르면 지난달 30일 개봉한 이 영화는 지난 2일까지 336만명을 모았다. 기생충의 투자사 관계자는 "이 영화의 순제작비 135억원, 마케팅 및 배급 비용을 합친 총제작비는 170억원"이라며 "4~5일께 손익분기점인 400만명을 돌파할 것으로 예상한다"고 말했다. (한국경제, 2019.6.4)

총고정원가가 1,000,000만원, 단위당 변동원가가 2,000원, 단위당 판매가가 6,000원이면, 손익분기점은 250단위가 된다. 즉 250단위 이상의 물건을 팔아야 손실을 면하고 이익을 얻을 수 있음을 알 수 있다.

$$\frac{1{,}000{,}000}{6{,}000-2{,}000}=250$$

이때 단위당 판매가와 변동원가의 차액인 단위당 공헌이익 4,000원은 물건을 한 단위 더 판매할 때마다 이익이 4,000원씩 늘어남을 보여준다. 손익분기를 위한 매출액은 손익분기점(판매량)에 판매가를 곱하거나, 고정원가를 공헌이익률(=단위당 공헌이익/판매가)로 나누어 알 수 있다.

4 의사결정을 위한 원가분석

인생은 선택의 연속이라는 말이 있다. 여러 가지 대안 중에서 하나를 선택하는 것이 의사결정이다. 여러 가지 대안을 비교할 때, 대안 간의 차이를 명백히 알면 선택이 쉬워진다. 즉 대안 사이에 원가가 차이나는 부분과 차이나지 않는 부분을 분리하여 생각하는 것이 편리하다. 대안 사이에 원가가 차이나는 부분을 의사결정 관련원가, 차이나지 않는 부분을 의사결정 비관련원가라 한다. 대안 사이에 차이나지 않는 부분은 어떻게 의사결정을 하든 상관이 없으므로 의사결정과 관련이 없다는 뜻이다.

그림 14-10
관련원가와 비관련원가

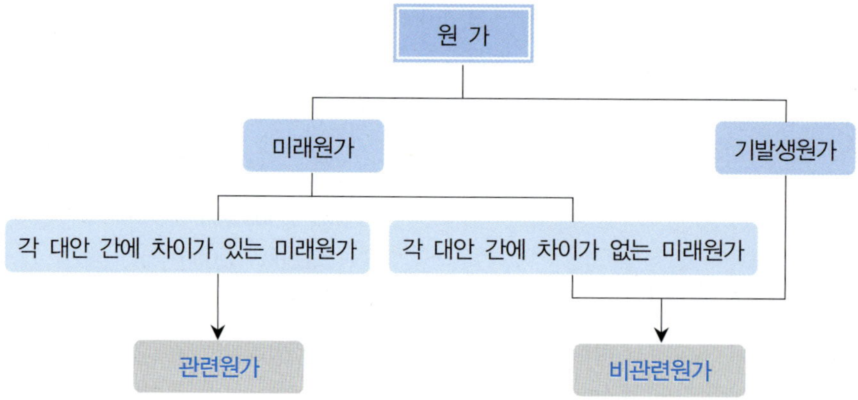

관련원가

관련원가(relevant cost)분석은 대안 사이의 원가차이를 파악하여 차이가 나는 원가를 중심으로 의사결정을 하는 것이다. 예를 들어 서울에서 대전까지 갈 때 승용차를 운전해서 갈지, 고속버스를 타고 갈지 정하려 한다. 두 가지 방법의 원가만을 비교해 보자. 직접 운전한다면 휘발유비, 고속도로 통행료가 든다. 고속버스를 타면 고속버스 요금과 서울 집에서 서울 버스터미널까지의 택시요금, 대전 버스터미널에서 대전 행선지까지의 택시요금이 필요하다. 이러한 비용들이 관련원가이다. 대전에 가는 도중에 휴게소에서 먹는 점심 값은 어느 방법으로 대전에 가든지 동일하므로 관련원가가 아닌 비관련원가이다.

고속버스와 관련원가

지출된 원가만을 비교하면, 두 대안 간의 총원가를 보나, 관련원가만을 보나 같은 차이이다. 고속버스를 타면 가는 동안 휴식을 취할 수 있는 장점이 있는데, 이것은 자가용 운전의 기회원가라고 할 수 있다. 관련원가인데도 의사결정에서 간과하기 쉬운 원가가 기회원가이고, 관련원가가 아닌데도 의사결정에 반영하기 쉬운 원가가 기발생원가이다.

기회원가

기회원가는 한 대안을 선택함으로써 포기된 다른 대안으로부터 얻을 수 없게 된 혜택을 말한다. 기회원가는 기회비용 또는 기회손실이라고도 부른다. 예를 들어, 주부가 가사노동을 하지 않고 회사에 취업함으로써 200만원을 벌 수 있다면 주부의 가사노동의 기회비용은 200만원이 된다.

기업을 운영하는 데 흔히 간과하기 쉬운 것이 자금의 기회비용이다. 자금을 외부에서 빌려서 사용한다면 빌린 자금에 대한 이자를 지급하므로 자금의 조달비용(보통 자본비용이라 불림)을 명시적으로 기록한다. 그러나 예금을 찾거나 주식을 발행하여 자체 조달한 자금으로 상품을 취득하거나 고정자산에 투자한다면 사용한 자금에 대한 이자를 외부에 지급하지 않는다. 이 경우에도 사용하는 자금에 대한 기회원가로서 자금비용이 발생하므로 재무보고용으로는 자금비용을 기록하지 않지만 의사결정을 위한 목적으로서 자금비용을 고려해야 한다.

오렌지테크가 금리 10%의 정기예금에 들어 있던 여유자금 1억원을 찾아서 주식투자를 하여 1년 동안 배당금과 시세차익을 합하여 8백만원의 투자수익을 얻었다. 이 경우 자금을 정기예금에 그대로 두었다면 이자수입이 1억원의 10%인 1천만원이었을 것이므로 자금의 기회원가를 고려한다면 주식투자가 2백만원의 손실을 초래하였다고 보아야 한다.

자금비용 이외에도 다양한 기회비용의 예가 있는데, 기업이 본사와 공장의 공간을 비생산적으로 사용한다면 지출되는 임차료는 없다 하더라도 기회원가가 발생한다. 근무시간에 직원교육을 시킨다면 외부강사료의 원가가 발생하고 직원이 업무를 못하므로 기회원가가 발생한다.

기발생원가

기회원가는 실제 발생하는 원가는 아니나 의사결정에 관련되는 원가인 반면, 실제 발생한 원가이지만 의사결정과 무관한 원가로서 기발생원가(또는 매몰원가)가 있다. 기발생원가(sunk cost)는 이미 발생하여 더 이상 돌이킬 수 없는 원가를 말한다. 어떤 사람이 영어학원의 새벽반에 한 달치의 수강료 10만원을 내

□ 학원 수강과 기발생원가

고 등록을 하였다고 하자. 1주일이 지난 어느 날 아침, 학원에 가려고 일어나는데 몸살 기운이 있어 잠을 더 자고 싶다. 이때 학원을 갈 것인가 잠을 더 잘 것인가의 결정을 내리는데, 하루치 학원 수강료 4천원이 아까워서 학원에 가는 사람이 있다. 학원을 가든 말든 한 달 수강료는 이미 지급되었다. 결정을 내릴 때 중요한 것은 학원을 가서 받을 혜택과 몸살이 심해질 경우 겪을 고생이다. 만약 이 학생이 한 달 수강료를 자기 돈으로 내지 않고, 운이 좋아 한 달 동안 무료로 다니게 되었다면 학원을 열심히 다니지 않을 것이다. 학원을 다닐 기회가 주어진 것이 중요하지 지급한 금액이 중요한 것이 아닌데도, 사람들은 이미 자기 손을 떠난 돈에 집착하는 일이 많다.

기업을 운영할 때에 기발생원가에 집착하여 잘못된 결정을 내리는 경우가 종종 있다. 예를 들어 오렌지테크가 부실한 납품업체로부터 부품을 싼 값에 공급받았다. 납품받은 부품을 사용하다 보니 불량품이 너무 많았다. 납품한 기업은 이미 부도가 나서 납품받은 부품을 반품하거나 대금을 돌려받을 수 없다. 이 경우 아깝다고 불량품이 많이 섞인 부품을 사용하여 제품을 만든다면 현명하지 못한 결정이다. 불량한 부품 때문에 완성품 중에 불량품이 많이 생긴다면 아끼려고 하였던 부품원가보다 재작업하거나 수리하는 데 드는 원가가 더 클 수 있기 때문이다.

가격결정을 위한 원가분석

대부분의 경영의사결정에서는 원가를 고려해야 한다. 원가정보를 필요로 하는 경영의사결정으로는 제품가격결정, 외주-자가생산결정, 투자의사결정 등이 있다. 원가자료가 사용되는 주요 의사결정 중 하나가 제품이나 서비스의 가격결정 문제이다. 제품이나 서비스가 독점적으로 생산되거나 다른 기업의 제품이나 서비스와 상당히 다르다면, 제공하는 제품이나 서비스의 가격을 기업이 스스로 설정할 수 있다. 이때 제품과 서비스의 원가가 가격결정에 중요한 변수이다. 쉽게 생각하면, 원가보다 가격을 낮게 결정하면 손실이 발생하여 이때 판매량을 늘릴수록 기업에는 손해이다.

제품의 정상적인 가격은 모든 비용을 보상하고 이익을 창출하는 수준으로 정해야 하므로, 매출원가에 판매비와 관리비를 더한 총원가보다 커야 한다. 가격은 총원가에 일정액이나 일정비율의 이익을 더하여 결정하는 경우가 많다. 이때 이익의 크기는 관련 투자액의 자본비용을 적용한다. 관련자산의 자본비용으로 이익의 크기를 정하는 방식은 특히 전력, 전화 등의 공공요금 결정에 사용된다.

일시적인 특별주문의 판매가격을 결정할 때에는 총원가를 고려할 필요가 없다. 원가 중에서 특별주문과 관련 없이 발생하는 금액은 제외하고 특별주문의 납품여부에 따라 발생하는 원가변화분, 즉 증분원가만을 고려한다. 이 경우 고정제조간접비나 공통비의 배부액은 고려할 필요가 없고, 증분원가인 직접재료비, 직접노무비 등이 의사결정에 관련된 원가가 된다. 특별주문의 가격이 증분원가보다 높으면 기업에 이익을 준다. 기회원가가 존재하면 물론 이것도 증분원가에 포함시켜야 한다. 예를 들어 특별주문품을 공급하기 위해 정상적인 제품판매가 감소한다면 이것이 기회원가를 초래한다.

외주-자가생산 결정을 위한 원가분석

원가자료가 반드시 필요한 의사결정의 다른 예는 기업이 사용하는 부품을 자체적으로 생산할 것인가 아니면 외부에서 공급받을 것인가 하는 결정이다. 외부에서 공급받는 경우 이를 외주(외부주문, 아웃소싱(outsourcing) 또는 하청)라 한다. 예를 들면 자동차 업체는 엔진 등의 특정부품은 자체 생산하고 타이어, 시트 등은 외부주문을 한다. 기업체에서는 식당의 운영을 스스로 직원을 고용하여 직접 할 수도 있고 외부업체에 의뢰할 수도 있다.

중소기업은 세무나 법률 업무가 필요한 때에만 전문가를 고용하여 사용하지만 대기업은 전문가를 정식직원으로 보유한다. 서울시가 시가지 청소업무의 일부는 시청 청소과 직원이 실시하고 일부는 민간 청소용역업체에 의뢰하는 것도, 자체생산과 외부주문 사이의 결정이다.

자체공급과 외부조달 사이의 결정은 원가의 비교가 우선되어야 한다. 외

□ 청소용역업체와 외주

부주문의 원가는 외부공급업체가 요구하는 요금이나 가격에 부대비용을 더하면 되므로 계산이 간단하다. 그러나 자체공급의 원가를 계산하는 것은 그리 간단하지 않다. 오렌지테크는 통신기기의 케이스를 현재 외부에서 구입하고 있다. 이것을 자체생산하려면 원가가 얼마나 들까? 케이스를 자체생산하려면 철판을 구입하여 프레스기계로 모양을 만들어야 한다. 따라서 자가생산원가는 철판재료원가, 프레스작업 노무비, 프레스기계의 사용비 등이다. 이때 주의할 것은 작업공간에 대한 기회원가도 관련원가로 고려해야 하는 점이다. 케이스를 외부에서 구입한다면 작업공간이 필요 없다.

외부주문(외주)의 관련원가는 외주업체(하청업체)에 지급하는 가격, 납품업체 선정 및 납품검사 관련원가, 기타 납품관리비 등이 있다. 자체제작의 관련원가는 제작을 위한 직접재료비, 직접노무비, 제조간접비가 있다. 자체제작 시 제외되는 비관련원가는 제조간접원가 중에 제작을 중단할 때 회피불가능한 감가상각비, 본사에서 배부된 간접원가 등이 있다. 자체제작의 기회원가도 고려해야 하는데, 자체제작을 중단할 때 남는 설비와 공간의 대체적인 용도가 주는 이익 등을 고려해야 한다.

사례 대한민국 경영현장 **"월 1,000원 아끼려고 車 사나" 불붙는 LPG車 경제성 논란**

고작 年1만원 차이?… LPG車 경제성 논란 불붙었다

중형 세단 가솔린차와 비교했을 때 액화석유가스(LPG) 차량의 경제성이 기대 이하라는 지적이 나왔다. LPG차가 기름 값 인상과 정부 규제 완화로 판매량이 늘고 있는 분위기와는 엇갈리는 분석이다.

정부는 지난 3월 26일 LPG 차량 규제를 완화했다. 이로써 누구나 LPG차를 구매할 수 있다. 규제 완화 시행 이후 LPG 차량 판매도 증가하는 추세다. 대표적인 LPG 차량(르노삼성차 SM6 2.0 LPe)의 지난달 판매량(1,090대)은 2배 이상(106%) 늘었다.

현대차가 다음달 8세대 신형 쏘나타 LPG모델을 일반 소비자에게 판매하기 시작하면 LPG 차량 판매는 더욱 늘어날 수 있다. 산업통상자원부에 따르면 LPG차 규제 폐지로 203만5,403대(2018년)인 LPG차 등록 대수는 282만대(2030년)까지 늘어날 전망이다.

• LPG車 "2년 타면 본전 뽑아"

이처럼 LPG차가 인기를 얻는 결정적인 이유는 결국 저렴한 유지비다. LPG 차량은 출력이 떨어지는 대신, 연료(LPG) 가격이 낮아서 주행을 할수록 가솔린 차량보다 연료비가 적게 든다. 한국석유공사 유가정보 서비스 '오피넷' 기준 LPG(796원/L)는 휘발유가(1,406원/L)보다 43% 싸다. 같은 SM6 차량으로 한 달에 2,000km를 주행한다면, 연간 LPG 차 연료비(212만원)가 가솔린차(276만원)보다 64만원 싸다는 뜻이다. 통상 LPG차가 가솔린차보다 130만원 정도 비싼데, 이렇게 계산하면 불과 2년 만에 손익분기점을 넘어선다는 계산이 나온다.

이에 대해 박해인 GM테크니컬센터코리아 말리부 차량개발총괄은 "신차는 다르다"고 반박했다. "최근 등장한 가솔린 차량 연비가 워낙 효율적이라서 LPG 차량과 비교해도 유지비도 큰 차이가 없다"는 설명이다. 그는 가솔린 차량인 한국GM의 중형 세단 말리부 1.35터보 모델을 사례로 들었다. 이 차량(공인 연비 14.2km/L)은 LPG 차량인 현대차 쏘나타 LPi(10.3km/L)나 르노삼성 SM6 LPe(9.3km/L)보다 연비가 28~35% 우수하다.

연간 2만km를 주행했다고 가정할 경우, 가솔린차 유지비(235만6,860원)가 LPG 차량과 별반 차이가 없다는 것이 박해인 총괄의 설명이다. 같은 기준으로 계산하면 쏘나타(216만8,240원)보다 매달 1만5,000원, SM6(234만5,180원)보다 매달 970원 정도만 더 지불하면 된다는 것이다.

"그래도 같은 차끼리 놓고 보면 **LPG 유지비가 싸지**" 단위:원

르노삼성차 SM6	LPG차(2.0 LPe)	비교 우위	가솔린차(2.0 프라임)
유지비	234만5180	>	315만1280
연비	9.3km/L	<	11.4km/L
최저가격	2478만	<	2310만
최고출력	140마력	=	140마력

주: 유지비는 연간 2만km 주행을 가정. 유가는 5월 7일 오피넷 기준 (가솔린 1500.12원, 디젤 1373.41원, LPG 848.97원)

자료: 각 사

"그래도 같은 차끼리 놓고 보면 **LPG 유지비가 싸지**" 단위:원

현대차 쏘나타	LPG차(LPi 2.0)	비교 우위	가솔린차(2.0 가솔린)
유지비	216만8240	>	281만40
연비	10.3km/L	<	13.1km/L
최저가격	2457만	<	2346만
최고출력	146마력	<	160마력

주: 유지비는 연간 2만km 주행을 가정. 유가는 5월 7일 오피넷 기준 (가솔린 1500.12원, 디젤 1373.41원, LPG 848.97원)

자료: 각 사

유지비 격차 크지 않은데 **LPG차 왜 사나** 단위:원

차종	한국GM 말리부 1.35터보	비교 우위	르노삼성차 SM6 2.0 LPe	현대차 쏘나타 LPi 2.0
유지비	235만6860	<	234만5180	216만8240
연비	14.2km/L	>	9.3km/L	10.3km/L
최저가격	2345만	>	2478만	2457만
최고출력	156마력	>	140마력	146마력

주: 유지비는 연간 2만km 주행을 가정. 유가는 5월 7일 오피넷 기준 (가솔린 1500.12원, 디젤 1373.41원, LPG 848.97원)

자료: 각 사

• "가솔린, 성능 월등" vs "LPG, 수입차보다 연 100만원 아껴"

결국 유지비(월 970~1만5,000원 차이)는 비슷한데 출력(156마력)이나 토크(23.1kg · m)는 가솔린차가 월등히 우수하다는 것이 박 총괄의 요지다. 실제로 SM6(140마력) · 쏘나타(146마력)보다 말리부는 10~16마력 정도 우수하다. 가격도 말리부(2,345만원)가 LPG 차량(쏘나타 2,457만원, SM6 2,478만원)보다 112만~133만원 저렴하다(최저가 기준). 그는 "출력이 월등하고 주유(충전)도 편리한 가솔린차(말리부)를 두고, 매달 1,000원 정도 아끼자고 중형 LPG 세단을 살 이유가 없다"고 말했다.

반론도 만만찮다. 최근 LPG 차량의 주행성능도 갈수록 향상하고 있다. 르노삼성차는 "LPG 차량 성능이 내연기관보다 뒤처진다는 건 편견"이라며 지난달 11일 강원도 인제 스피디움 경주용 트랙에서 SM6 LPe 차량 시승 행사를 열었다. 전진만 대한LPG협회 상무는 "과거에는 LPG 차량의 출력이 동급 배기량의 가솔린차보다 부족하다는 지적이 있었지만, 최근에는 웬만한 운전자가 체감하기 어려울 정도로 LPG 차량 기술이 향상했다"며 "제원상 수치를 떠나, 막상 시승을 해보면 LPG 차량의 힘이 가솔린차에 크게 뒤지지 않는다는 점을 알 수 있다"고 주장했다. (중앙일보, 2019.5.21)

요 약

기업에서 이루어지는 다양한 활동은 자원을 소모하는데, 이 사용된 자원의 금액을 원가라고 부른다. 재고나 설비를 취득하며 지급한 금액이 취득원가이다. 취득원가는 판매자에게 지급한 금액에 운송비 등의 모든 부대경비를 합산한다.

제품을 만들 때 드는 돈이 제조원가이며 대개 원부자재에 대한 재료비, 생산인력에 대한 노무비, 나머지 다양한 제조경비로 나눈다. 산업에 따라 재료비 비중이 큰 차이를 보이며, 정유업이 가장 큰 재료비 비중을 보인다. 산업의 자동화에 따라 노무비는 줄어들고 설비의 감가상각비와 수선유지비 등의 제조경비는 느는 추세이다.

원가를 추정하고 관리하기 위해 원가의 크기를 결정하는 요인을 찾는다. 이 원가동인(예를 들면, 생산량)의 크기에 따라 원가의 크기가 변하면 변동비라 하고, 변하지 않으면 고정비라 한다. 생산량에 대해 재료비나 에너지경비는 변동비이고, 감가상각비는 고정비이다. 가격결정과 아웃소싱 등의 다양한 의사결정을 할 때 원가의 크기가 중요하다. 의사결정 대안과 무관하게 이미 발생하여 취소할 수 없는 매몰원가는 고려할 필요가 없다. 그 반면에 실제 지출되는 비용은 아니지만 포기된 대안이 주는 혜택인 기회원가는 고려해야 한다.

주요 용어

- 계단원가
- 관련원가분석
- 당기제품제조원가
- 비용
- 원가-조업도-이익 분석
- 고정원가
- 기발생원가
- 당기총제조원가
- 상품
- 재공품
- 공학분석법
- 기회원가
- 변동원가
- 손익분기점
- 혼합원가

토의 문제

1. 팀별로 관심 있는 제품을 선택하여 원가추정과 이익추정을 하시오.
   1) 제조원가를 재료비, 노무비, 제조경비로 나누어 추정하시오.
   2) 이 제품을 판매하고 기업에서 전체적으로 관리하기 위한 제품단위당 판매비와 관리비도 추정하시오.
   3) 제품의 판매가격을 고려하여 제품단위당 매출총이익과 영업이익을 계산하고 매출총이익률과 영업이익률도 계산하시오.
2. 아파트 분양원가에 대한 기사를 찾아 읽고 건설업자와 소비자로 입장을 나누어 분양원가 공개의 적정성을 토론해 보자.

찾아보기

ㅇ

ㅎ

기타

이 희 상

서울대학교 산업공학과 학사/석사
미국 Georgia institute of Technology, School of Industrial & Systems Engineering 박사 (경영과학 전공)
KT 연구개발단, 통신망연구소 선임연구원
한국외국어대학교 산업정보시스템공학부 조교수, 부교수
현재 성균관대학교 기술경영전문대학원 원장 및 시스템경영공학과 교수

백 태 영

서울대학교 경제학과 졸업
University of California-Berkeley 경영학 박사(회계학 전공)
New York University 회계학과 교수
각종 국가(공인)시험 출제위원
현재 성균관대학교 경영대학/전문대학원 교수

제3판 이공계를 위한 경영학

2009년 8월 25일 제1판 1쇄 발행
2014년 7월 30일 제2판 1쇄 발행
2019년 8월 20일 제3판 1쇄 발행

저 자 이희상 · 백태영
발 행 인 권 영 섭
발 행 처 (주)신 영 사
경기도 파주시 심학산로 12(출판문화단지)
등 록 : 1988. 5. 2 / 제406-1988-000020호
전 화 : 031-946-2894(代)
F A X : 031-946-0799
e-mail : sys28945@naver.com
홈페이지 : http://www.shinyoungsa.co.kr

㈜신영사

정가 27,000원

ISBN 978-89-5501-694-9